普通高等教育“十一五”国家级规划教材

管理科学基础

Foundations of Management Science

(第3版)

吴育华　杜　纲　编著

天津大学出版社
TIANJIN UNIVERSITY PRESS

内 容 简 介

本书比较全面地介绍了管理科学的基本内容：规划技术、图与网络技术、决策技术、对策分析技术、随机运筹技术的概念、方法和模型，其中包括近年来的一些较新进展。书中内容深入浅出，每章后均附有习题，书后附有全部习题的参考答案和应用 EXCEL 计算求解的方法简介，便于教学、自学和应用。

本书可作为高等院校经济管理类和理工科各专业本科生、研究生的教材，也可作为经济管理及工程技术人员的自学参考书。

本书配有辅导教材《管理科学基础 学习要点 习题案例 英汉词汇 教学课件》(天津大学出版社出版)。

图书在版编目(C I P)数据

管理科学基础/吴育华，杜纲编著．—3 版．—天津：天津大学出版社，2009.12（2021.7 重印）

ISBN 978-7-5618-3306-3

Ⅰ.①管… Ⅱ.①吴…②杜… Ⅲ.①管理学 Ⅳ.C93

中国版本图书馆 CIP 数据核字(2009)第 226647 号

出版发行 天津大学出版社
地　　址 天津市卫津路 92 号天津大学内(邮编：300072)
电　　话 发行部：022-27403647
网　　址 publish.tju.edu.cn
印　　刷 天津泰宇印务有限公司
经　　销 全国各地新华书店
开　　本 185mm×260mm
印　　张 25.75
字　　数 643 千
版　　次 2009 年 12 月第 3 版
印　　次 2021 年 7 月第 16 次
印　　数 50 001-54 000
定　　价 45.00 元

第3版前言

管理科学是一门应用科学、定量的方法去分析和解决管理决策问题的技术科学，其目的是帮助管理者在有限的资源条件下最优地实现组织目标，并为决策提供依据。随着管理现代化和科学化进程的不断加快，管理科学这一现代管理理论体系中的重要分支正在发挥着更大的作用和得到更广泛的重视。由于这门学科不仅能够提供管理决策的科学方法，而且能够培养整体优化的决策思维方式，因此，我国各高等院校的经济管理类专业均普遍把这门学科作为主干课程。

近年来，我国高等管理教育有了相当大的发展。这种发展不仅体现在纵向的多层次性（本科、硕士、博士等）和横向的多专业性（管理科学与工程、工商管理、技术经济等），而且体现在对管理类专业的社会需求（在职人员申请硕士学位、管理人员培训、非管理专业学生的管理选修课等）的大量增加。因此，编写一本适应面较宽的管理科学教材就成为十分现实的需求。本书就是为适应这种需求编写的。

本书比较全面地介绍了管理科学的基本内容，其中包括近年来的一些较新进展。书中内容深入浅出，便于教学和自学，同时强化了绪论的地位，有利于学生对这门学科及其在管理决策问题中的应用程序等的整体了解。

本书自2001年9月出版以来受到了广泛欢迎，至今已经印刷52 000册。本次再版，是作为普通高等教育“十一五”国家级规划教材，在原基础上，对全书的内容做了修改和充实。

本书作者都是多年从事这门学科教学的教师。但由于时间比较仓促，书中难免出现一些不当之处，敬请读者批评指正。

在本书的编写和出版过程中，参考了一些国内外的相关文献，得到了普通高等教育“十一五”国家级规划教材项目资助和天津大学出版社的大力支持。天津大学管理学院的范贻昌教授不仅对本书内容提出了宝贵意见，而且在本次再版中负责了5章内容的修订。管理学院青年教师张小涛、解百臣、钟石泉，以及博士生曾祥云、刘喜华、魏隽、安利平、王初和张宝成等同志也分别在本书各版编写过程中做了大量工作，谨在此一并表示衷心的感谢。

作　者

2009年10月

本书编有配套辅导教材《管理科学基础 学习要点 习题案例 英汉词汇 教学课件》，已由天津大学出版社正式出版。以本教材作为主要教学参考书的天津大学运筹学于2007年被评为国家级精品课程，并于2013年作为中国大学资源共享课上线“爱课程网”，课程网站地址为：http://www.icourses.cn/coursestatic/course_2241.html. 欢迎广大师生参考。

第3版前言

2009年10月

目　录

Ⅰ 引　论

第1章　绪　论

1.1　管理与管理科学

1.1.1　管理与决策

随着现代科学技术和社会经济的不断发展,各个领域对管理的重视程度及对管理科学化的要求越来越高,各种组织(如企业)面对日趋复杂的生存环境,也必须更加精心地处理各种管理问题。

那么,什么是管理？管理就是管理者运用各种资源达成某既定目标的过程。在这一过程中,管理者为了更有效地运用有限的资源以更高水平达到目标,必须不断地做出各种决策。可以说,管理的过程也就是不断地进行各种决策的过程。

尽管决策的正确性不仅依靠科学而且凭借经验与艺术,但随着决策的难度以及决策失误后造成的损失程度的不断增大,那种仅凭经验与艺术的决策情形越来越少,即使是以往认为主要靠经验和艺术的那些非程序化或高层次决策,也往往要先经过一系列基于科学方法的信息处理和可行性研究。管理科学正是为管理决策提供科学方法的一门学科。随着信息化时代的到来,它必将在管理科学化的进程中发挥更大的作用。

1.1.2　管理科学及其发展简史

1.管理科学及其在科学技术体系中的地位

关于管理科学,可以有广义和狭义两种理解。广义的理解,认为管理科学(Management Sciences)是一门应用多学科与多领域理论、方法、技术和知识的综合性交叉学科,其目的是研究人类利用有限资源实现组织目标的管理活动方面的动态、复杂和创新的社会行为及其规律。按照广义的理解,管理科学实际上可以包含多门学科,其中既有以定性分析为主的组织行为学和企业战略管理,又有以定量分析为主的运筹学和计量经济学。而狭义的理解,则主要涉及广义范畴中的运筹学等定量部分,认为管理科学(Management Science)是一门应用科学、定量的方法去分析和解决管理决策问题的技术科学,其目的是帮助管理者在有限的资源条件下最优地实现组织目标,并为决策提供依据。它在现代科学技术体系的4个层次中属于技术科学层次,和它相应的基础科学主要包括数学、管理学和经济学等,作为它的哲学指导观的主要是唯物论和系统观,而和它相应的工程技术主要是管理工程等,如图1.1所示。

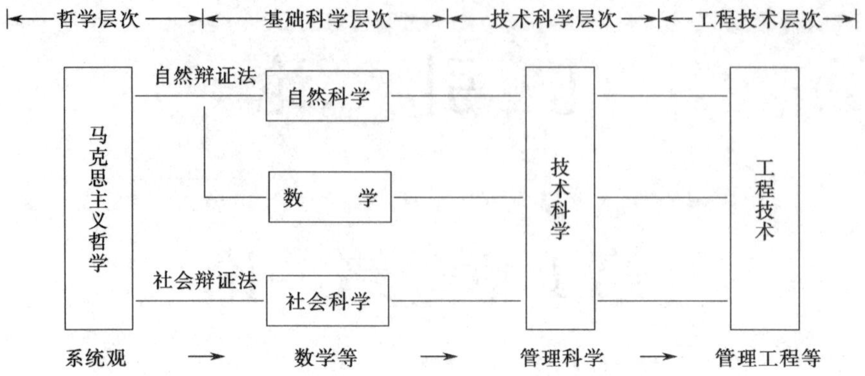

图1.1

本书是基于狭义的管理科学定义,定名为《管理科学基础》。这里面有两层含义:一是从狭义管理科学的角度,它包括了管理科学的基础内容;二是从广义管理科学的角度,它是基于系统观的整体优化思想和基于问题导向的科学方法论,以及基于数学模型的定量分析工具等一整套内容体系构成整个广义管理科学的重要基础。

2.管理科学的发展简史

管理科学的萌芽,可以追溯到19世纪末至20世纪初。这一时期代表性的工作有二:一是泰勒(Taylor)提出了著名的科学管理理论;二是产生了若干将数学模型应用于管理的成果,如爱尔朗(Erlang)提出的排队模型和哈瑞斯(Harris)提出的EOQ存贮模型等。

作为一门独立的学科,管理科学产生于20世纪40年代。首先是在40年代初期的二次世界大战中,英国为了解决雷达站同整个防空作战系统的协调配合问题,成立了由多学科的科学家组成的研究工作小组。工作小组卓有成效的工作使得在英军每个指挥部都成立了这样的小组。随后在美国军队中也建立了类似的组织。这些小组在确定扩建舰队规模、开展反潜艇战的侦察和组织有效的对敌轰炸等方面做了大量研究,为取得反法西斯战争的胜利及管理科学各有关分支的建立作出了贡献。对于这些小组的研究工作,英国称之为operational research,美国称之为operations research,即我国后来译成的“运筹学”。

二次大战以后,运筹学的研究和应用由军方扩展到民间,这门学科的理论体系也不断完善。1950年,英国伯明翰大学正式开设了运筹学课程,同年,第一本运筹学杂志《运筹学季刊》(O.R.Quarterly)于英国创刊。1951年,美国的莫尔斯(P.M.Morse)和金博尔(G.E.Kimball)合著的《运筹学方法》一书正式出版。1952年,美国运筹学会成立,并于同年出版了《运筹学杂志》(Journal of ORSA)。所有这些,标志着这门学科基本形成。

50年代以后,随着电子计算机技术的迅速发展,运筹学中的很多方法,如线性规划、动态规划等由于能够更加方便地求解而被进一步应用于实际管理系统的优化问题中。至50年代末,美国已有约半数的大公司在自己的经营管理中应用了运筹学,主要用于生产计划、物资储备、资源分配、设备更新等方面的管理决策。运筹学这门学科,也因其与管理决策的密切联系,以及在解决管理决策实际问题中逐渐形成了一整套系统、定量的科学方法,而被广泛称为“管理科学”。管理科学的一些主要分支的产生年代如图1.2所示。

管理科学经过半个多世纪的发展历程,不仅在理论研究上具有了相当的深度和广度,而且其方法与信息技术相结合,形成了各种商业应用软件,使其具有更加广泛的应用。我国从50

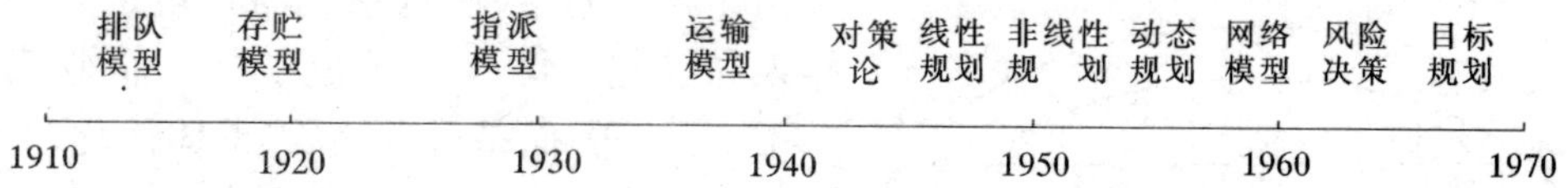

图1.2

年代中期开始研究这门学科以来，也取得了许多令世人瞩目的研究成果。全国各高等院校的经济管理类专业均普遍把这门学科作为主干课程列入教学计划，工商管理硕士(MBA)的教学计划中也把这门学科定为核心课程。我国还于 1999 年 8 月在北京成功地举办了第 15 届国际运筹学联合会学术大会。相信这门学科必将在 21 世纪的知识经济与信息时代中进一步展现其生命力并不断得到发展。

1.1.3 管理科学的基本特性

管理科学具有以下的一些基本特性。

1. 以管理决策为基点

管理科学是一门为管理决策提供科学方法的学科。管理决策中的实际问题，既是管理科学产生的源泉，又是管理科学的应用对象。表 1.1 列举出管理科学方法直接应用于企业管理决策问题的例子。

表 1.1

管理科学方法	应用于企业管理决策的典型例子
线性规划	生产结构优化
非线性规划	投资组合优化
0-1 规划	选址问题
动态规划	资源分配问题
网络计划	工程计划优化
排队论	服务系统优化
存贮论	订货库存管理
风险型决策	机会选择

2. 以科学方法论为依据

管理科学是一门将“科学”方法论应用于管理决策的学科。所谓科学方法论是指进行科学研究的一般程序与方法，一般步骤如图 1.3。

明确问题⟶观察⟶提出假设⟶设计试验⟶完成试验⟶接受或拒绝假设

图1.3

应用管理科学方法解决管理决策中实际问题的一般程序也可分为类似的 6 个步骤，即明确问题、将问题归类、建立数学模型、求解模型、结果分析与模型检验、实施。这将在本章下一节详细阐述。

3. 以系统观点为指导

管理科学是以系统观为指导的一门技术科学。系统观对管理科学有两方面指导作用。一方面是用系统的观点看问题，将所研究的事物看做一个系统，看做一个具有特定目标、功能、结

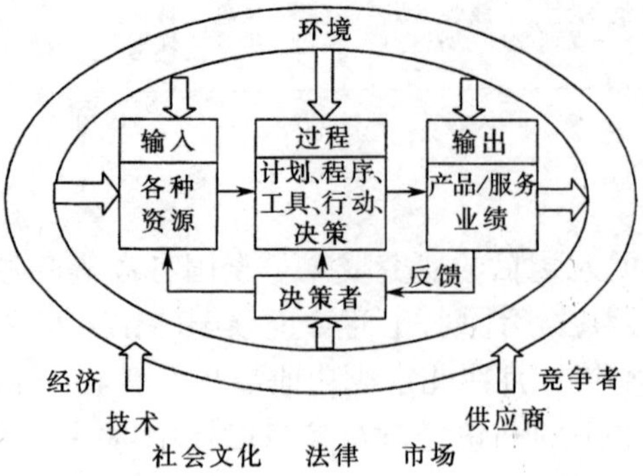

图1.4

构和环境的系统，且系统与环境之间还应有输入和输出。图 1.4 给出了一个企业系统的例子。另一方面是对系统的“整体优化”。如果把管理科学多分支的丰富内容体系比作一棵大树，那么大树的主干就是“最优化”，大树的分支就是最优化在各个角度上的表现，大树的树根扎根于基础科学的土壤，而大树的果实则表示在各管理决策领域中的应用成果。可以说，整个管理科学方法的核心思想就是“整体优化”，而这正是系统观的精髓之一。

4. 以数学模型为主要工具

管理科学是一门以定量分析为主、以各种数学模型为主要工具的学科。数学模型是现实系统的一种简明映象，以数学模型为主要工具的定量分析方式不仅能够使人们对系统的认识更加深刻，而且便于使用计算机，从而能够节约费用和时间。管理科学的每一个分支都有自己特定的数学模型和基于模型计算的分析方法。因此，学习管理科学方法以及学会运用管理科学方法去解决实际问题的一个关键是学会建立各种数学模型。这将在本章下一节中阐述。

1.2 管理科学的工作程序

应用管理科学方法去解决管理决策中实际问题的一般工作程序可分为 6 个步骤，如图 1.5 所示。

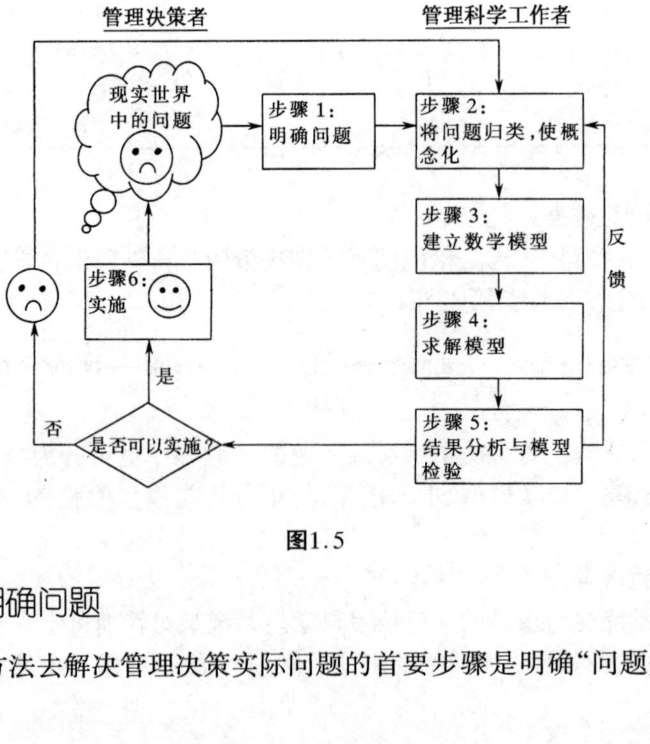

图1.5

1.2.1 步骤 1:明确问题

运用管理科学方法去解决管理决策实际问题的首要步骤是明确“问题是什么”，从而正确地定义问题。这就需要与管理决策者进行沟通,对他提供的问题状况进行认真研究和系统分析。要明确究竟解决什么事情、为此必须做出什么决策、最终要达到什么目标、有哪些不可控的重要影响因素等等。

1.2.2 步骤2:将问题归类,使概念化

问题明确以后,还要对其做类型判别,即先看它是否属于能用管理科学方法解决的问题。如果是,再看它是属于哪一类管理科学问题,或者说它适合于用哪一类管理科学方法解决。下面列举了一些典型的管理科学问题类型。

1)分配问题 这类问题产生于:①存在若干要完成的任务;②存在两个以上完成这些任务的方案;③为完成任务所需的资源是稀缺的。问题是寻求资源的最佳利用方案,以使总效益最大。

2)竞争问题 这类问题产生于:决策行动的结局不仅依赖于决策者自己,而且依赖于竞争对手的行动,每个竞争者都想取胜。问题是寻求使每个竞争者都能接受的总损失最小的行动方案。

3)运输与指派问题 运输问题产生于:将某种物品(如矿产品或粮食)由若干产地运往若干需求地,问题是寻求使总运输成本最小的调运方案。还有一些问题(如生产安排问题)也可归为运输问题。指派问题是一种特殊的运输问题。它产生于:将若干项任务分派给若干人,每项任务由一个人完成,每个人也只能完成一项任务,问题是寻求使总效率最高的分派方案。

4)库存控制问题 原材料、资金、成品、人才等的适当储存或储备水平,往往是许多组织中的一个主要问题。尽管储存需要付出成本,但却可以从防止缺货损失及大批量购买的价格折扣中获益。库存控制问题是确定适当的订货间隔和订货数量,以使总的费用最低。

5)网络与工程计划问题 网络问题的种类很多,如寻求网络中两点的最短路径和合理安排网络上的流量使总的通过量最大。复杂工程项目的计划与控制也可化为网络问题,求得工程的最小工期和关键工序。

6)排队与服务系统优化问题 当顾客为寻求某种服务而到达服务系统时,往往会产生排队现象,服务系统为减少排队现象而提高服务速率或增加系统容量需付出各种成本,一旦系统空闲又将受到损失。问题是如何合理地设置系统的服务速率及容量,以兼顾系统与顾客双方的利益。

7)预测问题 这是管理中经常遇到的问题,即希望知道在不同条件下系统将产生怎样的行为状态。

每一类管理科学问题中都包含着十分丰富的内容或可再划分为各种类型。根据问题的类型,可选择适当的管理科学方法来解决。当方法选定后,还要将问题概念化,即用所选定方法中的术语重新描述问题,或者说将方法中的要素与问题对号,为建立数学模型做准备。

1.2.3 步骤3:建立数学模型

建立数学模型是管理科学方法的关键步骤,具体内容主要是在问题概念化的基础上进一步确定模型的构成要素以及它们之间的联系,用变量和数学关系式表达出来,形成数学模型。

1.模型的构成要素

一般来说,模型的最基本构成要素由三部分组成,即结果变量、决策变量和不可控变量。

结果变量反映了系统达成目标的有效性程度，它依赖于决策变量的取值，是一种相依变量。决策变量描述了决策问题中必须作出选择的要素，是一种可控的独立变量。不可控变量是指系统环境中对决策有重要影响但不可控的因素，它也是独立变量。表 1.2 给出这三种变量的实际例子。

表 1.2

领　域	决策变量	结果变量	不可控变量
金融投资	投资数量	总利润	通货膨胀率
	投资期限	收益率	贷款利率
	投资时机	每股净利	竞争
市　场	广告预算	市场份额	可支配收入
生　产	产量	总收入	市场价格
	库存水平	质量水平	技术
财　会	审计计划	数据处理成本	法规要求
	计算机使用	错误率	计算机技术
运　输	装运量	运输总成本	运送距离规定
服　务	服务员数量	顾客的满意度	服务需求

2. 模型的结构

模型的基本构成要素由数学关系式联系在一起，便形成数学模型。模型的一般结构如图 1.6 所示。

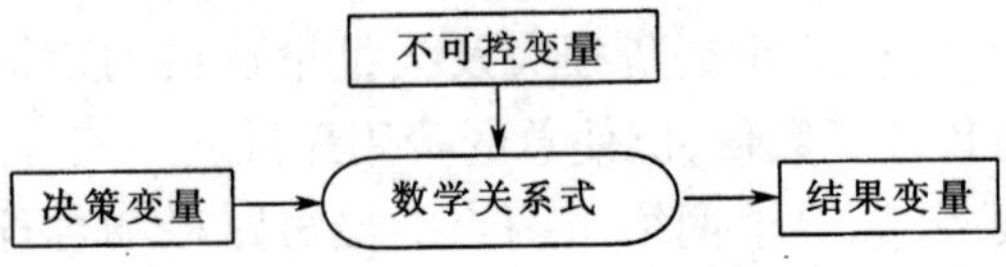

图1.6

管理科学的分支不同，模型的具体表现形式也不尽相同，其中最有代表性的是数学规划模型。下面列举线性规划的例子说明数学模型的具体结构。

线性规划模型中的数学关系式有两种类型，即目标函数与约束条件。以一个生产结构优化问题为例，它的目标函数表达式为

$$R = p_1 x_1 + p_2 x_2$$

式中，R 表示生产总收入；x_1 和 x_2 表示两种产品的产量；p_1、p_2 表示两种产品的价格。目标是极大化总收入。为达成目标要受到来自各方面的约束，如市场需求量的约束，表示为

$$x_1 + x_2 \leqslant 50$$

这里，50 是两种产品的总需求量上限。此模型的结构如图 1.7 所示。

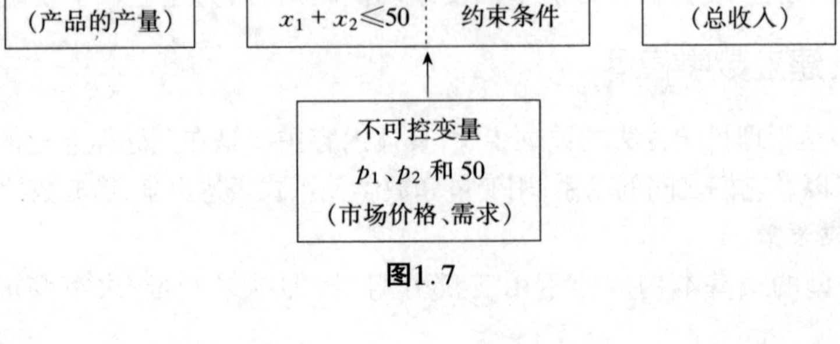

图1.7

1.2.4　步骤 4:求解模型

管理科学的模型种类很多,解的性质及其求解方法各异。"最优解"是解的主流类型,它是在模型的所有可行解中寻找出最优的一个。除了"最优解"之外,还有其他一些解的类型,如"满意解"和"描述性的解"。"满意解"是指在模型的次优解或"各有所长"的一组解中使决策者满意的解;"描述性的解"相应于描述性的模型,该类模型的目的主要是描述系统在不同条件下的状态,可用于预测和分析系统的行为特征。相对于"最优解",这些其他类型的解不妨称为"非最优的解"。

求解方法可分为"数值的"和"分析的"两种类型。数值方法一般是通过用某种模式一步一步搜寻并不断改进解的过程来求解,而分析方法是由数学公式一步求出解。图 1.8 给出管理科学主要分支模型的解及其解法的例子。

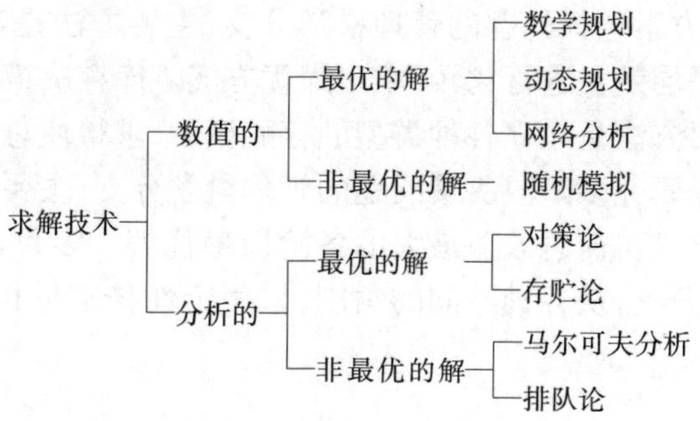

图1.8

1.2.5　步骤 5:结果分析与模型检验

求得模型解以后,还要对它进行分析,同时要检验模型的正确性。分析和检验的内容首先是看结果与实际情况是否相符,模型是否能够正确地反映实际问题,具体方法是将不同条件下的数据(如不同时期的数据)代入模型看相应的解是否符合实际。其次要分析模型中的参数发生小范围变化时对解的影响。这一分析称做灵敏度分析。如果解对参数变化的反应不过于灵敏,则在实际中可能会更容易应用。

经过结果分析与模型检验,如果认为模型不能很好地反映实际问题,则要重新对问题进行分析并适当修改模型。

1.2.6　步骤 6:实施

对模型及其解分析和检验后,还要对其实际意义给以解释并将其提交给管理决策者。如果管理决策者认为可以实施,则管理科学的分析结果得以实现;如果认为仍不能实施,则要再次对问题进行分析并适当修改模型。

1.3　管理科学的主要内容及本书结构

1.3.1　管理科学的主要内容

管理科学是一门具有多分支内容的极其丰富的学科,主要内容可归纳成下面的几大部分。

1. 规划技术

规划技术主要是指数学规划技术，包括线性规划、非线性规划、整数规划和多目标规划等，是管理科学中最有代表性的主体内容。数学规划是在一定约束条件下寻求使目标极大化或极小化的最优解或满意解，其实际背景是在有限的资源条件下通过合理计划而实现总效益的最大化。

2. 图与网络技术

图与网络技术包括图与网络分析以及网络计划，是研究图与网络问题的分析与优化的管理科学分支。主要方法是基于图的基本理论对网络问题进行分析，求得使网络效益最大(如最短路、最大流、最短的项目工期、成本最低的项目工期)的最优解。

3. 决策技术

决策技术包括风险型决策、库存决策、多阶段决策和多目标决策等。其中风险型决策是研究在不确定条件下进行方案选择问题的管理科学分支，主要方法是基于收益或效用以及概率的基本理论，对方案的平均效益进行比较，求出最优方案。库存决策是研究库存计划与订货策略的管理科学分支，主要方法是建立各种类型的存贮模型，求得使总成本最少的最优解。多阶段决策又称动态规划，是研究多阶段决策问题的管理科学分支，主要方法是通过将问题划分阶段并逐段递推求解，最终求得使总效益最大的各阶段最优解。多目标决策是研究多准则评价与决策问题的管理科学分支，从各种不同的角度，采用定性与定量相结合的分析方法，对系统进行综合评价或排序。

4. 对策分析技术

对策分析技术是研究在对抗与竞争条件下的决策问题的管理科学分支，主要方法是建立各种类型的对策模型，求得使双方或多方达到平衡的最优解。其基本类型是二人有限零和对策及二人有限非零和对策。

5. 随机运筹技术

随机运筹技术包括排队系统分析、马尔可夫分析和随机模拟技术等。排队系统分析又称排队论，是研究随机服务系统的性能、状态及优化问题的管理科学分支，主要方法是建立各种类型的排队模型，求得在各种条件下反映系统性态的描述性的解。马尔可夫分析是研究由随机变量现时的运动状况来分析预测该变量未来运动状况的管理科学分支，主要方法是基于概率和随机过程的理论，通过系统状态和转移规律求得未来的状态。随机模拟技术又称系统仿真，是研究对静态离散的随机系统进行模拟分析的管理科学分支，主要方法是通过随机数和系统的有关概率分布对系统进行状态模拟。

1.3.2 本书的结构

本书由引论、规划技术、图与网络技术、决策技术、对策分析技术和随机运筹技术 6 部分组成，共 15 章，结构如图 1.9 所示。

从各部分内容的知识衔接关系来看，第一部分引论和第二部分规划技术是全书的基础内容，其他各部分内容大部分是并列的。图 1.10 给出本书的阅读顺序，其中的数字表示章的序号。

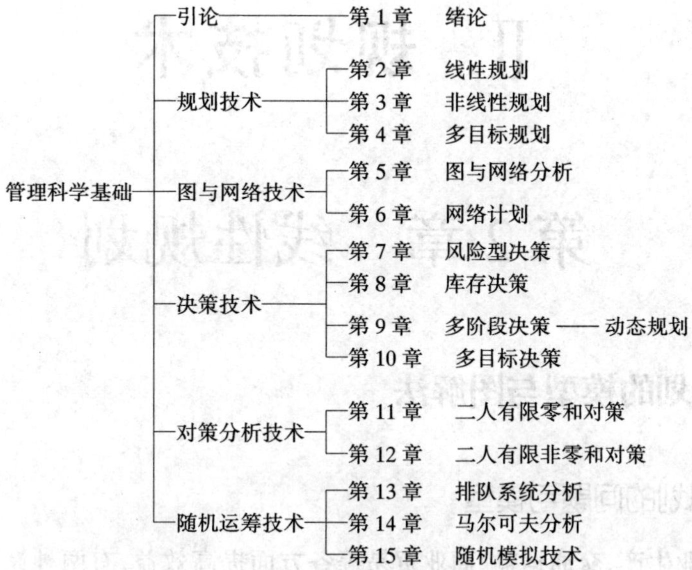

图1.9

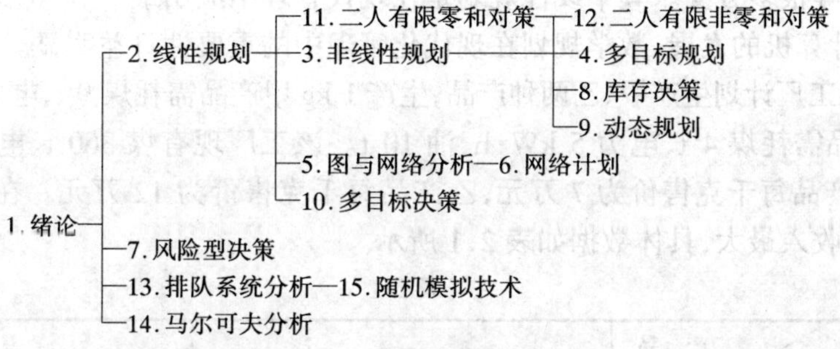

图1.10

本书与一般运筹学教材相比有若干特色:一是有更多的管理背景和更丰富的管理科学方法,包括优化、评价、预测、决策等;二是内容比较全面,有更宽的适用面;三是书后附有习题解答和计算软件 EXCEL 介绍,便于自学和应用;四是基于作者多年在天津大学从事运筹学教学的经验,体现了简明和深入浅出的风格。

习题 1

1.1 什么是管理科学(运筹学)?它作为一门学科产生于什么年代?它在科学技术体系中的地位如何?

1.2 管理科学有何基本特性?管理科学方法的核心思想是什么?

1.3 应用管理科学方法解决管理决策实际问题的一般步骤有哪些?

Ⅱ 规划技术

第2章 线性规划

2.1 线性规划的模型与图解法

2.1.1 线性规划的问题与模型

要想在工农业生产、交通运输、商业贸易等各方面提高效益，有两种途径：一是革新技术；二是改进生产组织与计划，即合理安排有限的人力和物力资源，最合理地组织生产过程。数学规划能够为更好地配置资源、组织生产提供理论和方法，包括线性规划、非线性规划、整数规划、多目标规划等很多分支。其中线性规划是在现代管理中应用最广、理论比较完善的一个部分。随着电子计算机的发展，数学规划在现代化管理中的重要性日益明显。

问题1 某工厂计划生产甲、乙两种产品，生产1 kg甲产品需耗煤9 t、电力4 kW·h、油3 t；生产1 kg乙产品需耗煤4 t、电力5 kW·h、油10 t。该工厂现有煤360 t、电力200 kW·h、油300 t。已知甲产品每千克售价为7万元，乙产品每千克售价为12万元。在上述条件下决定生产方案，使总收入最大，具体数据如表2.1所示。

表2.1

产品 / 每千克耗量 / 资源	甲	乙	资源限量
煤(t)	9	4	360
电(kW·h)	4	5	200
油(t)	3	10	300
单位价格(万元)	7	12	

为求解上述问题，设 x_1 为甲产品生产量，x_2 为乙产品生产量，称 x_1 和 x_2 为决策变量，向量 $[x_1 \quad x_2]^{\mathrm{T}}$ 表示一个生产方案，称之为决策变量向量，简称决策变量。由于煤、电、油资源的限制，生产方案 $[x_1 \quad x_2]^{\mathrm{T}}$ 的取值也必受到一定限制。例如，采取生产方案 $[x_1 \quad x_2]^{\mathrm{T}}$，耗煤总量为 $9x_1+4x_2$，它不能超过煤资源总量。这样所取的生产方案 $[x_1 \quad x_2]^{\mathrm{T}}$ 必须满足条件

$$9x_1+4x_2 \leqslant 360 \qquad \text{(煤资源限制)}$$

同样，$[x_1 \quad x_2]^{\mathrm{T}}$ 必须满足条件

$$4x_1+5x_2 \leqslant 200 \qquad \text{(电资源限制)}$$

$$3x_1+10x_2\leqslant 300 \qquad \text{(油资源限制)}$$

同时，x_1 和 x_2 不能取负数，即须满足

$$x_1\geqslant 0,\quad x_2\geqslant 0 \qquad \text{(非负限制)}$$

所以，一个可行生产方案$[x_1 \quad x_2]^{\mathrm{T}}$必须满足条件

$$\begin{cases}9x_1+4x_2\leqslant 360\\4x_1+5x_2\leqslant 200\\3x_1+10x_2\leqslant 300\\x_1\geqslant 0,x_2\geqslant 0\end{cases} \tag{2.1}$$

式(2.1)称为一组约束条件。

对于每一个可行生产方案$[x_1 \quad x_2]^{\mathrm{T}}$，均有一个由这个方案产生的总收入 z 与之对应，即有

$$[x_1 \quad x_2]^{\mathrm{T}}\rightarrow z=7x_1+12x_2$$

称 $z=7x_1+12x_2$ 为目标函数，并由它衡量各生产方案的优劣。

综上所述，对问题 1 求解最优方案的问题可由下列数学模型描述：

$$\max\ z=7x_1+12x_2$$

$$\text{s.t.}\begin{cases}9x_1+4x_2\leqslant 360\\4x_1+5x_2\leqslant 200\\3x_1+10x_2\leqslant 300\\x_1\geqslant 0,x_2\geqslant 0\end{cases} \tag{2.2}$$

式(2.2)表示在所有满足约束条件式(2.1)的可行方案$[x_1 \quad x_2]^{\mathrm{T}}$中，去寻找收入 z 最大的方案$[x_1^* \quad x_2^*]^{\mathrm{T}}$。其中的 s.t. 是约束条件的符号，也可以省略。式(2.2)称为线性规划模型，它由三个基本要素组成：①决策变量 $\boldsymbol{X}=[x_1 \quad x_2]^{\mathrm{T}}$，表示一个方案；②约束条件式(2.1)，表示决策变量必须满足的条件；③目标函数 $z=7x_1+12x_2$，表示决策变量$[x_1 \quad x_2]^{\mathrm{T}}$优劣的数量指标。

由于式(2.2)中目标函数与约束条件均是线性的，所以称此模型为线性规划模型。

例 2.1 某化学试剂公司生产两种显影液，这两种产品每生产 1 L 的成本都为 3 元。根据订货合同，在二周内化学试剂公司至少要生产出 30 L 的 A 产品和 20 L 的 B 产品。生产这两种显影液都需要一种易变质原料。这种原料现在库存量为 80 kg，若两周内不使用则变质。每生产 1 L 的 A 产品需 1 kg 此原料；每生产 1 L 的 B 产品需 2 kg 此原料。公司管理部门需要确定一个两周内成本最低的生产计划，它至少要用尽库存 80 kg 的易变质原料，必要时还可再订购此原料，而且至少生产出 30 L 的 A 产品和 20 L 的 B 产品。

解 用线性规划模型求解。设 x_1 为生产 A 产品的数量；x_2 为生产 B 产品的数量。线性规划模型为

$$\min\ z=3x_1+3x_2 \qquad \text{(成本)}$$

$$\begin{cases}x_1+2x_2\geqslant 80 & \text{(原料)}\\x_1\geqslant 30 & \text{(A 产量)}\\x_2\geqslant 20 & \text{(B 产量)}\\x_1\geqslant 0,x_2\geqslant 0\end{cases}$$

例 2.2 某大学计划早春时期在校园内草坪上施肥，草坪需要的氮、磷、钾的最低数量以

及市场上销售的三种肥料的成分和价格如表 2.2 所示。

表 2.2 （每 1 000 kg）

肥料	氮含量(kg)	磷含量(kg)	钾含量(kg)	价格(元)
Ⅰ	25	10	5	10
Ⅱ	10	5	10	8
Ⅲ	5	10	5	7
各元素最低需求量	10	7	5	

这所大学可以根据需要不受限制地购买到各种肥料，混合后施放到草坪上，列出一个线性规划模型确定购买各种肥料的数量，使之总成本最低。

解 设 x_1 为购买肥料Ⅰ的数量，x_2 为购买肥料Ⅱ的数量，x_3 为购买肥料Ⅲ的数量，则线性规划模型为

$$\min z = 10x_1 + 8x_2 + 7x_3$$

$$\begin{cases} \dfrac{25}{1\,000}x_1 + \dfrac{10}{1\,000}x_2 + \dfrac{5}{1\,000}x_3 \geqslant 10 \\ \dfrac{10}{1\,000}x_1 + \dfrac{5}{1\,000}x_2 + \dfrac{10}{1\,000}x_3 \geqslant 7 \\ \dfrac{5}{1\,000}x_1 + \dfrac{10}{1\,000}x_2 + \dfrac{5}{1\,000}x_3 \geqslant 5 \\ x_1, x_2, x_3 \geqslant 0 \end{cases}$$

对于一般线性规划模型，目标函数可以求最大(如求利润最大)，也可以求最小(如求成本最小)，约束条件可以是“$\leqslant$”，也可以是“$\geqslant$”或“$=$”型的。因此，一般线性规划模型可表示为

$$\max(\min) z = c_1x_1 + c_2x_2 + \cdots + c_nx_n$$

$$\begin{cases} a_{11}x_1 + a_{12}x_2 + \cdots + a_{1n}x_n \leqslant (\geqslant, =) b_1 \\ a_{21}x_1 + a_{22}x_2 + \cdots + a_{2n}x_n \leqslant (\geqslant, =) b_2 \\ \vdots \\ a_{m1}x_1 + a_{m2}x_2 + \cdots + a_{mn}x_n \leqslant (\geqslant, =) b_m \\ x_j \geqslant 0, j = 1, 2, \cdots, n \end{cases}$$

式中，$\boldsymbol{X} = [x_1 \quad x_2 \quad \cdots \quad x_n]^{\mathrm{T}}$ 为决策变量；$z = c_1x_1 + c_2x_2 + \cdots + c_nx_n$ 为目标函数；$a_{i1}x_1 + a_{i2}x_2 + \cdots + a_{in}x_n \leqslant (\geqslant, =) b_i$ 为资源约束条件($i = 1, 2, \cdots, m$)；$x_j \geqslant 0$($j = 1, 2, \cdots, n$)为非负约束条件，称满足全部约束条件的决策变量为可行解，使目标函数为最大(或最小)的可行解称为最优解。

2.1.2 线性规划的图解法

对于只有两个变量的线性规划问题，可以直接用图解法求解。图解法比较直观，而且对一般问题的解决很有启发作用。

图解法可分为两步进行。第一步，根据约束条件画出与约束条件相应方程的直线，由这些直线共同确定的区域即为可行解的区域(满足约束条件的决策变量集合)；第二步，画出目标函数的等值线，然后平行移动至与可行区域边界“相切”之点，此点即为最优点，相应的坐标 $[x_1 \quad x_2]^{\mathrm{T}}$ 即为最优解。

以问题 1 为例说明,式(2.2)的约束中每个不等式都表示一个半平面。第一步画出这些半平面的分界直线,即

$$9x_1+\ \ 4x_2=360$$
$$4x_1+\ \ 5x_2=200$$
$$3x_1+10x_2=300$$

确定它们与 $x_1 \geqslant 0$、$x_2 \geqslant 0$ 共同围成的部分即为可行域(即画影线部分),如图 2.1 所示。

第二步,作目标函数等值线 $7x_1+12x_2=k$,沿 k 增大方向平行移动,与可行域"相切"于 D 点,故点 D 为最优点。求解两直线之交点,即解方程组

$$\begin{cases}4x_1+5x_2=200\\3x_1+10x_2=300\end{cases}$$

得 D 的坐标为 $x_1=20$, $x_2=24$,即 $\boldsymbol{X}^*=[20\quad 24]^{\mathrm{T}}$ 为最优生产方案,最大收入为

$$z^*=(7\times20)+(12\times24)=428$$

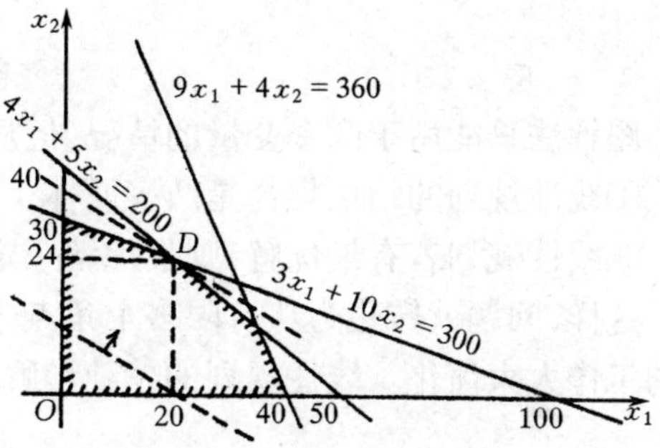

图 2.1

用图解法求解线性规划时,可能会出现下面 4 种情况:

①有唯一最优解(图 2.1),目标函数等值线"相切"于约束集合的一个角点 D,则 D 点是线性规划问题的唯一最优解;

②有多个最优解(图 2.2),目标函数等值线平行于一条约束边界,则此边上所有点都是最优解;

③有可行解,但没有使目标值为有限的最优解,无有限最优解,也称无界解(图 2.3);

④无可行解(图 2.4),约束集合是空集,即无可行解。

例 2.3 (与图 2.2 对应)

$$\max z=2x_1+2x_2$$
$$\begin{cases}x_1+x_2\leqslant 3\\-x_1+x_2\leqslant 1\\x_1\geqslant 0,x_2\geqslant 0\end{cases}$$

例 2.4 (与图 2.3 对应)

$$\max z=x_1+x_2$$
$$\begin{cases}-2x_1+x_2\leqslant 4\\x_1-x_2\leqslant 2\\x_1\geqslant 0,x_2\geqslant 0\end{cases}$$

例 2.5 (与图 2.4 对应)

$$\max z=x_1+2x_2$$
$$\begin{cases}x_1+x_2\leqslant 1\\x_1-2x_2\geqslant 2\\x_1\geqslant 0,x_2\geqslant 0\end{cases}$$

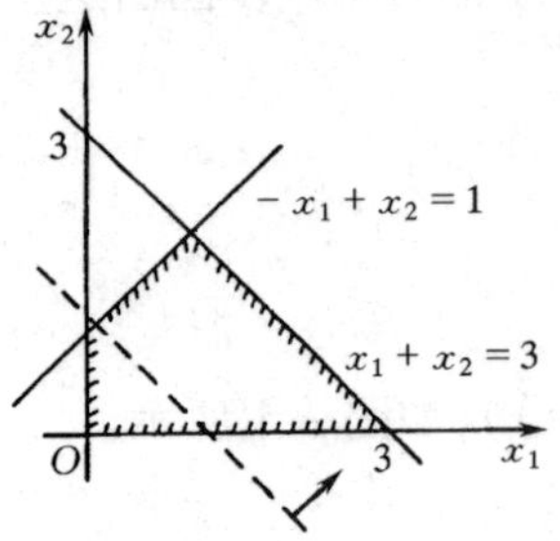

图 2.2

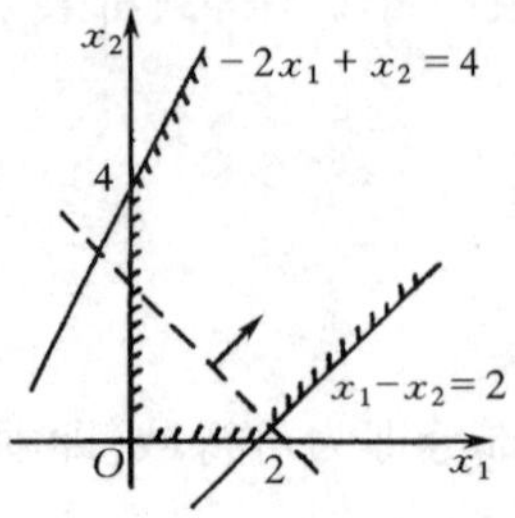

图 2.3

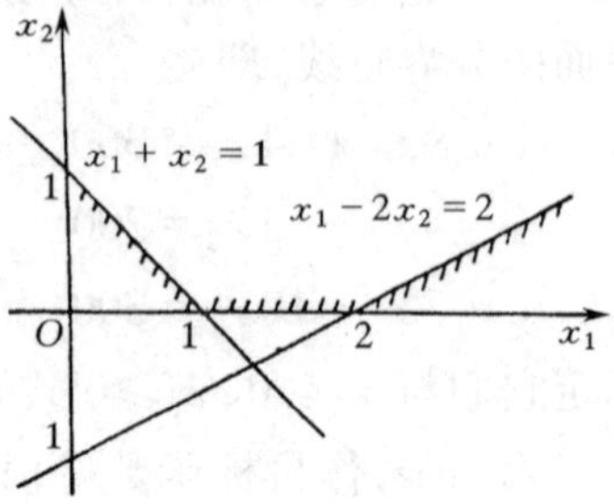

图 2.4

图解法只能用于两个变量的情况，但从图解法能得到两个重要结论：

①线性规划的约束集合是凸多面体；

②线性规划若有最优解，则最优解一定能在凸多面体的角点(顶点)上达到。

这样，问题就转化为从有限多个角点中去寻找最优点，使原来从所有可行解中去寻找最优解的工作大大简化。线性规划的单纯形解法的依据就是这两个结论。

2.2 单纯形法

2.2.1 单纯形法的原理与基本概念

单纯形法(simplex method)是由美国数学家 G. B. Dantzig 于 1947 年提出的，到目前为止，它仍是线性规划问题最有效的解法。单纯形法是一种迭代算法。它利用线性规划最优解在可行域角点上得到这一结论，首先确定一个初始角点，用某种法则判别它是否是最优解。若不是最优解，则设法去寻找一个更好的角点。所谓“更好”的角点是指新角点的目标函数值比旧角点的目标函数值大。由于角点个数是有限的，经过有限次迭代(寻找更好角点)后必定达到最优点。这样，单纯形法就需要解决 4 个问题：①可行域的角点有什么特征？②如何确定第一个角点？③如何判定一个角点是否是最优？④如何从一个角点出发去寻找更好的角点？

单纯形法要求先将模型化为标准型。把最大化、等式约束型的线性规划称为线性规划的标准型，即

$$\max\ z=c_1x_1+c_2x_2+\cdots+c_nx_n$$

$$\begin{cases}a_{11}x_1+a_{12}x_2+\cdots+a_{1n}x_n=b_1\\a_{21}x_1+a_{22}x_2+\cdots+a_{2n}x_n=b_2\\\quad\vdots\\a_{m1}x_1+a_{m2}x_2+\cdots+a_{mn}x_n=b_m\\x_j\geqslant0,j=1,2,\cdots,n\end{cases}\tag{2.3}$$

标准型的矩阵形式为

$$\max\ z=\boldsymbol{CX}$$

$$\begin{cases}\boldsymbol{AX}=\boldsymbol{b}\\\boldsymbol{X}\geqslant\boldsymbol{0}\end{cases}$$

其中 $\boldsymbol{C}=[c_1\quad c_2\quad\cdots\quad c_n]$，$\boldsymbol{X}=[x_1\quad x_2\quad\cdots\quad x_n]^{\mathrm{T}}$，$\boldsymbol{b}=[b_1\quad b_2\quad\cdots\quad b_m]^{\mathrm{T}}$，

$$A=\begin{bmatrix}a_{11} & a_{12} & \cdots & a_{1n}\\ a_{21} & a_{22} & \cdots & a_{2n}\\ \vdots & \vdots & & \vdots\\ a_{m1} & a_{m2} & \cdots & a_{mn}\end{bmatrix}。$$

习惯上称 $\boldsymbol{C}$ 为价格系数向量；$\boldsymbol{b}$ 为资源向量，标准型中设 $\boldsymbol{b}\geqslant\boldsymbol{0}$；$\boldsymbol{A}$ 为技术系数矩阵。

各种非标准形式的线性规划都可以通过适当的变换化为等价的标准型问题。具体做法如下。

①原问题目标函数求极小，可以改变目标函数的符号，然后求极大。例如，原问题

$$\min z=2x_1+4x_2$$

可化为

$$\max z'=-2x_1-4x_2$$

②对"≤"约束，可添加松弛变量构成新的等式约束，例如，对约束 $9x_1+4x_2\leqslant 360$，添加松弛变量 $x_3\geqslant 0$，构成等式约束

$$9x_1+4x_2+x_3=360$$

目标函数中松弛变量 x_3 的价格系数 $c_3=0$。

③对"≥"约束，可减去一个剩余变量构成等式约束，例如，对约束 $5x_1-2x_2\geqslant 2$，减去剩余变量 $x_4\geqslant 0$，构成等式约束

$$5x_1-2x_2-x_4=2$$

同样，剩余变量的价格系数 $c_4=0$。相对于松弛或剩余变量，原有的变量也可称为结构变量。

④对原问题中所含的 x_j 不限制取非负值时称之为自由变量，并可进行变换

$$x_j=x'_j-x''_j,\ x'_j\geqslant 0,\ x''_j\geqslant 0$$

代入原问题的目标函数及约束条件中，化成一个不含自由变量的线性规划问题。

例 2.6　对线性规划式(2.2)，添加松弛变量 $x_3\geqslant 0, x_4\geqslant 0, x_5\geqslant 0$，相应 $c_3=c_4=c_5=0$，得标准型

$$\max z=7x_1+12x_2$$

$$\begin{cases}9x_1+4x_2+x_3=360\\ 4x_1+5x_2+x_4=200\\ 3x_1+10x_2+x_5=300\\ x_j\geqslant 0, j=1,2,\cdots,5\end{cases}\tag{2.4}$$

标准型式(2.4)与原问题式(2.2)是等价的。在此例中不难理解，松弛变量的实际意义是剩余的资源。

例 2.7　将下面非标准线性规划化为等价的标准型线性规划：

$$\min z=-x_1+3x_2-7x_3$$

$$\begin{cases}x_1-2x_2+3x_3\leqslant 7\\ 2x_1-x_2+x_3\geqslant 4\\ -5x_1+x_2+4x_3=6\\ x_1,x_2\geqslant 0,x_3\text{ 为自由变量}\end{cases}$$

解　按下述步骤进行：

①将目标函数转化为求极大型,即得

$$\max z' = x_1 - 3x_2 + 7x_3$$

②对第一个约束添加松弛变量 $x_4 \geqslant 0$,得

$$x_1 - 2x_2 + 3x_3 + x_4 = 7$$

③对第二个约束减去剩余变量 $x_5 \geqslant 0$,得

$$2x_1 - x_2 + x_3 - x_5 = 4$$

④对自由变量 x_3,令

$$x_3 = x'_3 - x''_3, x'_3 \geqslant 0, x''_3 \geqslant 0$$

原规划化为标准型:

$$\max z' = x_1 - 3x_2 + 7x'_3 - 7x''_3$$

$$\begin{cases} x_1 - 2x_2 + 3x'_3 - 3x''_3 + x_4 = 7 \\ 2x_1 - x_2 + x'_3 - x''_3 - x_5 = 4 \\ -5x_1 + x_2 + 4x'_3 - 4x''_3 = 6 \\ x_1, x_2, x'_3, x''_3, x_4, x_5 \geqslant 0 \end{cases}$$

考虑式(2.3)所定义的线性规划问题。假设 $n \geqslant m$,且系数矩阵

$$\boldsymbol{A} = \begin{bmatrix} a_{11} & a_{12} & \cdots & a_{1n} \\ a_{21} & a_{22} & \cdots & a_{2n} \\ \vdots & \vdots & & \vdots \\ a_{m1} & a_{m2} & \cdots & a_{mn} \end{bmatrix}$$

的秩为 m,用 $\boldsymbol{P}_j$ 表示 $\boldsymbol{A}$ 中第 j 列的列向量,即

$$\boldsymbol{P}_j = \begin{bmatrix} a_{1j} \\ a_{2j} \\ \vdots \\ a_{mj} \end{bmatrix}$$

由此,矩阵 $\boldsymbol{A}$ 可表示为 $\boldsymbol{A} = [\boldsymbol{P}_1 \quad \boldsymbol{P}_2 \quad \cdots \quad \boldsymbol{P}_n]$,同样有

$$\boldsymbol{AX} = \sum_{j=1}^{n} x_j \boldsymbol{P}_j$$

为了表达角点的坐标,引入基、基变量、基本解、基本可行解几个重要概念。

1.基与基变量

若 $\boldsymbol{P}_{i1}, \boldsymbol{P}_{i2}, \cdots, \boldsymbol{P}_{im}$ 是 $\boldsymbol{A} = [\boldsymbol{P}_1 \quad \boldsymbol{P}_2 \quad \cdots \quad \boldsymbol{P}_n]$ 中 m 个线性无关的列,则称方阵

$$\boldsymbol{B} = [\boldsymbol{P}_{i1} \quad \boldsymbol{P}_{i2} \quad \cdots \quad \boldsymbol{P}_{im}]$$

为一个基,称其余列构成的矩阵为非基向量矩阵,记为 $\boldsymbol{N}$。

基 $\boldsymbol{B}$ 中各列对应的变量称为基变量,记为

$$\boldsymbol{X_B} = [\boldsymbol{x}_{i1} \quad \boldsymbol{x}_{i2} \quad \cdots \quad \boldsymbol{x}_{im}]^{\mathrm{T}}$$

其余对应于非基矩阵各列的变量称为非基变量,记为 $\boldsymbol{X_N}$。例如,在标准型问题式(2.4)中有

$$\boldsymbol{A} = \begin{bmatrix} 9 & 4 & 1 & 0 & 0 \\ 4 & 5 & 0 & 1 & 0 \\ 3 & 10 & 0 & 0 & 1 \end{bmatrix} = [\boldsymbol{P}_1 \quad \boldsymbol{P}_2 \quad \boldsymbol{P}_3 \quad \boldsymbol{P}_4 \quad \boldsymbol{P}_5]$$

若取基 $\boldsymbol{B}_1=[\boldsymbol{P}_3\quad \boldsymbol{P}_4\quad \boldsymbol{P}_5]$，$\boldsymbol{B}_2=[\boldsymbol{P}_3\quad \boldsymbol{P}_1\quad \boldsymbol{P}_2]$，则有

$$\boldsymbol{B}_1=[\boldsymbol{P}_3\quad \boldsymbol{P}_4\quad \boldsymbol{P}_5]=\begin{bmatrix}1&0&0\\0&1&0\\0&0&1\end{bmatrix},\boldsymbol{N}_1=[\boldsymbol{P}_1\quad \boldsymbol{P}_2]=\begin{bmatrix}9&4\\4&5\\3&10\end{bmatrix}$$

$$\boldsymbol{X}_{\boldsymbol{B}_1}=[x_3\quad x_4\quad x_5]^{\mathrm{T}},\boldsymbol{X}_{\boldsymbol{N}_1}=[x_1\quad x_2]^{\mathrm{T}}$$

和

$$\boldsymbol{B}_2=[\boldsymbol{P}_3\quad \boldsymbol{P}_1\quad \boldsymbol{P}_2]=\begin{bmatrix}1&9&4\\0&4&5\\0&3&10\end{bmatrix},\boldsymbol{N}_2=[\boldsymbol{P}_4\quad \boldsymbol{P}_5]=\begin{bmatrix}0&0\\1&0\\0&1\end{bmatrix}$$

$$\boldsymbol{X}_{\boldsymbol{B}_2}=[x_3\quad x_1\quad x_2]^{\mathrm{T}},\boldsymbol{X}_{\boldsymbol{N}_2}=[x_4\quad x_5]^{\mathrm{T}}$$

2. 基本解与基本可行解

对于确定的一个基 $\boldsymbol{B}$，能由基 $\boldsymbol{B}$ 去确定约束方程 $\boldsymbol{AX}=\boldsymbol{b}$ 的一个解。为了讲述方便，假设基 $\boldsymbol{B}$ 是选择由 $\boldsymbol{A}$ 的前 m 列组成（不失一般性），即有

$$\boldsymbol{B}=[\boldsymbol{P}_1\quad \boldsymbol{P}_2\quad \cdots\quad \boldsymbol{P}_m],\boldsymbol{N}=[\boldsymbol{P}_{m+1}\quad \boldsymbol{P}_{m+2}\quad \cdots\quad \boldsymbol{P}_n]$$

约束方程 $\boldsymbol{AX}=\boldsymbol{b}$ 可表示为

$$[\boldsymbol{B}\quad \boldsymbol{N}]\begin{bmatrix}\boldsymbol{X}_{\boldsymbol{B}}\\\boldsymbol{X}_{\boldsymbol{N}}\end{bmatrix}=\boldsymbol{b}$$

其中 $\boldsymbol{A}=[\boldsymbol{B}\quad \boldsymbol{N}]$，$\boldsymbol{X}=\begin{bmatrix}\boldsymbol{X}_{\boldsymbol{B}}\\\boldsymbol{X}_{\boldsymbol{N}}\end{bmatrix}$，进一步有

$$\boldsymbol{BX}_{\boldsymbol{B}}+\boldsymbol{NX}_{\boldsymbol{N}}=\boldsymbol{b}$$

$$\boldsymbol{X}_{\boldsymbol{B}}=\boldsymbol{B}^{-1}\boldsymbol{b}-\boldsymbol{B}^{-1}\boldsymbol{NX}_{\boldsymbol{N}} \tag{2.5}$$

令非基变量 $\boldsymbol{X}_{\boldsymbol{N}}=[x_{m+1}\quad x_{m+2}\quad \cdots\quad x_n]^{\mathrm{T}}=\boldsymbol{0}$，有

$$\boldsymbol{X}_{\boldsymbol{B}}=\boldsymbol{B}^{-1}\boldsymbol{b}=\begin{bmatrix}b'_1\\b'_2\\\vdots\\b'_m\end{bmatrix}$$

这样，由基 $\boldsymbol{B}$ 确定了方程 $\boldsymbol{AX}=\boldsymbol{b}$ 的一个解

$$\boldsymbol{X}=\begin{bmatrix}\boldsymbol{B}^{-1}\boldsymbol{b}\\\boldsymbol{0}\end{bmatrix}=[b'_1\quad b'_2\quad \cdots\quad b'_m\quad 0\quad \cdots\quad 0]^{\mathrm{T}}$$

称这个解为一个基本解。若它进一步满足非负约束 $x_j\geqslant 0(j=1,2,\cdots,n)$，即满足

$$\boldsymbol{B}^{-1}\boldsymbol{b}=[b'_1\quad b'_2\quad \cdots\quad b'_m]^{\mathrm{T}}\geqslant\boldsymbol{0}$$

则称这个解是一个基本可行解，称基 $\boldsymbol{B}$ 为可行基。

例如，在标准型式(2.4)中，取基 $\boldsymbol{B}=[\boldsymbol{P}_3\quad \boldsymbol{P}_1\quad \boldsymbol{P}_2]$ 时，则有相应的基本可行解

$$\boldsymbol{X}_{\boldsymbol{B}}=[x_3\quad x_1\quad x_2]^{\mathrm{T}}=\boldsymbol{B}^{-1}\boldsymbol{b}=\begin{bmatrix}1&9&4\\0&4&5\\0&3&10\end{bmatrix}^{-1}\begin{bmatrix}360\\200\\300\end{bmatrix}=[84\quad 20\quad 24]^{\mathrm{T}}$$

$$\boldsymbol{X}_{\boldsymbol{N}}=[x_4\quad x_5]^{\mathrm{T}}=[0\quad 0]^{\mathrm{T}}$$

即为

$$X = [20 \quad 24 \quad 84 \quad 0 \quad 0]^T$$

可以证明，线性规划可行域角点的坐标恰好是某一个基本可行解，即角点与基本可行解是一一对应的，在角点中寻找最优点即可转化为在所有基本可行解中寻找最优解。因此，只需考虑所有基本可行解就够了。

2.2.2 单纯形法的步骤

单纯形法是一个迭代算法，它主要由三步组成，见图 2.5。方法的前提是模型已化为标准型。

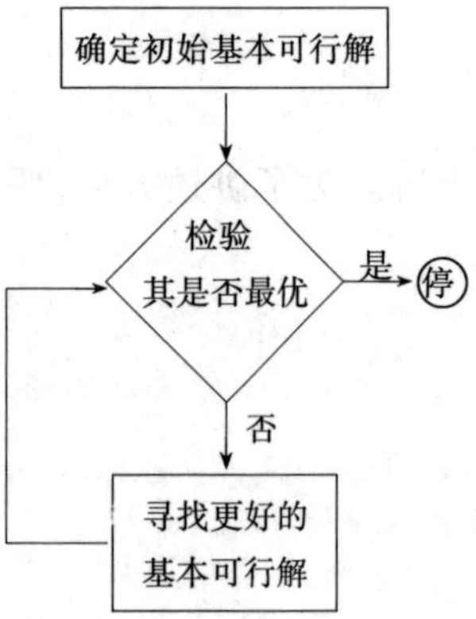

图 2.5

1. 确定一个初始基本可行解

先对原问题添加松弛变量化为标准型，即

$$\max\ z = \boldsymbol{CX}$$
$$\boldsymbol{AX} = \boldsymbol{b}$$
$$\boldsymbol{X} \geqslant \boldsymbol{0}$$

若系数矩阵 $\boldsymbol{A}$ 中含单位矩阵 $\boldsymbol{I}$，则取初始基 $\boldsymbol{B}_0 = \boldsymbol{I}$，由此初始基 $\boldsymbol{B}_0$ 可得初始基本可行解

$$\boldsymbol{X}_{\boldsymbol{B}_0} = \boldsymbol{B}_0^{-1}\boldsymbol{b} = \boldsymbol{b}',\ \boldsymbol{X}_{\boldsymbol{N}_0} = \boldsymbol{0}$$

若 $\boldsymbol{A}$ 中不含单位矩阵 $\boldsymbol{I}$，则可由以后介绍的大 M 法确定一个初始基本可行解。

2. 检验一个基本可行解是否最优

对于给定的可行基 $\boldsymbol{B}$，相应基本可行解为 $\boldsymbol{X}_{\boldsymbol{B}} = \boldsymbol{B}^{-1}\boldsymbol{b}$，$\boldsymbol{X}_{\boldsymbol{N}} = \boldsymbol{0}$。而由式(2.5)知，基变量 $\boldsymbol{X}_{\boldsymbol{B}}$ 可由非基变量 $\boldsymbol{X}_{\boldsymbol{N}}$ 线性表示为

$$\boldsymbol{X}_{\boldsymbol{B}} = \boldsymbol{B}^{-1}\boldsymbol{b} - \boldsymbol{B}^{-1}\boldsymbol{N}\boldsymbol{X}_{\boldsymbol{N}}$$

代入目标函数 $z = \boldsymbol{CX} = \boldsymbol{C}_{\boldsymbol{B}}\boldsymbol{X}_{\boldsymbol{B}} + \boldsymbol{C}_{\boldsymbol{N}}\boldsymbol{X}_{\boldsymbol{N}}$ 得

$$z = \boldsymbol{C}_{\boldsymbol{B}}\boldsymbol{B}^{-1}\boldsymbol{b} + (\boldsymbol{C}_{\boldsymbol{N}} - \boldsymbol{C}_{\boldsymbol{B}}\boldsymbol{B}^{-1}\boldsymbol{N})\boldsymbol{X}_{\boldsymbol{N}} \tag{2.6}$$

其中 $\boldsymbol{C}_{\boldsymbol{B}}$ 为基变量 $\boldsymbol{X}_{\boldsymbol{B}} = [x_{B_1} \quad x_{B_2} \quad \cdots \quad x_{B_m}]^T$ 在目标函数中的系数，即

$$\boldsymbol{C}_{\boldsymbol{B}} = [c_{B_1} \quad c_{B_2} \quad \cdots \quad c_{B_m}]$$

而 $\boldsymbol{C}_{\boldsymbol{N}}$ 为由非基变量 $\boldsymbol{X}_{\boldsymbol{N}}$ 在目标函数中系数构成的向量。

从式(2.6)可知，当向量 $\boldsymbol{C}_{\boldsymbol{N}} - \boldsymbol{C}_{\boldsymbol{B}}\boldsymbol{B}^{-1}\boldsymbol{N} \leqslant \boldsymbol{0}$ 时，对应于这个基本可行解 $\boldsymbol{X}_{\boldsymbol{B}} = \boldsymbol{B}^{-1}\boldsymbol{b} = [b'_{B_1} \quad b'_{B_2} \quad \cdots \quad b'_{B_m}]^T$，$\boldsymbol{X}_{\boldsymbol{N}} = \boldsymbol{0}$ 的目标函数值 $z = \boldsymbol{C}_{\boldsymbol{B}}\boldsymbol{B}^{-1}\boldsymbol{b}$ 为最大，即这个基本可行解为最优解。向量 $\boldsymbol{C}_{\boldsymbol{N}} - \boldsymbol{C}_{\boldsymbol{B}}\boldsymbol{B}^{-1}\boldsymbol{N}$ 为判别是否最优的检验向量。因此，对给定的一个可行基 $\boldsymbol{B}$(即给定一个基本可行解 $\boldsymbol{X}_{\boldsymbol{B}} = \boldsymbol{B}^{-1}\boldsymbol{b}$，$\boldsymbol{X}_{\boldsymbol{N}} = \boldsymbol{0}$)，判别它是否最优，只需计算每一非基变量 x_j 的检验数(检验向量 $\boldsymbol{C}_{\boldsymbol{N}} - \boldsymbol{C}_{\boldsymbol{B}}\boldsymbol{B}^{-1}\boldsymbol{N}$ 的每一分量)

$$\sigma_j = c_j - \boldsymbol{C}_{\boldsymbol{B}}\boldsymbol{B}^{-1}\boldsymbol{P}_j$$

式中，c_j 为非基变量 x_j 的价格系数；$\boldsymbol{P}_j$ 为 $\boldsymbol{A}$ 中对应于非基变量 x_j 之列向量。若所有 $\sigma_j \leqslant 0$，这个基本可行解为最优，反之，若有某一检验数 $\sigma_k > 0$，则此解一定不是最优。同时可以证明，若某 $\sigma_k > 0$，而相应 $\boldsymbol{B}^{-1}\boldsymbol{P}_k \leqslant \boldsymbol{0}$(每个分量 $\leqslant 0$)时，原问题没有有限最优解。若讨论的线性规划

是 min 型，则当所有 $\sigma_j \geqslant 0$ 时为最优。

3. 寻找一个更好的基本可行解

对于一个基本可行解 $\boldsymbol{X_B}=\boldsymbol{B}^{-1}\boldsymbol{b}, \boldsymbol{X_N}=\boldsymbol{0}$，经第二步检验不是最优解，则需寻找一个更好的基本可行解，即去寻找一个新的可行基 $\bar{\boldsymbol{B}}$。$\bar{\boldsymbol{B}}$ 的选择是在基 $\boldsymbol{B}$ 的基础上进行的。假设 $\boldsymbol{B}=[\boldsymbol{P}_1 \quad \cdots \quad \boldsymbol{P}_l \quad \cdots \quad \boldsymbol{P}_m]$，$\boldsymbol{N}=[\boldsymbol{P}_{m+1} \quad \boldsymbol{P}_{m+2} \quad \cdots \quad \boldsymbol{P}_n]$，新可行基 $\bar{\boldsymbol{B}}$ 是由从原非基阵 $\boldsymbol{N}$ 中选择一列 $\boldsymbol{P}_k$ 去代换原基 $\boldsymbol{B}$ 中的某一列 $\boldsymbol{P}_l$ 而得(一般地，基并不一定是由 $\boldsymbol{A}$ 中前 m 列组成，则出基 $\boldsymbol{P}_l$ 和进基 $\boldsymbol{P}_k$ 也不一定是 $\boldsymbol{A}$ 中原第 l 和 k 列)，即

$$\bar{\boldsymbol{B}}=[\boldsymbol{P}_1 \quad \cdots \quad \boldsymbol{P}_k \quad \cdots \quad \boldsymbol{P}_m]$$

新基 $\bar{\boldsymbol{B}}$ 与旧基 $\boldsymbol{B}$ 仅有一列不同，问题是如何选择进基列 $\boldsymbol{P}_k$ 和出基列 $\boldsymbol{P}_l$，使得构成的新基 $\bar{\boldsymbol{B}}$ 是一个可行基，而且相应基本可行解的目标函数值上升。

首先决定进基列 $\boldsymbol{P}_k$，计算所有非基变量的检验数

$$\max_j\{\sigma_j>0\}=\sigma_k$$

则选择相应的列 $\boldsymbol{P}_k$ 作为进基列。

然后选择出基列 $\boldsymbol{P}_l$，计算

$$\theta_l=\min_i\left[\frac{(\boldsymbol{B}^{-1}\boldsymbol{b})_i}{(\boldsymbol{B}^{-1}\boldsymbol{P}_k)_i} \mid (\boldsymbol{B}^{-1}\boldsymbol{P}_k)_i>0\right]=\frac{(\boldsymbol{B}^{-1}\boldsymbol{b})_l}{(\boldsymbol{B}^{-1}\boldsymbol{P}_k)_l}=\frac{b'_l}{a'_{lk}}$$

式中，$\boldsymbol{B}^{-1}\boldsymbol{b}=\begin{bmatrix} b'_1 \\ b'_2 \\ \vdots \\ b'_m \end{bmatrix}$，$\boldsymbol{B}^{-1}\boldsymbol{P}_k=\begin{bmatrix} a'_{1k} \\ a'_{2k} \\ \vdots \\ a'_{mk} \end{bmatrix}$。这样选择的出基列为 $\boldsymbol{P}_l$。

可以证明，依这样的法则得到的新基

$$\bar{\boldsymbol{B}}=[\boldsymbol{P}_1 \quad \cdots \quad \boldsymbol{P}_k \quad \cdots \quad \boldsymbol{P}_m]$$

是一个可行基，而且相应的目标函数值上升。其新基本可行解 $\boldsymbol{X}_{\bar{B}}=\bar{\boldsymbol{B}}^{-1}\boldsymbol{b}, \boldsymbol{X}_{\bar{N}}=\boldsymbol{0}$，转入第二步检验。

2.2.3 单纯形表

上述计算步骤可以通过制作单纯形表在表上计算完成。对每个确定的可行基 $\boldsymbol{B}$ 可作出一个单纯形表，如表 2.3 所示。

表 2.3

$\boldsymbol{C_B}$	$\boldsymbol{X_B}$	$\boldsymbol{B}^{-1}\boldsymbol{b}$	c_1 x_1	c_2 x_2	$\cdots$ $\cdots$	c_n x_n
c_{B_1}	x_{B_1}	b'_1	a'_{11}	a'_{12}	$\cdots$	a'_{1n}
c_{B_2}	x_{B_2}	b'_2	a'_{21}	a'_{22}	$\cdots$	a'_{2n}
$\vdots$	$\vdots$	$\vdots$	$\vdots$	$\vdots$		$\vdots$
c_{B_m}	x_{B_m}	b'_m	a'_{m1}	a'_{m2}	$\cdots$	a'_{mn}
检验数 $c_j-\boldsymbol{C_B}\boldsymbol{B}^{-1}\boldsymbol{P}_j$			σ_1	σ_2	$\cdots$	σ_n

单纯形表中的表头 $\boldsymbol{X_B}$ 下填确定的基变量名，$\boldsymbol{C_B}$ 下填相应的基变量价格系数，$\boldsymbol{B}^{-1}\boldsymbol{b}$ 下填基本可行解中基变量之解值(非基变量为零)。

$$X_B = B^{-1}b = [b'_1 \quad b'_2 \quad \cdots \quad b'_m]^{\mathrm{T}}$$

x_j 下系数列为

$$P'_j = B^{-1}P_j = B^{-1}\begin{bmatrix} a_{1j} \\ a_{2j} \\ \vdots \\ a_{mj} \end{bmatrix} = \begin{bmatrix} a'_{1j} \\ a'_{2j} \\ \vdots \\ a'_{mj} \end{bmatrix}$$

最后一行填写检验数

$$\begin{aligned} \sigma_j &= c_j - C_B B^{-1} P_j \\ &= c_j - [c_{B_1} \quad c_{B_2} \quad \cdots \quad c_{B_m}] \begin{bmatrix} a'_{1j} \\ a'_{2j} \\ \vdots \\ a'_{mj} \end{bmatrix} \end{aligned}$$

显然,按上式计算,基变量之检验数必为零。

在每个基的单纯形表上能完成三件事:

①确定对应于基的基本可行解,即 $X_B = B^{-1}b$;

②计算检验数行值,判断当前解是否最优;

③可由表上确定进基变量 x_k、出基变量 x_l(确定主元 a'_{lk}),从而确定一个新的更好的基。

由步骤1知,用单纯形表计算时,取单位矩阵为初始基 $B_0 = I$,则相应初始单纯形表不必计算,表中各元素就是原始数据,即有

$$B^{-1}b = Ib = b, P'_j = B^{-1}P_j = IP_j = P_j$$

只需计算检验数 $\sigma_j = c_j - C_B B^{-1} P_j$,就建立了初始单纯形表。进一步,再在表上确定相应基本可行解、检验数和新的基 B_1(确定进基变量 x_k,出基变量 x_l,表上元素 a'_{lk} 为主元)。

这样确定新基 B_1 后,再去建立 B_1 的单纯形表,在表上重复完成上述三个步骤。在确定新表时,不必先计算逆矩阵 B_1^{-1},再分别与 b 及各列 P_j 相乘,而是可把每一单纯形表看成一个矩阵,并可证明,B_1 的单纯形表可由 B_0 的单纯形表进行以 a'_{lk} 为主元的矩阵初等行变换而得,即为

$$\begin{bmatrix} b'_1 & a'_{11} & \cdots & a'_{1k} & \cdots & a'_{1n} \\ \vdots & & & \vdots & & \vdots \\ b'_l & a'_{l1} & \cdots & a'_{lk} & \cdots & a'_{ln} \\ \vdots & & & \vdots & & \vdots \\ b'_m & a'_{m1} & \cdots & a'_{mk} & \cdots & a'_{mn} \end{bmatrix} \xrightarrow[\text{矩阵初等行变换}]{\text{以 } a'_{lk} \text{ 为主元}} \begin{bmatrix} b''_1 & a''_{11} & \cdots & 0 & \cdots & a''_{1n} \\ \vdots & & & \vdots & & \vdots \\ b''_l & a''_{l1} & \cdots & 1 & \cdots & a''_{ln} \\ \vdots & & & \vdots & & \vdots \\ b''_m & a''_{m1} & \cdots & 0 & \cdots & a''_{mn} \end{bmatrix}$$

整个单纯形表计算过程如下:

$$B_0 = I \xrightarrow[(B^{-1}P_j = P_j)]{(B^{-1}b = b)} \text{单纯形表} \begin{cases} 1.\ \text{确定基本可行解 } X_0 \\ 2.\ \text{检验} \\ 3.\ \text{确定新基 } B_1 \\ (\text{确定主元 } a_{lk}^0) \end{cases}$$

$$\Big\downarrow \ \text{以 } a_{lk}^0 \text{ 为主元进行矩阵初等行变换}$$

$$B_1 \longrightarrow \text{单纯形表} \begin{cases} 1.\ \text{确定基本可行解 } X_1 \\ 2.\ \text{检验} \\ 3.\ \text{确定新基 } B_2 \\ (\text{确定主元 } a_{lk}^1) \end{cases}$$

$$B_2 \xrightarrow[\text{矩阵初等行变换}]{\text{以 } a_{lk}^1 \text{ 为主元进行}} \text{单纯形表}$$

以问题 1 标准型式(2.4)为例,用单纯形法求解,式(2.4)中系数矩阵为

$$\boldsymbol{A}=[\boldsymbol{P}_1\quad \boldsymbol{P}_2\quad \boldsymbol{P}_3\quad \boldsymbol{P}_4\quad \boldsymbol{P}_5]=\begin{bmatrix}9&4&1&0&0\\4&5&0&1&0\\3&10&0&0&1\end{bmatrix}$$

根据算法,第一步选择单位矩阵为初始基,即有

$$\boldsymbol{B}_0=[\boldsymbol{P}_3\quad \boldsymbol{P}_4\quad \boldsymbol{P}_5]=\begin{bmatrix}1&0&0\\0&1&0\\0&0&1\end{bmatrix}$$

基 $\boldsymbol{B}_0$ 对应的初始单纯形表中元素为

$$\boldsymbol{P}'_j=\boldsymbol{B}_0^{-1}\boldsymbol{P}_j=\boldsymbol{P}_j$$

$$\boldsymbol{b}'=\boldsymbol{B}_0^{-1}\boldsymbol{b}=\boldsymbol{I}^{-1}\boldsymbol{b}=[360\quad 200\quad 300]^{\mathrm{T}}$$

取 $\boldsymbol{X}_{\boldsymbol{B}_0}=[x_3\quad x_4\quad x_5]^{\mathrm{T}},\boldsymbol{C}_{\boldsymbol{B}_0}=[0\quad 0\quad 0]$,即可建立初始单纯形表,见表 2.4。

表 2.4

C_B	X_B	$B^{-1}b$	7 x_1	12 x_2	0 x_3	0 x_4	0 x_5	θ
0	x_3	360	9	4	1	0	0	90
0	x_4	200	4	5	0	1	0	40
0	x_5	300	3	[10]	0	0	1	30
	检验数 σ_j		7	12	0	0	0	

进一步在表上确定:

①对应于基 $\boldsymbol{B}_0$ 的基本可行解

$\boldsymbol{X}_{\boldsymbol{B}_0}=[x_3\quad x_4\quad x_5]^{\mathrm{T}}=\boldsymbol{B}^{-1}\boldsymbol{b}=[360\quad 200\quad 300]^{\mathrm{T}},\boldsymbol{X}_{\boldsymbol{N}_0}=[x_1\quad x_2]^{\mathrm{T}}=[0\quad 0]^{\mathrm{T}}$

即有基本可行解

$$\boldsymbol{X}_0=[0\quad 0\quad 360\quad 200\quad 300]^{\mathrm{T}}$$

②从公式 $\sigma_j=c_j-\boldsymbol{C}_B\boldsymbol{B}^{-1}\boldsymbol{P}_j$ 计算各变量之检验数,基变量之检验数 $\sigma_3=\sigma_4=\sigma_5=0$,不必计算,而非基变量的检验数

$$\sigma_1=c_1-\boldsymbol{C}_B\boldsymbol{B}^{-1}\boldsymbol{P}_1=7-[0\quad 0\quad 0]\begin{bmatrix}9\\4\\3\end{bmatrix}=7$$

$$\sigma_2=c_2-\boldsymbol{C}_B\boldsymbol{B}^{-1}\boldsymbol{P}_2=12-[0\quad 0\quad 0]\begin{bmatrix}4\\5\\10\end{bmatrix}=12$$

填入表最后一行相应位置,由于检验数不全部小于等于零,基本可行解 $\boldsymbol{X}_0$ 不是最优解;

③计算 $\max\{\sigma_1,\sigma_2\}=\sigma_2=12$,确定 x_2 为进基变量。

计算 $\theta=\min\{b'_i/a'_{i2}\,|\,a'_{i2}>0\}=\min\{360/4,200/5,300/10\}=300/10$,得 $l=3$。确定第

2 列与第 3 行交叉元素 a'_{32}为主元，表示确定 x_2 为进基变量，基 $\boldsymbol{B}_0=[\boldsymbol{P}_3 \quad \boldsymbol{P}_4 \quad \boldsymbol{P}_5]$中第 3 列出基，即 x_5 为出基变量，从而确定一新基

$$\boldsymbol{B}_1=[\boldsymbol{P}_3 \quad \boldsymbol{P}_4 \quad \boldsymbol{P}_2]$$

建立对应于 $\boldsymbol{B}_1$ 的单纯形表，取 $\boldsymbol{X}_{\boldsymbol{B}_1}=[x_3 \quad x_4 \quad x_2]^{\mathrm{T}}$，$\boldsymbol{C}_{\boldsymbol{B}_1}=[0 \quad 0 \quad 12]$。表中其他元素可由表 2.4 所构成的矩阵进行以 a'_{32}为主元的初等行变换而得，即将主元化为 1，含主元列的其余元素化为零。即有

$$\begin{bmatrix}360 & 9 & 4 & 1 & 0 & 0\\200 & 4 & 5 & 0 & 1 & 0\\300 & 3 & 10 & 0 & 0 & 1\end{bmatrix} \rightarrow \begin{bmatrix}360 & 9 & 4 & 1 & 0 & 0\\200 & 4 & 5 & 0 & 1 & 0\\30 & 0.3 & 1 & 0 & 0 & 0.1\end{bmatrix} \rightarrow$$

$$\begin{bmatrix}360 & 9 & 4 & 1 & 0 & 0\\50 & 2.5 & 0 & 0 & 1 & -0.5\\30 & 0.3 & 1 & 0 & 0 & 0.1\end{bmatrix} \rightarrow \begin{bmatrix}240 & 7.8 & 0 & 1 & 0 & -0.4\\50 & 2.5 & 0 & 0 & 1 & -0.5\\30 & 0.3 & 1 & 0 & 0 & 0.1\end{bmatrix}$$

这样就建立了对应于基 $\boldsymbol{B}_1$ 的单纯形表，见表 2.5。

表 2.5

$\boldsymbol{C}_{\boldsymbol{B}}$	$\boldsymbol{X}_{\boldsymbol{B}}$	$\boldsymbol{B}^{-1}\boldsymbol{b}$	7 x_1	12 x_2	0 x_3	0 x_4	0 x_5	θ
0	x_3	240	7.8	0	1	0	−0.4	30.8
0	x_4	50	[2.5]	0	0	1	−0.5	20
12	x_2	30	0.3	1	0	0	0.1	100
	检验数 σ_j		3.4	0	0	0	−1.2	

在单纯形表上确定：

①对应于基 $\boldsymbol{B}_1=[\boldsymbol{P}_3 \quad \boldsymbol{P}_4 \quad \boldsymbol{P}_2]$的基本可行解为

$$\boldsymbol{X}_1=[0 \quad 30 \quad 240 \quad 50 \quad 0]^{\mathrm{T}}$$

②计算检验数，其中基变量下检验数均为零，即 $\sigma_3=\sigma_4=\sigma_2=0$，非基变量下检验数为

$$\sigma_1=c_1-\boldsymbol{C}_{\boldsymbol{B}_1}\boldsymbol{B}_1^{-1}\boldsymbol{P}_1=7-[0 \quad 0 \quad 12]\begin{bmatrix}7.8\\2.5\\0.3\end{bmatrix}=3.4$$

$$\sigma_5=c_5-\boldsymbol{C}_{\boldsymbol{B}_1}\boldsymbol{B}_1^{-1}\boldsymbol{P}_5=0-[0 \quad 0 \quad 12]\begin{bmatrix}-0.4\\-0.5\\0.1\end{bmatrix}=-1.2$$

填在表中最后一行相应位置，由于 $\sigma_1>0$，所以当前基本可行解 $\boldsymbol{X}_1$ 不是最优解；

③计算 $\max\{\sigma_j>0\}=\sigma_1=3.4$，选择 x_1 为进基变量(或说 $\boldsymbol{P}_1$ 列为进基列)，计算 $\theta=\min\{240/7.8, 50/25, 30/0.3\}=b''_2/a''_{21}=50/2.5$，得 $l=2$；

④确定主元为第 1 列与第 2 行交叉元素 a''_{21}，即由 $\boldsymbol{P}_1$ 列进基，基 $\boldsymbol{B}_1=[\boldsymbol{P}_3 \quad \boldsymbol{P}_4 \quad \boldsymbol{P}_2]$中第 2 列 $\boldsymbol{P}_4$ 出基(x_4 为出基变量)，即由 $\boldsymbol{P}_1$ 代替 $\boldsymbol{P}_4$ 而得新基

$$\boldsymbol{B}_2=[\boldsymbol{P}_3 \quad \boldsymbol{P}_1 \quad \boldsymbol{P}_2]$$

同样建立基 $\boldsymbol{B}_2$ 的单纯形表，取 $\boldsymbol{X}_{\boldsymbol{B}_2}=[x_3 \quad x_1 \quad x_2]^{\mathrm{T}}$，$\boldsymbol{C}_{\boldsymbol{B}_2}=[0 \quad 7 \quad 12]$。单纯形表中其

他元素可由表 2.5 构成的矩阵进行以 a'_{21} 为主元的初等行变换得到,即有

$$\begin{bmatrix} 240 & 7.8 & 0 & 1 & 0 & -0.4 \\ 50 & (2.5) & 0 & 0 & 1 & -0.5 \\ 30 & 0.3 & 1 & 0 & 0 & 0.1 \end{bmatrix} \rightarrow \begin{bmatrix} 84 & 0 & 0 & 1 & -3.12 & 1.16 \\ 20 & 1 & 0 & 0 & 0.4 & -0.2 \\ 24 & 0 & 1 & 0 & -0.12 & 0.16 \end{bmatrix}$$

这样就能建立对应于基 $\boldsymbol{B}_2=[\boldsymbol{P}_3 \quad \boldsymbol{P}_1 \quad \boldsymbol{P}_2]$的单纯形表,见表 2.6。

表 2.6

$\boldsymbol{C_B}$	$\boldsymbol{X_B}$	$\boldsymbol{B}^{-1}\boldsymbol{b}$	7 x_1	12 x_2	0 x_3	0 x_4	0 x_5	θ
0	x_3	84	0	0	1	-3.12	1.16	
7	x_1	20	1	0	0	0.4	-0.2	
12	x_2	24	0	1	0	-0.12	0.16	
检验数 σ_j			0	0	0	-1.36	-0.52	

同样在表上确定:

①对应于 $\boldsymbol{B}_1$ 之基本可行解为

$$\boldsymbol{X}_2=[20 \quad 24 \quad 84 \quad 0 \quad 0]^{\mathrm{T}}$$

②计算检验数。基变量检验数 $\sigma_1=\sigma_2=\sigma_3=0$,非基变量检验数

$$\sigma_4=c_4-\boldsymbol{C}_{\boldsymbol{B}_2}\boldsymbol{B}_2^{-1}\boldsymbol{P}_4=0-[0 \quad 7 \quad 12]\begin{bmatrix} -3.12 \\ 0.4 \\ -0.12 \end{bmatrix}=-1.36$$

$$\sigma_5=c_5-\boldsymbol{C}_{\boldsymbol{B}_2}\boldsymbol{B}_2^{-1}\boldsymbol{P}_5=0-[0 \quad 7 \quad 12]\begin{bmatrix} 1.16 \\ -0.2 \\ 0.16 \end{bmatrix}=-0.52$$

由于所有检验数 $\sigma_j \leqslant 0$,则当前基本可行解

$$\boldsymbol{X}_2=[20 \quad 24 \quad 84 \quad 0 \quad 0]^{\mathrm{T}}$$

为最优解,最优值 $z^*=(7\times 20)+(12\times 24)=428$

使用单纯形表求解 min 型问题,在进行检验时和 max 型相反。当所有检验数 $\sigma_j \geqslant 0$ 时为最优;在选择进基变量时,由

$$\sigma_k=\min\{\sigma_j<0\}$$

确定 x_k 进基,其他各步骤与 max 型完全一样,可用表 2.7 说明。

表 2.7

类型	检验数	判别	确定进基变量 x_k
max	$\sigma_j=c_j-\boldsymbol{C_B}\boldsymbol{B}^{-1}\boldsymbol{P}_j$	所有 $\sigma_j \leqslant 0$ 最优	$\sigma_k=\max\{\sigma_j>0\}$
min	$\sigma_j=c_j-\boldsymbol{C_B}\boldsymbol{B}^{-1}\boldsymbol{P}_j$	所有 $\sigma_j \geqslant 0$ 最优	$\sigma_k=\min\{\sigma_j<0\}$

例 2.8 用单纯形法求解线性规划问题

$$\max z=10x_1+9x_2+4x_3+6x_4$$

$$\begin{cases}3x_1+2x_2+4x_3+2x_4\leqslant 70\\5x_1+5x_2+x_3+3x_4\leqslant 60\\5x_1+6x_2+3x_3+x_4\leqslant 25\\x_i\geqslant 0,i=1,2,3,4\end{cases}$$

解 增加松弛变量 x_5、x_6、x_7，将上述问题化为标准型：

$$\max z=10x_1+9x_2+4x_3+6x_4$$

$$\begin{cases}3x_1+2x_2+4x_3+2x_4+x_5=70\\5x_1+5x_2+x_3+3x_4+x_6=60\\5x_1+6x_2+3x_3+x_4+x_7=25\\x_j\geqslant 0,i=1,\cdots,7\end{cases}$$

初始基选 $\boldsymbol{B}_0=[\boldsymbol{P}_5\quad \boldsymbol{P}_6\quad \boldsymbol{P}_7]$，解题过程由表 2.8 给出。

表 2.8

C_B	X_B	$B^{-1}b$	10 x_1	9 x_2	4 x_3	6 x_4	0 x_5	0 x_6	0 x_7	θ
0	x_5	70	3	2	4	2	1	0	0	70/3
0	x_6	60	5	5	1	3	0	1	0	60/5
0	x_7	25	[5]	6	3	1	0	0	1	25/5
	检验数 σ_j		10↑	9	4	6	0	0	0	
0	x_5	55	0	−8/5	11/5	7/5	1	0	−3/5	275/7
0	x_6	35	0	−1	−2	[2]	0	1	−1	35/2
10	x_1	5	1	6/5	3/5	1/5	0	0	1/5	25
	检验数 σ_j		0	−3	−2	4↑	0	0	−2	
0	x_5	61/2	0	−9/10	18/5	0	1	−7/10	1/10	305/36
6	x_4	35/2	0	−1/2	−1	1	0	1/2	−1/2	
10	x_1	3/2	1	13/10	[4/5]	0	0	−1/10	3/10	15/8
	检验数 σ_j		0	−1	2↑	0	0	−2	0	
0	x_5	95/4	−9/2	−27/4	0	0	1	−1/4	−5/4	
6	x_4	155/8	5/4	9/8	0	1	0	3/8	−1/8	
4	x_3	15/8	5/4	13/8	1	0	0	−1/8	3/8	
	检验数 σ_j		−5/2	−17/4	0	0	0	−7/4	−3/4	

最优解 $\boldsymbol{X}^*=[0\quad 0\quad 15/8\quad 155/8\quad 95/4\quad 0\quad 0,]^{\mathrm{T}}, z^*=123\dfrac{3}{4}$

2.2.4 大 M 法

上述单纯形法第一步中，若系数矩阵中含有单位矩阵，则取初始基 $\boldsymbol{B}_0=\boldsymbol{I}$。一般若系数矩阵中不含单位矩阵，则可采用大 M 法，通过增加人工变量，构成一个系数矩阵中含有单位矩阵的新的线性规划，然后使用单纯形法求出最优解。这个新的线性规划问题和原问题在一定条件下是等价的。通过下面例子具体说明如何使用大 M 法。

例 2.9 求解线性规划

$$\min z=-4x_1+3x_2+2x_3$$

$$\begin{cases} x_1-2x_2+2x_3\leqslant 8 \\ -2x_1+x_2+x_3\geqslant 4 \\ -x_1+x_3=2 \\ x_i\geqslant 0\quad (i=1,2,3) \end{cases}$$

解 首先增加松弛变量与剩余变量 x_4、x_5，将模型约束化为标准型

$$\begin{cases} x_1-2x_2+2x_3+x_4=8 \\ -2x_1+x_2+x_3-x_5=4 \\ -x_1+x_3=2 \\ x_i\geqslant 0\quad (i=1,2,3,4,5) \end{cases}$$

它的系数矩阵为

$$\boldsymbol{A}=\begin{bmatrix} 1 & -2 & 2 & 1 & 0 \\ -2 & 1 & 1 & 0 & -1 \\ -1 & 0 & 1 & 0 & 0 \end{bmatrix}$$

此系数矩阵中不含单位矩阵，在第二、第三个约束方程左边分别添加人工变量 $x_6\geqslant 0$、$x_7\geqslant 0$，即构成一个系数矩阵中含有单位矩阵的新的线性规划问题。在求极大型 max 问题中，人工变量在目标函数中系数均为 $-M$；在求极小型 min 问题中，人工变量在目标函数中系数均为 M，其中 M 是很大很大的正数。上述例题添加人工变量后构成新的线性规划为

$$\min z=-4x_1+3x_2+2x_3+Mx_6+Mx_7$$

$$\begin{cases} x_1-2x_2+2x_3+x_4=8 \\ -2x_1+x_2+x_3-x_5+x_6=4 \\ -x_1+x_3+x_7=2 \\ x_i\geqslant 0\quad (i=1,2,\cdots,7) \end{cases}$$

其中 x_4 是松弛变量，x_5 是剩余变量，x_6、x_7 是人工变量。它的系数矩阵为

$$\bar{\boldsymbol{A}}=\begin{bmatrix} 1 & -2 & 2 & 1 & 0 & 0 & 0 \\ 2 & 1 & 1 & 0 & -1 & 1 & 0 \\ -1 & 0 & 1 & 0 & 0 & 0 & 1 \end{bmatrix}$$

由于上述线性规划系数矩阵中含有单位矩阵，可取 $\boldsymbol{B}_0=[\boldsymbol{P}_4\quad \boldsymbol{P}_6\quad \boldsymbol{P}_7]=\boldsymbol{I}$，按上节所述建立单纯形表 2.9。

表 2.9

C_B	X_B	$B^{-1}b$	-4 x_1	3 x_2	2 x_3	0 x_4	0 x_5	M x_6	M x_7	θ
0	x_4	8	1	-2	2	1	0	0	0	4
(a)M	x_6	4	-2	1	1	0	-1	1	0	4
M	x_7	2	-1	0	[1]	0	0	0	1	2
	检验数		$-4+3M$	$3-M$	$2-2M$	0	M	0	0	

续表 2.9

C_B	X_B	$B^{-1}b$	−4 x_1	3 x_2	2 x_3	0 x_4	0 x_5	M x_6	M x_7	θ
0	x_4	4	3	−2	0	1	0	0	−2	
(b)M	x_6	2	−1	[1]	0	0	−1	1	−1	2
2	x_3	2	−1	0	1	0	0	0	1	
	检验数		$-2+M$	$3-M$	0	0	M	0	$2M-2$	
0	x_4	8	1	0	0	1	−2	2	−4	
(c) 3	x_2	2	−1	1	0	0	−1	1	−1	
2	x_3	2	−1	0	1	0	0	0	1	
	检验数		1	0	0	0	3	$M-3$	$M+1$	

在初始单纯形表 2.9(a)上可确定：

①基本可行解 $\boldsymbol{X}_0=[0\quad 0\quad 0\quad 8\quad 0\quad 4\quad 2]^{\mathrm{T}}$；

②非基变量检验数 $\sigma_1=-4+3M,\sigma_2=3-M,\sigma_3=2-2M,\sigma_5=M$，其中 $\sigma_2<0,\sigma_3<0$，则 $\boldsymbol{X}_0$ 不是最优解；

③$\min\{\sigma_2<0,\sigma_3<0\}=\sigma_3$，确定 x_3 为进基变量；

④$\min\{8/2,4/1,2/1\}=2/1$，得 $l=3$，确定基 $\boldsymbol{B}_0=[\boldsymbol{P}_4\quad \boldsymbol{P}_6\quad \boldsymbol{P}_7]$中第三列 $\boldsymbol{P}_7$ 出基(即 x_7 为出基变量，a'_{33}为主元)，得新基 $\boldsymbol{B}_1=[\boldsymbol{P}_4\quad \boldsymbol{P}_6\quad \boldsymbol{P}_3]$。

建立基 $\boldsymbol{B}_1$ 的单纯形表。$\boldsymbol{X}_{\boldsymbol{B}_1}=[x_4\quad x_6\quad x_3]^{\mathrm{T}}$，$\boldsymbol{C}_{\boldsymbol{B}_1}=[0\quad M\quad 2]$，表 2.9(a)中以 a'_{33}为主元的初等行变换，即可得 $\boldsymbol{B}_1$ 的单纯形表 2.9(b)。同样在表上计算出各检验数，得知基本可行解 $\boldsymbol{X}_1=[0\quad 0\quad 2\quad 4\quad 0\quad 2\quad 0]^{\mathrm{T}}$ 仍不是最优，按法则确定表 2.9(b)中 a''_{22}为主元，即得新基 $\boldsymbol{B}_2=[\boldsymbol{P}_4\quad \boldsymbol{P}_2\quad \boldsymbol{P}_3]$，同样进行表 2.9(b)中以 a''_{22}为主元的初等行变换，可得 $\boldsymbol{B}_2$ 的单纯形表 2.9(c)。进一步在此表上确定：基本可行解 $\boldsymbol{X}_2=[0\quad 2\quad 2\quad 8\quad 0\quad 0\quad 0]^{\mathrm{T}}$，非基变量检验数 $\sigma_1=1>0,\sigma_5=3>0,\sigma_6=M-3>0,\sigma_7=M+1>0$，则基本可行解 $\boldsymbol{X}_2=[0\quad 2\quad 2\quad 8\quad 0\quad 0\quad 0]^{\mathrm{T}}$ 为新问题的最优解。

使用大 M 法会出现下列两种情况：①最优解的基变量中含有人工变量，可以证明此情况下，原问题无可行解；②最优解的基变量中不含人工变量，即人工变量均为零，可以证明在此情况下，从最优解中去掉人工变量即为原问题的最优解。

上例中 $\boldsymbol{X}_2=[0\quad 2\quad 2\quad 8\quad 0]^{\mathrm{T}}$ 即为原问题最优解。

例 2.10 用大 M 法求解线性规划

$$\max z=5x_1+3x_2+2x_3+4x_4$$

$$\begin{cases}5x_1+x_2+x_3+8x_4=10\\2x_1+4x_2+3x_3+2x_4=10\\x_i\geqslant 0\quad (i=1,2,3,4)\end{cases}$$

解 系数矩阵中不含单位矩阵，使用大 M 法增加人工变量 x_5、x_6，其目标函数中系数为 $-M$，得

$$\max z=5x_1+3x_2+2x_3+4x_4-Mx_5-Mx_6$$

$$\begin{cases}5x_1 + x_2 + x_3 + 8x_4 + x_5 = 10 \\ 2x_1 + 4x_2 + 3x_3 + 2x_4 + x_6 = 10 \\ x_i \geqslant 0 \quad (i = 1,2,\cdots,6)\end{cases}$$

取 $\boldsymbol{B}_0 = [\boldsymbol{P}_5 \quad \boldsymbol{P}_6]$，建立单纯形表 2.10 进行计算。

表 2.10

C_B	X_B	$B^{-1}b$	5 x_1	3 x_2	2 x_3	4 x_4	$-M$ x_5	$-M$ x_6	θ
$-M$	x_5	10	5	1	1	[8]	1	0	10/8
$-M$	x_6	10	2	4	3	2	0	1	5
	检验数		$5+7M$	$3+5M$	$2+4M$	$4+10M$↑	0	0	
4	x_4	5/4	5/8	1/8	1/8	1		0	10
$-M$	x_6	15/2	3/4	[15/4]	11/4	0		1	2
	检验数		$\frac{5}{2}+\frac{3}{4}M$	$\frac{5}{2}+\frac{15}{4}M$↑	$\frac{3}{2}+\frac{11}{4}M$	0		0	
4	x_4	1	[3/5]	0	1/30	1			5/3
3	x_2	2	1/5	1	11/15	0			10
	检验数		2↑	0	$-1/3$	0			
5	x_1	5/3	1	0	1/18	5/3			
3	x_2	5/3	0	1	13/18	$-1/3$			
	检验数		0	0	$-4/9$	$-10/3$			

在使用大 M 法时，可以证明，人工变量被换出基后，不会再被换入基中。所以，若某人工变量被换出基，则这一列不必再参加迭代运算。上例终表中，最优解的基变量不含人工变量，则原问题的最优解为

$$\boldsymbol{X}^* = [\frac{5}{3} \quad \frac{5}{3} \quad 0 \quad 0]^{\mathrm{T}}, z^* = \frac{40}{3}$$

例 2.11　求解线性规划

$$\max z = 10x_1 + 15x_2 + 12x_3$$

$$\begin{cases}5x_1 + 3x_2 + x_3 \leqslant 9 \\ -5x_1 + 6x_2 + 15x_3 \leqslant 15 \\ 2x_1 + x_2 + x_3 \geqslant 5 \\ x_i \geqslant 0 \quad (i = 1,2,3)\end{cases}$$

解　增加松弛变量 x_4、x_5，剩余变量 x_6，人工变量 x_7，求解下述问题：

$$\max z = 10x_1 + 15x_2 + 12x_3 - Mx_7$$

$$\begin{cases}5x_1 + 3x_2 + x_3 + x_4 = 9 \\ -5x_1 + 6x_2 + 15x_3 + x_5 = 15 \\ 2x_1 + x_2 + x_3 - x_6 + x_7 = 5 \\ x_j \geqslant 0 \quad (j = 1,2,\cdots,7)\end{cases}$$

建立单纯形表，计算过程由表 2.11 给出。

表 2.11

C_B	X_B	$B^{-1}b$	10 x_1	15 x_2	12 x_3	0 x_4	0 x_5	0 x_6	$-M$ x_7	θ
0	x_4	9	[5]	3	1	1	0	0	0	9/5
0	x_5	15	−5	6	15	0	1	0	0	
$-M$	x_7	5	2	1	1	0	0	−1	1	5/2
检验数			$10+2M$↑	$15+M$	$12+M$	0	0	$-M$	0	
10	x_1	9/5	1	3/5	1/5	1/5	0	0	0	9
0	x_5	24	0	9	[16]	1	1	0	0	3/2
$-M$	x_7	7/5	0	−1/5	3/5	−2/5	0	−1	1	7/3
检验数			0	$9-\frac{1}{5}M$	$10+\frac{3}{5}M$↑	$-2-\frac{2}{5}M$	0	$-M$	0	
10	x_1	3/2	1	39/80	0	3/16	−1/80	0	0	
12	x_3	3/2	0	9/16	1	1/16	1/16	0	0	
$-M$	x_7	1/2	0	−43/80	0	−7/16	−3/80	−1	1	
检验数			0	$\frac{27}{8}-\frac{43}{80}M$	0	$-\frac{21}{8}-\frac{7}{16}M$	$-\frac{5}{8}-\frac{3}{80}M$	$-M$	0	

终表最优解基变量中含有人工变量 x_7，所以原问题无可行解。

2.2.5 解的几种情况

从单纯形表的终表中能判别线性规划解的几种情况(以 max 型为例)。

1. 唯一最优解

在单纯形终表中，所有非基变量的检验数 $\sigma_j<0$(min 型中，所有非基变量的检验数 $\sigma_j>0$)，则此问题只有唯一最优解。如表 2.6 中，非基变量的检验数 $\sigma_4=-1.36$、$\sigma_5=-0.52$ 均严格小于零，则此问题只有唯一最优解。

2. 多个最优解

在单纯形终表中，所有检验数 $\sigma_j\leqslant 0$(min 型所有 $\sigma_j\geqslant 0$)，而某一个非基变量 x_k 之检验数 $\sigma_k=0$ 时，则原问题有多个最优解。

例 2.12 求解下面的线性规划问题

$$\max\ z=2.5x_1+x_2$$

$$\begin{cases}3x_1+5x_2\leqslant 15\\5x_1+2x_2\leqslant 10\\x_1,x_2\geqslant 0\end{cases}$$

解 增加松弛变量 x_3、x_4，化为标准型

$$\max\ z=2.5x_1+x_2$$

$$\begin{cases}3x_1+5x_2+x_3\qquad=15\\5x_1+2x_2\qquad+x_4=10\\x_1,x_2,x_3,x_4\geqslant 0\end{cases}$$

解题过程由表 2.12 给出。

表 2.12

C_B	X_B	$B^{-1}b$	2.5	1	0	0	θ
			x_1	x_2	x_3	x_4	
0	x_3	15	3	5	1	0	5
0	x_4	10	[5]	2	0	1	2
	σ_j		2.5	1	0	0	
0	x_3	9	0	19/5	1	−3/5	
2.5	x_1	2	1	2/5	0	1/5	
	σ_j		0	0	0	$-\frac{1}{2}$	

因非基变量 x_2、x_4 的检验数都小于等于零,最优解为

$$x_1=2, x_2=0, x_3=9, x_4=0, z^*=5$$

但由于非基变量 x_2 的检验数为 0,故本题有无穷多个最优解。

3. 无有限最优解

在某单纯形表中,某一变量的检验数 $\sigma_k>0$(若极小问题时为 $\sigma_k<0$),而表上相应列元素全小于或等于零,即

$$\boldsymbol{P}'_k=\boldsymbol{B}^{-1}\boldsymbol{P}_k=\begin{bmatrix} a'_{1k} \\ a'_{2k} \\ \vdots \\ a'_{mk} \end{bmatrix}\leqslant \boldsymbol{0}$$

则原问题无有限最优解。

例 2.13 用单纯形法求解下面线性规划问题

$$\max z=2x_1+2x_2$$

$$\begin{cases} -x_1+x_2\leqslant 1 \\ x_1-2x_2\geqslant -4 \\ x_1, x_2, \geqslant 0 \end{cases}$$

解 增加松弛变量 x_3、x_4,化为标准型

$$\max z=2x_1+2x_2$$

$$\begin{cases} -x_1+x_2+x_3=1 \\ -x_1+2x_2+x_4=4 \\ x_1, x_2, x_3, x_4\geqslant 0 \end{cases}$$

解题过程由表 2.13 给出。

表 2.13

C_B	X_B	$B^{-1}b$	2	2	0	0	θ
			x_1	x_2	x_3	x_4	
0	x_3	1	−1	1	1	0	
0	x_4	4	−1	2	0	1	
	σ_j		2	2	0	0	

由于当前单纯形表中非基变量 x_1 的检验数 $\sigma_1=2>0$,但相应列上的系数均小于零,则此线性规划问题无有限最优解。

4.无解

用人工变量法求解,人工变量模型的最优解基中含有人工变量。

5.退化解

在单纯形终表中,最优解为

$$\boldsymbol{X_B}=\boldsymbol{B}^{-1}\boldsymbol{b}=[b'_1 \quad b'_2 \quad \cdots \quad b'_m]^{\mathrm{T}}$$

若其中某分量 $b'_k=0$,则称此解为一个退化解。

2.3 对偶问题与灵敏度分析

2.3.1 线性规划的对偶问题

1.对偶问题的定义

问题2 对于问题1,假设某一公司欲购买这个工厂的全部资源(煤、电、油),公司提出的价格为 y_1(煤)、y_2(电)、y_3(油)。该公司希望确定一组价格,一方面使工厂能接受这价格而同意出售资源,另一方面又使公司购买这些资源的总成本最低。这样一个寻求最优价格的问题可由另一个线性规划确定,即

$$\min w=360y_1+200y_2+300y_3 \text{(总成本)}$$

$$\begin{cases}9y_1+4y_2+3y_3\geqslant 7\\4y_1+5y_2+10y_3\geqslant 12\\y_1,y_2,y_3\geqslant 0\end{cases} \tag{2.7}$$

(价格 y_1、y_2、y_3 为厂方能接受的水平)

在这个线性规划中,决策变量$[y_1 \quad y_2 \quad y_3]^{\mathrm{T}}$,分别表示购买煤、电、油之单价,目标函数为购买工厂中煤、电、油资源的总成本,而约束条件表示厂方能接受的价格所必须满足的条件,即厂方按这个价格出售生产单位产品所需资源的收入,必须不低于工厂用这些资源自己生产产品所得的收入,只有这样的价格工厂才会接受,同意出售自己的资源。

例如,生产1单位甲产品耗煤9 t、电4 kW·h、油3 t,出售这些资源的收入为

$$9y_1+4y_2+3y_3$$

而用这些资源自己生产,生产1个单位甲产品的收入为7万元。所以,公司提出的价格只有在使得 $9y_1+4y_2+3y_3\geqslant 7$ 时,工厂才会同意出售。

问题1和问题2无论从经济意义上或者是在数学形式上都是紧密相连的。从经济上看,问题1是寻找最优生产方案,以获得最大收入;问题2是寻找最优价格使总成本最低。从数学模型的形式上看,它们也是关联的,比较两模型如下:

问题1式(2.2)		问题2式(2.7)
价格系数	←→	资源向量
资源向量	←→	价格系数
最大化	←→	最小化

变量个数←——→约束个数

约束个数←——→变量个数

约束系数行←——→约束系数列

把线性规划(2.2)称为原问题,而把线性规划(2.7)称为其对偶问题。如果设对偶变量 $\boldsymbol{Y}$ 为 m 维行向量,其一般式为

$$\text{原问题(P)}\ \begin{cases}\max\quad z=\boldsymbol{CX}\\ \boldsymbol{AX}\leqslant \boldsymbol{b}\\ \boldsymbol{X}\geqslant \boldsymbol{0}\end{cases}\qquad \text{对偶问题(D)}\ \begin{cases}\min\quad w=\boldsymbol{Yb}\\ \boldsymbol{YA}\geqslant \boldsymbol{C}\\ \boldsymbol{Y}\geqslant \boldsymbol{0}\end{cases}$$

更一般地,线性规划总可表示为

$$\max z=\sum_{j=1}^{n}c_jx_j$$

$$\begin{cases}\sum\limits_{j=1}^{n}a_{ij}x_j\leqslant b_i & (i\in I_1)\\ \sum\limits_{j=1}^{n}a_{ij}x_j=b_i & (i\in I_2)\\ x_j\geqslant 0 & (j\in J_1)\end{cases}$$

在这样一个线性规划中,I_1 是不等式约束标号集合,$I_1\cup I_2=I=\{1,2,\cdots,m\}$;$I_2$ 是等式约束标号集合;$J_1\subset J=\{1,2,\cdots,n\}$是非负变量标号集合。注意,上述线性规划中 b_i 是可以取负值的。

它的矩阵形式为

$$\max z=\boldsymbol{CX}$$

$$\begin{cases}\boldsymbol{AX}\leqslant \boldsymbol{b}^{I_1}_{I_2}\\ x_j\geqslant 0\quad (j\in J_1)\end{cases}$$

把上述线性规划称为原规划,其中,$\boldsymbol{b}^{I_1}_{I_2}$ 为由所有 $b_i(i\in I_1\cup I_2)$组成的向量,它的对偶问题定义为下述线性规划:

$$\min w=\sum_{i=1}^{m}b_iy_i$$

$$\begin{cases}\sum\limits_{i=1}^{m}a_{ij}y_i\geqslant c_j & (j\in J_1)\\ \sum\limits_{i=1}^{m}a_{ij}y_i=c_j & (j\in (J-J_1))\\ y_i\geqslant 0 & (i\in I_1)\end{cases}$$

式中,J_1 为原规划中非负变量标号集合;$(J-J_1)$为自由变量标号集合;I_1 为原规划中“小于等于”约束的标号集合。显然,对偶问题的矩阵形式可表示为

$$\min w=\boldsymbol{Yb}$$

$$\begin{cases}\boldsymbol{YA}\geqslant \boldsymbol{C}^{J_1}_{J-J_1}\\ y_i\geqslant 0\quad (i\in I_1)\end{cases}$$

其中 $\boldsymbol{C}^{J_1}_{J-J_1}$ 表示由所有 $c_j(j\in J_1\cup(J-J_1))$组成的向量。从上述定义看出,原问题必须表述为约束条件只有“≤”和“=”两种形式,而对偶问题中只有“≥”和“=”两种形式,对偶问题

中第 j 行约束究竟是大于还是等于形式，取决于原问题中第 j 个变量 x_j 是非负还是自由变量。x_j 是自由变量则对偶问题中第 j 行是等式约束，x_j 是非负变量则对偶问题中第 j 行为大于等于约束。同样，对偶变量中变量 y_j 是否是自由变量取决于原问题第 j 行约束是否是等式形式。若原问题第 j 行约束是等式约束，则 y_j 为自由变量。还可以看出，原问题中目标函数的系数向量(价格向量)是对偶问题中的约束右边的常数向量(资源向量)，原问题约束中右边常数向量是对偶问题中目标函数的系数向量。

例 2.14 写出下面线性规划的对偶规划：

$$\max z = 5x_1 + x_2 - 3x_3$$

$$\begin{cases} 2x_1 + 2x_2 - x_3 \geqslant 1 \\ x_1 - 3x_2 + 4x_3 \leqslant 10 \\ 2x_1 + 2x_2 + x_3 = 5 \\ x_1 \geqslant 0, x_2 \geqslant 0 \end{cases}$$

解 首先将原问题改为规定形式，即为

$$\max z = 5x_1 + x_2 - 3x_3$$

$$\begin{cases} -2x_1 - 2x_2 + x_3 \leqslant -1 \\ x_1 - 3x_2 + 4x_3 \leqslant 10 \\ 2x_1 + 2x_2 + x_3 = 5 \\ x_1 \geqslant 0, x_2 \geqslant 0 \end{cases}$$

显然其中 $I_1 = \{1,2\} \subset I = \{1,2,3\}$，$J_1 = \{1,2\} \subset J = \{1,2,3\}$，$(J - J_1) = \{3\}$。它的对偶问题为

$$\min w = -y_1 + 10y_2 + 5y_3$$

$$\begin{cases} -2y_1 + y_2 + 2y_3 \geqslant 5 \\ -2y_1 - 3y_2 + 2y_3 \geqslant 1 \\ y_1 + 4y_2 + y_3 = -3 \\ y_1 \geqslant 0, y_2 \geqslant 0 \end{cases}$$

根据上述定义可归纳为表 2.14 所示关系。

表 2.14

原问题	对偶问题
约束个数 m	变量个数 m
变量个数 n	约束个数 n
目标函数系数向量	约束右边向量
第 j 行约束为等式	第 j 个变量为自由变量
第 j 个变量为自由变量	第 j 行约束为等式
第 j 个变量为非负变量	第 j 行约束为“$\geqslant$”约束

2. 线性规划对偶问题的基本性质

以下不加证明地给出线性规划对偶问题的几条基本性质。

1)对称性 一个线性规划的对偶问题的对偶问题恰是原问题。

2)弱对偶性 假定 $\boldsymbol{X}$ 是原规划(P)的任一可行解，$\boldsymbol{Y}$ 是对偶规划(D)的任一可行解，则有

$$\boldsymbol{CX} \leqslant \boldsymbol{Yb}$$

证 由(P)、(D)的约束可得 $\boldsymbol{CX} \leqslant \boldsymbol{YAX} \leqslant \boldsymbol{Yb}$.

由性质2)不难得到:

3)无界性 若原问题(对偶问题)为无界解,则其对偶问题(原问题)无可行解(逆命题不成立)。

4)设 $\bar{\boldsymbol{X}}$ 是原问题的可行解,$\bar{\boldsymbol{Y}}$ 是对偶问题的可行解。当 $\boldsymbol{C}\bar{\boldsymbol{X}} = \bar{\boldsymbol{Y}}\boldsymbol{b}$ 时,$\bar{\boldsymbol{X}}$、$\bar{\boldsymbol{Y}}$ 皆为最优解。

证 对(P)的任可行解 $\boldsymbol{X}$,由弱对偶性,$\boldsymbol{CX} \leqslant \bar{\boldsymbol{Y}}\boldsymbol{b} = \boldsymbol{C}\bar{\boldsymbol{X}}$,故 $\bar{\boldsymbol{X}}$ 为(P)的最优解。同理可证 $\bar{\boldsymbol{Y}}$ 是(D)的最优解。

5)强对偶性 原规划有最优解,则对偶规划也有最优解,且最优值相同。

证 对(P)增加松弛变量 $\boldsymbol{X}_s$,化为

$$\max z = \boldsymbol{CX}$$

$$\text{s.t.}\begin{cases}\boldsymbol{AX} + \boldsymbol{IX}_S = \boldsymbol{b}\\ \boldsymbol{X}, \boldsymbol{X}_S \geqslant \boldsymbol{0}\end{cases}$$

设其最优基为 $\boldsymbol{B}$,终表为

	$\boldsymbol{C}$	$\boldsymbol{0}$
	$\boldsymbol{X}$	$\boldsymbol{X}_S$
$\boldsymbol{C}_B$ $\boldsymbol{B}^{-1}\boldsymbol{b}$	$\boldsymbol{B}^{-1}\boldsymbol{A}$	$\boldsymbol{B}^{-1}\boldsymbol{I}$
	$\boldsymbol{C} - \boldsymbol{C}_B\boldsymbol{B}^{-1}\boldsymbol{A}$	$\boldsymbol{0} - \boldsymbol{C}_B\boldsymbol{B}^{-1}\boldsymbol{I}$

其检验数为 $\begin{cases}\boldsymbol{\sigma} = \boldsymbol{C} - \boldsymbol{C}_B\boldsymbol{B}^{-1}\boldsymbol{A} \leqslant \boldsymbol{0}\\ \boldsymbol{\sigma}_S = \boldsymbol{0} - \boldsymbol{C}_B\boldsymbol{B}^{-1}\boldsymbol{I} \leqslant \boldsymbol{0}\end{cases}$

取 $\bar{\boldsymbol{Y}} = \boldsymbol{C}_B\boldsymbol{B}^{-1}$,则 $\bar{\boldsymbol{Y}}$ 满足$\begin{cases}\bar{\boldsymbol{Y}}\boldsymbol{A} \geqslant \boldsymbol{C}\\ \bar{\boldsymbol{Y}} \geqslant \boldsymbol{0}\end{cases}$

即 $\bar{\boldsymbol{Y}}$ 是(D)的可行解,且 $\bar{\boldsymbol{Y}}\boldsymbol{b} = \boldsymbol{C}_B\boldsymbol{B}^{-1}\boldsymbol{b} = z^*$ 由性质4),$\bar{\boldsymbol{Y}} = \boldsymbol{Y}^*$。

可以证明,(P)和(D)的解一般说来共有下述三种情况:①两个问题都有有限最优解;②两个问题都无可行解;③一个问题有无界解,另一问题无可行解。

6)互补松弛性 在线性规划问题的最优解中,若对应某一约束条件的对偶变量值为非零,则该约束条件取严格等式;另一方面,如果约束条件取严格不等式,则其对应的对偶变量一定为零。也即若 $\bar{\boldsymbol{X}}$ 与 $\bar{\boldsymbol{Y}}$ 分别是(P)、(D)的可行解,则 $\bar{\boldsymbol{X}}$ 和 $\bar{\boldsymbol{Y}}$ 是(P)、(D)最优解的充要条件是 $\overline{\boldsymbol{YX}_S} = \bar{\boldsymbol{Y}}_S\bar{\boldsymbol{X}} = 0$。

证 只证必要性。将(P)、(D)的约束化为等式:$\boldsymbol{AX} + \boldsymbol{IX}_S = \boldsymbol{b}$, $\boldsymbol{YA} - \boldsymbol{Y}_S\boldsymbol{I} = \boldsymbol{C}$,因为 $\bar{\boldsymbol{X}}$、$\bar{\boldsymbol{Y}}$ 是最优解,所以 $\boldsymbol{C}\bar{\boldsymbol{X}} = \bar{\boldsymbol{Y}}\boldsymbol{b}$,即$(\bar{\boldsymbol{Y}}\boldsymbol{A} - \bar{\boldsymbol{Y}}_S\boldsymbol{I})\bar{\boldsymbol{X}} = \bar{\boldsymbol{Y}}(\boldsymbol{A}\bar{\boldsymbol{X}} + \boldsymbol{I}\bar{\boldsymbol{X}}_S)$,而 $\overline{\boldsymbol{YX}_S}$、$\bar{\boldsymbol{Y}}_S\bar{\boldsymbol{X}} \geqslant 0$,故只有 $\overline{\boldsymbol{YX}_S} = \bar{\boldsymbol{Y}}_S\bar{\boldsymbol{X}} = 0$。

7)检验数 原问题单纯形表中的检验数对应对偶问题的一个基本解(由基产生的解,但不满足非负约束)。最终表下的检验数对应对偶问题的最优解,如表2.15所示。

表2.15

	$\boldsymbol{C}$	$\boldsymbol{0}$
$\boldsymbol{C}_B$ $\boldsymbol{X}_B$ $\boldsymbol{B}^{-1}\boldsymbol{b}$	$\boldsymbol{B}^{-1}\boldsymbol{A}$	$\boldsymbol{B}^{-1}$
σ_j	$\boldsymbol{C} - \boldsymbol{C}_B\boldsymbol{B}^{-1}\boldsymbol{A}$	$-\boldsymbol{C}_B\boldsymbol{B}^{-1}$

其中 $\boldsymbol{C} - \boldsymbol{C}_B\boldsymbol{B}^{-1}\boldsymbol{A}$ 是原问题结构变量下的检验数;$-\boldsymbol{C}_B\boldsymbol{B}^{-1}$ 是松弛变量下的检验数。$\boldsymbol{Y}$

$=C_BB^{-1}$，$Y_S=C_BB^{-1}A-C$ 是对偶问题最优解的结构变量和松弛变量之解值。

例 2.15 已知线性规划问题

$$\min\ w=2x_1+3x_2+5x_3+2x_4+3x_5$$

$$\begin{cases} x_1+x_2+2x_3+x_4+3x_5\geqslant 4 \\ 2x_1-x_2+3x_3+x_4+x_5\geqslant 3 \\ x_j\geqslant 0, j=1,2,\cdots,5 \end{cases}$$

已知其对偶问题的最优解为 $y_1^*=\dfrac{4}{5}$，$y_2^*=\dfrac{3}{5}$，$z=5$，试用对偶理论找出原问题的最优解。

解 对偶问题为

$$\max\ z=4y_1+3y_2$$

$$\text{s.t.}\begin{cases} y_1+2y_2\leqslant 2 & (1) \\ y_1-y_2\leqslant 3 & (2) \\ 2y_1+3y_2\leqslant 5 & (3) \\ y_1+y_2\leqslant 2 & (4) \\ 3y_1+y_2\leqslant 3 & (5) \\ y_1,y_2\geqslant 0 \end{cases}$$

将 y_1^*、y_2^* 的值代入约束条件，得(2)、(3)、(4)为严格不等式，由互补松弛性得 $x_2^*=x_3^*=x_4^*=0$；因 $y_1,y_2>0$，则原问题的两个约束条件应取等式，故有

$$x_1^*+3x_5^*=4$$

$$2x_1^*+x_5^*=3$$

求解后得到 $x_1^*=1$，$x_5^*=1$；故原问题的最优解为 $X^*=[1\quad 0\quad 0\quad 0\quad 1]^T$，$w^*=5$。

3. 对偶变量的经济含义——影子价格(shadow price)

在单纯形法的每步迭代中，目标函数值 $z=C_BB^{-1}b$ 和检验数 $C_N-C_BB^{-1}N$ 中都有乘子 $Y=C_BB^{-1}$，那么 Y 的经济含义是什么呢？

设 B 是原问题 $\{\max\ z=CX \mid AX\leqslant b, X\geqslant 0\}$ 的最优基，则最优值

$$z^*=C_BB^{-1}b=Y^*b$$

因此

$$\frac{\partial z^*}{\partial b}=C_BB^{-1}=Y^*$$

或者说

$$z^*=y_1^*b_1+y_2^*b_2+\cdots+y_m^*b_m$$

则

$$\frac{\partial z^*}{\partial b_i}=y_i^*$$

这说明原规划最终表中乘子 C_BB^{-1} 一方面是对偶问题的最优解，另一方面它还表示一种边际贡献率，即原规划中各资源分别增加一个单位时总利润增加多少。这个概念在西方经济学中称为影子价格。如问题 1 中，终表中松弛变量下检验数

$$\begin{aligned}[\sigma_3\quad \sigma_4\quad \sigma_5] &= [0\quad 0\quad 0]-C_BB^{-1}[P_3\quad P_4\quad P_5] \\ &= -C_BB^{-1}=[0\quad -1.36\quad -0.52]\end{aligned}$$

即得乘子 $\boldsymbol{C_B B}^{-1}=[0\quad 1.36\quad 0.52]$。它们分别称为这个系统中资源煤、电、油的影子价格，表示煤、电、油各增加一个单位时总利润的增加值。事实上，当确定最优基 $\boldsymbol{B}$ 后，目标函数最优值

$$z^*=\boldsymbol{C_B B}^{-1}\boldsymbol{b}=[0\quad 1.36\quad 0.52]\begin{bmatrix}360\\200\\300\end{bmatrix}=428$$

以电为例，资源电由 200 增加到 201 时，目标函数值

$$\bar{z}=[0\quad 1.36\quad 0.52]\begin{bmatrix}360\\201\\300\end{bmatrix}=428+1.36$$

利润增加 1.36 个单位。同理，油的影子价格为 0.52，煤的影子价格为 0。

显然，影子价格是约束条件常数项增加一个单位而产生的目标函数最优值的变化量，这说明对偶变量 y_i 表明了约束条件的影子价格。影子价格是针对某一具体的约束条件而言的，而问题中所有其他数据都保持不变。这样，影子价格可以被理解为目标函数最优值对资源的一阶偏导数。另外，不难发现，在 $y_i>0$ 时，b_i 增加后 z^* 将增加；在 $y_i=0$ 时，b_i 的增加不会使 z^* 增加。如在问题 1 中，资源煤的增加不会使利润增加。

下面举例进一步说明影子价格。

例 2.16　某工厂经理对该厂生产的两种产品用线性规划确定最优的产量。根据产品的单位产值和生产这些产品的三种资源供应限量，建立了如下线性规划模型：

$$\max\ z=5x_1+4x_2 \qquad \text{(产值)}$$

$$\begin{cases}x_1+3x_2\leqslant 90 & \text{(资源 1)}\\ 2x_1+x_2\leqslant 80 & \text{(资源 2)}\\ x_1+x_2\leqslant 45 & \text{(资源 3)}\\ x_1,x_2\geqslant 0\end{cases}$$

对这个线性规划用单纯形法求解，得初始表格和最优表格如表 2.16。

表 2.16

	c_j		5	4	0	0	0	$\boldsymbol{B}^{-1}\boldsymbol{b}$
	$\boldsymbol{C_B}$	$\boldsymbol{X_B}$	x_1	x_2	x_3	x_4	x_5	
初始表	0	x_3	1	3	1	0	0	90
	0	x_4	2	1	0	1	0	80
	0	x_5	1	1	0	0	1	45
	σ_j		5	4	0	0	0	$z=0$
最优表	0	x_3	0	0	1	2	−5	25
	5	x_1	1	0	0	1	−1	35
	4	x_2	0	1	0	−1	2	10
	σ_j		0	0	0	−1	−3	$z=215$

这说明最佳生产方案为第一种产品生产 35 件，第二种产品生产 10 件，总产值可以达到 215。

从前面的分析中知道,松弛变量 x_3、x_4 和 x_5 的检验数对应着对偶问题的最优解,而这些数值就是这三种资源的影子价格:

资源 1 的影子价格 $y_1 = -\sigma_3 = 0$

资源 2 的影子价格 $y_2 = -\sigma_4 = 1$

资源 3 的影子价格 $y_3 = -\sigma_5 = 3$

因此这三种资源的影子价格分别为 0、1 和 3。

资源 1 的影子价格为零,说明增加这种资源不会增加总的产值。如何来理解这一点呢?可以把上述初始单纯形表中的 90 改为 91,这样最优表将如表 2.17。

表 2.17

c_j		5	4	0	0	0	$\boldsymbol{B}^{-1}\boldsymbol{b}$
$\boldsymbol{C_B}$	$\boldsymbol{X_B}$	x_1	x_2	x_3	x_4	x_5	
0	x_3	0	0	1	2	-5	26
5	x_1	1	0	0	1	-1	35
4	x_2	0	1	0	-1	2	10
σ_j		0	0	0	-1	-3	$z = 215$

这说明资源 1 的增加不改变产品方案也不增加总的产值。如果资源 2 增加一个单位,从 80 改为 81,最优单纯形表如表 2.18。

表 2.18

c_j		5	4	0	0	0	$\boldsymbol{B}^{-1}\boldsymbol{b}$
0	x_3	0	0	1	2	-5	27.5
5	x_1	1	0	0	1	-1	36
4	x_2	0	1	0	-1	2	9
σ_j		0	0	0	-1	-3	$z = 216$

这说明增加一个单位的资源 2 以后,最佳生产方案为第一种产品生产 36 件,第二种产品生产 9 件,总产值由原来的 215 增加到 216,也就是总产值增加量为 1。当然,有了影子价格的理论就没有必要进行上述计算了。

如果资源 1 和 2 没有变化,而资源 3 增加一个单位,从影子价格 $y_3 = -\sigma_3 = 3$ 可知,总产值的增加量将为 3。值得注意的是,产品的品种没有改变,但是每种产品的生产数量却改变了。容易验证,如果资源 3 增加一个单位,新的规划将是第一种产品生产 34 件,第二种产品生产 12 件,总产值为 218。

影子价格说明了不同资源对总的经济效益产生的影响。因此,一般说来,影子价格对企业的经营管理能够提供一些有价值的信息。

在线性规划应用到经济问题中时,对原始规划可以作这样的解释:变量可以理解为经济活动的水平,如产量,每个可行解就表示一组可行的生产水平。目标函数可以理解为总的经济收益,系数 $\boldsymbol{C}$ 表示每种产品的售价,右端常数项 $\boldsymbol{b}$ 可理解为使用资源的上限,而矩阵 $\boldsymbol{A}$ 中的系数可理解为不同产品对各种资源的单位消耗,对这个线性规划求最优解就是在有限资源条件下谋求最高的收益。此时相应的对偶规划中的最优解就是影子价格。由于影子价格是指资源增加时对最优收益发生的影响,所以有人把它称为资源的边际产出或者资源的机会成本。它表示资源在最优产品组合时,能具有的“潜在价值”或“贡献”。

影子价格在经营管理中的用处很多。一般说来,它可以提供以下几个方面的信息,这里仍以例 2.16 中的数字说明。

①影子价格可以告诉决策者,增加哪一种资源对增加经济效益最有利。如本例中的三种资源影子价格为 0、1、3,说明首先应考虑增加第三种资源,因为相比之下它能使收益增加最多。

②影子价格可以告诉决策者,用多大的代价增加资源才是合算的,如第三种资源每增加一个单位能使收益增加 3,如果增加这种资源的代价大于 3 就不划算了。

③告诉决策者应如何考虑新产品的价格。企业要生产一种新产品时,如果每件新产品耗用的这三种资源数量是 1、2、3 单位,则新产品的定价一定要大于

$$\begin{bmatrix}0 & 1 & 3\end{bmatrix}\begin{bmatrix}1\\2\\3\end{bmatrix}=11$$

才能增加公司的收益,如售价低于 11 的话,生产是不划算的。

④使决策者知道产品价格变动时哪些资源最为可贵,哪些无关紧要。如上述例子中,产品的售价不是[5 4]而是[5 5],则从单纯形表格中可以算出影子价格将从[0 1 3]改变为

$$\begin{bmatrix}0 & 5 & 5\end{bmatrix}\begin{bmatrix}1 & 2 & -5\\0 & 1 & -1\\0 & -1 & 2\end{bmatrix}=\begin{bmatrix}0 & 0 & 5\end{bmatrix}$$

这说明如第二种产品增加价格的话,资源 3 将显得更“宝贵”了。

⑤可以帮助分析工艺改变后对资源节约的收益。如工艺过程改进后使第三种资源能节约 2%,则带来的经济收益将是 $3\times45\times2\%=2.7$。

以上的分析是有前提的,即最优解的最优基没有变化,具体的分析还要结合下一节的灵敏度分析来进行。

影子价格虽然被定名为一种价格,但是还应对它有更为广义的理解。影子价格是针对约束条件而言的,并不是所有的约束条件都代表了对资源的约束。例如上述规划中还可以列入一个产量约束:两种产品的数量不超过市场上的需要量。这样的约束也有个影子价格。如果这个影子价格算出来比前面几种影子价格都要高的话,则决策者从中得到的信息应理解为:扩大销售量能比增加资源带来更大的经济效益。

2.3.2 灵敏度分析

线性规划方法的应用可分成三步:第一步对实际问题进行细致分析,建立合适的线性规划模型;第二步求解这个线性规划模型;第三步对已求出的最优解进行分析。对管理决策者来讲,在求出最优解后,继续进行第三步工作是极为重要的,因为在求解线性规划时都把系数 $\boldsymbol{A}$、$\boldsymbol{b}$、$\boldsymbol{C}$ 作为确定元素考虑。实际上,这些系数往往是变化的,例如市场条件变化会使价格系数 $\boldsymbol{C}$ 改变,技术革新会改变系数矩阵 $\boldsymbol{A}$。所谓灵敏度分析工作就是分析系数 $\boldsymbol{A}$、$\boldsymbol{b}$、$\boldsymbol{C}$ 的变化对已得到的最优解有何影响。这里只讨论几种简单情况。

1. 资源向量 $\boldsymbol{b}$ 的分量 b_i 变化的分析

主要分析 b_i 在什么范围内变化不影响最优基。以问题 1 为例,考虑电资源 b_2 在何范围

内变化时不影响最优基？设 b_2 变为 $b_2+\Delta$，有

$$\boldsymbol{b}=\begin{bmatrix}360\\200\\300\end{bmatrix}\to\bar{\boldsymbol{b}}=\begin{bmatrix}360\\200+\Delta\\300\end{bmatrix}$$

由于 $\boldsymbol{b}$ 值变化并不改变检验数 $\sigma_j=c_j-\boldsymbol{C_B}\boldsymbol{B}^{-1}\boldsymbol{P}_j$ 的值，只可能破坏非负条件，因此只要 $\boldsymbol{b}$ 变成 $\bar{\boldsymbol{b}}$ 后，仍然满足非负条件，即有

$$\boldsymbol{B}^{-1}\boldsymbol{b}\geqslant\boldsymbol{0}$$

则原有的最优基 $\boldsymbol{B}$ 仍是 $\boldsymbol{b}$ 变化后条件下的最优基。从问题 1 终表中知，松弛变量 x_3、x_4、x_5 下元素列为

$$[\boldsymbol{P}'_3\quad\boldsymbol{P}'_4\quad\boldsymbol{P}'_5]=\boldsymbol{B}_2^{-1}[\boldsymbol{P}_3\quad\boldsymbol{P}_4\quad\boldsymbol{P}_5]=\boldsymbol{B}_2^{-1}\begin{bmatrix}1&0&0\\0&1&0\\0&0&1\end{bmatrix}=\boldsymbol{B}_2^{-1}$$

即知最优基 $\boldsymbol{B}_2$ 的逆为

$$\boldsymbol{B}_2^{-1}=[\boldsymbol{P}'_3\quad\boldsymbol{P}'_4\quad\boldsymbol{P}'_5]=\begin{bmatrix}1&-3.12&-1.16\\0&0.40&-0.2\\0&-0.12&0.16\end{bmatrix}$$

为保持非负约束 $\boldsymbol{B}^{-1}\boldsymbol{b}\geqslant\boldsymbol{0}$，有

$$\begin{bmatrix}1&-3.12&1.16\\0&0.40&-0.20\\0&-0.12&0.16\end{bmatrix}\begin{bmatrix}360\\200+\Delta\\300\end{bmatrix}\geqslant0$$

即为

$$\begin{cases}84-3.12\Delta\geqslant0\\20+0.40\Delta\geqslant0\\24-0.12\Delta\geqslant0\end{cases}$$

由此得，$-50\leqslant\Delta\leqslant27$ 或 $150\leqslant b_2\leqslant227$。

这样就得知，当电资源在 150 至 227 之间变化时，原来的方案中，基 $\boldsymbol{B}_2=[\boldsymbol{P}_3\quad\boldsymbol{P}_1\quad\boldsymbol{P}_2]$ 仍是最优基。

2. 价格系数 c_j 变化的分析

根据 c_j 对应的变量 x_j 在终表中是基变量还是非基变量，分别讨论它们的变化对解的影响。

先考虑 c_j 对应基变量的情况。仍考虑问题 1，目标函数 $z=7x_1+12x_2$。现设 c_1 由 7 变化至 $7+\Delta$，c_2 不变。由于 c_1 是基变量 x_1 之系数，c_1 的变化将影响各检验数，然而并不破坏非负条件 $\boldsymbol{B}_2^{-1}\boldsymbol{b}\geqslant\boldsymbol{0}$。

考虑变化后非基变量检验数，有

$$\bar{\sigma}_4=\bar{c}_4-\boldsymbol{C}_{\boldsymbol{B}_2}\boldsymbol{B}_2^{-1}\boldsymbol{P}_4=0-[0\quad7+\Delta\quad12]\begin{bmatrix}-3.12\\0.40\\-0.12\end{bmatrix}=-1.36-0.40\Delta$$

$$\bar{\sigma}_5=c_5-\boldsymbol{C}_{\boldsymbol{B}_2}\boldsymbol{B}_2^{-1}\boldsymbol{P}_5=0-[0\quad7+\Delta\quad12]\begin{bmatrix}-1.16\\-0.20\\0.16\end{bmatrix}=-0.52+0.20\Delta$$

为保证原解仍是最优解，必使 $\bar{\sigma}_4\leqslant 0,\bar{\sigma}_5\leqslant 0$，即

$$\begin{cases}-1.36-0.40\Delta\leqslant 0\\ -0.52+0.20\Delta\leqslant 0\end{cases}$$

由此得

$$-3.4\leqslant\Delta\leqslant 2.6$$
$$3.6\leqslant c_1\leqslant 9.6$$

在这个范围内，最优解不变。

如果考虑 c_j 是对应非基变量的系数，则问题就简单得多。它的变化只影响它所对应的检验数 σ_j。因此，当 c_j 变为 $c_j+\Delta$ 时，只需保持

$$\bar{\sigma}=c_j+\Delta-\boldsymbol{C_B B}^{-1}\boldsymbol{P}_j=\sigma_j+\Delta\leqslant 0$$

即可确定不影响最优解之 $\Delta\leqslant-\sigma_j$。

3. 追加新变量的分析

在问题已求出最优解后又追加新的变量（给定相应的价格系数和技术系数）时，分析最优解的变化。

仍以问题 1 为例，在问题 1 解完后，考虑增加新产品丙或丁，有关数据如表 2.19。问丙产品和丁产品是否该投产。

表 2.19

	丙	丁
煤(t)	3	12
电(kW·h)	6	3
油(t)	8	4
价格(万元)	10	8

增加丙产品即增加 x_6 变量，$c_6=10,\boldsymbol{P}_6=[3\quad 6\quad 8]^{\mathrm{T}}$。原终表中基为 $\boldsymbol{B}_2=[\boldsymbol{P}_3\quad\boldsymbol{P}_1\quad\boldsymbol{P}_2]$。它是否仍是最优基，取决于 x_6 的检验数 σ_6。而

$$\begin{aligned}\sigma_6&=c_6-\boldsymbol{C}_{\boldsymbol{B}_2}\boldsymbol{B}_2^{-1}\boldsymbol{P}_6\\&=10-[0\quad 7\quad 12]\begin{bmatrix}1&-3.12&1.16\\0&0.40&-0.20\\0&-0.12&0.16\end{bmatrix}\begin{bmatrix}3\\6\\8\end{bmatrix}\\&=10-[0\quad 1.36\quad 0.52]\begin{bmatrix}3\\6\\8\end{bmatrix}=10-12.32=-2.32<0\end{aligned}$$

这说明增加丙产品后，原最优基 $\boldsymbol{B}_2=[\boldsymbol{P}_3\quad\boldsymbol{P}_1\quad\boldsymbol{P}_2]$ 仍是最优基，即 $x_1=20,x_2=24,x_3=84,x_4=x_5=x_6=0$ 为最优解，原生产方案仍是最优，丙产品不应生产。

考虑增加丁产品即增加 x_7 变量，$c_7=8,\boldsymbol{P}_7=[12\quad 3\quad 4]^{\mathrm{T}}$。同样应计算 x_7 之检验数 σ_7。

$$\sigma_7=c_7-\boldsymbol{C}_{\boldsymbol{B}_2}\boldsymbol{B}_2^{-1}\boldsymbol{P}_7=8-[0\quad 1.36\quad 0.52]\begin{bmatrix}12\\3\\4\end{bmatrix}=8-6.16=1.84>0$$

则原最优基 $\boldsymbol{B}_2$ 已不是最优,按单纯形法则应取 x_7 为进基变量,即说明丁产品应投产。它投产会比原方案的收益更大。

这个问题也可以这样分析,最终表中乘子 $\boldsymbol{C_B B}^{-1}=[0 \quad 1.36 \quad 0.52]$,在经济上表示资源煤、电、油的影子价格。这也就是三种资源在系统内部的价格。煤 $y_1=0$,电 $y_2=1.36$,油 $y_3=0.52$。对新产品丙和丁来说,每生产单位丙产品需耗煤 3、电 6、油 8。按系统内部价格,生产单位丙产品的成本为

$$(3\times0)+(6\times1.36)+(8\times0.52)=12.32$$

而生产单位丙产品收入是 10,显然每生产 1 个单位丙产品工厂就得亏损 2.32,所以不应生产丙产品。

同样,丁产品单位成本为

$$(12\times0)+(3\times1.36)+(4\times0.52)=6.16$$

而丁产品每单位收入为 8,说明每生产单位丁产品将盈利 1.84,所以生产丁产品是有利的。

4. 约束矩阵 $\boldsymbol{A}$ 变化的分析

有下列两种基本情形。

(1)非基向量列 $\boldsymbol{P}_j$ 改变为 $\boldsymbol{P}'_j$

这种情况指初始表中的 $\boldsymbol{P}_j$ 列数据改变为 $\boldsymbol{P}'_j$,而第 j 个列向量在原最终表上是非基向量。这一改变直接影响最终表上的第 j 列数据和第 j 个检验数。最终表上的第 j 列数据变为 $\boldsymbol{B}^{-1}\boldsymbol{P}'_j$,而新的检验数 $\sigma'_j=c_j-\boldsymbol{C_B B}^{-1}\boldsymbol{P}'_j$。

若 $\sigma'_j<0$,则原最优解仍是新问题的最优解。若 $\sigma'_j>0$,则原最优基在非退化情况下不再是最优基。这时,应在原来最终表的基础上,换上改变后的第 j 列数据 $\boldsymbol{B}^{-1}\boldsymbol{P}'_j$ 和 σ'_j 把 x_j 作为换入变量,用单纯形法继续迭代。

(2)基向量列 $\boldsymbol{P}_j$ 改变为 $\boldsymbol{P}'_j$

这种情况指初始表中的 $\boldsymbol{P}_j$ 列数据改变为 $\boldsymbol{P}'_j$,而第 j 个列向量在原最终表上是基向量。此时,原最优解的可行性和最优性都可能遭到破坏,问题变得相当复杂,故一般不去修改原来的最终表,而是重新计算。

2.4 运输问题

2.4.1 运输问题的一般模型

运输问题就是研究如何制定最合理的物资调运方案,使总运输费用最低。运输问题模型不仅适用于物资运输,也同样适用于其他类似问题。

运输问题的一般模型可由图 2.6 表示。其中有 m 个生产地点(产地)可以供应物资,用 $\mathrm{A}_i(i=1,2,\cdots,m)$表示。有 n 个消费地点(销地)需要物资,用 $\mathrm{B}_j(j=1,2,\cdots,n)$表示。又知产地 A_i 的产量为 a_i,销地 B_j 的销量(需求量)为 b_j,从 A_i 到 B_j 的单位运价为 c_{ij}。

在运输问题模型中,总产量 $\sum_{i=1}^{m}a_i$ 等于总销量 $\sum_{j=1}^{n}b_j$ 时,称为产销平衡问题。实际工作中,常用产销平衡表(表 2.20)和单位运价表(表 2.21)描述这类问题。

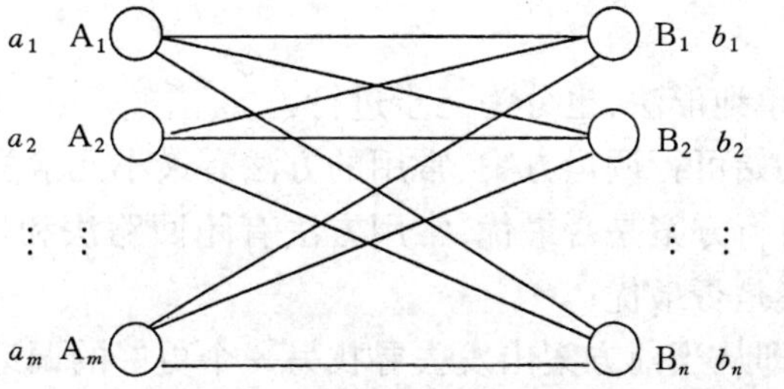

图 2.6

表 2.20

销地 产地	B_1	B_2	…	B_n	产量
A_1	x_{11}	x_{12}	…	x_{1n}	a_1
A_2	x_{21}	x_{22}	…	x_{2n}	a_2
⋮	⋮				⋮
A_m	x_{m1}	x_{m2}	…	x_{mn}	a_m
销量	b_1	b_2		b_n	$\sum_{i=1}^{m} a_i = \sum_{j=1}^{n} b_j$

表 2.21

销地 产地	B_1	B_2	…	B_n
A_1	c_{11}	c_{12}	…	c_{1n}
A_2	c_{21}	c_{22}	…	c_{2n}
⋮	⋮			⋮
A_m	c_{m1}	c_{m2}	…	c_{mn}

用 x_{ij} 表示从 A_i 运往 B_j 的运输量。在产销平衡条件下,运输问题的数学模型为

$$\min z = \sum_{j=1}^{n} \sum_{i=1}^{m} c_{ij} x_{ij}$$

$$\begin{cases} \sum_{j=1}^{n} x_{ij} = a_i \quad (i = 1, 2, \cdots, m) \\ \sum_{i=1}^{m} x_{ij} = b_j \quad (j = 1, 2, \cdots, n) \\ x_{ij} \geqslant 0 \quad (i = 1, \cdots, m; j = 1, \cdots, n) \end{cases} \tag{2.8}$$

其中 $\sum_{i=1}^{m} a_i = \sum_{j=1}^{n} b_j$

显然这是一个线性规划问题,可以用单纯形法求解。由于这个线性规划自身结构的特殊性,它的系数矩阵中每列只有两个元素为 1,其余均为零。因此,可以用更方便的特殊方法处理。下面介绍的表上作业法就是解决运输问题的常用方法。

2.4.2 表上作业法

表上作业法类似于单纯形法，也分为三步进行：

第一步，确定一个初始可行调运方案，常用的方法有最小元素法、西北角法等；

第二步，判别当前可行方案是否最优，常用方法有闭回路法和位势法，用这两种方法计算出检验数，从而判别方案是否最优；

第三步，方案调整，即从当前方案出发去寻找另一个更好的调运方案。

下面通过例 2.17 说明运输问题表上作业法的具体步骤。

例 2.17 某公司设有三个加工厂 A_1、A_2、A_3 和 4 个门市部 B_1、B_2、B_3、B_4。各加工厂的产量和各门市部的销量如表 2.22 所示。从各加工厂到各门市部的单位运价如表 2.23 所示。在满足各门市部销售需求的情况下，如何进行调运使总的运输支出最少？

表 2.22 (单位：t)

门市部 / 加工厂	B_1	B_2	B_3	B_4	产 量
A_1					7
A_2					4
A_3					9
销 量	3	6	5	6	20

表 2.23 (单位：元/t)

门市部 / 加工厂	B_1	B_2	B_3	B_4
A_1	3	11	3	10
A_2	1	9	2	8
A_3	7	4	10	5

解 第一步，用最小元素法确定初始调运方案。最小元素法的基本思想就是：就近尽量满足供应，从单位运价表上运价最低的元素确定运输的供应关系。依此类推，一直到给出一个初始方案为止，具体步骤如表 2.24 所示。

①在单位运价表上找出最小元素 $c_{21}=1$。首先由 A_2 尽量满足 B_1 门市部的需要，最大可能供应量 $x_{21}=3$，在方案表 x_{21} 位置上填写上 3，表示由 A_2 运至 B_1 处 3 个单位。这时 B_1 的需求量已满足，在运价表中划去 B_1 列，表示不必再考虑 B_1 门市部。

②在划去 B_1 列的运价表中，寻找最小元素 $c_{23}=2$，即由 A_2 剩余产量首先尽量供应 B_3 门市部的需求。B_3 需要 5 个单位，A_2 最大可供 1 个单位，即 $x_{23}=1$。在方案表中 x_{23} 位置上填上 1，表示由 A_2 运至 B_3 处 1 个单位，A_2 产量已全部运出，在单位运价表中划去 A_2 行，表示不必再考虑 A_2 了。

③在运价表中没有被直线划去的元素中寻找最小元素 $c_{13}=3$，考虑由 A_1 供应 B_3 处需求，B_3 还需 4 个单位，A_1 能供应 B_3 处 4 个单位，即 $x_{13}=4$，在方案表上 x_{13} 位置上填上 4，表示由 A_1 运至 B_3 处 4 个单位。这时 B_3 处需求已满足，在运价表上划去 B_3 列元素。

④以此类推，继续在运价表上未划去的元素中寻找最小元素 $c_{32}=4$，确定由 A_3 供应 B_2 的

表 2.24

运价表　　方案表(一)

①

	B_1	B_2	B_3	B_4
A_1	3	11	3	10
A_2	①	9	2	8
A_3	7	4	10	5

	B_1	B_2	B_3	B_4	
A_1					7
A_2	3				4
A_3					9
	3	6	5	6	

②

	B_1	B_2	B_3	B_4
A_1	3	11	3	10
A_2	①	9	②	8
A_3	7	4	10	5

	B_1	B_2	B_3	B_4	
A_1					7
A_2	3		1		4
A_3					9
	3	6	5	6	

③

	B_1	B_2	B_3	B_4
A_1	3	11	③	10
A_2	①	9	②	8
A_3	7	4	10	5

	B_1	B_2	B_3	B_4	
A_1			4		7
A_2	3		1		4
A_3					9
	3	6	5	6	

④

	B_1	B_2	B_3	B_4
A_1	3	11	③	10
A_2	①	9	②	8
A_3	7	④	10	5

	B_1	B_2	B_3	B_4	
A_1			4		7
A_2	3		1		4
A_3		6			9
	3	6	5	6	

⑤

	B_1	B_2	B_3	B_4
A_1	3	11	③	10
A_2	①	9	②	8
A_3	7	④	10	⑤

	B_1	B_2	B_3	B_4	
A_1			4		7
A_2	3		1		4
A_3		6		3	9
	3	6	5	6	

⑥

	B_1	B_2	B_3	B_4
A_1	3	11	③	⑩
A_2	①	9	②	8
A_3	7	④	10	⑤

	B_1	B_2	B_3	B_4	
A_1			4	3	7
A_2	3		1		4
A_3		6		3	9
	3	6	5	6	

最大量 $x_{32}=6$。在方案表 x_{32} 位置上填入 6，这时 B_2 处需求已满足，在运价表上划去 B_2 列。

⑤同样，在运价表未划去元素中寻找最小元素 $c_{34}=5$，由 A_3 供应 B_4 的最大可能 $x_{34}=3$，在方案表 x_{34} 位置上填上 3。A_3 产量已全部运出，在运价表上划去 A_3 行。

⑥继续在运价表中没被划去的元素中寻找最小元素。这时只有一个元素 $c_{14}=10$ 没有被划去，由 A_1 供应 B_4 处，供应量 $x_{14}=3$，在方案表上 x_{14} 位置上填上 3，这时 A_1 产量已全部运出，B_4 的需求量也全部满足，分别在运价表上划去 A_1 行及 B_4 列。此时运价表上所有元素全部被划去。方案表上有数格上数字 $x_{ij}\geqslant 0$，表示 A_i 往 B_j 处的运量；空格 $x_{ij}=0$，表示 A_i 不往 B_j 处运。表 2.24 中的方案表(一)就构成一个初始方案。

从最小元素法中可知，在方案表上每添一个元素，相应在运价表上画一直线。运价表上一共画 $m+n$ 条直线，方案表上就相应有 $m+n-1$ 个有数格(添加最后一数时，相应画两条直线)。很容易证明，由最小元素法得到的初始方案恰好是线性规划中的一基本可行解，空格 $x_{ij}=0$ 对应非基变量，有数格($x_{ij}\geqslant 0$)对应基变量。另外，当最小元素法某一步确定了最小元素 c_{ij}，即确定了由 A_i 尽量供应 B_j，供应量为 x_{ij}。如果这时恰好 A_i 产量全部运出，B_j 的需求量也正好全部满足，则应在运价表上同时划去 A_i 行和 B_j 列，而在方案表 x_{ij} 位置上填入运量，同时在 i 行或 j 列的任一空格位置上填入 0，以保证有数格有 $m+n-1$ 个。

第二步，判别已确定方案是否最优。

表上作业法是通过计算方案表中空格的检验数判断当前运输方案是否是最优的，计算空格检验数有两种方法，即闭回路法和位势法。

1. 闭回路法

对方案表中每一空格，确定一条由空格出发的闭回路。闭回路是由水平或垂直线组成的闭合图形。闭回路上的顶点除了这个空格外，其余均为有数格。例如，在上述表 2.24 确定的方案表(一)中，空格 x_{11} 出发的闭回路为

$$x_{11}-x_{13}-x_{23}-x_{21}-x_{11}$$

表 2.25

	B_1	B_2	B_3	B_4
A_1			4	3
A_2	3		1	
A_3		6		3

其中除 x_{11} 为空格外，其余均为有数格(表 2.25)。

可以证明，对每一个空格都存在而且唯一存在这样一条封闭回路。在表 2.25 确定的方案表(一)中各空格的封闭回路为

$$x_{11}—x_{13}—x_{23}—x_{21}—x_{11}$$

$$x_{12}—x_{14}—x_{34}—x_{32}—x_{12}$$

$$x_{22}—x_{23}—x_{13}—x_{14}—x_{34}—x_{32}—x_{22}$$

$$x_{24}—x_{23}—x_{13}—x_{14}—x_{24}$$

$$x_{31}—x_{34}—x_{14}—x_{13}—x_{23}—x_{21}—x_{31}$$

$$x_{33}—x_{34}—x_{14}—x_{13}—x_{33}$$

由各封闭回路可计算各空格的检验数 σ_{ij}。它等于其闭回路上奇数顶点运价与偶数顶点运价之负值的和，在本例中有

$$\sigma_{11}=c_{11}-c_{13}+c_{23}-c_{21}=1$$

$$\sigma_{12}=c_{12}-c_{14}+c_{34}-c_{32}=2$$

$$\sigma_{22}=c_{22}-c_{23}+c_{13}-c_{14}+c_{34}-c_{32}=1$$

$$\sigma_{24}=c_{24}-c_{23}+c_{13}-c_{14}=-1$$

$$\sigma_{31} = c_{31} - c_{34} + c_{14} - c_{13} + c_{23} - c_{21} = 10$$

$$\sigma_{33} = c_{33} - c_{34} + c_{14} - x_{13} = 12$$

式中 c_{ij} 为封闭回路顶点 x_{ij} 位置上的单位运价。这样得到了方案(一)的检验数表(一)(表2.26)。

当所有空格检验数 $\sigma_{ij} \geqslant 0$ 时,则当前方案是最优的。若尚有某空格检验数 $\sigma_{st} < 0$,则当前方案尚可进一步调整。如检验数表(一)中 $\sigma_{24} = -1$,则方案(一)不是最优方案。

表 2.26

	B_1	B_2	B_3	B_4
A_1	1	2		
A_2		1		−1
A_3	10		12	

检验数 σ_{ij} 有确切的经济意义。以 σ_{11} 为例,空格(x_{11})表明方案(一)中 A_1 不往 B_1 处运送。现设由 A_1 往 B_1 调运1个单位时,观察总运输费用的变化。当 $x_{11}=0$ 变为 $x_{11}=1$ 时,为满足约束条件,必须在(x_{13})处减少运送1个单位,(x_{23})处增运1个单位,(x_{21})处减运1个单位,这时总成本的变化量为

$$c_{11} - c_{13} + c_{23} - c_{21} = 1$$

即每个空格检验数 σ_{ij} 表示,当由 A_i 往 B_j 增运1个单位时引起总运输成本的变化数。当所有 $\sigma_{ij} \geqslant 0$ 时,表示任何一个空格处调运1个单位都将引起运输成本上升。这说明当前方案不可能再改进,即定为最优方案。

2.位势法

表上作业法得到的调运方案对应于运输问题线性规划模型中一个基本可行解。其中有数格对应基变量,空格对应非基变量。这样,可以通过计算单纯形法中的检验数判别方案是否最优。单纯形法中每个变量 x_{ij} 的检验数

$$\sigma_{ij} = c_{ij} - \boldsymbol{C_B B}^{-1} \boldsymbol{P}_{ij}$$

分析运输问题的线性规划模型见式(2.8)。它有 $m+n$ 个约束条件(但其中的独立约束为 $(m+n-1)$ 个),设 $\boldsymbol{B}$ 是含有一个人工变量的 $(m+n)\times(m+n)$ 可行基,相应的乘子 $\boldsymbol{C_B B}^{-1}$ 有 $m+n$ 个分量。设

$$\boldsymbol{C_B B}^{-1} = [u_1 \quad u_2 \quad \cdots \quad u_m \quad v_1 \quad v_2 \quad \cdots \quad v_n]$$

又知,系数矩阵中每一列

$$\boldsymbol{P}_{ij} = [0 \quad \cdots \underset{(i)}{1} \quad \cdots 0 \quad \cdots \underset{(m+j)}{1} \quad \cdots 0]^{\mathrm{T}}$$

基变量(有数格 $x_{ij} \geqslant 0$)的检验数 $\sigma_{ij}=0$,则有

$$\sigma_{ij} = c_{ij} - \boldsymbol{C_B B}^{-1} \boldsymbol{P}_{ij}$$

$$= c_{ij} - [u_1 \quad \cdots \quad u_m \quad v_1 \quad \cdots \quad v_n] \begin{bmatrix} 0 \\ \vdots \\ 1 \\ \vdots \\ 0 \\ 0 \\ \vdots \\ 1 \\ \vdots \\ 0 \end{bmatrix} \begin{matrix} \\ \\ (i) \\ \\ \\ \\ \\ (m+j) \\ \\ \\ \end{matrix} = c_{ij} - (u_i + v_j) = 0$$

即得方程组(对所有有数格 $x_{ij}\geqslant 0$)

$$u_i+v_j=c_{ij} \tag{2.9}$$

非基变量(空格 $x_{ij}=0$)的检验数

$$\sigma_{ij}=c_{ij}-\boldsymbol{C_B B}^{-1}\boldsymbol{P}_{ij}=c_{ij}-(u_i+v_j) \tag{2.10}$$

因此,只要确定(u_i+v_j)的值就能确定非基变量的检验数 σ_{ij}。求解方程组(2.9)确定 u_i 和 v_j 的值,代入式(2.10)便能得到非基变量检验数 σ_{ij} 的值。

仍以例 2.17 中方案表(一)为例说明位势法的计算过程。此处,$m=3$,$n=4$。设 $\boldsymbol{C_B B}^{-1}=[u_1\quad u_2\quad u_3\quad v_1\quad v_2\quad v_3\quad v_4]$,称 u_i 为 A_i 处位势,v_j 为 B_j 处的位势。对已得的方案表(一)中所有有数格(基变量),有方程

$$u_1+v_3=c_{13}=3$$
$$u_2+v_3=c_{23}=2$$
$$u_2+v_1=c_{21}=1$$
$$u_1+v_4=c_{14}=10$$
$$u_3+v_4=c_{34}=5$$
$$u_3+v_2=c_{32}=4$$

上述方程组有 7 个未知数、6 个方程,可设其中任一个变量为一定值。例如,设 $u_1=0$,就能依次解得 $u_1=0,v_3=3,u_2=-1,v_1=2,v_4=10,u_3=-5,v_2=9$。然后代入式(2.10),可算出各空格(非基变量)之检验数

$$\sigma_{11}=c_{11}-(u_1+v_1)=1$$
$$\sigma_{24}=c_{24}-(u_2+v_4)=-1$$
$$\sigma_{31}=c_{31}-(u_3+v_1)=10$$
$$\sigma_{33}=c_{33}-(u_3+v_3)=12$$
$$\sigma_{12}=c_{12}-(u_1+v_2)=2$$
$$\sigma_{22}=c_{22}-(u_2+v_2)=1$$

把上述检验数列成表格形式,即得与用闭回路法得到的检验数表(一)(表 2.26)完全一致的检验数表。

用位势法计算空格检验数可以在表上进行,主要步骤如下。

1)计算位势 u_i 和 v_j 的值　在有数格位置上填入相应的运价 c_{ij}(表 2.27)。设 $u_1=0$,在表上位势 u_1 位置上填入 0,然后根据 $c_{ij}=u_i+v_j$(有数格),依次在表上求得 u_i 和 v_j 值,并填在相应位置上。

2)计算(u_i+v_j)表　把(u_i+v_j)位势和值填在表中相应(x_{ij})位置上,并将有数格位置上的 u_i+v_j 值加上括号以示区别,即构成(u_i+v_j)表(表 2.28)。

表 2.27

	B_1	B_2	B_3	B_4		
A_1			3	10	u_1	0
A_2	1		2		u_2	−1
A_3		4		5	u_3	−5
	v_1	v_2	v_3	v_4		
	2	9	3	10		

表 2.28

	B_1	B_2	B_3	B_4		
A_1	2	9	(3)	(10)	u_1	0
A_2	(1)	8	(2)	9	u_2	−1
A_3	−3	(4)	−2	(5)	u_3	−5
	v_1	v_2	v_3	v_4		
	2	9	3	10		

3)计算检验数表　用单位运价表上元素 c_{ij} 减去 (u_i+v_j) 表上相应位置上元素,即得到检验数表(表 2.29),其中

$$\sigma_{ij}=c_{ij}-(u_i+v_j)$$

表中加括号位置是有数格,不必计算。它的检验数总是 0。

表 2.29

单位运价表(c_{ij})

3	11	3	10
1	9	2	8
7	4	10	5

(u_i+v_j) 表

2	9	(3)	(10)
(1)	8	(2)	9
−3	(4)	−2	(5)

检验数表(一)(σ_{ij})

1	2		
	1		−1
10		12	

第三步,调整方案。若在检验数表上有某空格的检验数为负,则可改进方案,降低成本。调整的方法是从具有负检验数的空格出发(有多个负检验数时,选择绝对值大的一个),沿它的闭回路进行调整,即在保持方案可行的条件下,尽量增加空格上的运量。以上例中方案(一)的调整予以说明,检验数表(一)中 $\sigma_{24}=-1$,由空格(x_{24})出发的闭回路为(表 2.30)

$$x_{24}—x_{14}—x_{13}—x_{23}—x_{24}$$

从表上易知,空格(x_{24})上增运 θ 个单位,必须在闭回路顶点(x_{14})上减少 θ 个单位,(x_{13})上增加 θ 个单位,(x_{23})上减少 θ 个单位,才能保持平衡,构成一个可行解。然而,由于 $x_{23}=1$,$x_{14}=3$,则空格(x_{24})上最多能增加 $\theta=1$ 个单位。一般来说,调整量为闭回路上偶数顶点格上运量的最小数。这样即可调整得可行方案表(二)(表 2.31)。

表 2.30

	B_1	B_2	B_3	B_4	
A_1			$(+\theta)4$	$3(-\theta)$	7
A_2	3		$(-\theta)1$	$(+\theta)$	4
A_3		6		3	9
	3	6	5	6	

表 2.31

	B_1	B_2	B_3	B_4	
A_1			5	2	7
A_2	3			1	4
A_3		6		3	9
	3	6	5	6	

方案(二)是否最优？重复第二步计算相应检验数,可得检验数表(二),如表 2.32 所示。表上所有检验数为非负,则方案(二)为最优方案。

表 2.32

	B_1	B_2	B_3	B_4
A_1	0	2		
A_2		2	1	
A_3	9		12	

需要指出,在调整时,若闭回路上偶数顶点格上出现几个相同的最小数时,这样一次调整会出现两个以上的空格。此时只允许有一个空格,其余出现的空格填上 0,作为有数格看待。例如表 2.33表示某一运输问题的一个调运方案,若沿空格(x_{11})出发的闭回路

$$\underset{(+\theta)}{x_{11}}—\underset{(-\theta)}{x_{31}}—\underset{(+\theta)}{x_{33}}—\underset{(-\theta)}{x_{23}}—\underset{(+\theta)}{x_{22}}—\underset{(-\theta)}{x_{12}}—\underset{(+\theta)}{x_{11}}$$

进行调整,调整量 $\theta=2$。调整时,空格(x_{11})处增运 $\theta=2$,即 $x_{11}=2$。而在(x_{31})、(x_{23})、(x_{12})位置上减少 $\theta=2$,则 $x_{31}=0$、$x_{23}=0$、$x_{12}=0$。这时必须在这三个位置上任选一个作为空格,其余两个位置上填入 0(表 2.34),得一个新调运方案。

表 2.33

	B_1	B_2	B_3
A_1	$(+\theta)$	$2^{(-\theta)}$	
A_2		$5^{(+\theta)}$	$2^{(-\theta)}$
A_3	$2_{(-\theta)}$		$4_{(+\theta)}$

表 2.34

	B_1	B_2	B_3
A_1	2	0	
A_2		7	0
A_3			6

2.4.3 产销不平衡问题

运输问题中总产量和总销量不平衡时，可以增加虚设的产地或销地，把不平衡问题化为产销平衡问题处理。当总产量大于总销量时，即 $\sum_{i=1}^{m} a_i > \sum_{j=1}^{n} b_j$ 时，可以增加一虚设销地 B_{n+1}，其销量设为

$$b_{n+1} = \sum_{i=1}^{m} a_i - \sum_{j=1}^{n} b_j$$

相应(x_{in+1})位置上的值表示由 A_i 运往虚拟销地 B_{n+1} 的量，其销量 $b_{n+1} = \sum_{i=1}^{m} a_i - \sum_{j=1}^{n} b_j$，实际就是 A_i 没有运出去，在原地贮存的数量，相应运价 $c_{in+1} = 0$。这样把一个不平衡问题转化为一个平衡问题。产销平衡表和单位运价表如表 2.35 所示。

表 2.35

	B_1	B_2	$\cdots$	B_n	B_{n+1}	
A_1	x_{11}	x_{12}	$\cdots$	x_{1n}	x_{1n+1}	a_1
A_2	x_{21}	x_{22}	$\cdots$	x_{2n}	x_{2n+1}	a_2
$\vdots$	$\vdots$				$\vdots$	$\vdots$
A_m	x_{m1}	x_{m2}	$\cdots$	x_{mn}	x_{mn+1}	a_m
	b_1	b_2	$\cdots$	b_n	$b_{n+1} = \sum_{i=1}^{m} a_i - \sum_{j=1}^{n} b_j$	

	B_1	B_2	$\cdots$	B_n	B_{n+1}
A_1	c_{11}	c_{12}	$\cdots$	c_{1n}	0
A_2	c_{21}	c_{22}	$\cdots$	c_{2n}	0
$\vdots$	$\vdots$				$\vdots$
A_m	c_{m1}	c_{m2}	$\cdots$	c_{mn}	0

同样，当销量大于产量时，即 $\sum_{i=1}^{m} a_i < \sum_{j=1}^{n} b_j$，可增添虚拟的产地 A_{m+1}，产量为 $a_{m+1} = \sum_{j=1}^{n} b_j - \sum_{i=1}^{m} a_i$，而相应格上 x_{m+1j} 表示由 A_{m+1} 运往 B_j 的量，实际上就是 B_j 处不能得到满足的数量，相应单位运价 $c_{m+1j} = 0$。这样也转化为一产销平衡问题，产销平衡表和单位运价表由 2.36 所示。

表 2.36

	B_1	B_2	$\cdots$	B_n	
A_1	x_{11}	x_{12}	$\cdots$	x_{1n}	a_1
A_2	x_{21}	x_{22}	$\cdots$	x_{2n}	a_2
$\vdots$	$\vdots$	$\vdots$		$\vdots$	$\vdots$
A_m	x_{m1}	x_{m2}	$\cdots$	x_{mn}	a_m
A_{m+1}	x_{m+11}	x_{m+12}	$\cdots$	x_{m+1n}	a_{m+1}
	b_1	b_2	$\cdots$	b_n	

	B_1	B_2	$\cdots$	B_n
A_1	c_{11}	c_{12}	$\cdots$	c_{1n}
A_2	c_{21}	c_{22}	$\cdots$	c_{2n}
$\vdots$	$\vdots$	$\vdots$		$\vdots$
A_m	c_{m1}	c_{m2}	$\cdots$	c_{mn}
A_{m+1}	0	0	$\cdots$	0

例 2.18 某采石联合公司负责供应 B_1、B_2、B_3 三处修路工程所需的石子。预计三个工程所需的石子量为 72、102、41 车，联合公司有三个采石厂 A_1、A_2、A_3，每个采石厂能供应石子数为 76、82、77 车。各采石厂至各工程地点之间每车石子运费由表 2.37 给出，怎样安排调运使总运费最低？

表 2.37

单位运价表(单位:元/车)

	B_1	B_2	B_3
A_1	4	8	8
A_2	16	24	16
A_3	8	16	24

解 采石公司总供应能力 $\sum_{i=1}^{3} a_i = 235$ 车，而三个工程的总需求量 $\sum_{j=1}^{3} b_j = 215$ 车，这是一个总产量大于总销量的不平衡问题，增添一个虚拟的工程 B_4，虚拟的销量为

$$b_4 = \sum_{i=1}^{3} a_i - \sum_{j=1}^{3} b_j = 235 - 215 = 20 \text{ 车}$$

上述问题则转化为一平衡型运输问题，相应产销平衡表与单位运价表由表 2.38 给出。

表 2.38

产销平衡表

	B_1	B_2	B_3	B_4	
A_1					76
A_2					82
A_3					77
	72	102	41	20	

单位运价表(单位:元/车)

	B_1	B_2	B_3	B_4
A_1	4	8	8	0
A_2	16	24	16	0
A_3	8	16	24	0

对于表 2.38 给出的平衡问题可按上述表上作业法步骤，逐步求得最优方案。

例 2.19 在例 2.18 中，若预计三工程所需的石子量为 72、102、81 车，这时该如何安排调运使总运费最少？

解 公司总供应能力仍为 235 车，而总需求量 $\sum_{j=1}^{3} b_j = 255$ 车，这时成了一个总销量大于总产量的不平衡问题，则增添一个虚拟的产地 A_4。虚拟的产量

$$a_4 = \sum_{j=1}^{3} b_j - \sum_{i=1}^{3} a_i = 255 - 235 = 20 \text{ 车}$$

问题转化为一个平衡问题，相应产销平衡表及单位运价表由表 2.39 给出，可由表上作业法逐步求得最优方案。

表 2.39

	B_1	B_2	B_3	
A_1				76
A_2				82
A_3				77
A_4				20
	72	102	81	

	B_1	B_2	B_3
A_1	4	8	8
A_2	16	24	16
A_3	8	16	24
A_4	0	0	0

2.5 线性整数规划

前面讨论的线性规划中的决策变量都是连续的。然而,许多实际问题中,决策变量往往只能取整数值,例如人数、次数、个数等的变量,把限制部分决策变量或全部决策变量只能取整数的线性规划称为线性整数规划,简称整数规划(Integer Programming),或简称 IP 问题。线性整数规划的一般形式为

$$\max\ z = \sum_{j=1}^{n} c_j x_j$$

$$\begin{cases} \sum_{j=1}^{n} a_{ij} x_j = b_i \quad (i=1,2,\cdots,m) \\ x_j \geqslant 0 \quad (j=1,2,\cdots,n) \\ x_j \text{ 为整数(部分或全部)} \end{cases}$$

整数规划一般可分成三类。

1)纯整数规划　全部决策变量都限定取整数。

2)混合整数规划　部分决策变量限定取整数,即规划中决策变量一部分是整数变量,另一部分是连续变量。

3)0-1 型整数规划　不仅限制决策变量为整数,而且只允许取 0 和 1 两个值。

整数规划的解法比线性规划复杂,通常使用分支定界法和割平面法。这些方法的基本思想是把一个整数规划问题转化为一系列线性规划问题,通过求解这一系列线性规划问题而最终得到整数规划的最优解。限于篇幅,本书对整数规划的解法不作详细介绍,有兴趣的读者可参考有关著作,这里只简单介绍几个 0-1 整数规划的实际建模例子。

对于解 0-1 整数规划问题的隐枚举法(implicit enumeration),本书同样不再做详细阐述。

2.5.1 厂址选择与固定费用问题

1.厂址选择问题

某地区有 m 座煤矿,i 号矿每年产量为 a_i t,现有火力发电厂一个,每年需用煤 b_0 t,每年运行的固定费用(包括折旧费,但不包括煤的运费)为 h_0 元。现规划新建一个发电厂,m 座煤矿每年开采的原煤将全部供给这两个电厂发电用。现有几个备选的厂址,若在 j 号备选厂址建电厂,每年运行的固定费用为 h_j,每吨原煤从 i 号矿运送到 j 号备选厂址的运费为 c_{ij}($i=1,\cdots,m;j=1,\cdots,n$),每吨原煤从 i 号矿运送到原有电厂的运费为 c_{i0}($i=1,2,\cdots,m$)。试问,应把新厂厂址选在何处,m 座煤矿开采的原煤应如何分配给两个电厂,才能使每年总费用(电厂运行的固定费用与原煤运费之和)最小?

这样的选址问题可以用 0-1 型整数规划求解。从条件可知,新建电厂每年用煤量

$$b = \sum_{i=1}^{m} a_i - b_0$$

令决策变量

$$y_j = \begin{cases} 1, j \text{ 号备选址被选中}(j=1,2,\cdots,n) \\ 0, \text{否则} \end{cases}$$

为了方便，称原有电厂为 0 号厂，在 j 号备选厂址处建的厂为 j 号厂。设 x_{ij} 为每年从 i 号矿运送到 j 号厂的原煤数量（$i=1,2,\cdots,m;j=0,1,\cdots,n$）。于是，每年总费用等于

$$z=\sum_{i=1}^{m}\sum_{j=0}^{n}c_{ij}x_{ij}+\sum_{j=1}^{n}h_jy_j+h_0$$

若 j 号备选厂址未被选中，即 $y_j=0$，那么 j 厂根本就不存在，这时 x_{ij} 应全为零，故有下列约束条件：

$$\sum_{j=0}^{n}x_{ij}=a_i \quad (i=1,2,\cdots,m)$$

$$\sum_{i=1}^{m}x_{i0}=b_0$$

$$\sum_{i=1}^{m}x_{ij}=by_j \quad (j=1,2,\cdots,n)$$

$$x_{ij}\geqslant 0 \quad (i=1,2,\cdots,m;j=0,1,2,\cdots,n)$$

又因只需建一个电厂，故还应有约束条件

$$\sum_{j=1}^{n}y_j=1$$

于是，上述选址问题可以归纳成下列形式的整数规划：

$$\min z=\sum_{i=1}^{m}\sum_{j=0}^{n}c_{ij}x_{ij}+\sum_{j=1}^{n}h_jy_j+h_0$$

$$\text{s.t.}\begin{cases}\sum_{j=0}^{n}x_{ij}=a_i \quad (i=1,2,\cdots,m)\\ \sum_{i=1}^{m}x_{i0}=b_0\\ \sum_{i=1}^{m}x_{ij}=by_j \quad (j=1,2,\cdots,n)\\ \sum_{j=1}^{n}y_j=1\\ x_{ij}\geqslant 0 \quad (i=1,2,\cdots,m;j=0,1,\cdots,n)\\ y_j=0\text{ 或 }1 \quad (j=1,2,\cdots,n)\end{cases}$$

2. 固定费用问题

上述的厂址选择问题实际上与下述固定费用问题属同一类问题。一个固定费用问题完整的数学模型用矩阵形式可表示为

$$\min z=\boldsymbol{KY}+\boldsymbol{CX}$$

$$\text{s.t.}\begin{cases}\boldsymbol{AX}=\boldsymbol{b}\\ \boldsymbol{X}\leqslant\boldsymbol{MY}\\ \boldsymbol{X}\geqslant\boldsymbol{0}\\ \boldsymbol{Y}\text{ 为 0-1 向量}\end{cases}$$

式中，$\boldsymbol{K}$ 为固定成本向量；$\boldsymbol{C}$ 为变动成本向量；$\boldsymbol{X}$ 为一般的决策向量；$\boldsymbol{Y}$ 为 0-1 决策向量；$\boldsymbol{b}$ 为资源向量；$\boldsymbol{A}$ 为技术系数矩阵；$\boldsymbol{M}$ 的分量为相应于决策变量的上界，它是为表达当 $x_j>0$ 时，

$y_j=1$ 这种逻辑关系而设立的,具体含义在下例中详细说明。

如某工厂为了生产某种产品,有几种不同的生产方式可供选择,如选定的生产方式投资高(选购自动化程度高的设备),由于产量大,因而分配到每件产品的变动成本就降低;反之,如选定的生产方式投资低,将来分配到每件产品上的变动成本可能增加,因此必须全面考虑。现设有三种生产方式可供选择,其他的资源约束表示为 $\boldsymbol{AX}=\boldsymbol{b}$。令 x_j 表示采用第 j 种生产方式时的产量;c_j 表示采用第 j 种生产方式时每件产品的变动成本;k_j 表示采用第 j 种生产方式时的固定成本。于是生产第 j 种产品的总成本函数可写成:

$$P_j(x_j)=\begin{cases}k_j+c_jx_j & x_j>0 \quad (j=1,2,3)\\ 0 & x_j=0\end{cases}$$

另设

$$y_j=\begin{cases}0 & x_j=0,\text{当不选第 } j \text{ 种生产方式} \quad (j=1,2,3)\\ 1 & x_j>0,\text{当选择第 } j \text{ 种生产方式}\end{cases}$$

这样,初步考虑固定费用问题可用如下模型表示:

$$\min z=(k_1y_1+c_1x_1)+(k_2y_2+c_2x_2)+(k_3y_3+c_3x_3)$$

$$\text{s.t.}\begin{cases}\sum_{j=1}^{3}a_{ij}x_j=b_i \quad (i=1,2,\cdots,m)\\ x_j\geqslant 0\\ y_j=0 \text{ 或 } 1 \quad (j=1,2,3)\end{cases}$$

根据题意,应该有 $x_j>0,y_j=1$。它的含义是,当生产 x_j 任何正的数量时,都应支付一笔固定费用 $k_j>0$;而当 $x_j=0$,则 $y_j=0$。在极小化问题中,$x_j=0$ 自动蕴涵着 $y_j=0$。因为 $x_j=0,y_j=1$ 时,总可以置 $y_j=0$ 使目标函数值变小,以获得更优的解,这样并未破坏其他约束条件。然而,当 $x_j>0$ 时,$y_j=1$ 这种逻辑关系在上述模型形式中并没有得以体现。为此,取 x_j 的一个上界 M_j,使得 $x_j\leqslant M_j$,对满足 $\boldsymbol{AX}=\boldsymbol{b},\boldsymbol{X}\geqslant\boldsymbol{0}$ 的 x_j 值都成立,并在上述模型中加入约束条件

$$x_1\leqslant M_1y_1,x_2\leqslant M_2y_2,x_3\leqslant M_3y_3$$

则该问题的数学模型可写成

$$\min z=\sum_{i=1}^{3}(k_iy_j+c_ix_i)$$

$$\text{s.t.}\begin{cases}\sum_{j=1}^{3}a_{ij}x_j=b_i \quad (i=1,2,\cdots,m)\\ x_j\geqslant 0\\ x_j\leqslant M_jy_j\\ y_j=0 \text{ 或 } 1 \quad (j=1,2,3)\end{cases}$$

例 2.20　某地区有甲、乙两个城镇,它们每周分别产生 700 t 和 1 200 t 固体废物,现拟用三种方式(焚烧、填海、掩埋)分别在 1、2、3 三个场地对这些废物进行处理(图 2.7),每个处理场的处理费用分为固定费用和可变费用两部分,连同处理场的处理能力和运费情况分别列于表 2.40 和表 2.41。试求使两城镇处理固体废物总费用最小的方案。

表 2.40

处理场所＼费用和能力	固定费用(元/周)	可变费用(元/t)	处理能力(t/周)
1.焚烧	3 850	12	1 000
2.填海	1 150	16	500
3.掩埋	1 920	6	1 300

解 设 x_{ij} 为由城镇 $i(i=1,2$,表示甲、乙城镇)运到处理场 $j(j=1,2,3)$处理的废物量。

表 2.41

城镇＼运费(元/t)＼处理场	1	2	3
甲	7.5	2.5	15.0
乙	5.0	7.5	12.5

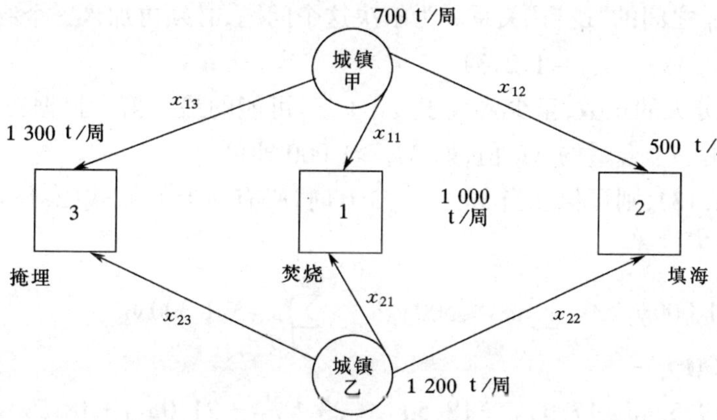

图 2.7

又设 0-1 变量

$$y_j=\begin{cases}1 & \text{当第 } j \text{ 个处理场被启用,即 } x_{1j}+x_{2j}>0 \text{ 时}\\ 0 & \text{当第 } j \text{ 个处理场不被启用,即 } x_{1j}+x_{2j}=0 \text{ 时}\end{cases}$$

这样,第一个处理场的固定费用可表示为 3 $850y_1$;第二个处理场的固定费用可表示为 1 $150y_2$;第三个处理场的固定费用可表示为 1 $920y_3$。这相当于 $\boldsymbol{KY}$。$\boldsymbol{K}=[3850 \quad 1150 \quad 1920]$,$\boldsymbol{Y}=[y_1 \quad y_2 \quad y_3]^{\mathrm{T}}$。

由城镇甲运 1 t 废物到处理场 1 进行处理的总可变费用为运费和可变处理费用之和,即 x_{11}的可变费用系数为 12+7.5=19.5 元/t;其他依此类推。再加上各处理场的固定费用,则总费用函数为

$$z=19.5x_{11}+17.0x_{21}+18.5x_{12}+23.5x_{22}+21.0x_{13}+18.5x_{23}$$
$$+3\,850y_1+1\,150y_2+1\,920y_3$$

约束条件应包括下述几个方面。

每个城镇所有运出的废物等于它产生的废物:

对城镇甲 $\sum_{j=1}^{3} x_{1j} = 700$ (2.11)

对城镇乙 $\sum_{j=1}^{3} x_{2j} = 1\ 200$ (2.12)

对各处理场，每个处理场可处理的废物总量不应超过其处理能力：

对处理场 1 $\sum_{i=1}^{2} x_{i1} \leqslant 1\ 000$

对处理场 2 $\sum_{i=1}^{2} x_{i2} \leqslant 500$

对处理场 3 $\sum_{i=1}^{2} x_{i3} \leqslant 1\ 300$

当然还应有约束 $x_{ij} \geqslant 0(i=1,2;j=1,2,3)$，$y_j = 0$ 或 1。

应该注意，如果只有这些约束条件，再加上目标函数求极小化，那么极小化的结果必然导致所有的 $y_j = 0(j=1,2,3)$，而由于有约束条件式(2.11)、式(2.12)，不可能所有的 $x_{ij}=0$。这就不能保证 x_{ij} 与 y_j 之间的"逻辑"关系。为解决这个问题，必须再加入三个约束条件：

$$x_{1j} + x_{2j} \leqslant M_j y_j \quad (j=1,2,3) \tag{2.13}$$

这里 M_j 是一个充分大的正数，至少要大于 $x_{1j} + x_{2j}$ 可能的最大值。根据三个处理场的最大处理能力，不难给出一个合适的 M_j 值，如 $M_1 \geqslant 1\ 000$ 即可。

有了约束式(2.13)，则可保证当 $x_{1j} + x_{2j} > 0$ 时，必有 $y_j = 1$，则式(2.13)可以和其余三个约束条件合并为以下三式：

$$\sum_{i=1}^{2} x_{i1} \leqslant 1\ 000y_1 \qquad \sum_{i=1}^{2} x_{i2} \leqslant 500y_2 \qquad \sum_{i=1}^{2} x_{i3} \leqslant 1\ 300y_3$$

这样完整的模型为：

$$\begin{aligned}\min\ z = & 19.5x_{11} + 17.0x_{21} + 18.5x_{12} + 23.5x_{22} + 21.0x_{13} + 18.5x_{23} \\ & + 3\ 850y_1 + 1\ 150y_2 + 1\ 920y_3\end{aligned}$$

$$\text{s.t.}\begin{cases}\sum_{j=1}^{3} x_{1j} = 700 \\ \sum_{j=1}^{3} x_{2j} = 1\ 200 \\ \sum_{i=1}^{2} x_{i1} \leqslant 1\ 000y_1 \\ \sum_{i=1}^{2} x_{i2} \leqslant 500y_2 \\ \sum_{i=1}^{2} x_{i3} \leqslant 1\ 300y_3 \\ x_{ij} \geqslant 0,\ y_i = 0 \text{ 或 } 1 \quad (i=1,2;j=1,2,3)\end{cases}$$

可得该模型的解为

$y_1^* = 1, x_{11}^* = 200$ t/周

$y_2^* = 1, x_{12}^* = 500$ t/周

$$y_3^* = 1, x_{21}^* = 800 \text{ t/周}$$
$$x_{23}^* = 400 \text{ t/周}$$

解的结果如图 2.8。

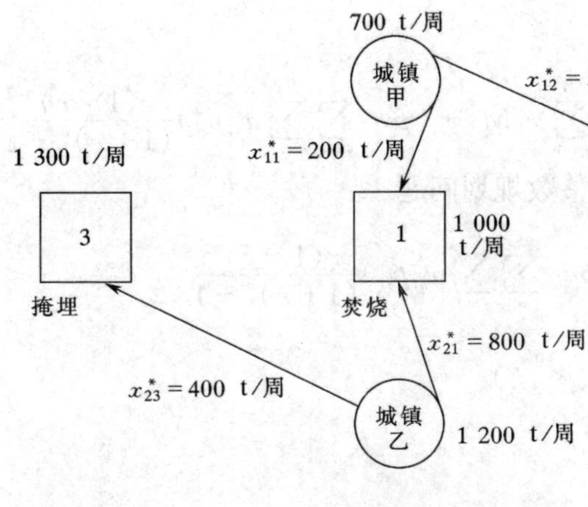

图 2.8

2.5.2 多种类、多方案投资决策问题

在许多复杂的情况下，最优投资方案的选择可归结为整数规划问题。

有一笔投资 p，对 k 种产品投资，第 i 种产品有 m_i 个投资方案。第 i 种产品的第 j 个方案需投资为 p_{ij}，相应每年收益为 $M_{ij}(i=1,2,\cdots,k;j=1,2,\cdots,m_i)$。投资为 n 年，如资金总额用不完，则以平均利率 r 作为普通投资（或作其他企业投资），试作出最优投资决策。

为此，引入 0-1 型决策变量：

$$x_{ij} = \begin{cases} 1, \text{表示选用第 } i \text{ 种产品的第 } j \text{ 种方案} \\ 0, \text{表示不选用第 } i \text{ 种产品的第 } j \text{ 种方案} \end{cases}$$

由于最多只能在 i 产品的 m_i 个方案中选用一个，并且总资金 $\sum_{i=1}^{k}\sum_{j=1}^{m_i} x_{ij}p_{ij}$ 应不超过 p，则约束条件为

$$\sum_{j=1}^{m_i} x_{ij} \leqslant 1 \quad (i=1,2,\cdots,k)$$
$$\sum_{i=1}^{k}\sum_{j=1}^{m_i} p_{ij}x_{ij} \leqslant p$$

每年的投资收益有两部分，一为所用投资资金的收益

$$f_1(\boldsymbol{X}) = \sum_{i=1}^{k}\sum_{j=1}^{m_i} x_{ij}M_{ij}$$

另一为剩余资金的收益，剩余资金为

$$p - \sum_{i=1}^{k}\sum_{j=1}^{m_i} x_{ij}p_{ij}$$

将其转化为普通投资（以平均利率 r 计算），则剩余资金的收益为

$$f_2(\boldsymbol{X})=(p-\sum_{i=1}^{k}\sum_{j=1}^{m_i}x_{ij}p_{ij})\frac{r(1+r)^n}{(1+r)^n-1}$$

式中，$\frac{r(1+r)^n}{(1+r)^n-1}$为资金回收系数。

目标函数即为每年的总收益

$$z=f_1(\boldsymbol{X})+f_2(\boldsymbol{X})=\sum_{i=1}^{k}\sum_{j=1}^{m_i}x_{ij}M_{ij}+(p-\sum_{i=1}^{k}\sum_{j=1}^{m_i}x_{ij}p_{ij})\frac{r(1+r)^n}{(1+r)^n-1}$$

整个投资决策归结于求解下列整数规划问题：

$$\max\ z=\sum_{i=1}^{k}\sum_{j=1}^{m_i}x_{ij}M_{ij}+(p-\sum_{i=1}^{k}\sum_{j=1}^{m_i}x_{ij}p_{ij})\frac{r(1+r)^n}{(1+r)^n-1}$$

$$\text{s.t.}\begin{cases}\sum_{j=1}^{m_i}x_{ij}\leqslant 1 \quad (i=1,2,\cdots,k)\\ \sum_{i=1}^{k}\sum_{j=1}^{m_i}x_{ij}p_{ij}\leqslant p\\ x_{ij}=0\text{ 或 }1 \quad (i=1,2,\cdots,k;\quad j=1,2,\cdots,m_i)\end{cases}$$

例 2.21 设有资金 550 万元，拟对三种产品投资。第一种产品有 2 个投资方案，第二、三种产品各有 1 个投资方案，各方案需投资数及其利润率如表 2.42 所示。剩余资金作为普通投资用，利率 $r=10\%$，$n=5$。问该如何作出决策，以使收益最大？

表 2.42

产品方案	第一种产品		第二种产品	第三种产品
	1	2	1	1
投资额 p_{ij}(万元)	300	280	260	240
达到的利润率 $\bar{r}$	30%	28%	28%	26%

解 据题意可知，$p=550$ 万元，$k=3$，$m_1=2$，$m_2=m_3=1$，决策变量 x_{11}、x_{12}、x_{21}、x_{31} 为 0-1 变量，约束条件为

$$\sum_{j=1}^{2}x_{1j}=x_{11}+x_{12}\leqslant 1$$

$$x_{21}\leqslant 1$$

$$x_{31}\leqslant 1$$

$$\sum_{i=1}^{k}\sum_{j=1}^{m_i}x_{ij}p_{ij}=300x_{11}+280x_{12}+260x_{21}+240x_{31}\leqslant 550$$

目标函数 $z=f_1(\boldsymbol{X})+f_2(\boldsymbol{X})$，其中

$$f_1(\boldsymbol{X})=\sum_{i=1}^{k}\sum_{j=1}^{m_i}x_{ij}M_{ij}=M_{11}x_{11}+M_{12}x_{12}+M_{21}x_{21}+M_{31}x_{31}$$

这里 $M_{ij}=p_{ij}\frac{\bar{r}(1+\bar{r})^n}{(1+\bar{r})^n-1}$，将相应的参数 $\bar{r}$ 代入，即得 M_{11}、M_{12}、M_{21}、M_{31}。而

$$f_2(\boldsymbol{X})=[550-(300x_{11}+280x_{12}+260x_{21}+240x_{31})]\frac{0.1(1+0.1)^5}{(1+0.1)^5-1}$$

问题归结为求解整数规划：

$$\max\ z=f_1(\boldsymbol{X})+f_2(\boldsymbol{X})$$

$$\text{s.t.}\begin{cases}x_{11}+x_{12}\leqslant 1\\ 300x_{11}+280x_{12}+260x_{21}+240x_{31}\leqslant 550\\ x_{11},x_{12},x_{21},x_{31}=0\text{ 或 }1\end{cases}$$

求解结果为

$$x_{11}=1,x_{12}=0,x_{21}=0,x_{31}=1,z=217$$

2.5.3 运动员的选拔问题

最优化方法在体育事业的各个领域都有着广泛的应用，如在很多情况下，运动员的选拔问题便可以归结为 0-1 整数规划问题。以下以选拔篮球运动员和游泳运动员为例，阐述整数规划在选拔运动员中的作用。

1. 篮球运动员的选拔问题

在长 28 m、宽 15 m 的场地上，两支篮球劲旅龙争虎斗。谁胜谁负，往往取决于多种因素。但是，多数篮球教练却对运动员的身高情有独钟。这是可以理解的，因为篮圈直径只有 45 cm，而且离地面高达 3.05 m，致使投篮的命中率、盖帽和争抢篮板球的成功率无不与篮球运动员的身高呈正相关。下面，就以身高为主要指标，讨论篮球运动员的选拔问题。

例 2.22 某篮球队拟由编号为 1、2、……、6 的 6 名预备队员中，挑选 3 名正式队员，要求他们的平均身高尽量高。此外，入选队员尚需符合下列条件：①至少有 1 名后卫；②2 号和 5 号至多只许入选 1 名；③最多入选 1 名中锋；④若 2 号或 4 号入选，6 号就不得入选。这些预备队员的有关情况见表 2.43。哪 3 名预备队员应该入选？

表 2.43

预备队员编号	位置	身高(m)
1	中锋	1.93
2	中锋	1.91
3	前锋	1.87
4	前锋	1.86
5	后卫	1.80
6	后卫	1.85

解 设 $x_j=\begin{cases}0,\text{表示不选 } j \text{ 号预备队员}\\1,\text{表示选 } j \text{ 号预备队员}\end{cases}$ $(j=1,2,\cdots,6)$，y 为 3 名入选者的平均身高。

根据题意，例 2.22 的数学模型为

$$\max\ y=\frac{1}{3}(1.93x_1+1.91x_2+1.87x_3+1.86x_4+1.80x_5+1.85x_6)$$

$$\begin{cases} x_1+x_2+\cdots+x_6=3 \\ x_5+x_6\geqslant 1 \\ x_2+x_5\leqslant 1 \\ x_1+x_2\leqslant 1 \\ x_2+x_6\leqslant 1 \\ x_4+x_6\leqslant 1 \\ x_1,x_2,\cdots,x_6=0 \text{ 或 } 1 \end{cases}$$

求得最优解为$[x_1\quad x_2\quad x_3\quad x_4\quad x_5\quad x_6]=[1\quad 0\quad 1\quad 0\quad 0\quad 1]$,最优值为$y_{\max}=1.88$ m。

由上述看到,在表示最优解的 6 维向量中,分量 x_1、x_3、x_6 全等于 1。于是可以断言,1 号、3 号和 6 号预备队员应该入选。最优值表明,这 3 名入选者的平均身高为 1.88 m。

2.游泳运动员的选拔问题

4×100 m 混合泳接力是观众最感兴趣的游泳项目之一。现在,从一个实例出发,研究混合泳运动员的选拔问题。

例 2.23 甲、乙、丙、丁是 4 名游泳运动员,他们各种姿势的 100 m 游泳成绩见表 2.44。为组成一个 4×100 m 混合泳接力队,怎样选派运动员,方使接力队的游泳成绩最好?

表 2.44

(单位:s)

运动员	仰泳	蛙泳	蝶泳	自由泳
甲	75.5	86.8	66.6	58.4
乙	65.8	66.2	57.0	52.8
丙	67.6	84.3	77.8	59.1
丁	74.0	69.4	60.8	57.0

解 设 $i=1$、2、3、4 分别表示甲、乙、丙、丁;$j=1$、2、3、4 分别表示仰泳、蛙泳、蝶泳、自由泳。设

$$x_{ij}=\begin{cases} 0,\text{表示 } i \text{ 不参加 } j \\ 1,\text{表示 } i \text{ 参加 } j \end{cases}$$

y 为混合泳接力队的成绩。

根据题意,例 2.23 的数学模型为

$$\begin{aligned} \min y = & 75.5x_{11}+86.8x_{12}+66.6x_{13}+58.4x_{14}+65.8x_{21}+66.2x_{22}+57.0x_{23} \\ & +52.8x_{24}+67.6x_{31}+84.3x_{32}+77.8x_{33}+59.1x_{34}+74.0x_{41}+69.4x_{42} \\ & +60.8x_{43}+57.0x_{44} \end{aligned}$$

$$\begin{cases} x_{1j}+x_{2j}+x_{3j}+x_{4j}=1\ (j=1,2,3,4) \\ x_{i1}+x_{i2}+x_{i3}+x_{i4}=1\ (i=1,2,3,4) \\ x_{ij}=0 \text{ 或 } 1\ (i,j=1,2,3,4) \end{cases}$$

这类数学模型称为指派问题,是 0-1 规划的特例,可采用匈牙利法来求解。按照这种解法进行计算,求得最优解为

$$\begin{bmatrix} x_{11} & x_{12} & x_{13} & x_{14} \\ x_{21} & x_{22} & x_{23} & x_{24} \\ x_{31} & x_{32} & x_{33} & x_{34} \\ x_{41} & x_{42} & x_{43} & x_{44} \end{bmatrix} = \begin{bmatrix} 0 & 0 & 0 & 1 \\ 0 & 0 & 1 & 0 \\ 1 & 0 & 0 & 0 \\ 0 & 1 & 0 & 0 \end{bmatrix}$$

最优值为 $\min\ y = 252.4$ s

不难看出,在表示最优解的 4 阶矩阵中,元素 x_{14}、x_{23}、x_{31}、x_{42} 皆等于 1。由此可知,选派甲参加自由泳、乙参加蝶泳、丙参加仰泳、丁参加蛙泳,可使混合泳接力队的游泳成绩最好。并且最优值表明,这支接力队只消 252.4 s 便能游完全程。

2.5.4 背包问题

背包问题是最简单的整数规划问题之一。它可解释为一个旅行者,为了准备旅行的必备物品,要在背包里装一些最有用的东西,他最多只能携带 b kg 重的物品,而每件物品都只能整件携带,于是他给每件物品规定了一定的"价值",以表示其有用程度。如果共有 m 件物品可供选择,第 j 件物品重 a_j kg,其价值为 c_j。问在携带的物品总重量不超过 b kg 的条件下,携带哪些物品,可使总价值最大。背包问题可用如下数学模型表示:

引入 0-1 变量 x_j,设

$$x_j = \begin{cases} 1 & \text{携带第 } j \text{ 件物品} \\ 0 & \text{不携带第 } j \text{ 件物品} \end{cases}$$

则

$$\max\ z = \sum_{j=1}^{m} c_j x_j$$

$$\text{s.t.} \begin{cases} \sum_{j=1}^{m} a_j x_j \leqslant b \\ x_j = 0 \text{ 或 } 1 \end{cases}$$

该数学模型仅受限制于单个线性约束条件,变量要求取 0、1,称作"0-1"背包问题。

背包问题去掉整数约束条件变成一普通的线性规划问题是极易求解的。只要将变量按照它们在目标函数中的系数与约束条件中系数之比的大小进行排列。即按"单位重量的价值"的大小进行排列,如

$$\frac{c_{1'}}{a_{1'}} \geqslant \frac{c_{2'}}{a_{2'}} \geqslant \frac{c_{3'}}{a_{3'}}$$

其中 1′、2′……是按比值大小排列后的新编号。在不破坏约束条件的情况下,取 x'_1 的值尽可能大,再根据已取定的 x'_1 值,取 x'_2 的值尽可能大,依此类推。这种算法也称作"贪婪算法"。但对变量取整数的背包问题,贪婪算法只是一种近似算法。

例 2.24 一个徒步旅行者要在背包中选择一些最有价值的物品携带。他最多能携带 115 kg 的物品。现共有 5 件物品,分别重 54 kg、35 kg、57 kg、46 kg、19 kg,其价值依次为 7、5、9、6、3。问该旅行者携带哪些物品,使总价值最大?

解 设

$$x_j = \begin{cases} 1 & \text{携带第 } j \text{ 件物品} \\ 0 & \text{不携带第 } j \text{ 件物品} \end{cases}$$

则有

$$\max\ z=7x_1+5x_2+9x_3+6x_4+3x_5$$

$$\text{s.t.}\begin{cases}54x_1+35x_2+57x_3+46x_4+19x_5\leqslant 115\\ x_j=0\text{ 或 }1\quad (j=1,2,\cdots,5)\end{cases}$$

"单位重量价值"由大到小的顺序为

$$\frac{3}{19}=\frac{9}{57}>\frac{5}{35}>\frac{6}{46}>\frac{7}{54}$$

在满足约束条件的情况下，应取$\frac{3}{19}$及$\frac{9}{57}$对应的变量 x_5、x_3 尽可能的大，取 $x_5=x_3=1$。同理根据已取定的 x_5、x_3 的值，取$\frac{5}{35}$对应的变量 x_2 尽可能的大。0-1 背包问题的最优解为

$$x_5=1\quad x_3=1\quad x_2=1\quad x_4=x_1=0$$

类似背包问题的问题还有工厂下料问题及运输货物装载问题等。

习题 2

2.1 某工厂在计划期内要安排生产Ⅰ、Ⅱ两种产品，这些产品分别需要在 A、B、C、D4 种不同的设备上加工。按工艺规定，产品Ⅰ和Ⅱ在各设备上所需要的加工台时数及有关数据如表 2.45。现工厂需拟定使总利润最大的生产计划。(1)建立此问题的数学模型；(2)用图解法求解最优计划和最大利润。

表 2.45

所需台时 / 设备 / 产品	A	B	C	D	每件利润(百元)
Ⅰ	2	1	4	0	2
Ⅱ	2	2	0	4	3
台时限制	12	8	16	12	

2.2 分别用图解法和单纯形法求解下面的线性规划，并指出单纯形法迭代的每一步相当于图形上哪一个顶点。

$$\max\ z=2x_1+x_2$$

$$\begin{cases}3x_1+5x_2\leqslant 15\\ 6x_1+2x_2\leqslant 24\\ x_1,x_2\geqslant 0\end{cases}$$

2.3 用大 M 法求解下面的线性规划：

$$\max\ z=2x_1+3x_2-5x_3$$

$$\begin{cases}x_1+x_2+x_3=7\\ 2x_1-5x_2+x_3\geqslant 10\\ x_1,x_2,x_3\geqslant 0\end{cases}$$

2.4 某昼夜服务的公交线路每天各时间区段内所需司机和乘务人员数如下：

班次	时间	所需人数
1	6:00～10:00	60
2	10:00～14:00	70
3	14:00～18:00	60
4	18:00～22:00	50
5	22:00～ 2:00	20
6	2:00～ 6:00	30

设司机和乘务人员分别在各时间区段一开始时上班,并连续工作 8 小时,问该公交线路至少配备多少名司乘人员。建立该问题的数学模型。

2.5 在解一线性规划问题时,使用单纯形法,已知单纯形表中的初表及终表如表 2.46。

表 2.46

	C_B	X_B	$B^{-1}b$	2 x_1	−1 x_2	1 x_3	0 x_4	0 x_5	0 x_6
初表	0	x_4	60	3	1	1	1	0	0
	0	x_5	10	1	−1	2	0	1	0
	0	x_6	20	1	1	−1	0	0	1
		σ_j		2	−1	1	0	0	0
终表		x_4						−1	−2
		x_1						1/2	1/2
		x_2						−1/2	1/2
		σ_j							

(1)写出最优基 $\boldsymbol{B}$ 和 $\boldsymbol{B}^{-1}$;

(2)填完终表;

(3)指出最优解和最优值。

2.6 写出下列线性规划问题的对偶模型:

(1)$\max z=5x_1+3x_2+2x_3+4x_4$

$$\begin{cases}5x_1+x_2+x_3+8x_4=10\\2x_1+4x_2+3x_3-2x_4=10\\x_i\geqslant 0, i=1,2,3,4\end{cases}$$

(2)$\min z=2x_1+2x_2+4x_3$

$$\begin{cases}2x_1+3x_2+5x_3\geqslant 2\\3x_1+x_2+7x_3\leqslant 3\\x_1+4x_2+6x_3\leqslant 5\\x_1,x_2\geqslant 0\end{cases}$$

2.7 某电视机工厂生产 4 种型号的特用电视机:Ⅰ型——轻便黑白,Ⅱ型——正规黑白,Ⅲ型——轻便彩色,Ⅳ型——正规彩色。各型号每台所需组装时间、调试时间、销售收入以及该厂组装调试能力如表 2.47 所示。

表 2.47

	Ⅰ	Ⅱ	Ⅲ	Ⅳ	工厂能力(h)
组装时间(h)	8	10	12	15	2 000
调试时间(h)	2	2	4	5	500
售　价(百元)	4	6	8	10	

但现在显像管紧缺,每月最多只能进货 180 只,其中彩色显像管不超过 100 只。令 x_1、x_2、x_3、x_4 依次表示各型号每月计划产量。现工厂需拟定使目标总销售收入 z 为最大的生产计划。

(1)写出该问题的数学模型,对于约束条件依下列次序:组装时间、调试时间、显像管数、彩色显像管数,并引入松弛变量使之为等式。

(2)用单纯形法求解得终表如表 2.48。

表 2.48

C_B	X_B	$B^{-1}b$	4 x_1	6 x_2	8 x_3	10 x_4	0 x_5	0 x_6	0 x_7	0 x_8
0	x_8	50	−0.2	0	0.2	0	0.1	−0.5	0	1
6	x_2	125	0.5	1	0	0	0.25	−0.75	0	0
0	x_7	5	0.3	0	0.2	0	−0.15	0.25	1	0
10	x_4	50	0.2	0	0.8	1	−0.1	0.5	0	0
	σ_j		−1	0	0	0	−0.5	−0.5	0	0

试分别回答:

①最优生产计划是什么?是否还有其他最优生产计划?为什么?

②组装时间的影子价格是多少?

③若外厂可调剂增加 80 h 的调试时间,但每小时需付 0.4(百元),这样的调剂值得吗?能增加多少收入?

④设Ⅰ型机售价由 4(百元)增加到 4.5(百元),最优计划要改变吗?如果增加到 5.5(百元)呢?说明理由。

⑤写出本问题的对偶模型,并指出其最优解。

2.8 某照相机厂生产 A、B、C 三种型号的产品,每架均需经机身制造、零件装配和检验包装三道工序。各型号产品所需工作时数、每月工时限量及销售利润见表 2.49。根据市场情况,C 型每月产量应控制在 150 架以内。现工厂需拟定使总利润 z 最大的生产计划。

表 2.49

	A 型	B 型	C 型	工时限量(h)
机身制造时间(h)	1	2	7	2 500
零件装配时间(h)	2	3.5	1	3 500
检验包装时间(h)	1	2	3	1 500
销售利润(元/架)	10	20	50	

(1)写出此问题的数学模型(变量 x_1、x_2、x_3 分别表示 A、B、C 型产品的月产量,约束条件依次为:机身制造时间、零件装配时间、检验包装时间及 C 型产量)。

(2)表 2.50 是用单纯形法解此问题过程中的一个不完全表,请将表完成。

表 2.50

C_B	X_B	C $B^{-1}b$	10 x_1	20 x_2	50 x_3	0 x_4	0 x_5	0 x_6	0 x_7
		400		0	0	1	0	−1	−4
		1 512.5		0	0	0	1	−1.75	4.25
		525		1	0	0	0	0.5	−1.5
		150		0	1	0	0	0	1
	检验数								

(3)上表是否为终表?若是,请写出最优生产计划、最大销售利润及检验包装时间的影子价格。

(4)写出此问题的对偶问题数学模型,并指出其最优解。

(5)现又设计出 D 型产品,每架需机身制造、零件装配和检验包装时间分别为 6、2、2(h),销售利润为 30

元/架,问是否应考虑生产D型产品?为什么?

2.9 光电化学药品公司生产两种相片冲洗液,每加仑的成本均为1美元,令 x_1 为1号产品的加仑数,x_2 为2号产品的加仑数。公司的管理层规定,必须至少生产30加仑的1号产品和20加仑的2号产品,同时还规定生产过程中必须至少使用80磅的某容易腐烂的原材料。这一问题的线性规划模型如下:

最小化 $x_1 + x_2$

约束条件

$$\begin{cases} x_1 \geqslant 30 & \text{1号产品的最小量} \\ x_2 \geqslant 20 & \text{2号产品的最小量} \\ x_1 + 2x_2 \geqslant 80 & \text{原材料的最小量} \\ x_1, x_2 \geqslant 0 \end{cases}$$

(1)写出此问题的对偶问题模型,并解释此对偶模型(变量、目标、约束)的实际意义;

(2)用单纯形法求解此对偶问题得终表如表2.51。

表2.51

			30	20	80	0	0
C_B	Y_B	$B^{-1}b$	y_1	y_2	y_3	y_4	y_5
30	y_1	0.5	1	−0.5	0	1	−0.5
80	y_3	0.5	0	0.5	1	0	0.5
	σ_j		0	−5	0	−30	−25

由表指出:①公司的最优生产计划和最低的总成本;②若公司可放松对原材料最低用量的规定,如只需使用79磅的原材料,则总成本有何变化?

2.10 某公司生产家用的清洁产品,为了在高度的市场竞争中增加市场份额,公司决定进行一次大规模的广告行动。表2.52给出了公司准备做广告的三种产品名称、估计每做一单位广告(一个广告标准批量)使每种产品的市场份额增加量、广告后每种产品市场份额增加量的最低目标和两种可选的广告方式的单价。

表2.52

产品 \ 单位增量 \ 广告种类	电视	印刷媒体	广告后市场份额最低增量
去污剂	0%	1%	3%
液体洗涤剂	3%	2%	18%
洗衣粉	−1%	4%	4%
广告单位成本(万元)	100	200	

其中洗衣粉的市场份额出现负值是由于液体洗涤剂份额增加造成的。

现公司需拟定使广告总费用最少的广告计划,即决定电视和印刷媒体的广告数量(分别记为 x_1 和 x_2)。

(1)请写出此问题的线性规划模型(约束依表2.52中产品的次序),并将模型化为标准型。

(2)用min型单纯形法求解此问题,得单纯形终表如表2.53。

表2.53

			100	200	0	0	0	M	M	M
C_B	X_B	$B^{-1}b$	x_1	x_2	x_3	x_4	x_5	x_6	x_7	x_8
0	x_5	4				1/3	1	14/3	−1/3	−1
100	x_1	4				−1/3	0	−2/3	1/3	0
200	x_2	3				0	0	1	0	0

续表 2.53

	100	200	0	0	0	M	M	M
σ_j			400/3	100/3		$M-\frac{400}{3}$	$M-100/3$	M

①请填完表中空白；②由表指出最优广告计划并求出相应的最低广告费用，此最优计划使每种产品的市场份额最低增量目标达成情况如何？③写出此问题的对偶问题模型，由表 2.53 求出对偶最优解 $\boldsymbol{Y}^*$，并解释 $\boldsymbol{Y}^*$ 的实际意义。

2.11 设线性规划问题 1 是

$$\max z_1 = \boldsymbol{CX}$$
$$\begin{cases} \boldsymbol{AX} \leqslant \boldsymbol{b} \\ \boldsymbol{X} \geqslant \boldsymbol{0} \end{cases}$$

$\boldsymbol{Y}^*$ 是其对偶问题的最优解；又设线性规划问题 2 是

$$\max z_2 = \boldsymbol{CX}$$
$$\begin{cases} \boldsymbol{AX} \leqslant \boldsymbol{b} + \boldsymbol{k} \\ \boldsymbol{X} \geqslant \boldsymbol{0} \end{cases}$$

式中 $\boldsymbol{k}$ 是已知常向量。求证：$\max z_2 \leqslant \max z_1 + \boldsymbol{Y}^* \boldsymbol{k}$。

2.12 甲、乙、丙三个工厂生产的某种产品产量分别为 7、9、7 个单位，运往 A、B、C、D4 个门市部，各门市部需要量分别为 3、5、7、8 个单位。已知单位运价如表 2.54。试求运输计划使总运费最小。

表 2.54

门市部 / 工厂	A	B	C	D
甲	12	13	10	11
乙	10	12	14	10
丙	14	11	15	12

2.13 已知一运输问题由表 2.55 给出，现有一调运方案由方案表 2.56 给出。

表 2.55

销地 / 运价 / 产地	B_1	B_2	B_3	B_4	产量(t)
A_1	5	10	20	7	3
A_2	7	2	0	1	6
A_3	10	3	3	4	7
销 量	6	5	2	3	16

表 2.56

	B_1	B_2	B_3	B_4
A_1	3			
A_2		1	2	3
A_3	3	4		

(1)所给方案是否可行？为什么？

(2)所给方案是否最优？若从 x_{21} 空格进行调整，最大调整量是多少？可使总运费下降多少？

(3)若表中给出的单位运价换成单位收入，要求收入最大的运输方案，如何利用原表上作业法求解。

(4)列出此运输问题的线性规划模型。

2.14 某服装厂制造大、中、小三种尺寸的防寒服，所用资源有尼龙绸、尼龙棉、劳动力和缝纫设备。缝制一件防寒服所需各种资源的数量如表 2.57 所示(单位已适当给定)。不考虑固定费用，每种防寒服售出一件所得利润分别为 10、12、13 元，可用面料尼龙绸 1 500 m，尼龙棉 1 000 m，劳动力 3 500 人，设备 2 800 h。此外，每种防寒服不管缝制多少件，只要做都要支付一定的固定费用，小号为 120 元，中号为 150 元，大号为 180 元。现欲制定一生产计划使获得的利润为最大，写出数学模型。

2.15 填空

(1)设线性规则问题 max:$\{cx \mid \boldsymbol{Ax}=\boldsymbol{b}, \boldsymbol{X}\geqslant \boldsymbol{0}\}$有最优解 $\boldsymbol{X}^*$ 和影子价格 $\boldsymbol{Y}^*$,则线性规划问题 max:$\{2\boldsymbol{CX} \mid \boldsymbol{AX}=\boldsymbol{b}, \boldsymbol{X}\geqslant \boldsymbol{0}\}$的最优解 = ______,影子价格 = ______。

表 2.57

资源 \ 型号	小	中	大
尼龙绸	1.5	1.7	1.8
尼龙棉	1.3	1.5	1.6
劳动力	4	4.5	5
设备	2.8	3.8	4.2

(2)将非平衡运输问题化为平衡运输问题,在表上相当于增加一个虚设的______,在模型中相当于增加若干个______变量。

(3)某工程公司拟从 1、2、3、4 四个项目中选择若干项目。若令

$$x_i=\begin{cases}1, & \text{第 } i \text{ 个项目被选中}\\ 0, & \text{第 } i \text{ 个项目未选中}\end{cases}, i=1,\cdots,4$$

请用 x_i 的线性表达式表示下列要求:①若项目 2 被选中,则项目 4 不能被选中:______;②只有项目 1 被选中,项目 3 才能被选中:______。

(4)用大 M 法求解 max 型线性规划时,人工变量在目标中的系数均为______,若最优解的______中含有人工变量,则原问题无解。

(5)线性规划原问题中的变量个数与其对偶问题中的______个数相等。因此,当原问题增加一个变量时,对偶问题就增加一个______,从而对偶可行域将可能变______(大还是小),对偶问题的目标值将可能变______(好还是坏).

第 3 章　非线性规划

在上一章中已经看到,实际中有很多优化问题可以抽象成线性规划模型求解。线性规划模型中,目标函数与约束条件都是决策变量的线性函数。但在实际中也有许多优化问题的数学模型不能完全用线性表达式表示。目标或约束中含有非线性函数的优化问题称为非线性规划问题。本章将讨论非线性规划模型及其求解方法。

3.1　基本概念

3.1.1　非线性规划问题与模型

1. 非线性规划问题

在工程技术和经济管理中广泛存在着非线性规划问题。

例 3.1(构件表面积问题)　要设计一个如图 3.1 所示的半球形和圆柱形相连接的构件,要求在体积一定的条件下确定构件的尺寸,使其表面积最小。

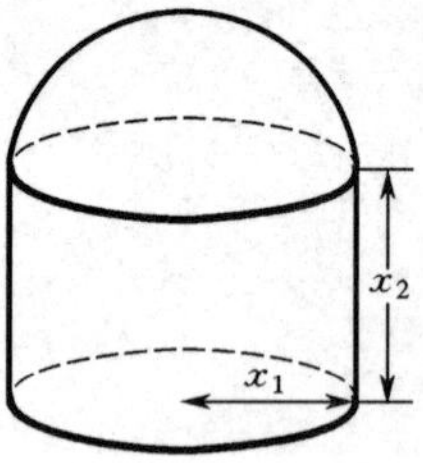

图 3.1

构件的大小取决于其中圆柱体的底半径和高,今设该圆柱的底半径为 x_1、高为 x_2。由于构件的表面由半球顶面、侧面和底面组成,因此表面积

$$S=2\pi x_1^2+2\pi x_1x_2+\pi x_1^2$$

构件的体积为半球体和圆柱体之和,所以要使构件的体积为定值 V,应该满足条件

$$\frac{2}{3}\pi x_1^3+\pi x_1^2x_2=V$$

又构件的底半径和圆柱体的高显然非负,故还要求

$$x_1\geqslant 0,x_2\geqslant 0$$

综合以上分析,该构件表面积最小化问题可归结为如下数学模型:

$$\min\ S=3\pi x_1^2+2\pi x_1x_2$$

$$\text{s.t.}\begin{cases}\dfrac{2}{3}\pi x_1^3+\pi x_1^2x_2=V\\ x_1\geqslant 0,x_2\geqslant 0\end{cases}$$

例 3.2(生产成本问题)　设要在产量不低于某水平 Q_0 的条件下,使生产成本极小化。假设所考虑的决策变量为资本和劳动力,分别记为 x_1 和 x_2,则由经济学中的 Cobb-Douglas 生产函数得

$$Q=Ax_1^{\alpha}x_2^{\beta}$$

式中,Q 为产出产量;A 为生产技术水平;α 和β 为参数。又设已知工资率为 ω,资本报酬率为 γ,则生产成本

$$C=\gamma x_1+\omega x_2$$

本问题的数学模型为

$$\min C=\gamma x_1+\omega x_2$$

$$\text{s.t.}\begin{cases}Ax_1^{\alpha}x_2^{\beta}\geqslant Q_0\\ x_1\geqslant 0,x_2\geqslant 0\end{cases}$$

例 3.3(投资决策问题) 某公司有 $n(\geqslant 2)$个项目可供选择投资,并且至少要对其中一个项目投资。已知该公司拥有总资金 A 元,投资于第 $i(i=1,\cdots,n)$个项目需花资金 a_i 元,并预计可收益 b_i 元,试选择最佳投资方案。

设投资决策变量为

$$x_i=\begin{cases}1,\text{决定投资第 } i \text{ 个项目}\\ 0,\text{决定不投资第 } i \text{ 个项目}\end{cases}\quad (i=1,\cdots,n)$$

则投资总金额为$\sum\limits_{i=1}^{n}a_ix_i$,投资总收益为$\sum\limits_{i=1}^{n}b_ix_i$,因为该公司至少要对一个项目投资,并且总的投资金额不能超过总资金 A,故有限制条件

$$0<\sum_{i=1}^{n}a_ix_i\leqslant A$$

另外,由于 $x_i(i=1,\cdots,n)$只取值 0 或 1,所以还有

$$x_i(1-x_i)=0\quad (i=1,\cdots,n)$$

最佳投资方案应是投资额最少而总收益最大的方案。因此,本问题的数学模型为

$$\max R=\frac{\sum\limits_{i=1}^{n}b_ix_i}{\sum\limits_{i=1}^{n}a_ix_i}$$

$$\text{s.t.}\begin{cases}0<\sum\limits_{i=1}^{n}a_ix_i\leqslant A\\ x_i(1-x_i)=0\quad (i=1,\cdots,n)\end{cases}$$

例 3.4(定位问题) 某连锁超市要选定一个配送中心,由它向该地区的 n 个超市商场送货。假设该地的所有道路均是相互平行或垂直的(图 3.2),试确定这个配送中心的位置,使它到每个商场的距离不超过 d,且它到各商场的总距离为最短。

在地面上引进直角坐标系如图 3.2,设配送中心的位置为 $C(x_1,x_2)$,n 个商场的坐标为 $P_i(a_i,b_i)(i=1,\cdots,n)$,则配送中心到第 i 个用户的距离为

$$|x_1-a_i|+|x_2-b_i|\quad (i=1,\cdots,n)$$

此问题的数学模型为

$$\min D=\sum_{i=1}^{n}[|x_1-a_i|+|x_2-b_i|]$$

$$\text{s.t.}\quad |x_1-a_i|+|x_2-b_i|\leqslant d\quad (i=1,\cdots,n)$$

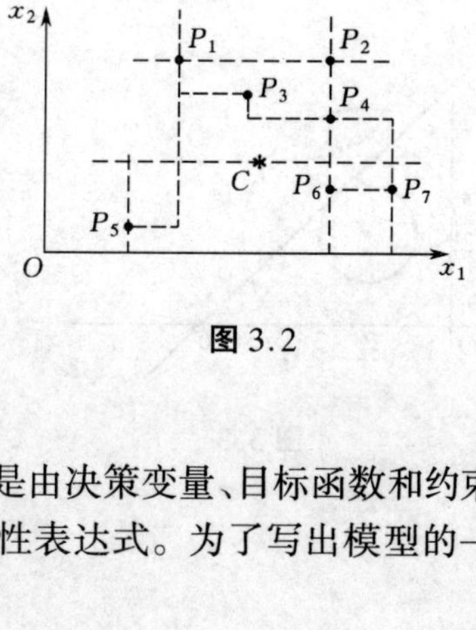

图 3.2

2. 非线性规划模型

由上面的例子可以看出,非线性规划问题的数学模型也是由决策变量、目标函数和约束条件三要素组成的,只不过模型的目标或约束中一般含有非线性表达式。为了写出模型的一般

形式，记决策变量 $\boldsymbol{X}=[x_1 \quad \cdots \quad x_n]^{\mathrm{T}}$，目标函数 $f(\boldsymbol{X})=f(x_1,\cdots,x_n)$，不等式的约束条件 $g_j(\boldsymbol{X})=g_j(x_1,\cdots,x_n)\geqslant 0(j=1,\cdots,l)$，等式约束条件 $h_i(\boldsymbol{X})=h_i(x_1,\cdots,x_n)=0(i=1,\cdots,m)$，则可写出非线性规划模型的一般式为

$$\min f(\boldsymbol{X})$$
$$(\mathrm{NLP})\,\mathrm{s.t.}\begin{cases} h_i(\boldsymbol{X})=0 & (i=1,\cdots,m) \\ g_j(\boldsymbol{X})\geqslant 0 & (j=1,\cdots,l) \end{cases}$$

对于目标函数为 $\max f(\boldsymbol{X})$ 的情形，可通过转化为 $\min(-f(\boldsymbol{X}))$ 的形式化为极小型；对于约束条件为“$\leqslant$”不等式的情形，可通过两端乘以“-1”化为“$\geqslant$”的形式。若记

$$D=\{\boldsymbol{X}\in\mathbf{R}^n \mid h_i(\boldsymbol{X})=0, i=1,\cdots,m; g_j(\boldsymbol{X})\geqslant 0, j=1,\cdots,l\}$$

则(NLP)也可表示为

$$\min_{\boldsymbol{X}\in D} f(\boldsymbol{X})$$

其中 D 称为(NLP)的约束集或可行域。当 $D=\mathbf{R}^n$ 时，(NLP)称做无约束极值问题；当 $D\neq\mathbf{R}^n$ 时，(NLP)称为约束极值问题。

3.1.2 模型的解及相关概念

1. 可行解与最优解

约束集 D 中的点 $\boldsymbol{X}$ 称为(NLP)的可行解。如果有 $\boldsymbol{X}^*\in D$，对于任意的 $\boldsymbol{X}\in D$，都有 $f(\boldsymbol{X}^*)\leqslant f(\boldsymbol{X})$，则称 $\boldsymbol{X}^*$ 为(NLP)的最优解，也称全局极小值点；如果对于 $\boldsymbol{X}^0\in D$，使得在 $\boldsymbol{X}^0$ 的邻域

$$B(\boldsymbol{X}^0,\varepsilon)=\{\boldsymbol{X} \mid \|\boldsymbol{X}-\boldsymbol{X}^0\|<\varepsilon\}$$

中的任意 $\boldsymbol{X}\in D$，都有 $f(\boldsymbol{X}^0)\leqslant f(\boldsymbol{X})$，则称 $\boldsymbol{X}^0$ 为(NLP)的一个局部极小值点，其中 $\varepsilon>0$，$\|\cdot\|$ 表示 n 维向量的模，通常定义为 n 个分量平方和的算术根。

在上述定义中，如果将不等号反向，则可得到极大值点的定义。极小值点和极大值点可简称为极小点和极大点。

下面举一个简单例子给出可行解与最优解的图示。

例 3.5 考虑非线性规划问题

$$\min f(\boldsymbol{X})=(x_1-2)^2+(x_2-2)^2$$
$$\mathrm{s.t.}\quad x_1+x_2=6$$

目标与约束的图形如图 3.3 所示。

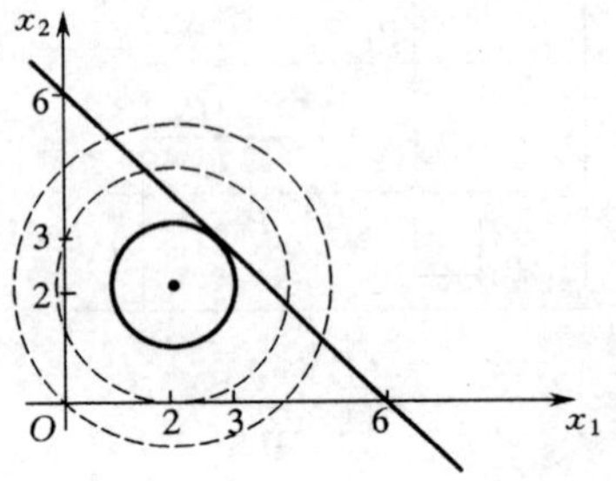

图 3.3

由图易见，可行解是位于直线 $x_1+x_2=6$ 上的点，目标是一族以(2,2)为圆心的圆，最优解是圆族中与 $x_1+x_2=6$ 相切的圆的切点(3,3)。

在本例中若将约束改为 $x_1+x_2\leqslant 6$，则可行解是位于直线 $x_1+x_2=6$ 左下半平面上的点，最优解为圆心(2,2)。这时的约束实际上不起作用。

已知线性规划的最优解一定在可行域的边界(特别是顶点)上达到，而本例说明，非线性规划的最优解可以在可行域的任意点达到。

2. 梯度、海赛阵与泰勒公式

若 $f(\boldsymbol{X})$在 $\boldsymbol{X}_0$ 的邻域内有连续一阶偏导数，则称$f(\boldsymbol{X})$在 $\boldsymbol{X}_0$ 点对 n 个变元的偏导数组成的向量为$f(\boldsymbol{X})$在 $\boldsymbol{X}_0$ 的梯度，记为$\nabla f(\boldsymbol{X}_0)$，即

$$\nabla f(\boldsymbol{X}_0)=\left[\frac{\partial f(\boldsymbol{X}_0)}{\partial x_1} \quad \cdots \quad \frac{\partial f(\boldsymbol{X}_0)}{\partial x_n}\right]^{\mathrm{T}}$$

梯度的几何意义是过 $\boldsymbol{X}_0$ 点且与 $f(\boldsymbol{X})$在 $\boldsymbol{X}_0$ 的切平面垂直的向量，梯度向量的方向是函数值在该点增加最快的方向。

若 $f(\boldsymbol{X})$在 $\boldsymbol{X}_0$ 的邻域内有连续二阶偏导数，则称 $f(\boldsymbol{X})$在 $\boldsymbol{X}_0$ 点对 n 个变元两两组合的二阶偏导数组成的矩阵为$f(\boldsymbol{X})$在 $\boldsymbol{X}_0$ 的海赛(Hesse)阵，记为 $\boldsymbol{H}_f(\boldsymbol{X}_0)$，或简记为 $\boldsymbol{H}(\boldsymbol{X}_0)$，即

$$\boldsymbol{H}(\boldsymbol{X}_0)=\left[\frac{\partial^2 f(\boldsymbol{X}_0)}{\partial x_i \partial x_j}\right]_{n\times n}=\begin{bmatrix}\dfrac{\partial^2 f(\boldsymbol{X}_0)}{\partial x_1^2} & \cdots & \dfrac{\partial^2 f(\boldsymbol{X}_0)}{\partial x_1 \partial x_n}\\ \vdots & & \vdots \\ \dfrac{\partial^2 f(\boldsymbol{X}_0)}{\partial x_n \partial x_1} & \cdots & \dfrac{\partial^2 f(\boldsymbol{X}_0)}{\partial x_n{}^2}\end{bmatrix}$$

若 $f(\boldsymbol{X})$在 $\boldsymbol{X}_0$ 的邻域内有连续二阶偏导数，则可写出 $f(\boldsymbol{X})$在 $\boldsymbol{X}_0$ 的(二阶)泰勒(Taylor)展开式

$$f(\boldsymbol{X})=f(\boldsymbol{X}_0)+\nabla f(\boldsymbol{X}_0)^{\mathrm{T}}(\boldsymbol{X}-\boldsymbol{X}_0)+\frac{1}{2}(\boldsymbol{X}-\boldsymbol{X}_0)^{\mathrm{T}}\boldsymbol{H}(\boldsymbol{X}_0)(\boldsymbol{X}-\boldsymbol{X}_0)+o(\|\boldsymbol{X}-\boldsymbol{X}_0\|^2)$$

其中 $o(\|\boldsymbol{X}-\boldsymbol{X}_0\|^2)$是当 $\boldsymbol{X}\to\boldsymbol{X}_0$ 时 $\|\boldsymbol{X}-\boldsymbol{X}_0\|^2$ 的高阶无穷小。

例 3.6 写出 $f(\boldsymbol{X})=3x_1^2+\sin x_2$ 在 $\boldsymbol{X}_0=[0 \quad 0]^{\mathrm{T}}$ 点的二阶泰勒展开式。

解 $f(\boldsymbol{X})$显然有连续的二阶偏导数，其梯度

$$\nabla f(\boldsymbol{X})=[6x_1 \quad \cos x_2]^{\mathrm{T}},\nabla f(\boldsymbol{X}_0)=[0 \quad 1]^{\mathrm{T}}$$

其海赛阵

$$\boldsymbol{H}(\boldsymbol{X})=\begin{bmatrix}6 & 0\\ 0 & -\sin x_2\end{bmatrix},\boldsymbol{H}(\boldsymbol{X}_0)=\begin{bmatrix}6 & 0\\ 0 & 0\end{bmatrix}$$

在 $\boldsymbol{X}_0$ 点的二阶泰勒展式为

$$\begin{aligned}f(\boldsymbol{X})&=0+[0 \quad 1]\begin{bmatrix}x_1\\ x_2\end{bmatrix}+\frac{1}{2}[x_1 \quad x_2]\begin{bmatrix}6 & 0\\ 0 & 0\end{bmatrix}\begin{bmatrix}x_1\\ x_2\end{bmatrix}+o(\|\boldsymbol{X}\|^2)\\ &=x_2+3x_1^2+o(\|\boldsymbol{X}\|^2)\end{aligned}$$

如果忽略 $o(\|\boldsymbol{X}\|^2)$，则 $f(\boldsymbol{X})$在 $\boldsymbol{X}_0$ 点的近似表达式为

$$f(\boldsymbol{X})=3x_1^2+x_2$$

3. 极值的条件

对于无约束极值问题，可以利用微积分中的知识给出局部极值点的条件。将 $n(n>1)$元函数 $f(\boldsymbol{X})$与一元函数 $f(x)$的极值条件加以对比并归纳于表 3.1。

表 3.1

$\boldsymbol{X}_0$(或 x_0)是极小值点	必要条件	充分条件
一元函数 $f(x)$	$f'(x_0)=0$	$f'(x_0)=0$，且 $f''(x_0)>0$
n 元函数 $f(\boldsymbol{X})$	$\nabla f(\boldsymbol{X}_0)=\boldsymbol{0}$	$\nabla f(\boldsymbol{X}_0)=\boldsymbol{0}$ 且 $\boldsymbol{H}(\boldsymbol{X}_0)>0$

其中的充分条件主要依据函数的二阶导信息，$\boldsymbol{H}(\boldsymbol{X}_0)>0$ 表示海赛阵正定。根据线性代数的知识可知，如果一个方阵的各阶主子式均大于零，则可判定该方阵为正定的。若 $\boldsymbol{X}_0$ 是极大值点，则充分条件中不等号反向。

利用极值的条件，可以求一些无约束极值问题的极值点。即先由必要条件求出使 $\nabla f(\boldsymbol{X}_0)=\boldsymbol{0}$的点 $\boldsymbol{X}_0$（称为驻点），再由充分条件判断 $\boldsymbol{X}_0$ 的极值性。

例 3.7 求 $f(\boldsymbol{X})=2x_1^2-8x_1+2x_2^2-4x_2+20$ 的极小值点。

解 $\nabla f(\boldsymbol{X})=\left[\dfrac{\partial f}{\partial x_1} \quad \dfrac{\partial f}{\partial x_2}\right]^{\mathrm{T}}=[4x_1-8 \quad 4x_2-4]^{\mathrm{T}}$

令 $\nabla f(\boldsymbol{X})=\boldsymbol{0}$，解得驻点 $\boldsymbol{X}_0=[2 \quad 1]^{\mathrm{T}}$，又 $\boldsymbol{H}(\boldsymbol{X})=\begin{bmatrix}4 & 0\\ 0 & 4\end{bmatrix}$，显然 $\boldsymbol{H}(\boldsymbol{X}_0)>0$，故 $\boldsymbol{X}_0$ 是极小值点。

4. **凸规划**

在非线性规划模型(NLP)中，若目标函数 $f(\boldsymbol{X})$是凸函数，不等式约束函数 $g_j(\boldsymbol{X})$为凹函数$(j=1,\cdots,l)$，等式约束函数 $h_i(\boldsymbol{X})$为仿射函数$(i=1,\cdots,m)$，则称(NLP)为一个凸规划。

在微积分中已知，凸函数 $f(\boldsymbol{X})$是定义在凸集 D 上且满足对任意$\boldsymbol{X}_1,\boldsymbol{X}_2\in D,\alpha\in[0,1]$有下式成立的函数：

$$f(\alpha\boldsymbol{X}_1+(1-\alpha)\boldsymbol{X}_2)\leqslant\alpha f(\boldsymbol{X}_1)+(1-\alpha)f(\boldsymbol{X}_2)$$

若不等式中严格不等号成立，则 $f(\boldsymbol{X})$为严格凸函数。凸函数的几何形状是下单峰，因此它的局部极值点就是全局极值点。如果 $f(\boldsymbol{X})$是凸函数，则 $-f(\boldsymbol{X})$就是凹函数，凹函数的几何形状是上单峰。仿射函数即线性函数，它既可看做是凸函数，又可看做是凹函数。仿射函数的几何形状是平面或直线。

判定一个函数 $f(\boldsymbol{X})$是否凸函数，除根据定义外，还可利用 $f(\boldsymbol{X})$的导数信息。在微积分中已知，若一元函数 $f(x)$的二阶导大于等于零，则 $f(x)$是凸函数。对于多元函数$f(\boldsymbol{X})$，若其海赛阵 $\boldsymbol{H}(\boldsymbol{X})$半正定，则 $f(\boldsymbol{X})$是凸函数。对于凹函数 $f(\boldsymbol{X})$的判定，可化为 $-f(\boldsymbol{X})$的凸函数判定，也可直接判定。若 $f(\boldsymbol{X})$的海赛阵 $\boldsymbol{H}(\boldsymbol{X})$半负定，即 $\boldsymbol{H}(\boldsymbol{X})$的奇数阶主子式均为非正而偶数阶主子式均为非负，则 $f(\boldsymbol{X})$为凹函数。

例 3.8 判断下面的非线性规划是否为凸规划：

$$\max f(\boldsymbol{X})=x_1+x_2$$

$$\text{s.t.}\begin{cases}x_1^2+x_2^2\leqslant 1\\ x_1,x_2\geqslant 0\end{cases}$$

解 模型可写为

$$\min\ (-f(\boldsymbol{X}))=-x_1-x_2$$

$$\text{s.t.}\begin{cases}g_1(\boldsymbol{X})=1-x_1^2-x_2^2\geqslant 0\\ g_2(\boldsymbol{X})=x_1\geqslant 0\\ g_3(\boldsymbol{X})=x_2\geqslant 0\end{cases}$$

$\boldsymbol{H}_{-f}(\boldsymbol{X})=\begin{bmatrix}0 & 0\\ 0 & 0\end{bmatrix}\geqslant 0$，$\boldsymbol{H}_{-g_1}(\boldsymbol{X})=\begin{bmatrix}2 & 0\\ 0 & 2\end{bmatrix}>0$，

$$H_{-g_2}(X)=H_{-g_3}(X)=\begin{bmatrix}0&0\\0&0\end{bmatrix}\geqslant 0$$

说明 $-f(\boldsymbol{X})$是凸函数，$g_1(\boldsymbol{X})$、$g_2(\boldsymbol{X})$、$g_3(\boldsymbol{X})$是凹函数。因此，本模型是一个凸规划。

由定义不难推出凸规划的一些简单性质：凸规划的约束集是凸集；凸规划的最优解集也是凸集；任何局部最优解也是全局最优解；若目标函数为严格凸函数，且最优解存在，则其最优解是唯一的。

容易想到，线性规划也是一种凸规划。

3.2 无约束极值问题

无约束极值问题是非线性规划的一种类型。它不仅在实际中有应用，而且是研究约束极值问题的基础之一。因此，研究无约束极值问题的求解方法具有重要意义。

无约束极值问题的一般表达式为

$$\min f(\boldsymbol{X})$$

其中 $\boldsymbol{X}\in \mathbf{R}^n$。当 $f(\boldsymbol{X})$为可微函数时，可以利用极值的条件求解。但由条件$\nabla f(\boldsymbol{X})=\mathbf{0}$得到的常常是一个非线性方程组，求解它十分困难。因此，求解无约束极值问题一般是采用迭代法，称为下降类算法。

3.2.1 下降类算法的基本步骤与算法的收敛性

求解无约束极值问题的下降类算法的基本思想是使 $f(\boldsymbol{X})$逐步下降，逐渐趋近其极小值。迭代的方式是从某一初始点 $\boldsymbol{X}_0$ 出发，选取某一搜索方向 $\boldsymbol{P}_0$，沿该方向搜索到下一个点 $\boldsymbol{X}_1$。若其已达到与最优解误差的精度要求，则停止，否则再沿该点的某一方向 $\boldsymbol{P}_1$ 搜索下一个点 $\boldsymbol{X}_2$。这一过程的图示如图 3.4。该方法的一般步骤如下：

①选取初始点 $\boldsymbol{X}_0$，令 $k:=0$($:=$为赋值号，$k:=0$表示把 0 赋给变量 k)，确定精度 $\varepsilon>0$；

②对于点 $\boldsymbol{X}_k$，计算$\nabla f(\boldsymbol{X}_k)$，若$\|\nabla f(\boldsymbol{X}_k)\|<\varepsilon$，则停止，得到近似最优解 $\boldsymbol{X}_k$，否则转③；

③从 $\boldsymbol{X}_k$ 出发，确定搜索方向 $\boldsymbol{P}_k$；

④沿 $\boldsymbol{P}_k$ 方向搜索，即由 $\boldsymbol{X}=\boldsymbol{X}_k+\lambda\boldsymbol{P}_k$ 确定搜索步长 λ_k，得下一点 $\boldsymbol{X}_{k+1}=\boldsymbol{X}_k+\lambda_k\boldsymbol{P}_k$，令 $k:=k+1$，转②。

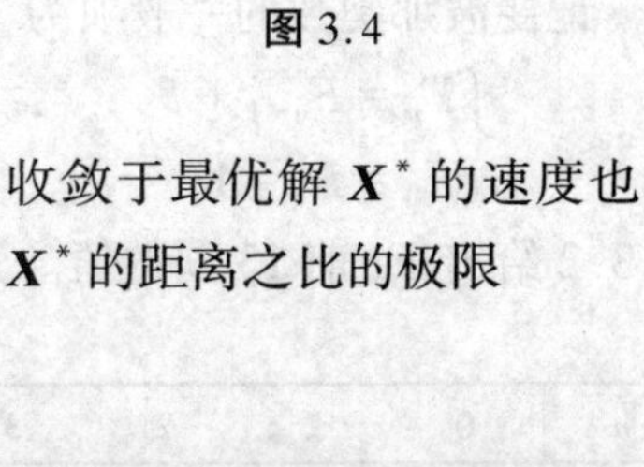

图 3.4

在上述步骤中，方向 $\boldsymbol{P}_k$ 的选定具有关键作用，不同形式的 $\boldsymbol{P}_k$ 便形成了不同的算法，而不同的算法所产生的点列$\{\boldsymbol{X}_k\}$收敛于最优解 $\boldsymbol{X}^*$ 的速度也不相同。衡量算法的收敛速度，一般是看迭代点列中相邻两项与 $\boldsymbol{X}^*$ 的距离之比的极限

$$\lim_{k\to\infty}\frac{\|\boldsymbol{X}_{k+1}-\boldsymbol{X}^*\|}{\|\boldsymbol{X}_k-\boldsymbol{X}^*\|^{\alpha}}=\beta$$

当 $\alpha=1$ 时，显然有 $\beta\in[0,1]$。如果 $0<\beta<1$，则称$\{\boldsymbol{X}_k\}$是线性收敛的；如果 $\beta=0$，则称$\{\boldsymbol{X}_k\}$是超线性收敛的。当 $\alpha=2$ 时，如果 $0\leqslant\beta<+\infty$，则称$\{\boldsymbol{X}_k\}$是二阶收敛的。在这三种收敛速度中，以二阶收敛速度最快，超线性收敛速度次之。

搜索方向 $\boldsymbol{P}_k$ 确定后,沿 $\boldsymbol{P}_k$ 搜寻下一个迭代点的工作主要是由 $\boldsymbol{X}=\boldsymbol{X}_k+\lambda\boldsymbol{P}_k$ 确定步长 λ_k。由于这里只涉及一个变元 λ 的线性表达式,故称一维搜索或线性搜索。

上述步骤②中的 $\|\nabla f(\boldsymbol{X}_k)\|<\varepsilon$ 是一种常用的收敛准则,是基于极值的条件 $\nabla f(\boldsymbol{X}^*)=\boldsymbol{0}$ 得到的。其他收敛准则还有 $\|\boldsymbol{X}_{k+1}-\boldsymbol{X}_k\|<\varepsilon$ 等。

3.2.2 一维搜索

一维搜索即由 $\boldsymbol{X}=\boldsymbol{X}_k+\lambda\boldsymbol{P}_k$ 确定步长 λ_k,其方法可分为精确方法和近似方法两类。精确方法是指通过求极值

$$\min_{\lambda\geqslant 0} f(\boldsymbol{X}_k+\lambda\boldsymbol{P}_k)$$

的精确值来得到相应极值点 λ_k。这样得到的 λ_k 称做最佳步长。近似方法是通过求上述极值的近似值得到 λ_k 的方法。常用的有不用导数信息的分数法和 0.618 法,以及用到导数信息的近似最佳步长公式等。

1. 分数法与 0.618 法

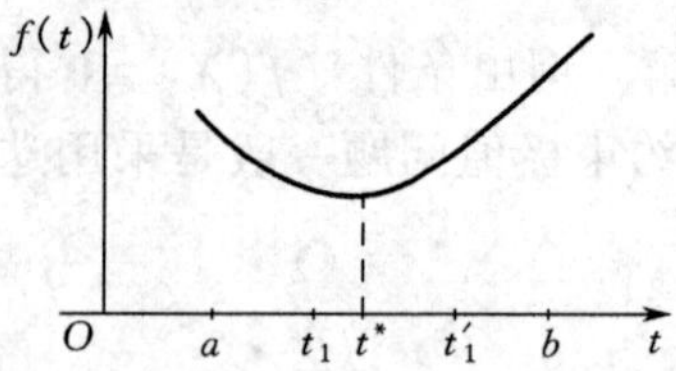

图 3.5

分数法又称斐波那契(Fibonacci)法,是一种求一元函数 $f(t)$ 近似极小点的试探方法。其基本思想是,由于 $f(t)$ 在包含极小点 t^* 的足够小的区间 $[a,b]$ 上可以认为是下单峰的,故在 $[a,b]$ 内任取二点 $t_1<t'_1$,若 $f(t_1)<f(t'_1)$,则必有 $t^*\in[a,t'_1]$(图 3.5),可去掉区间 $[t'_1,b]$。再在新区间 $[a,t'_1]$ 中取一点 $t_2>t_1$,若 $f(t_2)>f(t_1)$,说明 $t^*\in[a,t_2]$,可去掉 $[t_2,t'_1]$。这样反复取点、比较,缩小含 t^* 的区间,直至最后所得的区间足够小,则其中任何一点可作为 t^* 的近似值。

衡量区间"足够小"的方法有两种,即采用绝对精度或相对精度。记第 n 次缩短后的小区间为 $[a_n,b_n]$,给定的精度要求为 $\varepsilon>0$,则满足绝对精度是指

$$|b_n-a_n|<\varepsilon$$

满足相对精度是指

$$\frac{|b_n-a_n|}{|b-a|}<\varepsilon$$

那么,怎样在区间中取点呢?可以证明,按斐波那契数构造取点比例对称取点效果最好。这就是分数法。

记斐波那契数的一般项为 F_n。其表达式为

$$\begin{cases}F_n=F_{n-1}+F_{n-2}\\F_0=F_1=1\end{cases}$$

表 3.2 给出 F_n 前 13 项的值。

表 3.2

n	0	1	2	3	4	5	6	7	8	9	10	11	12
F_n	1	1	2	3	5	8	13	21	34	55	89	144	233

如果按 $\dfrac{F_{n-1}}{F_n}$ 的比例在区间中对称地取点 t_1 和 t'_1(图 3.6),经比较后去掉 $[t'_1,b]$,则 t_1

在$[a,t'_1]$中所占的比例为

$$\frac{(1-\frac{F_{n-1}}{F_n})(b-a)}{\frac{F_{n-1}}{F_n}(b-a)}=\frac{F_n-F_{n-1}}{F_{n-1}}=\frac{F_{n-2}}{F_{n-1}}$$

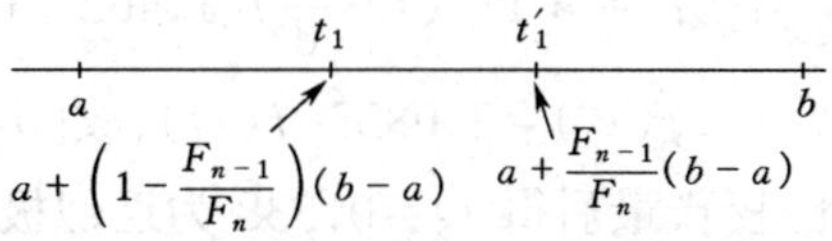

图 3.6

再按$\frac{F_{n-2}}{F_{n-1}}$的比例在$[a,t'_1]$中取 t_2 与 t_1 对称，这样反复 $n-1$ 次后所得小区间$[a_{n-1},b_{n-1}]$长缩短为

$$(b-a)\frac{F_{n-1}}{F_n}\cdot\frac{F_{n-2}}{F_{n-1}}\cdots\frac{F_2}{F_3}\cdot\frac{F_1}{F_2}=\frac{1}{F_n}(b-a)$$

与原区间长之比为

$$\frac{\frac{1}{F_n}(b-a)}{b-a}=\frac{1}{F_n}$$

恰为相对精度表达式。于是，在开始时可由相对精度$\frac{1}{F_n}<\varepsilon$ 解出 F_n 和 n。可将上述的分数法归纳为下列步骤：

①由所给精度 ε 和$\frac{1}{F_n}<\varepsilon$ 定 n；

②由$\frac{F_{n-1}}{F_n}$的比例在区间$[a,b]$内对称取点 $t_1=a+(1-\frac{F_{n-1}}{F_n})(b-a)$，$t'_1=a+\frac{F_{n-1}}{F_n}(b-a)$，比较 $f(t_1)$和 $f(t'_1)$，去掉 $\max\{f(t_1),f(t'_1)\}$相应点以外的区间，得新区间$[a_1,b_1]$；

③在$[a_1,b_1]$中按$\frac{F_{n-2}}{F_{n-1}}$的比例取点 t_2（与区间中所剩的点对称），比较 $f(t_2)$和 $\min\{f(t_1),f(t'_1)\}$，去掉较大者相应点以外的区间，得新区间$[a_2,b_2]$；

④在$[a_2,b_2]$中按$\frac{F_{n-3}}{F_{n-2}}$的比例取点 t_3，再比较、缩短，直至取完$\frac{F_1}{F_2}$，最后的小区间$[a_{n-1},b_{n-1}]$中任一点可作为 t^* 的近似值。

例 3.9 用分数法求 $f(t)=t^2-t+2$ 在区间$[-1,3]$上的近似极小点，要求缩短后的区间长度不大于原区间长的 8%。

解 由于 $f''(t)=2>0$，故 $f(t)$是严格凸函数，由 $f'(t)=2t-1=0$ 解得的 $t^*=\frac{1}{2}$是极小点，$f(t^*)=1.75$。

由$\frac{1}{F_n}\leqslant 0.08$ 知 $F_n\geqslant\frac{1}{0.08}=12.5$，查表 3.2 得 $n=6$，$\frac{F_5}{F_6}=\frac{8}{13}$

$$t_1=-1+(1-\frac{8}{13})[3-(-1)]=0.538,\ f(t_1)=1.751$$

$$t'_1=-1+\frac{8}{13}[3-(-1)]=1.462,\ f(t'_1)=2.675>f(t_1)$$

故 $$[a_1,b_1]=[-1,1.462],\ \frac{F_4}{F_5}=\frac{5}{8}$$

$$t_2=-1+(1-\frac{5}{8})[1.462-(-1)]=-0.077$$

$$f(t_2)=2.083>f(t_1),故[a_2,b_2]=[-0.077,1.462]$$

依此进行，最后得 $t_5=0.538$ 为近似极小点，$f(t_5)=1.751$ 为近似极小值。

因分数法每次取点比例都在变而计算较繁，所以提出分数法的近似方法——0.618 法。该方法与分数法的区别仅在于，每次取点的比例都是定值 0.618，即每次区间内二点的位置均在区间相对长度的 0.382 和 0.618 处。由于 0.618 法的效果也较好，且更加简便，因而更易于应用。

2. 近似最佳步长公式

近似最佳步长公式与用精确方法求最佳步长的基本思想一致，都是通过求 $f(\boldsymbol{X}_k+\lambda\boldsymbol{P}_k)$ 关于 λ 的极小点来得到步长 λ_k，只是近似最佳步长公式先将 $f(\boldsymbol{X}_k+\lambda\boldsymbol{P}_k)$ 用其泰勒展开式近似表示，以简化求极值点的计算。

设 $f(\boldsymbol{X})$ 存在连续的二阶偏导数，则有泰勒展开式

$$f(\boldsymbol{X}_k+\lambda\boldsymbol{P}_k)\approx f(\boldsymbol{X}_k)+\nabla f(\boldsymbol{X}_k)^{\mathrm{T}}\lambda\boldsymbol{P}_k+\frac{1}{2}\lambda^2\boldsymbol{P}_k{}^{\mathrm{T}}\boldsymbol{H}(\boldsymbol{X}_k)\boldsymbol{P}_k$$

对 λ 求导，并令导数为 0，得

$$\frac{\mathrm{d}f}{\mathrm{d}\lambda}\approx\nabla f(\boldsymbol{X}_k)^{\mathrm{T}}\boldsymbol{P}_k+\lambda\boldsymbol{P}_k{}^{\mathrm{T}}\boldsymbol{H}(\boldsymbol{X}_k)\boldsymbol{P}_k=0$$

解得

$$\lambda=\frac{-\nabla f(\boldsymbol{X}_k)^{\mathrm{T}}\boldsymbol{P}_k}{\boldsymbol{P}_k{}^{\mathrm{T}}\boldsymbol{H}(\boldsymbol{X}_k)\boldsymbol{P}_k}$$

此式即为 λ_k 的近似最佳步长公式。当 $f(\boldsymbol{X})$ 为二次函数时，此公式是精确的。

例 3.10 设 $f(\boldsymbol{X})=(x_1-1)^2+(x_2-1)^2$，$\boldsymbol{X}_k=[0\quad 0]^{\mathrm{T}}$，$\boldsymbol{P}_k=-\nabla f(\boldsymbol{X}_k)$，用近似最佳步长公式求 λ_k。

解 $\nabla f(\boldsymbol{X})=[2(x_1-1)\quad 2(x_2-1)]^{\mathrm{T}}$，$-\nabla f(\boldsymbol{X}_k)=[2\quad 2]^{\mathrm{T}}$

$$\boldsymbol{H}(\boldsymbol{X})=\begin{bmatrix}2&0\\0&2\end{bmatrix}=\boldsymbol{H}(\boldsymbol{X}_k)$$

$$\lambda_k=\frac{[2\quad 2]\begin{bmatrix}2\\2\end{bmatrix}}{[2\quad 2]\begin{bmatrix}2&0\\0&2\end{bmatrix}\begin{bmatrix}2\\2\end{bmatrix}}=\frac{1}{2}$$

由于这里的 $f(\boldsymbol{X})$ 是二次函数，故所求 λ_k 是精确的。

3.2.3 梯度法与共轭梯度法

1. 梯度法

梯度法是一种求解无约束极值问题的最简单、最基本的下降类算法。该方法选取搜索方向 $\boldsymbol{P}_k$ 的出发点是：怎样选取 $\boldsymbol{P}_k$ 可使 $f(\boldsymbol{X})$ 下降得最快？或者说使

$$f(\boldsymbol{X}_k+\lambda\boldsymbol{P}_k)-f(\boldsymbol{X}_k)<0$$

且不等式左式的绝对值尽量大。

设 $f(\boldsymbol{X})$有连续的二阶偏导数,则有泰勒展开式

$$f(\boldsymbol{X}_k+\lambda \boldsymbol{P}_k)\approx f(\boldsymbol{X}_k)+\lambda \nabla f(\boldsymbol{X}_k)^{\mathrm{T}}\boldsymbol{P}_k$$

或

$$f(\boldsymbol{X}_k+\lambda \boldsymbol{P}_k)-f(\boldsymbol{X}_k)\approx \lambda \nabla f(\boldsymbol{X}_k)^{\mathrm{T}}\boldsymbol{P}_k$$

由于 $\lambda>0$,应使

$$\nabla f(\boldsymbol{X}_k)^{\mathrm{T}}\boldsymbol{P}_k=\|\nabla f(\boldsymbol{X}_k)\|\cdot\|\boldsymbol{P}_k\|\cos\theta<0$$

其中 θ 为向量 $\nabla f(\boldsymbol{X}_k)$和 $\boldsymbol{P}_k$ 的夹角。为使上式成立,应有 $\theta>\frac{\pi}{2}$。又为使绝对值尽量大,应使 $\cos\theta=-1$,即 $\theta=\pi$。这说明

$$\boldsymbol{P}_k=-\nabla f(\boldsymbol{X})$$

即在 $\boldsymbol{X}_k$ 点 $f(\boldsymbol{X})$的负梯度方向是使 $f(\boldsymbol{X})$下降最快的方向。以负梯度方向作为搜索方向 $\boldsymbol{P}_k$ 的下降类算法称为梯度法或最速下降法。其一般步骤如下:

①选取初始点 $\boldsymbol{X}_0$,令 $k:=0$,确定精度 $\varepsilon>0$;

②对于点 $\boldsymbol{X}_k$,计算 $\nabla f(\boldsymbol{X}_k)$,若 $\|\nabla f(\boldsymbol{X}_k)\|<\varepsilon$,则停止计算,得到近似最优解 $\boldsymbol{X}_k$,否则转③;

③取 $\boldsymbol{P}_k=-\nabla f(\boldsymbol{X}_k)$,沿 $\boldsymbol{P}_k$ 进行一维搜索,得到 λ_k 和下一点 $\boldsymbol{X}_{k+1}=\boldsymbol{X}_k+\lambda_k\boldsymbol{P}_k$;

④计算 $\nabla f(\boldsymbol{X}_{k+1})$,置 $k:=k+1$,转②。

例 3.11 用梯度法求 $f(\boldsymbol{X})=(x_1-1)^2+(x_2-1)^2$ 的极小点,取 $\varepsilon=0.1$,初始点 $\boldsymbol{X}_0=[0\quad 0]^{\mathrm{T}}$。

解 $\nabla f(\boldsymbol{X})=[2(x_1-1)\quad 2(x_2-1)]^{\mathrm{T}},-\nabla f(\boldsymbol{X}_0)=[2\quad 2]^{\mathrm{T}}$

$$\|\nabla f(\boldsymbol{X}_0)\|=\sqrt{(2)^2+(2)^2}=\sqrt{8}>\varepsilon$$

由近似最佳步长公式求 λ_0:

$$\boldsymbol{H}(\boldsymbol{X})=\begin{bmatrix}2&0\\0&2\end{bmatrix},\lambda_0=\frac{[2\quad 2]\begin{bmatrix}2\\2\end{bmatrix}}{[2\quad 2]\begin{bmatrix}2&0\\0&2\end{bmatrix}\begin{bmatrix}2\\2\end{bmatrix}}=\frac{1}{2}$$

$$\boldsymbol{X}_1=\boldsymbol{X}_0-\lambda_0\nabla f(\boldsymbol{X}_0)=[0\quad 0]^{\mathrm{T}}-\frac{1}{2}[-2\quad -2]^{\mathrm{T}}=[1\quad 1]^{\mathrm{T}}$$

$$\nabla f(\boldsymbol{X}_1)=[0\quad 0]^{\mathrm{T}},\|\nabla f(\boldsymbol{X}_1)\|=0<\varepsilon$$

故

$$\boldsymbol{X}_1=[1\quad 1]^{\mathrm{T}}=\boldsymbol{X}^*$$

在本例中,目标函数 $f(\boldsymbol{X})$是同心圆族。无论初始点选在何处,$f(\boldsymbol{X})$在该点的负梯度方向总是指向圆心,而圆心就是极小点,故沿负梯度方向搜索一步便可得极小点。

但对于一般的函数,若每次迭代均采用负梯度方向,很可能形成开头几步函数值下降较快,但后来便产生直角锯齿状的"拉锯"现象,收敛速度很慢。事实上可以证明,梯度法是线性收敛的。为了加快收敛速度,在梯度法的基础上又发展出了一些改进的方法。

2.共轭梯度法

首先说明共轭和共轭方向的概念。

设 $\boldsymbol{X}$ 与 $\boldsymbol{Y}$ 均为 n 维向量，$\boldsymbol{A}$ 是 n 阶对称正定阵。若 $\boldsymbol{X}^{\mathrm{T}}\boldsymbol{A}\boldsymbol{Y}=0$，则称 $\boldsymbol{X}$ 与 $\boldsymbol{Y}$ 关于 $\boldsymbol{A}$ 共轭。当 $\boldsymbol{A}=\boldsymbol{I}$，则 $\boldsymbol{X}$ 与 $\boldsymbol{Y}$ 正交。关于共轭，有下述重要性质。

①若 n 个非零 n 维向量 $\boldsymbol{P}_1$、……、$\boldsymbol{P}_n$ 关于 $\boldsymbol{A}$ 共轭，则 $\boldsymbol{P}_1$、……、$\boldsymbol{P}_n$ 线性无关。事实上，只需考虑 $\alpha_1\boldsymbol{P}_1+\cdots+\alpha_n\boldsymbol{P}_n=\boldsymbol{0}$，$\alpha_i\in\mathbf{R}^1$，两边分别左乘 $\boldsymbol{P}_i^{\mathrm{T}}\boldsymbol{A}(i=1,\cdots,n)$，则有 $\alpha_i\boldsymbol{P}_i^{\mathrm{T}}\boldsymbol{A}\boldsymbol{P}_i=0$，而 $\boldsymbol{A}$ 正定，即 $\boldsymbol{P}_i^{\mathrm{T}}\boldsymbol{A}\boldsymbol{P}_i>0$，故 $\alpha_i=0$，说明 $\boldsymbol{P}_1$、……、$\boldsymbol{P}_n$ 线性无关。这一性质也说明不可能有 $n+1$ 个 n 维向量关于 $\boldsymbol{A}$ 共轭。

②若非零 n 维向量 $\boldsymbol{P}_1$、……、$\boldsymbol{P}_n$ 关于 $\boldsymbol{H}$ 共轭，则以 $\boldsymbol{H}$ 为二次项系数阵的二次函数 $f(\boldsymbol{X})=\frac{1}{2}\boldsymbol{X}^{\mathrm{T}}\boldsymbol{H}\boldsymbol{X}+\boldsymbol{C}^{\mathrm{T}}\boldsymbol{X}$ 沿 $\boldsymbol{P}_1$、……、$\boldsymbol{P}_n$(称为共轭方向)进行精确一维搜索，至多经 n 次便可得极小点。

这一性质说明采用共轭方向作为搜索方向，对二次函数求极小可以有限步终止。这是一个很好的性质(称为二次终止性)，由此可构造二次函数的共轭方向算法。共轭方向算法用于二次函数时均具有二次终止性。由于一般函数在一点附近的性质往往与二次函数很相似，因此共轭方向算法一般也可用于其他非线性函数，并且至少是线性收敛的。下面给出一种共轭方向法——共轭梯度法。其一般步骤如下：

①选取初始点 $\boldsymbol{X}_0$，令 $k:=0$，确定精度 $\varepsilon>0$；

②取 $\boldsymbol{P}_0=-\nabla f(\boldsymbol{X}_0)$；

③对 $\boldsymbol{X}_k$，求解 $\min\limits_{\lambda}f(\boldsymbol{X}_k+\lambda\boldsymbol{P}_k)$，得 λ_k 和 $\boldsymbol{X}_{k+1}=\boldsymbol{X}_k+\lambda_k\boldsymbol{P}_k$；

④若 $\|\nabla f(\boldsymbol{X}_{k+1})\|<\varepsilon$，停止，$\boldsymbol{X}_{k+1}=\boldsymbol{X}^*$，否则，若 $k<n-1$，转⑤，若 $k=n-1$，重置 $\boldsymbol{X}_0=\boldsymbol{X}_n$，令 $k:=0$，转②(这里重置的原因是由于计算中的舍入误差可能造成 n 步未终止)；

⑤取 $\boldsymbol{P}_{k+1}=-\nabla f(\boldsymbol{X}_{k+1})+\beta_k\boldsymbol{P}_k$，令 $k:=k+1$，转③，其中

$$\beta_k=\frac{\nabla f(\boldsymbol{X}_{k+1})^{\mathrm{T}}\nabla f(\boldsymbol{X}_{k+1})}{\nabla f(\boldsymbol{X}_k)^{\mathrm{T}}\nabla f(\boldsymbol{X}_k)}$$

可以证明，按此方向构造的 $\boldsymbol{P}_k$ 是关于 $\boldsymbol{H}$ 共轭的，并且有 $\boldsymbol{P}_k^{\mathrm{T}}\nabla f(\boldsymbol{X}_{k+1})=0$。

当 $f(\boldsymbol{X})=\frac{1}{2}\boldsymbol{X}^{\mathrm{T}}\boldsymbol{H}\boldsymbol{X}+\boldsymbol{C}^{\mathrm{T}}\boldsymbol{X}$，$\nabla f(\boldsymbol{X})=\boldsymbol{H}\boldsymbol{X}+\boldsymbol{C}$ 时，有

$$\nabla f(\boldsymbol{X}_{k+1})-\nabla f(\boldsymbol{X}_k)=\boldsymbol{H}(\boldsymbol{X}_{k+1}-\boldsymbol{X}_k)=\boldsymbol{H}(\boldsymbol{X}_k+\lambda_k\boldsymbol{P}_k-\boldsymbol{X}_k)=\boldsymbol{H}\lambda_k\boldsymbol{P}_k$$

两边同时左乘 $\boldsymbol{P}_k^{\mathrm{T}}$，有

$$-\boldsymbol{P}_k^{\mathrm{T}}\nabla f(\boldsymbol{X}_k)=\lambda_k\boldsymbol{P}_k^{\mathrm{T}}\boldsymbol{H}\boldsymbol{P}_k$$

从而有

$$\lambda_k=\frac{-\boldsymbol{P}_k^{\mathrm{T}}\nabla f(\boldsymbol{X}_k)}{\boldsymbol{P}_k^{\mathrm{T}}\boldsymbol{H}\boldsymbol{P}_k}$$

这恰是近似最佳步长公式。

例 3.12 求 $f(\boldsymbol{X})=\frac{3}{2}x_1^2+\frac{1}{2}x_2^2-x_1x_2-2x_1$ 的极小点，取 $\boldsymbol{X}_0=[-2\quad 4]^{\mathrm{T}}$。

解 $f(\boldsymbol{X})=\frac{1}{2}[x_1\quad x_2]\begin{bmatrix}3 & -1\\ -1 & 1\end{bmatrix}\begin{bmatrix}x_1\\ x_2\end{bmatrix}+[-2\quad 0]\begin{bmatrix}x_1\\ x_2\end{bmatrix}$

$\nabla f(\boldsymbol{X})=[3x_1-x_2-2\quad x_2-x_1]^{\mathrm{T}}$

$$\nabla f(\boldsymbol{X}_0)=[-12\quad 6]^{\mathrm{T}},\boldsymbol{P}_0=-\nabla f(\boldsymbol{X}_0)=[12\quad -6]^{\mathrm{T}}$$

$$\lambda_0=\frac{-\boldsymbol{P}_0{}^{\mathrm{T}}\nabla f(\boldsymbol{X}_0)}{\boldsymbol{P}_0{}^{\mathrm{T}}\boldsymbol{H}\boldsymbol{P}_0}=\frac{-[12\quad -6]\begin{bmatrix}-12\\6\end{bmatrix}}{[12\quad -6]\begin{bmatrix}3 & -1\\-1 & 1\end{bmatrix}\begin{bmatrix}12\\-6\end{bmatrix}}=\frac{5}{17}$$

$$\boldsymbol{X}_1=\boldsymbol{X}_0+\lambda\boldsymbol{P}_0=[-2\quad 4]^{\mathrm{T}}+\frac{5}{17}[12\quad -6]^{\mathrm{T}}=\begin{bmatrix}\frac{26}{17} & \frac{38}{17}\end{bmatrix}^{\mathrm{T}}$$

$$\nabla f(\boldsymbol{X}_1)=\begin{bmatrix}\frac{6}{17} & \frac{12}{17}\end{bmatrix}^{\mathrm{T}}$$

$$\beta_0=\frac{\nabla f(\boldsymbol{X}_1)^{\mathrm{T}}\nabla f(\boldsymbol{X}_1)}{\nabla f(\boldsymbol{X}_0)^{\mathrm{T}}\nabla f(\boldsymbol{X}_0)}=\frac{\begin{bmatrix}\frac{6}{17} & \frac{12}{17}\end{bmatrix}\begin{bmatrix}\frac{6}{17}\\\frac{12}{17}\end{bmatrix}}{[-12\quad 6]\begin{bmatrix}-12\\6\end{bmatrix}}=\frac{1}{289}$$

$$\boldsymbol{P}_1=-\nabla f(\boldsymbol{X}_1)+\beta_0\boldsymbol{P}_0=-\begin{bmatrix}\frac{6}{17} & \frac{12}{17}\end{bmatrix}^{\mathrm{T}}+\frac{1}{289}[12\quad -6]^{\mathrm{T}}=\begin{bmatrix}-\frac{90}{289} & -\frac{210}{289}\end{bmatrix}^{\mathrm{T}}$$

$$\lambda_1=\frac{-\boldsymbol{P}_1{}^{\mathrm{T}}\nabla f(\boldsymbol{X}_1)}{\boldsymbol{P}_1{}^{\mathrm{T}}\boldsymbol{H}\boldsymbol{P}_1}=\frac{17}{10},\boldsymbol{X}_2=\boldsymbol{X}_1+\lambda_1\boldsymbol{P}_1=[1\quad 1]^{\mathrm{T}}$$

由于$\nabla f(\boldsymbol{X}_2)=[0\quad 0]^{\mathrm{T}}$,故 $\boldsymbol{X}_2=[1\quad 1]^{\mathrm{T}}$ 即极小点,计算经两步终止。

3.2.4 牛顿法与拟牛顿法

1. 牛顿法

设 $f(\boldsymbol{X})$具有连续的二阶偏导数,由泰勒公式,$f(\boldsymbol{X})$可以近似地表示为

$$f(\boldsymbol{X})=f(\boldsymbol{X}_k)+\nabla f(\boldsymbol{X}_k)^{\mathrm{T}}(\boldsymbol{X}-\boldsymbol{X}_k)+\frac{1}{2}(\boldsymbol{X}-\boldsymbol{X}_k)^{\mathrm{T}}H(\boldsymbol{X}_k)(\boldsymbol{X}-\boldsymbol{X}_k)$$

从而

$$\nabla f(\boldsymbol{X})=\nabla f(\boldsymbol{X}_k)^{\mathrm{T}}+\boldsymbol{H}(\boldsymbol{X}_k)(\boldsymbol{X}-\boldsymbol{X}_k)$$

当 $f(\boldsymbol{X})$为二次函数时,上式为精确表达式。

取 $\boldsymbol{X}_{k+1}$使 $f(\boldsymbol{X})$达极小,应有$\nabla f(\boldsymbol{X}_{k+1})=\boldsymbol{0}$,即

$$\nabla f(\boldsymbol{X}_k)^{\mathrm{T}}+\boldsymbol{H}(\boldsymbol{X}_k)(\boldsymbol{X}_{k+1}-\boldsymbol{X}_k)=\boldsymbol{0}$$

当 $\boldsymbol{H}(\boldsymbol{X}_k)$可逆,可解得

$$\boldsymbol{X}_{k+1}=\boldsymbol{X}_k-\boldsymbol{H}(\boldsymbol{X}_k)^{-1}\nabla f(\boldsymbol{X}_k)$$

记 $\boldsymbol{P}_k=-\boldsymbol{H}(\boldsymbol{X}_k)^{-1}\nabla f(\boldsymbol{X}_k)$,称为牛顿方向。

由上述分析可知,对于正定二次函数 $f(\boldsymbol{X})$,采用牛顿方向作搜索方向,步长取为 1,从任意点 $\boldsymbol{X}_k$ 出发一步即可得极小点。对于一般函数 $f(\boldsymbol{X})$,在一定条件下,也可采用牛顿方向,所形成的算法称为牛顿法。其一般步骤如下:

①选取初始点 $\boldsymbol{X}_0$,$k:=0$,$\varepsilon>0$;

②对 $\boldsymbol{X}_k$,若$\|\nabla f(\boldsymbol{X}_k)\|<\varepsilon$,则停止,否则转③;

③取 $\boldsymbol{P}_k=-\boldsymbol{H}(\boldsymbol{X}_k)^{-1}\nabla f(\boldsymbol{X}_k)$,由$\min\limits_{\lambda}f(\boldsymbol{X}_k+\lambda\boldsymbol{P}_k)$求出 λ_k,$\boldsymbol{X}_{k+1}=\boldsymbol{X}_k+\lambda_k\boldsymbol{P}_k$;

④计算$\nabla f(\boldsymbol{X}_{k+1})$，置$k:=k+1$，转②。

可以证明，当一维搜索是精确的，牛顿法为二阶收敛。尽管该算法具有收敛速度快的优点，但也存在一些不足。首先是它对函数$f(\boldsymbol{X})$有较多的要求，如要求$f(\boldsymbol{X})$的二阶导存在且其海赛阵是正定的，以保证逆阵存在且所构造的搜索方向是使$f(\boldsymbol{X})$下降的；其次计算海赛阵的逆阵的工作量也可能较大。

因此，在牛顿法的基础上加以改进，设法构造一个矩阵$\boldsymbol{H}_k$代替牛顿方向中的$\boldsymbol{H}(\boldsymbol{X}_k)^{-1}$，使$\boldsymbol{H}_k$满足：①$\boldsymbol{H}_k$只用到$f(\boldsymbol{X})$的一阶导信息；②$\boldsymbol{H}_k$正定；③随着$k$的增大，$\boldsymbol{H}_k$充分接近于$\boldsymbol{H}(\boldsymbol{X}^*)^{-1}$。称$\boldsymbol{H}_k$为尺度阵。由于它每次都在变，故称以$\boldsymbol{H}_k$代替牛顿法中的$\boldsymbol{H}(\boldsymbol{X}_k)^{-1}$的算法为变尺度法。

2. 拟牛顿法

拟牛顿法是尺度阵$\boldsymbol{H}_k$满足$\boldsymbol{X}_k-\boldsymbol{X}_{k-1}=\boldsymbol{H}_k(\nabla f(\boldsymbol{X}_k)-\nabla f(\boldsymbol{X}_{k-1}))$的一类变尺度法。它一般是超线性收敛的。现介绍一种著名的拟牛顿方法——DFP法。它是由Davidon(1959)提出的，后经Fletcher和Powell(1963)修改及整理而成的。其一般步骤如下：

①选取初始点$\boldsymbol{X}_0$和初始对称正定阵$\boldsymbol{H}$，（可取$\boldsymbol{H}_0=\boldsymbol{I}$）$k:=0,\varepsilon>0$；

②对$\boldsymbol{X}_k$，若$\|\nabla f(\boldsymbol{X}_k)\|<\varepsilon$，则停止，否则转③；

③取$\boldsymbol{P}_k=-\boldsymbol{H}_k\nabla f(\boldsymbol{X}_k)$，

$$\boldsymbol{H}_k=\boldsymbol{H}_{k-1}+\frac{\Delta\boldsymbol{X}_{k-1}\cdot\Delta\boldsymbol{X}_{k-1}{}^{\mathrm{T}}}{\Delta\boldsymbol{X}_{k-1}{}^{\mathrm{T}}\cdot\Delta\boldsymbol{G}_{k-1}}-\frac{\boldsymbol{H}_{k-1}\Delta\boldsymbol{G}_{k-1}\Delta\boldsymbol{G}_{k-1}{}^{\mathrm{T}}\boldsymbol{H}_{k-1}}{\Delta\boldsymbol{G}_{k-1}{}^{\mathrm{T}}\boldsymbol{H}_{k-1}\Delta\boldsymbol{G}_{k-1}}$$

其中$\Delta\boldsymbol{X}_{k-1}=\boldsymbol{X}_k-\boldsymbol{X}_{k-1}$，$\Delta\boldsymbol{G}_{k-1}=\nabla f(\boldsymbol{X}_k)-\nabla f(\boldsymbol{X}_{k-1})$，沿$\boldsymbol{P}_k$进行一维搜索，得$\lambda_k$和$\boldsymbol{X}_{k+1}=\boldsymbol{X}_k+\lambda_k\boldsymbol{P}_k$；

④计算$\nabla f(\boldsymbol{X}_{k+1})$，置$k:=k+1$，转②。

可以证明，当$f(\boldsymbol{X})$为二次函数时，DFP法是共轭方向法，且具有二次终止性。

例 3.13 用DFP法计算$f(\boldsymbol{X})=\frac{3}{2}x_1^2+\frac{1}{2}x_2^2-x_1x_2-2x_1$的极小点，取$\boldsymbol{X}_0=[-2\quad 4]^{\mathrm{T}}$。

解 $f(\boldsymbol{X})=\frac{1}{2}[x_1\quad x_2]\begin{bmatrix}3&-1\\-1&1\end{bmatrix}\begin{bmatrix}x_1\\x_2\end{bmatrix}+[-2\quad 0]\begin{bmatrix}x_1\\x_2\end{bmatrix}$

取 $\boldsymbol{H}_0=\begin{bmatrix}1&0\\0&1\end{bmatrix}$

$\nabla f(\boldsymbol{X})=[3x_1-x_2-2\quad x_2-x_1]^{\mathrm{T}}$，$\nabla f(\boldsymbol{X}_0)=[-12\quad 6]^{\mathrm{T}}$

$$\boldsymbol{P}_0=-\boldsymbol{H}_0\nabla f(\boldsymbol{X}_0)=-\begin{bmatrix}1&0\\0&1\end{bmatrix}\begin{bmatrix}-12\\6\end{bmatrix}=\begin{bmatrix}12\\-6\end{bmatrix},\boldsymbol{H}(\boldsymbol{X}_0)=\begin{bmatrix}3&-1\\-1&1\end{bmatrix}$$

沿$\boldsymbol{P}_0$一维搜索，由共轭方向最佳步长公式可得

$$\lambda_0=\frac{-\nabla f(\boldsymbol{X}_0)^{\mathrm{T}}\boldsymbol{P}_0}{\boldsymbol{P}_0{}^{\mathrm{T}}\boldsymbol{H}\boldsymbol{P}_0}=\frac{[12\quad -6]\begin{bmatrix}12\\-6\end{bmatrix}}{[12\quad -6]\begin{bmatrix}3&-1\\-1&1\end{bmatrix}\begin{bmatrix}12\\-6\end{bmatrix}}=\frac{5}{17}$$

$$\boldsymbol{X}_1=\boldsymbol{X}_0+\lambda_0\boldsymbol{P}_0=[-2\quad 4]^{\mathrm{T}}+\frac{5}{17}[12\quad -6]^{\mathrm{T}}=\begin{bmatrix}\frac{26}{17}&\frac{38}{17}\end{bmatrix}^{\mathrm{T}}$$

$$\nabla f(\boldsymbol{X}_1)=\begin{bmatrix}\frac{6}{17} & \frac{12}{17}\end{bmatrix}^{\mathrm{T}}$$

$$\Delta\boldsymbol{X}_0=\boldsymbol{X}_1-\boldsymbol{X}_0=\begin{bmatrix}\frac{60}{17} & -\frac{30}{17}\end{bmatrix}^{\mathrm{T}},\Delta\boldsymbol{G}_0=\nabla f(\boldsymbol{X}_1)-\nabla f(\boldsymbol{X}_0)=\begin{bmatrix}\frac{210}{17} & -\frac{90}{17}\end{bmatrix}^{\mathrm{T}}$$

$$\boldsymbol{H}_1=\boldsymbol{H}_0+\frac{\Delta\boldsymbol{X}_0\Delta\boldsymbol{X}_0^{\mathrm{T}}}{\Delta\boldsymbol{X}_0^{\mathrm{T}}\Delta\boldsymbol{G}_0}-\frac{\boldsymbol{H}_0\Delta\boldsymbol{G}_0\Delta\boldsymbol{G}_0^{\mathrm{T}}\boldsymbol{H}_0}{\Delta\boldsymbol{G}_0^{\mathrm{T}}\boldsymbol{H}_0\Delta\boldsymbol{G}_0}$$

$$=\begin{bmatrix}1 & 0\\0 & 1\end{bmatrix}+\frac{\begin{bmatrix}\frac{60}{17}\\-\frac{30}{17}\end{bmatrix}\begin{bmatrix}\frac{60}{17} & -\frac{30}{17}\end{bmatrix}}{\begin{bmatrix}\frac{60}{17} & -\frac{30}{17}\end{bmatrix}\begin{bmatrix}\frac{210}{17}\\-\frac{90}{17}\end{bmatrix}}-\frac{\begin{bmatrix}1 & 0\\0 & 1\end{bmatrix}\begin{bmatrix}\frac{210}{17}\\-\frac{90}{17}\end{bmatrix}\begin{bmatrix}\frac{210}{17} & -\frac{90}{17}\end{bmatrix}\begin{bmatrix}1 & 0\\0 & 1\end{bmatrix}}{\begin{bmatrix}\frac{210}{17} & -\frac{90}{17}\end{bmatrix}\begin{bmatrix}1 & 0\\0 & 1\end{bmatrix}\begin{bmatrix}\frac{210}{17}\\-\frac{90}{17}\end{bmatrix}}$$

$$=\frac{1}{986}\begin{bmatrix}385 & 241\\241 & 891\end{bmatrix}$$

$$\boldsymbol{P}_1=-\boldsymbol{H}_1\nabla f(\boldsymbol{X}_1)=-\frac{1}{986}\begin{bmatrix}385 & 241\\241 & 891\end{bmatrix}\begin{bmatrix}\frac{6}{17}\\\frac{12}{17}\end{bmatrix}=-\begin{bmatrix}\frac{9}{29}\\\frac{21}{29}\end{bmatrix}$$

沿 $\boldsymbol{P}_1$ 一维搜索,由共轭方向最佳步长公式

$$\lambda_1=\frac{-\nabla f(\boldsymbol{X}_1)^{\mathrm{T}}\boldsymbol{P}_1}{\boldsymbol{P}_1^{\mathrm{T}}\boldsymbol{H}\boldsymbol{P}_1}=-\frac{\begin{bmatrix}\frac{6}{17} & \frac{12}{17}\end{bmatrix}\begin{bmatrix}\frac{9}{29}\\\frac{21}{29}\end{bmatrix}}{\begin{bmatrix}\frac{9}{29} & \frac{21}{29}\end{bmatrix}\begin{bmatrix}3 & -1\\-1 & 1\end{bmatrix}\begin{bmatrix}\frac{9}{29}\\\frac{21}{29}\end{bmatrix}}=\frac{29}{17}$$

$$\boldsymbol{X}_2=\boldsymbol{X}_1+\lambda_1\boldsymbol{P}_1=[1\quad 1]^{\mathrm{T}}$$

$\nabla f(\boldsymbol{X}_2)=[0\quad 0]^{\mathrm{T}}$,故 $\boldsymbol{X}_2=[1\quad 1]^{\mathrm{T}}$ 是极小点。

3.3 约束极值问题

约束极值问题是更一般的非线性规划类型,有广泛的实际背景。它的一般表达式为

$$\begin{aligned}&\min f(\boldsymbol{X})\\(\text{NLP})\ \text{s.t.}\quad &h_i(\boldsymbol{X})=0\quad(i=1,\cdots,m)\\&g_j(\boldsymbol{X})\geqslant 0\quad(j=1,\cdots,l)\end{aligned}$$

记其约束集为 D,也可将其表示为

$$(\text{NLP})\quad \min_{X\in D} f(\boldsymbol{X})$$

本节将首先介绍约束极值问题的最优性条件,然后讨论一种特殊的约束极值问题——二

次规划,最后给出一般的约束极值问题的一类求解方法——罚函数法。

3.3.1 最优性条件

最优性条件即最优解的条件,包括必要条件、充分条件或充要条件。研究最优性条件对于算法设计及解的理论分析等具有重要意义。

1.基本概念与性质

(1)起作用约束

对于点 $\boldsymbol{X}_0 \in D$,在 $\boldsymbol{X}_0$ 点等于零的约束称为对 $\boldsymbol{X}_0$ 起作用的约束,而在 $\boldsymbol{X}_0$ 点不等于零的约束称为对 $\boldsymbol{X}_0$ 不起作用的约束。

$\boldsymbol{X}_0$ 的起作用约束包括全体等式约束 $h_i(\boldsymbol{X})=0(i=1,\cdots,m)$ 和满足 $g_j(\boldsymbol{X}_0)=0(j\in J\subset\{1,\cdots,l\}$ 的不等式约束 $g_j(\boldsymbol{X})\geqslant 0(j\in J)$。几何意义是 $\boldsymbol{X}_0$ 位于这些约束的边界上。$\boldsymbol{X}_0$ 的不起作用约束包括使 $g_j(\boldsymbol{X}_0)>0(j\in\bar{J})$ 的不等式约束 $g_j(\boldsymbol{X})\geqslant 0(j\in\bar{J})$。几何意义是 $\boldsymbol{X}_0$ 位于这些约束的内部。

(2)可行下降方向

方向 $\boldsymbol{P}\in\mathbf{R}^n$ 在点 $\boldsymbol{X}_0\in D$ 称为是可行的,是指存在正数 λ_0,使对一切 $\lambda\in[0,\lambda_0]$ 都有 $\boldsymbol{X}_0+\lambda\boldsymbol{P}\in D$;$\boldsymbol{P}$ 在 $\boldsymbol{X}_0$ 是下降的,是指对 $\boldsymbol{X}_0+\lambda\boldsymbol{P}\in D$,有

$$f(\boldsymbol{X}_0+\lambda\boldsymbol{P})-f(\boldsymbol{X}_0)<0$$

显然,如果 $\boldsymbol{X}^*$ 是(NLP)的极小点,则在 $\boldsymbol{X}^*$ 不存在可行下降方向。

(3)可行下降方向的条件

由于等式约束 $h_i(\boldsymbol{X})=0$ 可以化为用两个不等式约束 $h_i(\boldsymbol{X})\geqslant 0$、$-h_i(\boldsymbol{X})\geqslant 0$ 来表示,所以有时在讨论约束条件时可只考虑不等式约束 $g_j(\boldsymbol{X})\geqslant 0$。

由可行下降方向的定义,某方向 $\boldsymbol{P}$ 在 $\boldsymbol{X}_0$ 点若满足

$$\begin{cases} g_j(\boldsymbol{X}_0+\lambda\boldsymbol{P})\geqslant 0 \quad (j=1,\cdots,l) \\ f(\boldsymbol{X}_0+\lambda\boldsymbol{P})-f(\boldsymbol{X}_0)<0 \end{cases}$$

则 $\boldsymbol{P}$ 是 $\boldsymbol{X}_0$ 的可行下降方向。由泰勒公式

$$g_j(\boldsymbol{X}_0+\lambda\boldsymbol{P})\approx g_j(\boldsymbol{X}_0)+\lambda\nabla g_j(\boldsymbol{X}_0)^{\mathrm{T}}\boldsymbol{P} \quad (j=1,\cdots,l)$$

$$f(\boldsymbol{X}_0+\lambda\boldsymbol{P})-f(\boldsymbol{X}_0)\approx\lambda\nabla f(\boldsymbol{X}_0)^{\mathrm{T}}\boldsymbol{P}$$

其中 λ 是足够小的正数(可保证 $\boldsymbol{X}_0+\lambda\boldsymbol{P}\in D$)。不难看出,只要

$$\begin{cases} \nabla g_j(\boldsymbol{X}_0)^{\mathrm{T}}\boldsymbol{P}>0 \\ \nabla f(\boldsymbol{X}_0)^{\mathrm{T}}\boldsymbol{P}<0 \end{cases}$$

便可保证 $\boldsymbol{P}$ 是可行下降的。这可作为 $\boldsymbol{P}$ 可行下降的充分条件。其几何意义是,$\boldsymbol{P}$ 与 $\nabla g_j(\boldsymbol{X}_0)$ 夹锐角,同时 $\boldsymbol{P}$ 与 $-\nabla f(\boldsymbol{X}_0)$ 也夹锐角。由此可知,如果在 $\boldsymbol{X}_0$ 不存在可行下降方向,则一定不存在 $\boldsymbol{P}$ 同时与 $\nabla g_j(\boldsymbol{X}_0)$ 和 $-\nabla f(\boldsymbol{X}_0)$ 夹锐角。

2.最优性条件(K-T 必要条件)

仍先考虑只含有不等式约束的(NLP)。设 $f(\boldsymbol{X})$ 与 $g_j(\boldsymbol{X})$ 均为连续可微函数,$\boldsymbol{X}^*$ 是(NLP)的最优解。

如果 $\boldsymbol{X}^*$ 是 D 的内点,即约束对 $\boldsymbol{X}^*$ 是不起作用的,则由无约束极值问题的极值必要条

件,有$\nabla f(\boldsymbol{X}^*)=0$。如果$\boldsymbol{X}^*$是某一个约束$g_1(\boldsymbol{X})\geqslant 0$的边界点,即$g_1(\boldsymbol{X})\geqslant 0$对$\boldsymbol{X}^*$起作用,则必有$\nabla g_1(\boldsymbol{X}^*)$与$-\nabla f(\boldsymbol{X}^*)$反向(图3.7),否则必有$\boldsymbol{P}$与二者同夹锐角,即$\boldsymbol{P}$是$\boldsymbol{X}^*$的可行下降方向,矛盾。故$\nabla g_1(\boldsymbol{X}^*)$与$\nabla f(\boldsymbol{X}^*)$同向,即存在$\gamma_1\geqslant 0$,使$\nabla f(\boldsymbol{X}^*)=\gamma_1\nabla g_1(\boldsymbol{X}^*)$。如果$\boldsymbol{X}^*$位于某两个约束$g_1(\boldsymbol{X})\geqslant 0$和$g_2(\boldsymbol{X})\geqslant 0$的交点,即$g_1(\boldsymbol{X})\geqslant 0$和$g_2(\boldsymbol{X})\geqslant 0$均对$\boldsymbol{X}^*$起作用,则必有$\nabla f(\boldsymbol{X}^*)$位于$\nabla g_1(\boldsymbol{X}^*)$和$\nabla g_2(\boldsymbol{X}^*)$的夹角内部(图3.8),否则也会有$\boldsymbol{P}$与$-\nabla f(\boldsymbol{X}^*)$、$\nabla g_1(\boldsymbol{X}^*)$和$\nabla g_2(\boldsymbol{X}^*)$同夹锐角,即存在可行下降方向$\boldsymbol{P}$,矛盾。故有$\gamma_1$和$\gamma_2$使得下式成立:

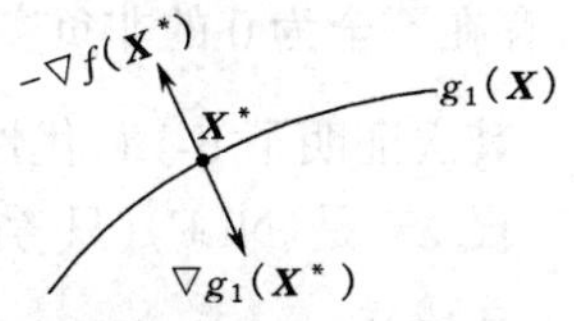

图3.7

$$\nabla f(\boldsymbol{X}^*)=\gamma_1\nabla g_1(\boldsymbol{X}^*)+\gamma_2\nabla g_2(\boldsymbol{X}^*)$$
$$\gamma_1,\gamma_2\geqslant 0$$

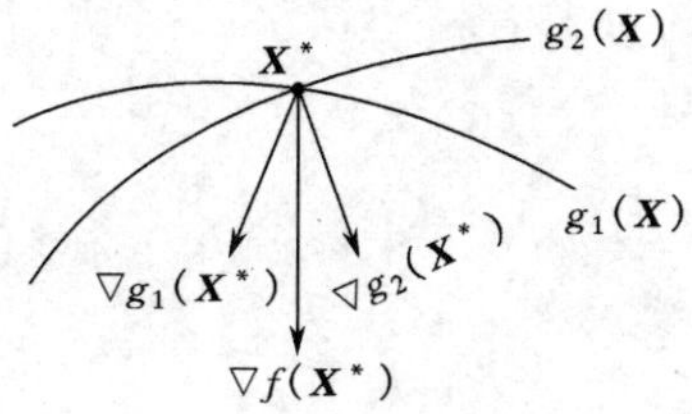

图3.8

依此类推,若$\boldsymbol{X}^*$点起作用约束为$g_j(\boldsymbol{X})\geqslant 0, j\in J$,则有

$$\nabla f(\boldsymbol{X}^*)=\sum_{j\in J}\gamma_j\nabla g_j(\boldsymbol{X}^*)$$
$$\gamma_j\geqslant 0, j\in J$$

或表示为

$$\nabla f(\boldsymbol{X}^*)=\sum_{j=1}^{l}\gamma_j\nabla g_j(\boldsymbol{X}^*)$$
$$\gamma_j g_j(\boldsymbol{X}^*)=0\quad(j=1,\cdots,l)$$
$$\gamma_j\geqslant 0\quad(j=1,\cdots,l)$$

其中的条件$\gamma_j g_j(\boldsymbol{X}^*)=0$是为了在梯度组合式中去掉不起作用约束,称为松紧条件。这时还要求$\boldsymbol{X}^*$点各起作用约束的梯度线性无关。

对于(NLP)中含有等式约束的情形,可将等式约束化为用两个不等式约束表示,并利用上述讨论结果,便得到下面的最优性必要条件,即著名K-T(Kuhn Tucker)条件。

定理3.1(K-T条件) 设$\boldsymbol{X}^*$是(NLP)的最优解,且在$\boldsymbol{X}^*$点各起作用约束的梯度$\nabla h_i(\boldsymbol{X}^*)(i=1,\cdots,m)$和$\nabla g_j(\boldsymbol{X}^*), j\in J$线性无关,则存在向量$\boldsymbol{\Lambda}^*=[\lambda_1^*\ \cdots\ \lambda_m^*]$和$\boldsymbol{\Gamma}^*=[\gamma_1^*\ \cdots\ \gamma_l^*]$使下式成立:

$$\begin{cases}\nabla f(\boldsymbol{X}^*)=\sum\limits_{i=1}^{m}\lambda_i^*\nabla h_i(\boldsymbol{X}^*)+\sum\limits_{j=1}^{l}\gamma_j^*\nabla g_j(\boldsymbol{X}^*)\\ \gamma_j^* g_j(\boldsymbol{X}^*)=0(j=1,\cdots,l)\\ \gamma_j^*\geqslant 0\quad(j=1,\cdots,l)\end{cases}$$

K-T条件中的λ_1^*、……、λ_m^*和γ_1^*、……、γ_l^*称为广义拉格朗日(Lagrange)乘子或K-T乘子。满足K-T条件表达式的可行点称做K-T点。可以证明,K-T条件对于凸规划是充要的。因此,对于凸规划,可通过求K-T点来得到最优解。

以下简述K-T定理的证明过程。

首先证明了Gordan引理:

设$\boldsymbol{A}_1,\cdots\cdots,\boldsymbol{A}_l$是$l$个$n$维向量,不存在向量$\boldsymbol{P}$使$\boldsymbol{A}_j^{\mathrm{T}}\boldsymbol{P}<0(j=1,\cdots,l)$成立的充要条件

是，存在不全为 0 的非负实数 $\mu_1,\cdots\cdots,\mu_l$ 使 $\sum_{j=1}^{l}\mu_j\mathbf{A}_j=\mathbf{0}$。

其次证明了 F-J 最优性定理：

设 $\boldsymbol{X}^*$ 是(NLP)(只考虑不等式约束)的极小点，则存在不全为 0 的数 $\gamma_0^*,\gamma_1^*,\cdots\cdots,\gamma_l^*$ 使下式成立：

$$\begin{cases}\gamma_0^*\nabla f(\boldsymbol{X}^*)-\sum_{j=1}^{l}\gamma_j^*\nabla g_j(\boldsymbol{X}^*)=\mathbf{0}\\ \gamma_j g_j(\boldsymbol{X}^*)=0(j=1,\cdots,l)\\ \gamma_j\geqslant 0(j=1,\cdots,l)\end{cases}$$

如果 $\gamma_0=0$ 则定理失效。为了保证 $\gamma_0\neq 0$，增加了起作用约束的梯度线性无关的条件，便成为 K-T 条件。

例 3.14 利用 K-T 条件求解下面的非线性规划：

$$\min f(x)=(x-3)^2$$
$$\text{s.t.}\ 0\leqslant x\leqslant 5$$

解 原问题可写为

$$\min f(x)=(x-3)^2$$
$$\text{s.t.}\ g_1(x)=x\geqslant 0$$
$$g_2(x)=5-x\geqslant 0$$

因为 $f''(x)=2>0$，$g''_1(x)=g''_2(x)=0$，故 $f(x)$ 为凸函数，$g_1(x)$ 和 $g_2(x)$ 均为凹函数，此问题是凸规划。

$$\nabla f(\boldsymbol{X})=2(x-3),\nabla g_1(\boldsymbol{X})=1,\nabla g_2(\boldsymbol{X})=-1$$

K-T 条件表达式为

$$\begin{cases}2(x-3)-\gamma_1+\gamma_2=0\\ \gamma_1 x=0\\ \gamma_2(5-x)=0\\ \gamma_1,\gamma_2\geqslant 0\end{cases}$$

为解此方程组，可分几种情况考虑：

①$\gamma_1\neq 0$ 且 $\gamma_2\neq 0$，无解；

②$\gamma_1\neq 0$ 且 $\gamma_2=0$，解得 $x=0,\gamma_1=-6$，不是 K-T 点；

③$\gamma_1=0$ 且 $\gamma_2\neq 0$，解得 $x=5,\gamma_2=-4$，也不是 K-T 点；

④$\gamma_1=\gamma_2=0$，解得 $x=3$，满足约束，是 K-T 点。

由于此问题为凸规划，故 $x^*=3$ 是最优解，相应最优值 $f(x^*)=0$。

例 3.15 考虑下面的非线性规划：

$$\max f(\boldsymbol{X})=\ln(x_1+1)+x_2$$
$$\text{s.t.}\begin{cases}2x_1+x_2\leqslant 3\\ x_1,x_2\geqslant 0\end{cases}$$

验证它为凸规划，并用 K-T 条件求解。

解 原问题可写为

$$\min f(\boldsymbol{X})=-\ln(x_1+1)-x_2$$
$$\text{s.t. } g_1(\boldsymbol{X})=3-2x_1-x_2\geqslant 0$$
$$g_2(\boldsymbol{X})=x_1\geqslant 0$$
$$g_3(\boldsymbol{X})=x_2\geqslant 0$$

计算目标和约束函数的海赛阵

$$\boldsymbol{H}_f(\boldsymbol{X})=\begin{bmatrix}\dfrac{1}{(x_1+1)^2} & 0\\ 0 & 0\end{bmatrix}\geqslant 0,\boldsymbol{H}_{g_1}(\boldsymbol{X})=\boldsymbol{H}_{g_2}(\boldsymbol{X})=\boldsymbol{H}_{g_3}(\boldsymbol{X})=\begin{bmatrix}0 & 0\\ 0 & 0\end{bmatrix}\leqslant 0$$

故此问题是凸规划。

$$\nabla f(\boldsymbol{X})=\left[\frac{-1}{x_1+1}\quad -1\right]^{\mathrm{T}},\nabla g_1(\boldsymbol{X})=[-2\quad -1]^{\mathrm{T}},\nabla g_2(\boldsymbol{X})=[1\quad 0]^{\mathrm{T}},\nabla g_3(\boldsymbol{X})$$

$=[0\quad 1]^{\mathrm{T}}$,K-T 条件表达式为

$$\begin{cases}\dfrac{-1}{x_1+1}=-2\gamma_1+\gamma_2\\ -1\quad=-\gamma_1\qquad+\gamma_3\\ \gamma_1(3-2x_1-x_2)=0\\ \gamma_2x_1=0\\ \gamma_3x_2=0\\ \gamma_1,\gamma_2,\gamma_3\geqslant 0\end{cases}$$

由第一或二式,γ_1、γ_2 和 γ_3 不能全为 0;若 $\gamma_1=0$,则无解,于是 $\gamma_1\neq 0$,有 $3-2x_1-x_2=0$;如果令 $x_1=0$,则 $x_2\neq 0,\gamma_3=0$,有

$$\begin{cases}1-2\gamma_1+\gamma_2=0\\ 1-\gamma_1=0\\ 3-x_2=0\end{cases}$$

解得 $x_1=0,x_2=3,\gamma_1=\gamma_2=1,\gamma_3=0$,显然$[0\quad 3]^{\mathrm{T}}$ 是可行点,从而是极小点。

3.3.2 二次规划

二次规划是一类简单的非线性规划,其模型的一般表达式为

$$\min f(\boldsymbol{X})=\frac{1}{2}\boldsymbol{X}^{\mathrm{T}}\boldsymbol{H}\boldsymbol{X}+\boldsymbol{C}^{\mathrm{T}}\boldsymbol{X}$$
$$\text{s.t.}\begin{cases}\boldsymbol{A}\boldsymbol{X}+\boldsymbol{b}\geqslant\boldsymbol{0}\\ \boldsymbol{X}\geqslant\boldsymbol{0}\end{cases}$$

式中,$\boldsymbol{A}$ 为 $m\times n$ 阶矩阵;$\boldsymbol{b}$ 为 m 维非负向量;$\boldsymbol{C}$ 为 n 维向量。由于二次规划的约束是线性的,从而是凸集,故当目标的二次项系数阵 $\boldsymbol{H}\geqslant 0$(半正定)时为凸规划,可用 K-T 条件求解。

将模型的约束表示为

$$g_i(\boldsymbol{X})=[a_{i1}\quad\cdots\quad a_{in}]\begin{bmatrix}x_1\\ \vdots\\ x_n\end{bmatrix}+b_i\quad(i=1,\cdots,m)$$

$$g_{m+j}(\boldsymbol{X})=[0\ \cdots\ 0\ \underset{j}{1}\ 0\ \cdots\ 0]\begin{bmatrix}x_1\\ \vdots\\ x_n\end{bmatrix}\quad (j=1,\cdots,n)$$

则梯度

$$\nabla g_i(\boldsymbol{X})=[a_{i1}\ \cdots\ a_{in}]^{\mathrm{T}}\quad (i=1,\cdots,m)$$
$$\nabla g_{m+j}(\boldsymbol{X})=[0\ \cdots\ 0\ 1\ 0\cdots\ 0]^{\mathrm{T}}\quad (j=1,\cdots,n)$$
$$\nabla f(\boldsymbol{X})=\boldsymbol{HX}+\boldsymbol{C}$$

记相应于$\nabla g_i(\boldsymbol{X})$的 K-T 乘子为 $\boldsymbol{Y}_1=[y_1\ \cdots\ y_m]^{\mathrm{T}}$,相应于$\nabla g_{m+j}(\boldsymbol{X})$的 K-T 乘子为 $\boldsymbol{Y}_2=[y_{m+1}\ \cdots\ y_{m+n}]^{\mathrm{T}}$,则由 K-T 条件及约束条件,有

$$\boldsymbol{HX}+\boldsymbol{C}=\boldsymbol{A}^{\mathrm{T}}\boldsymbol{Y}_1+\boldsymbol{IY}_2$$
$$\boldsymbol{Y}_1^{\mathrm{T}}(\boldsymbol{AX}+\boldsymbol{b})=0$$
$$\boldsymbol{Y}_2^{\mathrm{T}}\boldsymbol{X}=0$$
$$\boldsymbol{AX}+\boldsymbol{b}\geqslant\boldsymbol{0}$$
$$\boldsymbol{X},\boldsymbol{Y}_1,\boldsymbol{Y}_2\geqslant\boldsymbol{0}$$

在上面一组式子中,若先不考虑两个松紧条件,则其余均为线性表达式,即

$$-\boldsymbol{HX}+\boldsymbol{A}^{\mathrm{T}}\boldsymbol{Y}_1+\boldsymbol{IY}_2=\boldsymbol{C}$$
$$\boldsymbol{AX}+\boldsymbol{b}\geqslant\boldsymbol{0}$$
$$\boldsymbol{X},\boldsymbol{Y}_1,\boldsymbol{Y}_2\geqslant\boldsymbol{0}$$

如果在上面第一式中增加人工变量 $\boldsymbol{Z}=[z_1\ \cdots\ z_n]^{\mathrm{T}}$(为使出现单位阵),并增加使人工变量之和极小化的目标函数(为使人工变量最后均为 0),则可构造一个线性规划

$$\min z=z_1+\cdots+z_n$$
$$\text{s.t.}\begin{cases}-\boldsymbol{HX}+\boldsymbol{A}^{\mathrm{T}}\boldsymbol{Y}_1+\boldsymbol{IY}_2+\operatorname{sgn}(\boldsymbol{C})\boldsymbol{Z}=\boldsymbol{C}\\ -\boldsymbol{AX}+\boldsymbol{X}_{\mathrm{s}}=\boldsymbol{b}\\ \boldsymbol{X},\boldsymbol{Y}_1,\boldsymbol{Y}_2,\boldsymbol{Z},\boldsymbol{X}_{\mathrm{s}}\geqslant\boldsymbol{0}\end{cases}$$

其中 $\operatorname{sgn}(\boldsymbol{C})\boldsymbol{Z}$ 表示 $\boldsymbol{Z}$ 中各分量的符号与 $\boldsymbol{C}$ 中相应分量的符号相同,是为了保证出现单位阵;$\boldsymbol{X}_{\mathrm{s}}$ 是松弛变量。用单纯形法求解该线性规划的单纯形初表为表 3.3。

表 3.3

$\boldsymbol{X}_B$	$\boldsymbol{B}^{-1}\boldsymbol{b}$	$\boldsymbol{X}$	$\boldsymbol{X}_{\mathrm{s}}$	$\boldsymbol{Y}_1$	$\boldsymbol{Y}_2$	$\boldsymbol{Z}$
$\boldsymbol{Z}$	$\boldsymbol{C}$	$-\boldsymbol{H}$	$\boldsymbol{0}$	$\boldsymbol{A}^T$	$\boldsymbol{I}$	$\operatorname{sgn}(\boldsymbol{C})\boldsymbol{I}$
$\boldsymbol{X}_{\mathrm{s}}$	$\boldsymbol{b}$	$-\boldsymbol{A}$	$\boldsymbol{I}$	$\boldsymbol{0}$	$\boldsymbol{0}$	$\boldsymbol{0}$

为使所求得的 $\boldsymbol{X}$、$\boldsymbol{Y}_1$、$\boldsymbol{Y}_2$ 还满足松紧条件

$$\boldsymbol{Y}_1^{\mathrm{T}}\boldsymbol{X}_{\mathrm{s}}=0$$
$$\boldsymbol{Y}_2^{\mathrm{T}}\boldsymbol{X}=0$$

应在每次单纯形表的迭代中保证 $\boldsymbol{Y}_1$ 与 $\boldsymbol{X}_{\mathrm{s}}$ 以及 $\boldsymbol{Y}_2$ 与 $\boldsymbol{X}$ 的相应分量不同时为基变量。

例 3.16 求解二次规划

$$\min f(\boldsymbol{X})=\frac{1}{2}(2x_1^2+2x_2^2)-8x_1-10x_2$$

$$\text{s.t.}\begin{cases}6-3x_1-2x_2\geqslant 0\\ x_1\geqslant 0,x_2\geqslant 0\end{cases}$$

解　$\boldsymbol{H}=\begin{bmatrix}2&0\\0&2\end{bmatrix},\boldsymbol{A}=[-3\quad -2],\boldsymbol{C}=[-8\quad -10]^{\mathrm{T}},b=6$

$$\boldsymbol{Y}_1=y_1,\boldsymbol{Y}_2=[y_2\quad y_3]^{\mathrm{T}}$$

显然有 $\boldsymbol{H}>0$,故此为一凸规划,可用 K-T 条件求解。

$$-\boldsymbol{HX}+\boldsymbol{A}^{\mathrm{T}}\boldsymbol{Y}_1+\boldsymbol{IY}_2+\mathrm{sgn}(\boldsymbol{C})\boldsymbol{Z}$$

$$=-\begin{bmatrix}2&0\\0&2\end{bmatrix}\begin{bmatrix}x_1\\x_2\end{bmatrix}+\begin{bmatrix}-3\\-2\end{bmatrix}y_1+\begin{bmatrix}y_2\\y_3\end{bmatrix}-\begin{bmatrix}z_1\\z_2\end{bmatrix}=\begin{bmatrix}-8\\-10\end{bmatrix}=\boldsymbol{C}$$

$$-\boldsymbol{AX}+\boldsymbol{X}_{\mathrm{s}}=[3\quad 2]\begin{bmatrix}x_1\\x_2\end{bmatrix}+x_3=6=b$$

相应的线性规划为

$$\min z=z_1+z_2$$

$$\text{s.t.}\begin{cases}2x_1+3y_1-y_2+z_1=8\\ 2x_2+2y_1-y_3+z_2=10\\ 3x_1+2x_2+x_3=6\\ x_1,x_2,x_3,y_1,y_2,y_3,z_1,z_2\geqslant 0\end{cases}$$

求解时还要满足松紧条件 $y_1x_3=0$、$y_2x_1=0$、$y_3x_2=0$。

用单纯形法求解的过程如表 3.4。

表 3.4

C_B	X_B	$B^{-1}b$	0 x_1	0 x_2	0 x_3	0 y_1	0 y_2	0 y_3	1 z_1	1 z_2	θ
1	z_1	8	2			3	−1		1		4
1	z_2	10		2		2		−1		1	
0	x_3	6	[3]	2	1						2
			−2	−2		−5	1	1			
1	z_1	4		−4/3	−2/3	[3]	−1		1		4/3
1	z_2	10		2		2		−1		1	5
0	x_1	2	1	2/3	1/3						
				−2/3	1/3	−5	1	1			
0	y_1	4/3		−4/9	−2/9	1	−1/3		1/3		
1	z_2	22/3		[26/9]	4/9		2/3	−1	−2/3	1	33/13
0	x_1	2	1	2/3	1/3						3
				−26/9	−4/9		−2/3	1	2/3		
0	y_1	32/13				1					
0	x_2	33/13		1	2/13		3/13	−9/26	−3/13	9/26	
0	x_1	4/13	1		−4/39		−2/13	3/13			
									1	1	

求解的结果是

$$x_1=\frac{4}{13},x_2=\frac{33}{13},x_3=0,y_1=\frac{32}{13},y_2=0,y_3=0$$

在每一次单纯形表迭代中都考虑了松紧条件,如在第一张表中,按通常规则应让 y_1 进基,但考虑到与它构成松紧式的 x_3 已在基中,并且 y_1 进基也不会使 x_3 出基,故选择了 x_1 进基,从而所得解 $\boldsymbol{X}^*=\begin{bmatrix}\frac{4}{13} & \frac{33}{13}\end{bmatrix}^{\mathrm{T}}$ 满足松紧条件,是原来二次规划的最优解。

3.3.3 罚函数法

罚函数法是一类比较简单实用的求解一般约束极值问题的方法。其基本思想是,将约束与目标组合在一起,化为无约束极值问题求解。罚函数法又可分为外点法与内点法,外点法是从可行域的外部逐步逼近最优解,而内点法是从可行域的内部逐步逼近最优解。本节只介绍外点法。

该方法的关键是基于(NLP)构造一个新的目标函数 $P(\boldsymbol{X},M)$,称做罚函数。

$$P(\boldsymbol{X},M)=f(\boldsymbol{X})+M\sum_{j=1}^{l}[\min(0,g_j(\boldsymbol{X}))]^2+M\sum_{i=1}^{m}h_i^2(\boldsymbol{X})$$

式中 M 是一个充分大的正数,称做罚因子。含有M的项称为罚项。显而易见,当 $\boldsymbol{X}$ 是可行点时,罚项为0;而当 $\boldsymbol{X}$ 不是可行点时,罚项是很大的正数。对 $P(\boldsymbol{X},M)$求极小,可采用无约束优化方法,罚项能够保证使点 $\boldsymbol{X}$ 逐步趋近可行域。外点罚函数法的一般步骤如下:

①选取初始罚因子 $M_1>0$,令 $k:=1,\varepsilon>0$;

②对于 M_k,求解无约束极值问题 $\min P(\boldsymbol{X},M_k)$,得 $\boldsymbol{X}_k$;

③若 $\boldsymbol{X}_k$ 满足可行性的精度要求

$$|h_i(\boldsymbol{X}_k)|\leqslant\varepsilon\quad(i=1,\cdots,m)$$

$$g_j(\boldsymbol{X}_k)\geqslant-\varepsilon\quad(j=1,\cdots,l)$$

则停止,$\boldsymbol{X}_k$ 即(NLP)的最优解,否则,取 $M_{k+1}>M_k$,置 $k:=k+1$,转②。

用罚函数法求解一些简单的非线性规划时,可先求出 $P(\boldsymbol{X},M)$的驻点,然后令 $M\to+\infty$ 得到 $\boldsymbol{X}^*$。

例 3.17 求解非线性规划

$$\min\ f(\boldsymbol{X})=\frac{1}{3}(x_1+1)^3+x_2$$

$$\text{s.t.}\begin{cases}x_1-1\geqslant0\\x_2\geqslant0\end{cases}$$

解 构造罚函数

$$P(\boldsymbol{X},M)=\frac{1}{3}(x_1+1)^3+x_2+M[\min(0,x_1-1)]^2+M[\min(0,x_2)]^2$$

为考察其驻点,令

$$\frac{\partial P}{\partial x_1}=(x_1+1)^2+2M[\min(0,x_1-1)]=0$$

$$\frac{\partial P}{\partial x_2}=1+2M[\min(0,x_2)]=0$$

当 $x_1-1\geqslant 0$,由上面的第一式有 $x_1=-1$,不可行;当 $x_2\geqslant 0$,由第二式有 $1=0$,矛盾,说明可行域内无驻点。

对于可行域外的点(满足 $x_1-1<0,x_2<0$),可解得驻点

$$\begin{cases}x_1=\sqrt{M^2+4M}-M-1\\ x_2=-\dfrac{1}{2M}\end{cases}$$

在该点,海赛阵

$$\boldsymbol{H}=\begin{bmatrix}2(x_1+1)+2M & 0\\ 0 & 2M\end{bmatrix}>0$$

说明该驻点是极小点。

令 $M\to+\infty$,则 $\begin{cases}x_1\to 1\\ x_2\to 0\end{cases}$,而 $[1\quad 0]^{\mathrm{T}}$ 满足约束,是最优解。

例 3.18 求解非线性规划

$$\min f(\boldsymbol{X})=x_1+x_2$$

$$\text{s.t.}\begin{cases}-x_1^2+x_2\geqslant 0\\ x_1\geqslant 0\end{cases}$$

解 构造罚函数

$$P(\boldsymbol{X},M)=x_1+x_2+M[\min(0,-x_1^2+x_2)]^2+M[\min(0,x_1)]^2$$

考察其驻点,令

$$\frac{\partial P}{\partial x_1}=1+2M[\min(0,-x_1^2+x_2)](-2x_1)+2M[\min(0,x_1)]=0$$

$$\frac{\partial P}{\partial x_2}=1+2M[\min(0,-x_1^2+x_2)]=0$$

对于可行域外的点,有

$$\begin{cases}1+2M(-x_1^2+x_2)(-2x_1)+2Mx_1=0\\ 1+2M(-x_1^2+x_2)=0\end{cases}$$

解得

$$\begin{cases}x_1=-\dfrac{1}{2(1+M)}\\ x_2=\dfrac{1}{4(1+M)^2}-\dfrac{1}{2M}\end{cases}$$

当 $M\to+\infty$ 时,$\begin{cases}x_1\to 0\\ x_2\to 0\end{cases}$,而 $[0\quad 0]^{\mathrm{T}}$ 是可行点,故是最优解。

习题 3

3.1 某投资者正在考虑 n 支股票的组合投资计划。设第 j 支股票的价格为 P_j,每股平均收益为 μ_j,第 i 支股票与第 j 支股票收益的协方差为 $\sigma_{ij}(i,j=1,\cdots,n)$。现有总资金为 B。若投资者希望总平均收益与总

平均风险(可表示为$\sum_{i=1}^{n}\sum_{j=1}^{n}\sigma_{ij}x_ix_j$)之差极大化,请写出投资计划模型。

3.2 分别用分数法和0.618法求函数

$$f(t)=t^2-6t+2$$

在区间[0,10]上的极小点,要求缩短后的区间长度不大于原区间长度的3%。

3.3 分别用梯度法和牛顿法求解下面的无约束极值问题

$$\min f(\boldsymbol{X})=2x_1^2+x_2^2+2x_1x_2+x_1-x_2$$

3.4 用共轭梯度法求二次函数

$$f(\boldsymbol{X})=\frac{1}{2}\boldsymbol{X}^{\mathrm{T}}\boldsymbol{A}\boldsymbol{X}$$

的极小点,其中

$$\boldsymbol{A}=\begin{bmatrix}1 & 1\\ 1 & 2\end{bmatrix}$$

3.5 用变尺度法求解

$$\min f(\boldsymbol{X})=x_1^4+(x_2+1)^2$$

取初始点 $\boldsymbol{X}_0=[0\quad 0]^{\mathrm{T}}$。

3.6 证明非线性规划问题

$$\min f(\boldsymbol{X})$$
$$\text{s.t. } \boldsymbol{X}\geqslant\boldsymbol{0}$$

的K-T条件表达式为

$$\begin{cases}\nabla f(\boldsymbol{X}^*)\geqslant\boldsymbol{0}\\ \nabla f(\boldsymbol{X}^*)^{\mathrm{T}}\boldsymbol{X}^*=0\end{cases}$$

其中 $\boldsymbol{X}^*$ 是其最优解,并说明这条件的几何意义。

3.7 由于某制造企业停产了某滞销产品而造成生产能力过剩,现该企业正在考虑利用这些生产能力进行A、B、C三种新产品的生产。设可利用的各种生产能力(机时)及每种新产品的单位消耗(机时)和单位产品成本如表3.5所示。

表3.5

生产设备 \ 产品	A	B	C	可利用生产能力(机时)
铣床	9	3	5	500
车床	5	4	0	350
磨床	3	0	2	150
单位成本	15	6	8	
销量为 x_i 时的价格	$10+40x_1^{-\frac{1}{3}}$	$5+15x_2^{-\frac{1}{4}}$	$10+20x_3^{-\frac{1}{2}}$	

据销售部门预测,产品C每周可销售20单位,产品A和B无限制。销售价格将随各产品的产量 x_1、x_2、x_3 而变动,估计的变动关系式如表最下行所示。该企业希望决定各产品每周各生产多少可使总利润最大。

(1)建立使总利润最大的新产品生产计划模型;

(2)验证该模型是否为凸规划;

(3)说明该模型可以用什么方法求解。

3.8 用K-T条件求解

$$\max f(\boldsymbol{X})=x_1+x_2$$

$$\text{s.t.}\begin{cases}x_1^2+x_2^2\leqslant 1\\ x_1,x_2\geqslant 0\end{cases}$$

3.9 求解二次规划

$$\min f(\boldsymbol{X})=2x_1^2-4x_1x_2+4x_2^2-6x_1-3x_2$$

$$\text{s.t.}\begin{cases}x_1+x_2\leqslant 3\\ 4x_1+x_2\leqslant 9\\ x_1,x_2\geqslant 0\end{cases}$$

3.10 用(外点)罚函数法求解

$$\min f(\boldsymbol{X})=x_1^2+x_2^2$$

$$\text{s.t. } x_2=1$$

3.11 填空

(1)一维搜索中 0.618 法的基本思想是逐次缩短含________的区间,每次缩短区间后的区间长与上一次区间长之比是________。

(2)无约束极值问题的下降类算法的主要步骤是:①________________②________③________________④________________,其中梯度法的搜索方向是________。

第 4 章　多目标规划

多目标规划又称多目标最优化,其思想萌芽于 1776 年经济学中的效用理论。1896 年,法国经济学家 V. Pareto(帕累托)首先在经济理论的研究中提出了多目标最优化问题。1951 年,美国数理经济学家 T. C. Koopmans 从生产和分配的活动分析中考虑了多目标决策问题,并首次提出了多目标最优化问题解的概念,将其命名为"Pareto 解"(即有效解)。同年,H. W. Kuhn 和 A. W. Tucker 从数学规划论角度首次提出向量极值问题及有关概念。进入 20 世纪 70 年代,随着第一次国际多目标决策研讨会的召开及这方面专著的问世,多目标决策问题的研究工作迅速、蓬勃地开展起来,到目前为止,已取得若干有价值的研究成果。

多目标决策问题不同于单目标问题。在单目标决策中,评价一个方案优劣的目标只有一个,而在多目标决策中,对方案 d_j 的评价需从 p 个目标上考虑,即由在这 p 个目标上的评价值构成的向量去评价原有方案,即有

单目标问题　方案 $d_j \leftarrow$ 评价值 $f(d_j)$

多目标问题　方案 $d_j \leftarrow$ 评价值向量 $[f_1(d_j) \quad f_2(d_j) \quad \cdots \quad f_p(d_j)]$

显而易见,对于单目标问题,只要根据方案间的目标评价值,总能分出孰优孰劣,因此是完全有序的。而多目标决策问题则不同,多目标决策问题的决策目标有多个,对方案的评价是基于一个向量,而向量一般是无法直接比较大小的,是半有序的。有鉴于此,将单目标问题最优解的概念平移到多目标问题中是不适宜的,这就有必要首先阐明多目标规划问题各种解的概念及其相互关系。

4.1　多目标规划模型及其解的概念

可以从一个简单例子引入多目标规划问题的一般形式。

例 4.1(喜糖问题)　设市场上有甲级糖及乙级糖,单价分别为 10 元/斤及 5 元/斤。今要筹办一桩婚事。"筹备小组"计划总花费不超过 80 元,糖的总斤数不少于 10 斤,甲级糖不少于 5 斤。问如何确定最佳的采购方案?

先确定此问题应满足的条件。不难看出,当设甲级糖数量为 x_1,乙级糖数量为 x_2 时,有

$$\begin{cases} 10x_1 + 5x_2 \leqslant 80 \\ x_1 + x_2 \geqslant 10 \\ x_1 \qquad \geqslant 5 \\ x_1, x_2 \geqslant 0 \end{cases}$$

在研究以什么为"最佳"的衡量指标时,"筹备小组"的成员们意见可能会发生分歧,原因是因为他们可能会提出各种各样的目标来。

如果要求总花费最少,即要求

$$f_1(x_1, x_2) = 10x_1 + 5x_2 \to \min$$

如果要求糖的总斤数最大,即要求

$f_2(x_1,x_2)=x_1+x_2\rightarrow \max$

如果要求甲级糖数量最大,即要求

$f_3(x_1,x_2)=x_1\rightarrow \max$

多目标最优化模型与单目标最优化模型的区别主要是目标多于1个。在这些目标中,有的追求极大化,有的追求极小化,而极大化问题经过适当变换可化为极小化问题。因此,可以给出多目标最优化模型的一般形式如下:

决策变量 $x_1,x_2,\cdots,x_n$

目标函数 $\min f_1(x_1,x_2,\cdots,x_n)$

$\cdots$

$\min f_p(x_1,x_2,\cdots,x_n)$

约束条件 $\begin{cases} g_1(x_1,\cdots,x_n)\geqslant 0 \\ \cdots \\ g_m(x_1,\cdots,x_n)\geqslant 0 \end{cases}$

若记 $\boldsymbol{X}=[x_1 \quad x_2 \quad \cdots \quad x_n]^{\mathrm{T}}$,$F(\boldsymbol{X})=[f_1(\boldsymbol{X}) \quad \cdots \quad f_p(\boldsymbol{X})]^{\mathrm{T}}$,$R=\{\boldsymbol{X}\mid g_i(\boldsymbol{X})\geqslant 0,i=1,2,\cdots,m\}$表示约束集,$\mathrm{V}-\min F(\boldsymbol{X})$表示对向量 $F(\boldsymbol{X})$中的各目标函数 $f_1(\boldsymbol{X})$、……、$f_p(\boldsymbol{X})$同等地进行极小化,则模型的一般形式为

$$(\mathrm{VMP})\begin{cases} \mathrm{V}-\min\ (f_1(\boldsymbol{X}),\cdots,f_p(\boldsymbol{X})) \\ g_i(\boldsymbol{X})\geqslant 0 \qquad (i=1,2,\cdots,m) \end{cases}$$

简记为

$$(\mathrm{VMP})\begin{cases} \mathrm{V}-\min F(\boldsymbol{X}) \\ \boldsymbol{X}\in R,R=\{\boldsymbol{X}\mid g_i(\boldsymbol{X})\geqslant 0,i=1,2,\cdots,m\} \end{cases}$$

求解如上的多目标最优化问题,即是在可行域 R 中寻找一个"最优解"$\boldsymbol{X}^*$。如前所述,多目标问题中最优解的含义和单目标问题中最优解的含义是不相同的。对于(VMP)问题中任意两个可行解 $\boldsymbol{X}_1$、$\boldsymbol{X}_2\in R$,根据其评价向量难以区分出优劣。因此,这里的"最优解"$\boldsymbol{X}^*$,很多情况下只是基于某种准则下的满意解。

以下就给出多目标问题各种解的概念。为比较向量函数值的"大""小",首先需要引进向量空间中向量间的比较关系,即序的关系。

若记 $\boldsymbol{F}^1=[f_1^1 \quad \cdots \quad f_p^1]$,$\boldsymbol{F}^2=[f_1^2 \quad \cdots \quad f_p^2]$,则

①$\boldsymbol{F}^1<\boldsymbol{F}^2$ 意味着向量 $\boldsymbol{F}^1$ 的每个分量都要严格地小于向量 $\boldsymbol{F}^2$ 对应的分量,即对于 $i=1$、……、p,均有 $f_i^1<f_i^2$;

②$\boldsymbol{F}^1=\boldsymbol{F}^2$ 意味着向量 $\boldsymbol{F}^1$ 的每个分量都要等于相应 $\boldsymbol{F}^2$ 的每个分量,即对于 $i=1$、……、p,均有 $f_i^1=f_i^2$;

③$\boldsymbol{F}^1\leqq\boldsymbol{F}^2$ 意味着向量 $\boldsymbol{F}^1$ 的每个分量都要小于或等于 $\boldsymbol{F}^2$ 对应的分量,即对于 $i=1$、……、p,均有 $f_i^1\leqslant f_i^2$;

④$\boldsymbol{F}^1\leqslant\boldsymbol{F}^2$ 意味着向量 $\boldsymbol{F}^1$ 的每个分量都要小于或等于向量 $\boldsymbol{F}^2$ 对应的分量,并且至少存在 $\boldsymbol{F}^1$ 的某一个分量要严格地小于向量 $\boldsymbol{F}^2$ 对应的分量,即对于 $i=1$、……、p 均有 $f_i^1\leqslant f_i^2$,并且至少存在某个 $i_0(1\leqslant i_0\leqslant p)$,有 $f_{i_0}^1<f_{i_0}^2$。

可见，$\boldsymbol{F}^1 \leqslant \boldsymbol{F}^2$ 等价于 $\boldsymbol{F}^1 \leqq \boldsymbol{F}^2$ 且 $\boldsymbol{F}^1 \neq \boldsymbol{F}^2$。

由上述定义所确定的向量之间的序，称做向量的自然序。

下面给出一般多目标极小化模型(VMP)各种解的概念。

定义 4.1 设 $\boldsymbol{X}^* \in R$，若对任意 $\boldsymbol{X} \in R$，均有 $F(\boldsymbol{X}^*) \leqq F(\boldsymbol{X})$，则称 $\boldsymbol{X}^*$ 为问题(VMP)的绝对最优解。其全体记为 R_{ab}^*。图 4.1 给出了两个目标、一维变量绝对最优解的例子。

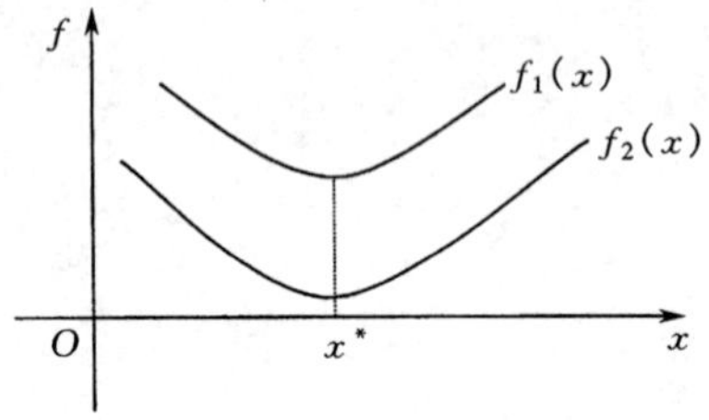

图 4.1

图中的 x^* 既是 $f_1(x)$ 的极小点，又是 $f_2(x)$ 的极小点，因而是该问题的绝对最优解。但在大多数多目标最优化问题中，这样的绝对最优解往往是不存在的。

为引出如下定义，先考察一下什么是劣解。设 $\boldsymbol{X}^0 \in R$，若存在另一个可行解 $\boldsymbol{X}^1 \in R$，有 $F(\boldsymbol{X}^1) \leqslant F(\boldsymbol{X}^0)$，说明对于 $i=1$、……、p，均有 $f_i(\boldsymbol{X}^1) \leqslant f_i(\boldsymbol{X}^0)$，且至少存在某个 $i_0(1 \leqslant i_0 \leqslant p)$ 有 $f_{i_0}(\boldsymbol{X}^1) < f_{i_0}(\boldsymbol{X}^0)$，显然可行解 $\boldsymbol{X}^0$ 相对于 $\boldsymbol{X}^1$ 来说是劣的。这是因为 $\boldsymbol{X}^1$ 的 p 个目标值都不比 $\boldsymbol{X}^0$ 对应的 p 个目标值坏，并且至少比其中一个要好，称 $\boldsymbol{X}^0$ 为劣解。显然，在决策过程中，任何劣解应该首先被去掉。为此，可给出非劣解的定义如下。

定义 4.2 设 $\bar{\boldsymbol{X}} \in R$，若不存在 $\boldsymbol{X} \in R$，使 $F(\boldsymbol{X}) \leqslant F(\bar{\boldsymbol{X}})$，则称 $\bar{\boldsymbol{X}}$ 为问题的非劣解，又称有效解或 Pareto 解。其全体记为 R_{pa}^*。

显然，对任意的 $\boldsymbol{X} \in R$，若它不是劣解就是有效解，并且有效解仅仅是(VMP)问题的一个“不坏”的解，或说可接受解。故若 $\bar{\boldsymbol{X}}$ 是(VMP)的有效解，意味着在约束集 R 中已找不到一个 $\boldsymbol{X}$，使得对应的 $F(\boldsymbol{X})=[f_1(\boldsymbol{X}) \quad \cdots \quad f_p(\boldsymbol{X})]^{\text{T}}$ 中的每一个分目标值都不比 $F(\bar{\boldsymbol{X}})=[f_1(\bar{\boldsymbol{X}}) \quad \cdots \quad f_p(\bar{\boldsymbol{X}})]^{\text{T}}$ 中的相应值大，并且 $F(\boldsymbol{X})$ 中至少有一个目标值要比 $F(\bar{\boldsymbol{X}})$ 中的相应值为小。

图 4.2 给出了两个目标、一维变量时有效解集合的例子。图中 x_1^* 与 x_2^* 之间的点 $\bar{x}$ 均为有效解(x_1^* 与 x_2^* 之间的点不可比较)，因为找不到另一个可行解 x，使 $F(x) \leqslant F(\bar{x})$ 成立。

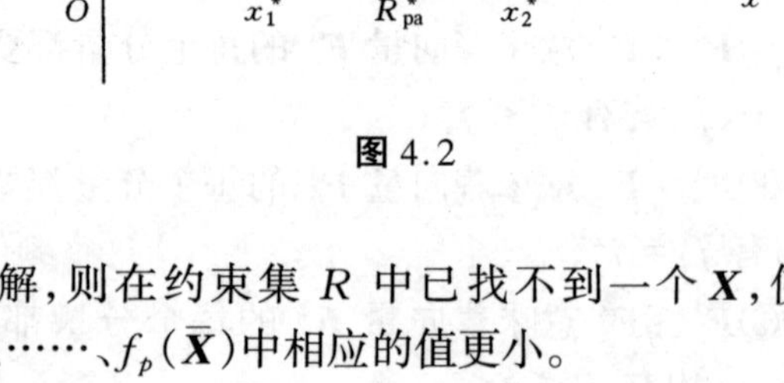

图 4.2

把上述有效解定义中的条件稍微放宽，可以给出下面的弱有效解的概念。

定义 4.3 设 $\bar{\boldsymbol{X}} \in R$，若不存在 $\boldsymbol{X} \in R$，使 $F(\boldsymbol{X}) < F(\bar{\boldsymbol{X}})$，则称 $\bar{\boldsymbol{X}}$ 为问题(VMP)的弱有效解。弱有效解的全体记为 R_{wp}^*。

上述定义表明，若 $\bar{\boldsymbol{X}}$ 是(VMP)的弱有效解，则在约束集 R 中已找不到一个 $\boldsymbol{X}$，使得 $f_1(\boldsymbol{X})$、……、$f_p(\boldsymbol{X})$ 中每一目标值都比 $f_1(\bar{\boldsymbol{X}})$、……、$f_p(\bar{\boldsymbol{X}})$ 中相应的值更小。

图 4.3 给出了弱有效解集合的例子。

显然，R_{wp}^* 中的任一点 $\bar{x}$ 都为弱有效解，因为找不到另一个 $x \in R$，使 $F(x) < F(\bar{x})$。

在引进了“非劣”概念之后，就可以对多目标规划作更确切的描述。准确地说，多目标规划应该是从可行解中先选出有效解或弱有效解，再根据某种准则，从有效解中选择某种意义下的

"最优解",或说满意解或"好"的有效解。因为,从一般意义上说,现实问题中不存在这样一种方案,其实施结果按所有的判别标准各目标同时达到最佳。当然,能够找到这样的绝对最优解(方案)更好。

不妨观察下述两个目标极大化的决策问题。如图 4.4 所示,对于目标 f_1,方案 E 优于方案 D,而对于目标 f_2,方案 D 又优于方案 E,而方案 A、B、C 按现有准则均劣于方案 D、E。因此,在这 5 个方案中,方案 A、B、C 为劣解,方案 D、E 为有效解,则该问题的解只能按某种准则从方案 D 和 E 中选择其一。如若目标 f_1 比目标 f_2 重要得多,则可选方案 E。

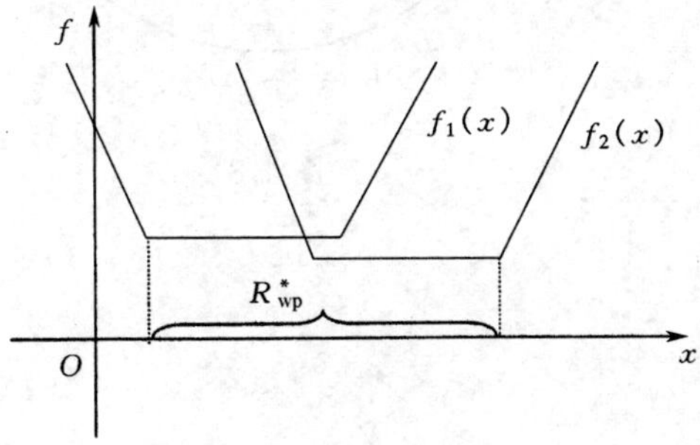

图 4.3

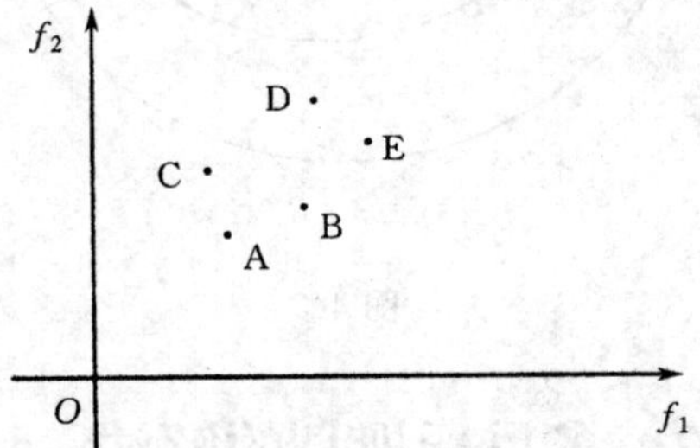

图 4.4

最后,不加证明地给出各种解之间的一些关系。

定理 4.1 $R^*_{ab}=\bigcap_{i=1}^{p}R^*_i$,其中 R^*_i 为单目标 $f_i(\boldsymbol{X})$ 上最优点集合。

定理 4.2 $R^*_{pa}\subseteq R^*_{wp}\subset R$

定理 4.3 $R^*_i\subseteq R^*_{wp}\quad(i=1,\cdots,p)$

定理 4.4 $R^*_{ab}\subseteq R^*_{pa}$

例 4.2 见图 4.5,$R^*_1=\{x_1\}$,$R^*_2=\{x_2\}$,则 $R^*_{pa}=R^*_{wp}=[x_1,x_2]$

例 4.3 见图 4.6,R^*_1、R^*_2、R^*_{wp}、R^*_{pa} 的关系如图所示。

定理 4.5 设 $R^*_{ab}\neq\varnothing$,则① $R^*_{pa}=\bigcap_{i=1}^{p}R^*_i=R^*_{ab}$;② $R^*_{wp}=\bigcup_{i=1}^{p}R^*_i$。

文献 12 已经给出上述 5 个定理的证明,有兴趣的读者可以查看并试证。

本节讨论的解集之间的关系可用图 4.7 与图 4.8 表示。

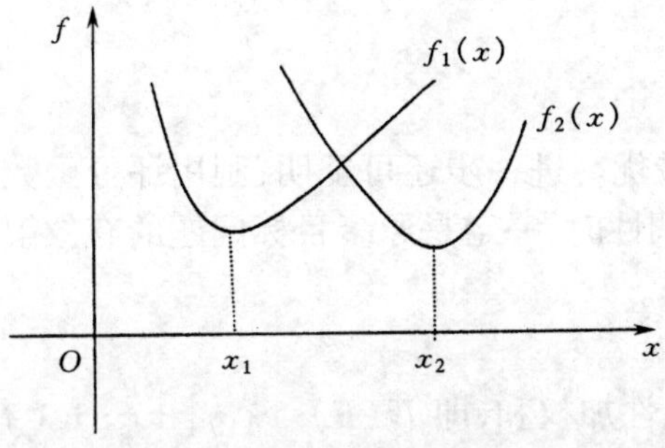

图 4.5

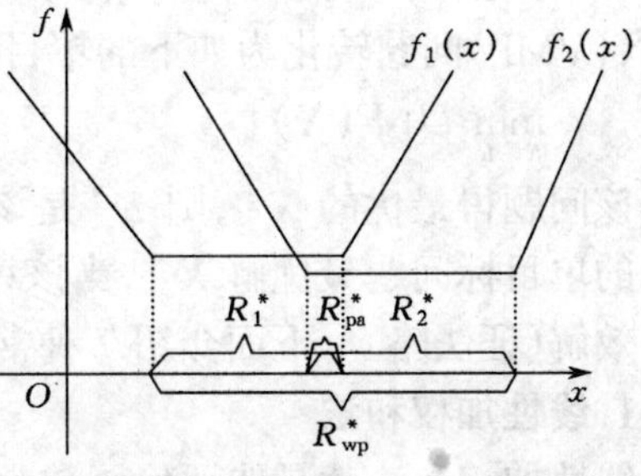

图 4.6

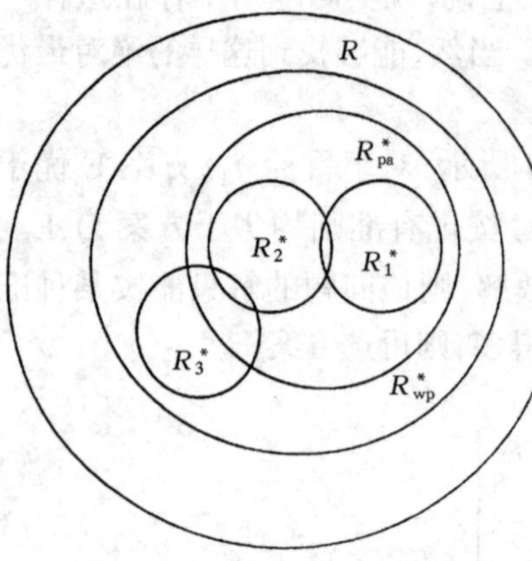

$p=3 \quad R^*_{ab}=\varnothing$

图 4.7

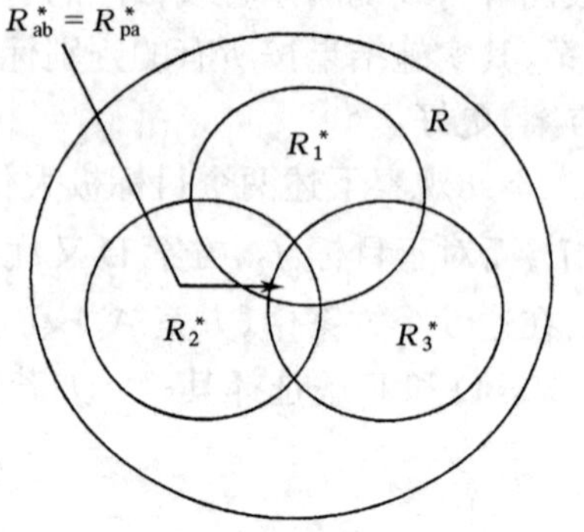

$p=3 \quad R^*_{ab}\neq\varnothing$

图 4.8

4.2 多目标规划的解法

求解多目标规划模型，就是要根据问题的特点和决策者的意图，选择适当算法，求得模型的有效解或弱有效解。本书介绍几类常用的多目标最优化问题的解法。

在实际问题中，p 个目标的量纲往往是不同的，所以事先需把每个目标规范化，然后再进行数学上的处理。例如，可以把带量纲的目标 $\bar{f}_i(\boldsymbol{X})(i=1,2,\cdots,p)$进行如下处理，令

$$f_i(\boldsymbol{X})=\frac{\bar{f}_i(\boldsymbol{X})}{\bar{f}_i},\text{其中 } \bar{f}_i=|\max_{\boldsymbol{X}\in R}\bar{f}_i(\boldsymbol{X})|$$

因此，以后总假定所讨论的多目标最优化模型已经过了无量纲化处理。

4.2.1 评价函数法

评价函数法的基本思想是利用一个复合函数将多目标问题转化为单目标问题求解。即对一个目标向量 $F(\boldsymbol{X})=[f_1(\boldsymbol{X}) \quad \cdots \quad f_p(\boldsymbol{X})]$，构造一个把 p 个目标转化为一个数值目标的复合函数 $U[F(\boldsymbol{X})]$，作为问题的评价函数。即有：

$$\text{方案 } \boldsymbol{X}\leftarrow\text{评价向量 } F(\boldsymbol{X})\leftarrow\text{评价函数 } U[F(\boldsymbol{X})]$$

这时，(VMP)问题转化为如下的单目标问题

$$\min_{\boldsymbol{X}\in R} U[F(\boldsymbol{X})]$$

求解该问题得最优的 $\boldsymbol{X}^*$，则 $\boldsymbol{X}^*$ 是该评价函数下的最优。进一步还可证明，利用评价函数法求出的单目标问题最优解 $\boldsymbol{X}^*$，当该评价函数满足单调性时，一定是原多目标问题的有效解或弱有效解(证法略)。下面介绍 7 种常用的评价函数法。

1. 线性加权和法

线性加权和法就是取评价函数为各目标函数的线性加权和，即 $U(F)=\lambda_1 f_1+\cdots+\lambda_p f_p$，其中 λ_1、……、λ_p 为相应目标的权系数，其大小代表相应目标 f_i 在模型(VMP)中的重要程度。

线性加权和法的具体步骤如下：

①给出权系数,按各目标的重要性给出一组权系数 λ_1、……、λ_p,其中 $\lambda_i \geqslant 0$, $\sum_{i=1}^{p} \lambda_i = 1$;

②极小化线性加权和函数,通过前述的线性加权和评价函数,将多目标问题转化为单目标问题

$$(\mathrm{P}_\lambda)\min_{\boldsymbol{X}\in R}\sum_{i=1}^{p}\lambda_i f_i(\boldsymbol{X})$$

求解(P_λ)得最优解 $\bar{\boldsymbol{X}}$;

③可以证明,$\bar{\boldsymbol{X}}$ 是(VMP)的弱有效解,即 $\bar{\boldsymbol{X}} \in R_{\mathrm{wp}}^*$,进一步,若所有 $\lambda_i > 0$,则 $\bar{\boldsymbol{X}} \in R_{\mathrm{pa}}^*$。

显然,线性加权和法的关键在于确定权系数。实际中,确定权系数的方法很多,如老手法、层次分析法、α 法等。老手法及层次分析法将在本书后续内容中介绍。

α 方法是确定各目标重要程度的权系数的一种方法。它主要是根据 p 个目标的极小点信息,借助于引进一个辅助参数 α 的思想,通过求解一个 $p+1$ 阶线性方程组确定各目标的权系数。

先以两个目标为例。设两目标 $f_1(\boldsymbol{X})$ 及 $f_2(\boldsymbol{X})$ 皆为线性函数,都要求达到极小为最优,且约束集 R 为线性约束,根据评价函数法的基本思想,建立评价函数

$$U[F(\boldsymbol{X})] = \alpha_1 f_1(\boldsymbol{X}) + \alpha_2 f_2(\boldsymbol{X})$$

问题归结为如何确定 α_1 及 α_2 的值。

这种方法的具体步骤如下:

①求解单目标优化问题

$$(\text{问题一})\min_{\boldsymbol{X}\in R} f_1(\boldsymbol{X}) = f_1(\boldsymbol{X}^1) \quad \text{记 } f_1^1 = f_1(\boldsymbol{X}^1), f_2^1 = f_2(\boldsymbol{X}^1)$$

$$(\text{问题二})\min_{\boldsymbol{X}\in R} f_2(\boldsymbol{X}) = f_2(\boldsymbol{X}^2) \quad \text{记 } f_2^2 = f_2(\boldsymbol{X}^2), f_1^2 = f_1(\boldsymbol{X}^2)$$

②由 $U[F(\boldsymbol{X}^1)] = U[F(\boldsymbol{X}^2)]$ 及 $\alpha_1 + \alpha_2 = 1$ 得下述方程组

$$\begin{cases} \alpha_1 f_1^1 + \alpha_2 f_2^1 = \alpha_1 f_1^2 + \alpha_2 f_2^2 \\ \alpha_1 + \alpha_2 = 1 \end{cases}$$

解上述方程组得

$$\alpha_1 = \frac{f_2^2 - f_2^1}{f_2^2 - f_2^1 + f_1^1 - f_1^2}$$

$$\alpha_2 = \frac{f_1^1 - f_1^2}{f_2^2 - f_2^1 + f_1^1 - f_1^2}$$

且

$$\frac{\alpha_1}{\alpha_2} = \frac{f_2^2 - f_2^1}{f_1^1 - f_1^2}$$

③求解 $\min_{\boldsymbol{X}\in R} U[F(\boldsymbol{X})] = \min_{\boldsymbol{X}\in R} [\alpha_1 f_1(\boldsymbol{X}) + \alpha_2 f_2(\boldsymbol{X})]$ 得 $\boldsymbol{X}^*$。

以下对 α 方法进行几何解释。

如图 4.9 及 4.10 所示,可行域 R 中的点 $\boldsymbol{X}^1$ 及 $\boldsymbol{X}^2$ 经过映射在目标值空间(f_1, f_2)中分别对应 A 点及 B 点,即有

$$\boldsymbol{X}^1 \to (f_1^1, f_2^1) A \text{ 点}$$

$$\boldsymbol{X}^2 \to (f_1^2, f_2^2) B \text{ 点}$$

而且,在目标值空间中,$U[F(\boldsymbol{X})]=\alpha_1 f_1(\boldsymbol{X})+\alpha_2 f_2(\boldsymbol{X})$取不同数时,相当于一簇平行线,其斜率 $k=-\alpha_1/\alpha_2$,不妨记直线簇为 $\alpha_1 f_1+\alpha_2 f_2=c$($c$ 为常数),而连接 A、B 的直线斜率也为 $k=-\alpha_1/\alpha_2$,则直线 AB 是该直线簇中的一条直线。显然,在同一条直线上 $\boldsymbol{X}^1$ 与 $\boldsymbol{X}^2$ 有相同的评价值,即有 $U[F(\boldsymbol{X}^1)]=U[F(\boldsymbol{X}^2)]$。进一步,要寻找评价值最小的 $\boldsymbol{X}$,可在目标值空间中平行移动直线。当直线与 C 点相切时,对应于 C 点的 $\boldsymbol{X}^*$ 之评价值为最优。

事实上,该方法可推至 p 个目标的情况。首先建立评价函数

$$U[F(\boldsymbol{X})]=\sum_{i=1}^{p}\alpha_i f_i(\boldsymbol{X})$$

然后求解一系列单目标问题

$$\min_{\boldsymbol{X}\in R} f_i(\boldsymbol{X})=f_i(\boldsymbol{X}^j)\text{得 } f_1^j,f_2^j,\cdots,f_P^j$$

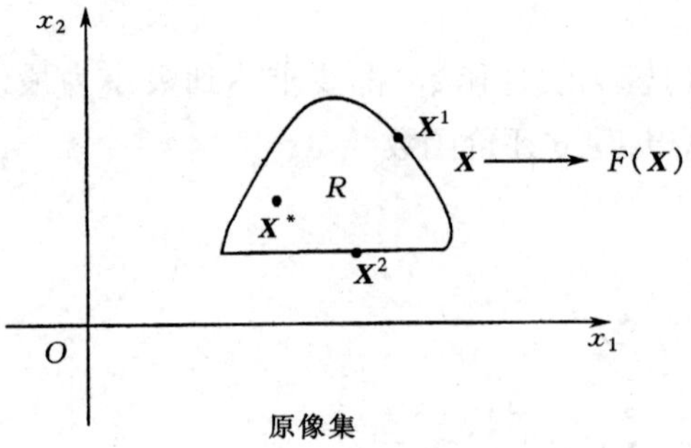

图 4.9

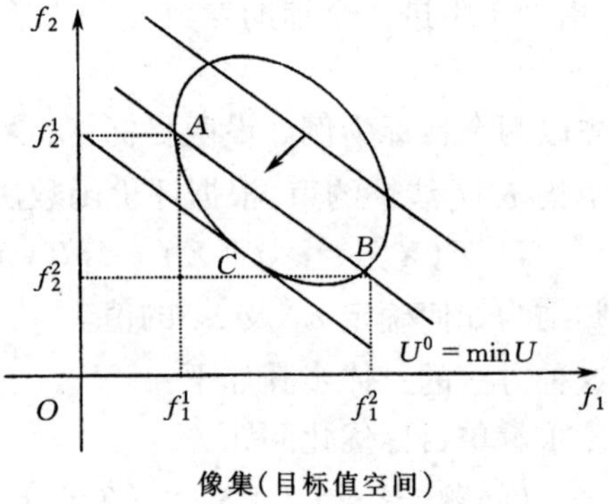

图 4.10

其中 f_i^j 的含义与二维情况相似($i,j=1,2,\cdots,p$)。由于 $\boldsymbol{X}^1$、$\boldsymbol{X}^2$、……、$\boldsymbol{X}^j$、……、$\boldsymbol{X}^p$ 有相同的评价值,于是可建立下述方程组

$$\begin{cases}\alpha_1 f_1^1+\alpha_2 f_2^1+\cdots+\alpha_p f_p^1=c\\ \alpha_1 f_1^2+\alpha_2 f_2^2+\cdots+\alpha_p f_p^2=c\\ \quad\vdots\\ \alpha_1 f_1^p+\alpha_2 f_2^p+\cdots+\alpha_p f_p^p=c\\ \alpha_1+\alpha_2+\cdots+\alpha_p=1\end{cases}\qquad(c\text{ 为常数})$$

求解上述方程组得 α_1、α_2、……、α_p。最后解$\min\limits_{\boldsymbol{X}\in R} U[F(\boldsymbol{X})]=\min\limits_{\boldsymbol{X}\in R}[\alpha_1 f_1(\boldsymbol{X})+\cdots+\alpha_p f_p(\boldsymbol{X})]$,得 $\boldsymbol{X}^*$。

例 4.4 设有 $f_1(\boldsymbol{X})=4x_1+x_2\to\min$, $f_2(\boldsymbol{X})=-3x_1-2x_2\to\min$, $R=\{\boldsymbol{X}|2x_1+x_2\leqslant 4, x_1+x_2\leqslant 3, x_1,x_2\geqslant 0, \boldsymbol{X}\in\mathbf{R}^2\}$,试用 α 法求解。

解 先分别对 $f_1(\boldsymbol{X})$、$f_2(\boldsymbol{X})$求得最优解,它们是

$$f_1(\boldsymbol{X}^1)=f_1(0,0)=\min_{\boldsymbol{X}\in\mathbf{R}^2} f_1(\boldsymbol{X})=f_1^1=0$$

$$f_2(\boldsymbol{X}^2)=f_2(1,2)=\min_{\boldsymbol{X}\in\mathbf{R}^2} f_2(\boldsymbol{X})=f_2^2=-7$$

则

$$f_2^1=f_2(\boldsymbol{X}^1)=f_2(0,0)=0$$

$$f_1^2 = f_1(\boldsymbol{X}^2) = f_1(1,2) = 6$$

由此可得

$$\alpha_1 = \frac{f_2^2 - f_2^1}{f_2^2 - f_2^1 + f_1^1 - f_1^2} = \frac{-7}{-7-6} = \frac{7}{13}$$

$$\alpha_2 = \frac{6}{13}$$

$$U(\boldsymbol{X}) = \alpha_1 f_1(\boldsymbol{X}) + \alpha_2 f_2(\boldsymbol{X}) = \frac{7}{13} f_1(\boldsymbol{X}) + \frac{6}{13} f_2(\boldsymbol{X}) = \frac{10}{13} x_1 - \frac{5}{13} x_2$$

易求得：$\min\limits_{\boldsymbol{X}\in R} U(\boldsymbol{X}) = U(0,3) = -\frac{15}{13}$

2. 极大极小法

这种方法的基本出发点是考虑在对各个目标来说是最不利的情况下找出最有利的解。具体地说，对于多目标最优化模型(VMP)，可以用各个目标 $f_i(i=1,\cdots,p)$中的最大值作为评价函数的函数值，即取

$$U[F(\boldsymbol{X})] = \max_{1\leqslant i\leqslant p}\{f_i(\boldsymbol{X})\}$$

为评价函数，通过上式把求解(VMP)归结为求解下述极小化问题：

$$\min_{\boldsymbol{X}\in R} U[F(\boldsymbol{X})] = \min_{\boldsymbol{X}\in R} \max_{1\leqslant i\leqslant p}\{f_i(\boldsymbol{X})\}$$

并把它的最优解作为模型(VMP)的解。显然，这种方法是先对各目标函数作极大值选择之后，再在可行域上进行极小化，故称之为极大极小法。

图4.11给出两个目标、一维变量时由极大极小法所得解 $\bar{x}$ 的图示。其中的实线为两个函数 $f_1(x)$和 $f_2(x)$中的最大值。

为了在评价函数中反映各目标的重要程度，一般考虑比上述极人极小化模型更一般的带权系数的情况。设对应于目标 f_i 的权系数为$\lambda_i(i=1,2,\cdots,p)$，则求解(VMP)相应地可归结为求解下述问题：

$$(\mathrm{P}_\lambda)\min_{\boldsymbol{X}\in R} \max_{1\leqslant i\leqslant p}\{\lambda_i f_i(\boldsymbol{X})\}$$

可以证明，当 $\lambda_i>0(i=1,2,\cdots,p)$时，求解($\mathrm{P}_\lambda$)所得的最优解为模型(VMP)的弱有效解。很明显，问题(P_λ)在实际求解时是不方便的。为此，引进一个变量。令

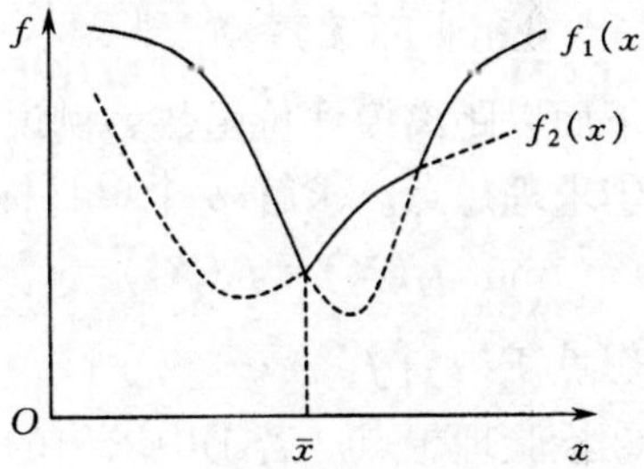

图4.11

$$\lambda = \max_{1\leqslant i\leqslant p}\{\lambda_i f_i(\boldsymbol{X})\}$$

这样，问题(P_λ)成为$\min\limits_{X\in R}\lambda$，且有

$$\lambda_i f_i(\boldsymbol{X}) \leqslant \lambda \quad (i=1,2,\cdots,p)$$

由此，问题(P_λ)便转化为如下的增加一个变量 λ 和 p 个约束条件的优化问题：

$$\min \lambda$$
$$\text{s.t.}\begin{cases}\boldsymbol{X}\in R \\ \lambda_i f_i(\boldsymbol{X}) \leqslant \lambda \quad (i=1,2,\cdots,p)\end{cases}$$

根据以上讨论，可得出极大极小法的具体步骤如下：

①给出权系数，按各目标在(VMP)中的重要程度，确定相应的权系数 $\lambda_i(i=1,2,\cdots,p)$，

且 $\lambda_i>0$；

②极小化辅助问题，即求解

$$\min \lambda$$
$$\text{s.t.}\begin{cases}\boldsymbol{X}\in R\\ \lambda_i f_i(\boldsymbol{X})\leqslant\lambda \quad (i=1,2,\cdots,p)\end{cases}$$

设所得最优解为$[\bar{\boldsymbol{X}}^{\mathrm{T}} \quad \bar{\lambda}]^{\mathrm{T}}$，则 $\bar{\boldsymbol{X}}$ 即为模型(VMP)的弱有效解。

3. 平方和加权法

对于多目标问题(VMP)，设有 p 个规定值 f_1^*、……、f_p^*，要求 p 个目标 $f_1(\boldsymbol{X})$、……、$f_p(\boldsymbol{X})$分别与规定的值相差尽量小，若对其中不同值的要求相差程度又可不完全一样，即有的要求重一些，有的轻一些，这时可采用下述评价函数：

$$U[F(\boldsymbol{X})]=\sum_{i=1}^{p}\lambda_i[f_i(\boldsymbol{X})-f_i^*]^2,\quad \sum_{i=1}^{p}\lambda_i=1 \text{ 且 } \lambda_i\geqslant 0$$

要求$\min\limits_{\boldsymbol{X}\in R} U[F(\boldsymbol{X})]$，其中 λ_i 可按要求相差程度分别给出。其实，平方和加权法是下面即将介绍的理想点法的变种。

4. 理想点法

理想点法的基本思想是认为 $\boldsymbol{X}$ 的评价向量$F(\boldsymbol{X})=[f_1(\boldsymbol{X}) \quad f_2(\boldsymbol{X}) \quad \cdots \quad f_p(\boldsymbol{X})]$越接近理想点越好。当然，这种接近是指在某个模"$\|\cdot\|$"的意义下评价向量与理想点之间的"距离"大小。所谓理想点一般指由各单目标最优值 f_1^*、……、f_p^* 组成的 p 维点$\boldsymbol{F}^*=[f_1^* \quad \cdots \quad f_P^*]$。具体地说，理想点法就是在所定义的模的意义下，以目标函数向量 $F(\boldsymbol{X})$与理想点之间的"距离"$U[F(\boldsymbol{X})]=\|F(\boldsymbol{X})-\boldsymbol{F}^*\|$为评价函数，把求解(VMP)的问题归结为求解下述数值极小化问题：

$$\min_{\boldsymbol{X}\in R}\|F(\boldsymbol{X})-\boldsymbol{F}^*\|$$

下面以距离模评价函数为例说明这种方法的具体步骤。

①求理想点。求解 p 个单目标最优化问题

$$\min_{\boldsymbol{X}\in R} f_i(\boldsymbol{X})=f_i(\boldsymbol{X}^i)=f_i^* \quad (i=1,2,\cdots,p)$$

得理想点 $\boldsymbol{F}^*=[f_1^* \quad \cdots \quad f_p^*]$。

②检验理想点。若①中求出的各单目标最优解 $\boldsymbol{X}^i$ 皆相同，说明理想解点恰好是绝对最优点，则输出绝对最优解 $\boldsymbol{X}^*=\boldsymbol{X}^i$，求解完毕，否则，转③。

③作评价函数。取 q-模 $U[F(\boldsymbol{X})]=\|F(\boldsymbol{X})-\boldsymbol{F}^*\|=[\sum\limits_{i=1}^{p}(f_i^*-f_i(\boldsymbol{X}))^q]^{\frac{1}{q}}$为评价函数，$q$ 的一般取值在$[1,\infty)$，通常取 $q=2$，这时的评价函数即为欧氏空间中向量 $F(\boldsymbol{X})$与向量 $\boldsymbol{F}^*$ 的距离，其含义如图 4.12 所示。

④求解$\min\limits_{\boldsymbol{X}\in R} U[F(\boldsymbol{X})]$得 $\bar{\boldsymbol{X}}$。

可以验证，上述的距离模评价函数关于 F 是严格增函数，故由此所得的 $\bar{\boldsymbol{X}}$ 是模型(VMP)的有效解。

常用的评价函数还有：

①当 $q=1$ 时，$U[F(\boldsymbol{X})]=\sum\limits_{i=1}^{p}|f_i^*-f_i(\boldsymbol{X})|$；

②当 $q=\infty$时，$U[F(\boldsymbol{X})]=\max\limits_{1\leqslant i\leqslant p}|f_i^*-f_i(\boldsymbol{X})|$。

理想点法其实是目标规划法的一类，即事先规定一些指标值，然后另设目标，看其接近这些规定值的程度，新设的目标有时也称超目标。可证，理想点法求出的解一定是非劣解，它在目标值空间中自然也就是有效点。

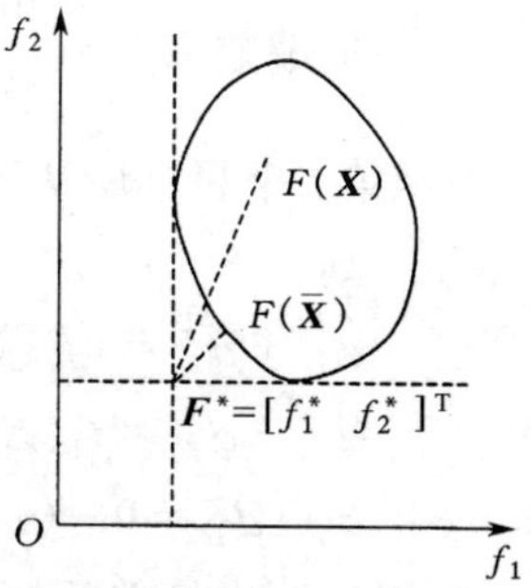

图 4.12

例 4.5 设 $f_1(\boldsymbol{X})=-3x_1+2x_2$，$f_2(\boldsymbol{X})=4x_1+3x_2$ 都要求实现最大，约束集为 $R=\{\boldsymbol{X}|2x_1+3x_2\leqslant 18,2x_1+x_2\leqslant 10,x_1,x_2\geqslant 0,\boldsymbol{X}\in R^2\}$，试用理想点法求解。

解 先分别求解两个单目标问题

$$\max_{\boldsymbol{X}\in\mathbf{R}^2} f_1(\boldsymbol{X})\text{及}\quad \max_{\boldsymbol{X}\in\mathbf{R}^2} f_2(\boldsymbol{X})$$

得最优解

$$\boldsymbol{X}^{(1)}=(0,6),\boldsymbol{X}^{(2)}=(3,4)$$

对应的目标值

$$f_1(\boldsymbol{X}^{(1)})=f_1(0,6)=f_1^*=12$$
$$f_2(\boldsymbol{X}^{(2)})=f_2(3,4)=f_2^*=24$$

故理想点

$$F^*=(f_1^*,f_2^*)=(12,24)$$

取欧氏距离为评价函数，有

$$[(f_1(\boldsymbol{X})-f_1^*)^2+(f_2(\boldsymbol{X})-f_2^*)^2]^{\frac{1}{2}}$$

可求得最优解 $\boldsymbol{X}^*=[0.53\quad 5.65]^{\mathrm{T}}$，对应的目标值 $f_1^*=9.72$，$f_2^*=19.06$。

5. 目标规划法

(1)目标规划的数学模型

目标规划法由 A. Charnes 和 W. Cooper 首先提出。它是一种有着广泛应用的特殊多目标最优化模型。这类模型并不是去考虑对各个目标进行极小化或极大化，而是希望在约束条件的限制下，每一目标尽可能地接近于事先给定的目的值。它是求解多目标规划的一种常用方法，是理想点法的推广。

这种方法首先在每个目标 $f_i(\boldsymbol{X})$上预先确定一个希望达到的目的值 f_i^0，得一目的值向量

$$\boldsymbol{F}=[f_1^0\quad f_2^0\quad \cdots\quad f_p^0]$$

由此构造一个评价函数

$$\sum_{i=1}^{p}|f_i(\boldsymbol{X})-f_i^0|$$

然后把多目标决策问题转化为如下的单目标函数极值问题：

$$\min_{\boldsymbol{X}\in R}\sum_{i=1}^{p}|f_i(\boldsymbol{X})-f_i^0|$$

它的含义是在确定的约束条件下，要求所有目标值尽可能接近希望达到的目的值，即要求偏差绝对值之和尽量小。为此，引入两类偏差变量 d_i^+、d_i^- $(i=1,2,\cdots,p)$，有

$$\text{正偏差 } d_i^+=\begin{cases}f_i(\boldsymbol{X})-f_i^0, & f_i(\boldsymbol{X})>f_i^0\\ 0 & f_i(\boldsymbol{X})\leqslant f_i^0\end{cases}\quad (i=1,2,\cdots,p)$$

$$负偏差\ d_i^- = \begin{cases} 0 & f_i(\boldsymbol{X}) \geqslant f_i^0 \\ f_i^0 - f_i(\boldsymbol{X}), & f_i(\boldsymbol{X}) < f_i^0 \quad (i=1,2,\cdots,p) \end{cases}$$

d_i^+ 表示第 i 个目标所达到值超过预期目的值的部分；d_i^- 表示第 i 个目标值不足预期目的值的部分。则

$$d_i^+ + d_i^- = |f_i(\boldsymbol{X}) - f_i^0|$$

$$d_i^+ - d_i^- = f_i(\boldsymbol{X}) - f_i^0$$

$$d_i^+ \cdot d_i^- = 0 \quad (i=1,2,\cdots,p)$$（目标达到值不可能既超过目的值又未到目的值）

于是可以证明求解单目标决策问题

$$\min_{\boldsymbol{X} \in R} \sum_{i=1}^{p} |f_i(\boldsymbol{X}) - f_i^0|$$

等价于求解

$$\min \sum_{i=1}^{p} (d_i^+ + d_i^-)$$

$$\begin{cases} f_i(\boldsymbol{X}) - d_i^+ + d_i^- = f_i^0 \\ d_i^+ \cdot d_i^- = 0 \\ \boldsymbol{X} \in R, d_i^+, d_i^- \geqslant 0 \quad (i=1,2,\cdots,p) \end{cases} \tag{4.1}$$

上述模型中含有偏差变量相乘的约束条件，这使得求解很不方便，考察去掉偏差变量相乘的约束条件，得到模型

$$\min \sum_{i=1}^{p} (d_i^+ + d_i^-)$$

$$\begin{cases} f_i(\boldsymbol{X}) - d_i^+ + d_i^- = f_i^0 \\ \boldsymbol{X} \in R \\ d_i^+ \geqslant 0, d_i^- \geqslant 0 \quad i=1,2,\cdots,p \end{cases} \tag{4.2}$$

可以证明，模型式(4.2)的最优解也是模型式(4.1)的最优解，因而可将模型式(4.2)作为目标规划模型的一般形式。在上述模型中，约束集 R 称为绝对约束或说硬约束。其他可加入偏差变量的约束条件为目标约束或软约束。它是目标规划所特有的约束。

实际问题中，一个规划问题常常有若干个目标，但决策者在要求达到这些目标时，是有主次或轻重缓急的不同。凡要求首先达到的目标赋予优先因子 P_1，其次的目标赋予优先因子 $P_2, \cdots$，规定 $P_i \gg P_{i+1}$ 表示 P_i 比 P_{i+1} 有更大的优先权。即首先保证 P_1 级目标的实现，这时可不考虑次级目标；而 P_2 级目标是在实现 P_1 级目标的基础上考虑的，以此类推。若要区别具有相同优先因子的两个目标的差别，可分别赋与它们不同的权系数 ω_i。这样，在上述目标规划模型一般形式的基础上，可建立如下的加权或分层目标规划模型：

$$\min \sum_{j=1}^{l} P_j \left(\sum_{i=1}^{p} \omega_{ji}^- d_i^- + \sum_{i=1}^{p} \omega_{ji}^+ d_i^+ \right)$$

$$\begin{cases} f_i(\boldsymbol{X}) - d_i^+ + d_i^- = f_i^0 \\ \boldsymbol{X} \in R \\ d_i^+ \geqslant 0, d_i^- \geqslant 0 \quad (i=1,2,\cdots,p) \end{cases} \tag{4.3}$$

最后考察目标规划的目标函数。由于在实际问题中，对各目标上预先设立的目标值的要

求不一样,这样目标函数(评价函数)的形式也不一样,归纳起来,基本形式有三种:

①希望各目标值与预期目的值之间超过或不足的偏差尽量小,即要求恰好达到目的值,这时的评价函数形式为 $\sum_{i=1}^{p}(d_i^+ + d_i^-)$;

②希望各目标值与预期目的值之间不足的偏差都尽量小,而超过的偏差不限,这时的评价函数形式为 $\sum_{i=1}^{p} d_i^-$;

③希望各目标值与预期目的值之间超过的偏差尽量小,即允许达不到目的值,这时的评价函数形式为 $\sum_{i=1}^{p} d_i^+$。

当然,也可以对某些目标要求极小化正偏差,而对另一些目标要求极小化负偏差。以下用例子说明目标规划问题具体的建模过程。

例 4.6 有一纺织厂生产尼龙布和棉布,平均生产能力都是 1 km/h,工厂生产能力为每周 80 h。根据市场预测,下周最大销售量为:尼龙布为 70 km,棉布 45 km。尼龙布利润为 2.5 元/m,棉布利润为 1.5 元/m。工厂领导的管理目标如下。P_1:保证职工正常上班,避免开工不足;P_2:尽量达到最大销售量;P_3:尽量减少加班时间,限制加班时间不得超过 10 h。

解 首先设决策变量 x_1、x_2 分别表示尼龙布和棉布的下周计划产量。

目标函数:

工时 $f_1(\boldsymbol{X}) = x_1 + x_2 \to f_1^0 = 80$

尼龙布产量 $f_2(\boldsymbol{X}) = x_1 \to f_2^0 = 70$

棉布产量 $f_3(\boldsymbol{X}) = x_2 \to f_3^0 = 45$

然后设相应于上述目标函数的正负偏差变量 d_i^+ 和 d_i^- $(i=1,2,3)$。由于决策者要求尼龙布和棉布的产量不同,即二者的重要性不一样,则可根据二者的单位利润比 2.5∶1.5 = 5∶3 确定权系数。

于是根据目标函数优先级别的不同,可建立目标规划模型如下:

$$\min[P_1(d_1^-) + P_2(5d_2^- + 3d_3^-) + P_3(d_1^+)]$$

$$\text{s.t.}\begin{cases} x_1 + x_2 + d_1^- - d_1^+ = 80 \\ x_1 + d_2^- - d_2^+ = 70 \\ x_2 + d_3^- - d_3^+ = 45 \\ d_1^+ \leqslant 10 \\ x_1, x_2, d_i^+, d_i^- \geqslant 0 \quad (i=1,2,3) \end{cases}$$

(2)线性目标规划问题的求解方法

前面提出的目标规划模型式(4.2)已经化为单目标问题,特别当目标函数 $f_i(\boldsymbol{X})(i=1,\cdots,p)$和约束 R 均为线性时,它就是一个线性规划问题。

以下通过举例说明在实际中常用的分层加权线性目标规划(约束及目标函数均为线性)问题的求解方法——单纯形法。

线性目标规划的数学模型结构与线性规划的数学模型结构没有本质区别,所以只要预先确定各目标重要程度的优先顺序,即可用单纯形法求解。但考虑到目标规划的数学模型的一些特点，作以下规定：

①因目标规划问题的目标函数都是追求极小化，所以以检验数 $c_j - \boldsymbol{C_B B^{-1} P_j} \geqslant 0 (j=1,2,\cdots,n)$ 为最优准则；

②从每个检验数的整体来看检验数的正负首先决定于第一优先因子 P_1 的系数 σ_{1j} 的正负，若 $\sigma_{1j}=0$，这时此检验数的正负决定于第二优先因子 P_2 的系数 σ_{2j} 的正负；下面可依此类推。

下面以实例说明解分层线性目标规划问题单纯形法的计算步骤。

例 4.7　某工厂欲生产 A 和 B 两种产品，因市场需要量大，销路不成问题。生产 A 和 B 产品所需设备工时、材料以及单位产品的利润如表 4.1 所示。

表 4.1

资源＼产品	A	B	限　量
设备工时（月/单位）	2	4	12
材料（百吨/单位）	3	3	12
利润（万元/单位）	4	3.2	

工厂在制定生产计划时，必须按重要程度考虑如下三个目标：

目标 P_1　要求生产这两种产品的利润最少要达到 12 万元

目标 P_2　要求 A 产品的产量尽可能是 B 产品产量的 1.5 倍

目标 P_3　为充分利用设备工时，必须使设备的空闲时间尽可能小

问工厂应如何决定产品 A 和 B 的产量？

解　首先根据题意建立目标规划模型。设 x_1 和 x_2 分别为 A、B 两产品的产量。根据预先提出的目标及资源限制，考虑问题的约束条件如下：

利润约束　$4x_1 + 3.2x_2 - d_1^+ + d_1^- = 12$

产品产量约束　$x_1 - 1.5x_2 - d_2^+ + d_2^- = 0$

设备工时约束　$2x_1 + 4x_2 + d_3^- = 12$

原材料约束　$3x_1 + 3x_2 \leqslant 12$

根据提出的目标要求，三个目标函数为 $P_1 d_1^-$、$P_2(d_2^+ + d_2^-)$、$P_3 d_3^-$，使其和为最小，则可建立一个有目标优先级的线性目标规划模型：

$$\min[P_1 d_1^- + P_2(d_2^- + d_2^+) + P_3 d_3^-]$$

$$\text{s.t.}\begin{cases} 4x_1 + 3.2x_2 - d_1^+ + d_1^- = 12 \\ x_1 - 1.5x_2 - d_2^+ + d_2^- = 0 \\ 2x_1 + 4x_2 - d_3^+ + d_3^- = 12 \\ 3x_1 + 3x_2 + x_3 = 12 \\ x_i \geqslant 0, d_i^- \geqslant 0, d_i^+ \geqslant 0 \quad (i=1,2,3) \end{cases}$$

式中，d_1^+、d_1^- 分别为对预定利润目标的超过量和不足量；d_2^+、d_2^- 分别为 A 产品产量比 1.5 倍 B 产品产量的超过量和不足量；d_3^- 剩余的设备工时；x_3 松弛变量。

对该目标规模问题可使用线性规划中的单纯形法求解。由于预先确定了三个目标的优先次序

P_1、P_2、P_3，因此首先求解最高级 P_1 目标函数下的线性规划，使 P_1 目标函数达到最优，然后转向下一级目标，继续求解 P_2 目标函数下的线性规划，使 P_2 目标达到最大可能的满足，再继续向下一级更低的目标 P_3，使其尽可能的满足。但在这个过程中，低级目标上的满足不能影响所有高级目标上已获目标值数。因此，在用单纯形法迭代的过程中，确定进基变量的必要条件是这个变量在所有更高级目标函数下的检验数均为零。具体解法见表 4.2 的单纯形表。

表 4.2

	C_B	X_B	$B^{-1}b$	0	0	0	P_1	P_2	P_2	P_3	0
				x_1	x_2	d_1^+	d_1^-	d_2^+	d_2^-	d_3^-	x_3
（一）	P_1	d_1^-	12	4	3.2	−1	1	0	0	0	0
	P_2	d_2^-	0	[1]	−1.5	0	0	−1	1	0	0
	P_3	d_3^-	12	2	4	0	0	0	0	1	0
	0	x_3	0	3	3	0	0	0	0	0	1
	检验数		P_1	−4↑	−3.2	1	0	0	0	0	0
			P_2	−1	1.5	0	0	2	0	0	0
			P_3	−2	−4	0	0	0	0	0	0
（二）	P_1	d_1^-	12	0	[9.2]	−1	1	4	−4	0	0
	0	x_1	0	1	−1.5	0	0	−1	1	0	0
	P_3	d_3^-	12	0	7	0	0	2	−2	1	0
	0	x_3	12	0	7.5	0	0	3	−3	0	1
	检验数		P_1	0	−9.2↑	1	0	−4	4	0	0
			P_2	0	0	0	0	1	1	0	0
			P_3	0	7	0	0	−2	2	0	0
（三）	0	x_2	1.3	0	1	−0.11	0.11	0.43	−0.43	0	0
	0	x_1	1.95	1	0	−0.165	0.165	−0.355	0.355	0	0
	P_3	d_3^-	2.9	0	0	0.77	−0.77	−1	1	1	0
	0	x_3	2.25	0	0	[0.825]	−0.825	−0.225	0.225	0	1
	检验数		P_1	0	0	0	1	0	0	0	0
			P_2	0	0	0	0	1	1	0	0
			P_3	0	0	−0.77↑	0.77	1	−1	0	0

本题的求解步骤可概括如下：

①根据模型建立初始单纯形表（表 4.2（一）），由于上述问题中有三个目标函数 $P_1d_1^-$、$P_2(d_2^- + d_2^+)$、$P_3d_3^-$，所以表中也有三行检验数行，分别为基本可行解在三个目标函数下的检验数；

②以最高级目标 P_1 为目标函数，在单纯形表上进行迭代计算，直至 P_1 下检验数均为非负，即表示最高级目标函数 P_1 已达最优值，见表 4.2（一）、（二）、（三）；

③转入第二级目标 P_2，由表 4.2（三）中知，P_2 下的检验数也均为非负，表示当前之基本可行解对于 P_2 目标函数也是最优，顺次转入对第三级目标函数的迭代；

④在表 4.2（三）中，P_3 下检验数行绝对值最大的负检验数为 −1，但其相应于 P_2 检验数行中的检验数为 1，因此变量 d_2^- 不能选为进基变量，而变量 d_1^+ 在 P_3 下检验数为 −0.77，而在 P_1、P_2 下检验数均为零，因此选择 d_1^+ 进基能改善 P_3 目标值，而不影响第一级和第二级目标函数值；

⑤按此规则继续进行迭代直至不能进行为止（表 4.3），最优解为 $x_1 = 2.4, x_2 = 1.6, d_1^+ = 2.72, d_3^- = 0.8, d_2^+ = d_2^- = 0, x_3 = 0$。

表 4.3

C_B	X_B	$B^{-1}b$	0 x_1	0 x_2	0 d_1^+	P_1 d_1^-	P_2 d_2^+	P_2 d_2^-	P_3 d_3^-	0 x_3
0	x_2	1.6	0	1	0	0	0.4	−0.4	0	0.13
0	x_1	2.4	1	0	0	0	−0.4	0.4	0	0.2
P_3	d_3^-	0.8	0	0	0	0	−0.79	0.79	1	−0.93
0	d_1^+	2.72	0	0	1	−1	−0.273	0.273	0	1.21
检验数		P_1	0	0	0	1	0	0	0	0
		P_2	0	0	0	0	1	1	0	0
		P_3	0	0	0	0	0.79	−0.79	0	0.93

事实上,线性规划问题可视为线性目标规划问题的一种特殊情况,因为对于下述线性规划问题:

$$\min \sum_{j=1}^{n} c_j x_j$$

$$(\text{LP})\begin{cases} \sum_{j=1}^{n} a_{ij}x_j = b_i \quad (i=1,\cdots,m) \\ x_j \geqslant 0 \quad (j=1,\cdots,n) \end{cases}$$

若将目标函数的下界取为 b_{m+1},则上述(LP)问题可转化为下述线性目标规划问题(GLP):

$$\min\left[P_1(\boldsymbol{D}^-,\boldsymbol{D}^+),P_2(\boldsymbol{D}^-,\boldsymbol{D}^+)\right]$$

$$(\text{GLP})\begin{cases} \sum_{j=1}^{n} a_{ij}x_j + d_i^- - d_i^+ = b_i \quad (i=1,\cdots,m) \\ \sum_{j=1}^{n} c_j x_j + d_{m+1}^- - d_{m+1}^+ = b_{m+1} \quad x_j \geqslant 0 (j=1,\cdots,n) \end{cases}$$

式中 $\boldsymbol{D}^+ = [d_1^+ \quad d_2^+ \quad \cdots \quad d_{m+1}^+]$,$\boldsymbol{D}^- = [d_1^- \quad d_2^- \quad \cdots \quad d_{m+1}^-]$。

线性规划只解决单目标问题,而目标规划部分地消除了这种局限。目标规划能处理带有多个目标的多目标决策问题,而且目标函数可以由具有不同度量单位的偏差变量构成。与线性规划相比,目标规划的真正价值在于按照决策者的目标优先结构,去求解有矛盾目标的多目标决策问题。

6. 分目标乘除法

在 p 个目标 $f_1(\boldsymbol{X})$、……、$f_p(\boldsymbol{X})$中,其中 k 个目标 $f_1(\boldsymbol{X})$、……、$f_k(\boldsymbol{X})$要求实现最小,其余的目标 $f_{k+1}(\boldsymbol{X})$、……、$f_p(\boldsymbol{X})$要求实现最大,这时的多目标最优化模型成为混合最优化模型,记为(VHP)。分目标乘除法以及后面即将介绍的功效系数法都是求解多目标混合最优化模型的方法。下面首先介绍分目标乘除法的原理与步骤。

分目标乘除法的主要特点是将模型中的各分目标函数进行相乘和相除处理后,在可行域上求解。已经知道,为使 $f_1(\boldsymbol{X})$、……、$f_k(\boldsymbol{X})$极小化,可以考虑它们的乘积极小化,而要使 $f_{k+1}(\boldsymbol{X})$、……、$f_p(\boldsymbol{X})$极大化,又可以考虑让这些目标函数乘积的倒数极小化。因此,求解(VHP)问题便可以归为求解

$$\min_{\boldsymbol{X}\in R} \frac{f_1(\boldsymbol{X})\cdots f_k(\boldsymbol{X})}{f_{k+1}(\boldsymbol{X})\cdots f_p(\boldsymbol{X})}$$

由上述数值极小化问题所得的最优解,显然是使位于分子的各目标取尽可能小的值,且使

位于分母的各目标取尽可能大的值的解。

以上所述方法实际上是对模型构造了下述评价函数:

$$U[F(\boldsymbol{X})]=\frac{f_1(\boldsymbol{X})f_2(\boldsymbol{X})\cdots f_k(\boldsymbol{X})}{f_{k+1}(\boldsymbol{X})\cdots f_p(\boldsymbol{X})}$$

应指明的是,为使 $U[F(\boldsymbol{X})]$有意义,在使用分目标乘除法求解时,一般要求各目标函数在可行域 R 上均取正值。

分目标乘除法的具体步骤如下:

第 1 步:分目标正值化。检查 $f_1(\boldsymbol{X})$、……、$f_p(\boldsymbol{X})$在 R 上是否均取大于零的值。若是,则进行下一步,否则,选取某实数 $M>0$,使

$$f_i(\boldsymbol{X})+M>0 \quad \boldsymbol{X}\in R \quad (i=1,\cdots,p)$$

并令 $f_i(\boldsymbol{X}):=f_i(\boldsymbol{X})+M(i=1,2,\cdots,p)$,进行第二步。

第 2 步:极小化分目标乘除问题。求解

$$\min_{\boldsymbol{X}\in R}\frac{f_1(\boldsymbol{X})\cdots f_k(\boldsymbol{X})}{f_{k+1}(\boldsymbol{X})\cdots f_p(\boldsymbol{X})}$$

设得最优解为 $\bar{\boldsymbol{X}}$,则可以证明 $\bar{\boldsymbol{X}}$ 为(VHP)的有效解。

分目标乘除法有简单的经济学含义。以两目标的最优化模型(VHP)为例,设 $f_1(\boldsymbol{X})$表示投资,$f_2(\boldsymbol{X})$表示收益,则乘除分目标函数 $f_1(\boldsymbol{X})/f_2(\boldsymbol{X})$表示单位收益的投资,其倒数表示单位投资的收益即投资利润率。就此,分目标乘除法的意义是:极小化单位收益的投资。

例 4.8 某投资开发公司拥有总资金 100 万元,今有 4 个项目可供选择投资。投资第 i 个项目所用资金 a_i 及预计可得收益 b_i 为:$a_1=40$(万元),$a_2=50$(万元),$a_3=35$(万元),$a_4=40$(万元);$b_1=30$(万元),$b_2=40$(万元),$b_3=25$(万元),$b_4=35$(万元)。试用分目标乘除法决策投资方案。

解 设 $x_i=\begin{cases}1,\text{决定投资第 } i \text{ 个项目}\\0,\text{决定不投资第 } i \text{ 个项目}\end{cases} \quad (i=1,2,3,4)$

首先,由于 x_i 不全为零,故分目标函数 $f_1(\boldsymbol{X})=40x_1+50x_2+35x_3+40x_4$ 和 $f_2(\boldsymbol{X})=30x_1+40x_2+25x_3+35x_4$ 在优化过程中在 R 上取值大于零。

由此,可构造下述极小化分目标乘除问题:

$$\min_{\boldsymbol{X}\in R}\ \frac{40x_1+50x_2+35x_3+40x_4}{30x_1+40x_2+25x_3+35x_4}$$

求解上述分式规划问题,得最优解 $\bar{\boldsymbol{X}}=[0\quad 1\quad 0\quad 1]^{\mathrm{T}}$。即该公司应该投资第 2 和第 4 个项目。且总投资额 $f_1(\bar{\boldsymbol{X}})=50+40=90$ 万元,总收益 $f_2(\bar{\boldsymbol{X}})=40+35=75$ 万元。

7. 功效系数法——几何平均法

设 p 个目标 $f_1(\boldsymbol{X})$、……、$f_p(\boldsymbol{X})$,其中 k_1 个目标要求实现最大,k_2 个目标要求实现最小,其余的目标是过大不行,过小也不行。功效系数法是一种无量纲化方法,基本做法就是分别给这些目标 $f_i(\boldsymbol{X})$以一定的功效系数(评分)d_i。d_i 是在[0,1]之间的某一数。当目标最满意达到时,取 $d_i=1$;当最差时,取 $d_i=0$。通常把描述 d_i 与 $f_i(\boldsymbol{X})$的关系式称为功效函数,表示为 $d_i=d_i[f_i(\boldsymbol{X})]$。显然,对于不同类型目标应选用不同类型的功效函数。

功效函数的构造方法很多,有线性插值法、指数法、折线法等。本书只简要介绍前两种方

法。

(1)线性插值法

图 4.13 给出不同类型目标线性插值法的功效函数图示。

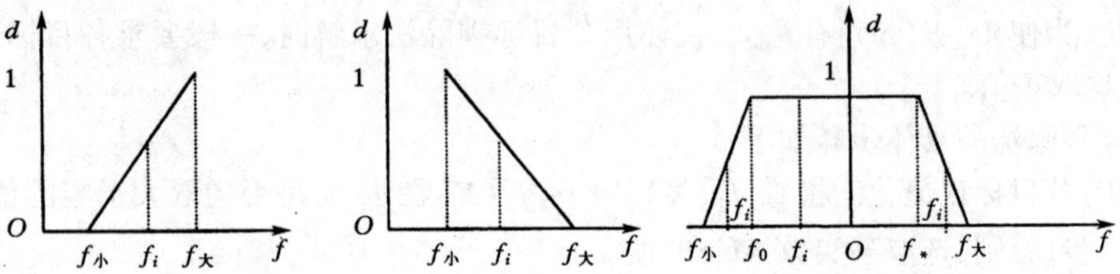

Ⅰ型：f_i 与 d_i 成正比　Ⅱ型：f_i 与 d_i 成反比　Ⅲ：当 f_i 取适当值时，d_i 最大；而 f_i 取偏值时（即过大或过小）d_i 变小

图 4.13

利用线性插值法得：

$$\text{Ⅰ型功效函数}\quad d_i=\frac{f_i-f_{小}}{f_{大}-f_{小}}（\text{目标最优值为 } f_{大}）$$

$$\text{Ⅱ型功效函数}\quad d_i=\frac{f_{大}-f_i}{f_{大}-f_{小}}（\text{目标最优值为 } f_{小}）$$

$$\text{Ⅲ型功效函数}\quad d_i=\begin{cases}1-(f_0-f_i)/\Delta f^1, & \text{若 } f_i<f_0\\ 1, & \text{若 } f_0\leqslant f_i\leqslant f_*\\ 1-(f_i-f_*)/\Delta f^2, & \text{若 } f_i>f_*\end{cases}$$

其中 $\Delta f^1=\Delta f^2=\max\{(f_{大}-f_*),(f_0-f_{小})\}$，目标最优值为区间 $[f_0,f_*]$。

在Ⅲ型功效函数中，当 $f_0=f_*$ 时，功效函数为

$$d_i=1-\frac{|f_i-f_0|}{\max\limits_i|f_i-f_0|}（\text{目标最优值为固定值 } f_0）$$

(2)指数法

图 4.14 给出不同类型目标指数法的功效函数图示。图中Ⅰ型、Ⅱ型、Ⅲ型功效函数的含义同线性插值法。

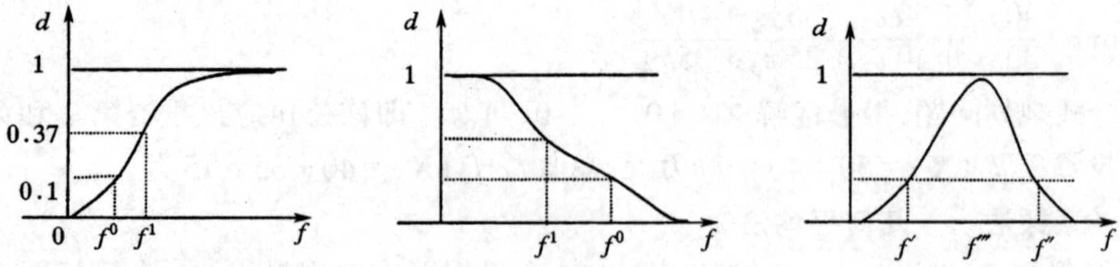

Ⅰ型　Ⅱ型　Ⅲ型

图 4.14

首先用指数法构造Ⅰ型功效函数，可设其表达式为

$$d=e^{-(e^{-(b_0+b_1f)})}$$

其中 b_0、b_1 可这样确定：

当 f 达到某一刚合格值 f^1 时，取 $d^1 = e^{-1} \approx 0.367\,9$；

当 f 达到某一不合格值 f^0 时，取 $d^0 = e^{-e} \approx 0.065\,98$。

将上述要求代入上式即有

$$d^1 = e^{-1} = e^{-\left(e^{-(b_0 + b_1 f^1)}\right)}$$

$$d^0 = e^{-e} = e^{-\left(e^{-(b_0 + b_1 f^0)}\right)}$$

由此可得

$$\begin{cases} b_0 + b_1 f^1 = 0 \\ b_0 + b_1 f^0 = -1 \end{cases}$$

解之得

$$b_0 = \frac{f^1}{f^0 - f^1} \quad b_1 = \frac{-1}{f^0 - f^1}$$

即得Ⅰ型功效函数

$$d = e^{-e\left(\frac{f - f^1}{f^0 - f^1}\right)}$$

同样对Ⅱ型功效函数，可取为

$$d = 1 - e^{-e\left(\frac{f - f^1}{f^0 - f^1}\right)}$$

对于Ⅲ型功效函数，取

$$d = e^{-(|Y|)^n}$$

式中 $Y = \dfrac{2f - (f' + f'')}{f' - f''}$

这样，当 $f = f'$ 或 $f = f''$ 时，$Y = \pm 1$，$d = e^{-1}$，为刚好可接受的值；当 $f = \dfrac{f' + f''}{2}$ 时，$Y = 0$，$d = 1$，即 f 达到比较适当的值。为了确定 n，可另取一个 f'''，使其与某一个适当的 d 值相对应，这时可给出

$$n = \frac{\ln\ln \dfrac{1}{d}}{\ln|Y|}$$

如取 $f = f''' = \dfrac{2f' + f''}{3}$，此时 $Y = \dfrac{1}{3}$，使其与 $d = e^{-\frac{1}{2}}$ 相对应，则

$$n = \frac{\ln \dfrac{1}{2}}{\ln \dfrac{1}{3}} \approx 0.630\,9$$

即

$$d = e^{-|Y|^{0.630\,9}}, \quad Y = \frac{2f - (f' + f'')}{f' - f''}$$

有了功效函数后，对每个目标都可对应为相应的功效函数，目标值可转换为功效系数。这样，可用各目标功效系数的几何平均值作为评价函数，即有

$$U[F(\boldsymbol{X})] = \left[\prod_{i=1}^{p} d_i(f_i(\boldsymbol{X}))\right]^{\frac{1}{p}}$$

然后,极大化几何平均功效问题,即求解

$$\max_{\boldsymbol{X}\in R} U[F(\boldsymbol{X})]$$

得最优解 $\bar{\boldsymbol{X}}$。

显然,$U[F(\boldsymbol{X})]$的值等于1是最满意的,等于零是最差的。这样定义评价函数有一个好处,一个方案中只要有一个目标值太差,整个评价值便会下降,该方案很难被选中。但这样有时也会造成决策判断上的偏差。如被评方案中有一个相对不太重要的目标的功效系数为零,而其他目标对应的功效系数很高,则这时该方案的评价值为零,该方案不会被选中。鉴于这种情况,应构造新的评价函数,或寻求新的无量纲化方法(如使功效系数的最小值不为零)。对此,已有若干研究成果,限于篇幅,本书不做详细介绍。

4.2.2 目标排序法

目标排序法的思想是把目标按重要性排序。设给出的重要性序列为 $f_1(\boldsymbol{X})$、$f_2(\boldsymbol{X})$、……、$f_p(\boldsymbol{X})$,然后按这种排序逐步进行一系列单目标优化,最后求出满意解。

1.序列最优化法

首先对第一个目标求最优,并找出所有最优解的集合,记为 R_1,然后在 R_1 内求第二个目标的最优解,记这时的最优解集合为 R_2,如此等等,一直到求出第 p 个目标的"最优解"$\boldsymbol{X}_p$。基本步骤如下:

$$\min_{\boldsymbol{X}\in R} f_1(\boldsymbol{X})=\boldsymbol{f}_1^*(\boldsymbol{X}_1) \qquad \text{得最优解集 } R_1$$

$$\min_{\boldsymbol{X}\in R_1\subset R} f_2(\boldsymbol{X})=\boldsymbol{f}_2^*(\boldsymbol{X}_2) \qquad \text{得最优解集 } R_2$$

$$\vdots \qquad\qquad\qquad \vdots$$

$$\min_{\boldsymbol{X}\in R_{p-2}\subseteq R_{p-3}} f_{p-1}(\boldsymbol{X})=\boldsymbol{f}_{p-1}^*(\boldsymbol{X}_{p-1}) \qquad \text{得最优解集 } R_{p-1}$$

$$\min_{\boldsymbol{X}\in R_{p-1}\subseteq R_{p-2}} f_p(\boldsymbol{X})=f_p^*(\boldsymbol{X}_p) \qquad \text{得 } \boldsymbol{X}_p \text{ 为“最优解”}$$

使用序列最优化方法求得的解 $\boldsymbol{X}_p$ 一定是原多目标规划的非劣解,是分层序列意义下的最优解,然而这种方法可能由于某一步上最优解是唯一时,以后的目标优化就不能进行下去了。

2.宽容意义下的序列优化方法

为了避免 R_i 为空集或某一步上最优解是唯一时不可继续进行的困难,可采用放宽条件下进行分层序列优化,即预先给定 $\varepsilon_1>0$、$\varepsilon_2>0$、……、$\varepsilon_{p-1}>0$ 作为宽容值。这些 ε_i 是根据各目标不同要求预先给出,它是相对于该目标最优值之允许偏差。每一分层单目标优化是在相对最优解有宽容量 ε_i 的约束集合中进行的。基本步骤如下:

$$\min_{\boldsymbol{X}\in R} f_1(\boldsymbol{X})=f_1^*$$

$$\min_{\boldsymbol{X}\in R_1} f_2(\boldsymbol{X})=f_2^*,R_1=\{\boldsymbol{X}\,|\,f_1(\boldsymbol{X})<f_1^*+\varepsilon_1,\boldsymbol{X}\in R\}$$

$$\min_{\boldsymbol{X}\in R_2} f_3(\boldsymbol{X})=f_3^*,R_2=\{\boldsymbol{X}\,|\,f_2(\boldsymbol{X})<f_2^*+\varepsilon_2,\boldsymbol{X}\in R_1\}$$

$$\vdots$$

$$\min_{\boldsymbol{X}\in R_{p-1}} f_p(\boldsymbol{X})=f_p^*(\boldsymbol{X}_p),R_{p-1}=\{\boldsymbol{X}\,|\,f_{p-1}(\boldsymbol{X})<f_{p-1}^*+\varepsilon_{p-1},\boldsymbol{X}\in R_{p-2}\}$$

则 $\boldsymbol{X}_p$ 为多目标问题最优解。

4.2.3 交互规划法

评价函数法是有局限性的。其一,这种方法给出的评价函数一般较粗糙,难以精确地描述它要预先给出的表达式;其二,在一些复杂问题中,客观存在的评价函数并不能简单写出;其三,评价函数法需要一开始就给出全部评价信息,而实际上这是十分困难的。很多情况下,评价信息只能在实际计算过程中逐步给出。鉴于此,就有必要改进这种求解方法,改进方向一是预先不给出评价函数的表达式;二是用迭代算法求解;三是求解过程中加入决策者的意见。

基于以上考虑,国际上从20世纪70年代开始提出了求解多目标问题的交互规划法。交互规划法是一种采用分析阶段和决策阶段反复交替进行的求解多目标最优化问题的方法,即是一种以分析者的求解和决策者的抉择相结合的人机对话式求解过程。其求解过程如图4.15所示。

图4.15

交互式方法的优点是,不需事先知道全部建模信息,而是可以在求解过程中逐步完善,决策者参与求解过程,根据自己的偏好向分析者提供信息,分析者根据信息不断向决策者提供方案,所得的解是使决策者满意的解。

1.线性加权和型交互法

以两目标为例给出该方法的步骤:

①取权系数 $\lambda'_1>0,\lambda'_2>0,\lambda'_1+\lambda'_2=1$,求解

$$(\mathrm{P}_1)\quad \min_{X\in R}[\lambda'_1 f_1(\boldsymbol{X})+\lambda'_2 f_2(\boldsymbol{X})]$$

设其最优解为 $\boldsymbol{X}^1$,相应目标值 $f_1^1=f_1(\boldsymbol{X}^1),f_2^1=f_2(\boldsymbol{X}^1)$;

②若决策者认为 f_2^1 太大(对第二目标值不满意),则增大 f_2 的权系数,不妨令 $\lambda_1=\lambda'_1-\Delta,\lambda_2=\lambda'_2+\Delta$,其中 $0<\Delta<\lambda'_1$,同理,若决策者认为 f_1^1 不满意,则可类似地增大 f_1 的权系数;

③求解(计算机)

$$(\mathrm{P}_2)\quad \min_{X\in R}[(\lambda'_1-\Delta)f_1(\boldsymbol{X})+(\lambda'_2+\Delta)f_2(\boldsymbol{X})]$$

得最优解 $\boldsymbol{X}^2$,相应目标值 $f_1^2=f_1(\boldsymbol{X}^2),\boldsymbol{f}_2^2=\boldsymbol{f}_2(\boldsymbol{X}^2)$,可以证明,此时必有 $f_1^2\geqslant f_1^1,f_2^2\leqslant f_2^1$,若决策者满意,则停止,否则转②。

2.理想点型交互法(STEM逐步法)

STEM逐步法是一种迭代法。在求解过程中,每进行一步,分析者把计算结果告诉决策者,决策者对计算结果做出评价。若认为已满意了,则迭代停止,否则分析者再根据决策者的意见进行修改和再计算,如此,直到求得决策者认为满意的解为止,故称此法为逐步进行法或对话式方法。

逐步法要求多目标规划问题的目标函数 $f_i(\boldsymbol{X})(i=1,2,\cdots,p)$ 为线性函数,不妨设 $f_i(\boldsymbol{X})=\sum_{j=1}^{n}c_{ij}x_j$,则逐步法的求解步骤如下:

①(初始步)取初始约束集 $R^0=R,k=0$。

②(分析步)首先通过求单目标规划问题,确定 R^k 上之理想点

$$\boldsymbol{F}^* = [f_1^* \quad f_2^* \quad \cdots \quad f_p^*]$$

式中 $$f_i^* = \min_{\boldsymbol{X} \in R} f_i(\boldsymbol{X}) \quad (i=1,2,\cdots,p)$$

然后使用加权理想点法确定权系数 λ_i。并求解

$$(\mathrm{P}) \quad \min_{\boldsymbol{X} \in R} \max_{1 \leqslant i \leqslant p} \lambda_i |f_i(\boldsymbol{X}) - f_i^*|$$

或与之等价的辅助问题 $$(\mathrm{P})\begin{cases} \min w \\ X \in R^k \\ \lambda_i[f_i(\boldsymbol{X}) - f_i^*] \leqslant w \\ w \geqslant 0 \end{cases}$$

如令 $f_i^0 = \max\limits_{1 \leqslant j \leqslant p} f_i(\boldsymbol{X}^j)$，$X^j(j=1,2,\cdots,p)$为单目标最优点(即把各单目标最优点一一代入 $f_i(\boldsymbol{X})$得一最差值 f_i^0)，则利用线性目标函数的信息，权系数 λ_i 由下式给出：

$$\alpha_i = \begin{cases} \dfrac{f_i^0 - f_i^*}{f_i^0} \dfrac{1}{\sqrt{\sum\limits_{j=1}^{n} c_{ij}^2}}, 当\ f_i^0 > 0 \\ \dfrac{f_i^* - f_i^0}{f_i^*} \dfrac{1}{\sqrt{\sum\limits_{j=1}^{n} c_{ij}^2}}, 当\ f_i^0 \leqslant 0 \end{cases} \quad (i=1,2,\cdots,p)$$

经归一化后，得权系数 $\lambda_i = \alpha_i / \sum\limits_{i=1}^{p} \alpha_i$。其中，上式的前一部分是目标 f_i 的最差(大)值和最优值的相对差，它反映了对在约束集中变化敏感的目标赋以较大的权，变化不敏感的目标赋以较小的权；该式的后一部分是利用目标的“平均”系数使之标准化。

求解(P)得 k 步最优解$[\boldsymbol{X}^* \quad \boldsymbol{w}^k]$，则由理想点法知，当 $\lambda_i > 0$ 时，$\boldsymbol{X}^k$ 为多目标极小化问题的弱有效解。

③(决策步)若记 $\boldsymbol{F}^k = [f_1(\boldsymbol{X}^k) \quad \cdots \quad f_p(\boldsymbol{X}^k)]$，问决策者对 $\boldsymbol{F}^k$ 满意否？若全部满意，则 $\boldsymbol{X}^* = \boldsymbol{X}^k$，迭代停止。否则，若有不满意的目标，则对满意目标放宽(对极小型，增大目标值)，放宽容量由决策者给出。不妨设决策者对 $f_{s_k}(\boldsymbol{X}^k)$已满意，其余不满意，决策者给出的宽容度为 Δ_{s_k}，即认为 $f_{s_k}(\boldsymbol{X}^*) + \Delta_{s_k}$ 仍属满意，则构成新的约束集合

$$\boldsymbol{R}^{k+1} = \left\{ \boldsymbol{X} \in R^k \left| \begin{array}{ll} f_{s_k}(\boldsymbol{X}) \leqslant f_{s_k}(\boldsymbol{X}^k) + \Delta_{s_k} & s_k\ 为满意目标下标 \\ f_j(\boldsymbol{X}) \leqslant f_j(\boldsymbol{X}^k) & j\ 为不满意目标下标 \end{array} \right. \right\}$$

置 $k+1=k$ 转②。

逐步法每次迭代调整的是约束集合 R^k，决策者只要回答满意或不满意，最终的迭代次数不超过 p 次，因为方法中要求每一轮迭代至少使一个不满意的目标改善成满意。对于极大化问题的求解步骤，读者完全可以仿照给出。

例 4.9 用 STEM 逐步法求解下述多目标极小化问题：

$$\min f_1(\boldsymbol{X}) = -x_1$$
$$\min f_2(\boldsymbol{X}) = -0.4x_1 - 0.3x_2$$

$$\text{s.t.}\begin{cases}x_1+x_2\leqslant 400\\2x_1+x_2\leqslant 500\\x_1\geqslant 0,x_2\geqslant 0\end{cases}$$

解 记 $\boldsymbol{X}=[x_1\quad x_2]^{\mathrm{T}}$，按 STEM 逐步法的求解步骤先进行分析阶段。

第 1 步，分别对两个单目标进行极小化，有

$$\begin{cases}\min f_1(\boldsymbol{X})=-x_1\\\boldsymbol{X}\in R\end{cases}\text{得极小解}\quad \boldsymbol{X}^{(1)}=[250\quad 0]^{\mathrm{T}}$$

$$\begin{cases}\min f_2(\boldsymbol{X})=-0.4x_1-0.3x_2\\\boldsymbol{X}\in R\end{cases}\quad\text{得极小解}\quad \boldsymbol{X}^{(2)}=[100\quad 300]^{\mathrm{T}}$$

因为 $\boldsymbol{X}^{(1)}\neq\boldsymbol{X}^{(2)}$，进行第 2 步，计算各目标值得

$$f_1^*=f_1(\boldsymbol{X}^{(1)})=250\quad f_{12}=f_1(\boldsymbol{X}^{(2)})=-100\quad f_{21}=f_2(\boldsymbol{X}^{(1)})=-100$$

$$f_2^*=f_2(\boldsymbol{X}^{(2)})=-130\quad \text{则}\ f_1^0=\max\{f_1^*,f_{12}\}=-100\quad f_2^0=\max\{f_{21},f_2^*\}=-100$$

由权系数求解公式，有

$$\alpha_1=\frac{-250-(-100)}{-250}\left(\frac{1}{\sqrt{1^2+0^2}}\right)=0.6$$

$$\alpha_2=\frac{-130-(-100)}{-130}\left(\frac{1}{\sqrt{0.4^2+0.3^2}}\right)=0.461\ 5$$

因而得权系数

$$\lambda_1=\frac{\alpha_1}{\alpha_1+\alpha_2}=0.565\ 2,\lambda_2=\frac{\alpha_2}{\alpha_1+\alpha_2}=0.434\ 8$$

求解辅助问题

$$\begin{cases}\min w\\\boldsymbol{X}\in R\\0.565\ 2(-x_1+250)\leqslant w\\0.434\ 8(-0.4x_1-0.3x_2+130)\leqslant w\\w\geqslant 0\end{cases}$$

可得最优解

$$\overline{\boldsymbol{X}}^{(1)}=[230\quad 40]^{\mathrm{T}}$$

相应的目标函数值

$$f_1(\overline{\boldsymbol{X}}^{(1)})=-230\quad f_2(\overline{\boldsymbol{X}}^{(1)})=-104$$

现在进行第 3 步，转入决策阶段。请决策者比较上述参考目标值和理想目标值 $f_1^*=-250$，$f_2^*=-130$。今设决策者认为对目标 f_1 已满意，对目标 f_2 不满意。决策者为改善目标 f_2，考虑给出满意目标 f_1 的最大宽容量 $\Delta_1=30$。由此，构造新约束集

$$R^1=\left\{\boldsymbol{X}\in R\left|\begin{array}{l}-x_1\leqslant -230+30\\-0.4x_1-0.3x_2\leqslant -104\end{array}\right.\right\}$$

令 $\alpha_1=0$，则 $\alpha_2=0.461\ 5$，故得新的权系数

$$\lambda_1=0\quad \lambda_2=1$$

再求解下述辅助问题：

$$\begin{cases}\min\ w\\ \boldsymbol{X}\in R^1\\ -0.4x_1-0.3x_2+130\leqslant w\\ w\geqslant 0\end{cases}$$

得最优解

$$\overline{\boldsymbol{X}}^{(2)}=[200\quad 100]^{\mathrm{T}}$$

相应的目标值

$$f_1(\overline{\boldsymbol{X}}^{(2)})=-200\quad f_2(\overline{\boldsymbol{X}}^{(2)})=-110$$

否则,问题无满意解。

转入决策阶段,再请决策者比较上述参考目标值和理想目标值,设决策者认为对两个目标均已满意,则求解结束,得满意解

$$\overline{\boldsymbol{X}}=[200\quad 100]^{\mathrm{T}}$$

和相应的目标值

$$\overline{\boldsymbol{F}}=[-200\quad -110]^{\mathrm{T}}$$

利用交互规划法求解多目标规划问题只需决策者提供有关问题的局部偏爱信息,而不需预先知道偏爱的全部信息。同其他方法相比,交互规划有更少的限制性假设,决策者参与问题的解决过程,因而所得解是决策者满意的。不足之处在于,所得解过分依赖于决策者提供的局部偏爱信息的准确性,而且在不多的交互次数中,一般难以得到令人满意的解。

习题 4

4.1 某厂生产 A、B、C 三种产品,有关数据如表 4.4。

表 4.4

产品	工厂生产能力(t/h)	单位利润(万元/t)	下月市场需求(t)
A	3	5	240
B	1	7	250
C	4	3	420

又知工厂每月正常开工能力为 208 h。市场需要尽可能多的 A 产品,问应如何安排下月的生产计划,可在避免开工不足的条件下,使工人加班时间尽量地少;工厂获得最大利润;满足市场对 A 产品的尽可能多的需求?试列出本问题的数学模型。

4.2 某社会群众团体筹建技术学院为企事业单位培训干部,招收专修班和研究班两类学员,学院现有专业课教师 36 人,基础课教师 42 人,专修班每 100 名学员需专业课教师 2 人,基础课教师 3 人;研究班每 100 名学员需专业课教师 6 人,基础课教师 4 人,学员由原单位缴纳培训费,专修班每人 4 千元,研究班每人 5 千元。根据设备条件,研究班人数不能超过专修班人数的一半。

现在学院需制定规划,即两类学员各录取若干人,设定的目标依次是:①培训费收入设定 5 000 千元,但超过更好;②专修班人数设定 1 000 人,越接近越好;③研究班人数设定 400 人,越接近越好。试列出该问题的目标规划模型。

4.3 在图 4.16 中标出有效解集合 R_{pa}^*,弱有效解集合 R_{wp}^* 以及单目标的最优解集合 R_1^*, R_2^*, R_3^*。

4.4 用线性加权和法求解

$$(\mathrm{VMP})\ \mathrm{V}-\min_{\boldsymbol{X}\in R}(f_1(\boldsymbol{X}), f_2(\boldsymbol{X}))$$

$$\boldsymbol{X}=[x_1 \quad x_2]^{\mathrm{T}}$$

式中

$$f_1(\boldsymbol{X})=-x_1-8x_2$$

$$f_2(\boldsymbol{X})=-6x_1-x_2$$

$$\text{s.t.}\begin{cases}3x_1+8x_2\leqslant 12\\ x_1+x_2\leqslant 2\\ 2x_1\qquad\leqslant 3\\ x_1\geqslant 0,x_2\geqslant 0\end{cases}$$

取 $\lambda_1=\lambda_2=\dfrac{1}{2}$

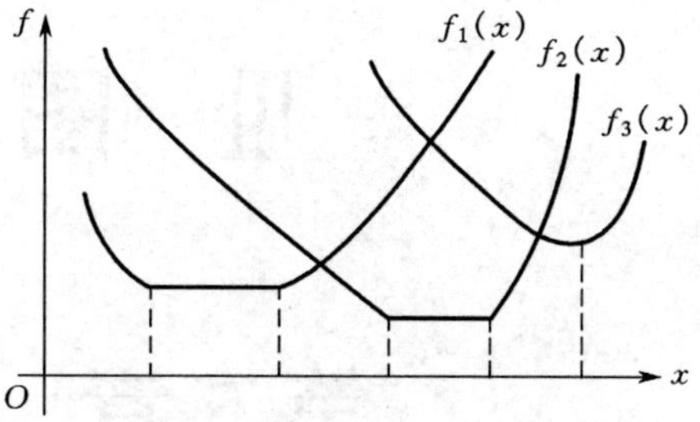

图 4.16

4.5 在 4.1 题中，若要求总利润尽量接近 $f_1^0=3\ 000$ 万元为第一优先，总工时尽量接近 $f_2^0=208$ h 和 A 产品产量尽量接近 $f_3^0=250$ t 为第二优先；同时决策者还建议总利润超过与不足 f_1^0 的权系数分别为 0.2 和 0.8；总工时必须尽可能达到或超过其目标值 f_2^0；A 产品产量超过与不足 f_3^0 的权系数分别为 0.4 和 0.6。试制订该厂下月的生产计划。

4.6 填空

(1)多目标规划问题 v-min$(f_1(\boldsymbol{X}),\cdots,f_p(\boldsymbol{X}))$有效解的定义是____。

(2)目标规划模型的目标是__________变量的极小化，约束中增加了用这种变量表示的__________约束。

(3)多目标规划的一类主要解法是通过构建__________函数将向量极值问题转化为标量极值问题。

Ⅲ 图与网络技术

第5章 图与网络分析

在现代管理中,经常碰到各式各样的图与网络,诸如交通道路图、生产流程图、煤气管道图等。这些图与网络,不论名称、内容如何,都具有两个基本要素:一是被研究的对象,如车站等,通常用点来表示;二是所研究对象之间的某种特定关系,如两车站之间的距离,通常用点与点之间的联线表示。图与网络理论就是撇开各种各样的具体内容来讨论这种由点、线组成的抽象形式的图,从中研究其一般规律以及典型问题的定性、定量分析方法和算法。

5.1 基本概念

图论中图是由点及点与点之间的联线构成,它可以反映一些对象之间的关系。

例如,甲、乙、丙、丁、戊五个足球队,它们之间比赛的情况,可以用图表示出来。已知甲队和其他各队都赛过一次,乙队和甲、丙队赛过,丙队和甲、乙、丁队赛过,丁队和甲、丙、戊队赛过,戊队和甲、丁队赛过。为了反映这个情况,可以用点 v_1、v_2、v_3、v_4、v_5 分别代表这五个队,某两个队之间比赛过,就在这两个队所相应的点之间联一条线,这条线不过其他的点,称为边,图论中的边通常用 e_i 表示,如图 5.1 所示。

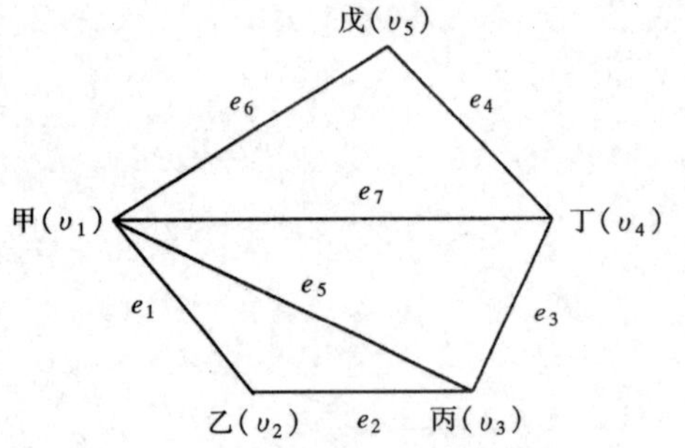

图 5.1

从上面的例子可以看出,图可以很好地描述、刻画对象之间的特定关系。在一般情况下,图中点的相对位置如何,点与点之间联线的长短曲直,对于反映对象之间的关系并不是重要的。可见,图论中的图与几何图、工程图是不同的。

假如把上面的例子中"相互比赛"的关系改成"球队间的胜负关系",那么,只用两点的联线就很难刻画他们之间的关系了。为了反映这一类关系,可以用一条带箭头的联线表示。如球队 v_1 胜了球队 v_2,可以从 v_1 引一条带箭头的联线到 v_2。图 5.2 反映了五个球队比赛的胜负情况。可见,v_1 三胜一负,v_4 三场全负等等。类似胜负这种非对称性的关系,在生产和生活中是常见的,如城市交通道路中的"单行线"、"师生关系"等。

综上所述,一个图是由一些点及一些点之间的联线(带箭头或不带箭头)所组成。记为 G

$=(V,E)$或$D=(V,A)$。其中,$V=\{v_1,v_2,\cdots,v_n\}$表示点的集合,$E=\{e_1,e_2,\cdots,e_m\}$表示边的集合,$A=\{a_1,a_2,\cdots,a_m\}$表示弧的集合。以下就结合上述例子介绍网络技术中一些常用的基本概念。

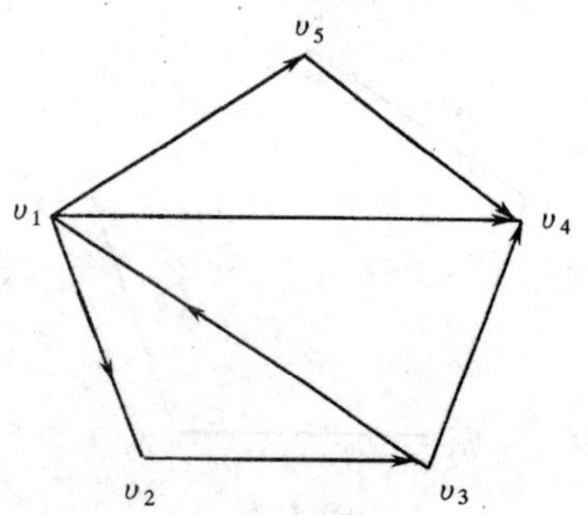

图 5.2

1. 边与弧、无向图与有向图

把两点之间不带箭头的联线称为边,带箭头的联线称为弧。若一个图 G 是由点及边构成,则称之为无向图,记为 $G=(V,E)$。一条联结点 v_i、$v_j\in V$ 的边记为$e_i=[v_i,v_j]$(或$[v_j,v_i]$),称 e_i 是点v_i、v_j 的关联边。如图 5.1 中,$e_6=[v_1,v_5]$。e_6 是 v_1(或 v_5)的关联边。由于 v_1 和 v_5 之间有一条边 e_6,也称点 v_1 和 v_5 相邻。

若一个图 D 是由点及弧所构成,则称为有向图,记为 $D=(V,A)$。一条方向是从 v_i 指向 v_j 的弧记为(v_i,v_j)。如图 5.2 中,(v_1,v_2)是一条从 v_1 出发到 v_2 的弧。

对于有向图 $D=(V,A)$,从 D 中去掉所有弧上的箭头,就得到一个无向图,称之为 D 的基础图,记之为 $G(D)$,显然,图 5.1 是图 5.2 的基础图。

2. 链与路、圈与回路

在无向图中,一个点边交错序列$(v_{i_1},e_{i_1},v_{i_2},e_{i_2},\cdots,v_{i_{k-1}},e_{i_{k-1}},v_{i_k})$,满足 $e_{i_t}=[v_{i_t},v_{i_{t+1}}]$ $(t=1,2,\cdots,k-1)$,则称之为一条联结 v_{i_1} 和 v_{i_k} 的链,记为$(v_{i_1},v_{i_2},\cdots,v_{i_k})$。若 $v_{i_1}=v_{i_k}$,则称之为圈。如在图 5.1 中,(v_1,v_2,v_3,v_4)就是一条链,而$(v_1,v_2,v_3,v_4,v_5,v_1)$就是一个圈。

在有向图 D 中,一个点弧交错序列$(v_{i_1},a_{i_1},v_{i_2},a_{i_2},\cdots,v_{i_{k-1}},a_{i_{k-1}},v_{i_k})$,如果这个序列在基础图 $G(D)$中对应的点边序列是一条链,则称这个点弧交错序列是 D 的一条链。类似可以定义有向图 D 的圈。如在图 5.2 中,$(v_1,(v_1,v_5),v_5,(v_5,v_4),v_4,(v_3,v_4),v_3,(v_2,v_3),v_2)$是一条链。

在有向图 D 中,一个点弧交错序列$(v_{i_1},a_{i_1},v_{i_2},a_{i_2},\cdots,v_{i_{k-1}},\alpha_{i_{k-1}},v_{i_k})$,弧 a_{i_t} 的始点为 v_{i_t},终点为 $v_{i_{t+1}}$,记为 $a_{i_t}=(v_{i_t},v_{i_{t+1}})$,则称这条点弧的交错序列为从 v_{i_1} 到 v_{i_k} 的一条路,记为$(v_{i_1},v_{i_2},\cdots,v_{i_k})$。若路的第一点和最后一点相同,则称之为回路。如在图 5.2 中,$(v_1,(v_1,v_2),v_2,(v_2,v_3),v_3,(v_3,v_4),v_4)$是从 v_1 到 v_4 的路,而$(v_1,(v_1,v_2),v_2,(v_2,v_3),v_3,(v_3,v_1),v_1)$则是一个回路。

实际上,如果有向图 D 的一条链上的所有弧的方向都一致,则称之为路;同样,若有向图 D 的一个圈中所有弧的方向都一致,则称之为回路。

链与路中的点互不相同,则为初等链(路)。以后说到的链与路,均指初等链(路),类似可定义初等圈(回路)。

3. 连通图与支撑子图

图 G 中,若任何两个点之间至少有一条链,则称 G 是连通图,否则称为不连通图,如图 5.1 是一个连通图。

给定一个图 $G=(V,E)$,若图 $G'=(V',E')$,使 $V=V'$及$E'\subseteq E$,则称 G'是G 的一个

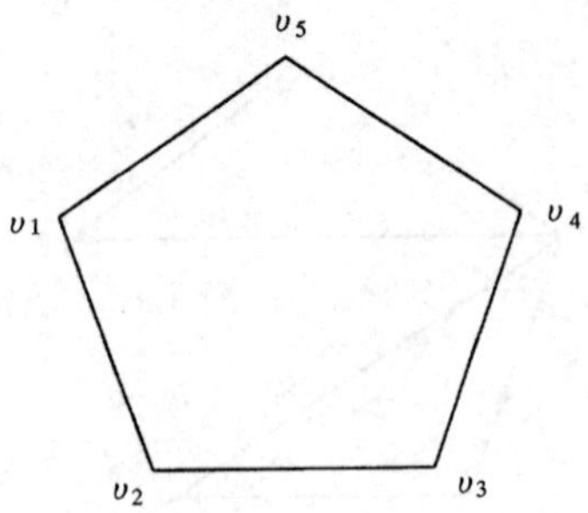

图 5.3

支撑子图,如图 5.3 就是图 5.1 的一个支撑子图。

4. 赋权图与网络

对于一个无向图 G 的每一条边,或对于有向图 D 的每一条弧,相应有一个权数 ω_{ij}(或 c_{ij}),则称这样的图为赋权图。

网络一般是指一个弧上有某种所谓"流转物"流动的有向图。实际生活中,这种具有流转物的有向图——网络是很多的,常见的网络如表 5.1 所示。

表 5.1

点(节点)	弧(分支)	流转物
交叉口	公路	车辆
机场	空中航线	飞机
泵站	管道	液体
电报局	电缆	电报
中继站	通信线路	信息

在实际中,每个弧上对流动的流转物都有流转能力限制。例如,每段公路上都有最大车流量的限制,每根管道上都有通过最大流量的限制,把这种流转能力的限制称为弧上的容量。另外,在实际问题中,通常有一点是发点,另有一点是收点,其余为中间点。这样就给出网络的如下定义:在有向图 $D=(V,A)$中,v_s 为起点,v_t 为终点,而对每一弧$(v_i,v_j)\in A$ 赋以量 $c_{ij}>0$ 称为弧的容量,则称这样的有向图为一个网络,记为 $D=(V,A,C)$。

5.2 最小支撑树问题

在各式各样的图中,有一类图是极其简单然而却是很有用的,这就是树图,简称树。所谓树就是一个无圈的连通图。树图有很多性质,例如,在树图中,只要任意再加上一条边,必然会出现圈,而树图中任何二个节点之间有一条且仅存一条链。也就是说,若去掉任一条边,那么连通图就被破坏,因此树图是边数最少的连通图。

设图 $T=(V,E')$是图 $G=(V,E)$的支撑子图。若图 $T=(V,E')$是一个树图,则称 T 是G 的一个支撑树。

所谓最小支撑树问题就是在一个赋权的连通的无向图 G 中找出一个支撑树,并使得这个支撑树的所有边的权数之和为最小。

这里所说的"权",是指与边有关的数量指标。根据实际问题的需要,可以赋予它不同的含义,如距离、时间、费用等。

5.2.1 求解最小支撑树问题的破圈法

这种算法的具体步骤为:

①在给定的赋权的连通图上任找一个圈;

②在所找的圈中去掉一条权数最大的边(若有两条或两条以上的边都是权数最大的边,则任意去掉其中一条);

③若所余下的图已不含圈,则计算结束,所余下的图即为最小支撑树,否则,返回①。

例 5.1 某大学准备将所属 7 个学院办公室的计算机联网。这个网络的可能联通的途径如图 5.4 所示。图中 v_1、……、v_7 表示 7 个学院办公室,图中的边为可能联网的途径,边上所赋权数为这条路线的长度,单位为百米。试设计一个网络联通 7 个学院办公室,并使总的线路长度为最短。

解 这个问题实际上是求图 5.4 的最小支撑树,具体步骤为:

①在图 G 中找到一个圈(v_1,v_6,v_7,v_1),去掉其中权最大的边(v_1,v_6),得图 G_1;

②在图 G_1 中找到一个圈(v_3,v_4,v_5,v_7,v_3),去掉其中权最大的边(v_4,v_5),得图 G_2;

③在图 G_2 中找到一个圈(v_2,v_3,v_5,v_7,v_2),去掉其中权最大的边(v_5,v_7),得图 G_3;

④在图 G_3 中找到一个圈(v_3,v_5,v_6,v_7,v_3),去掉其中权最大的边(v_5,v_6),得图 G_4;

⑤在图 G_4 中找到一个圈(v_2,v_3,v_7,v_2),去掉其中权最大的边(v_3,v_7),得图 G_5;

⑥在图 G_5 中已找不到任何一个圈了,则 G_5 即为图 G 的最小支撑树,如图 5.5 所示。

这个最小支撑树的所有边的总权数为 $3+3+3+1+2+7=19$,即该校若按图 5.5 的设计,可使此网络的总的线路长度最短,共 1900 米。

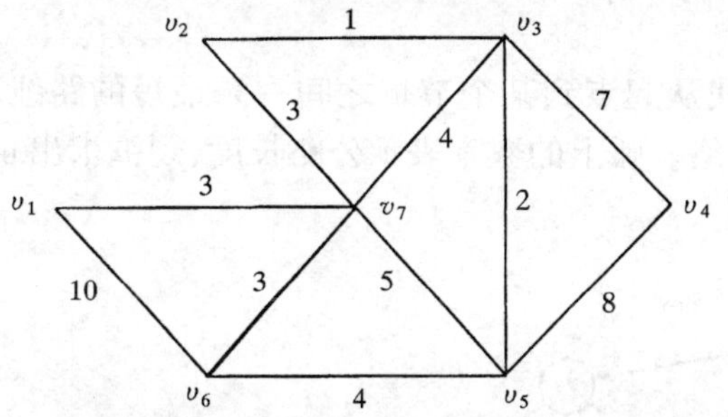

图 5.4

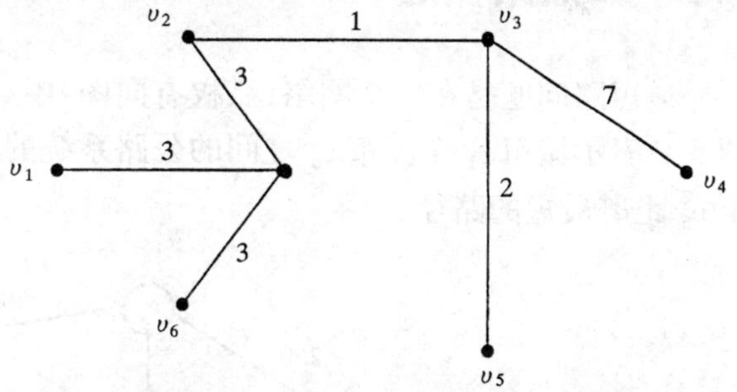

图 5.5

5.2.2 求解最小支撑树问题的避圈法

这种算法的具体步骤为:

①在赋权图中,任选一点 v_i,找出所有与 v_i 相关联的权最小的边(v_i,v_j),得点 v_j;

②把所有顶点分为互补的二部分 X、$\bar{X}$,其中 X 表示与已选的边相关联的点集,$\bar{X}$ 是不与已选的边相关联的点集;

③考虑这样的边(v_i,v_j),其中 $v_i\in X, v_j\in\bar{X}$,挑选其中权最小的边;

④重复第③步,直至全部顶点皆属于 $X(\bar{X}=\Phi)$。

例 5.2 用避圈法求下述赋权图(图 5.6)的最小支撑树。

解 ①任选一点 v_1,挑与之相关联的权最小的边(v_1,v_2)。

②所有顶点可分为互补的二部分:$X=\{v_1,v_2\}$,$\bar{X}=\{v_3,v_4,v_5,v_6\}$,从边$(v_2,v_4)$、$(v_2,v_5)$、$(v_2,v_3)$、$(v_1,v_3)$中挑其中权最小的边$(v_2,v_3)$。

③顶点集分为互补的二部分:$X=\{v_1,v_2,v_3\}$,$\bar{X}=\{v_4,v_5,v_6\}$。从边(v_3,v_5)、(v_2,v_5)、(v_2,v_4)中,挑选其中权最小的边(v_2,v_4)。

④顶点集分为互补的二部分:$X=\{v_1,v_2,v_3,v_4\}$,$\bar{X}=\{v_5,v_6\}$。从边(v_4,v_6)、(v_2,v_5)、(v_4,v_5)、(v_3,v_5)中,挑选其中权最小的边(v_4,v_5)。

⑤顶点集分为互补的二部分：$X=\{v_1,v_2,v_3,v_4,v_5\}$，$\bar{X}=\{v_6\}$。从边$(v_4,v_6)$，$(v_5,v_6)$中，挑选其中权最小的边$(v_5,v_6)$，由于此时$\bar{X}=\Phi$，所以，经上述步骤所挑选的边构成的图，即为图5.6的最小支撑树，如图5.7所示。

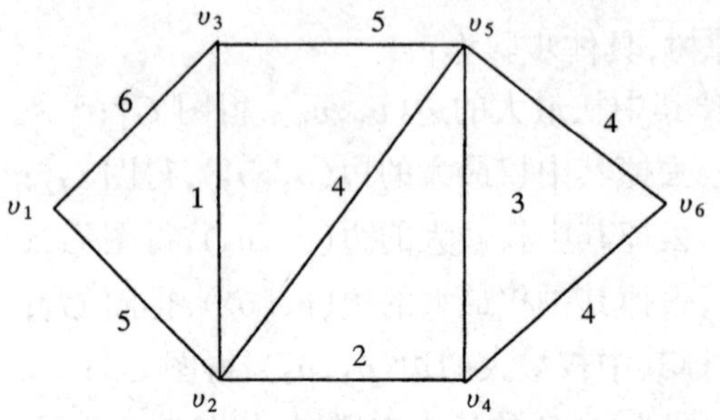

图5.6

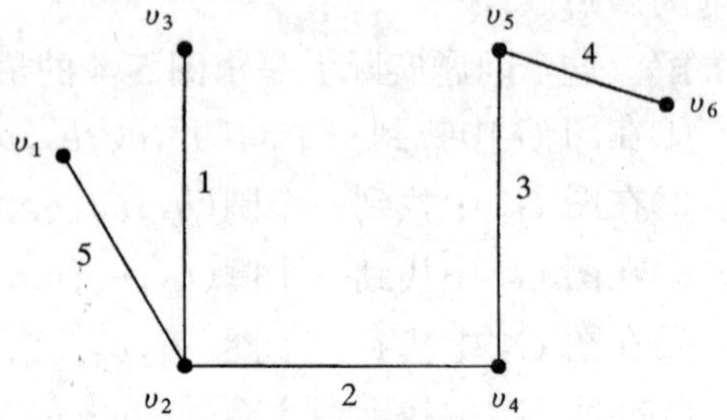

图5.7

5.3 最短路问题

最短路问题是在一个网络(赋权有向图)中寻找从起点到某个节点之间一条最短的路线。图5.8表示城市v_1至城市v_6之间的公路系统的网络。弧上的数字表示公路长度，现欲求出v_1至v_6距离最短的路径。

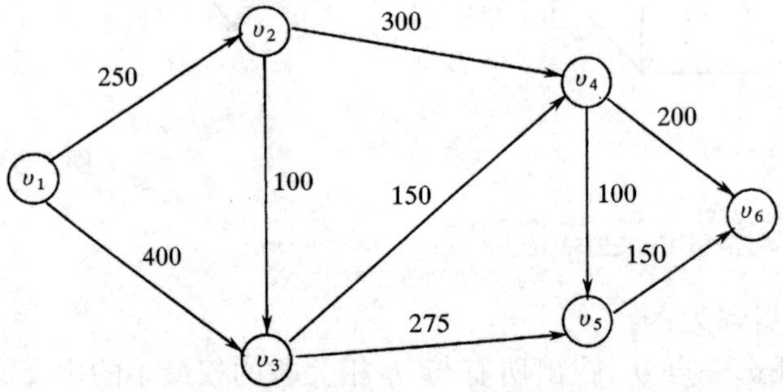

图5.8

求解上述最短路问题，一种简单想法是找出v_1至v_6所有可能的通路，比较路的长度，确定路长最短的一条。但实际问题网络比较复杂，一一枚举所有通路的工作量往往非常大，这样枚举方法是行不通的，只有利用一些特殊的方式求解。

5.3.1 最短路问题的Dijkstra解法

Dijkstra方法是求解最短路问题的有效方法之一，它适用于权重非负(即$\omega_{ij}\geqslant 0$)条件下，由一点到另一点的最短路问题。其基本思想是：从起点v_1开始逐步计算从v_1到网络各中间点v_i的最短路，逐步外推直至算出v_1至终点v_t的最短路。算法过程可直接通过在网络图上逐步标号完成，如果已求出v_1至v_i的最短路，即可给点v_i标上号$[\alpha_i,\beta_i]$。第一个标号α_i表示v_1至v_i点最短路的路长，第二个标号β_i表示v_1至v_i的最短路中v_i之前节点为v_{β_i}，若给终

点 v_t 标上号$[\alpha_t,\beta_t]$,则表示已求出 v_1 至 v_t 的最短路,其最短路长为 α_t,最短路径可根据标号 β_t 反向追踪而得。

算法基本步骤如下。

①首先对起点 v_1 标号$[\alpha_1,\beta_1]$,即计算 v_1 至 v_1 的最短路,最短路长为零,标号 $\alpha_1=0,\beta_1=1$。

②将网络中所有顶点分成已标号和未标号两类。$v_i\in X$ 表示v_i 是已标号点,即已求出 $v_1\to v_i$ 的最短路。$v_j\in\bar{X}$ 表示v_j 是尚未标号点,即尚未求出 $v_1\to v_j$ 的最短路。考虑网络中所有这样的弧

$$(v_i,v_j)\in(X,\bar{X})$$

即由已标号点 v_i 出发流向未标号点v_j 的弧,若这样的弧不存在,即集合$(X,\bar{X})$是空集时,表示所有点都已标号,即终点 v_t 也标上号,算法完成,v_1 至 v_t 的最短路径可由 v_t 的第二标号起反向追踪而得,即 v_t 前一点是 v_{β_t},再由 v_{β_t} 的第二个标号确定 v_{β_t} 之前一点,一直反推至 v_1,就得 v_1 至 v_t 的一条最短路,其路长为 α_t。

③若$(X,\bar{X})$非空,计算

$$\min_{(v_i,v_j)\in(X,\bar{X})}(\alpha_i+w_{ij})=\alpha_{i_k}+w_{i_kj_k}$$

其中 w_{ij} 为弧(v_i,v_j)之长度,得一未标号顶点 v_{j_k}。

④对顶点 v_{j_k} 标号$[\alpha_{j_k},\beta_{j_k}]$,其中

$$\alpha_{j_k}=\alpha_{i_k}+w_{i_kj_k},\beta_{j_k}=i_k$$

表示 v_1 至 v_{j_k} 最短路已求出,v_{j_k} 点由未标号点变成已标号点,重复②。

现以图 5.9 所示最短路问题为例说明上述算法的具体步骤。

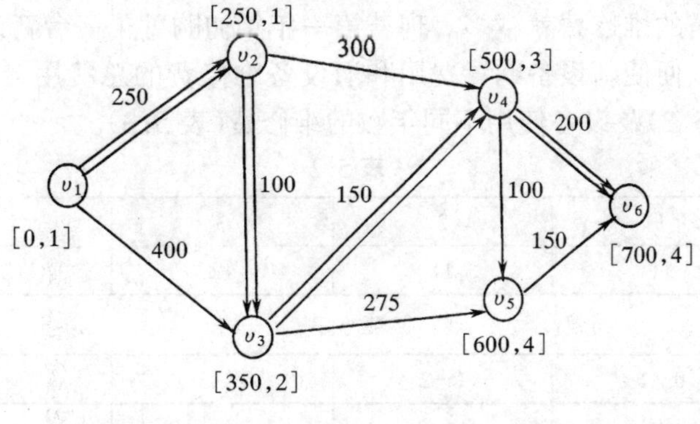

图 5.9

①给 v_1 标号$[0,1]$。

②$X=\{v_1\},\bar{X}=\{v_2,v_3,v_4,v_5,v_6\}$。检查弧$(v_1,v_2)$、$(v_1,v_3)$,计算

$$\min\{0+250,0+400\}=250$$

则给 v_2 标号$[250,1]$。

③$X=\{v_1,v_2\},\bar{X}=\{v_3,v_4,v_5,v_6\}$,检查弧$(v_1,v_3)$、$(v_2,v_3)$、$(v_2,v_4)$,计算

$$\min\{0+400,250+100,250+300\}=350$$

则给 v_3 标号$[350,2]$。

④$X=\{v_1,v_2,v_3\}$，$\bar{X}=\{v_4,v_5,v_6\}$，检查弧(v_2,v_4)、(v_3,v_4)、(v_3,v_5)，计算

$$\min\{250+300,350+150,350+275\}=500$$

则给 v_4 标号[500,3]。

⑤$X=\{v_1,v_2,v_3,v_4\}$，$\bar{X}=\{v_5,v_6\}$，检查弧(v_3,v_5)、(v_4,v_5)、(v_4,v_6)，计算

$$\min\{350+275,500+100,500+200\}=600$$

则给 v_5 标号[600,4]。

⑥$X=\{v_1,v_2,v_3,v_4,v_5\}$，$\bar{X}=\{v_6\}$，检查弧$(v_4,v_6)$、$(v_5,v_6)$，计算

$$\min\{500+200,600+150\}=700$$

则给 v_6 标号[700,4]，算法完成。

由 v_6 之第二个标号起反向追踪得

$$v_6—v_4—v_3—v_2—v_1$$

即得由 v_1 至 v_6 的最短路为

$$v_1 \to v_2 \to v_3 \to v_4 \to v_6$$

最短路长 $\alpha_6=700$。

5.3.2 最短路问题模型的应用

最短路问题模型不仅能解决寻找最短距离问题，对一些其他类型的应用问题，如设备更新、投资决策、计划安排等也能求解。在这些问题中，网络中的弧长 w_{ij} 不再表示距离，而是表示费用、时间等经济量。

例 5.3（设备更新问题） 某厂使用一种设备，每年年初设备科需要对该设备的更新与否作出决策。若购置新设备，就要支付购置费用；若继续使用旧设备，则需支付维修费，设备使用的年数越长，每年所需的维修费就越多。现若第一年年初购置了一台新设备，问在5年内如何制定设备更新计划，以便使新设备购置费用和旧设备维修费的总费用最小？已知设备在5年内各年初的价格（表5.2）及设备使用不同年数的维修费（表5.3）。

表 5.2

第 i 年	1	2	3	4	5
价格 a_i	11	11	12	12	13

表 5.3

使用寿命	0～1	1～2	2～3	3～4	4～5
费用 b_j	b_1	b_2	b_3	b_4	b_5
	5	6	8	11	18

解 首先建立一个网络模型（图5.10）描述此更新问题。其中

$$V=\{v_1,v_2,v_3,v_4,v_5,v_6\}$$

$$E=\{(v_i,v_j),i=1,2,\cdots,5;j=2,\cdots,6,i<j\}$$

节点 v_1、v_2、……、v_5 相当于第1、2、……、5年的年初，v_6 相当于第5年年末。

网络图中的弧(v_i,v_j)相当于第 i 年年初购买一台设备一直用到第 $j-1$ 年年末。

网络图中每一条从 v_1 至 v_6 的路表示一种可能的设备更新方案，例如路 $v_1\ v_3\ v_5\ v_6$ 相当

于第 1、3、5 年初购买设备这一方案。

网络弧上的数可按如下法则给出：

$$(v_i, v_j)\text{上数 } w_{ij} = \text{第 } i \text{ 年初设备购买费} + (j-i)\text{年里的维修费}$$
$$= a_i + (b_1 + b_2 + \cdots + b_{j-i})$$

例如，弧(v_2, v_5)表示第 2 年初购买一台新设备，使用至第 4 年底，相应购买费为 11，维修费为 $5+6+8=19$，弧(v_2, v_5)上的数 $w_{2,5}=30$。

这样，制定一个最优设备更新方案的问题就等价于寻求图 5.10 中 v_1 至 v_6 的最短路问题，使用 Dijkstra 算法得上述问题的最短路为 $v_1\ v_4\ v_6$，即第 1、4 年初购买设备，或 $v_1\ v_3\ v_6$，即第 1、3 年初购买设备。五年最佳总费用为 53。

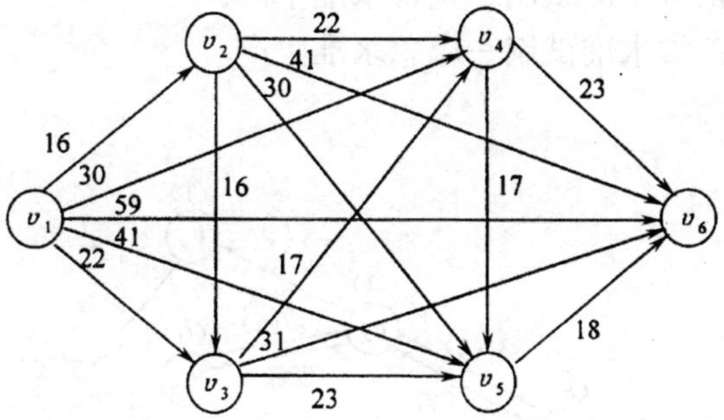

图 5.10

例 5.4(生产安排问题)　某公司欲尽快生产出一新产品去占领市场。研制这新产品需经过设计、试制、生产及调拨三个阶段，而每阶段可以以正常和应急二种水准进行。每阶段在这二种水准上所需时间由表 5.4 给出。现有 8 万元经费可供使用，每阶段中采用不同水准进行的费用如表 5.5 所示。试确定在预算经费的限制下，每阶段按什么水准进行才能使新产品投放市场的时间最短？

表 5.4　(天)

	设计	试制	生产与调拨
正常	4	3	5
应急	2	2	3

表 5.5　(万元)

	设计	调制	生产与调拨
正常	2	2	3
应急	3	3	4

解　对于所述问题可用图 5.11 所示的网络描述，每条弧(v_i, v_j)表示某阶段以某种水准进行工作。例如，(v_1, v_2)表示以正常水准进行设计阶段工作，(v_4, v_9)表示以应急水准进行生产与调拨阶段工作。

节点 v_1 表示整个工作开始，节点 v_{12}表示整个工作完成。每个节点 v_i 上括号中数字(S_i)表示从 v_i 开始尚有经费 S_i 万元可使用。

弧(v_i, v_j)上所标 $w_{ij}(b_{ij})$中，w_{ij} 表示完成(v_i, v_j)的时间，b_{ij} 表示完成(v_i, v_j)所需的费

用，满足 $S_i - b_{ij} = S_j$。而弧(v_8, v_{12})、(v_9, v_{12})、(v_{10}, v_{12})、(v_{11}, v_{12})并不表示实际工作。它们表示添加的虚工作，只是为了使网络有一个共同的终点，所以这些弧上 $w_{ij} = 0, b_{ij} = 0$。

上述问题每一个可行的计划方案都表示为网络中 v_1 至 v_{12} 的一条通路，而网络中每一通路也表示一个可行的计划方案（不超过预算费）。例如，$v_1 \to v_2 \to v_5 \to v_{10} \to v_{12}$ 表示正常水准设计，应急水准试制，正常水准生产与调拨。这样，上述寻求最佳计划安排问题就转化为网络中求 v_1 至 v_{12} 的最短路问题。使用标号算法得出最短路为

$$v_1 \to v_3 \to v_6 \to v_{11} \to v_{12}$$

$$v_1 \to v_2 \to v_4 \to v_9 \to v_{12}$$

最短路长为 10。即最优计划安排有二个：

①应急水准设计—正常水准试制—正常水准生产；

②正常水准设计—正常水准试制—应急水准生产。

两种方案均需用时间 10 天。

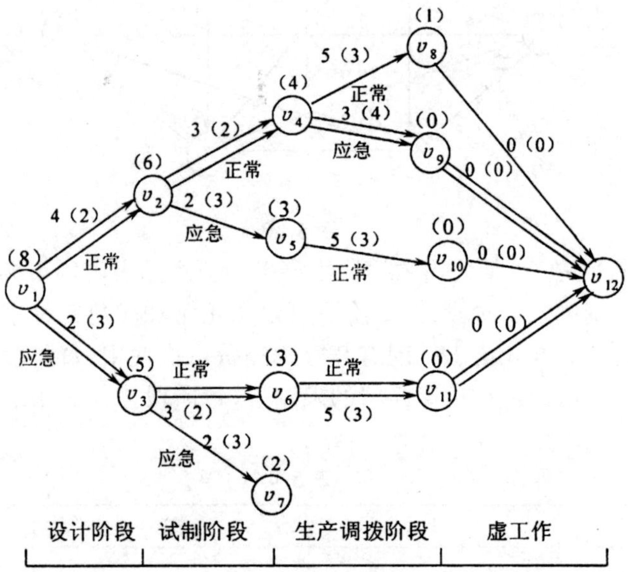

图 5.11

5.4 最大流问题

在研究网络问题时，经常遇到在网络系统中运送“流转物”的问题。交通系统网络中，每条弧表示一段通路，每一个节点则表示交叉路口，网络中运送的流转物为车辆。通信系统网络中，节点表示中转站，弧表示中继站之间的通信线路，网络中运送的流转物是信息。无论是公路系统还是通信系统，每段弧上允许通过流转物的能力是有限的。这种限制称为弧上的容量，弧(v_i, v_j)上容量用 c_{ij} 表示。现在讨论只有一个发点和一个收点的网络系统，假设要把起点的一批流转物运送到终点去，在每一弧上通过流转物的总量不能超过这条弧上的容量，问题是应该怎样安排运送，才能使从起点运送至终点的总量达到最大？这样的问题就称为网络最大流

问题。

图 5.12 表示一个典型的最大流问题。图中网络表示城市 v_1 和城市 v_6 之间的公路系统，其中 v_2、v_3、v_4、v_5 是公路系统内的 4 个城市，弧上的数字表示容量，问题是如何确定每条公路 (v_i,v_j) 上通过的运输量，使 v_1 至 v_6 的运输量最大。

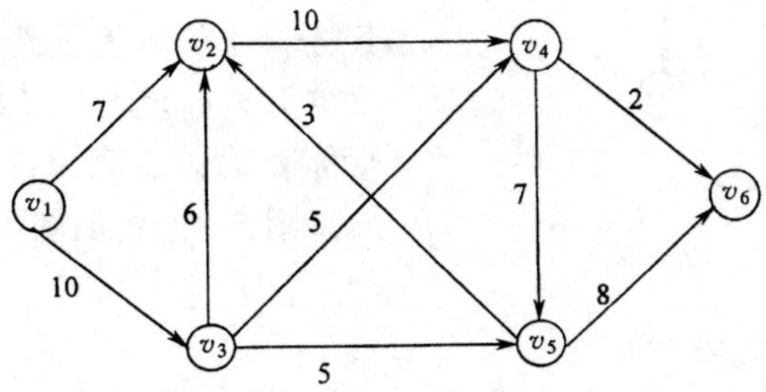

图 5.12

5.4.1　网络流的基本概念与基本定理

考虑网络最大流问题时，只关心通过网络的流转物的总量及其通过方式，即每段弧上应分配通过多少量，至于流通物本身是什么是无关紧要的，这样就产生网络中抽象的"流"的概念。

以下先介绍网络流的有关概念。

1. 流

这是指定义在弧集 $A=\{(v_i,v_j)\}$ 上的一个函数 $f=f(v_i,v_j)$，通常记为 $\{f_{ij}\}$，每个 f_{ij} 称为弧 (v_i,v_j) 上的流量。

2. 可行流

$\{f_{ij}\}$ 为网络上一个流，它应满足容量条件和平衡条件。

1）容量条件　对每一弧 $(v_i,v_j)\in A$，$0\leqslant f_{ij}\leqslant c_{ij}$。

2）平衡条件　经过中间点的流入量等于流出量，对中间点 v_i 需满足：

$$\sum_{(v_i,v_j)\in A} f_{ij}-\sum_{(v_j,v_i)\in A} f_{ji}=0$$

若网络起点为 v_s，终点为 v_t，则一个可行流的总流量为

$$\sum_{(v_s,v_j)\in A} f_{sj}-\sum_{(v_j,v_s)\in A} f_{js}=V(f)$$

$$\sum_{(v_t,v_j)\in A} f_{tj}-\sum_{(v_j,v_t)\in A} f_{jt}=-V(f)$$

式中 $V(f)$ 称为这个可行流的流量，即发点的净输出量（或收点的净输入量）。

任何一个网络总存在可行流，如令所有弧的流量 $f_{ij}=0$，就得到一个可行流（零流）。一个网络上所有可行流中流量最大的可行流称为最大流。所以，网络的最大流问题即是寻找流量最大的可行流。

3. 饱和弧与零流弧

对网络上一个可行流 $\{f_{ij}\}$，若某弧上 (v_i,v_j) 的流量 $f_{ij}=c_{ij}$（容量），则称该弧为饱和弧，否则称其为非饱和弧。

对一个可行流 $\{f_{ij}\}$，若某弧上分配流量 $f_{ij}=0$，称该弧为零流弧，否则称其为非零流弧。

4. 可扩充链(或称增广链)

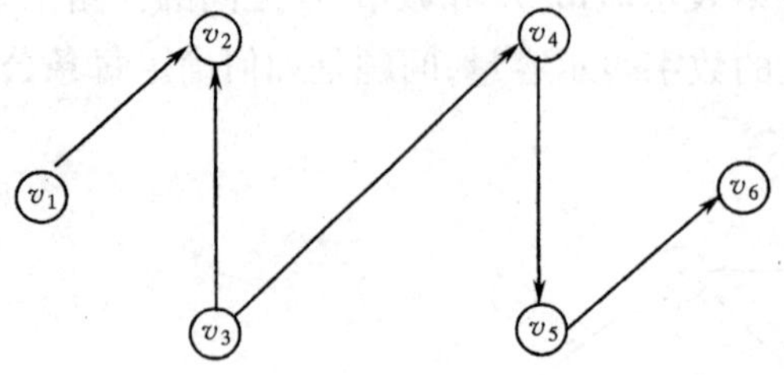

图 5.13

设$\{f_{ij}\}$是网络上一可行流,若存在起点v_s与终点v_t之间一条链μ,规定其方向为$v_s \to v_t$。链上相应弧按μ的方向分成两类:与μ方向一致的弧为前向弧,相反的弧则为后向弧。若链μ上弧的流量满足:①μ上所有前向弧上流量$f_{ij} < c_{ij}$;②μ上所有后向弧上流量$f_{ij} > 0$,则称μ为关于流$\{f_{ij}\}$的可扩充链。

图 5.13 表示图 5.12 所示网络的一条链μ:

$$v_1 — v_2 — v_3 — v_4 — v_5 — v_6$$

其中前向弧为$\{(v_1, v_2)、(v_3, v_4)、(v_4, v_5)、(v_5, v_6)\}$,后向弧为$\{(v_3, v_2)\}$。

5. 截集与截量

对于网络$D=(V, A, C)$,若点集V被分割为两个非空互补集合V_1和$\overline{V}_1$,使$v_s \in V_1$,$v_t \in \overline{V}_1$,则把弧集$(V_1, \overline{V}_1)$(即始点在V_1,终点在$\overline{V}_1$的所有弧构成的集合)称为是(分离v_s和v_t)的截集。从直观上讲,截集是在图中分割V_1和$\overline{V}_1$的切割截得的正向弧集,是从v_s至v_t的必经之道。若把某一截集的弧从网络中去掉,则从v_s至v_t便不存在路。一截集$(V_1, \overline{V}_1)$中所有弧的容量之和称为这个截集的容量,简称为截量,记为$C(V_1, \overline{V}_1)$

$$C(V_1, \overline{V}_1) = \sum_{(v_i, v_j) \in (V_1, \overline{V}_1)} c_{ij}$$

显然,任何一个可行流的流量$V(f)$都不会超过任一截集的容量,即$V(f) \leqslant C(V_1, \overline{V}_1)$。因此,对于一个可行流$f^*$,网络中有一个截集$(V_1^*, \overline{V}_1^*)$,使$V(f^*) = C(V_1^*, \overline{V}_1^*)$,则$f^*$必定是最大流,而$(V_1^*, \overline{V}_1^*)$也必定是所有截集中容量最小的一个。从而有下述的最大流量最小截集定理:任一网络D中,从v_s至v_t的最大流的流量等于分离v_s、v_t的最小截集的容量(证法略)。

进一步可以证明,可行流f^*是最大流,当且仅当网络中不存在关于f^*的可扩充链。

对于一个可行流$\{f_{ij}\}$,若能找到一条可扩充链,则一定可以调整成一个流量更大的可行流$\{\overline{f_{ij}}\}$,首先对该链确定一调整量

$$\theta = \min\{\theta_1, \theta_2\}$$

式中,$\theta_1 = \min\{c_{ij} - f_{ij} \mid (v_i, v_j)$是链$\mu$上前向弧$\}$;$\theta_2 = \min\{f_{ij} \mid (v_i, v_j)$是链$\mu$上后向弧$\}$。

若链上无后向弧,取$\theta_2 = \infty$,显然$\theta > 0$。然后可确定新的可行流$\overline{f_{ij}}$,取

$$\overline{f_{ij}} = \begin{cases} f_{ij}, & (v_i, v_j) \overline{\in} \mu \\ f_{ij} + \theta, & (v_i, v_j) \text{是 } \mu \text{ 上前向弧} \\ f_{ij} - \theta, & (v_i, v_j) \text{是 } \mu \text{ 上后向弧} \end{cases}$$

容易验证,$\overline{f_{ij}}$仍是网络上一个可行流,若可行流$\{f_{ij}\}$的流量为$V(f)$,则新可行流的流量$V(\bar{f}) = V(f) + \theta$。进一步,若$D$中仍有关于$\bar{f}$的可扩充链,则可按上述方法,继续改进$\bar{f}$,否则,由上述结论可知,此时已得到最大流,同时也得到了一个最小截集。

6. 最大流问题的数学模型

由前面的讨论可知,最大流问题就是在一个带收发点的网络中,在不超过每条弧的容量的

前提下求出从发点到收点的最大流量。这显然是一个线性规划问题,数学模型的一般形式如下:

$$\max V(f)$$

$$\begin{cases}\sum\limits_{(v_i,v_j)\in A} f_{ij}-\sum\limits_{(v_j,v_i)\in A} f_{ji}=0\\ \sum\limits_{(v_s,v_j)\in A} f_{sj}-\sum\limits_{(v_j,v_s)\in A} f_{js}=V(f)\\ \sum\limits_{(v_t,v_j)\in A} f_{tj}-\sum\limits_{(v_j,v_t)\in A} f_{jt}=-V(f)\\ 0\leqslant f_{ij}\leqslant c_{ij}\\ i,j\neq s,t\end{cases}$$

例如,有下列一个石油运输管道图(图 5.14),某公司欲采用这个网络系统从 v_1 向销地 v_7 运送原油,弧的容量 c_{ij} 已给定(c_{ij} 的单位为万加仑/时,因管道直径的变化,c_{ij} 是不一样的)。问如何在每一弧上分配流量,使每小时运送尽量多的原油?

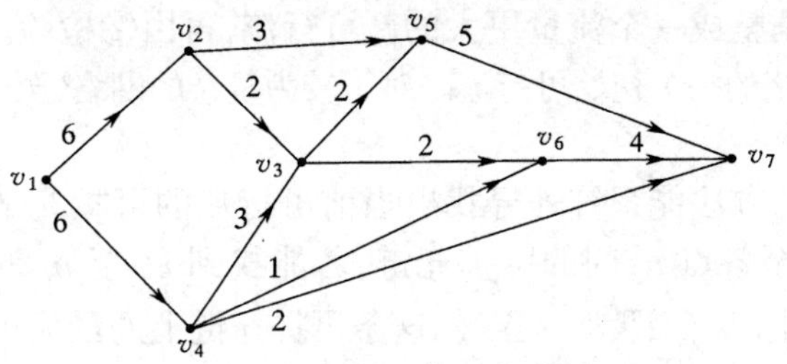

图 5.14

可以以此为例建立数学模型。设弧(v_i,v_j)上的流量为 f_{ij},网络上的总的流量为 F,则有

目标函数 $\max F=f_{12}+f_{14}$

约束条件:
$$\begin{cases}f_{12}=f_{23}+f_{25}\\ f_{14}=f_{43}+f_{46}+f_{47}\\ f_{23}+f_{43}=f_{35}+f_{36}\\ f_{25}+f_{35}=f_{57}\\ f_{36}+f_{46}=f_{67}\\ f_{57}+f_{67}+f_{47}=f_{12}+f_{14}\\ f_{ij}\leqslant c_{ij}\quad (i=1,2,\cdots,6;j=2,\cdots,7)\\ f_{ij}\geqslant 0\quad (i=1,2,\cdots,6;j=2,\cdots,7)\end{cases}$$

在这个线性规划模型中,其约束条件的前 6 个方程表示了网络中的流量必须满足平衡条件,发点 v_1 的总流出量必须等于收点 v_7 的总流入量。其余的点 v_2、v_3、v_4、v_5、v_6 称之为中间点。每一个中间点的总流入量必须等于总流出量。后面几个约束条件表示对每一条弧(v_i,v_j)的流量 f_{ij} 要满足流量的可行条件,应小于等于弧(v_i,v_j)的容量 c_{ij},并大于等于零,即 $0\leqslant f_{ij}\leqslant c_{ij}$。把满足平衡条件及流量可行条件的一组网络流$\{f_{ij}\}$称之为可行流(即线性规划模型的可行解),可行流中一组流量最大(也即发点总流出量最大)的称之为最大流(即线性规划的最优解)。

把上述数据 c_{ij} 代入以上线性规划模型,计算后马上得到以下的结果:

$f_{12}=5\quad f_{14}=5\quad f_{23}=2\quad f_{25}=3\quad f_{43}=2\quad f_{46}=1$

$f_{47}=2\quad f_{35}=2\quad f_{36}=2\quad f_{57}=5\quad f_{67}=3$

最优值(最大流量)=10。

对于网络最大流问题的求解,当然可以使用线性规划中的单纯形解法。但对于这一问题,实际中有简便算法,即 Ford-Fulkerson 标号法,以下简称标号法。

5.4.2 最大流问题的标号解法

寻找网络最大流的标号解法实际上分为两个过程,一是标号过程,即寻找可扩充链的过程;二是调整过程,即对当前的可行流进行改进的过程。其主要步骤是:

①确定一初始可行流 $\{f_{ij}\}$ 及其流量 $V(f)$;

②检验当前所确定可行流是否是网络中的最大流,若不是,需进一步调整;(正如前面所分析的那样,检验一个可行流是否为最大流,只要检查一下当前可行流是否还存在可扩充链,若存在,则说明当前可行流还不是最大流,否则是最大流。)

③将当前的可行流调整成一个流量更大的新可行流,再由②检验。

通常用观察法确定网络的一个初始可行流。对于较为复杂的网络,至少能把初始可行流取为零流。

通过在网络上标号的方法能系统地寻找出当前可行流的可扩充链。它的基本思想是:从起点 v_s 起,逐步寻找 v_s 至各点 v_i 间的可扩充链,若能找到 v_s 至 v_i 的一条可扩充链,则给点 v_i 标号 $[\theta_i,\alpha_i]$。第一个标号 θ_i 即为 v_s 至 v_i 这条可扩充链上的最大可调整量,第二个标号 α_i 则表示这条链上点 v_i 的前一点是 α_i 点。根据标号可反向追踪而写出这条链。在逐步扩大已标号的过程中,一旦终点 v_t 标上号,表示已找到一条由 v_s 至 v_t 的可扩充链。反之,如果标号过程进行至某一步中止了,而 v_t 尚未标号,则表明对当前的可行流,网络中不存在任何可扩充链。标号法的具体步骤如下。

①给发点 v_s 标号 $[\infty,v_s]$,含义为 v_s 至 v_s 的可扩充链已找到,前一点为 v_s,这链上的可调整量为∞。选与 v_s 关联的从 v_s 流出的未饱和弧 (v_s,v_i) 或流入 v_s 的非零流弧 (v_i,v_s),给 v_i 标号 $[\theta_i,v_s]$(对于流出弧)或 $[\theta_i,-v_s]$(对于流入弧)。其中,

$$\theta_i=\begin{cases} c_{si}-f_{si} & \text{若}(v_s,v_i)\text{为流出未饱和弧;} \\ f_{si} & \text{若}(v_i,v_s)\text{为流入非零弧。}\end{cases}$$

②把顶点集分为互补的二个点集 V_1、$\overline{V}_1$,其中 V_1 为已标号点集,$\overline{V}_1$ 为未标号点集。

③考虑所有这样的弧 (v_i,v_j) 或 (v_j,v_i),其中 $v_i\in V_1, v_j\in\overline{V}_1$。若弧 (v_i,v_j) 为从 v_i 流出的未饱和弧,则给 v_j 标 $[\theta_j,v_i]$。其中

$$\theta_j=\min\{\theta_i,c_{ij}-f_{ij}\}$$

若弧 (v_j,v_i) 为流入 v_i 的非零流弧,则给 v_j 标号 $[\theta_j,-v_i]$,其中

$$\theta_j=\min\{\theta_i,f_{ij}\}$$

依此进行,得到的结局是:

(a) $\overline{V}_1=\Phi$,说明网络中存在可扩充链 μ,则由标号点反向追踪找出 μ,转第④步;

(b) $\overline{V}_1\neq\Phi$,标号已进行不下去,说明对于当前可行流,网络中已无可扩充链,得最大流

f^*,同时得到最小截集$(V_1,\overline{V}_1)$。

④调整过程。取 $\theta=\min\limits_{v_j\in\mu}\{\theta_j\}=\theta_t$,令

$$\bar{f}_{ij}=\begin{cases}f_{ij}+\theta & (v_i,v_j)\text{是 }\mu\text{ 上前向弧}\\ f_{ij}-\theta & (v_j,v_i)\text{是 }\mu\text{ 上后向弧}\\ f_{ij} & \text{其他}\end{cases}$$

得新可行流$\{\bar{f}_{ij}\}$。其流量 $V(\bar{f})=V(f)+\theta$,即比原可行流流量增加了 θ,再转第①步。

例 5.5 有三个发电站(节点 v_1、v_2、v_3),发电能力分别为 15、10 和 40 兆瓦,经输电网可把电力送到 8 号地区(节点 v_8),电网的能力如图 5.15。求三个发电站输到这地区(节点 v_8)的最大电力。

解 由于网络图只有一个发点和一个收点,所以有必要添加一个虚设的起点 v_0 和弧(v_0,v_1)、(v_0,v_2)和(v_0,v_3)。弧上容量 $c_{01}=15$,$c_{02}=10$,$c_{03}=40$ 分别为 v_1、v_2、v_3 三点的发电能力,如图 5.16 所示。

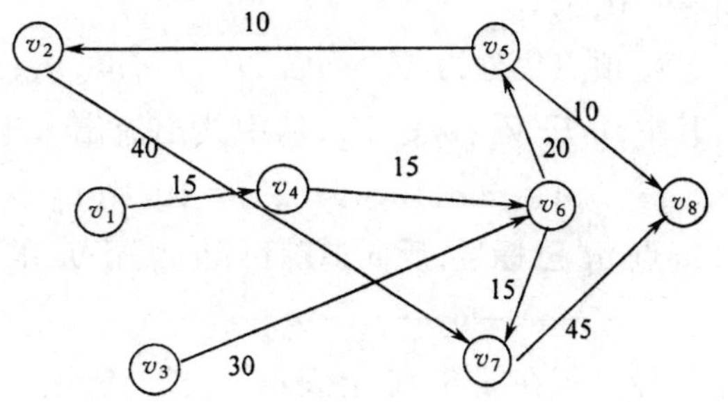

图 5.15

第一步,由观察法得一初始可行流$\{f_{ij}\}$,即图 5.16 上所标(c_{ij},f_{ij})。c_{ij} 为弧(v_i,v_j)上容量,f_{ij} 为弧上流量。

第二步,用标号法寻找可扩充链,由此检验当前可行流$\{f_{ij}\}$是否是最大流,标号过程如下。

①给 v_0 标号$[\infty,v_0]$,选与 v_0 关联的流出未饱和弧或流入非零流弧,得流出未饱和弧(v_0,v_3),给 v_3 标号$[\theta_3,v_0]$,其中,$\theta_3=\min\{\infty,c_{03}-f_{03}\}=\min\{\infty,40-10\}=30$,则 v_3 获得标号$[30,v_0]$。

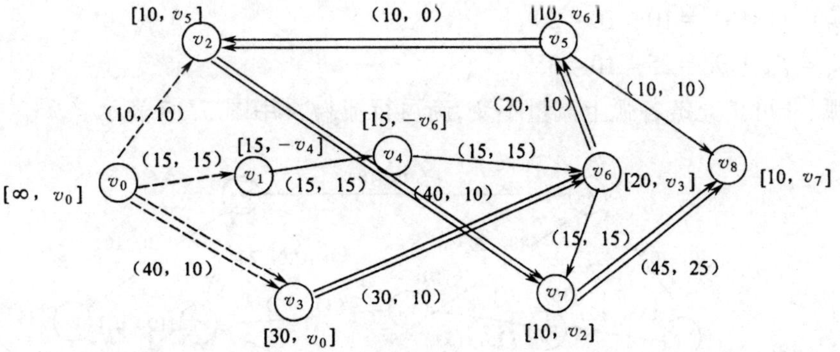

图 5.16

②把顶点集分为 $V_1=\{v_0,v_3\}$,$\overline{V}_1=\{v_1,v_2,v_4,v_5,v_6,v_7,v_8\}$。考虑所有这样的弧$(v_i,v_j)$或$(v_j,v_i)$,其中,$v_i\in V_1$,$v_j\in\overline{V}_1$,得弧$(v_0,v_2)$、$(v_0,v_1)$、$(v_3,v_6)$。在这些弧中,$(v_3,v_6)$为流出未饱和弧,给 v_6 标号$[\theta_6,v_3]$,$\theta_6=\min\{\theta_3=30,(30-10)\}=20$,即给 v_6 标号$[20,v_3]$。

③把顶点集分为 $V_1=\{v_0,v_3,v_6\}$,$\overline{V}_1=\{v_1,v_2,v_4,v_5,v_7,v_8\}$。考虑所有这样的弧$(v_i,v_j)$或$(v_j,v_i)$,其中,$v_i\in V_1$,$v_j\in\overline{V}_1$,从中找出流出未饱和弧及流入非零流弧,得流出未饱和弧(v_6,v_5)及流入非零流弧(v_4,v_6)。给 v_5 标号$[\theta_5,v_6]$,给 v_4 标号$[\theta_4,-v_6]$。$\theta_5=\min\{\theta_6,$

$c_{65}-f_{65}\}=\min\{20,20-10\}=10$；$\theta_4=\min\{\theta_6,f_{46}\}=\min\{20,15\}=15$。

④把顶点集分为 $V_1=\{v_0,v_3,v_4,v_5,v_6\}$，$\overline{V}_1=\{v_1,v_2,v_7,v_8\}$。考虑所有这样的弧$(v_i,v_j)$或$(v_j,v_i)$，其中，$v_i\in V_1$，$v_j\in\overline{V}_1$，从中找出流出未饱和弧及流入非零流弧。得流出未饱和弧(v_5,v_2)，则给 v_2 标号为$[\theta_2,v_5]$，$\theta_2=\min\{\theta_5,c_{52}-f_{52}\}=\min\{10,10-0\}=10$；得流入非零流弧$(v_1,v_4)$，则给 v_1 标号为$[\theta_1,-v_4]$，$\theta_1=\min\{\theta_4,f_{14}\}=\min\{15,15\}=15$。

⑤把顶点集分为 $V_1=\{v_0,v_1,v_2,v_3,v_4,v_5,v_6\}$，$\overline{V}_1=\{v_7,v_8\}$。考虑所有这样的弧$(v_i,v_j)$或$(v_j,v_i)$，其中 $v_i\in V_1$，$v_j\in\overline{V}_1$。从中找出流出未饱和弧及流入非零流弧，得流出未饱和弧为(v_2,v_7)，则给 v_7 标号$[\theta_7,v_2]$。其中，$\theta_7=\min\{\theta_2,c_{27}-f_{27}\}=\min\{10,30\}=10$，则 v_7 获得标号$[10,v_2]$。

⑥把顶点集分为 $V_1=\{v_0,v_1,v_2,v_3,v_4,v_5,v_6,v_7\}$，$\overline{V}_1=\{v_8\}$。考虑弧$(v_i,v_j)$或$(v_j,v_i)$，其中，$v_i\in V_1$，$v_j\in\overline{V}_1$，从中找出流出未饱和弧$(v_7,v_8)$，则给 v_8 标号$[\theta_8,v_7]$，$\theta_8=\min\{\theta_7,c_{78}-f_{78}\}=\min\{10,45-25\}=10$，则 v_8 获得标号$[10,v_7]$。

终点 v_8 已标号，反向追踪可得 v_0 至 v_8 的可扩充链为

$$v_0—v_3—v_6—v_5—v_2—v_7—v_8$$

整个标号过程在图 5.16 上表示，可扩充链用双线表示。

第三步，调整流量。由所得可扩充链确定一新可行流$[\bar{f}_{ij}]$，可扩充链上前向弧上各流量均增加 $\theta_7=10$，即有

$$\begin{cases}\bar{f}_{03}=f_{03}+\theta_7=10+10=20\\ \bar{f}_{36}=f_{36}+\theta_7=10+10=20\\ \bar{f}_{65}=f_{65}+\theta_7=10+10=20\\ \bar{f}_{52}=f_{52}+\theta_7=0+10=10\\ \bar{f}_{27}=f_{27}+\theta_7=10+10=20\\ \bar{f}_{78}=f_{78}+\theta_7=25+10=35\end{cases}$$

链上无后向弧，非可扩充链各弧上流量不变，新可行流$\{\bar{f}_{ij}\}$用图 5.17 表示。

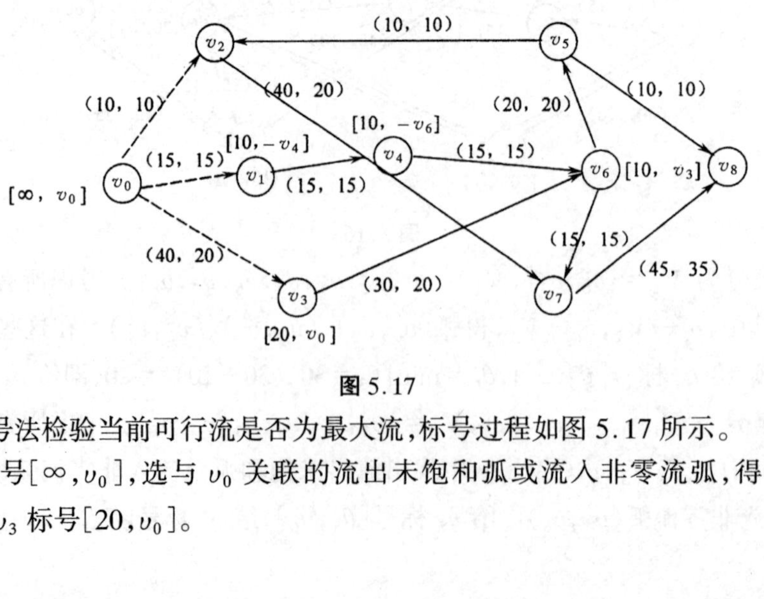

图 5.17

继续用标号法检验当前可行流是否为最大流，标号过程如图 5.17 所示。

①给 v_0 标号$[\infty,v_0]$，选与 v_0 关联的流出未饱和弧或流入非零流弧，得流出未饱和弧(v_0,v_3)，则给 v_3 标号$[20,v_0]$。

②把顶点集分为 $V_1=\{v_0,v_3\}$，$\overline{V}_1=\{v_1,v_2,v_4,v_5,v_6,v_7,v_8\}$，考虑弧$(v_i,v_j)$或$(v_j,v_i)$，其中 $v_i\in V_1$，$v_j\in\overline{V}_1$。从中找出流出未饱和弧和流入非零流弧，得流出未饱和弧(v_3,v_6)，则 v_6 获得标号$[10,v_3]$。

③把顶点集分为 $V_1=\{v_0,v_3,v_6\}$，$\overline{V}_1=\{v_1,v_2,v_4,v_5,v_7,v_8\}$，考虑弧$(v_i,v_j)$或$(v_j,v_i)$，其中，$v_i\in V_1$，$v_j\in\overline{V}_1$。从中找出流出未饱和弧和流入非零流弧，得流入非零流弧(v_4,v_6)，则 v_4 获得标号$[10,-v_6]$。

④把顶点集分为 $V_1=\{v_0,v_3,v_4,v_6\}$，$\overline{V}_1=\{v_1,v_2,v_5,v_7,v_8\}$，考虑弧$(v_i,v_j)$或$(v_j,v_i)$，其中，$v_i\in V_1$，$v_j\in\overline{V}_1$。从中找出流出未饱和弧和流入非零流弧，得流入非零流弧(v_1,v_4)，则 v_1 获得标号$[10,-v_4]$。

⑤把顶点集分为 $V_1=\{v_0,v_1,v_3,v_4,v_6\}$，$\overline{V}_1=\{v_2,v_5,v_7,v_8\}$，考虑弧$(v_i,v_j)$或$(v_j,v_i)$，其中，$v_i\in V_1$，$v_j\in\overline{V}_1$。从中再找不到流出未饱和弧或流入非零流弧，标号完毕，且终点 v_8 未标号。这说明网络中已找不到可扩充链，当前流即为最大流，最大流流量为：$20+15+10=45$，即三个发电站输送至 8 号地区的最大电力为 45 兆瓦。

进一步，由第⑤步知，$V_1=\{v_0,v_1,v_3,v_4,v_6\}$为已标号点集，$\overline{V}_1=\{v_2,v_5,v_7,v_8\}$为未标号点集，则最小截集由 V_1 流向 $\overline{V}_1$ 的弧集构成。它是：$\{(v_0,v_2),(v_6,v_5),(v_6,v_7)\}$，最小截集的截量为 $C(V_1,\overline{V}_1)=c_{02}+c_{65}+c_{67}=10+20+15=45$。它恰好等于最大流的流量。

由上可见，用标号法求解最大流问题，同时得到一个最小截集。最小截集的容量的大小影响总的输送量的提高。因此，为提高总的输送量，必须首先考虑改善最小截集中各弧的输送状况，提高它们的通过能力。因此，在本例中，若想进一步提高三个发电站输送到 8 号地区的电力的能力，应首先考虑增加 6 号地区到 5 号地区和 7 号地区的电力输送能力，进一步考察应增加 6 号地区到 7 号地区的电力输送能力。

习题 5

5.1 求图 5.18 中各图的最小部分树。

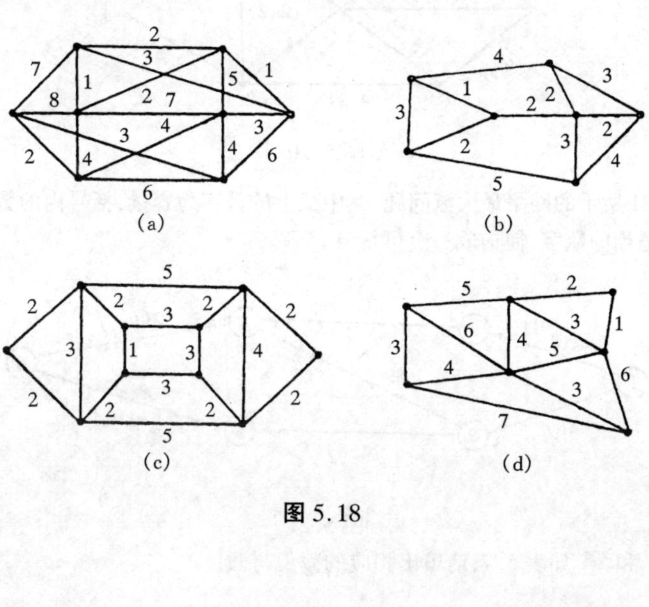

图 5.18

5.2 已知世界六大城市:(Pe)、(N)、(Pa)、(L)、(T)、(M),试在由表 5.6 所示交通网络的数据中确定最小树。

表 5.6

	Pe	T	Pa	M	N	L
Pe	×	13	51	77	68	50
T	13	×	60	70	67	59
Pa	51	60	×	57	36	2
M	77	70	57	×	20	55
N	68	67	36	20	×	34
L	50	59	2	55	34	×

5.3 有 9 个城市 v_1、v_2、……、v_9,其公路网如图 5.19 所示。弧旁数字是该段公路的长度,有一批货物要从 v_1 运到 v_9,问走哪条路最短。

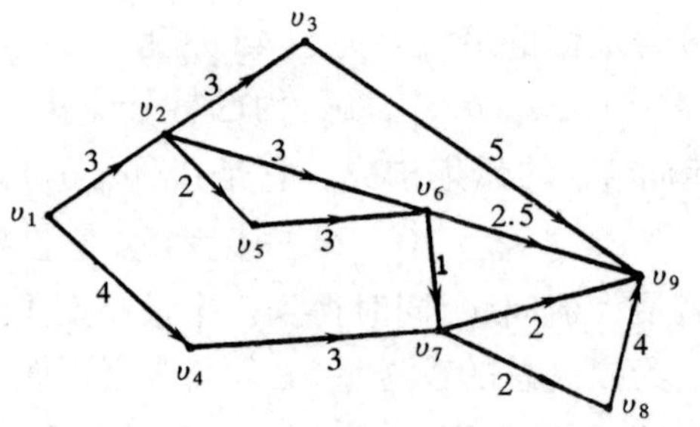

图 5.19

5.4 求如图 5.20 所示的网络的最大流和最小截集。(每弧旁的数字是(c_{ij},f_{ij}))。

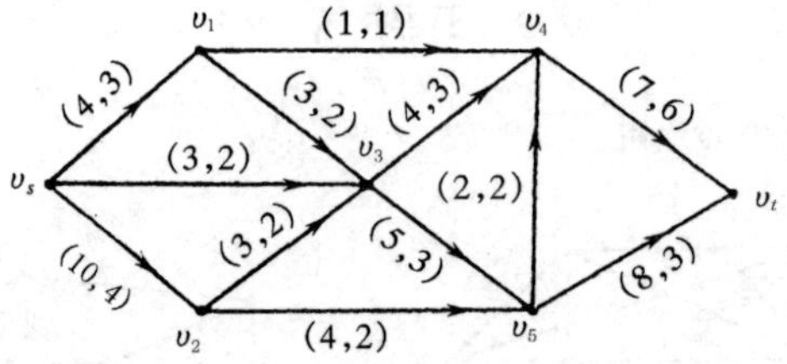

图 5.20

5.5 考虑如图 5.21 所示的网络最大流问题,其中弧上的数字为容量,括号内的数字为流量。

(1)在括号内填上适当的数字,使构成一个可行流。

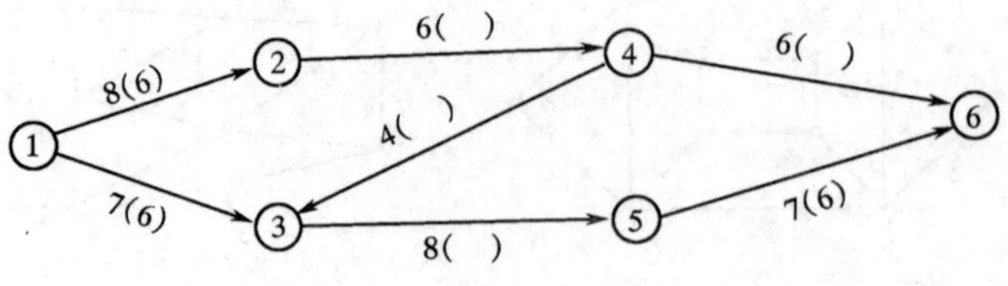

图 5.21

(2)若选择点集 V_1 和 $\overline{V}_1$ 如表 5.7,请填出相应的截集与截量。

表 5.7

V_1	$\overline{V}_1$	$(V_1,\overline{V}_1)$	$C(V_1,\overline{V}_1)$
①,③	②,④,⑤,⑥		

5.6 过纽约的 ALBANY 的北-南高速公路,路况通过能力如图 5.22 图所示,图中弧上数字为各路段的通过能力(单位:千辆/小时),求(1)该路网能承受的北-南向最大流量;(2)若要将整个路网的北-南向通过能力扩充 2 千辆/小时,并只能在一条路段上扩充,请指出一个路段选择方案,并说明原因。

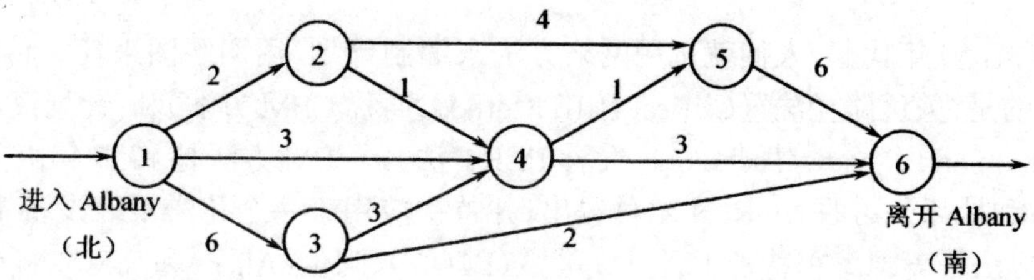

图 5.22

5.7 某汽车公司正在制订 5 年内购买汽车的计划。下面给出一辆新汽车的价格(表 5.8)以及一辆汽车的使用维修费用(万元)(表 5.9)。试用网络分析中求最短路的方法确定公司可采用的最优策略。

表 5.8

年号	1	2	3	4	5
价格	2	2.1	2.3	2.4	2.6

表 5.9

汽车使用年龄	0~1	1~2	2~3	3~4	4~5
维修费用	0.7	1.1	1.5	2	2.5

5.8 填空

(1)无__________的连通图称为树。若图 G__________,则 G 必有部分树;

(2)用标号法求解最大流问题,当求得最大流的同时,也得到了最小截集,它是由__________点集和__________点集构成的点集切割中的__________(正还是反)向弧组成。

第6章　网络计划

6.1　网络计划图的绘制

从20世纪50年代起,人们就试用网络方法来编制计划,用网络图来代替传统的横道图,其中最著名的是“关键路径法”(Critical Path Method,简称CPM方法)和“计划评审技术”(Program Evaluation and Review Technique,简称PERT法)。CPM方法是1957年由美国兰德公司的J.E.凯雷和杜邦公司的M.R.瓦尔科提出,并首次应用于一个化学工厂设备维修工作计划中。PERT方法是美国海军特种工程处在波兹(BOOZ)、阿伦(Allen)和汉密尔顿(Hamilton)管理咨询公司协助下首先研究出来的。这种网络方法因在美国北极星导弹研制工程计划中成功的应用而著名。

CPM与PERT网络计划技术的原理基本一致,都是用网络表示工程项目,以确定关键路线。这一思想是它们的基础。这两种方法的主要区别是:

①CPM方法对工程中各工序完工时间的估计是确定的,而PERT方法对时间估计是不确定的;

②PERT方法主要注重工程计划中的时间问题,而CPM方法在把费用概念引入计划控制过程中,不仅注重时间问题,而且还考虑工程的费用和成本问题,考虑工程时间的均衡问题。

在实际工作中,若一个工程的工序时间比较确定,费用也能预先估算得比较准确(例如一般的建筑工程),使用CPM方法;而当一个工程中不确定因素较多,特别是工序时间不确定时,选用PERT方法。

实践表明,网络方法是一种非常有效的实用方法。这种方法通过网络图及相应的分析计算,能够使计划工作统筹兼顾,全面安排,并能指示在执行计划中对全局有重大影响的关键所在。

以下较详细地介绍网络计划方法。

网络计划方法一般由两个阶段组成:初始计划阶段和计划方案优化调整阶段。前者是先把工程项目划分为多个相互衔接的工序(或称工作、作业、活动),估计工序完工时间,然后用网络图表示,按计划时间参数确定完成工程项目的各关键工序及由其组成的关键线路,拟定一初始计划方案。后者则根据要求,综合考虑时间、费用、资源等目标,对初始计划方案进行调整改善,直至得出一满意的计划方案。其中,前一初始计划阶段又包括网络图绘制与关键线路确定两个环节。本节首先介绍网络图的绘制。

6.1.1　网络图的组成要素

一项工程总由许多彼此关联的独立活动组成。这些活动称为工序。各道工序之间先后关联,完成每道工序的时间称为工序时间。因此,可以采用一个网络图(赋权的有向图)表示各道工序之间的顺序及工序时间。用弧(箭线)表示工序的网络图称为箭线式(双代号)网络图,用结点表示工序的网络图称为结点式(单代号)网络图。本章只介绍箭线式网络图。

一般表示工程计划的网络图由三部分组成,即箭线、结点和线路。

1)实箭线　它表示一道具体工序。箭头表示工序进行方向,箭尾表示工序开始,箭头表示工序结束。箭头和箭尾与结点相连,结点用圆圈表示,并编上号码。箭线二端的结点号码就表示一道工序,通常称为双代号表示法。

2)虚箭线　它表示一道虚工序。虚工序不是实际中的具体工序,它仅用于表示工序与工序之间的关联关系。虚工序不需时间、费用和资源。

3)结点　它表示一个事项。事项又称事件,表示一些工序的结束或开始。在相邻工序首尾衔接处的结点用圆圈表示,圈内注上该结点(事项)的序号。连接箭尾的结点称为该工序的紧前事项,连接箭头的结点称为该工序的紧后事项。整个网络图起始结点称为总开工事项,而最后工序的结束结点为完工事项。网络中所有工序都是用事项(结点)进行相互联系并互相制约的,只有当事项的所有紧前工序完成后,事项的紧后工序才能开始。

4)线路　它是指从最初结点(总开工事项)开始顺着箭头方向连续不断地到达终点(总完工事项)的通路,这样通路有许多条,各条线路上工序时间的和可能不同,其中时间和最大的线路为关键线路,相应有次关键线路。关键线路上的工序称为关键工序。

6.1.2　绘制网络图的准备工作

在绘制工程计划网络图前,首先要完成下列准备工作。

1.确定目标

工程计划目标是多方面综合的,但按侧重点不同大致可分成三类:第一类,时间要求为主;第二类,资源要求为主;第三类,费用要求为主。

2.工程任务的分解和分析

分析工程由哪些工序组成,并列出全部工序及其代号清单。工程任务的分解,根据不同对象有不同要求。例如,对领导机构,重要的是纵观全局,掌握关键,因此,工程可以分解得粗一些;对基层生产单位,要根据网络图组织生产,因此,工程应该分解得细一些。

3.确定各工序之间先后顺序及衔接关系

工序之间的先后顺序及衔接关系也称工序间的逻辑关系,绘图前要确定每一道工序开工之前紧邻着它有哪些工序必须先期完成,即确定每一道工序的紧前工序是哪些;或者确定每一道工序结束后紧接着有哪些工序要开始,即确定每一道工序的紧后工序是哪些。

4.确定各工序时间

要确定每道工序的完成所需时间,称为工序时间。常用方法见 6.1.4。

6.1.3　网络图绘制规则

双代号(箭线式)网络图绘图规则中最基本要求是:一项工作只能用唯一的实箭线和唯一的一双号表示。为此,需要恰当地引入虚工序,这主要有以下两种情况。

①两个或两个以上的工序有相同的紧前工序,又同时作为另外一工序的紧前工序,即成为两个事件之间平行进行的工序,需引入虚工序以区分这些平行工序的代号不使其相同。例如,图 6.1(a)是错误的,因代号(1,3)既表示 A,又表示 B。正确的画法如图 6.1(b)。

②一个(或几个)工序 A 同时作为两个(或两个以上)工序 B 和 C 的紧前工序,而 B 和 C 除共同的紧前工序 A 外又有各不相同的另外的紧前工序,这时需引入虚工序以“代表”A 满足 B

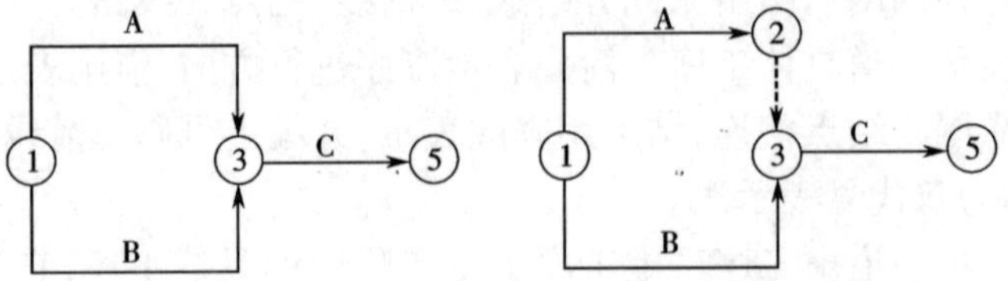

(a) 错误　　(b) 正确

图 6.1

和C都以A作为其紧前工序之一的要求。表6.1给出某工程项目各项工序及其紧前工序,其中A同时作为C和D的紧前工序,但C的紧前工序只有A,而D的紧前工序除A外还有B;同样,B同时作为E和D的紧前工序,但E的紧前工序只有B,而D的紧前工序除B外还有A。因此,这几个工序间逻辑关系的正确表示应如图6.2(a),而6.2(b)和6.2(c)都是错误的(可对照表6.1分析错在何处)。

表 6.1

工序	A	B	C	D	E	F	G	H
紧前工序	—	—	A	A,B	B	D,E	D,C	G,F
工序时间(天)	2	4	9	3	6	2	4	2

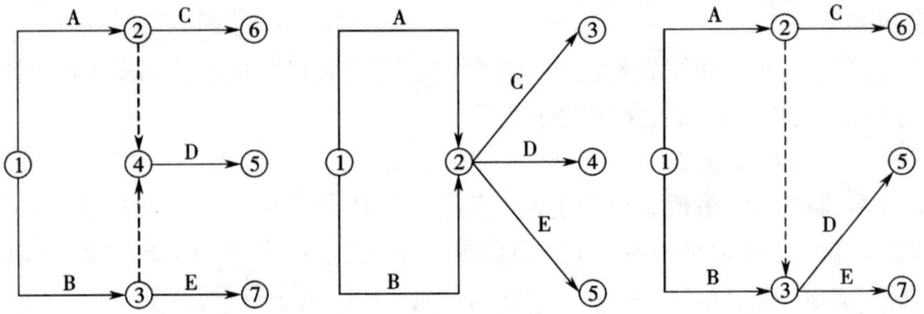

(a) 正确　　(b) 错误　　(c) 错误

图 6.2

类似地,表6.1中D同时作为F和G的紧前工序,但G的紧前工序除D外还有C;而F的紧前工序除D外还有E。如这几个工序间逻辑关系表示成图6.3,虽然满足G和F的紧前工序要求,但图中有两条实箭线(4,6)(4,7)都表示工序D,这是不允许的。应从D的结束结点⑤引出两条虚工序(5,6)和(5,7),其中虚工序(5,6)"代表"工序D和工序C共同作为G的紧前工序;虚工序(5,7)"代表"工序D和工序E共同作为F的紧前工序。正确的画法见表6.1对应的完整的网络图,如图6.4。

除以上最基本的要求外,双代号(箭线式)网络图绘图中还有两项基本要求。

一是网络图中不能出现回路,回路所表示的是错误的逻辑关系,是无法实施的。如图6.5,工序A完成后,由于工序B的紧前工序除A外还有D,而D的紧前工序是C,C的紧前工序反过来又是B,所以无法再进行。实际上,网络图中出现回路或是因为原始的各工序的紧前或紧后关系(逻辑关系)有问题,或是绘图中发生错误。正确的逻辑关系并在绘图中严格依绘图规则绘图是不会发生回路的。

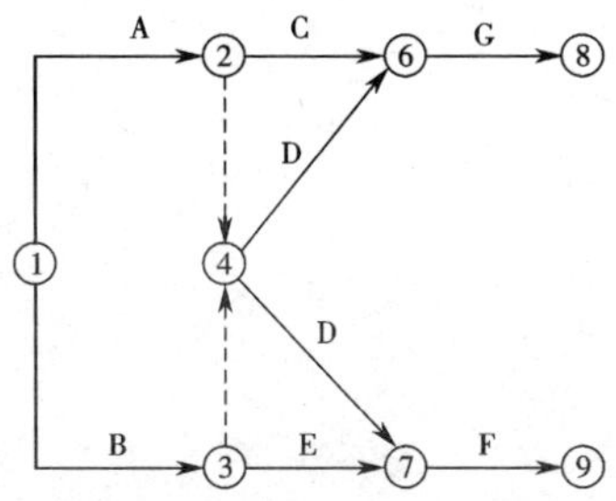

图 6.3

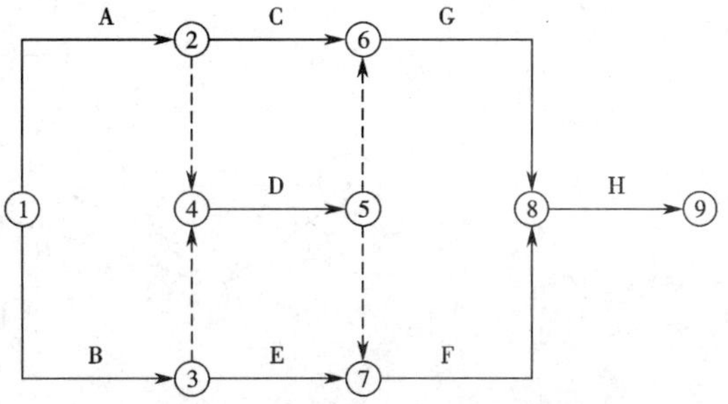

图 6.4

另一是网络图中只能有一个结点表示工程项目的开始,即总开工事项结点;同时也只能有一个结点表示工程项目的结束,即总完工事项结点。图 6.6(a)有两个开始结点①和②,三个结束结点⑤、⑥、⑦是错误的,正确的表示应为图 6.6(b)。

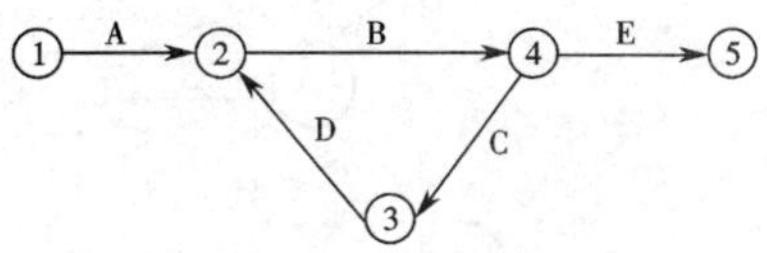

图 6.5

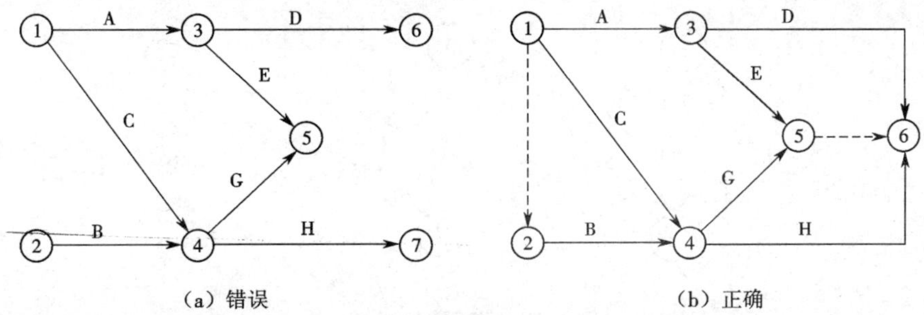

图 6.6

网络图中的事项要统一编号,称为代号。编号由左至右进行,编号不能重复,而且每道工序的箭尾事项号应小于箭头事项号。编号的具体方法如下(箭杆删除法):首先给起点(总开工事项)以编号 1,接着设想把从起点流出的箭线删除,得到一个或几个不为任何有向边终点的结点(不为任何箭线箭头事项的结点),对它们逐一顺序编号(这些结点之间编号大小的顺序是无关紧要的),然后把这些新编号结点流出的箭线删除,又得一些不为任何箭线终点的结点,同样逐一编号,如此继续进行,直至最后一个结点(即总完工事项)被编上号为止。参看图 6.7 网络编号过程。

6.1.4 确定每道工序完成时间

绘制一张网络图除要注意上述规则外,还必须用合适的方法估计每道工序完成时间,也称工序(i,j)的持续时间,用 D_{i-j} 表示。这里 i 是工序箭尾结点号,j 是工序箭头结点号。通常确定工序时间D_{i-j}有二种方法。

1. 一时估计法

此法又称单一时间估计法,即对各道工序的完成时间仅估计或确定一个数值。

在工序的工时定额资料比较健全或者有同类工序时间的统计资料,而且完成该项工序不确定因素很少时,经常使用一时估计法,根据资料,通过分析对比确定各工序的工序时间。此时得到的工序时间认为是确定的。

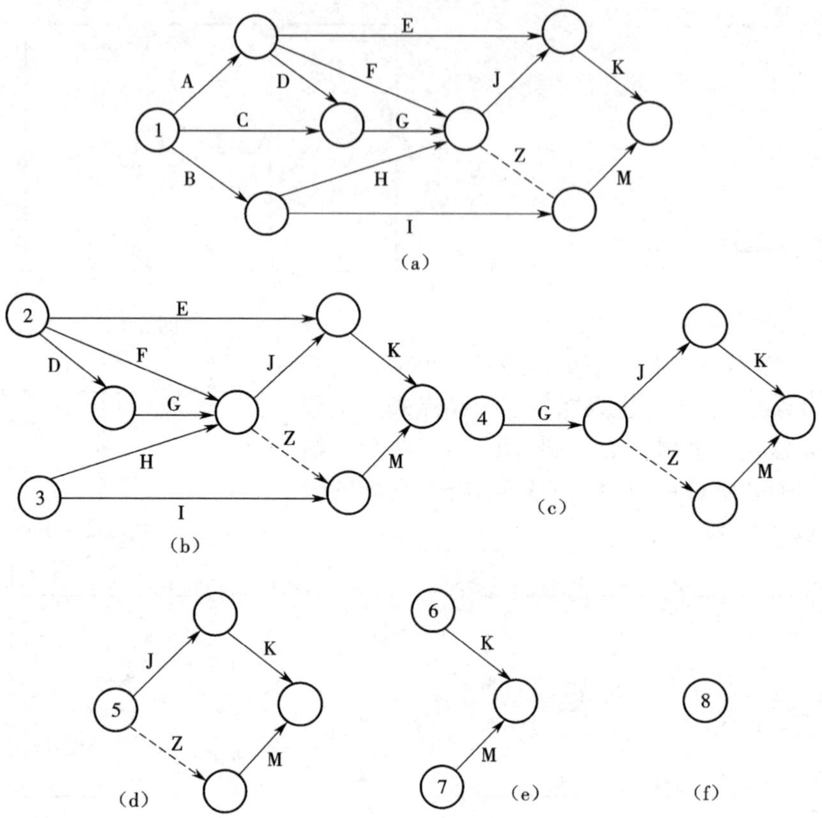

图 6.7　事项编号过程

2. 三时估计法

当完成一项工序的不确定因素很多，而且有关资料较少，难以较准确确定该项工序时间时，往往采用三时估算法，以近似得到该工序时间的均值和方差，具体做法见 6.3.4。

例 6.1　某化工厂拟进行管道安装工程，工程的组成及工艺流程已由表 6.2 给出。绘制出此工程相应的网络图(图 6.8)。

表 6.2

活动代号	活动项目	紧前工作	时间(h)
A	器材调查	/	8
B	停止旧管道工作	A	8
C	搭脚手架	A	12
D	拆除旧管道阀门	B,C	35
E	准备阀门	A	225
F	准备管道	A	200
G	组装一部分管道	F	40
H	安装新管道	D,E,G	32
I	安装阀门	D,E	8
J	焊接管道	H,I	8

续表 6.2

活动代号	活动项目	紧前工作	时间(h)
K	装配管道和阀门	J	8
L	包扎管道	J	24
M	拆脚手架	K,L	4
N	压力试验	K	6
P	整理现场	M,N	4

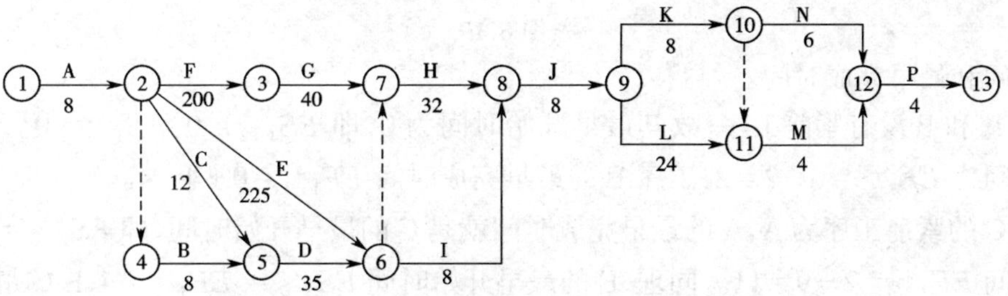

图 6.8

6.2 时间参数计算与关键线路确定

6.2.1 时间参数定义

网络图相对于横道图最大的优点是能表示出工程项目中各工序的先后顺序关系。正因为一个项目中各工序有先后顺序关系,所以一个工序的开始和完成时间必然受到相互制约,由此有必要定义网络计划中的时间参数。

双代号网络计划的时间参数主要包括工序的时间参数和(事件)结点的时间参数。

1. 工序(i ,j)的时间参数

双代号网络图中一项工序可一般地表示为图 6.9,用代号表示即工序(i,j)。

在以下的时间参数定义和计算中,多以图 6.10 为例说明,它是由图 6.4 加注各工序持续时间后得到的。

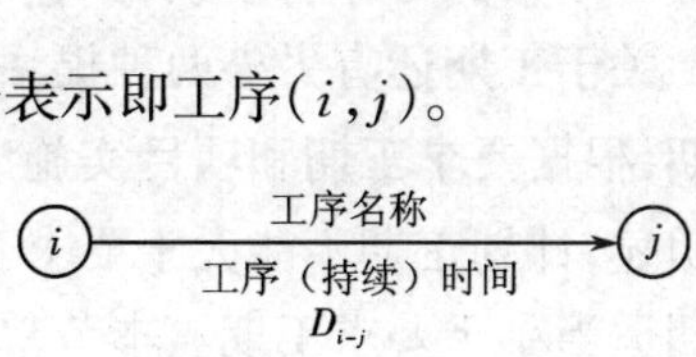

图 6.9

1)工序(i,j)的最早开始时间 ES_{i-j}(Earliest Start Time) 工序(i,j)在其所有的紧前工序都完成而可以开始的最早时间,称为该工序的最早开始时间,记为 ES_{i-j}。

2)工序(i,j)的最早完成时间 EF_{i-j}(Earliest Finish Time) 工序(i,j)在其所有的紧前工序都完成而可以完成的最早时间,称为该工序的最早完成时间,记为 EF_{i-j}。显然,工序的最早完成时间等于工序的最早开始时间加上工序时间,即

$$EF_{i-j} = ES_{i-j} + D_{i-j}$$

在一般关于网络计划原理的说明中,总是假定无紧前工序的工序最早开始时间为 0。若一项工序有多项紧前工序,则最早开始时间为所有紧前工序最早完成时间的最大值。

在图 6.10 所示的网络计划中,很容易由前向后按工序间的先后顺序关系推算各工序的最

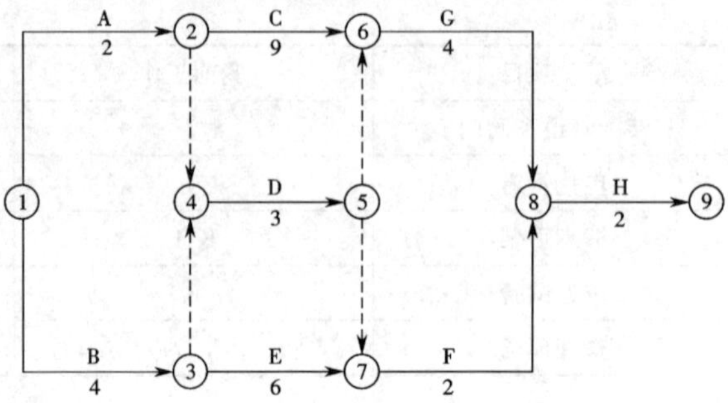

图 6.10

早开始时间和最早完成时间。

工序 A 和 B 没有紧前工序，故其最早开始时间为 0，即 $ES_{1-2}=0,ES_{1-3}=0$。工序 A 最早完成时间为 $EF_{1-2}=0+2=2$；工序 B 的最早完成时间 $EF_{1-3}=0+4=4$。

工序 C 的紧前工序为 A，A 的最早完成时间就是 C 的最早开始时间，即 $ES_{2-6}=2$ ，C 的最早完成时间 $EF_{2-6}=2+9=11$。同理，E 的最早开始时间 $ES_{3-7}=EF_{1-3}=4$，E 的最早完成时间 $EF_{3-7}=4+6=10$。

工序 D 的紧前工序为 A 和 B，只有当 A 和 B 都完工后，D 才可以开始，故 D 的最早开始时间为 A 和 B 最早完成时间的最大值，即 $ES_{4-5}=\max(EF_{1-2}=2,EF_{1-3}=4)=4$，D 的最早完成时间 $EF_{4-5}=4+3=7$。

依此类推，$ES_{6-8}=EF_{2-6}=11,EF_{6-8}=11+4=15$；

$ES_{7-8}=EF_{3-7}=10,EF_{7-8}=10+2=12$；

$ES_{8-9}=\max(EF_{6-8}=15,EF_{7-8}=12)=15,EF_{8-9}=15+2=17$

根据网络计划各工序时间计算出的最后结束工序的最早完成时间称为计算工期，记为 T_C。本例中工序 H 为最后完成的工序，H 的最早完成时间 $EF_{8-9}=17$ 即本例的计算工期。若最后结束的工序有多项，则它们的最早完成时间的最大值为计算工期。

关于工期还有另外两种提法：要求工期，指项目委托人或合同规定的工期，记为 T_r；计划工期，根据要求工期和项目实施时的各种因素综合考虑确定的制定计划时的工期，记为 T_P。很明显，计划工期不能大于要求工期，有时为确保按要求工期完工，做计划时留有余地，使计划工期适当小于要求工期。本节总是以计算工期代替计划工期，在以后的工期优化问题中，会有计划工期小于初始网络计划的计算工期的情况。

3）工序 (i,j) 的最迟完成时间 LF_{i-j}（Latest Finish Time） 在不影响工期的前提下，工序 (i,j) 最迟必须完成的时间，称为该工序的最迟完成时间，记为 LF_{i-j}。

4）工序 (i,j) 的最迟开始时间 LS_{i-j}（Latest Start Time） 在不影响工期的前提下，工序 (i,j) 最迟必须开始的时间，称为该工序的最迟开始时间，记为 LS_{i-j}。显然，工序的最迟开始时间等于工序的最迟完成时间减去工序时间，即

$$LS_{i-j}=LF_{i-j}-D_{i-j}$$

在图 6.10 中，如计划工期等于计算工期，即 $T_P=T_C=17$。工序 H 的最迟结束时间等于计划工期，即 $LF_{8-9}=17$，工序 H 持续时间为 2，所以 H 的最迟开始时间 $LS_{8-9}=17-2=15$。

工序 G 的紧后工序是 H，由于 H 最迟必须于时间 15 开始，故工序 G 最迟必须于时间 15 结束，即 $LF_{6-8}=15$，所以工序 G 的最迟开始时间 $LS_{6-8}=15-4=11$。同理，工序 F 的最迟开始时间 $LS_{7-8}=15-2=13$。

工序 D 的紧后工序有两个，即工序 G 和 F，G 的最迟开始时间为 11，F 的最迟开始时间为 13，所以 D 的最迟完成时间 $LF_{4-5}=\min(11,13)=11$，D 的最迟开始时间 $LS_{4-5}=11-3=8$。其他工序的最迟完成和最迟开始时间可同理得到。

5）工序(i,j)的总时差 TF_{i-j}（Total Floating Time） 在不影响工期的前提下，工序(i,j)所具有的机动时间，称为该工序的总时差，或称总浮动时间，记为 TF_{i-j}。

以图 6.10 中的工序 D 为例，由前面工序最早最迟时间的推算可知，D 的最早开始时间 $ES_{4-5}=4$，D 的最迟完成时间 $LF_{4-5}=11$，即工序 D 最早可以在第 4 天开始，最迟可以到第 11 天完成而不会影响工期，但工序 D 本身只需 3 天，因此它就具有 $11-4-3=4$ 天的机动时间，即 D 的总时差 $TF_{4-5}=4$。图示可参看图 6.11。由此，工序总时差与工序其他时间的关系为

$$TF_{i-j}=LF_{i-j}-ES_{i-j}-D_{i-j}=LF_{i-j}-EF_{i-j}=LS_{i-j}-ES_{i-j}$$

6）工序(i,j)的自由时差 FF_{i-j}（Free Floating Time） 在不影响紧后工序最早开始的前提下，工序(i,j)所具有的机动时间，称为工序的自由时差，或称自由浮动时间，记为 FF_{i-j}。

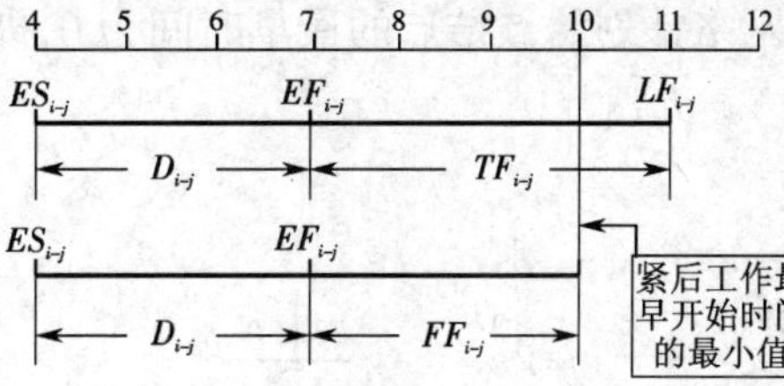

图 6.11

仍以图 6.10 中的工序 D 为例，工序 D 的紧后工序为 F 和 G，F 的最早开始时间为 10，G 的最早开始时间为 11，故 D 不影响任何一个紧后工序最早开始前提下最迟可在第 10 天完工，D 的最早开始时间为 4，本身只需 3 天，故 D 工序不影响紧后工序最早开始所具有的的机动时间为 $10-4-3=3$，即 D 的自由时差 $FF_{4-5}=3$。图示也参看图 6.11。由此，工序自由时差与工序其他时间的关系为

$$FF_{i-j}=(\text{紧后工序最早开始时间的最小值})-ES_{i-j}-D_{i-j}$$
$$=(\text{紧后工序最早开始时间的最小值})-EF_{i-j}$$

由总时差和自由时差的定义，很容易得出，一个工序的自由时差不会超过总时差，即

$$FF_{i-j}\leqslant TF_{i-j}$$

2. 结点 i 的时间参数

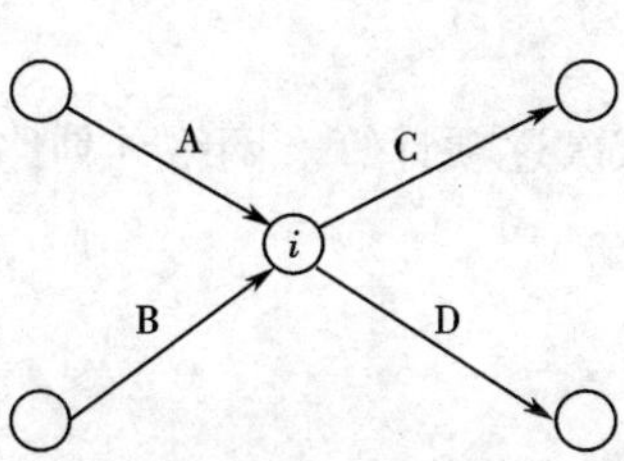

图 6.12

如前所述，双代号网络图中结点表示工序开始或完成这一事项，如图 6.12，结点 i 表示工序 A 和 B 完成而工序 C 和 D 开始这件事，由此可知，结点时间和相关工序时间是密切相关的。

1）结点 i 的最早时间 ET_i 结点 i 所代表的事项最早可能发生的时间称为结点 i 的最早时间，记为 ET_i。

图 6.12 中，结点 i 的最早时间 ET_i 显然等于以结点 i 为起始点的工序 C 和 D 的最早开始时间；当然也等于以结点 i 为完成结点的工序 A 和 B 最早都完成的时间（即 A 和 B 最早完成

时间的最大值)。

2)结点 i 的最迟时间 LT_i　结点 i 所代表的事项在不影响工期前提下最迟必须发生的时间称为结点 i 的最迟时间,记为 LT_i。

图 6.12 中,结点 i 的最迟时间 LT_i 显然等于以结点 i 为完成结点的工序 A 和 B 的最迟完成时间;当然也等于以结点 i 为开始结点的工序 C 和 D 最迟开始时间的最小值。

6.2.2 时间参数的计算

网络计划中时间参数的计算常用的有按工序计算法和按节点计算法。所谓按工序计算法即按工序之间的先后顺序直接计算工序的时间参数,上述工序时间参数的定义中对图 6.10 某些工序时间参数的计算就是利用按工序计算法。而所谓按结点计算法则是先计算结点的最早最迟时间,然后用结点时间表示(或略加计算得出)工序时间。实际上,两种方法并无本质区别,只是形式上略有差别而已。下面介绍按结点计算法。网络计划中结点时间的标记如图 6.13。

在网络计划图中,结点最早时间的计算从始点开始,顺着箭线方向由前向后,依次逐项计算。网络计划始点结点的最早时间为 0,即

$$ET_1 = 0$$

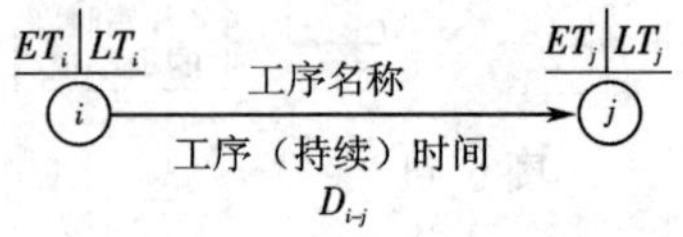

图 6.13

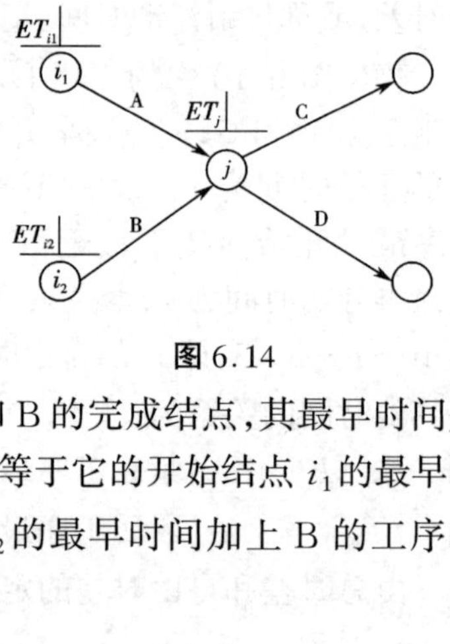

图 6.14

其他结点最早时间计算如图 6.14 所示,结点 j 是工序 A 和 B 的完成结点,其最早时间是工序 A 和 B 最早完成时间的最大值,而工序 A 的最早完成时间等于它的开始结点 i_1 的最早时间加上 A 的工序时间;B 的最早完成时间等于它的开始结点 i_2 的最早时间加上 B 的工序时间,因此对于起始结点以外的其他结点,有

$$ET_j = \max_i (ET_i + D_{i-j})$$

计算中,虚工序作为持续时间为 0 的工序。

结点最迟时间的计算从终点开始,逆着箭线方向由后向前,依次逐项计算。网络计划终点结点的最迟时间等于计算工期,即

$$LT_n = T_P$$

没有特别指明计划工期 T_P 时,用计算工期 T_C 代替。

其他结点最迟时间计算如图 6.15 所示,结点 i 是工序 C 和 D 的开始结点,其最迟时间是工序 C 和 D 最迟开始时间的最小值,而工序 C 的最迟开始时间等于它的完成结点 j_1 的最迟时间减去 C 的工序时间;D 的最迟开始时间等于它的完成结点 j_2 的最迟时间减去 D 的工序时间,因此对于终点结点以外的其他结点,有

$$LT_i=\min_j(LT_j-D_{i-j})$$

计算中,虚工序作为持续时间为 0 的工序。

图 6.10 所示的网络计划图中,部分结点的最早时间如下计算:

$ET_1=0 \quad ET_2=ET_1+2=2 \quad ET_3=ET_1+4=4$

$ET_4=\max(ET_2+0,\ ET_3+0)=\max(2+0,4+0)=4$

其他结点时间计算略。

图 6.10 中部分结点的最迟时间如下计算:

$LT_9=17 \quad LT_8=LT_9-2=15 \quad LT_7=LT_8-2=13 \quad LT_6=LT_8-4=11$

$LT_5=\min(LT_7-0,\ LT_6-0)=\min(13-0,11-0)=11$

其他结点时间计算略。

各结点的时间参数计算结果见图 6.16。

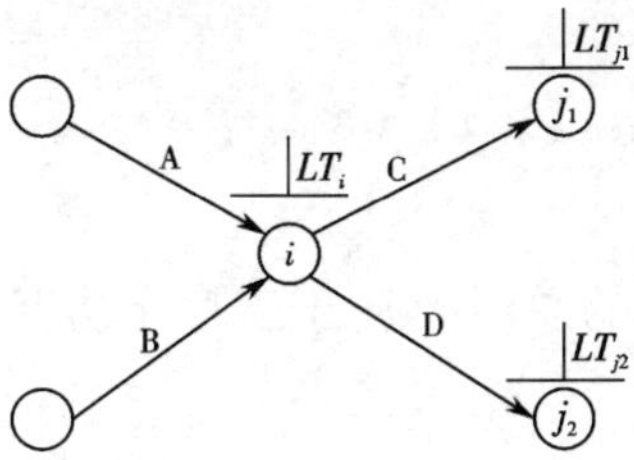

图 6.15

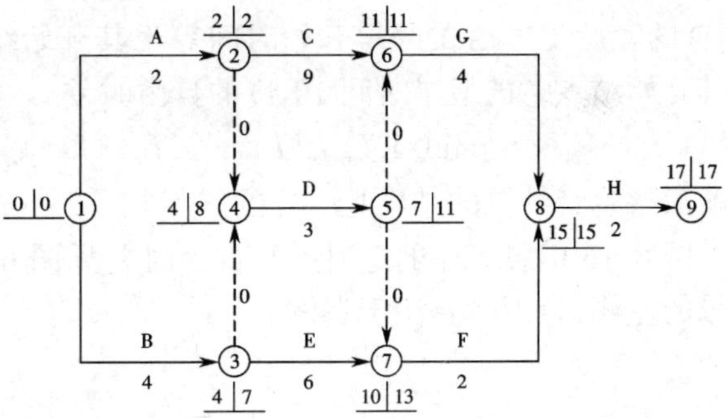

图 6.16

有了结点时间,很容易得到各工序时间,即可以用结点时间表示或进一步简单计算各工序时间。参看图 6.13,当工序(i,j)开始结点和完成结点的最早最迟时间都已计算出之后,以下关系是明显成立的:

①工序(i,j)的最早开始时间等于该工序开始结点的最早时间,即

$$ES_{i-j}=ET_i$$

②工序(i,j)的最早完成时间等于该工序开始结点的最早时间加上工序时间,即

$$EF_{i-j}=ET_i+D_{i-j}$$

③工序(i,j)的最迟完成时间等于该工序完成结点的最迟时间,即

$$LF_{i-j}=LT_j$$

④工序(i,j)的最迟开始时间等于该工序完成结点的最迟时间减去工序时间,即

$$LS_{i-j}=LT_j-D_{i-j}$$

⑤工序(i,j)的总时差等于该工序完成结点的最迟时间减去开始结点的最早时间再减去工序时间,即

$$TF_{i-j}=LT_j-ET_i-D_{i-j}$$

由总时差的定义可以得到,

$$TF_{i-j}=LF_{i-j}-ES_{i-j}-D_{i-j}$$

而 $\quad ES_{i-j}=ET_i \quad LF_{i-j}=LT_j$

即得上式。

⑥当工序(i,j)与其紧后工序不都是经虚工序连接时,工序(i,j)的自由时差等于该工序完成结点的最早时间减去开始结点的最早时间再减去工序时间,即

$$FF_{i-j}=ET_j-ET_i-D_{i-j}$$

以图6.16中工序B为例,它有两个紧后工序E和D,注意工序E只以B为其紧前工序,即B完成后E即可开始;而D的紧前工序除B外还有A,因此D的最早开始时间不可能比E早,换言之,E的最早开始时间必然是B所有紧后工序最早开始时间的最小值。E的最早开始时间等于其开始结点同时也是B的完成结点③的最早时间ET_3,由自由时差定义,B的自由时差可由$FF_{1-3}=ET_3-ET_1-D_{1-3}=4-0-4=0$。但对于工序D,它的两个紧后工序G和F没有任何一个仅以D为紧前工序,因此在网络图中,D的完成结点⑤仅仅表示D的完成,其结点最早时间ET_5仅是D的最早完成时间,并不是D的紧后工序最早开始时间的最小值,因此如D这样的与其紧后工序都是经虚工序连接的工序的自由时差,不能用以上公式计算。实际上,D的紧后工序G的最早开始时间等于其开始结点⑥的最早时间11,F的最早开始时间等于其开始结点⑦的最早时间10,D的自由时差

$$FF_{4-5}=\min(ET_6,ET_7)-ET_4-D_{4-5}=\min(11,10)-4-3=3$$

与前面按定义计算的结果是一样的。

图6.16中各工序的总时差和自由时差见图6.17,图中工序的总时差注于工序上方丁字符号的左侧,自由时差注于右侧。

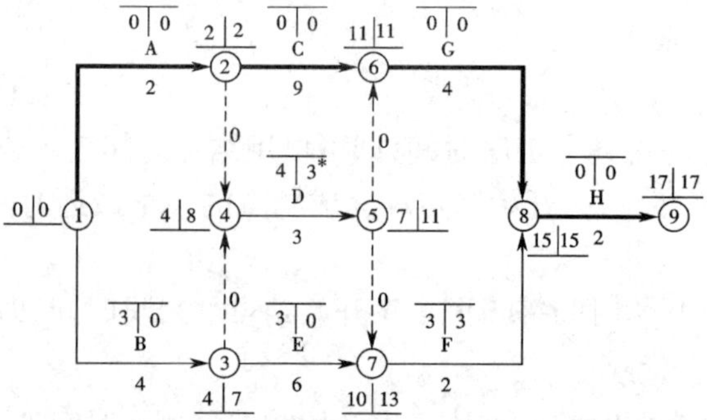

图6.17

6.2.3 关键工序和关键线路

一个工序的总时差为0意味着该工序在不影响工期前提下机动时间为0,即该工序的最早开始时间也是最迟开始时间,其开始和结束时间没有一点机动的余地,它的工序时间的任何延长都会引起工期的拖后,这样的工序称为关键工序,由关键工序构成的由网络计划始点到终点的线路称为关键线路。关键线路在网络计划的进度控制和网络优化中有重要作用。图6.17中,关键线路用粗线表示。

关键线路可以如前述通过计算工序的总时差得到。另外,关键线路是从起点到终点持续时间最长的线路,它的长度就是网络计划的计算工期。故可以利用标号法求网络计划中的最长线路,即关键线路。

回顾前述结点最早时间的计算,其中④号结点的最早时间的计算为

$$ET_4=\max(ET_2+0,\ ET_3+0)=\max(2+0,4+0)=4$$

换一个角度理解,计算始点①到结点④的最长线路的长度也是如此,只不过这里要把结点最早时间 ET_i 视为始点①到第 i 号结点的最长线路的长度。另外,找最长线路不仅要得到最长线路的长度,而且要得到这条路径,为此可仿照最短路问题的标号法,在标记最长路长度的同时,再记下所谓"源结点"号,这样,得到始点到终点的最长路长度同时,按源结点号"反向追踪",即得到最长路径亦即关键线路。图 6.18 给出了用标号法求图 6.10 网络计划中的最长线路即关键线路时各结点的标号,为便于对照,图中也给出各结点的最早时间。图中部分结点标号计算如下:

始点①的标号给定为(0,0),其中第一个 0 表示初始长度为 0,第二个 0 表示尚没有源节点,这个标号没什么意义,可以不写,也可以写为 1;

结点②的标号为(2,1),其中第一个 2 表示始点到该点的最长线路长度为 0+2=2,第二个 1 表示源结点是①号结点;

结点③的标号为(4,1),其中第一个 4 表示始点到该点的最长线路长度为 0+4=4,第二个 1 表示源结点是①号结点;

结点④的标号为(4,3),其中第一个 4 表示始点到该点的最长线路长度为 max(2+0,4+0)=4,第二个 3 表示源结点是③号结点。

其他结点标号略。得到终点⑨号结点的标号(17,8)后,可知始点到终点的最长线路长度为 17,它也是关键线路长度,也是计算工期。最长路径即关键线路可由各结点标号中源结点号"反向追踪",即由⑨号结点,按源结点号到⑧号结点,再到⑥—②—①,于是得关键线路为①—②—⑥—⑧—⑨。

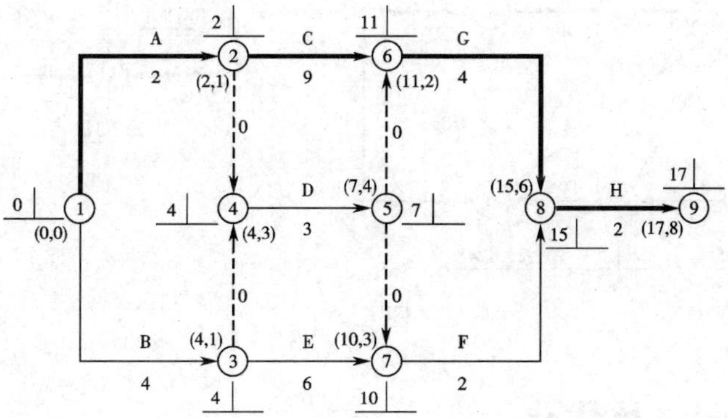

图 6.18

例 6.2 计算例 6.1 网络计划图(图 6.8)中各结点的最早最迟时间和各工序时间,并找出关键线路。

在图上计算各结点的最早时间和最迟时间,如图 6.19。各工序时间见表 6.3,关键线路在图中用粗线标示。

表 6.3

工序(i,j)	工序时间 D_{i-j}	最早开始时间 ES_{i-j}	最早完成时间 EF_{i-j}	最迟完成时间 LF_{i-j}	最迟开始时间 LS_{i-j}	总时差 TF_{i-j}	自由时差 FF_{i-j}	是否关键工序
A(1,2)	8	0	8	8	0	0	0	是

续表 6.3

工序(i,j)	工序时间 D_{i-j}	最早开始时间 ES_{i-j}	最早完成时间 EF_{i-j}	最迟完成时间 LF_{i-j}	最迟开始时间 LS_{i-j}	总时差 TF_{i-j}	自由时差 FF_{i-j}	是否关键工序
B(4,5)	8	8	16	213	205	197	4	否
C(2,5)	12	8	20	213	201	193	0	否
D(5,6)	35	20	55	248	213	193	178	否
E(2,6)	225	8	233	248	23	15	0	否
F(2,3)	200	8	208	208	8	0	0	是
G(3,7)	40	208	248	248	208	0	0	是
H(7,8)	32	248	280	280	248	0	0	是
I(6,8)	8	233	241	280	272	39	39	否
J(8,9)	8	280	288	288	280	0	0	是
K(9,10)	8	288	296	310	302	14	0	否
L(9,11)	24	288	312	312	288	0	0	是
M(11,12)	4	312	316	316	312	0	0	是
N(10,12)	6	296	302	316	310	14	14	否
P(12,13)	4	316	320	320	316	0	0	是

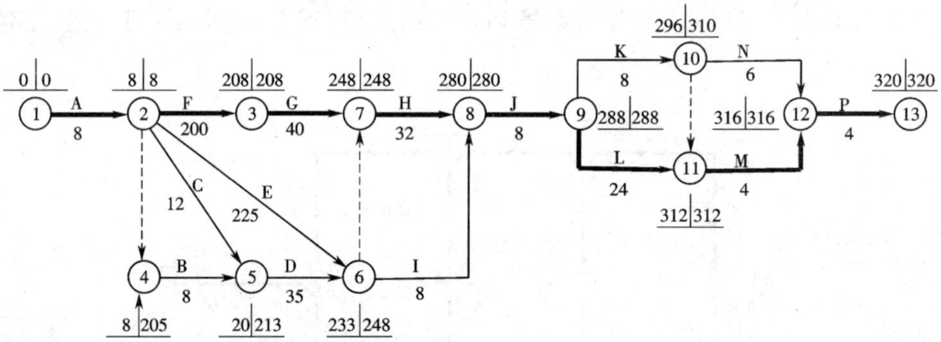

图 6.19

6.3 网络图的调整及优化

网络图的调整及优化简称网络优化，是指在一定约束条件和目标下，对网络计划进行逐步调整、完善以达到预定要求的过程。从便于分析的角度，常把网络优化分为工期优化、费用优化和资源优化，而实际问题往往是工期、费用、资源等问题交织在一起，需要综合分析。

6.3.1 工期优化

工期优化是在当前网络计划的计算工期不满足要求工期，需在一定约束条件和目标下，对当前网络计划进行逐步调整以达到要求工期的过程。由于关键线路决定着工期，因此在不改变工序间逻辑关系的前提下，必须改变某些关键工序的持续时间才可改变工期使之达到要求。

数学大师华罗庚先生在20世纪60年代致力于推广“统筹方法”(核心即网络计划技术)时曾提出“向关键线路要时间”,精辟地道出工期优化方法的实质。以下用一个简单的例子说明工期优化的基本思路和过程。

例6.3　初始的网络计划仍用图6.10,经分析,在增加一定费用条件下,网络计划中工序C可由当前的9天(正常时间)缩短至7天(最短时间),即可“赶工”2天,但平均每天要增加5百元的费用(即“直接费率”为5,见下一小节费用优化中的定义);工序G正常时间4天,最短时间2天,直接费率7;工序D正常时间3天,最短时间2天,直接费率2;工序E正常时间6天,最短时间4天,直接费率3;其他工序均不能赶工。如要求工期为13天,应如何调整,可在尽可能少增加费用的目标下达到要求工期。

为方便,将以上已知条件注于图6.10而得到图6.20,其中,工序箭线下不带括弧的数字为正常时间,括弧内数字为最短时间,箭线上工序名称旁的数字为平均缩短1天需增加的费用,即直接费率。

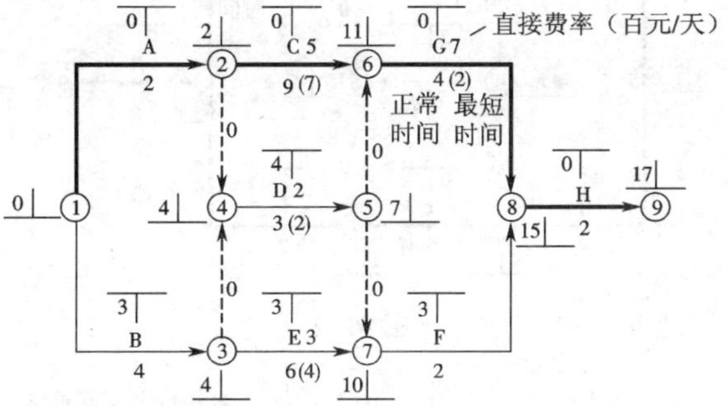

图6.20

解　第一步,由6.2节时间参数计算,正常工序时间下计算工期为17天,要求工期13天,共需压缩工期17－13＝4天。当前网络计划关键线路只有一条,即A—C—G—H,使其变短工期即可变短。该条关键线路上可以缩短的关键工序为C和G,为尽可能少增加费用,考虑先压缩费用率较低的C工序。C本身当前可压缩9－7＝2天,而且当前关键线路即最长线路A—C—G—H比次最长线路B—E—F—H长17－14＝3天,这一差额可由非关键工序总时差的最小值得到。因此压缩C工序2天,工期必相应缩短2天,于是先压缩C工序2天。

第二步,压缩C工序2天后,网络计划的时间参数发生一定变化,如图6.21所示,此时的关键线路仍为A—C—G—H,其长度即计算工期为15天,与要求工期还差2天,还需使关键线路缩短。虽然此时关键工序G可以压缩2天,但此时的次最长线路B—E—F—H只比关键线路短1天,若只将工序G压缩2天,计算工期只缩短1天,即那时原关键线路A—C—G—H不再是关键(最长)线路。为此,此步只压缩G工序1天。

第三步,压缩G工序1天后,网络计划的时间参数又发生变化,如图6.22所示,此时的关键线路变为两条,即A—C—G—H和B—E—F—H,其长度即计算工期均为14天,与要求工期还差1天,还需使两条关键线路同时缩短。本例条件非常简单,使两条关键线路同时缩短的方案只有一个,即分别在两条关键线路上的G和E同时压缩1天。如果这样的方案有多个,显然应选择直接费率(组合)最小的方案。

第三步完成后的网络计划如图6.23,它的计算工期为13天,已满足要求工期,是调整后的最优方案。

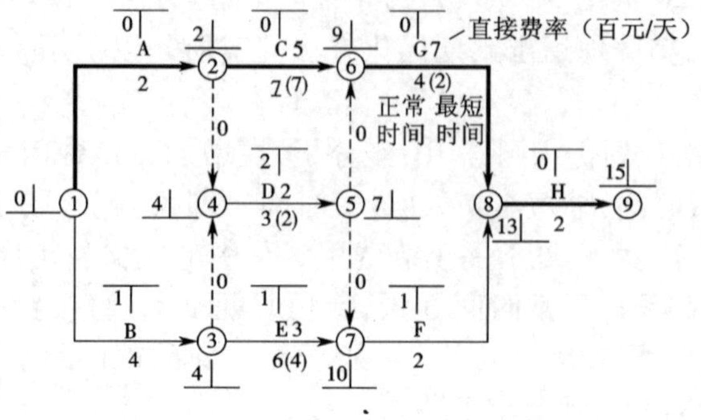

图 6.21

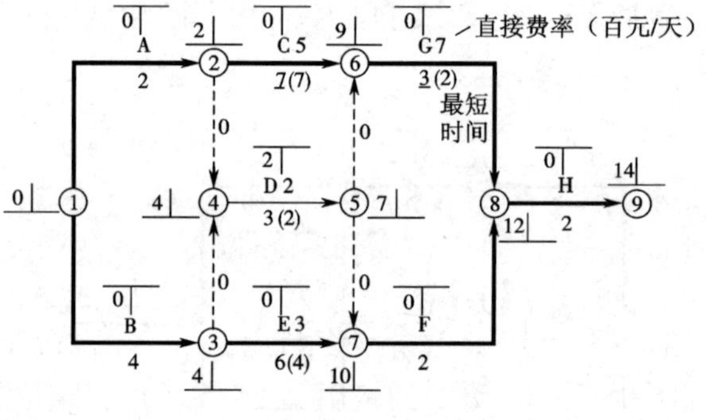

图 6.22

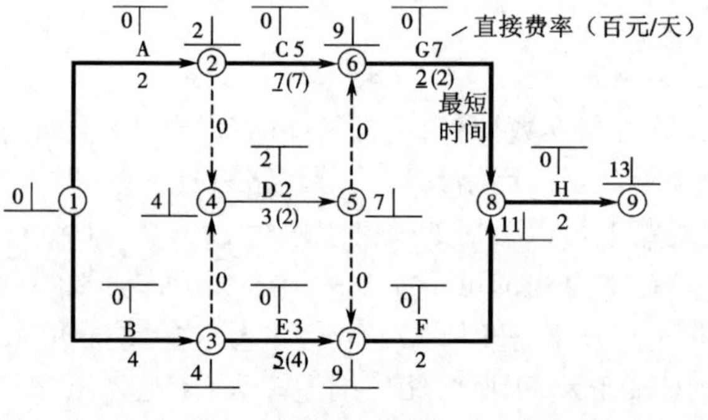

图 6.23

由这个例子可总结出以增加费用最少为目标的工期优化问题分析求解过程。一般地，这类问题的已知条件应包括：各工序(i,j)的紧前或紧后工序，正常工序时间 DN_{i-j}，最短工序时间 DC_{i-j}，赶工单位时间增加的费用，即直接费率 q_{i-j}，或给出正常工序时间的费用 CN_{i-j} 和最短工序时间的费用 CC_{i-j}，按下一小节费用优化中给出的关系式算出直接费率 q_{i-j}，要求工期 T_r。求解步骤如下。

①绘制网络图，计算时间参数和关键线路，得到计算工期 T_C，确定需缩短的时间

$$\Delta T = T_C - T_r$$

②确定关键线路上直接费率最小的可缩短工序时间的关键工序为压缩对象，如果有多条关键线路，需在各条关键线路上选一个尚可缩短工序时间的关键工序构成一个能使工期变短的组合，在所有这些组合中确定一个所含关键工序直接费率之和最小的组合作为压缩对象，记该组合中将被压缩的关键工序的下标集合为 I。

③确定被压缩工序的压缩时间 Δt，它由被压缩的工序自身可能压缩的时间 α 和当前最长线路(关键线路)与次最长线路的差值 β 决定，即

$$\Delta t = \min(\alpha, \beta)$$

式中，$\alpha = \min\limits_{(i,j) \in I}(D_{i-j} - DC_{i-j})$，这里 D_{i-j} 是被压缩关键工序当前的工序时间，求解过程开始时它等于工序正常时间 DN_{i-j}。

$$\beta = \min(TF_{i-j} \mid TF_{i-j} \neq 0)$$

将被压缩工序的工序时间压缩时间 Δt，计算此时的计算工期，如等于要求工期，停止；否则，重复上述步骤。

实际的工期优化问题在确定将要压缩的关键工序时，除考虑费用因素外，有时更要考虑质量、安全等因素。另外，实际中也常常采用改变工序间逻辑关系，尤其是采用平行作业和交叉作业的方式使工期提前。

6.3.2 费用优化

网络计划的费用优化又称时间费用(成本)优化，是在一定条件下寻求最低费用的计划安排过程(也称最低成本日程)；或寻求实现要求工期的最低费用计划安排过程。就后者而言，前述工期优化例 6.3 也可认为是费用优化。

在网络计划的费用优化中，费用分为直接费和间接费。直接费分解到每一个工序，主要指人工、材料、机械设备等直接用于一项工序的费用，而且一般认为一项工序的直接费在一定范围内与完成该工序的时间成反比。如图 6.24 所示，工序 (i,j) 由正常时间 DN_{i-j} 缩短到最短时间 DC_{i-j} 时，其直接费由正常工序时间费用 CN_{i-j} 升高到最短工序时间费用 CC_{i-j}。如果这一变化可以近似为线性的，则可用一系数表示：

$$q_{i-j} = \frac{CC_{i-j} - CN_{i-j}}{DN_{i-j} - DC_{i-j}}$$

它就是前面工期优化中提到的工序 (i,j) 的直接费率。

间接费主要指与整个项目相关的管理费、合同规定的项目提前完成的奖励或拖延的罚金等，它与项目的工期成正比，简单的分析中也用一个系数即“间接费率” p 表示。注意这里的间接费不分解到各工序，“间接费率” p 的含义是整个项目(即网络计划)的工期每提前单位时间可节约的费用。

由于每项工序的直接费与其完成时间成反比，网络计划的总直接费为各工序直接费之和，故总直接费与网络计划工期成反比，而间接费与工期成正比，因此如图 6.25 所示，总费用有可能在某个工期 T_O 下取得最小值。费用优化中的寻求最低费用的计划安排即由此而来。

寻求最低费用计划安排的分析求解方法与前述工期优化方法基本相同，但这里通过压缩关键工序时间以缩短工期只是使网络计划总费用降低的手段，因此只有当压缩关键工序时间增加的直接费小于由此导致工期缩短而节约的间接费时，这一“压缩”才进行。

费用优化问题的已知条件与前述工期优化问题相似，也应包括：各工序 (i,j) 的紧前或紧后工序，正常工序时间 DN_{i-j}，最短工序时间 DC_{i-j}，直接费率 q_{i-j}，或给出正常工序时间的费用 CN_{i-j} 和最短工序时间的费用 CC_{i-j}，这里显然没有工期要求，但要给出间接费率 p。求解步骤如下。

①绘制网络图，计算时间参数和关键线路，如果已知条件没有给出直接费率 q_{i-j}，需对其

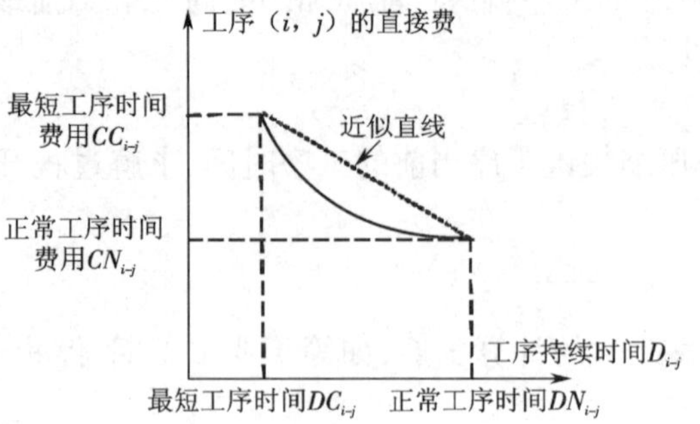

图 6.24

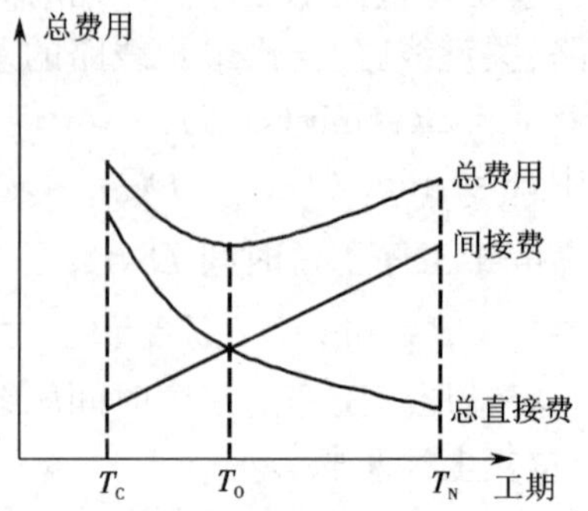

图 6.25

计算。

②确定关键线路上直接费率最小的可缩短工序时间的关键工序为压缩对象，如果有多条关键线路，需在各条关键线路上选一个尚可缩短工序时间的关键工序构成一个能使工期变短的组合，在所有这些组合中确定一个所含关键工序直接费率之和最小的组合作为压缩对象，记该组合中将被压缩的关键工序的下标集合为 I。

③计算这些被压缩的工序的直接费率之和 $\sum\limits_{(i,j)\in I} q_{i-j}=q$，若$(q-p)<0$，说明压缩这些工序可使总费用下降，进入下一步；否则，若$(q-p)>0$，说明压缩这些工序反使总费用上升，停止进行，当前计划即最低费用计划，或所谓最低成本日程。

④确定被压缩工序的压缩时间 Δt，它由被压缩的工序自身可能压缩的时间 α 和当前最长线路(关键线路)与次最长线路的差值 β 决定，即

$$\Delta t=\min(\alpha,\beta)$$

式中，$\alpha=\min\limits_{(i,j)\in I}(D_{i-j}-DC_{i-j})$，这里 D_{i-j} 是被压缩关键工序当前的工序时间，求解过程开始时它等于工序正常时间 DN_{i-j}。

$$\beta=\min(TF_{i-j}\mid TF_{i-j}\neq 0)$$

将被压缩工序的工序时间压缩时间 Δt，重新计算时间参数和关键线路，返回步骤②。

应该指出，包括前述工期优化求解过程和这里的费用优化过程，是典型的逐步改进的过程，即每一步都只进行局部优化，与运输问题确定初始方案的最小成本法等类似，这样的求解过程并不能保证最终结果一定是全局最优，但该求解过程很容易理解，而且实际问题往往条件和参数较为复杂，理想的可以求得最优解的模型和计算或过于复杂，或难以计算，而这里给出的方法实际上提供了一个很好的分析思路，尽管是近似的，但易于操作。

例 6.4 图 6.26 表示由 I, M, N, O, P, Q, R 七道工序组成的网络图及有关时间参数，工程有关费用等由表 6.4 给出，间接费率为 200 元/天。试确定最低成本工期。

表 6.4

工序(i,j)	正常工序时间 DN_{i-j}(天)	最短工序时间 DC_{i-j}(天)	正常完工进度直接费用(元)	直接费率 q_{i-j}(元/天)
I(1,2)	10	10	800	—
M(2,5)	15	12	3 000	180
N(5,6)	10	8	2 000	120

续表 6.4

工序(i,j)	正常工序时间 DN_{i-j}(天)	最短工序时间 DC_{i-j}(天)	正常完工进度直接费用(元)	直接费率 q_{i-j}(元/天)
O(1,4)	25	18	1 500	60
P(4,6)	15	15	3 000	—
Q(1,3)	20	20	500	—
R(3,6)	40	15	2 000	150
合计			12 800	

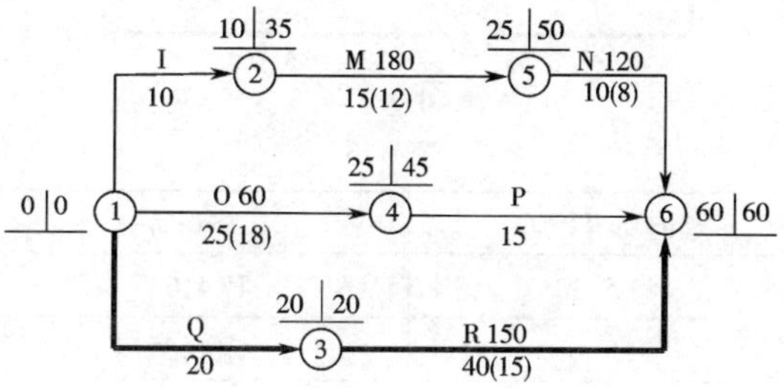

图 6.26

解

[循环 1]

①绘制网络图(图 6.26),为方便分析,图中工序箭线下不带括弧的数字为正常时间 DN_{i-j},括弧内数字为最短时间 DC_{i-j},箭线上工序名称旁的数字为直接费率 q_{i-j}。计算各结点的时间参数和关键路线也标注于图中;计算各工序的总时差 TF_{i-j},见表 6.5。关键线路由工序 Q 和 R 组成,计算工期 $T_C = 60$ 天。

表 6.5

工序(i,j)	总时差 TF_{i-j}	工序(i,j)	总时差 TF_{i-j}
I(1,2)	25	P(4,6)	20
M(2,5)	25	Q(1,3)	0
N(5,6)	25	R(3,6)	0
O(1,4)	20		

方案 1:工期为 60 天(正常工期)的总费用:$S_1 = 12\,800 + 200 \times 60 = 24\,800$。

②关键工序中只有工序 R 可缩短工序时间,确定工序 R 为压缩对象。$I = \{(3,6)\}$。

③被压缩的工序的直接费率之和 $q = q_{3-6} = 150$,且$(q - p) = 150 - 200 = -50 < 0$,说明压缩工序 R 可使总费用下降,进入下一步。

④确定被压缩工序的压缩时间 Δt,$\alpha = DN_{3-6} - DC_{3-6} = 40 - 15 = 25$,$\beta = \min(TF_{i-j} \mid TF_{i-j} \neq 0) = 20$, $\Delta t = \min(\alpha, \beta) = \min(25, 20) = 20$。

将工序 R 的工序时间压缩 $\Delta t = 20$,得到新的工序时间 $D_{3-6} = 40 - 20 = 20$。

[循环 2]

①重新计算时间参数和关键线路,见图 6.27。计算各工序的总时差 TF_{i-j},见表 6.6。关

键线路有两条,工序 O 和 P 组成一条关键线路,工序 Q 和 R 组成一条关键线路,计算工期 $T_C=40$ 天。

方案 2:工期为 40 天的总费用:$S_2=12\ 800+150\times20+200\times40=23\ 800$。

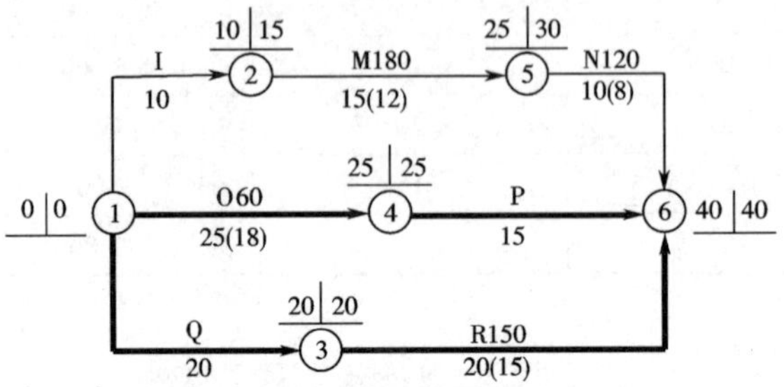

图 6.27

表 6.6

工序(i,j)	总时差 TF_{i-j}	工序(i,j)	总时差 TF_{i-j}
I(1,2)	5	P(4,6)	0
M(2,5)	5	Q(1,3)	0
N(5,6)	5	R(3,6)	0
O(1,4)	0		

②关键线路 O—P 上只有工序 O 工序时间可压缩,选择工序 O 为压缩对象;关键线路 Q—R 上只有工序 R 工序时间可压缩,选择工序 R 为压缩对象。$I=\{(1,4),(3,6)\}$。

③计算这些被压缩的工序的直接费率之和

$$q=\sum_{(i,j)\in I}q_{i-j}=q_{1-4}+q_{3-6}=60+150=210,(q-p)=210-200=10>0$$

说明压缩这些工序反使总费用上升,停止进行,当前计划即最低费用计划,或所谓最低成本日程。最低费用工期为 40 天,相应费用 23 800 元。

6.3.3 资源优化

资源优化又称时间—资源优化,其主要目的是使资源对时间的分布更合理,从而提高效率,降低成本。资源优化方法的基本思路是利用非关键工序的机动时间,尤其是总时差,恰当安排其开始时间,以达到单位时间提供资源有限时使工期尽可能短或工期不变时资源的使用更加均衡。以下以一例简要说明。

例 6.5 设某项工程的网络计划图由图 6.28 给出。图中箭线下第一个数字为工序时间(单位:周),第二个数字为完成该工序每周所需的劳动力数。通过计算,结点时间参数也在图 6.28 上给出,该工程工期 $T_C=9$ 周。

现假设这项工程由一个作业组承包,全组共有 9 名劳力。这个承包组能否在预定的工期 $T=9$ 周内完成工程,各道工序进度应该如何安排才能使劳力资源均衡使用。

解 解决这类问题,一般可按下述四步进行:计算工程每单位时间内所需资源量;作出初始进度横道表及资源需求曲线;进行资源均衡调整求得新的进度计划;评价工程进度计划对资源利用的均衡程度。

对于图 6.28 的工程网络,按上述步骤进行时间—资源优化和调整。

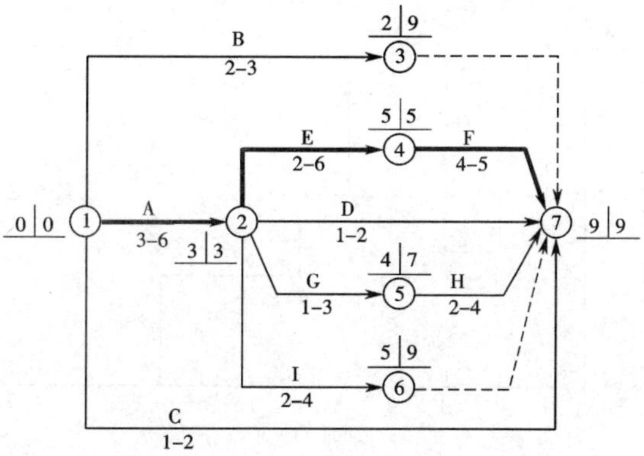

图 6.28

首先，根据数据可算出完成此工程需要周数：$\sum \lambda_i = 79$ 工作周，其中 λ_i 为完成工序所需的工作周数(周×人数)。工程每周所需劳力为

$$\bar{\lambda} = \frac{1}{T}\sum \lambda_i = \frac{1}{9}\times 79 = 8.8\ 人$$

所以适当安排各道工序进程，整个工程有可能在 9 周内完成，相反，要是每周需投入劳力数超过 9 人，则不论怎样调整安排工序进度均不可能在预定工期内完成。

其次，根据网络图及时间参数作出初始进度计划，即把每道工序的开工时间都定在最早可能开工时间，则可以作出各道工序进度的横道表(表 6.7)。表中“═══”表示关键工序；“—”表示非关键工序；“…”表示在不影响工期条件下非关键工序允许变动范围。

例如，工序 B 所需的 2 周时间可安排在第一周至第九周这个时间区间内任何持续的 2 周中进行，横线上的数字为工序每周所需劳力数。

表 6.7

工序	1	2	3	4	5	6	7	8	9(周)
A	6	6	6						
B	3	3							
C	2								
D				2					
E				6	6				
F						5	5	5	5
G				3					
H					4	4			
I				4	4				
劳力人数	11	9	6	15	14	9	5	5	5

表 6.7 中最后一行给出了该进度下每周所需劳力资源数。为了更形象描述该进度计划下资源使用状况，可根据横道表作出劳力资源需求曲线(图 6.29)。资源需求曲线是一个阶梯曲线。其中 t 表示时间；λ 表示资源需求量，即应安排的总人数；λ_{max} 为资源限制。显然，本例中 $\lambda_{max} = 9$ 人，在第 1、4、5 周中将缺少劳力资源，第 3、7、8、9 周中劳力资源将有剩余。

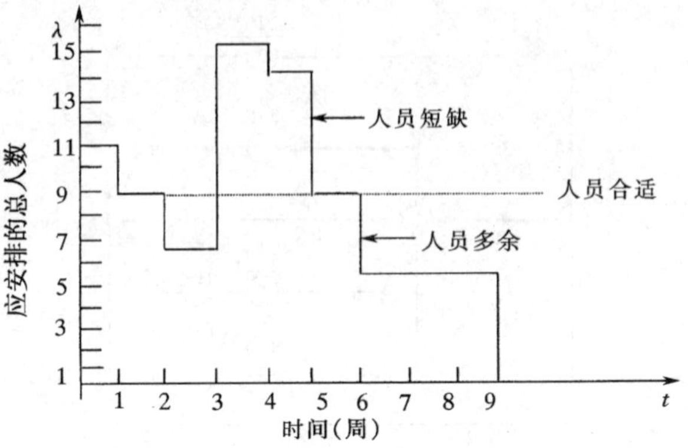

图 6.29

再次，为了均衡使用劳力资源，必须对初始进度计划进行调整，或者更形象地说，必须重新安排工序进度，以使在可能范围把资源需求曲线中凸出部分和凹进部分尽量弄平。对于像本例这样的简单情况，根据非关键工序上的总时差数，可以通过手工计算进行调整而解决，但在工序数目很大时，则必须由电子计算机根据一定程序来进行资源调优。限于篇幅，这里不作一般介绍。在实际工作中，没有必要去追求资源均衡利用的最优状况，对多数实际工程计划来说，只需调整到一个较为满意的状况即可。所以，在实际工作中，往往应用所谓"启发式规划法"解决这一问题。而启发式标准实际上是一种行得通的"约略估计"。迄今为止，已经出现许多解决资源平衡网络进度问题的启发式规划法。

启发式方法一般是首先找出那些具有最大总时差的工序，在不拖延整个工程完工期的情况下，试图把这工序尽可能长地往后延缓，例如，首先延缓工序 C 的开工时间至第三周初(工序 C 总时差最大)，这样工序 A 和工序 B 可以同时开工，而不超过劳力资源 9 人的限制，继续使用这个方法，就能得到表 6.8 所示的修订好的进度表。

表 6.8

工序	1	2	3	4	5	6	7	8	9(周)
A	6	6	6						
B	3	3							
C			2						
D					2				
E				6	6				
F						5	5	5	5
G				3					
H						4	4		
I								4	4
劳力人数	9	9	8	9	8	9	9	9	9

从表 6.8 上看出，此修订的进度计划在资源利用上有较好的均衡性。

最后，评价一个工程进度计划对资源利用均衡程度一般以资源利用量的方差为标准，方差越小，则均衡性越好。若一个工程计划给定后，T 为总工期，λ_t 表示第 t 时间单位对资源的需求量，$\bar{\lambda}$ 表示该进度计划下单位时间资源利用量的均值，则根据方差定义，有

$$\lambda_{\sigma^2} = \frac{1}{T}\sum_{t=1}^{T}(\lambda_t - \bar{\lambda})^2$$

对于图 6.29 所示工程来说，初始进度计划表的 $\lambda_{\sigma^2} = 13.50$。这个进度计划下劳力资源利用很不均衡，在进行时间—资源优化后，修订后进度计划表的 $\lambda_{\sigma^2} = 1.56$。这样，它的资源利用就比较均衡了。

6.3.4 工程完工期的概率分析

工程完工期的概率分析是工序时间不确定情况下 PERT(计划评审技术)的主要工作。如 6.1.4 中所述，工序持续时间可能是不确定的，此时的工期显然也是不确定的，由此就会提出在某个预定时间内完成该工程项目的可能性多大，这就是完工期的概率分析。工序(i,j)的持续时间是不确定的，可视其为一个随机变量 d_{ij}，准确地得到 d_{ij} 的分布函数或概率密度几乎是不可能的，而且也没有必要。一般采用“三点估计”的方法近似得到 d_{ij} 的数学期望(均值)和方差。所谓“三点估计”，是指在初步分析计算基础上，考虑实施工序(i,j)时的不确定因素，由有经验的工程技术人员对工序(i,j)的持续时间做出三个估计值：

a_{ij} 乐观估计时间，即很顺利完成时的最短时间；

b_{ij} 悲观估计时间，即很不顺利完成时的最长时间；

m_{ij} 最可能估计时间，即正常情况下最有可能完成的时间；

然后用以下公式计算 d_{ij} 的数学期望(均值)$\bar{d}_{ij}$ 和方差 σ_{ij}^2

$$\bar{d}_{ij} = \frac{a_{ij} + 4m_{ij} + b_{ij}}{6}$$

$$\sigma_{ij}^2 = \left(\frac{b_{ij} - a_{ij}}{6}\right)^2$$

在工序(i,j)的持续时间是确定值的情况下，网络计划的工期就是始点到终点的最长线路即关键线路的长度。而这里工序(i,j)的持续时间是不确定的，网络计划中任何一条始点到终点的线路的长度都是不确定的，可依期望值法则(参看本教材第 7 章)以平均长度最长(均值最长)的线路的长度表示网络计划的工期。找这条最长线路比较简单的方法是标号法，参看本章 6.2.3 有关内容。记这条(均值)最长的线路包含的工序的下标集合为 I，它的长度(即工期)用网络计划图终点结点 n 的结点时间 t_n 表示，即

$$t_n = \sum_{(i,j)\in I} d_{ij}$$

t_n 的数学期望(均值) T_E 为构成它的各工序时间数学期望之和；当各工序时间相互独立时，t_n 的方差 σ^2 为构成它的各工序时间方差之和，即

$$T_E = \sum_{(i,j)\in I} \bar{d}_{ij}$$

$$\sigma^2 = \sum_{(i,j)\in I} \sigma_{ij}^2$$

由概率论的中心极限定理，t_n 近似服从均值为 T_E，方差为 σ^2 的正态分布。即

$$F(T) = P(t_n \leqslant T) = \frac{1}{\sqrt{2\pi}\sigma}\int_{-\infty}^{T} e^{-\frac{(t-T_E)^2}{2\sigma^2}}\,dt$$

由正态分布的性质，通过令 $\lambda = \dfrac{T - T_E}{\sigma}$

$$\Phi(\lambda)=\frac{1}{\sqrt{2\pi}}\int_{-\infty}^{\lambda}\mathrm{e}^{-\frac{t^2}{2}}\mathrm{d}t$$

查标准正态分布表,即可得工程项目在预定时间 T 内完成的概率 $P(t_n\leqslant T)$。

例如,某工程网络图如图 6.30 所示。先按三时估计法算出每一工序时间的均值 $\bar{d}_{ij}$ 及方差 σ_{ij}^2,并可进一步计算得上述网络计划始点①到终点⑦的均值最长的线路。

$$①\xrightarrow[12.83]{10-13-15}②\xrightarrow[8.17]{7-8-10}④\xrightarrow[10.33]{8-10-14}⑥\xrightarrow[11]{9-11-13}⑦$$

所得数据列于表 6.9。

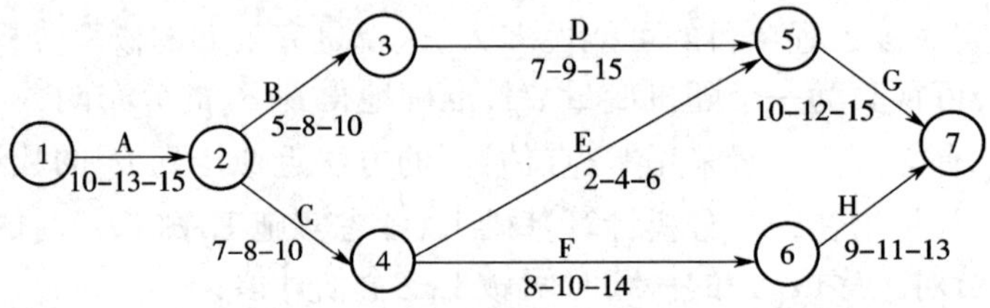

图 6.30

表 6.9

工　序	a	m	b	$\bar{d}_{ij}$	σ_{ij}^2
①—②	10	13	15	12.83	0.69
②—④	7	8	10	8.17	0.25
④—⑥	8	10	14	10.33	1.00
⑥—⑦	9	11	13	11	0.44

由表算得,工程完工期的期望值

$$T_{\mathrm{E}}=12.83+8.17+10.33+11=42.33$$

标准差

$$\sigma=\sqrt{0.69+0.25+1.00+0.44}=1.54$$

若指定要求工程在 43 天内完成,即 $T=43$,则计算

$$\lambda=\frac{T-T_{\mathrm{E}}}{\sigma}=\frac{43-42.33}{1.54}=0.44$$

查标准正态分布表,可得 $\Phi(0.44)=0.67$,则可知工程在 43 天内完成的概率为 0.67。

通过计算工程在各工期内完工的可能性(概率),可比较工程在工期内完工的难易程度。表 6.10 给出计算出的完工概率与如期完成难易程度评价的对照。

表 6.10

概　率(%)	工程完工期难易程度评价
0～4	极　难
5～14	困　难
15～49	较　难
50～84	较　易

续表 6.10

概 率(%)	工程完工期难易程度评价
85～95	容 易
95～100	极 易

另外,如果对工程工期完工的可能性有所要求时,即要求工程完工时间的概率不小于某一数值时,也可根据上述公式算出相应的完工期。上例中若要求完工可能性达95%的工期,查正态分布表 $\Phi(\lambda)=0.95$,得 $\lambda=1.6$。由 $\lambda=\dfrac{T-T_E}{\sigma}$,得相应工期为

$$T=T_E+\sigma\lambda=42.33+(1.6\times1.51)=45\text{ 天}$$

习题 6

6.1 已知某工程有关资料如表6.11。

表6.11

工 序	紧前工序	工序时间	工 序	紧前工序	工序时间	工 序	紧前工序	工序时间
a	–	60	g	b,c	7	m	j,k	5
b	a	14	h	e,f	12	n	i,l	15
c	a	20	i	f	60	o	n	2
d	a	30	j	d,g	10	p	m	7
e	a	21	k	h	25	q	o,p	5
f	a	10	l	j,k	10			

要求:(1)绘制网络图;

(2)计算各项时间参数,求出完工期;

(3)确定关键路线。

6.2 已知如表6-12所示资料。

表6.12

工 序	正常作业时间	紧前工序	正常完成进度的直接费用(百元)	赶进度一天所需费用(百元)
A	4		20	5
B	8		30	4
C	6	B	15	3
D	3	A	5	2
E	5	A	18	4
F	7	A	40	7
G	4	B、D	10	3
H	3	E、F、G	15	6
合 计			153	
工程的间接费用			5(百元/天)	

另已知每项工序都只能赶工一天。

要求:(1)按正常情况绘制网络图,求出工期和关键线路;

(2)求出该工程的最低成本工期;

(3)若要求在最低成本工期基础上再提前一天,求出赶工成本最低的赶工方案。

6.3 已知条件如表6.13,又知间接费率为15(千元/周),求总费用最低方案及规定工期为8周的总费用最低方案。

表6.13

工作名称	紧前工作	正常工作时间(周)	最短工作时间(周)	直接费率(千元/周)
A	–	2	2	–
B	–	6	4	8
C	A	3	2	12
D	A	5	2	12
E	B、C	4	2	7
F	B、C	3	1	9
G	D、E	3	1	6
H	D、E、F	2	2	–

6.4 已知条件如表6.14,其中 a_{ij}、m_{ij}、b_{ij} 分别是对工作 (i,j) 持续时间所作的乐观、最可能和悲观估计值,试求该工程在20周内完成的概率。

表6.14

工作名称	紧前工作	a_{ij}	m_{ij}	b_{ij}
A	–	1	2	3
B	–	1	2	3
C	–	1	2	3
D	A	1	2	9
E	A	2	3	10
G	B	3	6	15
H	B	2	5	14
I	D、E	1	4	7
J	C	4	9	20
K	H、J	1	2	9
L	G、I、K	4	4	4

6.5 某项工程有关资料如表6.15。

表6.15

工序	紧前工序	平均工序时间(周)$\frac{1}{6}(a+4m+b)$	工序时间方差 $\sigma^2=\left(\frac{b-a}{6}\right)^2$
A	–	2	1.05
B	–	3	2.25
C	B	2.5	4.34

续表 6.15

工序	紧前工序	平均工序时间(周)$\frac{1}{6}(a+4m+b)$	工序时间方差 $\sigma^2=\left(\frac{b-a}{6}\right)^2$
D	B	6	3.70
E	A、C	20	4.95
F	D、E	4	4.66
G	F	2	4.05

要求:(1)画出施工网络图,确定关键工序及期望完工期;

(2)估计工程在 30 周内完工的概率。

6.6 填空

PERT 与 CPM 的主要区别是 PERT 的工序时间是__________的,从而完工期也是随机的,求出的 T_E 实现的概率只有__________。

Ⅳ 决策技术

第7章 风险型决策

7.1 决策问题的基本要素及分类

决策这个词起源于英语中的Decision Making。中文中,“决策”一词应理解为“决定策略”。这里策略是广义的,可以是重大问题的决策,也可以指日常工作、生产中的行动方案。人类在生产、生活中总是不断地遇到问题,决策就是人们为了解决当前或未来可能发生的问题而选择最佳方案的过程。

一般来讲,决策理论是一个比较广义的概念。它涉及经济理论、组织理论、行为理论等多种学科。本章只介绍决策过程中的数量分析方法,即通常称为“决策分析”的内容。

7.1.1 决策的基本要素

一般来说,任何决策问题都由下面几个基本要素组成:

①决策者,指在决策中有决定权的人;

②可供选择的方案,用 d_j 表示($j=1,2,\cdots,n$),方案可以是有限个,也可以是无限多个;

③准则或目标,用以评价方案的优劣,可以是单个的,即单目标决策;也可以是多个,即多目标决策;

④自然状态,用 θ_i 表示($i=1,2,\cdots,m$);

⑤结局,即各方案在各种可能的自然状态下产生的结果。

当选用 d_j 方案,自然状态为 θ_i 时,产生的结局用 $R(\theta_i,d_j)$表示。

在一个决策问题中,至少要有两个以上可供选择的方案。自然状态是指在决策过程中可能出现的情况。自然状态的出现是不以决策者的意志为转移的,是不可控制的。决策分析中结局经常用利润值和损失值表示,如

$$R(\theta_i,d_j)=\begin{cases}u_{ij},d_j\text{ 方案在}\theta_i\text{ 状态下产生的利润值}\\ l_{ij},d_j\text{ 方案在}\theta_i\text{ 状态下产生的损失值}\end{cases}$$

通常结局可用决策损益表表示(表7.1,表7.2)。

表 7.1

利润 \ 方案 状态		d_1	d_2	…	d_n
$P(\theta_1)$	θ_1	u_{11}	u_{12}	…	u_{1n}
$P(\theta_2)$	θ_2	u_{21}	u_{22}	…	u_{2n}
…	…	…	…	…	…
$P(\theta_m)$	θ_m	u_{m1}	u_{m2}	…	u_{mn}

表 7.2

损失 \ 方案 状态		d_1	d_2	…	d_n
$P(\theta_1)$	θ_1	l_{11}	l_{12}	…	l_{1n}
$P(\theta_2)$	θ_2	l_{21}	l_{22}	…	l_{2n}
…	…	…	…	…	…
$P(\theta_m)$	θ_m	l_{m1}	l_{m2}	…	l_{mn}

下面例子可具体说明决策的各个基本要素。

例 7.1 某唱片磁带公司为了适应市场需求欲扩大生产,计划部门提出三种方案可供公司考虑:①扩大现有工厂;②建立一个新工厂;③将部分产量转包给其他街道工厂生产。对公司来说,最大的不肯定性是未来市场对产品的需求量。经市场预测分析,需求量可能会以如下的可能性出现下面四种状态:①高需求量,出现的可能为 0.2;②中等需求量,出现的可能为 0.5;③低需求量,出现的可能为 0.2;④失败(无需求),出现的可能为 0.1。

根据以往历史资料分析,预计三种方案在各种市场需求状态下,公司能获得的利润值见表 7.3。

表 7.3

结局(收益)(百万元) \ 方案 自然状态		扩大 d_1	新建 d_2	转包 d_3
$P(\theta_1)=0.2$	高需求 θ_1	500	700	300
$P(\theta_2)=0.5$	中需求 θ_2	250	300	150
$P(\theta_3)=0.2$	低需求 θ_3	-250	-400	-10
$P(\theta_4)=0.1$	无需求 θ_4	-450	-800	-100

问题是在这些数据资料下,公司应选择什么方案最为有利?

上述决策问题中,决策的基本要素如下:

①决策者是公司经理;

②备选方案是:d_1 为扩大现有工厂,d_2 为建一个新工厂,d_3 为将部分产量转包给其他工厂;

③目标是期望效益(见 7.2.2)最大;

④自然状态指市场可能出现状态,即 θ_1 表示需求量高、θ_2 表示需求量中等、θ_3 表示需求量低、θ_4 表示无需求量;自然状态概率是指市场各种状态出现的可能性,即 $P(\theta_1)=0.2, P(\theta_2)=0.5, P(\theta_3)=0.2, P(\theta_4)=0.1$。

⑤结局是指各方案在各种可能市场状态下的获利值，由表 7.3 给出。

7.1.2 决策分类

按照决策的自然状态可将决策分为三类。

1. 确定型决策

这类决策问题只可能出现一种确定的自然状态，每个行动方案在这唯一的自然状态下的结局是可以计算出来的。当决策的目标是单一目标时，确定型决策问题是一种逻辑上比较简单的决策，只需从所有备选方案中，根据每个方案结局，选择出一个最好的即可。例如，第 2 章问题 1 所述线性规划问题就是一个确定型决策问题，其中：

$\boldsymbol{X}=[x_1 \quad x_2]^{\mathrm{T}}$——决策方案

$\max\ z=7x_1+12x_2$——目标函数

$$\begin{cases}9x_1+4x_2\leqslant 360\\4x_1+5x_2\leqslant 200\\3x_1+10x_2\leqslant 300\\x_1,x_2\geqslant 0\end{cases}$$ 可行方案必须满足的条件，隐含着无限多的方案

这是一个确定型决策问题，可根据各个方案的产值（结局）大小去选择最佳的生产方案。用单纯形法可求得最优解 $x_1=20, x_2=24$，最优值为 428。

2. 风险型决策

这类决策问题在决策过程中可以出现多种自然状态 $\theta_i(i=1,2,\cdots,m)$，每一个行动方案在不同自然状态下有不同的结局，且能预先估计出各个自然状态出现的概率 $P(\theta_i)(i=1,2,\cdots,m)$。决策分析的主要讨论对象是风险型决策。

3. 完全不确定型决策

这类决策与风险型决策一样，在决策过程中可以出现多种自然状态，每一行动方案在不同的自然状态下有不同的结局，但在这类决策问题中，不能预先估计出各自然状态出现的概率，所以称之为完全不确定型决策。

7.2 风险型决策

7.2.1 风险型决策的特征

风险型决策有如下特征：

①决策过程中存在两个以上的自然状态 $\theta_i(i=1,2,\cdots,m)$，但究竟会出现哪一种自然状态，决策者是不能控制的，但可以事先估计各种自然状态出现的概率 $P(\theta_i)(i=1,2,\cdots,m)$；

②存在决策希望达到的明确目标，例如收益最大或损失最小；

③存在多个可供决策者选择的方案；

④各个方案在不同自然状态下的结局（收益值或损失值）可以计算出来。

例 7.2 为了开发某种新产品，某厂需要对生产设备的投资规模作一次决策。设计部门提出三种可供选择的方案：d_1 购买大型设备；d_2 购买中型设备；d_3 购买小型设备。预计新产

品投放市场后，市场对这种产品的需求情况可能有三种，即有三种可能发生的自然状态：θ_1 需求量较大；θ_2 需求量中等；θ_3 需求量较小。厂方经销部门根据有关资料与信息预测出市场三种需求情况出现的概率 $P(\theta_1)=0.3, P(\theta_2)=0.4, P(\theta_3)=0.3$。厂方的决策目标是使开发新产品的收益最大。厂方估计三种方案 d_1、d_2、d_3 在各种市场状态下的收益用表 7.4 表示。

表 7.4

收益（万元） 方案 / 状态及概率		d_1	d_2	d_3
$P(\theta_1)=0.3$	θ_1	50	30	10
$P(\theta_2)=0.4$	θ_2	20	25	10
$P(\theta_3)=0.3$	θ_3	−20	−10	10

试问在上述情况下厂方应选择何方案最有利?

显然，例 7.2 是典型的风险型决策问题。

7.2.2 期望值准则

决策问题的关键是如何去选择行动方案。一般来讲，首先要对每一个方案作出评价，然后根据这些评价去选择最佳或满意的方案。这种评价在决策分析中是以数量化形式表现的，即对每一个方案作出一个数量化评价值：

$$d_j(\text{方案}) \leftarrow f(d_j)(\text{方案的数量化评价值})$$

于是问题归结为确定方案评价值的准则是什么？也就是决策准则是什么？在风险型决策中，经常采用“期望值准则”。它把一个方案在各种状态下的收益（或损失）的期望值作为这方案的评价值，即有

$$d_j(\text{方案}) \leftarrow f(d_j) = E(d_j) = \sum_{i=1}^{m} P(\theta_i)\,u_{ij}\,(\text{收益期望值})$$

其中 u_{ij} 是 d_j 方案在出现自然状态 θ_i 时的收益值。然后根据各方案评价值——收益（或损失）期望值的大小去选择方案，即有

$$\max E(d_j) = E^*(d_k),\ d_k \text{ 为最优方案（损失的期望值取 min）}$$

上述例 7.2 问题中，先计算三个方案的收益期望值：

$$E(d_1) = P(\theta_1)u_{11} + P(\theta_2)u_{21} + P(\theta_3)u_{31}$$
$$= 0.3 \times 50 + 0.4 \times 20 + 0.3 \times (-20) = 17$$
$$E(d_2) = P(\theta_1)u_{12} + P(\theta_2)u_{22} + P(\theta_3)u_{32}$$
$$= 0.3 \times 30 + 0.4 \times 25 + 0.3 \times (-10) = 16$$
$$E(d_3) = P(\theta_1)u_{13} + P(\theta_2)u_{23} + P(\theta_3)u_{33}$$
$$= 0.3 \times 10 + 0.4 \times 10 + 0.3 \times 10 = 10$$

根据“收益期望值最大准则”得

$$\max E(d_j) = \max\{17, 16, 10\} = 17$$

应选择 d_1 方案，即采用购买大型设备方案最为有利。

例 7.3 某轻工业企业利用剩余生产能力生产一种季节性新产品，自产自销。产品成本

每盒 50 元,售出价每盒 80 元;如果当日剩余一盒将损失 20 元。如果当日不能满足市场需要,除损失销额外,不再有其他损失。可根据去年同期 90 天内类似产品的销售量统计分析未来市场销售需求趋势,大致估计出该产品今年将可能遇到的自然状态(市场需求量)θ_i 及它们出现的概率 $P(\theta_i)$,这由表 7.5 给出。

表 7.5

自然状态 θ_i(日销售量)	100	110	120	130	合 计
去年完成的天数	18	27	36	9	90
估计状态概率 $P(\theta_i)$	$\frac{18}{90}=0.2$	$\frac{27}{90}=0.3$	$\frac{36}{90}=0.4$	$\frac{9}{90}=0.1$	1

该企业拟定今年该产品日产量的备选计划方案为 100 盒、110 盒、120 盒、130 盒,试问该企业应决定日产量为多少最合适?

解 采用最大收益期望准则进行决策。计算各方案在不同的市场销售状态下的收益值,见表 7.6。

表 7.6

方案 / 收益(元) / 状态及概率	$d_1=100$(盒)	$d_2=110$	$d_3=120$	$d_4=130$
$P(\theta_1)=0.2,\theta_1=100$(盒)	3 000	2 800	2 600	2 400
$P(\theta_2)=0.3,\theta_2=110$	3 000	3 300	3 100	2 900
$P(\theta_3)=0.4,\theta_3=120$	3 000	3 300	3 600	3 400
$P(\theta_4)=0.1,\theta_4=130$	3 000	3 300	3 600	3 900
收益期望 $E(d_j)$	3 000	3 200	3 250	3 050

表 7.6 中收益值 u_{ij} 计算过程如下:

u_{11} 表示日产量 $d_1=100$ 盒,当日市场售出 $\theta_1=100$ 盒时所获的收益

$$u_{11}=30\times100=3\ 000\text{ 元}$$

u_{12} 表示日产量 $d_2=110$ 盒,当日市场售出 $\theta_1=100$ 盒,并剩余 10 盒时所获的收益

$$u_{12}=30\times100-20\times10=2\ 800\text{ 元}$$

u_{43} 表示日产量 $d_3=120$ 盒,当日市场需求量为 $\theta_4=130$ 盒时所获收益

$$u_{43}=30\times120=3\ 600\text{ 元}$$

根据上述决策收益(表 7.6),计算各生产方案的收益期望值如下:

$$E(d_1=100)=3\ 000\times0.2+3\ 000\times0.3+3\ 000\times0.4+3\ 000\times0.1=3\ 000\text{ 元}$$

$$E(d_2=110)=2\ 800\times0.2+3\ 300\times0.3+3\ 300\times0.4+3\ 300\times0.1=3\ 200\text{ 元}$$

$$E(d_3=120)=2\ 600\times0.2+3\ 100\times0.3+3\ 600\times0.4+3\ 600\times0.1=3\ 250\text{ 元}$$

$$E(d_4=130)=2\ 400\times0.2+2\ 900\times0.3+3\ 400\times0.4+3\ 400\times0.1=3\ 050\text{ 元}$$

将上述结果填入表 7.6 的最后一行。其中生产方案 $d_3=120$ 盒的收益期望值最大,所以应选择日产量为 120 盒的生产方案。

这个决策问题也可以采用最小损失期望值准则进行决策。这个问题中的损失包括两部分:一部分是由于生产过剩,销售剩余部分在存储过程中变质造成损失;另一部分是因为生产

量太小,不能满足市场需求,本应该得到的收益因生产量不足而失去机会造成损失。按照这个观点,首先计算出每个方案在不同自然状态下(不同销售量下)的损失值,用表 7.7 表示。

表 7.7

损失值 \ 方案 / 状态及概率	$d_1=100$(盒)	$d_2=110$	$d_3=120$	$d_4=130$
$P(\theta_1)=0.2,\theta_1=100$(盒)	0	200	400	600
$P(\theta_2)=0.3,\theta_2=110$	300	0	200	400
$P(\theta_3)=0.4,\theta_3=120$	600	300	0	200
$P(\theta_4)=0.1,\theta_4=130$	900	600	300	0
$E(d_j)$	420	220	170	320

表 7.7 中损失值 l_{ij} 计算如下:

日产量方案为 $d_1=100$ 盒、日销售量为 $\theta_1=100$ 盒时的损失值 $l_{11}=0$。

日产量方案为 $d_3=120$ 盒、日销售量为 $\theta_1=100$ 盒时的损失值 $l_{13}=20\times(120-100)=400$ 元(报废性损失)。

日产量方案为 $d_1=100$ 盒、日销售量为 $\theta_4=130$ 盒时的损失值 $l_{41}=30\times(130-100)=900$ 元(机会损失)。

根据决策损失值表(表 7.7),计算各生产方案的期望损失值 $E(d_j)$,并填在表 7.7 最后一行内,即

$$E(d_1)=0\times0.2+300\times0.3+600\times0.4+900\times0.1=420\text{ 元}$$
$$E(d_2)=200\times0.2+0\times0.3+300\times0.4+600\times0.1=220\text{ 元}$$
$$E(d_3)=400\times0.2+200\times0.3+0\times0.4+300\times0.1=170\text{ 元}$$
$$E(d_4)=600\times0.2+400\times0.3+200\times0.4+0\times0.1=320\text{ 元}$$

其中方案 $d_3=120$ 盒的损失期望值 $E(d_3)=170$ 元,为最少。按损失期望值最小准则,应选择日产量 120 盒的方案。这个结论与按最大收益期望准则决策所得的结论是一致的。事实上,还可以用期望值公式验证这一一般性结论,有兴趣的读者不妨自证。

必须指出,在使用期望值准则决策时,期望值并不代表必然能实现的数值。因此,在一次性决策中按期望值准则选择的方案,也不一定就是效果最好的方案。从统计学角度来看,以期望值作为评选方案优劣的数量标准还是合理的,即如果这类决策问题重复出现多次,并以平均收益衡量方案的优劣,则收益期望值大的方案优于收益期望值小的方案。

7.2.3 决策树

风险型决策可以借助于一种名为“决策树”的图形做出。它不仅可以处理单阶段决策问题,而且可以有效地解决一些多阶段决策问题。

1. 决策树的结构

决策树是一种由结点和分支构成的由左向右横向展开的树状图形。

(1)结点

决策树中的结点可分为下列三种。

1)决策结点　通常用方块□表示。由决策结点引出若干分支,每个分支表示一个方案,称方案分支。

2)状态结点　用圆圈○表示。由状态结点引出若干分支,每个分支表示一个自然状态,称为状态分支或概率分支。

3)结局结点　通常用三角形△表示。它表示一个方案在一个自然状态下的结局。

(3)分支

决策树中的边称为分支,分支分为两类。

1)方案分支　由决策结点引出的分支,每一分枝表示一个方案。

2)概率分支　由状态结点引出的分支,每个分支表示一种自然状态。每个概率分支上标明它表示的自然状态及自然状态概率。

图 7.1 表示一简单的决策树。

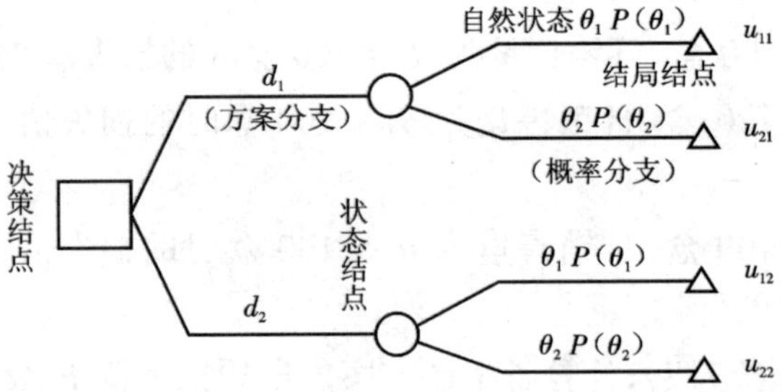

图 7.1

2. 利用决策树进行决策的步骤

①绘制决策树。

②自右至左计算各个方案的期望值,将计算结果标在方案分支右端状态结点旁。

③根据各方案期望值大小进行选择,将在收益期望值小的方案分支上画上删除号,表示应删去。这个过程称为“剪支”,所保留下来的分支即为最优方案。

3. 实例

(1)单阶段决策问题

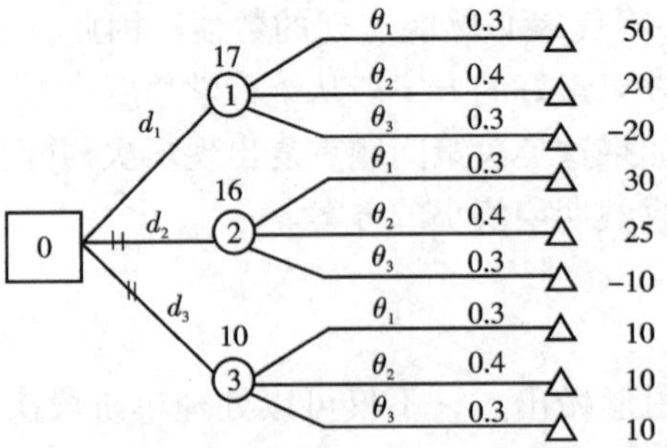

图 7.2

以例 7.2 为例,画出决策树进行决策,如图 7.2 所示。

方案分支 d_1 的期望值即右端状态结点 1 的期望值,记为

$$E(1)=0.3\times 50+0.4\times 20+0.3\times(-20)=17,$$

同理可得

$$E(2)=0.3\times 30+0.4\times 25+0.3\times(-10)=16,$$

$$E(3)=0.3\times 10+0.4\times 10+0.3\times 10=10$$

根据期望值准则,将 d_2 和 d_3 分支画上删除号表示剪去,剩余 d_1 分支即为最优方案。

(2)多阶段决策问题

例 7.4 有一个化工原料厂,由于某项工艺不够好,产品成本较高,现在计划将该项工艺加以改进。取得新工艺有两条途径:一是自行研究,估计成功的可能性是 0.6;二是从国外引进,估计谈判成功的可能性是 0.8。不论研究成功还是谈判成功,生产规模都考虑两种方案,一是产量不变,一是增加产量。如果自行研究和谈判都失败,则仍采用原工艺进行生产,并保持原产量不变。

根据市场预测,估计今后 5 年内这种产品跌价的可能性是 0.1,保持中等价的可能性是 0.5,涨价的可能性是 0.4,各状态下的收益值见表 7.8,试用决策树法进行决策。

表 7.8

益损值 / 方案 / 价格状态	按原工艺生产	引进技术成功(0.8)		自行研究成功(0.6)	
		产量不变	增加产量	产量不变	增加产量
价格低落(0.1)	-100	-200	-300	-200	-300
价格中等(0.5)	0	50	50	0	-250
价格高涨(0.4)	100	150	250	200	600

解 ①从左往右画出决策树。决策点 1 引出两个方案分支:引进技术和自行研究。两个方案分支的端点是状态结点 2 和 3。从结点 2 引出两个状态分支:失败(概率 0.2)或成功(概率 0.8),其中失败分支的端点是状态结点 4,而成功分支的端点是决策结点 5。由于引进技术失败后维持原工艺不变,不需要作决策了,因此,只需从结点 4 引出价格低、价格中、价格高的三个状态分支,并标上相应概率,然后在右端结局结点上标上相应的收益值。对于成功分支右端的决策结点 5,又需引出两个方案分支:产量不变的方案分支和增加产量的方案分支。产量不变的方案分支的右端结点 8 引出三个状态分支,填上相应概率并在各状态分支右端的结局结点上标上相应收益值。增加产量的方案分支的右端结点 9,同样引出三个状态分支,也填上各自状态概率,并在尾部结点上标上相应的收益值。

对于状态结点 3,也引出两个状态分支,即自行研究成功和自行研究失败,分别标上状态概率 0.6 和 0.4。其中成功分支的端点是决策结点 6。它引出产量不变和增加产量两个方案分支,每个方案分支右端结点又各自有三个状态分支。失败分支右端是状态结点 7,它同状态结点 4 一样,标上三种状态的概率和相应的收益值。

从图 7.3 看出,例 7.4 问题中的决策有两级。第一级要作产量不变和增加产量两个方案的选择和决策,第二级作出引进技术和自行研究这两个方案间的选择和决策。

例 7.5 某公司为建一工厂制订了两个方案:一个方案是一次完成建设大厂;另一个方案是分两步,先建个小厂,二年后再考虑是否进行扩建。假设资源条件约束无特殊要求,公司有关部门已有如下资料。

①销售部门提供了市场需求预测(表 7.9)。

表 7.9

10 年预测		概率
前 2 年需求量	后 8 年需求量	
高	高	0.6
高	低	0.1
低	低	0.3
低	高	0

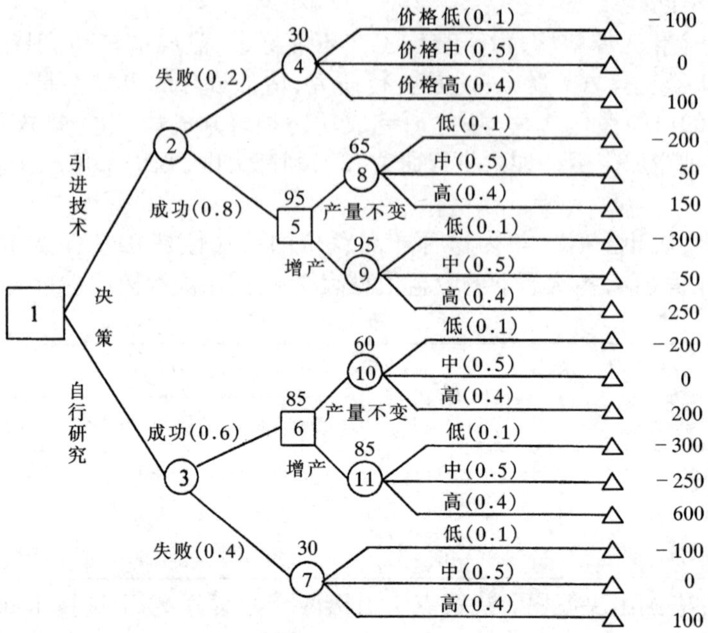

图 7.3

②基建、生产、财务部门提供成本效益预测为建大厂投资 300 万元,建小厂投资 130 万元,建小厂再扩充规模投资 220 万元。三种建厂方案在市场需求量高和市场需求量低的情况下,每年的收益值见表 7.10。

表 7.10

收益 / 方案 / 状态	建大厂	建小厂	扩建小厂
需求量高	100 万	40 万	70 万
需求量低	10 万	30 万	5 万

公司该怎样决策才能使 10 年内总收益最大?

解 这个问题是一个二阶段决策问题。第一阶段需确定是建大厂还是建小厂;若第一阶段选择建小厂时,二年后需决定是否要扩建小厂规模。使用决策树方法来处理这个问题。

①根据资料计算各方案下的收益值和未来各种市场状态的出现概率。

首先,计算收益值如表 7.11 所示。

表 7.11

10 年收益 / 方案 / 市场状态	建大厂(投资 300 万)	先建小厂(投资 130 万)	
		二年后扩建(投资 220 万)	二年后不扩建
前 2 年高需求后 8 年高需求(0.6)	100×10=1 000 万	40×2+70×8=640 万	40×10=400 万
前 2 年高需求后 8 年低需求(0.1)	100×2+10×8=280 万	40×2+5×8=120 万	40×2+30×8=320 万
前 2 年低需求后 8 年低需求(0.3)	10×10=100 万	30×2+5×8=100 万	30×10=300 万

然后,计算 10 年期内各种市场状态出现的概率如下:

P(前 2 年高需求)$=P$(前 2 年高需求且后 8 年高需求)$+P$(前 2 年高需求且后 8 年低需求)$=0.6+0.1=0.7$

同理,由事件间的互斥性得:P(前 2 年低需求)$=0.3$。再由条件概率公式可得:

$$P(\text{后 8 年高需求}|\text{前 2 年高需求})=\frac{0.6}{0.7}=0.86$$

$$P(\text{后 8 年低需求}|\text{前 2 年高需求})=1-0.86=0.14$$

$$P(\text{后 8 年低需求}|\text{前 2 年低需求})=\frac{0.3}{0.3}=1$$

②绘制决策树(图 7.4)。

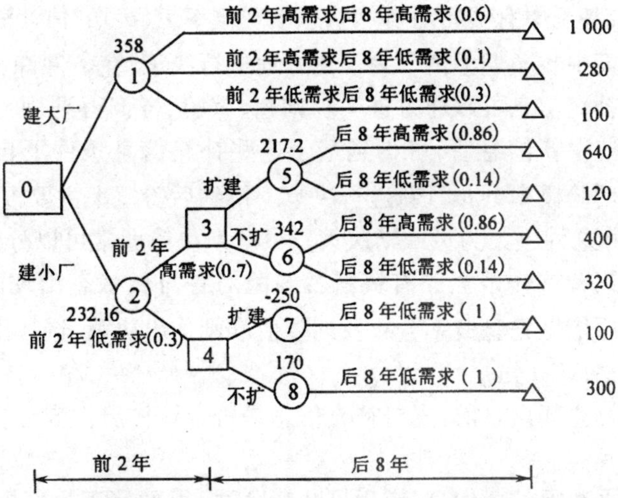

图 7.4

③计算各方案分支(右端状态结点)的收益期望值,并在各决策结点对方案分支进行剪支。

$E(5)=640\times0.86+120\times0.14-(220+130)=217.2$ 万

$E(6)=400\times0.86+320\times0.4-130=342$ 万

在决策结点 3 处应把扩建分支剪去。

计算结点 7 和结点 8 的收益期望值。得

$E(7)=100-(220+130)=-250$ 万

$E(8)=300-130=170$ 万

在决策结点 4 处应将扩建分支剪去。

计算状态结点 1 的收益期望值,得

$E(1)=1\,000\times0.6+280\times0.1+100\times0.3-300=358$ 万

计算结点 2 的收益期望值,得

$E(2)=342\times0.7+170\times0.3=290.4$ 万

经比较后,在决策结点 0 处将建小厂分支剪去,即应选择建大厂方案最为有利。

决策树分析法本质上还是一种期望值准则决策方法。对于一些比较复杂的决策问题,使用决策树比较有效,对于多级决策问题尤为方便。决策树方法现已得到广泛的使用,它有几个明显的优点:

①决策树反映整个决策过程,使决策者能够以一定顺序,有步骤、有条理地去周密考察各有关因素;

②决策树方法要求决策者考虑检验所有可能的结果,合意和不合意的都同样要进行考虑;

③决策树以一种非常直观、简明的方式,用图形把决策过程形象地显示出来,使更多的人了解这个决策过程,以便用集体智慧进行决策;

④决策树方法可以通过计算机进行计算和模拟,可以观察分析这些备选方案的变化对最终结果产生的影响。

7.2.4 贝叶斯决策

在风险型决策中,基于原有资料对自然状态出现概率 $P(\theta_i)$ 的估计称为先验概率,它的正确程度直接影响到决策中收益期望值。为了更好地进行决策,在条件许可的情况下,往往需要进一步补充新信息。补充信息可以通过进一步调查、试验、咨询得到,而为了获得这些补充信息需支付一定费用。获得新信息后,可得到基于这些补充信息条件下自然状态 θ_i 出现的概率,即后验概率,并以后验概率分布重新进行决策。得到后验概率主要根据概率论中的贝叶斯(Bayes)定理进行,故称这种决策为贝叶斯决策。贝叶斯决策通常可以分为三步进行。

1)先验分析　决策者首先根据原有资料及经验对各自然状态出现的概率 $P(\theta_i)$ 作出估计,称为先验概率,然后依据先验概率分布及期望值准则作出决策,选择出最优方案,并得出相应最优期望值,记为 EMV^*(先)。

2)预验分析　在补充新信息前,先对补充信息是否合算作出初步分析,从而决定是否补充新信息。

3)后验分析　根据获得的新信息,应用贝叶斯公式,得到修正概率即后验概率分布,在此基础上作出决策,并计算出补充信息的价值。

1.先验分析

首先估计自然状态 θ_i 出现概率为 $P(\theta_i)$ $(i=1,2,\cdots,m)$, u_{ij} 为方案 d_j 在 θ_i 状态下的收益值,见表 7.12。

表 7.12

收益值 / 方案 / 状态及概率		d_1	d_2	…	d_n
$P(\theta_1)$	θ_1	u_{11}	u_{12}	…	u_{1n}
$P(\theta_2)$	θ_2	u_{21}	u_{22}	…	u_{2n}
…		…	…	…	…
$P(\theta_m)$	θ_m	u_{m1}	u_{m2}	…	u_{mn}

根据期望值准则,计算各方案收益期望值:

$$E(d_j)=\sum_{i=1}^{m}P(\theta_i)u_{ij}\quad(j=1,2,\cdots,n)$$

相应最优决策方案及最优期望值

$$\max_j E(d_j)=E(d_k)=EMV^*(先)$$

2.预验分析

信息的价值在于它能提高决策的最大期望收益值,但是如果为获得信息所花费的费用超过它所能提高的期望收益值,这种补充信息是不合算的。所有信息中最好、最理想的信息自然是完全可靠、准确的信息,即这种信息预报某自然状态出现,则在实际中必定出现这自然状态,这种信息称为完全信息。在预验分析中,首先计算出完全信息的价值(任何信息的价值均不会超过完全信息的价值),并以它为一个标准。如果补充信息费用 C_z 远远小于完全信息之价值,则可初步认为这种补充信息是合算的。反之,如果信息费用 C_z 接近甚至超过完全信息的价值,则可认为这种补充信息是不合算的。

当完全信息预报出现 θ_k 状态时,问题变为确定型决策问题。最优方案显然应由下式确定:

$$\max_j\{u_{kj}\}$$

在完全信息下,决策所能获得的最大收益期望值

$$EPPI=\sum_{k=1}^{m}P(\theta_k)\cdot\max_j\{u_{kj}\}$$

显然,$EPPI$ 与 EMV^*(先)之间的差额就是得到了完全信息而使期望收益增加的部分。这个值就是该问题的完全信息期望价值,简记为 $EVPI$(Expected Value of Perfect Information)。

$$EVPI=EPPI-EMV^*(\text{先})$$

需要指出,十分完善的信息是很难得到的,有时甚至根本无法获得完全信息。因此,算出的完全信息价值,常常只是作为支付信息费用的一个上限,也是决定是否有必要进一步获取情报信息的依据。

例 7.6 计算例 7.2 所述问题中完全信息的价值。

解 由例 7.2 所解,已算出先验分析中最大期望收益值为 17 万元,即有

$$EMV^*(\text{先})=\max E(d_j)=17\text{ 万元}$$

在完全信息下:

预报 θ_1 出现,由 $\max\{50,30,10\}=50$,选 d_1 为最优方案;

预报 θ_2 出现,由 $\max\{20,25,10\}=25$,选 d_2 为最优方案;

预报 θ_3 出现,由 $\max\{-20,-10,10\}=10$,选 d_3 为最优方案。

完全信息下最大期望收益值为

$$EPPI=0.3\times50+0.4\times25+0.3\times10=28\text{ 万元}$$

完全信息的价值

$$EVPI=EPPI-EMV^*(\text{先})=28-17=11\text{ 万元}$$

3.后验分析

后验分析工作由补充新信息、计算修正概率、重新决策、计算补充信息的价值四部分组成。

(1)补充新信息

补充新信息一般是通过对 x_1、x_2、……、x_s 共 s 个状态的调查、试验,预报其中哪一个将出现,同时通过资料获取条件概率 $P(x_j|\theta_i)$,即实际出现自然状态 θ_i 而预报 x_j 的概率。

(2)修正概率

在已知先验概率 $P(\theta_j)(j=1,2,\cdots,m)$ 及条件概率 $P(x_i|\theta_j)(i=1,2,\cdots,s;j=1,2,\cdots,m)$ 的基础上,利用贝叶斯公式可计算出修正概率,即后验概率

$$P(\theta_j \mid x_i)=\frac{P(\theta_j)P(x_i \mid \theta_j)}{\sum_{j=1}^{m}P(\theta_j)P(x_i \mid \theta_j)}$$

上述后验概率的计算也可用表格进行(表 7.13)。

表 7.13

Ⅰ状态概率 $P(\theta_j)$	Ⅱ条件概率 $P(x_i \mid \theta_j)$ x_1 … x_i … x_s	Ⅲ $P(x_i \cap \theta_j)$ x_1 … x_i … x_s	Ⅳ后验概率 $P(\theta_j \mid x_i)$ x_1 … x_i … x_s
θ_1 $P(\theta_1)$	$\cdots P(x_i/\theta_1)\cdots$	$\cdots P(\theta_1)P(x_i/\theta_1)\cdots$	$\cdots P(\theta_1/x_i)\cdots$
θ_2 $P(\theta_2)$	$\cdots P(x_i/\theta_2)\cdots$	$\cdots P(\theta_2)P(x_i/\theta_2)\cdots$	$\cdots P(\theta_2/x_i)\cdots$
$\vdots$	$\vdots$	$\vdots$	$\vdots$
θ_m $P(\theta_m)$	$\cdots P(x_i/\theta_m)\cdots$	$\cdots P(\theta_m)P(x_i/\theta_m)\cdots$	$\cdots P(\theta_m/x_i)\cdots$
		$P(x_1)$ $\cdots P(x_i)$ $\cdots P(x_s)$	

表 7.13 中后验概率计算过程如下：

(a)表中Ⅰ为自然状态概率即先验概率，Ⅱ部分为条件概率 $P(x_i \mid \theta_j)$，可以依次填入表内；

(b)表中Ⅲ部分为概率 $P(x_i \cap \theta_j)$，Ⅲ中第 i 列各元素可由Ⅰ和Ⅱ中第 i 列相应元素相乘而得，例如 $P(x_i \cap \theta_2)=P(\theta_2)\cdot P(x_i \mid \theta_2)$；

(c)表中Ⅲ部分最后一行元素 $P(x_i)$ 是Ⅲ中第 i 列各元素之和，即

$$P(x_i)=\sum_{j=1}^{m}P(\theta_j)\cdot P(x_i \mid \theta_j)$$

(d)表中Ⅳ部分为后验概率，Ⅳ中第 i 列元素是由Ⅲ中第 i 列各元素分别除以 $P(x_i)$ 而得，即为

$$P(\theta_j \mid x_i)=\frac{P(\theta_j)\cdot P(x_i \mid \theta_j)}{P(x_i)} \quad (j=1,2,\cdots,m)$$

(3)重新决策

根据已得的后验概率，可预先作出决策的框架。假设补充信息预报将出现 x_k 状态，则使用后验(修正)概率分布 $P(\theta_j \mid x_k)$ $(j=1,2,\cdots,m)$，计算各方案的期望收益值，并依期望值准则进行决策，得

$$E(d_j \mid x_k)=\sum_{j=1}^{m}P(\theta_j \mid x_k)u_{jk} \quad (j=1,2,\cdots,m,k=1,2,\cdots,s)$$

$$\max E(d_j \mid x_k)=E(d_{jk} \mid x_k)$$

选择 d_{jk} 为预报 x_k 时的最优方案，相应最大期望收益值记为

$$E(x_k)=E(d_{jk} \mid x_k)$$

一旦得到补充信息预报，即可按上述方式进行决策。

(4)计算补充信息价值

根据已计算出的补充信息预报各状态出现的概率 $P(x_i)(i=1,2,\cdots,s)$，可计算出后验分析中最大期望收益值

$$EMV^*(后)=\sum_{i=1}^{s}P(x_i)E(x_i)$$

显然，获得补充信息后，期望收益值增加了 $EMV^*(后)-EMV^*(先)$。这样，补充信息的

价值称为抽样信息期望价值，记为 $EVSI$，即 $EVSI = EMV^*(后) - EMV^*(先)$。由此，可将补充信息的价值与获得信息所付出的代价进行对比，从而作出正确决策。

应当指出的是，补充信息通常具有不确定性，因而，这样的信息是不完全的，或说不是绝对准确的，因此这种信息也称为抽样信息。与完全信息相比，抽样信息价值不会大于完全信息价值。

例 7.7 某工程项目按合同应在三个月内完工，其施工费用与工程完工期有关。假定天气是影响工程能否按期完工的决定因素，如果天气好，工程能按时完工，施工单位可获利 5 万元；如果天气不好，不能按时完工，施工单位将被罚款 1 万元；若不施工就要损失窝工费 2 千元。根据过去的经验，在计划施工期内天气好的可能性为 30%。为了更好地掌握天气情况，可请气象中心作进一步天气预报，并提供同一时期天气预报资料，这需支付信息资料费 0.08 万元。从提供的资料中可知，气象中心对好天气预报准确性为 80%，对坏天气预报准确性为 90%。问该如何进行决策？

解 采用贝叶斯决策方法。

Ⅰ.先验分析

根据已有资料作出决策损益表(表 7.14)

表 7.14

方案 / 收益值（万） / 状态	d_1 施　工	d_2 不施工
好天气 θ_1 (0.3)	5	-0.2
坏天气 θ_2 (0.7)	-1	-0.2
$E(d_j)$	0.8	-0.2

根据期望值准则选择方案 d_1 施工有利，相应最大期望收益值 $EMV^*(先) = 0.8$ 万元。

Ⅱ.预验分析

计算完全信息下最大期望收益值 $EPPI$ 和完全信息的价值 $EVPI$，得

$$EPPI = 0.3 \times 5 + 0.7 \times (-0.2) = 1.36 \text{ 万元}$$

$$EVPI = 1.36 - 0.8 = 0.56 \text{ 万元}$$

而信息资料费 $C_z = 0.08 \ll 0.56$，所以初步认为请气象中心提供信息和资料是合算的。

Ⅲ.后验分析

a)补充信息　气象中心将提供预报此时期内两种天气状态 x_1(好天气)、x_2(坏天气)将会出现哪一种状态(本例中补充信息预报的状态正好和原自然状态一致)。

从气象中心提供的同期天气资料可得知条件概率：

天气好且预报天气也好的概率 $P(x_1 | \theta_1) = 0.8$；

天气好而预报天气不好的概率 $P(x_2 | \theta_1) = 0.2$；

天气坏而预报天气好的概率 $P(x_1 | \theta_2) = 0.1$；

天气坏且预报天气也坏的概率 $P(x_2 | \theta_2) = 0.9$。

b)计算后验概率分布　根据全概率公式和贝叶斯公式，可计算下列后验概率。预报天气好与天气坏的概率分别为

$$P(x_1) = P(\theta_1) \cdot P(x_1 | \theta_1) + P(\theta_2) \cdot P(x_1 | \theta_2)$$

$$=0.3\times0.8+0.7\times0.1=0.31$$

$$P(x_2)=P(\theta_1)\cdot P(x_2|\theta_1)+P(\theta_2)\cdot P(x_2|\theta_2)$$

$$=0.3\times0.2+0.7\times0.9=0.69$$

预报天气好且天气实际也好的概率

$$P(\theta_1|x_1)=\frac{P(\theta_1)\cdot P(x_1|\theta_1)}{P(x_1)}=0.3\times0.8/0.31=0.77$$

预报天气好而天气实际不好的概率

$$P(\theta_2|x_1)=\frac{P(\theta_2)\cdot P(x_1|\theta_2)}{P(x_1)}=0.7\times0.1/0.31=0.23$$

预报天气不好而实际天气好的概率

$$P(\theta_1|x_2)=\frac{P(\theta_1)\cdot P(x_2|\theta_1)}{P(x_2)}=0.3\times0.2/0.69=0.09$$

预报天气不好且实际天气也不好的概率

$$P(\theta_2|x_2)=\frac{P(\theta_2)\cdot P(x_2|\theta_2)}{P(x_2)}=0.7\times0.9/0.69=0.91$$

上述计算也可用表格形式进行，见表 7.15。

表 7.15

先验概率 $P(\theta_j)$		条件概率(x_i/θ_j)		$P(x_i\cap\theta_j)$		后验概率 $P(\theta_j/x_i)$	
		x_1	x_2	x_1	x_2	x_1	x_2
θ_1	0.3	0.8	0.2	0.24	0.06	0.77	0.09
θ_2	0.7	0.1	0.9	0.07	0.63	0.23	0.91

$P(x_1)=0.31 \quad P(x_2)=0.69$

c)后验决策　若气象中心预报天气好(x_1)，则每个方案的最大期望收益值

$$E(d_1|x_1)=0.77\times5+0.23\times(-1)=3.62$$

$$E(d_2|x_1)=0.77\times(-0.2)+0.23\times(-0.2)=-0.2$$

选择 d_1 即施工的方案，相应在预报 x_1 时的最大期望收益值

$$E(x_1)=3.62$$

若气象中心预报天气不好(x_2)时，各方案的最大期望收益值

$$E(d_1|x_2)=0.09\times5+0.91\times(-1)=-0.46$$

$$E(d_2|x_2)=0.09\times(-0.2)+0.91\times(-0.2)=-0.2$$

选择 d_2 即不施工方案，相应在预报 x_2 时的最大期望收益值

$$E(x_2)=-0.2$$

d)计算补充信息的价值　在有气象中心的补充信息及资料条件下，后验决策的最大期望收益值

$$EMV^*(\text{后})=P(x_1)\cdot E(x_1)+P(x_2)\cdot E(x_2)$$

$$=0.31\times3.62+0.69\times(-0.2)=0.984\,2$$

气象中心提供补充信息的价值

$$EMV^*(\text{后})-EMV^*(\text{先})=0.984\,2-0.80=0.184\,2\text{ 万元}$$

通过计算知，花费了信息费 $C_z=0.08$ 万元，提高了决策期望收益 0.184 2 万元，这种花费

是值得的。

整个决策过程可以用决策树(图 7.5)表示。

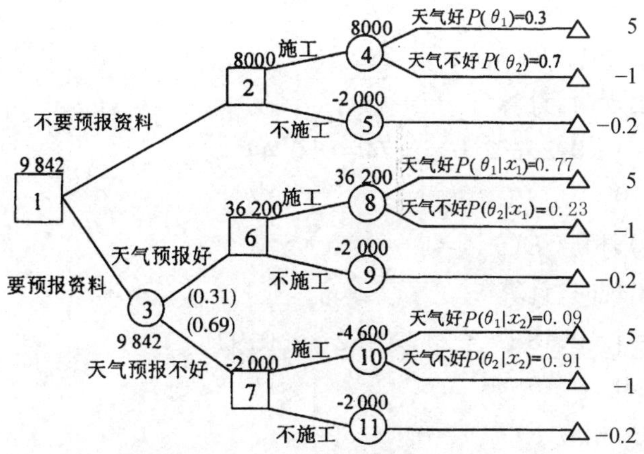

图 7.5

例 7.8 某钻井队面临两种决策:钻井(d_1)和不钻井(d_2)。若钻井会遇到两种情况:有油(θ_1)和无油(θ_2)。钻井出油能获利 4 万元,反之不出油要亏损 2 万元。据技术部门预测该地区出油概率为 0.3。为了获得更多信息,可以请地质部门勘探此地区的地质结构。这种勘探结果可能会出现三种结果:x_1(有闭合结构)、x_2(可能有闭合结构)、x_3(无闭合结构)。地质部门同时能提供以往的勘探资料(表 7.16),勘探和资料费用 0.2 万元。试问该钻井队是否进行勘探,并如何选择决策方案。

表 7.16

勘探结果 / 实际出现状态	$P(x_i \mid \theta_j)$		
	x_1	x_2	x_3
θ_1	0.4	0.4	0.2
θ_2	0.1	0.5	0.4

解 先验分析,计算各方案期望收益值

$$E(d_1)=0.3\times4+0.7\times(-2)=-0.2 \qquad E(d_2)=0$$

则应选择 d_2,不进行钻井,相应 EMV^*(先)$=0$。

预验分析,计算完全信息的价值,得

$$EPPI=0.3\times4.0+0.7\times0=1.2 \quad EVPI=1.2-0=1.2\text{ 万元}$$

信息费用 $C_z=0.2\ll1.2$,则初步认为请地质部门勘探来补充信息是合算的。

后验分析,先计算后验概率,见表 7.17。

表 7.17

$P(\theta_j)$		$P(x_i/\theta_j)$			$P(x_i\cap\theta_j)$			$P(\theta_j/x_i)$		
		x_1	x_2	x_3	x_1	x_2	x_3	x_1	x_2	x_3
θ_1	0.3	0.4	0.4	0.2	0.12	0.12	0.06	0.63	0.26	0.18
θ_2	0.7	0.1	0.5	0.4	0.07	0.35	0.28	0.37	0.74	0.82

$P(x_1)=0.19 \quad P(x_2)=0.47 \quad P(x_3)=0.34$

然后进行决策。当勘探报告 x_1 出现时,计算各方案期望值

$$E(d_1|x_1)=4.0\times0.63+(-2)\times0.37=1.78$$

$$E(d_2|x_1)=0$$

则选择方案 d_1(钻井),相应 $E(x_1)=1.78$

当勘探报告 x_2 出现时,计算

$$E(d_1|x_2)=4\times0.26-2.0\times0.74=-0.44$$

$$E(d_2|x_2)=0$$

则选择 d_2 方案(不钻),相应 $E(x_2)=0$。

当勘探报告 x_3 出现时,计算

$$E(d_1|x_3)=4\times0.18+(-2)\times0.82=-0.92$$

$$E(d_2|x_3)=0$$

则选择 d_2 方案(不钻),相应 $E(x_3)=0$。

后验最大期望收益值

$$EMV^*(后)=0.19\times1.78+0.47\times0+0.34\times0=0.34\text{ 万元}$$

补充信息的价值

$$EMV^*(后)-EMV^*(先)=0.34-0=0.34\text{ 万元}$$

通过计算知,花费了信息费 $C_z=0.2$ 万元,提高了决策期望收益 0.34 万元,这种花费是划算的。

7.2.5 效用值准则

1.期望值准则的缺陷

在本节前面所讲的风险型决策问题的分析方法中,是以损益期望值准则为选取策略的标准的,且认为相等的损益期望值对各个决策者的吸引力都一样。换言之,是把它的价值看成了对谁都一样的客观价值。但在大多数情况下,这样做是有欠缺的,单纯依据期望值准则进行决策难以达到决策者希望的效果。一方面,由于在实际风险型决策问题中,决策者的选择是受他对决策风险的态度所影响的,并不完全依据于损益期望值的大小。对于同样一件非确定性的事情来说,不同的人,因为他们的社会经济地位不同,价值观念各异,对待风险的态度会有较大差别,选用的策略也会不同。所以,在决策过程中,完全排斥决策者主观因素的影响的决策准则是不科学的;另一方面,最大期望收益和最小期望损失,这两种准则适用于一次决策多次重复的情况,因为它们是平均意义下的最大收益和最小损失。对于实际决策过程中经常只做一次或少数几次试验的情况,它就不是十分恰当了。最后,在某些场合下,有些策略的效用通常很难用数量指标表示,或者即使能用数量指标表示,却无法进行相互比较,此时就不能用期望值准则。

下述事例可以从一个侧面说明期望值准则的这种欠缺。

例 7.9 某稀有金属矿为了扩大生产量,制定了两个增产方案:一是新建一矿井;一是对原有老矿进行技术改造。根据现有的技术力量和设备,估计对老矿井进行技术改造成功的把握较大,即采用改旧方案,5 年后能稳获 250 万元利润。而对新建矿增产把握不大,如果成功,产量能大幅度增长,预计 5 年内能获利 2 000 万元,若失败则要亏损 1 000 万元。根据以往经

验,开发成功和失败的概率各为 0.5。试问该采用哪个方案？这个问题的决策损益表见表 7.18。

表 7.18

收益（万） 方案 状态及概率		d_1 新 建	d_2 改 旧
成功 θ_1	0.5	2 000	250
失败 θ_2	0.5	−1 000	250

若根据收益期望值大小作决策准则,计算

$E(d_1)=2\ 000\times0.5+(-1\ 000)\times0.5=500$ 万

$E(d_2)=250$ 万

则该采用 d_1 新建矿方案为好,但是,这是一个一次性利害关系重大的决策,有的决策者会觉得,虽然新建方案成功能获利 2 000 万元,但却要冒很大风险,一旦失败则要损失 1 000 万元,所以,他宁愿采用改旧方案 d_2 稳拿 250 万收益,而不愿承担损失的风险。在这些决策者心目中,稳拿 250 万元的满意程度要超过风险下的期望收益 500 万的满意程度。这就说明在实际决策中,决策者并不是机械地按期望收益值大小来选择方案,而是要依赖决策者对风险的态度。一般来讲,当同一决策问题重复多次进行决策时,或决策所冒的风险较小时,决策者对方案的选择与按期望值大小选择是一致的,而当决策只进行一次或少数几次时,或包含有较大风险时,则对方案的选择与期望损益值大小两者之间就会有相当的距离。

鉴于期望值准则无法体现不同决策者对风险的不同态度这一缺陷,有必要提出一种新的决策准则——效用值准则。以下首先阐明效用与效用函数的概念。

2. 效用与效用函数

为了定量地描述决策者对风险的偏好和厌恶的程度,可使用"效用"这样一个概念衡量同一期望值在不同人主观上的价值。效用值是风险下损益值在决策者心目中的满意程度的衡量尺度。实质上,效用值大小是反映决策者对风险态度的数量指标,习惯上最大效用值用 1 表示,最小效用值用 0 表示。在一个决策过程中,把各种结局中最大收益值的效用定为 1(最满意),把最小收益值的效用定为 0(最不满意),并可通过与决策者对话去确定决策者对每一个损益值的效用值,即能确定一个决策者的效用函数 $U(x)$,并有

$0\leqslant U(x)\leqslant1$

决策者的效用函数在以横坐标表示损益值、以纵坐标表示效用值的直角坐标系中为一条曲线。它描述了特定的损益值(财富)水平和与之相对应的满足程度之间的关系,称为决策者的效用曲线。通过效用函数或效用曲线可确定任一损益值的效用值。效用函数一定程度上反映决策者对风险的态度、决策者偏向及评价标准。

确定效用函数(曲线)的基本方法有两种:一种是直接提问法;另一种是对比提问法,又称心理试验法。

1)直接提问法　向决策者提出一系列的问题,要求决策者进行主观权衡并作出回答。如向某决策者提问:"今年你收入 2 万元,你是满意的,那么收入增至多少,你会加倍满意?"若该决策者回答 5 万元。这样反复提问和回答,便可绘出该决策者的收入效用曲线。由于这种提问与回答是十分含糊的,很难做到确切,所以实际中应用较少。

2)心理试验法　设效用函数的自变量 x 代表决策过程中的损益值,函数值 $U(x)$ 是 x 在决策者心目中的效用值。进行心理试验法时,首先确定甲、乙两个方案,然后询问决策者选择哪一个方案。选择甲方案,表示他可以概率 p 得到 a 元,或以 $(1-p)$ 的概率损失 b 元,不妨用符号 $(p,a;1-p,b)$ 表示甲方案。若选择乙方案,则可无任何风险稳得 c 元,且 $a>c>b$,不妨用符号 c 表示乙方案。

若在某条件下,决策者认为甲、乙两方案等价时,记为:$c\sim(p,a;(1-p),b)$。用等式可表示为:

$$pU(a)+(1-p)U(b)=U(c)$$

确切地讲,此时该决策者认为 c 的效用值等价于 a、b 的效用期望值。

从上述等式可见,等式中共有 a、b、c、p 四个变量。若其中任意三个已知时,向决策者提问第四个变量应取何值?并请决策者作出主观判断第四个变量应取的值是多少。如此反复回答,便可据此绘制出该决策者的效用曲线。

一般而言,对比提问的方式大致有以下三种:

①每次固定 a、b、c 的值,改变 p,问决策者"p 取何值时,认为甲方案与乙方案等价";

②每次固定 p、c、a(或 b)的值,改变 b(或 a)的值,问决策者"b(或 a)取何值时,认为甲方案与乙方案等价";

③每次固定 p、a、b 的值,改变 c 的值,问决策者"c 取何值时,认为甲方案与乙方案等价"。

在上述三种提问方式中,第三种运用较多。具体是:取 $p=\frac{1}{2}$,固定 a、b,利用 $\frac{1}{2}U(a)+\frac{1}{2}U(b)=U(c)$,改变 c 值。若决策者认为甲方案的期望效用值高于乙方案的效用值(左端大于右端),则适当提高 c 值,继续询问。反之,则适当降低 c 值,继续问答。直至乙方案调整到某一 c 值时,上述等式成立,即在决策者心目中稳拿当前的 c 元之效用值与选择甲方案的效用值一样。此时,在坐标系中给出一个点 $(c,U(c))$。然后,再通过固定新的 a、b 值继续这一过程,在坐标系中给出其他点(三点即可,连同最大及最小效用值点,共五点),最后利用光滑曲线将这些点联结起来,就得到该决策者的效用曲线。

以下详细说明心理试验法的具体步骤:

①确定决策过程中最大收益值 c_0 和最小收益值 c_1,选择概率 $p=\frac{1}{2}$,则有 c_0 和 c_1 的效用值分别为

$$U(c_0)=1 \text{ 和 } U(c_1)=0$$

②与决策者对话,用试问法确定 c_2,满足

$$c_2\sim(\frac{1}{2},c_0;\frac{1}{2},c_1)$$

则 c_2 的效用值与 $(\frac{1}{2},c_0;\frac{1}{2},c_1)$ 的效用值相等,即有

$$U(c_2)=\frac{1}{2}U(c_0)+\frac{1}{2}U(c_1)=\frac{1}{2}\times1+\frac{1}{2}\times0=\frac{1}{2}$$

③继续用试问法确定 c_3,满足

$$c_3\sim(\frac{1}{2},c_0;\frac{1}{2},c_2)$$

同理可得

$$U(c_3)=\frac{1}{2}U(c_0)+\frac{1}{2}U(c_2)=\frac{1}{2}\times 1+\frac{1}{2}\times\frac{1}{2}=\frac{3}{4}$$

④继续用试问法确定 c_4,满足

$$c_4\sim(\frac{1}{2},c_1;\frac{1}{2},c_2)$$

同理可得

$$U(c_4)=\frac{1}{2}U(c_1)+\frac{1}{2}U(c_2)=\frac{1}{2}\times 0+\frac{1}{2}\times\frac{1}{2}=\frac{1}{4}$$

⑤通过与决策者对话确定了 5 个益损值的效用值,即得效用曲线上 5 个点$(c_0,1)$、$(c_1,0)$、$(c_2,\frac{1}{2})$、$(c_3,\frac{3}{4})$、$(c_4,\frac{1}{4})$。在直角坐标上标出这 5 个点,并用光滑曲线连起来便成一条效用曲线,见图 7.6。

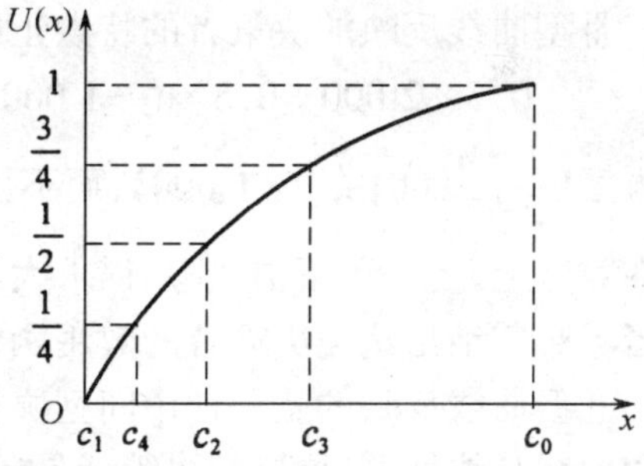

图 7.6

如对例 7.9 描述的决策问题,使用心理试验法去确定某决策者的效用曲线,可得

①$c_0=2\,000, c_1=-1\,000$,有

$$U(2\,000)=1, U(-1\,000)=0$$

②通过询问确定 $c_2=0$,即有

$$0\sim(\frac{1}{2},2\,000;\frac{1}{2},-1\,000)$$

可确定 $U(0)=\frac{1}{2}$。

③通过询问确定 $c_3=800$,即有

$$c_3\sim(\frac{1}{2},2\,000;\frac{1}{2},0)$$

可确定 $U(800)=\frac{3}{4}$。

④通过询问确定 $c_4=-600$,即有

$$c_4\sim(\frac{1}{2},-1\,000;\frac{1}{2},0)$$

可确定 $U(-600)=\frac{1}{4}$。

⑤把上述 5 点用光滑曲线连起来,就构成这个决策者的效用曲线(图 7.7)。

决策者的效用曲线可分为三种类型,如图 7.8 所示。不同类型的效用曲线反映决策者对风险的不同态度。

Ⅰ型曲线所反映决策者的特点是:他认为稳得一个收益值的效用要大于有风险的相同甚至更大的期望收益值的效用,也就是他宁愿选择稳得 250 万元的方案,而不愿选择具有期望值

$$0.5\times 2\,000+0.5\times(-1\,000)=500\text{ 万}$$

的方案$(\frac{1}{2},2\,000;\frac{1}{2},-1\,000)$。这种类型决策者对收益反应较迟缓,而对损失则比较敏感。这是一种规避风险、谨慎从事、不求大利的保守类型的决策者。如在保险业,投保人为了避免

风险，在保险公司愿意承担全部损失的情况下，投保人愿意付出的净保费多于平均的期望损失。由图 7.8 知，风险规避者的效用函数建立在两个假设上：一是收益数量的增加导致满足程度的上升，即有 $U'(x)>0$；二是收益增加时边际效用降低，即有 $U''(x)<0$。

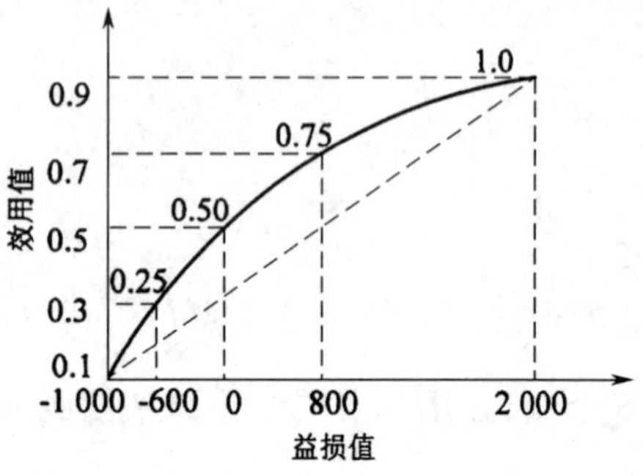

图 7.7

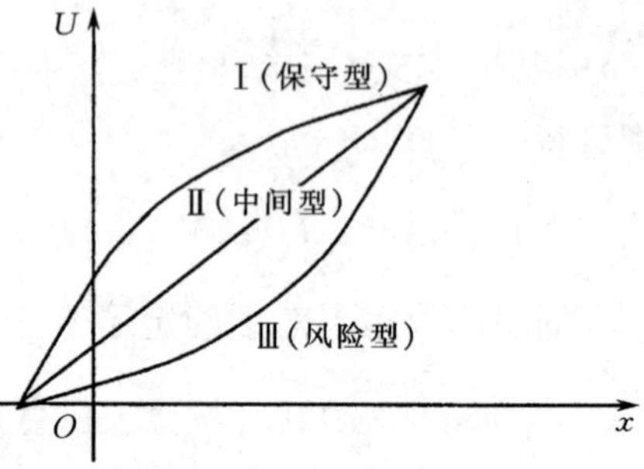

图 7.8

Ⅲ型曲线反映的决策者的特点正好相反，他宁愿选择带有风险下期望收益为

$$0.5\times 2\,000+0.5\times(-1\,000)=500\text{ 万}$$

的方案$\left(\frac{1}{2},2\,000;\frac{1}{2},-1\,000\right)$，而不愿意选择稳得 250 万的方案。这种决策者的注意力着重放在收益上，是一种不怕风险、谋求大利、乐于进取的人。同保守型决策者的效用曲线相对照，读者不难归纳出这类决策者的效用函数所具有的特点。

Ⅱ型曲线反映的是一种中间型决策者。这类决策者严格按照期望收益准则选择方案。其效用曲线是线性的，称这类决策者是风险中性的。

虽然不同的人对待风险的态度不同，从而，他们可能主要属于以上三种决策类型之一。但对某一个人来说，在不同的时间和条件下，他对风险的态度有可能发生变化。例如，有的人在起初对较小的收益不太有兴趣，但随着收益的进一步增加，吸引力就会逐步增大，从而引起他对风险的态度发生变化。可是当达到某一目标后，他的要求得到了满足，就可能变得不愿承担风险了。然而，当收益的继续增加使他可望达到一个更高的目标时，他又有可能不顾冒更大的风险去争取，如此等等。因此，上述三种情况只是三种典型，某一决策者可能兼有三种类型。图 7.9 示出这种情形。

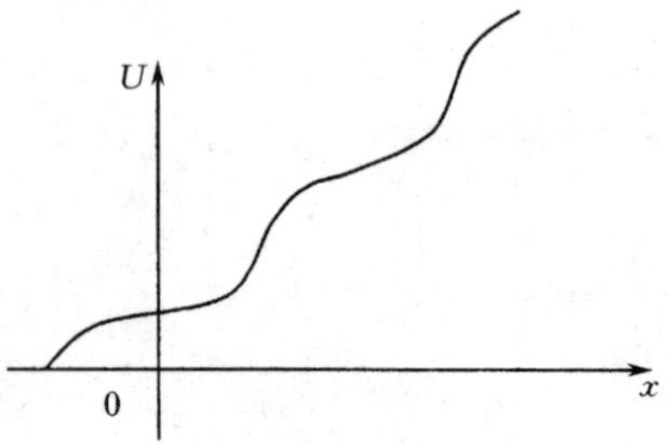

图 7.9

3. 效用值准则

利用决策者的效用函数进行决策时，依据的准则称为效用准则。

例 7.10 某公司在建厂问题上有两种方案 d_1（建大厂）和 d_2（建小厂），建大厂需投资 300 万元，建小厂需投资 160 万元。两种方案的生产期都定为 10 年，估计在此期间，产品销路好的可能性为 0.7。两方案的年度损益表见表 7.19。试问应该选择哪一方案为宜？

表 7.19

收益（万元）/ 方案 / 状态及概率		d_1 建大厂	d_2 建小厂
销路好 θ_1	0.7	100	40
销路差 θ_2	0.3	−20	10

解 使用效用值准则进行决策，步骤如下。

①根据数据可以计算各方案在 10 年内不同状态下的收益值(表 7.20)。

表 7.20

收益（万元）/ 方案 / 状态及概率		d_1 建大厂(投资 300 万)	d_2 建小厂(投资 160 万)
销路好 θ_1	0.7	$100\times10-300=700$	$40\times10-160=240$
销路差 θ_2	0.3	$(-20)\times10-300=-500$	$10\times10-160=-60$

②作出决策树(图 7.10)。

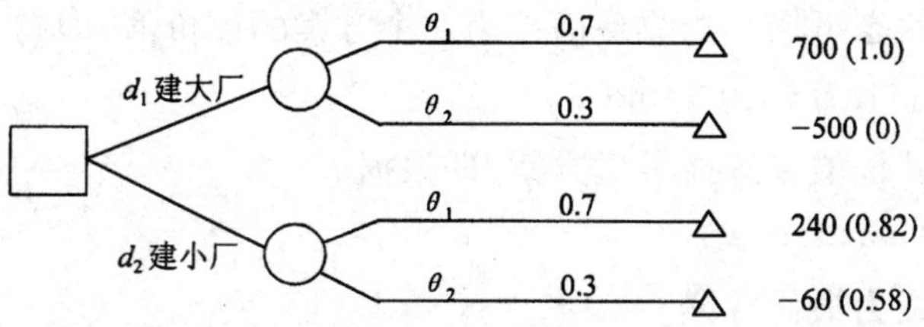

图 7.10

③通过和决策者的对话，作出决策者的效用曲线(图 7.11)。

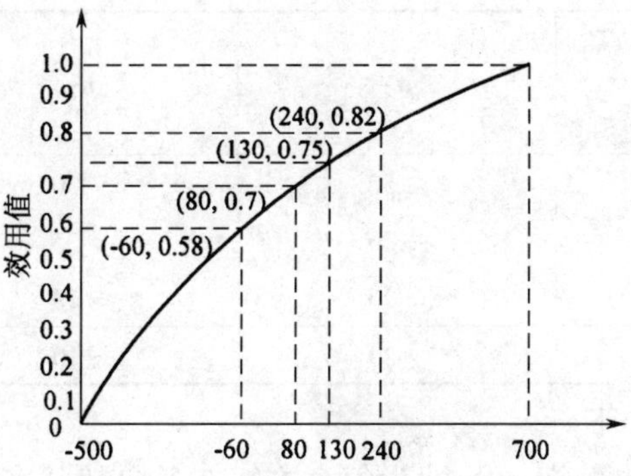

图 7.11

从确立的效用曲线上找出各收益值的效用值为：$U(700)=1$，$U(-500)=0$，$U(240)=0.82$，$U(-60)=0.58$。把这些效用值填在决策树各损益值边括弧内。

④计算各方案的期望效用值。建大厂方案的期望效用值$=0.7\times1.0+0.3\times0=0.7$，建小厂方案的期望效用值$=0.7\times0.82+0.3\times0.58=0.75$。根据效用值准则，应选效用期望值大的方案 d_2，即选择建小厂方案。

7.3 完全不确定情况下的决策

在风险型决策问题中,虽然预先不知道会发生哪种自然状态,但是可以通过历史资料或主观估计的方法得到每种自然状态发生的概率。在许多实际决策问题中,对自然状态的信息掌握很少,不足以估算出自然状态的概率,这种决策称为完全不确定型决策。在这种情况下,只知道几种自然状态可能发生,但并不知道这些状态发生的概率,因而不能运用风险型决策模型,这时很大程度上要依靠决策者的决策偏好进行决策。

下面介绍几种常用的完全不确定型决策方法。

7.3.1 悲观法——小中取大原则

这是用保守观点分析和决定问题,决策者对客观情况总是抱悲观态度,总觉得不会万事如意。所以为了保险起见,总是把事情的结果估计得很不利。决策者认为冒失的行动容易造成重大失误,最好还是从最不利的情况出发,向最好的方向努力,力求做到有备无患。他是在各种最坏的结果中找出一个好一点的方案,因此又叫小中取大决策法。根据这种思想,决策者用一个方案在各种自然状态下最小的收益值作为这个方案的评价值,即有

$$\text{方案 } d_j \leftarrow \text{评价值 } f(d_j)=\min_i u_{ij}$$

然后根据每个方案的评价值去选择最优方案,即根据

$$\max f(d_j)=\max_j \min_i u_{ij}$$

选择评价值最大的方案为最优方案。

例 7.11 现有三个行动方案 d_1、d_2、d_3,三个自然状态 θ_1、θ_2、θ_3,不知道自然状态发生的概率,相应决策收益表由表 7.21 给出。试用悲观法求最优方案。

表 7.21

收益 \ 方案 / 状态	d_1	d_2	d_3
θ_1	50	30	10
θ_2	20	25	10
θ_3	-20	-10	10
评价值 $f(d_j)$	-20	-10	(10)

解 悲观法基本步骤如下。

①计算每个方案的评价值 $f(d_j)$,即为每个方案在各自然状态下的最小收益值:

$$f(d_1)=\min\{50,20,-20\}=-20$$

$$f(d_2)=\min\{30,25,-10\}=-10$$

$$f(d_3)=\min\{10,10,10\}=10$$

②根据方案评价值选择最优方案,即从各最小收益值中求最大值:

$$\max\{f(d_1),f(d_2),f(d_3)\}=\max\{-20,-10,10\}=10$$

则应选择方案 d_3 为最优方案。

若讨论的问题是机会损失时，悲观法则是先取各方案中最大的机会损失值，再在其中选最小值确定为最优方案。

7.3.2 乐观法——大中取大原则

这种方法的基本思想是对客观情况总抱乐观态度。一些决策者认为，即使出现不利情况也未必会有多大损失，而一旦出现最有利的情况却能得到很大的收益，由此产生大中取大的原则。决策者用一个方案在各种自然状态下最大的收益值作为这个方案的评价值，即有

$$\text{方案 } d_j \leftarrow \text{评价值 } f(d_j)=\max_i u_{ij}$$

然后选最大评价值的方案为最优方案，即根据

$$\max_j f(d_j)=\max_j \max_i u_{ij}$$

选择最优方案。

例 7.12 用乐观法求解例 7.11。

解 乐观法基本步骤如下。

①计算各方案评价值 $f(d_j)$，即计算各方案在各自然状态下最大收益值

$$f(d_1)=\max\{50,20,-20\}=50$$

$$f(d_2)=\max\{30,25,-10\}=30$$

$$f(d_3)=\max\{10,10,10\}=10$$

②根据各方案评价值，选择评价值最大的方案为最优方案，即有

$$\max\{f(d_1),f(d_2),f(d_3)\}=\max\{50,30,10\}=50$$

则应选择方案 d_1 为最优方案。其决策过程见表 7.22。

表 7.22

收益 / 方案 / 状态	d_1	d_2	d_3
θ_1	50	30	10
θ_2	20	25	10
θ_3	-20	-10	10
评价值 $f(d_j)$	(50)	30	10

7.3.3 乐观系数法

这种方法的基本想法是认为悲观法太保守而乐观法太冒险，主张折中考虑，确定一个数字表示乐观程度，称为乐观系数，用 α 表示，并规定 $0\leqslant\alpha\leqslant1$。决策者用一个方案在各自然状态下最大收益值乘以 α 加上最小收益值乘以 $(1-\alpha)$ 的和，作为该方案的评价值，即有

$$\text{方案 } d_j \leftarrow \text{评价值 } f(d_j)=\alpha\cdot\max_i u_{ij}+(1-\alpha)\min_i u_{ij}$$

然后再选择评价值大的方案为最优方案，即根据

$$\max_j\{f(d_j)\}=\max_j\{\alpha\cdot\max_i u_{ij}+(1-\alpha)\min_i u_{ij}\}$$

选择最优方案。

例 7.13 用乐观系数法求解例 7.11。

解 选择乐观系数为 $\alpha=0.4$，计算各方案之评价值

$$f(d_1)=0.4\times 50+0.6\times(-20)=8$$

$$f(d_2)=0.4\times 30+0.6\times(-10)=6$$

$$f(d_3)=0.4\times 10+0.6\times 10=10$$

根据

$$\max\{f(d_1),f(d_2),f(d_3)\}=\max\{8,6,10\}=10$$

则应选择方案 d_3 为最优方案，整个决策过程由表 7.23 所示。

表 7.23

收益 / 方案 / 状态	d_1	d_2	d_3
θ_1	50	30	10
θ_2	20	25	10
θ_3	−20	−10	10
评价值 $f(d_j)$	$0.4\times50+0.6\times(-20)=8$	$0.4\times30+0.6\times(-10)=6$	$0.4\times10+0.6\times10=(10)$

7.3.4 最小后悔值法——大中取小原则

当某一种自然状态出现时，决策者必然选择收益值最大的方案。如果决策者事先未选取这一方案，而选择了其他方案，事后就会后悔。某一自然状态下，最大收益值与其他收益值之差描绘了后悔程度，称为后悔值，也称机会损失。这个方法要在决策时考虑减少将来的后悔。它的计算方法首先是在各种自然状态下，以最大收益值减去其他收益值得到这自然状态下各方案的后悔值。在 θ_i 状态下，选择 d_j 方案的后悔值为

$$r_{ij}=\max_j u_{ij}-u_{ij}$$

所有后悔值构成后悔值矩阵 $[r_{ij}]_{m\times n}$。

在后悔值方法中，决策者用一个方案在各自然状态下最大的后悔值作为这个方案的评价值，即有

$$方案\ d_j\leftarrow f(d_j)=\max_i r_{ij}$$

然后选择评价值最小的方案为最优方案，即根据

$$\min_j f(d_j)=\min_j\max_i r_{ij}$$

选择最优方案，所以也称为最小后悔值方法。

例 7.14 用最小后悔值法求解例 7.11。

解 最小后悔值方法步骤为：

①计算出后悔矩阵 $(r_{ij})_{m\times n}$；

②计算每一方案评价值 $f(d_j)=\max\limits_i r_{ij}$；

③选择最小评价值 $\min\limits_j f(d_j)$，确定最优方案。

决策过程可由表 7.24 所示。

表 7.24

状态 \ 方案	收益值表			后悔值表		
	d_1	d_2	d_3	d_1	d_2	d_3
θ_1	50*	30	10	0	20	40
θ_2	20	25*	10	5	0	15
θ_3	−20	−10	10*	30	20	0
评价值 $f(d_j)$				30	(20)	40

7.3.5 等可能性方法——平均原则

这种方法的基本思想是:在一些决策问题中,决策者既不能估计出各自然状态出现的概率,又不能认为某一自然状态比其他状态出现可能性大,就只好认为每种情况出现的可能性一样,如有 n 种自然状态出现,则认为每种自然状态出现概率为 $p(\theta_i)=\frac{1}{n}\quad(i=1,2,\cdots,n)$。这样就把完全不确定型决策问题化为风险型决策问题解决。

对于一个完全不确定型问题,使用不同的方法,可能会得出不同的最优方案。实际决策问题是很复杂的,究竟应选用什么方法,应视具体问题而定。比如对待灾难性事件,应考虑最不利情况,使遭到损失最小。在其他情况下应有不同考虑,通常可根据具体情况选用几种不同的方法,然后将所得结果进行分析和比较,从而作出最后的选择。

习题 7

7.1 某地方书店希望订购最新出版的好图书。根据以往经验,新书的销售量可能为 50、100、150 或 200 本。假定每本新书的订购价为 4 元,销售价为 6 元,剩书的处理价为每本 2 元。要求:

(1)建立损益矩阵;

(2)分别用悲观法、乐观法及等可能法决定该书店应订购的新书数量;

(3)建立后悔矩阵,并用后悔值法决定书店应订购的新书数。

7.2 上题中如书店据以往统计资料预计新书销售量的规律见表 7.25。(1)分别用期望值法和后悔值法决定订购数量;(2)如某市场调查部门能帮助书店调查销售量的确切数字,该书店愿意付出多大的调查费用?

表 7.25

需求数	50	100	150	200
占的比例	20%	40%	30%	10%

7.3 题 7.1 中,如果该地方书店货币(M)的效用函数

$$U(M)=\sqrt{\frac{M+1\,000}{1\,000}}$$

(1)建立效用值表;

(2)利用题 7.2 中给出的各种需求量的比例数字重新决定该书店应当订购新书的最优数量。

7.4 某邮局要求当天收寄的包裹当天处理完毕。根据以往记录统计,每天收寄包裹的情况见表 7.26。

表 7.26

收寄包裹数	41～50	51～60	61～70	71～80	81～90
占的比例	10%	15%	30%	25%	20%

已知每个邮局职工平均每小时处理 4 个包裹，每小时工资为 5 元。规定每人每天实际工作 7 小时。如加班工作，每小时工资额增加 50%，但加班时间每人每天不得超过 5 小时(加班以小时计，不足 1 小时的以 1 小时计算)。试用期望值法确定该邮局最优雇佣工人的数量。

7.5 在一台机器上加工制造一批零件共 10 000 个，如加工完后逐个进行修整，则全部可以合格，但需修整费 300 元。如不进行修整据以往资料统计，次品率情况见表 7.27。一旦装配中发现次品时，需返工修理费为每个零件 0.50 元。要求：

(1)分别用期望值和后悔值法决定这批零件要不要整修；

(2)为了获得这批零件中次品率的正确资料，在刚加工完的一批 10 000 件中随机抽取 130 个样品，发现其中有 9 件次品，试修正先验概率，并重新按期望值和后悔值法决定这批零件要不要整修。

表 7.27

次品率(θ)	0.02	0.04	0.06	0.08	0.10
概率 $P(\theta)$	0.20	0.40	0.25	0.10	0.05

7.6 有一种游戏分两阶段进行。第一阶段，参加者需先付 10 元，然后从含 45% 白球和 55% 红球的罐子中任摸一球，并决定是否继续第二阶段。如继续需再付 10 元，根据第一阶段摸到的球的颜色在相同颜色罐子中再摸一球。已知白色罐子中含 70% 蓝球和 30% 绿球，红色罐子中含 10% 的蓝球和 90% 的绿球。当第二阶段摸到为蓝色球时，参加者可得奖 50 元，如摸到的是绿球或不参加第二阶段游戏的均无所得。试用决策树法确定参加者的最优策略。

7.7 某公司有 50 000 元多余资金，如用于某项开发事业估计成功率为 96%，成功时一年可获利 12%，但一旦失败，有丧失全部资金的危险。如把资金存放到银行中，则可稳得年利 6%。为获取更多情报，该公司求助于咨询服务，咨询费用为 500 元，但咨询意见只是提供参考，帮助下决心。据过去咨询公司类似 200 例咨询意见实施结果，情况见表 7.28。试用决策树法分析：

(1)该公司是否值得求助于咨询服务；

(2)该公司多余资金应如何合理使用？

表 7.28

咨询意见 \ 实施结果	投资成功	投资失败	合　计
可以投资	154 次	2 次	156 次
不宜投资	38 次	6 次	44 次
合　计	192 次	8 次	200 次

7.8 一计算机芯片厂生产的某种芯片是以 10 个芯片为一个批次通过两道主要工序生产出来的。大量统计表明，一个批次的芯片经过生产的第一道工序的一次加工后会有 80% 的批次的产品合格率为 90%，有 20% 的批次的产品合格率为 50%。合格率为 90% 的批次下一道工序的加工成本为 1 000 元，而合格率为 50% 的批次的下一道工序的加工费将高达 4 000 元。为避免质量差的批次进入下一道工序，工厂还可以选择以 1 000 元的成本将芯片重新在第一个工序中再加工一次。经两次加工后的产品的合格率将稳定在 90%。

(1)芯片厂希望每个批次的加工成本最小，应如何决策？画出该问题的决策树；

(2)计算本问题的完全信息期望值；

(3)芯片厂还有另外一种选择,即从每批中抽检一个产品,根据抽检结果决定该批次是直接进入下一道工序,还是在第一道工序中再加工一次。抽检一个产品的检查成本为100元。试决定芯片厂是否应当抽检及抽检后的相关决策,画出该问题的决策树。

7.9 某工厂正在考虑是现在还是明年扩大生产规模问题。由于可能出现的市场需求情况不一样,预期利润也不同。已知市场需求为高(E_1)、中(E_2)、低(E_3)的概率及不同方案时的预期利润(单位:万元)如表7.29所示。对该厂来说损失1万元效用值为0,获利10万元效用值为100,对以下事件效用值无差别:①肯定得8万元或0.9概率得10万和0.1概率失去1万;②肯定得6万元或0.8概率得10万和0.2概率失去1万;③肯定得1万元或0.25概率得10万和0.75概率失去1万。

表7.29

事件 / 概率 / 方案	E_1	E_2	E_3
	$P(E_1)=0.2$	$P(E_2)=0.5$	$P(E_3)=0.3$
现在扩大	10	8	-1
明年扩大	8	6	1

要求:(1)建立效用值表;

(2)分别根据实际盈利额和效用值按期望值法确定最优决策。

7.10 填空

设风险型决策中 u_{ij} 为相应于状态 θ_i 和决策 d_j 的利润,$P(\theta_i)$为状态概率,$i=1,\cdots,m,j=1,\cdots,n$,则完全信息期望值 $EVPI=$________________;由于它与最小期望机会损失相等,因此,它的另一种表示形式为 $EVPI=$________________。

第8章　库存决策

8.1　库存决策的基本概念

库存决策又称存贮论，是管理技术中的一个重要分支。在生产活动及日常生活中经常发生供应和需求之间不协调的情况。物资储存(即库存)就是解决和协调供应和需求之间矛盾的一种手段。如工厂为了避免由于原料供应不足而停工，就必须储备一定数量的原料；商店为了避免商品脱销也必须储备一定量的商品。无论是营利单位，或者是非营利单位，物资的储存是极普遍的现象。例如：水库储备一定量的水，以备旱季使用；银行储备一定量现金，保证提款的需要；血库储备一定量血液，为抢救病人备用；军队储备一定量军需品及弹药，以备一旦敌人发动战争能予以反击；家庭储备一定量粮食和食品，以备日常生活所需。

然而，库存物资是否越多越好？工厂生产过程中原料储存越多，停工待料现象就越少，从而减少停工引起的损失。但是，原料储存过多相应储存费用也增加，同时又占用了大量的流动资金，造成经济损失。一般来讲，库存量不足会造成缺货损失，而库存量过大又会造成物质积压，库存费用增大，流动资金占用过大。因此，如何制定一个合理的库存控制方针，使缺货风险和库存过多之间得以平衡，是存贮论要研究和解决的主要问题。库存控制方针首先就是要解决：库存物资每次补充多少，库存物资隔多少时间补充一次？

为了解决这两个问题，一般是对所研究的实际储存系统建立一个相应的模型，由此模型的分析和研究得出最佳的库存方针。评价库存方案的优劣，通常是以与这库存方案相应的成本费用大小作标准。对一个企业来讲，实际库存工作是由两方面组成，其一是日常物资储存的收、发、存等具体工作，账目的计算和记录，各种数据和档案的保管工作可以由电子计算机进行，其二是确定合理的订购时间和订购数量。存贮论的研究主要是针对第二方面工作的。

图8.1

图8.1表示一般储存系统模型。在讨论具体模型前，先引入一些有关储存系统的基本概念。

1.**需求**

需求是指对某种储存物资的需要，用单位时间内对这种物资的需求量进行描述，需求是储存系统的输出。需求可以是均匀连续的，也可以是间断的；需求量可以是确定的，也可以是随机的。

2.**补充**

存储量由于需求输出而不断减少，必须加以补充。补充就是储存系统的输入。补充的方式有订货或生产。补充可以是瞬时进行，也可以是均匀进行。

1)批量　补充(输入)往往采用以一定数量为一批的方式进行，每一批补充数量为批量。

2)补充间隔　两次补充之间的时间。

3)提前期(拖后期)　从提出订货到收到订货之间的时间间隔。提前期可以是确定的，也可以是随机的。

3.储存系统的费用

1)储存费用　这包含仓库保管费用,占用流动资金利息,储存物资的变质损失等等,以单位储存物资在单位时间内所需的费用计算。

2)准备费用　这是指每一次订货或每组织一次生产所必须的固定费用,例如每次订货的手续费、出差费等,每次生产的准备、结束费等。它与订货数量或生产数量无关。

3)货物成本费用(生产可变成本费用)　它是指货物本身的价格,或者是与生产产品数量有关的可变成本费用。

4)缺货损失费用　因库存量不足,发生供不应求而造成的利润损失。例如商品缺货失去销售机会的损失、停工待料的损失以及不能履行合同的罚款。

4.储存策略

决定多少时间补充一次以及每次补充多少的策略。通常有三种类型。

1)t 循环策略　每隔 t 时间补充存储量 Q。

2)(s,S)策略　每当储存量下降至 s 时,即刻补充,使储存量达 S。

3)(t,s,S)混合策略　每隔 t 时间检查库存量 x。当 $x>s$ 不补充;当 $x\leqslant s$ 时进行补充,使库存量达到 S。

为了确定一个储存系统的最佳储存策略,首先对实际储存系统建立相应的数学模型。这模型既要不太复杂又要能反映出实际系统的主要本质特点。长期以来人们已建立了许多有效的储存模型。这些模型根据数据(例如需求量、提前期等)是确定的还是随机的,可分成两大类:一类为确定型储存模型;另一类是随机型储存模型。

8.2　确定型库存模型

本节讨论的三个库存模型中的参数,例如需求量、提前期等都是确定的。这类模型是将复杂的实际情况简化了,所以便于分析。在这些模型讨论中,评价一个储存策略优劣的数量指标是这个储存策略产生的总费用。所谓最佳储存策略就是使总费用最小的策略。

8.2.1　经济批量 EOQ 库存模型(模型 1)

这个模型假设:

①需求量是均匀、连续的,单位时间内需求量是常数 R,则 t 时间内需求量是 Rt;

②提前期为零,补充是瞬时的,即一订货即刻就能得到补充,每次补充量 Q 是不变的,这意味着,需要时马上就可以补充,因此不发生缺货现象。

这个模型可用图 8.2 表示。由图 8.2 得知,每补充一批货物 Q,库存量即刻由零上升至 Q,然后以 R 的速率均匀消耗掉。库存量沿斜线下降,一旦库存量降至零时,立即再次补充 Q,如此不断重复。

在以上模型的假设条件下,怎样确定最佳的储存策略?一般用单位时间内总费用(平均费用)作为策略优劣的评价指标。为了寻找最佳策略,即确定一个使平均总费用最小的订货量及订货间隔,首先要导出平均总费用与定货量 Q 或订货间隔时间 t 之间的函数关系。假设:

Q——每次订货量;

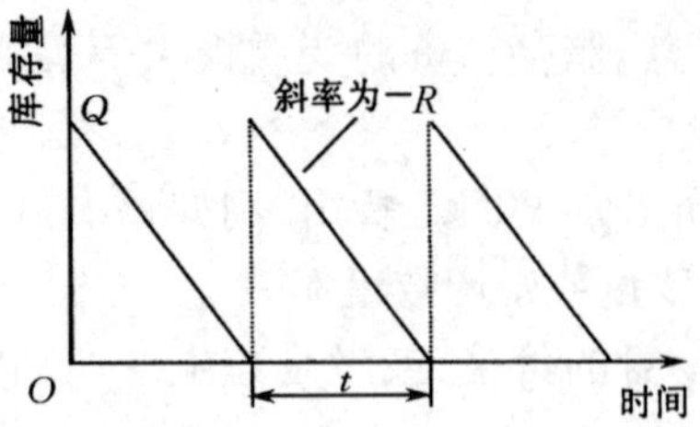

图 8.2

t——订货间隔时间，$t=\frac{Q}{R}$；

C_3——每次订货准备费用；

K——货物单价；

C_1——单位时间内单位货物的储存费。

t 时间内平均库存量为

$$\frac{1}{t}\int_0^t RT\mathrm{d}T=\frac{1}{2}Rt=\frac{1}{2}Q$$

从而导出作为订货量 Q 的函数的平均总费用

$$\begin{aligned}C(Q)&=(\text{准备费用}+\text{货价}+\text{储存费用})/\text{时间 } t\\&=(C_3+KQ+C_1\cdot\frac{1}{2}Rt^2)/t\\&=\frac{(C_3+KQ)}{\frac{Q}{R}}+\frac{1}{2}C_1Q\\&=\frac{C_3R}{Q}+KR+\frac{1}{2}C_1Q\end{aligned}$$

为求 $\min C(Q)$，求导数

$$\frac{\mathrm{d}C(Q)}{\mathrm{d}Q}=-\frac{C_3R}{Q^2}+\frac{C_1}{2}=0$$

即得最佳定货量

$$Q^*=\sqrt{\frac{2C_3R}{C_1}}$$

可进一步通过计算 $C(Q)$的二阶导数证明 Q^* 是极小点。这就是著名的经济批量(Economic Ordering Quantity)公式，简称 EOQ 公式。由此同时得出最佳订货时间间隔

$$t^*=Q^*/R=\sqrt{\frac{2C_3}{C_1R}}$$

例 8.1 设某产品年需求量为 144 件，且需求是均匀的，每生产一批产品(不管产量多少)需准备费用 90 元，每生产一件产品的直接成本为 100 元，库存费用为每件每年 20 元。试决定每批生产的最佳数量。

解 需求量 $R=144$ 件/年，准备费用 $C_3=90$ 元；生产一件产品直接成本 $K=100$ 元；每件每年库存费用 $C_1=20$ 元/件年；每次生产量为 Q。使用 EOQ 公式，得

$$Q^*=\sqrt{\frac{2C_3R}{C_1}}=\sqrt{\frac{2\times90\times144}{20}}=36(\text{件})$$

最低费用(年平均总费用)

$$\begin{aligned}C(Q)&=\frac{C_3R}{Q}+KR+\frac{1}{2}C_1Q\\&=\frac{90\times144}{36}+100\times144+\frac{1}{2}\times20\times36\end{aligned}$$

$=15\ 120$ 元

8.2.2 在制品批量的库存模型(模型 2)

本模型假设条件,除了储存补充是以 P 速度进行外,其余与模型 1 相同。

本模型最典型的例子是描述生产过程中两工序之间需要一定数量的在制品,而上下工序的生产速率并不同步,上工序供应不能发生短缺,才能保证下工序连续进行,这就要求上工序生产速度 P 要大于下工序的需求速度 R。它的生产过程如图 8.3 描述。开始时上工序以 P 速度生产(即补充),同时下工序以 R 速度消耗在制品,由于 $P>R$,在制品的储存量沿 OA 斜线上升。当储存量达一定数量时,上工序停止生产,下工序仍不断消耗在制品,储存量以 R 速度沿斜线 AB 下降至零,这时上工序即刻开始生产(补充),如此不断重复。

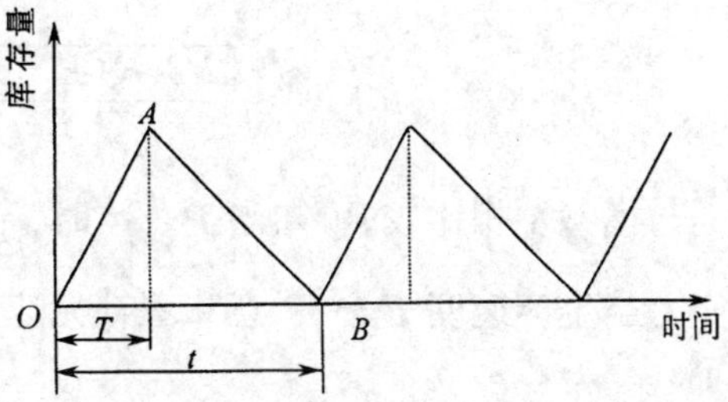

图 8.3

设上工序每次生产时间为 T,则每次生产批量 $Q=PT$。同时为了确定最佳生产批量 Q^*,首先需导出单位时间内总费用(平均费用)与批量 Q 之间的关系。由图 8.3 分析可知,在 $[0,T]$ 区间内储存量以 $(P-R)$ 速度增长,在 $[T,t]$ 区间内存储量以 R 速度下降,且有

$$(P-R)T=R(t-T)$$

即得

$$T=\frac{Rt}{P}$$

t 时间内平均储存量为 $\frac{1}{2}(P-R)T$;t 时间内储存费为 $\frac{1}{2}C_1(P-R)Tt$;每生产一次准备成本为 C_3。

单位时间内总费用(平均费用)

$$C(Q)=\frac{1}{t}[C_3+KQ+\frac{1}{2}C_1(P-R)Tt]$$

$$=\frac{R}{Q}[C_3+KQ+\frac{1}{2}C_1(P-R)\frac{R\cdot(\frac{Q}{R})^2}{P}]$$

$$=\frac{C_3R}{Q}+KR+\frac{1}{2}C_1\frac{P-R}{P}Q$$

进一步计算得

$$\frac{\mathrm{d}C(Q)}{\mathrm{d}Q}=-\frac{C_3R}{Q^2}+\frac{1}{2}C_1\frac{P-R}{P}=0$$

由此得最佳批量

$$Q^*=\sqrt{\frac{2C_3RP}{C_1(P-R)}}$$

从而得最佳生产时间

$$T^* = \frac{Q^*}{P} = \sqrt{\frac{2C_3R}{C_1P(P-R)}}$$

$$t^* = \frac{P}{R}T^* = \sqrt{\frac{2C_3P}{C_1R(P-R)}}$$

最大库存量

$$S = Q^* - RT^* = \sqrt{\frac{2C_3R(P-R)}{C_1P}}$$

与模型1相比较，可知当 $P\to\infty$ 时，$\frac{P}{P-R}\to 1$，模型2公式即成模型1中的经济批量公式。事实上当生产速度 $P\to\infty$，意味着补充速度无限大，即为瞬时补充，模型2与模型1就完全一样了。

例 8.2 某厂每月需甲产品100件，每月生产率为500件，每批装配费为5元，每月每件产品储存费为0.4元，求最佳量及最低费用。

解 已知 $C_3=5, C_1=0.4, P=500, R=100$ 代入公式，得

$$Q^* = \sqrt{\frac{2C_3RP}{C_1(P-R)}} = \sqrt{3\,125} \approx 56 \text{ 件}$$

$$C_0 = \sqrt{\frac{2C_1C_3R(P-R)}{P}} \approx 17.89 \text{ 元}$$

8.2.3 允许发生缺货、生产时间很短的库存模型(模型3)

本模型是在模型1的基础上考虑允许发生缺货的情况，即当库存由于需求而下降到零时，可以采取等一段时间再订货补充的策略。这样，在这一段时间内就发生缺货。一方面，由于需求得不到满足造成经济损失，要支付缺货费用；另一方面，由于采取这种策略，增长了订货间隔时间，减少了订货次数，以至减少准备费用，同时也减少了平均储存量，从而减少储存费用，从总费用角度看，采取缺货策略可能是有利的。

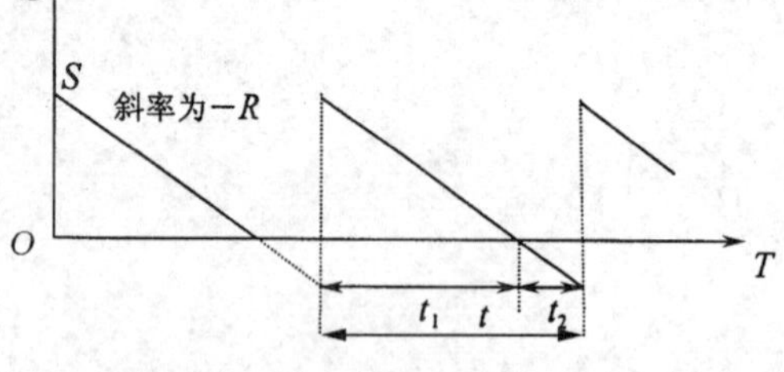

图8.4

模型3可用图8.4描述，其假设条件与模型1相同，并设单位时间内单位缺货费为 C_2。问题是如何去确定最佳的储存策略，即不仅要确定最优订货量 Q，而且要确定最优的拖延订货时间即缺货时间 t_2，使得单位时间内总费用(准备费用+缺货费用)为最小。分析图8.4可看出，在 t_1 时间间隔内库存量是正的，随着需求下降为零，在 t_2 时间间隔内发生缺货，最大缺货量为 Rt_2，至 t_2 间隔末订货 Q，补足缺货量 Rt_2，库存上升为 $(Q-Rt_2)$，如此重复。

模型3描述的储存系统中，由于允许缺货，单位时间内总费用不仅依赖于订货批量(或订货间隔时间)，而且依赖于缺货时间。也就是说，这平均总费用应是订货量 Q 和缺货时间 t_2 的函数。由图8.4可知，订货间隔时间 $t=\frac{Q}{R}$，$t=t_1+t_2$；最大缺货量为 Rt_2，$Rt_2=Q-Rt_1$；

t_1 时间内平均储存量为$\frac{1}{2}(Q-Rt_2)$；t 时间内发生的存储费为$\frac{C_1}{2R}(Q-Rt_2)^2$；t_2 时间内平均缺货量为$\frac{1}{2}Rt_2$，t 时间内发生的缺货费为$\frac{1}{2}C_2Rt_2^2$。

由此得到单位时间内总费用

$$C(Q,t_2)=\frac{1}{t}[C_3+\frac{1}{2R}C_1(Q-Rt_2)^2+\frac{1}{2}C_2Rt_2^2]$$
$$=\frac{R}{Q}[C_3+\frac{1}{2R}C_1(Q-Rt_2)^2+\frac{1}{2}C_2Rt_2^2]$$

由多元函数极值条件，极小点(Q^*,t_2^*)在梯度 grad $C(Q,t_2)=0$ 处获得，即在

$$\frac{\partial C(Q,t_2)}{\partial Q}=0,\frac{\partial C(Q,t_2)}{\partial t_2}=0$$

处获得，则有

$$\frac{\partial C(Q,t_2)}{\partial t_2}=\frac{R}{Q}[-C_1(Q-Rt_2)+C_2Rt_2]=0$$

$$t_2=\frac{C_1Q}{(C_1+C_2)R}$$

$$\frac{\partial C(Q,t_2)}{\partial Q}=-\frac{R}{Q^2}[C_3+\frac{1}{2R}C_1(Q-Rt_2)^2+\frac{1}{2}C_2Rt_2^2]+\frac{R}{Q}\cdot\frac{C_1}{R}(Q-Rt_2)=0$$

将 t_2 值代入得最优批量

$$Q^*=\sqrt{\frac{2C_3(C_1+C_2)R}{C_1C_2}}$$

从而得

$$t_2^*=\sqrt{\frac{2C_1C_3}{C_2(C_1+C_2)R}}$$

$$t^*=\frac{Q^*}{R}=\sqrt{\frac{2C_3(C_1+C_2)}{C_1C_2R}}$$

在上述公式中，若将条件改为不允许缺货，即缺货费 $C_2\to\infty$，则$\frac{C_1+C_2}{C_2}\to 1$，上述公式即趋向模型 1 之 EOQ 公式。

例 8.3 已知需求速度 $R=100$ 件，$C_1=0.4$ 元，$C_2=0.15$ 元，$C_3=5$ 元，求最低单位时间总费用及最佳储存策略下最大库存量。

解 用 $Q^*=\sqrt{\frac{2C_3(C_1+C_2)R}{C_1C_2}}$ 及 $t_2^*=\sqrt{\frac{2C_1C_3}{C_2(C_1+C_2)R}}$

代入 $C(Q,t_2)$ 中，得最低单位时间总费用

$$C(Q^*,t_2^*)=\sqrt{\frac{2C_1C_2C_3R}{C_1+C_2}}=\sqrt{\frac{2\times0.4\times0.15\times5\times100}{0.4+0.15}}$$
$$\approx 10.44 \text{ 元}$$

最大库存量

$$S=Q^*-t_2^*R$$

$$=\sqrt{\frac{2C_3(C_1+C_2)R}{C_1C_2}}-\sqrt{\frac{2C_1C_3R}{C_2(C_1+C_2)}}$$

$$=\sqrt{\frac{2C_2C_3R}{C_1(C_1+C_2)}}=\sqrt{\frac{2\times0.15\times5\times100}{0.4(0.4+0.15)}}\approx 26\text{ 件}$$

8.2.4 允许缺货(需补足缺货)、生产需一定时间的库存模型(模型4)

假设条件除允许缺货生产需一定时间外,其余条件皆与模型1相同。

其存贮变化如图8.5所示。

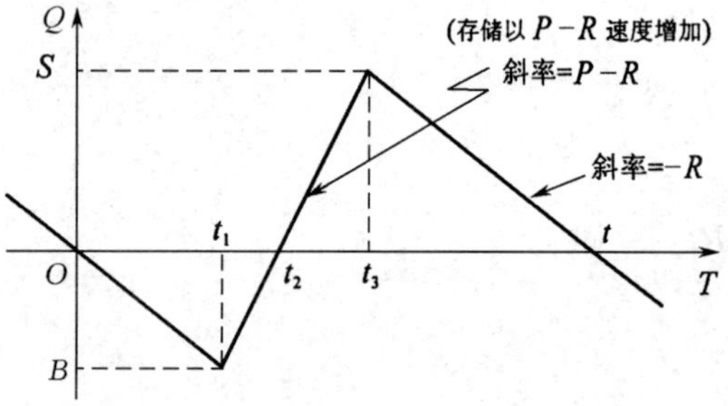

图 8.5

取$[0,t]$为一个周期,设 t_1 时刻开始生产。

$[0,t_2]$时间内存贮为零,B 表示最大缺货量。

$[t_1,t_2]$时间内除满足需求外,还要补足$[0,t_1]$时间内的缺货。

$[t_2,t_3]$时间内满足需求后的产品进入存贮,存贮量以$(P-R)$速度增加。S 表示存贮量,t_3 时刻存贮量达到最大,t_3 时刻停止生产。

$[t_3,t]$时间存贮量以需求速度 R 减少。

由图8.5易知:

最大缺货量 $B=Rt_1$,或 $B=(P-R)(t_2-t_1)$。即

$$Rt_1=(P-R)(t_2-t_1),\text{得}$$

$$t_1=\frac{(P-R)}{P}t_2$$

最大存贮量 $S=(P-R)(t_3-t_2)$或 $S=R(t-t_3)$。即$(P-R)(t_3-t_2)=R(t-t_3)$,得

$$t_3=\frac{R}{P}t+(1-\frac{R}{P})t_2,\text{或}$$

$$t_3-t_2=\frac{R}{P}(t-t_2)$$

在$[0,t]$时间内所需费用:

存贮费 $\frac{1}{2}C_1(P-R)(t_3-t_2)(t-t_2)$

消去 t_3,得 $\frac{1}{2}C_1(P-R)\frac{R}{P}(t-t_2)^2$

缺货费 $\frac{1}{2}C_2Rt_1t_2$

消去 t_1,得 $\frac{1}{2}C_2R\frac{(P-R)}{P}t_2^2$

装配费 C_3

在$[0,t]$时间内总平均费用

$$C(t,t_2)=\frac{1}{t}\left[\frac{1}{2}C_1\frac{(P-R)R}{P}(t-t_2)^2+\frac{1}{2}C_2\frac{(P-R)R}{P}t_2^2+C_3\right]$$

$$=\frac{1}{2}\frac{(P-R)R}{P}\left[C_1t-2C_1t_2+(C_1+C_2)\frac{t_2^2}{t}\right]+\frac{C_3}{t}$$

$$\frac{\partial C(t,t_2)}{\partial t}=\frac{1}{2}\frac{(P-R)R}{P}\left[C_1+(C_1+C_2)t_2^2\left(-\frac{1}{t^2}\right)\right]-\frac{C_3}{t^2}$$

$$\frac{\partial C(t,t_2)}{\partial t_2}=\frac{1}{2}\frac{(P-R)R}{P}\left[-2C_1+2(C_1+C_2)t_2\cdot\frac{1}{t}\right]$$

由 $\frac{\partial C(t,t_2)}{\partial t_2}=0$，得 $t_2=\frac{C_1}{C_1+C_2}t$。

由 $\frac{\partial C(t,t_2)}{\partial t}=0$，得

$$\frac{1}{2}\frac{(P-R)R}{P}\left[C_1+(C_1+C_2)t_2^2\left(-\frac{1}{t^2}\right)\right]-\frac{C_3}{t^2}=0$$

消去 t_2 得

$$\frac{1}{2}\frac{(P-R)R}{P}\left[C_1-(C_1+C_2)\frac{C_1^2}{(C_1+C_2)^2}\right]-C_3\frac{1}{t^2}=0$$

$$\frac{1}{2}\frac{(P-R)R}{P}\left(\frac{C_1^2+C_1C_2-C_1^2}{C_1+C_2}\right)-\frac{C_3}{t^2}=0$$

$$t^2=\frac{2P(C_1+C_2)C_3}{C_1C_2(P-R)R}$$

则

$$t=\sqrt{\frac{2C_3}{C_1R}}\cdot\sqrt{\frac{C_1+C_2}{C_2}}\cdot\sqrt{\frac{P}{P-R}}，记作\ t_0$$

有

$$t_2=\frac{C_1}{C_1+C_2}t_0=\frac{C_1}{C_1+C_2}\cdot\sqrt{\frac{2C_3}{C_1R}}\cdot\sqrt{\frac{C_1+C_2}{C_2}}\cdot\sqrt{\frac{P}{P-R}}$$

依数学分析的知识可以判定 $C(t,t_2)$ 在 $t=t_0, t_2=\frac{C_1}{C_1+C_2}t_0$ 时有最小值。

相应地得到

$$t_0=\sqrt{\frac{2C_3}{C_1R}}\cdot\sqrt{\frac{C_1+C_2}{C_2}}\cdot\sqrt{\frac{P}{P-R}}$$

$$Q_0=R\cdot t_0=\sqrt{\frac{2C_3R}{C_1}}\cdot\sqrt{\frac{C_1+C_2}{C_2}}\cdot\sqrt{\frac{P}{P-R}}$$

$$S_0(\text{最大存贮量})=R(t_0-t_3)=R\left(t_0-\frac{R}{P}t_0-\frac{P-R}{P}t_2\right)$$

$$=R\left[t_0-\frac{R}{P}t_0-\frac{(P-R)}{P}\cdot\frac{C_1}{(C_1+C_2)}t_0\right]$$

$$=R\cdot\frac{(P-R)}{P}\cdot\frac{C_2}{(C_1+C_2)}\cdot t_0$$

$$=\sqrt{\frac{2C_3R}{C_1}}\cdot\sqrt{\frac{C_2}{C_1+C_2}}\cdot\sqrt{\frac{P-R}{P}}$$

$$B_0(\text{最大缺货量})=R\cdot t_1=\frac{R(P-R)}{P}\cdot t_2$$

$$=\sqrt{\frac{2C_1C_3R}{(C_1+C_2)C_2}}\cdot\sqrt{\frac{P-R}{P}}$$

$$\min C(t_0,t_2)=C_0=\sqrt{2C_1C_3R}\cdot\sqrt{\frac{C_2}{C_1+C_2}}\cdot\sqrt{\frac{P-R}{P}}$$

8.3 随机型库存模型

8.2 节讨论的库存模型中的参数，即需求量及提前期，都是确定的。这一节讨论的几个模型的参数是随机的。

8.3.1 单时期无准备成本的库存模型

所谓单时期模型是指订货库存物资只满足一个特定时期需求的模型。这一节中只讨论这种单时期模型。先假设需求量是随机的，需求是瞬时的，补充也是瞬时的，而且无准备成本。在这些条件下，根据期望总成本最小的原则，去确定最佳储存策略，即确定最佳定货量 Q^*。

1. 需求是连续的随机变量

一些参数的符号如下：

I——初始库存量；

Q——订货量；

y——订货补充后库存量，$y=Q+I$；

C_1——这个时期内单位货物储存费；

C_2——这个时期内单位货物缺货费，包括失去销售的机会损失和因缺货带来的损失；

K——单位货成本价；

ξ——需求量；

$\varphi(\xi)$——需求量 ξ 之概率密度函数。

为了讨论方便，用最佳订货补充后库存量 y^* 代替 Q^*，$y^*=I+Q^*$。确定了 y^* 也就确定了 Q^*。因此首先要导出期望成本与 y 之间的函数关系。由分析知，若补充后库存量为 y 时，这时期储存量

$$H(y)=\begin{cases}y-\xi, & \xi<y\\ 0, & \xi\geqslant y\end{cases}$$

而缺货量

$$G(y)=\begin{cases}0, & \xi<y\\ \xi-y, & \xi\geqslant y\end{cases}$$

则这个时期的期望成本费用

$$E[C(y)]=\text{订货成本}+E[\text{储存费}]+E[\text{缺货费}]$$

$$=K(y-I)+C_1\int_0^{\infty}H(y)\varphi(\xi)\mathrm{d}\xi+C_2\int_0^{\infty}G(y)\varphi(\xi)\mathrm{d}\xi$$

$$=K(y-I)+C_1\int_0^{y}(y-\xi)\varphi(\xi)\mathrm{d}\xi+C_2\int_y^{\infty}(\xi-y)\varphi(\xi)\mathrm{d}\xi$$

求解

$$\frac{\mathrm{d}E[C(y)]}{\mathrm{d}y}=K+C_1\int_0^{y}\varphi(\xi)\mathrm{d}\xi-C_2\int_y^{\infty}\varphi(\xi)\mathrm{d}\xi=0$$

并利用

$$\int_y^{\infty}\varphi(\xi)\mathrm{d}\xi=1-\int_0^{y}\varphi(\xi)\mathrm{d}\xi$$

即得方程

$$\int_0^{y}\varphi(\xi)\mathrm{d}\xi=\frac{C_2-K}{C_1+C_2}$$

由此解得满足方程的 y^* 即为所求。(由于 $E[C(y)]$之二阶导数$\frac{\mathrm{d}^2E[C(y)]}{\mathrm{d}y^2}=(C_1+C_2)\varphi(y)>0$,$E[C(y)]$为凸函数,有唯一最小点 y)

按上述推导,确定最优 y^*,即确定 y^* 值使 $\xi<y^*$ 的概率满足

$$P(\xi<y)=\frac{C_2-K}{C_1+C_2}=q$$

并称 q 值为临界值。

例 8.4 已知单位储存费 $C_1=0.5$ 元,单位货价 $K=0.5$ 元,单位缺货费 $C_2=4.5$ 元,初始库存量 $I=0$,需求量密度函数是

$$\varphi(\xi)=\begin{cases}\frac{1}{10},0\leqslant\xi\leqslant10\\0,\xi>10\end{cases}$$

试求单时期模型最佳订货量。

解 先计算

$$q=\frac{C_2-K}{C_1+C_2}=\frac{4.5-0.5}{4.5+0.5}=0.8$$

$$P(\xi\leqslant y)=\int_0^{y}\frac{1}{10}\mathrm{d}\xi=\frac{1}{10}y=0.8$$

$$y^*=8$$

$$Q^*=y^*-I=8-0=8$$

2.需求是随机离散的

如果需求量 ξ 是离散的,则上述期望成本费用

$$E[C(y)]=K(y-I)+C_1\sum_{\xi=0}^{y}(y-\xi)\varphi(\xi)+C_2\sum_{\xi=y+1}^{\infty}(\xi-y)\varphi(\xi)$$

在离散情况下,可由下列不等式组确定最小点 y^*:

$$E[C(y-1)]\geqslant E[C(y)]\text{和}E[C(y+1)]\geqslant E[C(y)]$$

$$E[C(y-1)]=K(y-1-I)+C_1\sum_{\xi=0}^{y-1}(y-1-\xi)\varphi(\xi)+C_2\sum_{\xi=y}^{\infty}(\xi-y+1)\varphi(\xi)$$

$$= K(y-I) + C_1 \sum_{\xi=0}^{y-1}(y-\xi)\varphi(\xi) + C_2 \sum_{\xi=y}^{\infty}(\xi-y)\varphi(\xi) - C_1 \sum_{\xi=0}^{y-1}\varphi(\xi) + C_2 \sum_{\xi=y}^{\infty}\varphi(\xi) - K$$

$$= E[C(y)] + C_2 - K - (C_1 + C_2)\sum_{\xi=0}^{y-1}\varphi(\xi)$$

进一步得

$$E[C(y-1)] - E[C(y)] = C_2 - K - (C_1 + C_2)P(\xi \leqslant y-1) \geqslant 0$$

即

$$P(\xi \leqslant y-1) \leqslant \frac{C_2 - K}{C_1 + C_2}$$

同样可由

$$E[C(y+1)] > E[C(y)]$$

得

$$P(\xi \leqslant y) \geqslant \frac{C_2 - K}{C_1 + C_2}$$

由此得最小点 y^* 必满足

$$\sum_{\xi=0}^{y^*-1}\varphi(\xi) \leqslant \frac{C_2 - K}{C_1 + C_2} \leqslant \sum_{\xi=0}^{y^*}\varphi(\xi)$$

例 8.5(报童问题)报童每天能售出的报数是个随机变量,每售出一份报能得利润 s 元。当天报未能售出,可退回报社,但每份报损失 h 元;若当天报不够卖,必须从其他报贩处购进报以保证供应,每份报批发价为 K 元。根据以往经验每日能售出报数 ξ 的概率为 $P(\xi)$,问报童每日应订购多少份报纸为最佳?

解 这显然是个单时期无准备成本储存模型。设每日订购报数为 Q 份,则 $I=0, y=Q$。可从两个角度来讨论:一是以期望总支付费用最少准则确定 Q^*;另一是以利润损失期望最小为准则确定 Q^*。先以期望总费用最少准则出发,确定最佳订货量 Q^*,有 $Q=y$,则进一步得

期望总支付费用 $E[C(y)]$ = 订报费用 − 退回当日售不完报的回收费用 + 从其他报贩购入当日缺货量的费用

$$E[C(y)] = Ky - (K-h)\sum_{\xi=0}^{y}(y-\xi)P(\xi) + (K+s)\sum_{\xi=y+1}^{\infty}(\xi-y)P(\xi)$$

对照前面分析中的 $E[C(y)]$ 的表达式,相应于 $C_1 = h - K, C_2 = K + s$,求 $E[C(y)]$ 之最小值,即求解不等式

$$\sum_{\xi=0}^{y-1}P(\xi) \leqslant \frac{C_2 - K}{C_1 + C_2} = \frac{s}{h+s} \leqslant \sum_{\xi=0}^{y}P(\xi)$$

若已知 $s=7, h=4$, ξ 概率分布如表 8.1 所示。

表 8.1

ξ(千)	0	1	2	3	4	5
$P(\xi)$	0.05	0.10	0.25	0.35	0.15	0.10

先计算临界值 $q = \frac{s}{h+s} = \frac{7}{4+7} = 0.637$,进一步得

$$\sum_{\xi=0}^{2} P(\xi)=0.4<0.637<\sum_{\xi=0}^{3} P(\xi)=0.75$$

所以,$y^*=3$,即每日订货 3 000 张为最佳。

同样,也可以从利润损失最少的角度出发来确定最佳订货量 Q^*。

期望利润损失 $E[C(y)]$ = 利润损失 + 缺货损失

$$=h\cdot\sum_{\xi=0}^{y}(y-\xi)P(\xi)+s\sum_{\xi=y+1}^{\infty}(\xi-y)P(\xi)$$

由不等式

$$E[C(y-1)]>E[C(y)] \text{及} E[C(y+1)]>E[C(y)]$$

来确定 y^* 值,类似前面分析得

$$\begin{aligned}E[C(y+1)]-E[C(y)]&=h\sum_{\xi=0}^{y+1}(y+1-\xi)P(\xi)+s\sum_{\xi=y+2}^{\infty}(\xi-y-1)P(\xi)\\&\quad-h\sum_{\xi=0}^{y}(y-\xi)P(\xi)-s\sum_{\xi=y+1}^{\infty}(\xi-y)P(\xi)\\&=(h+s)\sum_{\xi=0}^{y}P(\xi)-s\geqslant 0\end{aligned}$$

$$\sum_{\xi=0}^{y}P(\xi)\geqslant\frac{s}{h+s}$$

同样可得

$$E[C(y-1)]-E[C(y)]=s-(h+s)\sum_{\xi=0}^{y-1}P(\xi)\geqslant 0$$

即可由

$$\sum_{\xi=0}^{y-I}P(\xi)\leqslant\frac{s}{h+s}\leqslant\sum_{\xi=0}^{y}P(\xi)$$

从两个不同角度出发确定最佳值 y^*,结论是一致的。

8.3.2 单时期有准备成本库存模型(s-S 策略)

1. 需求是连续的随机变量

本节将讨论在有准备成本 C_3 条件下的单时期库存模型。在这个模型中,应该解决两个问题:①在初始库存 I 条件下,该不该订货;②若需订货的话,应该订多少最合适。对这两个问题的回答,仍然是根据期望总成本费最小的原则。在这个条件下储存系统的期望成本(初始库存为 I,订货量 Q,$y=Q+I$)

$$E[C(y)]=\begin{cases}C_3+K(y-I)+C_1\int_0^y(y-\xi)\varphi(\xi)\mathrm{d}\xi+C_2\int_y^{\infty}(\xi-y)\varphi(\xi)\mathrm{d}\xi, & \text{当 } y>I\text{(订购)}\\ C_1\int_0^I(I-\xi)\varphi(\xi)\mathrm{d}\xi+C_2\int_I^{\infty}(\xi-I)\varphi(\xi)\mathrm{d}\xi, & \text{当 } y=I\text{(不订购)}\end{cases}$$

设

$$L(y)=Ky+C_1\int_0^y(y-\xi)\varphi(\xi)\mathrm{d}\xi+C_2\int_y^{\infty}(\xi-y)\varphi(\xi)\mathrm{d}\xi$$

则有

$$E[C(y)]=\begin{cases}C_3-KI+L(y),y>I(\text{订购})\\-KI+L(y),y=I(\text{不订购})\end{cases}$$

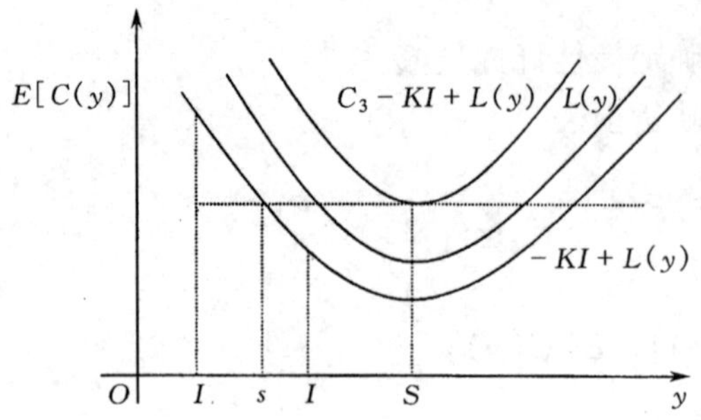

图 8.6

采用 s-S 策略,即根据随机需求量 ξ 确定 s 和 S 值。当期初库存 $I<s$ 时,采取订货策略,订货补充库存至 S,$S=I+Q$;当 $I>s$ 时,则不订货,目的是确定 s 和 S 值。

首先确定 S 值。由图 8.6 知,函数 $C_3-KI+L(y)$,$-KI+L(y)$及函数 $L(y)$之极小点 y 是一致的,取

$$S=y^*$$

即由方程

$$\int_0^y\varphi(\xi)\mathrm{d}\xi=\frac{C_2-K}{C_1+C_2}$$

确定 y^*,$S=y^*$。

其次,由方程 $L(s)=C_3+L(S)$确定 s 值(同时产生二个 s 值,舍去 $s>S$ 之值)。然后论证,这样确定的 s-S 值确实构成最优储存策略。分别从三种情况证明。

①当 $I<s$ 时,由 $L(y)$图形知,$L(I)>L(s)$,采取不订货策略时期望成本($Q=0,y=I$) $E[C(I)]=-KI+L(I)$;采取订货策略,订货补充至 y,相应期望成本 $E[C(y)]=C_3-KI+L(y)$。考虑其最小期望成本

$$\min_{y>I}E[C(y)]=\min_{y>I}[C_3-KI+L(y)]=C_3-KI+L(y^*)$$

其中,y^* 为 $L(y)$之最小点,$S=y^*$,则得

$$\min_{y>I}E[C(y)]=C_3-KI+L(y^*)=-KI+L(s)<-KI+L(I)=E[C(I)]$$

由此看出,当 $I<s$ 时,采取订货策略。订货补充至 S 时,期望成本比不订货时的期望成本要小,所以应该采用订货至 S 的策略。

②当 $s<I<S$ 时,由图 8.6 知 $L(I)<L(s)$。若采用订货策略时,即 $y>I$ 时,最小期望成本

$$E[C(S)]=\min_{y>I}[C(y)]=C_3-KI+L(y^*)=C_3-KI+L(S)$$

若采用不订货策略时,期望成本

$$E[C(I)]=-KI+L(I)<-KI+L(s)=-KI+C_3+L(S)=E[C(S)]$$

所以当 $s<I<S$ 时,应采用不订货策略。

③当 $S<I$ 时,任何订货使 $y>I$ 时,显然有

$$E[C(y)]=C_3-KI+L(y)>-KI+L(I)=E[C(I)]$$

所以不订货为合适。

归纳起来,对于初始库存为 I 的单时期有准备成本的储存系统,最优储存策略为:

①当 $I>s$ 时,不订货;

②当 $I<s$ 时,订货,订货量为$(S-I)$,其中 S 是函数

$$L(y)=Ky+\int_0^yC_1(y-\xi)\varphi(\xi)\mathrm{d}\xi+C_2\int_y^\infty(\xi-y)\varphi(\xi)\mathrm{d}\xi$$

的极小点，可由方程

$$\int_0^S \varphi(\xi)\mathrm{d}\xi = \frac{C_2 - K}{C_1 + C_2}$$

确定。

s 为方程

$$L(s) = C_3 + L(S)$$

的最小值点，显然 s 和 S 与 I 无关，只是与需求量 ξ 之密度函数 $\varphi(\xi)$ 有关。

例 8.6 考虑例 8.4 中，若有准备费用 $C_3 = 9$ 时，试确定最优储存策略 s-S。

解 由例 8.4 已确定 $y^* = 8$，则取 $S = 8$。进一步确定 s 值，考虑函数

$$\begin{aligned} L(y) &= 0.5y + 0.5\int_0^y \frac{1}{10}(y - \xi)\mathrm{d}\xi + 4.5\int_y^{10} \frac{1}{10}(\xi - y)\mathrm{d}\xi \\ &= 0.5y + 0.05\left(y\xi - \frac{\xi^2}{2}\right)\Big|_0^y + 0.45\left(\frac{\xi^2}{2} - y\xi\right)\Big|_y^{10} \\ &= 0.25y^2 - 4.0y + 22.5 \end{aligned}$$

由方程 $L(s) = C_3 + L(S)$ 得

$$0.25s^2 - 4.0s + 22.5 = 9 + 0.25S^2 - 4.0S + 22.5$$

$$s^2 - 16s + 28 = 0$$

解为

$$s_1 = 2, \quad s_2 = 14\text{(舍去)}$$

最优策略为：当 $I<2$ 时，应订货，订货量为 $Q^* = 8 - I$；当 $I>2$ 时，不订货。

2. 需求是随机离散的

当需求量 ξ 是离散取值时，订货补充至 y 时的期望成本

$$E[C(y)] = C_3 + K(y - I) + C_1\sum_{\xi\leqslant y}(y - \xi)\varphi(\xi) + C_2\sum_{y\leqslant \xi}(\xi - y)\varphi(\xi)$$

完全类同前面的讨论，最佳值 y^* 可由满足不等式

$$\sum_{\xi=0}^{y^*-1}\varphi(\xi) \leqslant \frac{C_2 - K}{C_1 + C_2} \leqslant \sum_{\xi=0}^{y^*}\varphi(\xi)$$

的 y^* 值来确定。取 $S = y^*$，然后同样再确定 s 值。设

$$L(y) = Ky + C_1\sum_{\xi\leqslant y}(y - \xi)\varphi(\xi) + C_2\sum_{\xi\geqslant y}(\xi - y)\varphi(\xi)$$

考察不等式

$$L(y) \leqslant C_3 + L(S)$$

取使不等式成立的最小 y 值为 s 值。

例 8.7 某工厂在某一阶段对原料需求量的概率为：$\varphi(\xi = 80) = 0.1$，$\varphi(\xi = 90) = 0.2$，$\varphi(\xi = 100) = 0.3$，$\varphi(\xi = 110) = 0.3$，$\varphi(\xi = 120) = 0.1$；订货准备费用 $C_3 = 2\,825$ 元；货价 $K = 850$ 元；单位储存费用 $C_1 = 45$ 元；单位缺货费用 $C_2 = 1\,250$ 元。试确定该工厂在这一阶段中的最优储存策略。

解

①计算临界值 $q = \dfrac{C_2 - K}{C_1 + C_2} = \dfrac{1\,250 - 850}{1\,250 + 45} = 0.309$

②由计算

$$\varphi(\xi=80)+\varphi(\xi=90)=0.3<0.309<0.6=\varphi(\xi=80)+\varphi(\xi=90)+\varphi(\xi=100)$$

确定 $S=100$。

③用 $S=100$ 代入

$$L(s)\leqslant C_3+L(S)$$

得

$$L(s)\leqslant 2\,825+(850\times 100)+45\times[(100-80)\times 0.1+(100-90)\times 0.2+(100-100)\times 0.3]+1\,250\times[(110-100)\times 0.3+(120-100)\times 0.1]=94\,255$$

由于 $s<S$，s 只能取 80、90 二值。以 $s=80$ 代入计算得

$$L(80)=(850\times 80)+45\times(80-80)\times 0.1+1\,250\times[(90-80)\times 0.2+(100-80)\times 0.3+(110-80)\times 0.3+(120-80)\times 0.1]=94\,250<94\,255$$

所以取 $s=80$。

该厂储存策略应为：当初始库存 $I<80$ 时，订货 $100-I$；当 $I>80$ 时，不订货。

在单时期有准备成本模型中，当需求量 ξ 具有负指数分布时，即

$$\varphi(\xi)=\frac{1}{\lambda}e^{\frac{-\xi}{\lambda}}$$

时，可使用简便的近似方法确定最优储存策略。

确定 S 值时，计算得

$$\int_0^S \varphi(\xi)d\xi=1-e^{\frac{-S}{\lambda}}=\frac{C_2-K}{C_1+C_2}$$

$$S=\lambda\ln\frac{C_1+C_2}{C_1+K}$$

另外有

$$L(y)=Ky+C_1\int_0^y(y-\xi)\frac{1}{\lambda}e^{\frac{-\xi}{\lambda}}d\xi+C_2\int_y^{\infty}(\xi-y)\frac{1}{\lambda}e^{\frac{-\xi}{\lambda}}d\xi$$
$$=(K+C_1)y+\lambda(C_1+C_2)e^{\frac{-y}{\lambda}}-\lambda C_1$$

为求 s 计算 $L(s)=C_3+L(S)$，得

$$(K+C_1)s+\lambda(C_1+C_2)e^{-\frac{s}{\lambda}}-\lambda C_1=C_3+(K+C_1)S+\lambda(C_1+C_2)e^{-\frac{S}{\lambda}}-\lambda C_1$$

$$\frac{\lambda(C_1+C_2)}{K+C_1}e^{-\frac{s}{\lambda}}=\frac{C_3}{K+C_1}+(S-s)+\frac{\lambda(C_1+C_2)}{K+C_1}e^{-\ln\frac{C_1+C_2}{K+C_1}}$$

$$e^{\ln\frac{C_1+C_2}{K+C_1}}e^{\frac{-s}{\lambda}}=\frac{C_3}{\lambda(K+C_1)}+\frac{S-s}{\lambda}+1$$

$$e^{\frac{S-s}{\lambda}}=\frac{C_3}{\lambda(K+C_1)}+\frac{S-s}{\lambda}+1$$

当 $\frac{S-s}{\lambda}$ 很小时，左边按 Taylor 公式展开，舍去二次以后项得

$$1+\frac{S-s}{\lambda}+\frac{1}{2}\frac{(S-s)^2}{\lambda^2}\approx\frac{C_3}{\lambda(K+C_1)}+\frac{S-s}{\lambda}+1$$

$$S-s\approx\sqrt{\frac{2\lambda C_3}{K+C_1}}$$

这样得确定 s-S 的近似公式：

$$S=\lambda\ln\frac{C_1+C_2}{C_1+K}$$

$$s=S-\sqrt{\frac{2\lambda C_3}{K+C_1}}=\lambda\ln\frac{C_1+C_2}{C_1+K}-\sqrt{\frac{2\lambda C_3}{K+C_1}}$$

8.3.3 随机需求与随机补充时间的库存模型

这种模型连续观察库存量，当库存量下降至 R 时，就订货，订货量为 Q。问题是要确定最优的 R 和 Q 值，使得储存系统在单位时间内期望总费用最小。这一模型假设：发出订货单到收到订货之间的提前时间(拖后时间)是随机的；需求量也是随机的。并设：

$r(x|t)$——提前时间 t 内需求量为 x 的条件概率密度函数；

$S(t)$——提前时间是 $t(t>0)$的概率密度函数；

$f(x)$——提前时间内需求量为 x 的概率密度函数，且

$$f(x)=\int_0^{\infty}r(x|t)S(t)\mathrm{d}t$$

Q——每个周期的定货量；

D——每年的期望总需求量；

C_1——每年每单位货物储存费；

C_2——每次每单位的缺货费用。

每年准备成本 $C_3\cdot\frac{D}{Q}$($\frac{D}{Q}$为每年大约订货次数)；

每周期平均储存量 $H=\frac{Q+E[R-x]+E[R-x]}{2}$

$$=\frac{Q}{2}+E[R-x]$$

$$=\frac{Q}{2}+R-\int_0^{\infty}xf(x)\mathrm{d}x$$

全年储存费 $C_1[\frac{Q}{2}+R-\int_0^{\infty}xf(x)\mathrm{d}x]$；

每年周期期望缺货量 $\bar{S}=\int_R^{\infty}(x-R)f(x)\mathrm{d}x$；

全年缺货费 $C_2\bar{S}\frac{D}{Q}$

年期望总费用＝准备成本＋期望储存费用＋期望缺货费用，即

$$C(Q,R)=C_3\frac{D}{Q}+C_1(\frac{Q}{2}+R-E[x])+C_2\bar{S}\frac{D}{Q}$$

为求最优 Q^* 和 R^*，计算

$$\begin{cases}\dfrac{\partial C(Q,R)}{\partial Q}=-(\dfrac{C_3D}{Q^2})+\dfrac{C_1}{2}-\dfrac{C_2\bar{S}D}{Q^2}=0\\[2ex]\dfrac{\partial C(Q,R)}{\partial R}=C_1-(\dfrac{C_2D}{Q})\displaystyle\int_R^{\infty}f(x)\mathrm{d}x=0\end{cases}$$

得

$$\begin{cases} Q^* = \sqrt{\dfrac{2D(C_3 + C_2\overline{S})}{C_1}} & (1) \\ \displaystyle\int_{R^*}^{\infty} f(x)\mathrm{d}x = \frac{C_1 Q^*}{C_2 D} & (2) \end{cases}$$

求解上述非线性方程组,可采用 Hadley 和 Whitin 提出的方法。只要解存在,此方法便可经有限次迭代收敛。

首先导出解存在的充分条件。令 $R=0$ 时,$\overline{S} = \int_0^{\infty} xf(x)\mathrm{d}x = E[x]$,代入公式(1)得

$$Q^* = \hat{Q} = \sqrt{\frac{2D(C_3 + C_2E[x])}{C_1}}$$

由公式(2)得

$$Q^* = \widetilde{Q} = \frac{C_2 D}{C_1}$$

可以证明,若 $\widetilde{Q} \geqslant \hat{Q}$时,满足式(1)和式(2)的 Q^* 的 R^* 存在且唯一。

Hadley-Whitin 方法步骤如下:

以 $\overline{S}_0 = 0$、$Q_0 = \sqrt{\dfrac{2DC_3}{C_1}}$作 Q^* 之初始值,代入式(2)得 R_0。由 R_0 计算 $\overline{S}$ 值,得 $\overline{S}_1$,代入式(1)得 Q_1,重复,以 Q_1 代入式(2)得 R_1。以此类推,直至相邻 R_i 和 R_{i+1} 近似相等,则最后得到的 Q_{i+1} 和 R_{i+1} 就近作为 Q^* 和 R^*。

例 8.8 某储存系统 $C_3 = 100, D = 1\ 000, C_1 = 2, C_2 = 10$,提前时间内需求量服从一个从 0 到 100 范围内的均匀分布,试确定最优储存策略。

解 首先判断是否有解,取

$$\hat{Q} = \sqrt{\frac{2D(C_3 + C_2E[x])}{C_1}} = \sqrt{\frac{2 \times 1\ 000 \times (100 + 10 \times 50)}{2}} = 774.6$$

$$\widetilde{Q} = \frac{C_2 D}{C_1} = \frac{10 \times 1\ 000}{2} = 5\ 000$$

由于 $\widetilde{Q} > \hat{Q}$,则存在惟一的 Q^* 和 R^*,期望缺货量

$$\overline{S} = \int_R^{\infty} (x - R) f(x)\mathrm{d}x = \int_R^{100} (x - R)\frac{1}{100}\mathrm{d}x = \frac{R^2}{200} - R + 50 \tag{3}$$

根据已知条件及式(1)、式(2)得

$$Q^* = \sqrt{\frac{2D(C_3 + C_2\overline{S})}{C_1}} = \sqrt{\frac{2 \times 1\ 000(100 + 10\overline{S})}{2}} \tag{4}$$

$$\int_{R^*}^{100} \frac{1}{100}\mathrm{d}x = \frac{2Q^*}{10 \times 1\ 000}\left(\text{或 } R^* = 100 - \frac{Q^*}{50}\right) \tag{5}$$

将确定的 Q_i 值代入式(5)得 R_i 值,以 R_i 值代入式(3)和式(4)得 Q_{i+1},即有

$$\text{第一次迭代}\begin{cases} Q_1 = \sqrt{\dfrac{2DC_3}{C_1}} = \sqrt{\dfrac{2 \times 1\ 000 \times 100}{2}} = 316 \\ R_1 = 100 - \dfrac{316}{50} = 93.68 \end{cases}$$

第二次迭代 $\begin{cases} \bar{S}=\dfrac{R_1^2}{200}-R_1+50=0.199\ 71 \\ Q_2=\sqrt{100\ 000+10\ 000\times 0.199\ 71}=319.37 \\ R_2=100-\dfrac{319.37}{50}=93.612 \end{cases}$

第三次迭代 $\begin{cases} \bar{S}=\dfrac{R_2^2}{200}-R_2+50=0.204\ 03 \\ Q_3=\sqrt{100\ 000+10\ 000\times 0.204\ 03}=319.43 \\ R_3=100-\dfrac{319.43}{50}=93.611 \end{cases}$

由于 $R_2\approx R_3$，则最优解取 $R^*=93.61$，$Q^*=319.4$，即当库存量降至 93.61 时发出订单，订货量为 319.4。

习题 8

8.1 设某工厂每年需用某种原料 1 800 t，不需每日供应，但不得缺货。设每吨每月的保管费为 60 元，每次订购费为 200 元，试求最佳定购量。

8.2 某公司采用无安全存量的存贮策略。每年使用某种零件 100 000 件，每件每年的保管费用为 3 元，每次订购费为 60 元，试求：(1)经济定购批量；(2)如每次订购费为 0.60 元，每次订购多少？

8.3 设某工厂生产某种零件，每年需要量为 18 000 个，该厂每月可生产 3 000 个，每次生产的装配费为 500 元，每个零件的存贮费为 0.15 元，求每次生产的最佳批量。

8.4 某产品每月用量为 4 件，装配费为 50 元，存贮费每月每件为 8 元，求产品每次最佳生产量及最小费用。若生产速度为每月 10 件，求每次生产量及最小费用。

8.5 每月需要某种机械零件 2 000 件，每件成本 150 元，每年的存贮费用为成本的 16%，每次订购费 100 元，求 EOQ 及最小费用。

8.6 在题 8.5 中如允许缺货，求库存量 s 及最大缺货量，设缺货费 $C_2=200$ 元。

8.7 某制造厂每周购进某种机械零件 50 件，订购费为 4 元，每周保管费为 0.36 元。(1)求 EOQ。(2)该厂为少占用流动资金，希望存贮量达到最低限度，决定宁可使总费用超过最低费用的 4% 作为存贮策略，问这时订购批量为多少？

8.8 某公司经理一贯采用不允许缺货的经济批量公式确定订货批量，因为他认为缺货后补上总不是好事。但由于激烈竞争迫使他不得不考虑采用允许缺货的策略。已知对该公司所销产品的需求 $R=800$ 件/年，每次订货费用 $C_3=150$ 元，存贮费 $C_1=3$ 元/(件·年)，发生短缺时的损失 $C_2=20$ 元/(件·年)。试分析：(1)计算采用允许缺货的策略较之原先不允许缺货策略带来的费用上的节约；(2)如果该公司为保持一定信誉，自己规定缺货随后补上的数量不超过总量的 15%，任何一名顾客因供应不及时需等下批货到达补上的时间不得超过 3 周，问这种情况下，允许缺货的策略能否被采用？

8.9 某商店准备在新年前订购一批挂历批发出售，已知每售出一批(100 本)可获利 70 元。如果挂历在新年前售不出去，则每 100 本损失 40 元。根据以往销售经验，该商店售出挂历数量的概率如表 8.2 所示。如果该商店对挂历只能提出一次订货，问应订几百本，使期望的获利数为最大。

表 8.2

销售量(百本)	0	1	2	3	4	5
概　　率	0.05	0.10	0.25	0.35	0.15	0.10

8.10 某商店代销一种产品，每件产品的购进价格为 800 元，存贮费每件 40 元，缺货费每件 1 015 元，订

购费一次60元,原有库存10件。已知对产品需求的概率见表8.3。试确定该商店的最佳订货数量。

表8.3

需求量 x	30	40	50	60
$P(x)$	0.20	0.20	0.40	0.20

8.11　某商店存有某种商品10件,每件的进价为3元,存贮费为1元,缺货费为16元。已知对该种商品的需求量服从 $\mu=20$、$\sigma=5$ 的正态分布,求商店对该种商品的最佳订货量。

8.12　某商店准备订购一批圣诞树迎接节日,据历年经验,销量服从正态分布,$\mu=200$,$\sigma^2=300$。每棵圣诞树售价为25元,进价为15元。如果进了货卖不出去,则节后其残值基本为零。试回答:(1)该商店应进多少棵圣诞树,使期望利润值为最大;(2)如果商店按销售量的期望值200棵进货,则期望的利润值为多大;(3)如商店按(1)计算数字进货,则未能销售出去的圣诞树的期望值是多少?

8.13　填空

在确定性存贮问题中,记 C_1 为存贮费,C_2 为缺货费,C_3 为订货费,R 为需求率。设 C_1、C_2、C_3 和 R 均为常数,不需要提前订货,且一订货即可全部供货,则不允许缺货时最佳批量相应的单位时间总费用为 $C=$________________,允许缺货(缺货要补)时最佳批量相应的单位时间总费用为 $\bar{C}=$________________;二者的大小关系为 C __________(≥或≤)$\bar{C}$。

第 9 章 多阶段决策——动态规划

9.1 多阶段决策问题

在生产、计划、管理中往往需要研究处理包含多个阶段决策过程的问题。这类问题能分解为若干阶段或若干子问题,通过对每个子问题作出决策得到解决。动态规划就是研究这种多阶段决策问题的优化方法。它能为分析问题的全过程提供总的框架,在这个框架内又可用各种优化技术解决每一阶段上的具体问题。

动态规划的理论基础是由 R. Bellman 提出的最优性原理。这个原理归结为一个递推关系表达式,用它描述多阶段决策过程的状态转移。一般采用逆序方法求这类问题的解,即从最终状态出发,逐步推算到初始状态,从而得到一个最优决策序列。与其他优化技术相比,动态规划能得到一个多阶段的整体最优解。

因为决策过程的时间参数可连续或离散,故决策过程可分为连续决策过程和离散决策过程。根据决策过程演变是确定性的还是随机性的,决策过程又可分为确定性决策过程和随机性决策过程。综合起来便有离散确定性、离散随机性、连续确定性、连续随机性共四种决策过程模型。

本书主要阐述离散决策过程,介绍动态规划的基本概念、理论及方法,并以各种实例说明其应用。

多阶段决策问题很多,下面首先通过两个具体例子说明什么是多阶段决策问题。

例 9.1 最短路问题:现欲从图 9.1 中的 A 点沿道路铺设管道至 E 点,应如何铺设管道,使得管子总长度最短?

这个问题从图形看就是求 A 至 E 的最短路径问题,可以看成是一个多阶段决策问题。把它分成 4 个阶段考虑,每个阶段需从它所在位置选择这一阶段铺设的道路,连接各个阶段选择的通路即是 A 至 E 的一条路径。这样构成的路径有许多条,问题是如何在每个阶段作出适当选择,而使构成的路径为最短。

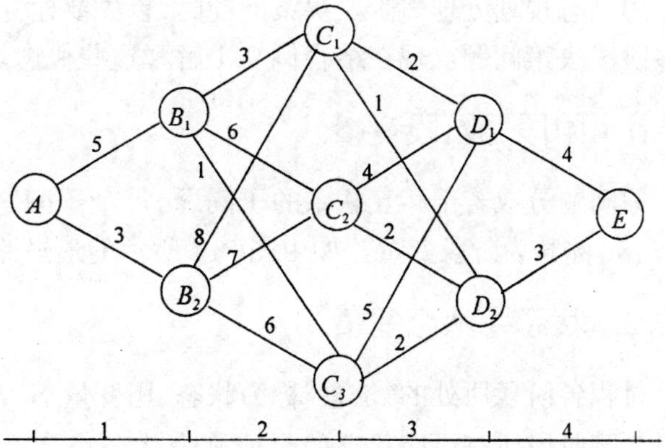

图 9.1

例 9.2 机器负荷分配问题:某种机器可以在高低两种不同负荷下生产。在高负荷下生产时,产品的年产量 y_1 和投入生产机器数 x 的关系为

$$y_1 = g(x)$$

这时机器完好率为 a,即如果年初完好机器数为 x,到年终完好机器数为 ax,$0<a<1$;在低负

荷生产时,产品的年产量 y_2 和投入生产的机器数量 x 的关系为

$$y_2=f(x)$$

相应机器完好率为 b,$0<b<1$。

假定开始生产时完好机器数为 S_1。试制定一个五年计划,在每年初决定重新分配在两种负荷下生产的机器数,使五年内总产量达最高。

这是一个典型的多阶段决策问题,每年为一个阶段,每阶段需决定投入多少台机器在高负荷下生产,使得5年总产量最高(图9.2)。

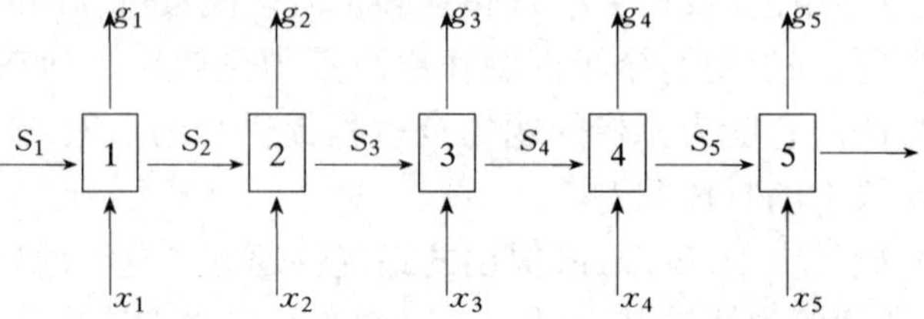

图 9.2

由上述实例可知,多阶段决策问题是这样一种特殊的决策过程,即可将该过程分为若干个互相联系的阶段,在它的每一阶段都需作出决策,从而使整个过程达到最优。当然,各个阶段决策的选取不是任意确定的,它依赖于当前面临的状态,又影响以后的发展。当各个阶段决策确定后,就构成了一个决策序列,因而也就决定了整个过程的一条活动路线。这种把一个问题看做是一个前后关联具有链状结构的多阶段过程就称为多阶段决策过程,也称序贯决策过程,相应的问题就称为多阶段决策问题。

9.2 动态规划的基本概念

用动态规划处理多阶段决策问题时,首先要建立一些基本概念,通过这些概念定量描述这个多阶段决策问题。现在结合例9.1解释这些概念。

9.2.1 阶段与阶段变量

原问题分成若干相互联系的子问题,每个子问题称为一个阶段,用变量 k 表示,$k=1$、2、……、n,称其为阶段变量。如由图9.1所示的最短路问题就分成4个阶段,$k=1$、2、3、4。

9.2.2 状态与状态变量

过程各阶段所处的“位置”称为状态,用变量 S_k 表示第 k 阶段初所处的状态,称其为状态变量。某阶段所有可能状态的全体称为状态集合。例9.1中,S_3 表示第三阶段初起点之位置,状态集合 $\{S_3\}=\{C_1,C_2,C_3\}$;例9.2中,S_2 表示第二年初完好机器的数目。

9.2.3 决策与决策变量

某阶段初状态决定后,从这状态向下一阶段某个状态演变的选择称为决策,用变量 $x_k=x_k(S_k)$ 表示由 k 阶段 S_k 状态出发所作的决策,称之为决策变量。在 S_k 状态下所有可选择的决策变量 $x_k(S_k)$ 的范围称为允许决策集合,用 $D_k(S_k)$ 表示。

9.2.4 状态转移

前一阶段的状态和决策决定了下一阶段的状态，它们之间的关系称为状态转移，用方程

$$S_{k+1}=T[S_k,x_k(S_k)]$$

表示。如图 9.2 中，S_k 表示第 k 年初完好机器数（状态）；$x_k(S_k)$ 表示决定投入高负荷生产的机器数（决策），则下一年初完好的机器数

$$S_{k+1}=ax_k(S_k)+b(S_k-x_k(S_k))$$

即是由 S_k 状态经决策 $x_k(S_k)$ 至 S_{k+1} 状态的转移方程。

9.2.5 策略

由阶段 $k=1$ 至阶段 $k=n$ 的全过程中，由每个阶段所选择的决策构成一决策序列，称之为一个策略，记为

$$P_1(S_1)=\{x_1(S_1),x_2(S_2),\cdots,x_n(S_n)\}$$

在例 9.1 中每一策略即表示由 $A\rightarrow E$ 的一条通路，如 $P_1(S_1)=\{A,B_1,C_2,D_2,E\}$ 表示一个策略。

9.2.6 后部子策略

从 k 阶段某状态 S_k 出发到终点的过程称为后部子过程。它相应的决策序列称为后部子策略，记为

$$P_{kn}(S_k)=\{x_k(S_k),\cdots,x_n(S_n)\}$$

如在例 9.1 中，从 $k=2$、$S_2=B_1$ 出发的一个后部子策略

$$P_{2n}(S_2)=\{B_1,C_2,D_2,E\}$$

即表示由 B_1 至 E 的一条通路。

9.2.7 阶段指标

k 阶段中，评价由状态 S_k 出发作出决策 $x_k(S_k)$ 所产生效果的数量指标记为

$$V_k(S_k,x_k)$$

在例 9.1 中，如由 $k=2$、$S_2=B_1$ 出发，选择决策 $x_2(B_1)=C_1$，则阶段指标 $V_2(B_1,C_1)=3$，即用 B_1C_1 之路长作为决策效果评价的数量指标。

9.2.8 指标函数与最优指标函数

评价由 k 阶段 S_k 状态出发到终点的后部子策略 $P_{kn}(S_k)$ 产生效果的数量指标记为

$$V_{kn}[S_k,P_{kn}(S_k)]=V_{kn}(S_k,x_k,S_{k+1},x_{k+1},\cdots,S_{n+1})$$

它是用来衡量所实现过程优劣的一种数量指标，这个数量指标由状态 S_k 和后部子策略 $P_{kn}(S_k)$ 决定，所以称为 S_k 和 $P_{kn}(S_k)$ 的指标函数。而由 k 阶段 S_k 状态出发，所有可能的后部子策略所产生的指标函数值中最优者称为最优指标函数值，记为 $f_k(S_k)$，即

$$f_k(S_k)=\underset{\{x_k,\cdots,x_n\}}{\text{opt}}V_{kn}[S_k,P_{kn}(S_k)]$$

显然它是由状态 S_k 决定,称为状态 S_k 的最优指标函数。特别当 $k=1$ 时,$f_1(S_1)$表示全过程的最优指标值,相应的策略 $P_{1n}(S_1)$即为最优策略。在例 9.1 中,当 $k=3$、$S_3=C_1$ 时,每一个后部策略表示由 $C_1 \to E$ 的一条路径,相应指标函数值就是这条路的路长。而最优指标函数值 $f_3(C_1)$为 $C_1 \to E$ 所有通路中最短的路长。$f_1(A)$表示由 $A \to E$ 的最短路长,相应最优策略 $P_{1n}^*(A)$为 $A \to E$ 的最短路径。

9.3 最优性原理与递推方程

本节通过例 9.1 说明动态规划怎样根据最优性原理,通过递推形式解决多阶段决策问题。

动态规划的理论依据是 Bellman 提出的最优性原理。

最优性原理 一个过程的最优策略具有这样的性质,即无论过去状态和决策如何,对前面决策形成的状态而言,余下的决策必构成最优策略。这就是最优性原理。

这个原理实际上是常识性的。如在例 9.1 中,若

$$A—B_1—C_3—D_2—E$$

是 $A \to E$ 的最优策略(最短路),则 $C_3 \to D_2 \to E$ 必是 $C_3 \to E$ 的最短路径。

现在看例 9.1。例 9.1 的问题是寻找 $A \to E$ 的最短路径(最优策略)及最短路长(最优指标函数值 $f_1(A)$)。如果能求出

$$\begin{cases} B_1 \to E \\ B_2 \to E \end{cases} \text{的最短路及最短路长} \begin{cases} f_2(B_1) \\ f_2(B_2) \end{cases}$$

则根据 Bellman 最优性原理,相应能求出 $A \to E$ 的最优指标函数值 $f_1(A)$及最短路,即有

$$f_1(A)=\min\{V_1(A,B_1)+f_2(B_1),V_1(A,B_2)+f_2(B_2)\}$$

其中 $V_1(A,B_1)$为 AB_1 的路长,$V_1(A,B_2)$为 AB_2 的路长。

这样,求 $A \to E$ 最短路问题 1 转为求 $B_1 \to E$ 和 $B_2 \to E$ 最短路问题 2。

同样,欲求 $B_1 \to E$ 最短路问题,可转化为求

$$\begin{cases} C_1 \to E \\ C_2 \to E \\ C_3 \to E \end{cases} \text{最短路及最短路长} \begin{cases} f_3(C_1) \\ f_3(C_2) \\ f_3(C_3) \end{cases}$$

$$f_2(B_1)=\min\begin{Bmatrix} V_2(B_1,C_1)+f_3(C_1) \\ V_2(B_1,C_2)+f_3(C_2) \\ V_2(B_1,C_3)+f_3(C_3) \end{Bmatrix}$$

同样,求 $B_2 \to E$ 最短路问题有

$$f_2(B_2)=\min\begin{Bmatrix} V_2(B_2,C_1)+f_3(C_1) \\ V_2(B_2,C_2)+f_3(C_2) \\ V_2(B_2,C_3)+f_3(C_3) \end{Bmatrix}$$

依此类推,求 $C_1 \to E$ 最短路问题 3 转为求

$$\begin{cases} D_1 \to E \\ D_2 \to E \end{cases} \text{的最短路及最短路长} \begin{cases} f_4(D_1) \\ f_4(D_2) \end{cases}$$

的问题 4,这样由逆向递推求解

$$\left\{\begin{matrix} D_1 \\ D_2 \end{matrix}\right. \to E \text{ 最短路} \Rightarrow \left\{\begin{matrix} C_1 \\ C_2 \\ C_3 \end{matrix}\right. \to E \text{ 最短路}$$

(问题 4)　　　　　(问题 3)

$$\Rightarrow \left\{\begin{matrix} B_1 \\ B_2 \end{matrix}\right. \to E \text{ 最短路} \Rightarrow A \to E \text{ 最短路}$$

(问题 2)　　　　　(问题 1)

而问题 4 求 $D_i \to E$ 最短路是容易解得的。整个求解过程由下列步骤表示:

$$k=4, f_4(D_1)=V_4(D_1,E)=4$$

$$f_4(D_2)=V_4(D_2,E)=3$$

$$k=3, f_3(C_1)=\min\left\{\begin{matrix} V_3(C_1,D_1)+f_4(D_1) \\ V_3(C_1,D_2)+f_4(D_2) \end{matrix}\right\}=\min\left\{\begin{matrix} 2+4 \\ 1+3 \end{matrix}\right\}=4$$

$$f_3(C_2)=\min\left\{\begin{matrix} V_3(C_2,D_1)+f_4(D_1) \\ V_3(C_2,D_2)+f_4(D_2) \end{matrix}\right\}=\min\left\{\begin{matrix} 4+4 \\ 2+3 \end{matrix}\right\}=5$$

$$f_3(C_3)=\min\left\{\begin{matrix} V_3(C_3,D_1)+f_4(D_1) \\ V_3(C_3,D_2)+f_4(D_2) \end{matrix}\right\}=\min\left\{\begin{matrix} 5+4 \\ 2+3 \end{matrix}\right\}=5$$

$$k=2, f_2(B_1)=\min\left\{\begin{matrix} V_2(B_1,C_1)+f_3(C_1) \\ V_2(B_1,C_2)+f_3(C_2) \\ V_2(B_1,C_3)+f_3(C_3) \end{matrix}\right\}=\min\left\{\begin{matrix} 3+4 \\ 6+5 \\ 1+5 \end{matrix}\right\}=6$$

$$f_2(B_2)=\min\left\{\begin{matrix} V_2(B_2,C_1)+f_3(C_1) \\ V_2(B_2,C_2)+f_3(C_2) \\ V_2(B_2,C_3)+f_3(C_3) \end{matrix}\right\}=\min\left\{\begin{matrix} 8+4 \\ 7+5 \\ 6+5 \end{matrix}\right\}=11$$

$$k=1, f_1(A)=\min\left\{\begin{matrix} V_1(A,B_1)+f_2(B_1) \\ V_1(A,B_2)+f_2(B_2) \end{matrix}\right\}=\min\left\{\begin{matrix} 5+6 \\ 3+11 \end{matrix}\right\}=11$$

则 $A \to E$ 最短路长为 $f_1(A)=11$,最优策略即最短路可由反向追踪得

$$A \to B_1 \to C_3 \to D_2 \to E$$

从上述求解过程可看出,动态规划是通过求解递推过程

$$\begin{cases} f_k(S_k)=\underset{x_k \in D_k(S_k)}{\text{opt}}\left[V_k(S_k,x_k)+f_{k+1}(S_{k+1})\right] \\ f_{n+1}(S_{n+1})=0,(k=n,(n-1),\cdots 1) \end{cases} \tag{9.1}$$

递推求得最优策略 $P_{1n}^*(S_1)$及最优指标函数。式(9.1)称为动态规划的递推方程或基本方程。其中,$D_k(S_k)$为允许决策集合,$S_{k+1}=T(S_k,x_k)$,称 $f_{n+1}(S_{n+1})=0$ 为边界条件,“opt”是英文最优化的缩写,可根据题意取 min 或 max。式(9.1)中 $V_k(S_k,x_k)$与 $f_{k+1}(S_{k+1})$之间的运算除“+”之外,也可能是“×”(乘)。

确切地讲,式(9.1)只是动态规划逆序解法的基本方程。相应地,可以给出顺序解法的基本方程。所谓顺序解法是指寻优途径是从初始阶段开始到最后阶段结束即恰与逆序解法的寻

优方向相反的一种动态规划问题的求解方法。

以下给出动态规则顺序解法的基本方程如下：

$$\begin{cases} f_k(S_k)=\underset{x_k\in D_k(S_k)}{\text{opt}}\left[V_k(S_k,x_k)+f_{k-1}(S_{k-1})\right] \\ f_0(S_1)=0,k=1,2,\cdots,n \end{cases} \tag{9.2}$$

这时的状态转移不是由 S_k、x_k 去确定 S_{k+1}，而是反过来由 S_{k+1}、x_{k+1} 去确定 S_k，则状态转移方程一般形式为 $S_k=T'_k(S_{k+1},x_{k+1})$。其求解过程是根据边界条件，从 $k=1$ 开始，从前向后顺推，逐步可求得各阶段的最优决策和相应的最优值，最后求出 $f_n(S_n)$时，就得到整个问题的最优解。

本书主要阐述利用逆序解法求解动态规划问题的方法。

最后，可将动态规划解法的基本步骤归纳如下：

①规定过程的分段，构造出状态，定义状态变量，使状态序列能描述整个过程，状态具有无后效性；(所谓“无后效性”是指：若某阶段状态给定，则在这阶段以后过程的发展只与当前的状态有关，而与过去历史无关。)

②定义决策变量，确定允许决策集合；

③确定状态转移规律，写出转移方程；

④定出指标函数，写出递推方程，求解。

对于离散的状态变量及决策变量问题，常采用列表形式递推计算 $f_k(S_k)$及 $x_k^*(S_k)$，通常有表 9.1 和表 9.2 两种表格形式。

表 9.1　k 阶段[计算 $f_k(S_k)$及 $x_k^*(S_k)$]表

S_k	$V_k(S_k,x_k)+f_{k+1}(S_{k+1})$				$f_k(S_k)$	x_k^*
	x_{k1}	x_{k2}	……	x_{kn}		

表 9.2　k 阶段[计算 $f_k(S_k)$及 $x_k^*(S_k)$]表

S_k	x_k	$V_k(S_k,x_k)$	$S_{k+1}=T(S_k,x_k)$	$f_{k+1}(S_{k+1})$	$V_k(S_k,x_k)+f_{k+1}(S_{k+1})$	$f_k(S_k)$	x_k^*

9.4　动态规划应用例解

例 9.3(资源分配问题)　某工厂有 100 台机器，拟分四期使用，在每一周期有两种生产任务。根据经验要把机器 x_1 台投入第一种生产任务，则在一个生产周期中将有$\frac{1}{3}x_1$ 台机器报废，余下机器全部投入第二种生产任务，则在一个生产周期中将有$\frac{1}{10}$台机器报废。如果在一生产周期中干第一种生产任务每一台机器可收益 10，干第二种生产任务每一台机器可收益 7。

问怎样分配机器使总收益最大？

解 这可视为一个 4 阶段决策问题，可用动态规划方法求解。设阶段变量 $k=1$、2、3、4。

状态变量 S_k 表示 k 年初完好机器台数。决策变量 x_k 表示 k 年初决定投入第一种生产任务的机器数。状态转移方程为

$$S_{k+1}=\frac{2}{3}x_k+\frac{9}{10}(S_k-x_k)\quad(0\leqslant x_k\leqslant S_k)$$

阶段指标

$$V(S_k,x_k)=10x_k+7(S_k-x_k)$$

$$k=4,f_4(S_4)=\max_{0\leqslant x_4\leqslant S_4}\{10x_4+7(S_4-x_4)+f_5(S_5)\}=\max_{0\leqslant x_4\leqslant S_4}\{3x_4+7S_4\}$$
$$=10S_4(\text{取 } x_4^*=S_4)$$

$$k=3,f_3(S_3)=\max_{0\leqslant x_3\leqslant S_3}\{10x_3+7(S_3-x_3)+f_4(S_4)\}$$
$$=\max_{0\leqslant x_3\leqslant S_3}\left\{10x_3+7(S_3-x_3)+10\left[\frac{2}{3}x_3+\frac{9}{10}(S_3-x_3)\right]\right\}$$
$$=\max_{0\leqslant x_3\leqslant S_3}\left\{\frac{2}{3}x_3+16S_3\right\}=\frac{50}{3}S_3(\text{取 } x_3^*=S_3)$$

$$k=2,f_2(S_2)=\max_{0\leqslant x_2\leqslant S_2}\{10x_2+7(S_2-x_2)+f_3(S_3)\}$$
$$=\max_{0\leqslant x_2\leqslant S_2}\left\{10x_2+7(S_2-x_2)+\frac{50}{3}\left[\frac{2}{3}x_2+\frac{9}{10}(S_2-x_2)\right]\right\}$$
$$=\max_{0\leqslant x_2\leqslant S_2}\left\{22S_2-\frac{8}{9}x_2\right\}=22S_2(\text{取 } x_2^*=0)$$

$$k=1,f_1(S_1)=\max_{0\leqslant x_1\leqslant S_1}\{10x_1+7(S_1-x_1)+f_2(S_2)\}$$
$$=\max_{0\leqslant x_1\leqslant S_1}\left\{10x_1+7(S_1-x_1)+22\left[\frac{2}{3}x_1+\frac{9}{10}(S_1-x_1)\right]\right\}$$
$$=\max_{0\leqslant x_1\leqslant S_1}\{26.8S_1-2.13x_1\}=26.8S_1(\text{取 } x_1^*=0)$$

最优策略即各期机器最优分配如下：

$S_1=100,x_1^*=0$；　　$S_2=90,x_2^*=0$

$S_3=81,x_3^*=81$；　　$S_4=54,x_1^*=54$

最大总收益 $f_1(100)=2\ 680$。

本例中状态变量和决策变量可视为连续变量。

例 9.4（生产计划问题）　某公司与一顾客订立合同，在 4 个月内出售一定数量的某种产品。由于各种原因，每月至多生产 100 单位，产量限于 10 的倍数。产品可以贮存，贮存费用每单位 2 元。生产成本及每月销售额如表 9.3 给出。要求确定一个生产过程，使能满足合同要求，在生产能力以内使生产成本最小。

表 9.3

月　份	单位生产成本 C_i（元）	合同销售额 d_i
1	70	60
2	72	70
3	80	120
4	76	60

解 阶段变量 $k=1、2、3、4$ 表示月份。状态变量 S_k 表示 k 月初已有产品数。决策变量 x_k 表示决定 k 月的生产数量，满足约束

$$x_k+S_k\geqslant d_k,x_k\leqslant 100,x_k=0,10,20,\cdots$$

状态转移 $S_{k+1}=S_k+x_k-d_k$，阶段指标 $V_k(S_k,x_k)=c_kx_k+2S_k$。

$k=4$(表 9.4)时，由于 1～3 月份最大生产量为 300 单位，合同销售总额为 250 单位，所以 4 月份最大贮存量为 50 单位，即 S_4 可能取值为 0、10、20、30、40、50。求解

$$f_4(S_4)=\min_{\substack{0\leqslant x_4\leqslant 100\\ x_4+S_4\geqslant d_4}}(C_4x_4+2S_4)$$

得 $x_4^*=d_4-S_4=60-S_4$，则有

$$f_4(S_4)=4\ 560-74S_4$$

表 9.4

S_4	$f_4(S_4)$	x_4^*
0	4560	60
10	3820	50
20	3080	40
30	2340	30
40	1600	20
50	860	10

$k=3$(表 9.5)时，第一、第二月最大生产量为 200 单位，销售合同额为 $60+70=130$，所以 3 月初最大贮存量为 70 单位。由 $x_3+S_3\geqslant d_3=120$ 和 $x_3\leqslant 100$ 得

$$S_3\geqslant 20$$

所以 S_3 可能取值为 20、30、40、50、60、70 单位。求解

$$f_3(S_3)=\min_{\substack{0\leqslant x_3\leqslant 100\\ x_3+S_3\geqslant d_3=120}}\{C_3x_3+2S_3+f_4(S_4)\}$$

表 9.5

S_3 \ x_3	$V_3(S_3,x_3)+f_4(S_4)$						$f_3(S_3)$	x_3^*
	50	60	70	80	90	100		
20						12 600	12 600	100
30					11 820	11 880	11 820	90
40				11 040	11 100	11 160	11 040	80
50			10 260	10 320	10 380	10 440	10 260	70
60		9 480	9 540	9 600	9 660	9 720	9 480	60
70	8 700	8 760	8 820	8 880	8 940	9 000	8 700	50

$k=2$(表 9.6)时，1 月份最大生产量为 100 单位，合同销售量为 60，则 2 月初最大贮存量为 $100-60=40$，即 S_2 可能取值 0、10、20、30、40。求解

$$f_2(S_2)=\min_{\substack{0\leqslant x_2\leqslant 100\\ x_2\geqslant d_2-S_2}}\{C_2x_2+2S_2+f_3(S_3)\}$$

又由 $S_3=S_2+x_2-d_2\geqslant 20$，得

$$x_2 \geqslant d_2 - S_2 + 20 = 90 - S_2$$

表 9.6

S_2 \ x_2	$V_2(S_2,x_2)+f_3(S_3)$						$f_2(S_2)$	x_2^*
	50	60	70	80	90	100		
0					19 080	19 020	19 020	100
10				18 380	18 320	18 260	18 260	100
20			17 680	17 620	17 560	17 500	17 500	100
30		16 980	16 920	16 860	16 800	16 740	16 740	100
40	16 280	16 220	16 160	16 100	16 040	15 980	15 980	100

$k=1$(表 9.7)时，$S_1=0$，且有

$$f_1(S_1)=\min_{\substack{0\leqslant x_1\leqslant 100\\ x_1+S_1\geqslant d_1=60(x_1\geqslant 60)}}\{C_1x_1+2S_1+f_2(S_2)\}$$

表 9.7

S_1 \ x_1	$V_1(S_1,x_1)+f_2(S_2)$					$f_1(S_1)$	x_1^*
	60	70	80	90	100		
0	23 220	23 160	23 100	23 040	22 980	22 980	100

最小总成本 $f_1(0)=22\ 980$，最优生产安排如表 9.8 所示。

表 9.8

月份(i)	S_i	x_i	d_i	c_ix_i	$2S_1$	$V_i(S_i,x_i)$
1	0	100	60	7 000	0	7 000
2	40	100	70	7 200	80	7 280
3	70	50	120	4 000	140	4 140
4	0	60	60	4 560	0	4 500

例 9.5(投资分配) 现有 8 百万资金欲向三个企业($i=1,2,3$)投资，$V_i(x)(i=1,2,3)$是向第 i 个企业投资 x 时产生的利润函数，其数据如表 9.9 所示。试求使总利润最大的投资计划。

表 9.9

x	0	1	2	3	4	5	6	7	8
$V_1(x)$	0	5	15	40	80	90	95	98	100
$V_2(x)$	0	5	15	40	60	70	73	74	75
$V_3(x)$	0	4	26	40	45	50	51	52	53

解 可把这个问题作为一个多阶段决策问题来考虑，如图 9.3 所示。阶段变量 $k=1$、2、3。

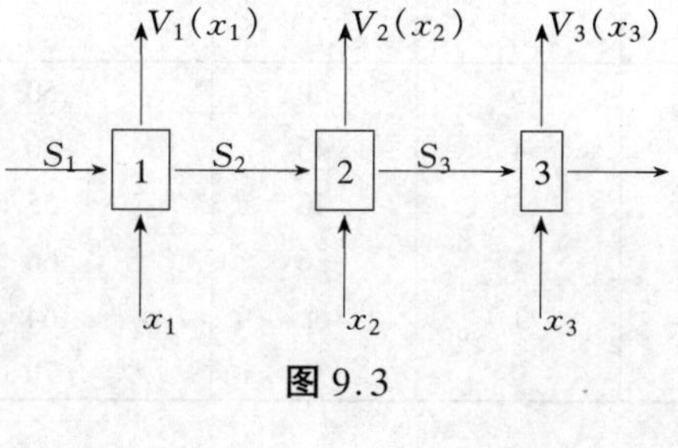

图 9.3

状态变量 $S_1=8$ 表示可向1、2、3企业投资的资金总数，S_2 表示可向2、3企业投资的资金；S_3 表示可向3企业投资的资金。

决策变量 x_k 表示对 k 企业的投资数（$0\leqslant x_k\leqslant S_k$）。状态转移方程为

$$S_{k+1}=S_k-x_k$$

递推方程为

$$\begin{cases}f_k(S_k)=\max\limits_{0\leqslant x_k\leqslant S_k}\{V_k(x_k)+f_{k+1}(S_{k+1})\} & k=3,2,1\\ f_4(S_4)=0\end{cases}$$

逆推的过程（$k=3,2,1$）如表9.10～9.12所示。

表9.10

S_3	x_3	$V_3(x_3)$	S_4	$f_4(S_4)$	$V_3(x_3)+f_4(S_4)$	$f_3(S_3)$	x_3^*
0	0	0	0	0	0	0	0
1	1	4	0	0	4	4	1
2	2	26	0	0	26	26	2
3	3	40	0	0	40	40	3
4	4	45	0	0	45	45	4
5	5	50	0	0	50	50	5
6	6	51	0	0	51	51	6
7	7	52	0	0	52	52	7
8	8	53	0	0	53	53	8

对本例而言，由已知条件表9.9知，$V_3(x)$ 是 x_3 的增函数，本阶段又是最后一个阶段，因此很显然，当第3阶段状态为 S_3 时，最优决策是将 S_3 全部投入第3个企业，即 $x_3^*=S_3$，由此可省去表9.10中间的计算。

表9.11

S_2	x_2	$V_2(x_2)$	S_3	$f_3(S_3)$	$V_2(x_2)+f_3(S_3)$	$f_2(S_2)$	x_2^*
	0	0	0	0	0	0	0
1	0	0	1	4	4	5	1
	1	5	0	0	5		
2	0	0	2	26	26	26	0
	1	5	1	4	9		
	2	15	0	0	15		
3	0	0	3	40	40	40	0,3
	1	5	2	26	31		
	2	15	1	4	19		
	3	40	0	0	40		
4	0	0	4	45	45	60	4
	1	5	3	40	45		
	2	15	2	26	41		
	3	40	1	4	44		
	4	60	0	0	60		
5	0	0	5	50	50	70	5
	1	5	4	45	50		
	2	15	3	40	55		
	3	40	2	26	66		
	4	60	1	4	64		
	5	70	0	0	70		

续表 9.11

S_2	x_2	$V_2(x_2)$	S_3	$f_3(S_3)$	$V_2(x_2)+f_3(S_3)$	$f_2(S_2)$	x_2^*
6	0	0	6	51	51	86	4
	1	5	5	50	55		
	2	15	4	45	60		
	3	40	3	40	80		
	4	60	2	26	86		
	5	70	1	4	74		
	6	73	0	0	73		
7	0	0	7	52	52	100	4
	1	5	6	51	56		
	2	15	5	50	65		
	3	40	4	45	85		
	4	60	3	40	100		
	5	70	2	26	96		
	6	73	1	4	77		
	7	74	0	0	74		
8	0	0	8	53	53	110	5
	1	5	7	52	57		
	2	15	6	51	66		
	3	40	5	50	90		
	4	60	4	45	105		
	5	70	3	40	110		
	6	73	2	26	99		
	7	74	1	4	78		
	8	75	0	0	75		

表 9.12

S_1	x_1	$V_1(x_1)$	S_2	$f_2(S_2)$	$V_1(x_1)+f_2(S_2)$	$f_1(S_1)$	x_1^*
8	0	0	8	110	110	140	4
	1	5	7	100	105		
	2	15	6	86	101		
	3	40	5	70	110		
	4	80	4	60	140		
	5	90	3	40	130		
	6	95	2	26	121		
	7	98	1	5	103		
	8	100	0	0	100		

最大总利润 $f_1(8)=140$

最优投资策略:

$$S_1=8, x_1^*=4 \quad S_2=4, x_2^*=4 \quad S_3=0, x_3^*=0$$

即最优投资计划为向第一个企业投资 400 万元,向第二个企业投资 400 万元,向第三个企业投资为零。

例 9.6(更新问题) 某运输公司 1985 年初购进一批已使用二年的卡车。假设每年的各项费用如表 9.13 所示。考虑 1986～1989 年间，为使总利润最大，每年年初对这批车应作怎样的决策(更新或维修)。

表 9.13

使用年数		0	1	2	3	4	5	6
1985	收　入	14		10				
	维修费	1		3				
	更新费	20		25				
1986	收　入	16	16		8			
	维修费	1	1		3			
	更新费	20	22		26			
1987	收　入	18	14	16		8		
	维修费	1	1	2		4		
	更新费	20	22	24		27		
1988	收　入	18	16	14	14		6	
	维修费	1	1	2	2		4	
	更新费	21	22	24	25		28	
1989	收　入	20	16	16	12	12		4
	维修费	1	1	2	2	3		5
	更新费	21	22	24	25	26		29

解　用动态规划法求解。假设用 $R_k(S_k)$表示 k 年初，车龄为 S_k 的卡车继续使用一年的收入；用 $U_k(S_k)$表示 k 年初，车龄为 S_k 的卡车继续使用一年所需的维修费；用 $C_k(S_k)$表示 k 年初，车龄为 S_k 的卡车当年更新所需费用。显然，$R_k(0)$表示 k 年期间新车使用一年的收入，$U_k(0)$表示 k 年期间新车使用一年的维修费。阶段变量 $k=1$、2、3、4、5，表示 1985、1986、1987、1988、1989 年。

状态变量 S_k 表示 k 年初卡车的车龄。决策变量 $x_k=0$ 表示更新，$x_k=1$ 表示继续使用。状态转移方程为

$$S_{k+1}=x_k\cdot S_k+1$$

状态集合

$$\{S_k\}=\{1,2,\cdots,k-1,k+1\}$$

阶段指标(年收入)

$$V_k(S_k,x_k)=R_k(x_k,S_k)-U_k(x_k,S_k)-(1-x_k)C_k(S_k)$$

递推方程为

$$\begin{cases}f_k(S_k)=\max\limits_{x_k=0,1}\{R_k(x_k,S_k)-U_k(x_k,S_k)-(1-x_k)C_k(S_k)+f_{k+1}(x_kS_k+1)\}\\ f_6(S_6)=0,k=5,4,3,2,1\end{cases}$$

递推过程如表 9.14～9.18 所示。

表 9.14

S_5	x_5	$S_6=x_5S_5+1$	$V_5(S_5,x_5)+f_6(S_6)$	$f_5(S_5)$	x_5^*
1	0 1	1 2	20 − 1 − 22 + 0 16 − 1 + 0	15	1
2	0 1	1 3	20 − 1 − 24 + 0 16 − 2 + 0	14	1
3	0 1	1 4	20 − 1 − 25 + 0 12 − 2 + 0	10	1
4	0 1	1 5	20 − 1 − 26 + 0 12 − 3 + 0	9	1
6	0 1	1 7	20 − 1 − 29 + 0 4 − 5 + 0	−1	1

表 9.15

S_4	x_4	$S_5=x_4S_4+1$	$V_4(S_4,x_4)+f_5(S_5)$	$f_4(S_4)$	x_4^*
1	0 1	1 2	18 − 1 − 22 + 15 16 − 1 + 14	29	1
2	0 1	1 3	18 − 1 − 24 + 15 14 − 2 + 10	22	1
3	0 1	1 4	18 − 1 − 25 + 15 14 − 2 + 9	21	1
5	0 1	1 6	18 − 1 − 28 + 15 6 − 4 − 1	4	0

表 9.16

S_3	x_3	$S_4=x_3S_3+1$	$V_3(S_3,x_3)+f_4(S_4)$	$f_3(S_3)$	x_3^*
1	0 1	1 2	18 − 1 − 22 + 29 14 − 1 + 22	35	1
2	0 1	1 3	18 − 1 − 24 + 29 16 − 2 + 21	35	1
4	0 1	1 5	18 − 1 − 27 + 29 8 − 4 + 4	19	0

表 9.17

S_2	x_2	$S_3=x_2S_2+1$	$V_2(S_2,x_2)+f_3(S_3)$	$f_2(S_2)$	x_2^*
1	0 1	1 2	16 − 1 − 22 + 35 16 − 1 + 35	50	1
3	0 1	1 4	16 − 1 − 26 + 35 8 − 3 + 19	24	0,1

表 9.18

S_1	x_1	$S_2=x_1S_1+1$	$V_1(S_1,x_1)+f_2(S_2)$	$f_1(S_1)$	x_1^*
2	0	1	$14-1-25+50$	38	0
	1	3	$10-3+24$		

五年内最优安排为

1985 年初 $S_1=2, x_1=0$ 更新；

1986 年初 $S_2=1, x_2=1$ 继续使用；

1987 年初 $S_3=2, x_3=1$ 继续使用；

1988 年初 $S_4=3, x_4=1$ 继续使用；

1989 年初 $S_5=4, x_5=1$ 继续使用。

五年内最大利润为 $f_1(2)=38$。

例 9.7(可靠性问题)　考虑设计一种有三个主要部件的电气设备,每个部件由一个特定功能的元件构成。这三个部件是串联的,所以一个部件故障将使整个设备发生障碍。设备的可靠性(不发生故障的概率)可以通过在构成每个部件的元件上并联(备用的)元件改进,每个部件可以由一个、二个或三个元件并联。设计这种设备的总资金为 10(单位:千元)。对部件 i $(i=1,2,3)$配备 m_i 个元件($m_i=1,2,3$)后的可靠性为 $R_i(m_i)$,成本为 $C_i(m_i)$,具体数字由表 9.19 给出。试确定各部件并联的元件数目,使得在不超过总设计费用条件下,使设备可靠性最大。

表 9.19

m_i	$i=1$		$i=2$		$i=3$	
	R	C	R	C	R	C
1	0.6	1	0.7	3	0.5	2
2	0.8	2	0.8	5	0.7	4
3	0.9	3	0.9	6	0.9	5

解　设备总可靠性 $R=R_1(m_1)R_2(m_2)R_3(m_3)$,其中 $R_i(m_i)$是第 i 个部件有 m_i 个并联元件时的可靠性。

阶段变量 $k=1、2、3$,表示部件号。状态变量 S_k 表示设计 k 号部件前剩有的资金数。决策变量 x_k 表示选择 k 号部件的并联的元件数。状态转移方程为

$$S_{k+1}=S_k-C_k(x_k)$$

递推方程为

$$\begin{cases} f_k(S_k)=\max\limits_{x_k=1,2,3}\{R_k(x_k)f_{k+1}(S_{k+1})\} \\ C_k(x_k)\leqslant S_k-\sum\limits_{i=k+1}^{3}C_i(1) \\ f_4(S_4)=1 \qquad k=3,2,1 \end{cases}$$

注意此例的递推方程中阶段指标 $R_k(x_k)$与 $f_{k+1}(S_{k+1})$是相乘的关系。

考虑 $k=3$ 时,满足

$$\begin{cases} C_3(1) \leqslant S_3 \leqslant S_1 - C_1(1) - C_2(1) & (2 \leqslant S_3 \leqslant 6) \\ C_3(x_3) \leqslant S_3, x_3 = 1,2,3 \end{cases}$$

迭代过程如表 9.20 所示。

表 9.20

S_3	x_3	$R_3(x_3)$	$S_4 = S_3 - C_3(x_3)$	$f_4(S_4)$	$R_3(x_3) \cdot f_4(S_4)$	$f_3(S_3)$	x_3^*
2	1	0.5	0	1	0.5	0.5	1
3	1	0.5	1	1	0.5	0.5	1
4	1	0.5	2	1	0.5	0.7	2
	2	0.7	0	1	0.7		
5	1	0.5	3	1	0.5	0.9	3
	2	0.7	1	1	0.7		
	3	0.9	0	1	0.9		
6	1	0.5	4	1	0.5	0.9	3
	2	0.7	2	1	0.7		
	3	0.9	1	1	0.9		

当 $k=2$ 时,满足

$$\begin{cases} C_3(1) + C_2(1) \leqslant S_2 \leqslant S_1 - C_1(1) & (5 \leqslant S_2 \leqslant 9) \\ C_2(x_2) \leqslant S_2 - C_3(1), x_2 = 1,2,3 \end{cases}$$

迭代过程如表 9.21 所示。

表 9.21

S_2	x_2	$R_2(x_2)$	$S_3 = S_2 - C_2(x_2)$	$f_3(S_3)$	$R_2(x_2) \cdot f_3(S_3)$	$f_2(S_2)$	x_2^*
5	1	0.7	2	0.5	0.35	0.35	1
6	1	0.7	3	0.5	0.35	0.35	1
7	1	0.7	4	0.7	0.49	0.49	1
	2	0.8	2	0.5	0.40		
8	1	0.7	5	0.9	0.63	0.63	1
	2	0.8	3	0.5	0.40		
	3	0.9	2	0.5	0.45		
9	1	0.7	6	0.9	0.63	0.63	1
	2	0.8	4	0.7	0.56		
	3	0.9	3	0.5	0.45		

当 $k=1$ 时,满足

$$\begin{cases} C_1(x_1) \leqslant S_1 - C_2(1) - C_3(1) = 5 \\ x_i = 1,2,3 \end{cases}$$

迭代过程如表 9.22 所示。

表 9.22

S_1	x_1	$R_1(x_1)$	$S_2 = S_1 - C_1(x_1)$	$f_2(S_2)$	$R_1(x_1) \cdot f_2(S_2)$	$f_1(S_1)$	x_1^*
10	1	0.6	9	0.63	0.378	0.504	2
	2	0.8	8	0.63	0.504		
	3	0.9	7	0.49	0.441		

最优安排为

$$S_1=10,x_1=2\quad S_2=8,x_2=1\quad S_3=5,x_3=3$$

即1号元件并联2个,2号元件并联1个,3号元件并联3个。最优可靠性 $f_1(10)=0.504$。

例 9.8(背包问题) 一艘货船欲去装运 N 种货物,第 i 种货物的单位重量为 W_i,价值为 $V_i(i=1,2,\cdots,N)$。船的最大装载重量是 W。现在要确定在不超过船的最大载重条件下,如何装载这 N 种货物,使得船上货物的价值最大。特别考虑下面只有三种货物的特殊情况,并假定 $W=5$, W_i 和 V_i 数据由表9.23给出。

表 9.23

货 号 i	单位重量 W_i	单位价值 V_i
1	2	65
2	3	80
3	1	30

解 使用动态规划求解。

阶段变量 $k(k=1,2,\cdots,N)$ 表示货号。状态变量 S_k 表示装 k 号货前船的剩余吨位。决策变量 x_k 表示装运 k 号货物的件数。决策变量允许集合

$$D_k(S_k)=\{0,1,2,\cdots,[S_k/W_k]\}$$

状态转移方程

$$S_{k+1}=S_k-x_kW_k$$

阶段指标 $V_k(S_k,x_k)=V_kx_k$ 表示装 k 号货的价值。

递推方程为

$$\begin{cases}f_k(S_k)=\max\limits_{x_k\in D_k(S_k)}\{V_kx_k+f_{k+1}(S_k-x_kW_k)\}\\ f_{N+1}(S_{N+1})=0\quad k=N,N-1,\cdots,1\end{cases}$$

考虑仅有三种货物情况:

①当 $k=3$ 时, $f_3(S_3)=\max\{30x_3\}$,其中, $x_3\in\{0,1,2,\cdots,[S_3]\}$,第3阶段是最后一个阶段,当装运第3种货物前剩余的吨位为 S_3 时,显然应在此吨位限制下尽可能多装第3种货物是最优决策,即 $x_3^*=\left[\dfrac{S_3}{W_3}\right]$,因 $W_3=1$,所以 $x_3^*=S_3$。由此很易得到第3阶段各状态下的最优决策和最优指标函数。如表9.24所示;

表 9.24

S_3	0	1	2	3	4	5
x_3^*	0	1	2	3	4	5
$f_3(S_3)$	0	30	60	90	120	150

②当 $k=2$ 时, $f_2(S_2)=\max\{80x_2+f_3(S_2-3x_2)\}$,其中, $x_2\in\{0,1,2,\cdots,[S_2/3]\}$,如表9.25所示;

表 9.25

S_2	x_2	$V_2(S_2,x_2)=80x_2$	$S_3=S_2-3x_2$	$f_3(S_3)$	$V_2+f_3(S_3)$	$f_2(S_2)$	x_2^*
0	0	0	0	0	0	0	0

续表 9.25

S_2	x_2	$V_2(S_2,x_2)=80x_2$	$S_3=S_2-3x_2$	$f_3(S_3)$	$V_2+f_3(S_3)$	$f_2(S_2)$	x_2^*
1	0		1	30	30	30	0
2	0	0	2	60	60	60	0
3	0	0	3	90	90	90	0
	1	80	0	0	80		
4	0	0	4	120	120	120	0
	1	80	1	30	110		
5	0	0	5	150	150	150	0
	1	80	2	60	140		

③当 $k=1$ 时，$f_1(S_1)=\max\{65x_1+f_2(S_1-2x_1)\}$，其中，$x_1\in\{0,1,2,\cdots,[S_1/2]\}$，如表 9.26 所示。

表 9.26

S_1	x_1	$V_1(S_1,x_1)=65x_1$	$S_2=S_1-2x_1$	$f_2(S_2)$	$V_1+f_2(S_2)$	$f_1(S_1)$	x_1^*
	0	0	5	150	150		
5	1	65	3	90	155	160	2
	2	130	1	30	160		

最优装货方案：

$$S_1=5,x_1=2\quad S_2=1,x_2=0\quad S_3=1,x_3=1$$

即第一种货装 2 件，第二种货不装，第三种货装 1 件，最大价值为 $f_1(5)=160$。

例 9.9(静态规划问题的动态规划解法)　线性规划与非线性规划所研究的问题通常是与时间无关的，常称它们为静态规划。对于某些静态规划问题，也可以人为地引入时间因素，把它看做是按阶段进行的一个动态规划问题，这就使得动态规划成为求解一些线性、非线性规划的有效方法。下面分别给出用逆序解法和顺序解法求解静态规划的例子。

①用逆序解法求解下列静态规划问题：

$$\max z=2x_1^2+9x_2+4x_3$$

$$\text{s.t.}\begin{cases}x_1+x_2+x_3=10\\ x_i\geqslant 0,i=1,2,3\end{cases}$$

解　阶段 $k=1$、2、3。

状态变量为 S_k，决策变量为 x_k。状态转移

$$S_1=10,S_2=S_1-x_1,S_3=S_2-x_2,S_4=S_3-x_3=0$$

阶段指标

$$V_1(x_1)=2x_1^2,V_2(x_2)=9x_2,V_3(x_3)=4x_3$$

递推方程

$$\begin{cases}f_k(S_k)=\max\limits_{x_k}\{V_k(x_k)+f_{k+1}(S_{k+1})\}\\ f_4(S_4)=0,k=3,2,1\end{cases}$$

$k=3$，求解

$$f_3(S_3)=\max_{0\leqslant x_3\leqslant S_3}\{4x_3\}\text{得}$$

$$x_3^* = S_3, f_3(S_3) = 4S_3$$

$k=2$,求解

$$f_2(S_2) = \max_{0 \leqslant x_2 \leqslant S_2} \{9x_2 + 4(S_2 - x_2)\} = \max_{0 \leqslant x_2 \leqslant S_2} \{5x_2 + 4S_2\}$$

$$x_2^* = S_2, f_2(S_2) = 9S_2$$

$k=1$,求解

$$f_1(S_1) = \max_{0 \leqslant x_1 \leqslant S_1} \{2x_1^2 + 9(S_1 - x_1)\} = \max_{0 \leqslant x_1 \leqslant S_1} \{2x_1^2 - 9x_1 + 9S_1\}$$

得

$$x_1 = S_1 = 10, f_1(S_1) = 2S_1^2 = 200$$

规划问题解为 $S_1=10, x_1^*=10; S_2=0, x_2^*=0; S_3=0, x_3^*=0$。即最优解 $x_1^*=10, x_2^*=0, x_3^*=0$,最优值 $z^*=200$。

②用顺序解法求解下列静态规划问题:

$$\max z = 4x_1^2 - x_2^2 + 2x_3^2 + 12$$

$$\text{s.t.}\begin{cases} 3x_1 + 2x_2 + x_3 \leqslant 9 \\ x_i \geqslant 0 \quad (i=1,2,3) \end{cases}$$

用顺序解法与已知初始状态用逆序解法在本质上没有区别。它相当于把实际的起点视为终点,实际的终点视为起点,而按逆推解法进行。对于一般的计算步骤,有兴趣的读者可参看有关文献。以下给出上例的具体求解过程。

解 按问题中变量的个数分为三个阶段。设状态变量为 S_0、S_1、S_2、S_3,并记 $S_3 \leqslant 9$;取 x_1、x_2、x_3 为各阶段的决策变量;各阶段指标函数按加法方式结合。令最优值函数 $f_k(S_k)$表示第 k 阶段的结束状态为 S_k,从 1 阶段至 k 阶段的最大值。

设

$$3x_1 = S_1, S_1 + 2x_2 = S_2, S_2 + x_3 = S_3 \leqslant 9$$

则有

$$0 \leqslant x_1 \leqslant S_1/3, 0 \leqslant x_2 \leqslant S_2/2, 0 \leqslant x_3 \leqslant S_3$$

于是用顺推方法,从前向后依次有

$$f_1(S_1) = \max_{0 \leqslant x_1 \leqslant \frac{S_1}{3}} (4x_1^2) = \frac{4}{9}S_1^2 \quad \text{及最优解} \quad x_1^* = S_1/3$$

$$\begin{aligned} f_2(S_2) &= \max_{0 \leqslant x_2 \leqslant S_2/2} [-x_2^2 + f_1(S_1)] = \max_{0 \leqslant x_2 \leqslant S_2/2} \left[-x_2^2 + \frac{4}{9}(S_2 - 2x_2)^2\right] \\ &= \max_{0 \leqslant x_2 \leqslant S_2/2} h_2(S_2, x_2) \end{aligned}$$

由$\frac{\mathrm{d}h_2}{\mathrm{d}x_2} = \frac{14}{9}x_2 - \frac{16}{9}S_2 = 0$,解得 $x_2 = \frac{8}{7}S_2$。

因该点不在允许决策集合内,故无需判别。因而 $h_2(S_2, x_2)$的最大值必在两个端点上选取。而

$$h_2(0) = \frac{4}{9}S_2^2, h_2(\frac{S_2}{2}) = -S_2^2/4$$

所以 $h_2(S_2, x_2)$的最大值点在 $x_2=0$ 处,故得到 $f_2(S_2) = \frac{4}{9}S_2^2$ 及相应的最优解 $x_2^*=0$。

又有

$$f_3(S_3)=\max_{0\leqslant x_3\leqslant S_3}[2x_3^2+12+f_2(S_2)]$$
$$=\max_{0\leqslant x_3\leqslant S_3}\left[2x_3^2+12+\frac{4}{9}(S_3-x_3)^2\right]$$
$$=\max_{0\leqslant x_3\leqslant S_3}h_3(S_3,x_3)$$

由$\frac{\mathrm{d}h_3}{\mathrm{d}x_3}=\frac{44}{9}x_3-\frac{8}{9}S_3=0$,解得 $x_3=\frac{2}{11}S_3$。又$\frac{\mathrm{d}^2h_3}{\mathrm{d}x_3^2}=\frac{44}{9}>0$,故该点为极小值点。而

$$h_3(0)=\frac{4}{9}S_3^2+12,\quad h_3(S_3)=2S_3^2+12$$

故 $h_3(S_3,x_3)$的最大值点在 $x_3=S_3$ 处。所以得 $f_3(S_3)=2S_3^2+12$ 及相应的最优解 $x_3^*=S_3$。

由于 S_3 不知道,故需再对 S_3 求一次极值,即

$$\max_{0\leqslant S_3\leqslant 9}f_3(S_3)=\max_{0\leqslant S_3\leqslant 9}[2S_3^2+12]$$

显然,当 $S_3=9$ 时 $f_3(S_3)$才能达到最大值。所以 $f_1(9)=2\times 9^2+12=174$ 为最大值。

再按计算的顺序反推算可求得最优解为 $x_1^*=0,x_2^*=0,x_3^*=9$;最大值为

$$\max z=f_1(9)=174$$

现说明以下两点:

①若先作代换,令 $y_1=3x_1,y_2=2x_2,y_3=x_3$。将原问题变为

$$\max z=\frac{4}{9}y_1^2-\frac{1}{4}y_2^2+2y_3^2+12$$
$$\text{s.t}\begin{cases}y_1+y_2+y_3\leqslant 9\\ y_i\geqslant 0,y=1,2,3\end{cases}$$

再解此问题,然后换回 x_i 也可以;

②在计算 h_2 和 h_3 的最大值中,若学习了凸函数的性质,也可利用凸函数的性质来确定最大值。

从本例可见,一般而言,当初始状态给定时,用逆推比较方便。当终止状态给定时,用顺推比较方便。

在实际中,还会遇到某些多阶段决策过程,这种过程不像前面所讨论的确定性那样,状态转移是完全确定的,而是带有随机性,状态转移不能完全确定,它是按某种已知的概率分布取值的。具有这种性质的多阶段决策过程就是本书前面所讲的随机性决策过程。这类问题同样可以用动态规划的方法解决。下面举两个例子。

例 9.10(随机采购问题) 某厂生产上需要在近五周内采购一批原料,而估计在未来五周内价格有波动,浮动价格和概率已测得如表 9.27 所示。试求在每一周以什么价格购入,可使采购价格的数学期望值最小,并求出期望值。

表 9.27

单 价	概 率
500	0.3
600	0.3
700	0.4

解 这里价格是一个随机变量,是按某种已知的概率分布取值的。用动态规划方法处理,按采购期限5周分为5个阶段,将每周的价格看做该阶段的状态。现设以下变量:

y_k 为状态变量,表示第 k 周的实际价格,它是一个随机变量;

x_k 为决策变量(当 $x_k=1$,表示第 k 周决定采购,当 $x_k=0$,表示第 k 周决定等待);

y_{kE} 表示第 k 周决定等待,而在以后采取最优决策时采购价格的期望值。

$f_k(y_k)$ 表示第 k 周实际价格为 y_k 时,从第 k 周至第5周采取最优决策所得的最小期望值,因而递推关系为

$$f_k(y_k)=\min\{y_k, y_{kE}\}(y_k\in S_k) \quad (9.3)$$

$$f_5(y_5)=y_5 \qquad (y_5\in S_5)$$

其中 $S_k=\{500,600,700\}$,$k=1$、2、3、4、5。由 y_{kE} 和 $f_k(y_k)$ 的定义可知

$$y_{kE}=Ef_{k+1}(y_{k+1})=0.3f_{k+1}(500)+0.3f_{k+1}(600)+0.4f_{k+1}(700) \quad (9.4)$$

并且得出最优决策为

$$x_k=\begin{cases}1 \quad (\text{采购}), f_k(y_k)=y_k\\ 0 \quad (\text{等待}), f_k(y_k)=y_{kE}\end{cases} \quad (9.5)$$

具体计算过程如下:

$k=5$ 时,由 $f_5(y_5)=y_5(y_5\in S_5)$ 有 $f_5(500)=500$,$f_5(600)=600$,$f_5(700)=700$。即在第5周时,若所需的原料尚未买入,则无论市场价格如何,都必须采购,不能再等。

$k=4$ 时,由式(9.4)可知

$$y_{4E}=0.3\times 500+0.3\times 600+0.4\times 700=610$$

于是,由式(9.3)得

$$f_4(y_4)=\min_{y_4\in S_4}\{y_4, y_{4E}\}=\min_{y_4\in S_4}\{y_4, 610\}=\begin{cases}500, y_4=500\\ 600, y_4=600\\ 610, y_4=700\end{cases}$$

由式(9.5)可知,第四周的最优决策为

$$x_4=\begin{cases}1 \quad (\text{采购}), y_4=500 \text{ 或 } 600\\ 0 \quad (\text{等待}), y_4=700\end{cases}$$

同理求得

$k=3$

$$y_{3E}=0.3\times 500+0.3\times 600+0.4\times 610=574$$

$$f_3(y_3)=\min_{y_3\in S_3}\{y_3, y_{3E}\}=\min\{y_3, 574\}=\begin{cases}500, y_3=500\\ 574, y_3=600 \text{ 或 } 700\end{cases}$$

所以 $$x_3=\begin{cases}1, y_3=500;\\ 0, y_3=600 \text{ 或 } 700\end{cases}$$

$k=2$

$$y_{2E}=0.3\times 500+0.3\times 574+0.4\times 574=551.8$$

$$f_2(y_2)=\min_{y_3\in S_2}\{y_2, y_{2E}\}=\min\{y_2, 551.8\}=\begin{cases}500, y_2=500\\ 551.8, y_2=600 \text{ 或 } 700\end{cases}$$

所以 $x_2=\begin{cases}1, y_2=500\\0, y_2=600\text{ 或 }700\end{cases}$

$$k=1$$

$$y_{1E}=0.3\times500+0.3\times551.8+0.4\times551.8=536.26$$

$$f_1(y_1)=\min_{y_1\in S_1}\{y_1,y_{1E}\}=\min\{y_1,536.26\}=\begin{cases}500, y_1=500\\536.26, y_1=600\text{ 或 }700\end{cases}$$

所以

$$x_1=\begin{cases}1, y_1=500\\0, y_1=600\text{ 或 }700\end{cases}$$

由上可知，最优采购策略为在第一、二、三周时，若价格为500就采购，否则应该等待；在第四周时，价格为500或600时应采购，否则就等待；在第五周时，无论什么价格都要采购。

依照上述最优策略进行采购时，价格（单价）的数学期望值为

$$500\times0.3[1+0.7+0.7^2+0.7^3+0.7^3\times0.4]$$
$$+600\times0.3[0.7^3+0.4\times0.7^3]+700\times0.4^2\times0.7^3$$
$$=500\times0.80\,106+600\times0.14\,406+700\times0.05\,488$$
$$=525.382\approx525$$

且 $0.80\,106+0.14\,406+0.05\,488=1$。

例 9.11（随机生产计划问题） 某厂和公司订了试制某种新产品的合同。如果三个月生产不出一个合格品，则要罚款2 000元，每次试制的个数不限，试制周期为一个月，制造一个产品的成本为100元，每一个试制品合格的概率为0.4，生产一次的装配费为200元。问如何安排试制和每次生产几个，才能使期望费用最小？

解 根据题意，最多能安排三次生产，把三次试制当做三个阶段，每次生产的个数作为决策变量 x_k，每次试制前是否已有合格品作为状态变量 u_k，有合格品时记 $u_k=0$，无合格品时记 $u_k=1$。$f_k(u_k)$ 为第 k 次试制前的状态为 u_k 时，以后均采取最优策略时的最低期望成本。为简化数字，取百元为单位。

由假设，当 $u_k=0$ 时，即已有合格品，试制已完成，于是 $f_k(0)=0$，即不生产也不罚款就没有费用。又若三次试制后无合格品，则罚款20（百元），即 $f_4(1)=20$（百元）。

以 $C(x_k)$ 表示生产成本及装配费用，则由每次装配费2（百元），每件成本1（百元）得

$$C(x_k)=\begin{cases}2+x_k, & \text{当 } x_k>0\text{ 时}\\0, & \text{当 } x_k=0\text{ 时}\end{cases}$$

由生产一件得合格品的概率为0.4，得不合格品的概率为0.6，所以生产 x_k 件均不合格的概率应为 0.6^{x_k}，至少有一件合格品的概率为 $(1-0.6^{x_k})$，这里 $x_k=0$、1、2、……。于是递推关系为

$$f_k(1)=\min_{x_k\in D_k(1)}[C(x_k)+(1-0.6^{x_k})f_{k+1}(0)+0.6^{x_k}f_{k+1}(1)]$$
$$=\min_{x_k\in D_k(1)}[C(x_k)+0.6^{x_k}f_{k+1}(1)]$$

这里 $D_k(1)=\{0,1,2,\cdots\}$。于是当 $k=3$ 时，有

$$f_3(1)=\min_{x_3\in D_3(1)}[C(x_3)+0.6^{x_3}\times20]$$

对 x_3 的不同取值计算后得如表9.28的结果。

表 9.28

u_3 \ x_3	$C(x_3)+20\times0.6^{x_3}$							$f_3(u_3)$	x_3
	0	1	2	3	4	5	6		
0	0	—	—	—	—	—	—	0	0
1	20	15	11.2	9.32	8.59	8.56	8.93	8.56	5

表中最后二列表示不同的 u_3 所对应的最优期望值及最优决策。当 $k=2$ 时，有

$$f_2(1)=\min_{x_2\in D_2(1)}[C(x_2)+8.56\times0.6^{x_2}]$$

计算后可得表 9.29 的结果。当 $k=1$ 时，$u_1=1$，同样有

$$f_1(1)=\min_{x_1\in D_1(1)}[C(x_1)+6.85\times0.6^{x_1}]$$

表 9.29

u_2 \ x_2	$C(x_2)+8.56\times0.6^{x_2}$					$f_2(u_2)$	x_2
	0	1	2	3	4		
0	0	—	—	—	—	0	0
1	8.56	8.14	7.08	6.85	7.11	6.85	3

计算后可得表 9.30 的结果。

表 9.30

u_1 \ x_1	$C(x_1)+6.85\times0.6^{x_1}$				$f_1(u_1)$	x_1
	0	1	3	4		
1	6.85	7.11	6.46	6.48	6.46	2

以上三个表中，对 x_k 取较大数值时的 $C(x_k)+0.6^{x_k}f_{k+1}(1)$ 之值没有列出来，但可以证明，以后的数值随 x_k 的增大而增大，是单调上升的。

至此，求得最优策略是：第一次生产 2 个；如果都不合格，则第二次生产 3 个；如果再都不合格，则第三次生产 5 个。这样能使期望费用最小，其期望费用为 646 元（近似值）。

习题 9

9.1 设某工厂自国外进口一部精密机器，由机器制造厂至出口港有三个港口可供选择，而进口港又有三个可供选择，进口后可经由两个城市到达目的地，其间的运输成本如图 9.4 中所标的数字，试求运费最低的路线？

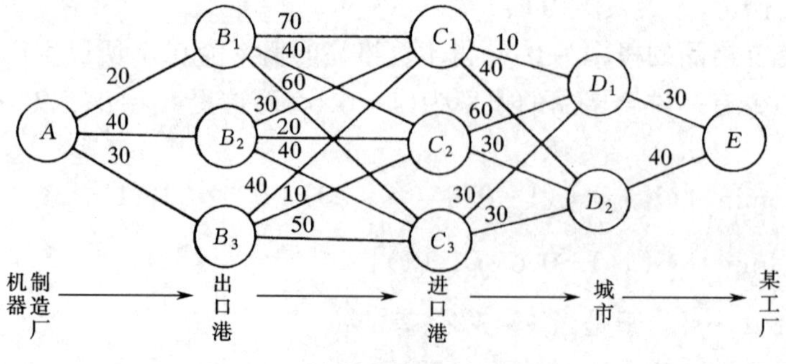

图 9.4

9.2 有一部货车每天沿着公路给四个零售店卸下 6 箱货物，如果各零售店出售该货物所得利润如表

9.31所示,试求在各零售店卸下几箱货物,能使获得总利润最大?其值是多少?

表 9.31

利润 零售店 / 箱数	1	2	3	4
0	0	0	0	0
1	4	2	3	4
2	6	4	5	5
3	7	6	7	6
4	7	8	8	6
5	7	9	8	6
6	7	10	8	6

9.3 某公司有三个工厂,它们都可以考虑改造扩建。每个工厂都有若干种方案可供选择,各种方案的投资及所能取得的收益如表 9.32 所示(单位:千万元)。现公司有资金 5 千万元,问应如何分配投资使公司的总收益最大?

表 9.32

m_{ij} (方案)	工厂 $i=1$		$i=2$		$i=3$	
	C(投资)	R(收益)	C	R	C	R
1	0	0	0	0	0	0
2	1	5	2	8	1	3
3	2	6	3	9	—	—
4	—	—	4	12	—	—

(注:表中“—”表示无此方案)

9.4 某工厂在一年进行了 A、B、C 三种新产品试制,由于资金不足,估计在年内这三种新产品研制不成功的概率分别为 0.40、0.60、0.80,因而都研制不成功的概率为 $0.40\times0.60\times0.80=0.192$。为了促进三种新产品的研制,决定增拨 2 万元的研制费,并要资金集中使用,以万元为单位进行分配。其增拨研制费与新产品不成功的概率如表 9.33 所示。试问如何分配费用,使这三种新产品都研制不成功的概率为最小。

表 9.33

新产品 / 研制费 S	不 成 功 概 率		
	A	B	C
0	0.40	0.60	0.80
1	0.20	0.40	0.50
2	0.15	0.20	0.30

9.5 根据国家需要某工厂交货任务如表 9.34 所示。表中数字为月底的交货量。该厂的生产能力为每月 400 件,该厂仓库的存货能力为 300 件,已知每 100 件货物的生产费为 10 000 元,在进行生产的月份,工厂要支出经常费 4 000 元,仓库保管费为每百件货物每月 1 000 元。假定开始时及 6 月底交货后无存货。试问应在每个月各生产多少件物品才能既满足交货任务又使总费用最少?

表 9.34

月份	1	2	3	4	5	6
货物量(百件)	1	2	5	3	2	1

9.6 某人外出旅游,需将五件物品装入包裹,但包裹质量有限制,总质量不超过 13 千克。物品质量及其

价值的关系如表 9.35 所示。试问如何装这些物品,使整个包裹价值最大?

表 9.35

物品	质量(kg)	价值(元)
A	7	9
B	5	4
C	4	3
D	3	2
E	1	0.5

9.7 设某企业在今后 5 年内需使用一台机器,该种机器的年收入、年运行费及每年年初一次性更新费用随机器的役龄变化如表 9.36 所示。该企业现有一台役龄为 1 年的旧机器,试制定最优更新计划,使在 5 年内的总收入达到最大(不计 5 年期末时机器的残值)。

表 9.36

机　龄	0	1	2	3	4	5
年收入	20	19	18	16	14	10
运行费	4	4	6	6	9	10
更新费	25	27	30	32	35	36

9.8 求下列问题的最优解

(1) $\max z = 10x_1 + 22x_2 + 17x_3$

$$\begin{cases} 2x_1 + 4x_2 + 3x_3 \leqslant 20 \\ x_i \geqslant 0 \text{ 且为整数} (i = 1,2,3) \end{cases}$$

(2) $\max z = x_1 x_2 x_3 x_4$

$$\begin{cases} 2x_1 + 3x_2 + x_3 + 2x_4 = 11 \\ x_i \geqslant 0 \text{ 且为整数} (i = 1,2,3,4) \end{cases}$$

9.9 某瓷厂接受订制一个瓷瓶的任务。瓷瓶用电炉烧制。据技术分析估计,每个瓷瓶出炉后的合格率为 0.5,各瓶合格与否相互独立(即一炉如装有 n 个瓷瓶,那么出炉后都不合的概率为 0.5^n)。制造一个瓷瓶的原料费为 100 元,烧一炉的费用为 300 元。现因厂中条件限制最多只能烧 3 炉,每炉最多装 4 个瓷瓶。若 3 炉的瓷瓶无 1 个合格,则因不能履行合同而被罚款 1 600 元。试用动态规划方法确定一种生产方案(即每炉该装几个瓷瓶),使总的期望成本为最小。

9.10 填空

动态规划的研究对象是__________决策问题,其递推求解的理论基础是__________最优性原理。

第 10 章 多目标决策

10.1 特尔菲法

特尔菲法又称老手法，是美国兰德公司于 1964 年首先用于决策领域的。特尔菲法是一种重要的多目标决策方法，它突破了传统的数量分析限制，为更合理地制定决策开阔了思路。它的主要优点是简明直观，避免了专家会议的许多弊病。例如，第 4 章讲述的线性加权函数的构造，关键就在于确定各目标的权重 w_j。实践中常使用特尔菲法确定权重。本节就以此为例，介绍特尔菲法。

特尔菲法是请一批有经验的专家(老手)对如何确定各目标权重发表意见，然后用统计平均方法估算出各目标的权重值。在此例中，首先应对各个目标值 f_j 标准化，即对每一目标事先给定一个标准值 f_{jH}，然后将所有目标除以相应的标准值，得无量纲化的目标值，即

$$\bar{f}_j = \frac{f_j}{f_{jH}} \quad (j=1,2,\cdots,p)$$

这种方法的具体步骤如下。

①把较为详尽的背景资料发送给选定的 n 位专家，请专家们分别各自独立估计各目标的权重，结果列入表 10.1 中。

表 10.1

专家数＼权重估计值＼目标	f_1	f_2	…	f_p
1	w_{11}	w_{12}	……	w_{1p}
2	w_{21}	w_{22}	……	w_{2p}
⋮	……	……	……	……
n	w_{n1}	w_{n2}	……	w_{np}

②计算各目标权重的样本平均值，即

$$\overline{M}(w_j) = \frac{1}{n}\sum_{i=1}^{n} w_{ij} \qquad (j=1,2,\cdots,p)$$

每一位专家对各目标权重估计值与平均估计值的偏差

$$\Delta_{ij} = w_{ij} - \overline{M}(w_j)$$

③进一步分析 $\overline{M}(w_j)$ 是否合理，特别让估计值偏差 Δ_{ij} 较大的专家充分发表意见，消除估计中的一些误差。

④附上进一步的补充资料后，请各专家重新对各目标权重值做出估计 w_{ij}，再一次计算平均估计值及方差

$$\widetilde{M}(w_j) = \frac{1}{n}\sum_{i=1}^{n} w_{ij} \qquad (j=1,2,\cdots,p)$$

$$\widetilde{D}(w_j)=\frac{1}{n-1}\sum_{i=1}^{n}[w_{ij}-\widetilde{M}(w_j)]^2$$

重复上述步骤，经过几次反复后，直至第 k 步估计方差小于或等于预先给定的标准 $\varepsilon(\varepsilon>0)$。

⑤将第 k 步得到的平均估计值 $\widetilde{M}(w_j)$ 及 $\widetilde{D}(w_j)$ 再送交各位专家，请他们作最后的判断，给出各目标权重的最终估计值 $w'_{ij}(i=1,2,\cdots,n,j=1,2,\cdots,p)$。同时还要请每位专家标出各自对所给估计值的"信任度" $l_{ij}(i=1,2,\cdots,n,j=1,2,\cdots,p,l_{ij}$ 表示第 i 位专家就第 j 个目标权重估计值给出的"信任度")。信任度表示专家对自己所做估计的把握程度，且规定信任度取值于 $[0,1]$，当专家有绝对把握时，$l_{ij}=1$；当专家毫无把握时，$l_{ij}=0$；除去上述两种极端情形外，$0<l_{ij}<1$。专家的信任度是一个心理指标，它取决于专家对资料信息的占有程度，取决于专家的经验与信念。当一个专家不占有充分的信息或资料时，是不大敢随意地作出某种判断的。可见，在特尔菲法中引入"信任度"，可以在一定程度上降低专家评判的主观效应，从而在一定程度上保证了权重确定过程的客观性。

⑥确定最终的目标函数权重估计值。令

$$M_{\lambda}^{(j)}=\{i:l_{ij}\geqslant\lambda,i=1,2,\cdots,n\}$$

其中 λ 是预先给定的标准，且 $0<\lambda<1$。所以，第 j 个目标权重的最终估计值

$$\overline{w}_j=\frac{1}{|M_{\lambda}^{(j)}|}\sum_{i\in M_{\lambda}^{(j)}}w'_{ij}$$

其中 $|M_{\lambda}^{(j)}|$ 表示集合 $M_{\lambda}^{(j)}$ 中元素的个数。

这种方法实质是先以 λ 为尺子，将信任度达不到 λ 的估计值全部删除，以余下估计值的平均值作为权重的最终估计值。

当然，各目标权重之最终估计值的确定也可采用其他方法。如果各位专家有平等的学术地位，不妨取其最后估计值的算术平均值作为最终权重估计值，否则，可取其加权算术平均值。限于篇幅，对此不再赘述。

最后，可构造线性加权评价函数为

$$U[F(\boldsymbol{X})]=\sum_{j=1}^{p}\overline{w}_jf_j(\boldsymbol{X})$$

10.2 层次分析法

层次分析法(Analytic Hierarchy Process，简称 AHP)是由美国匹兹堡大学教授 T. L. Saaty 在 20 世纪 70 年代中期提出的。它的基本思想是把一个复杂的问题分解为各个组成因素，并将这些因素按支配关系分组，从而形成一个有序的递阶层次结构。通过两两比较的方式确定层次中诸因素的相对重要性，然后综合人的判断以确定决策诸因素相对重要性的总排序。层次分析法的出现给决策者解决那些难以定量描述的决策问题带来了极大方便，因而在科学研究和生产实践中得到了广泛应用。

10.2.1 简单情形——单层次模型

1. 单层次模型结构

如图 10.1 所示，此模型由一个目标 C 及隶属于它的 n 个评价元素 A_1、……、A_n 和决策者

组成。由决策者在这个目标意义下对这 n 个元素进行评价,对它们进行优劣排序并做出相对重要性的权衡,但由于决策者能力的限制很难一下子作出这种判断,而仅仅对两个元素进行优劣程度比较则是完全可能的。

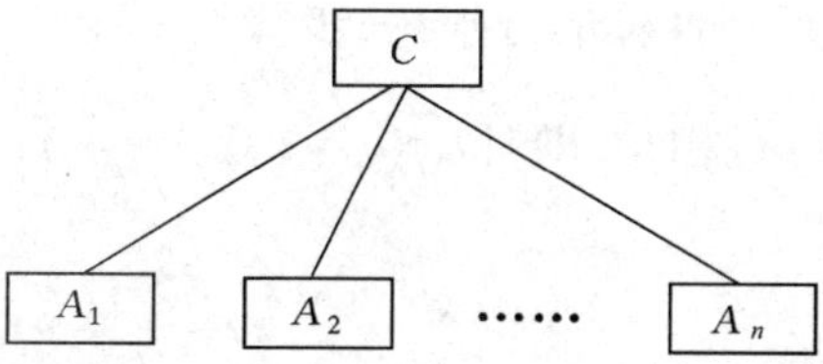

图 10.1

2.思想

AHP 方法的基本思想就是将决策者对这 n 个元素优劣的整体判断转变为对这 n 个元素的两两比较,然后再转为对这 n 个元素的整体优劣排序判断及确定各元素的权重。

3.计算步骤

(1)构造两两比较判断矩阵

在单层次结构模型中,假定目标元素为 C_K,同与之相连的有关元素 A_1、A_2、……、A_n 有支配关系。假定以上一层次某目标元素 C_K 作为准则,通过向决策者询问在原则 C_K 下元素 A_i 对元素 A_j 的优劣比较,构造一判断矩阵,其形式为:

C_K	A_1	A_2	$\cdots$	A_n
A_1	a_{11}	a_{12}	$\cdots$	a_{1n}
A_2	a_{21}	a_{22}	$\cdots$	a_{2n}
$\vdots$	$\vdots$	$\vdots$	$\vdots$	$\vdots$
A_n	a_{n1}	a_{n2}	$\cdots$	a_{nn}

其中 a_{ij} 表示:对于 C_K 来说,A_i 对 A_j 相对重要性的数值体现,通常 a_{ij} 可取 1、2、……、9 以及它们的倒数作为标度,含义如表 10.2 所示。

表 10.2 标度的含义

1	表示两个元素相比,具有同样重要性
3	表示两个元素相比,一个元素比另一个元素稍微重要
5	表示两个元素相比,一个元素比另一个元素明显重要
7	表示两个元素相比,一个元素比另一个元素强烈重要
9	表示两个元素相比,一个元素比另一个元素极端重要

2、4、6、8 为上述相邻判断的中值。

判断矩阵中的元素具有下述性质:①$a_{ij}>0$;②$a_{ij}=\dfrac{1}{a_{ji}}$;③$a_{ii}=1$。

(2)计算单一准则下元素的相对重要性(层次单排序)

这一步要根据判断矩阵,计算对于目标元素而言各元素的相对重要性次序的权值。计算判断矩阵 $\boldsymbol{A}$ 的最大特征根 $\lambda_{\max}$ 和其对应的经归一化后的特征向量 $\boldsymbol{W}=[w_1 \quad w_2 \quad \cdots \quad w_n]^{\mathrm{T}}$。即首先对于判断矩阵 $\boldsymbol{A}$ 求解最大特征根问题:

$$AW=\lambda_{\max}W$$

得特征向量 $\boldsymbol{W}$ 并将其归一化，将归一化后所得到的特征向量 $\boldsymbol{W}=[w_1 \quad w_2 \quad \cdots \quad w_n]^{\mathrm{T}}$ 作为本层次元素 A_1、A_2、……、A_n 对于目标元素 C_K 的排序权值。

计算 $\lambda_{\max}$ 和 $\boldsymbol{W}$ 一般采用近似计算的方根法，步骤如下：

①将判断矩阵 $\boldsymbol{A}$ 中元素按行相乘：即 $\prod_{j=1}^{n}a_{ij}\ (i=1,2,\cdots,n)$；

②计算 $\overline{w}_i=\sqrt[n]{\prod_{j=1}^{n}a_{ij}}$；

③将 $\overline{w}_i$ 归一化得 $w_i=\dfrac{\overline{w}_i}{\sum_{j=1}^{n}\overline{w}_j}$，$\boldsymbol{W}=[w_1 \quad w_2 \quad \cdots \quad w_n]^{\mathrm{T}}$ 为所求特征向量；

④计算最大特征根 $\lambda_{\max}=\sum_{i=1}^{n}\dfrac{(\boldsymbol{AW})_i}{nw_i}$，其中，$(\boldsymbol{AW})_i$ 表示向量 $\boldsymbol{AW}$ 的第 i 个元素。

(3)单层次判断矩阵 A 的一致性检验

在单层次判断矩阵 $\boldsymbol{A}$ 中，当 $a_{ij}=\dfrac{a_{ik}}{a_{jk}}$ 时，称判断矩阵为一致性矩阵。由于客观事物的复杂性和人们的偏爱不同，判断矩阵很难有严格的一致性，但应该要求有大致的一致性。因此，在得到 $\lambda_{\max}$ 后，还需对判断矩阵的一致性进行检验。

进行一致性检验的步骤如下：

①计算一致性指标

$$C.I.=\frac{\lambda_{\max}-n}{n-1}$$

式中 n 为判断矩阵的阶数。

②计算平均随机一致性指标 $R.I.$。它是多次重复进行随机判断矩阵特征值的计算后取算术平均数得到的，表 10.3 给出 1～15 阶矩阵重复计算 1 000 次的平均随机一致性指标值；

表 10.3

阶数	1	2	3	4	5	6	7	8	9	10	11	12	13	14	15
$R.I.$	0	0	0.52	0.89	1.12	1.26	1.36	1.41	1.46	1.49	1.52	1.54	1.56	1.58	1.59

③计算一致性比例

$$C.R.=\frac{C.I.}{R.I.}$$

当 $C.R.<0.1$ 时，一般认为判断矩阵的一致性是可以接受的，否则应修改矩阵使之符合一致性要求。

4. 原理

将判断矩阵 $\boldsymbol{A}$ 的最大特征根 $\lambda_{\max}$ 对应的特征向量经归一化后得 $\mathrm{W}=[w_1 \quad w_2 \quad \cdots \quad w_n]^{\mathrm{T}}$，将 $\boldsymbol{W}$ 作为本层次元素 A_1、A_2、……、A_n 的排序权重。对于目标元素 C_K，其排序权值的确定原理如下：

假定 n 个物体归一化后的重量分别为 w_1、w_2、……、w_n，它们之间两两比较的相对重量可用矩阵表示为

$$A=\begin{bmatrix} w_1/w_1 & w_1/w_2 & \cdots & w_1/w_n \\ w_2/w_1 & w_2/w_2 & \cdots & w_2/w_n \\ \vdots & \vdots & & \vdots \\ w_n/w_1 & w_n/w_2 & \cdots & w_n/w_n \end{bmatrix}$$

若用重量向量 $\boldsymbol{W}=[w_1 \quad w_2 \quad \cdots \quad w_n]^{\mathrm{T}}$ 右乘 $\boldsymbol{A}$，得

$$\boldsymbol{AW}=\begin{bmatrix} w_1/w_1 & w_1/w_2 & \cdots & w_1/w_n \\ w_2/w_1 & w_2/w_2 & \cdots & w_2/w_n \\ \vdots & \vdots & & \vdots \\ w_n/w_1 & w_n/w_2 & \cdots & w_n/w_n \end{bmatrix}\begin{bmatrix} w_1 \\ w_2 \\ \vdots \\ w_n \end{bmatrix}=n\begin{bmatrix} w_1 \\ w_2 \\ \vdots \\ w_n \end{bmatrix}=n\boldsymbol{W}$$

即得 $\boldsymbol{AW}=n\boldsymbol{W}$。

矩阵 $\boldsymbol{A}$ 具有以下特点：

①$a_{ij}>0 \quad (i,j=1,2,\cdots,n)$；

②$a_{ij}=1/a_{ji} \quad (i,j=1,2,\cdots,n)$；

③$a_{ij}=a_{ik}/a_{jk} \quad (i,j=1,2,\cdots,n)$。

根据矩阵理论，矩阵 $\boldsymbol{A}$ 是正互反一致性矩阵（①、②、③的特性分别称为正的、互反的、一致的）。该矩阵一定存在唯一不为零的最大特征值 $\lambda_{\max}$，且 $\lambda_{\max}=n$。

若 $\boldsymbol{W}$ 为未知，在给出矩阵 $\boldsymbol{A}$ 的情况下，可以通过其特征值 $\lambda_{\max}$ 及相应特征向量，求出正规化的特征向量 $\boldsymbol{W}$ 作为 n 个对象的权重。同样，对于复杂的社会、经济、管理等问题，也可以通过建立层次分析结构模型，构造出相应的判断矩阵 $\boldsymbol{A}$，应用上述原理确定各种方案、措施、成果等相对于总目标的优劣性或重要性的权重，以供决策、评价等。

10.2.2 一般情形——多层次模型

利用 AHP 求解一般的多层次结构问题的基本步骤如下。

1. 建立递阶层次结构

首先对问题所涉及的因素进行分类，构造一个各因素之间相互联结的递阶层次结构模型。处于最上面的层次一般是问题的预定目标，通常只有一个元素，中间层的元素一般是准则、子准则，最低层一般是决策方案。一个典型的层次结构如图 10.2 所示。

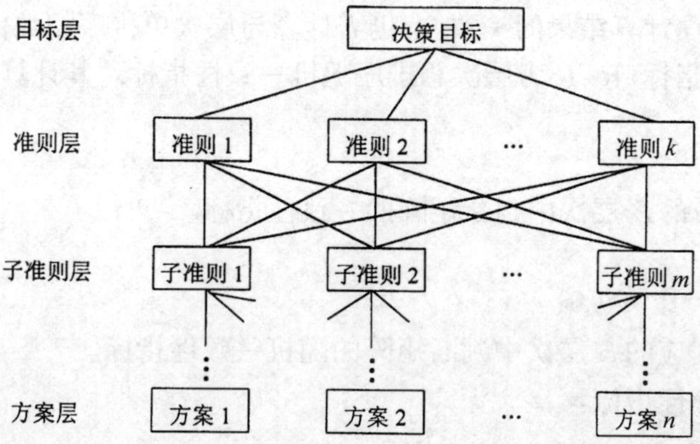

图 10.2

2. **构造两两比较判断矩阵**

按前述方法构造各单层次的两两比较判断矩阵。

3. **计算单一准则下元素的相对重要性(单层次模型)**

这一步要根据判断矩阵计算对上一层某元素而言本层次与之有联系的各元素的相对重要性次序的权值。即把各判断矩阵 **A** 视为单层次子模型,按上述单层次模型中的方法去求解特征根问题:$\boldsymbol{AW}=\lambda_{\max}\boldsymbol{W}$。

所得特征向量 **W** 经归一化后作为本层次元素 A_1、A_2、……、A_n 对于上一层次元素的排序权值。

$\lambda_{\max}$和 **W** 的计算方法前面已述及,在此不再重复。

4. **判断矩阵的一致性检验**

在得到 $\lambda_{\max}$和所对应的特征向量 $\boldsymbol{W}=[w_1 \quad w_2 \quad \cdots \quad w_n]^{\mathrm{T}}$ 后,还需要检验各判断矩阵的一致性。进行一致性检验的步骤与单层次模型完全相同。

5. **计算各层次上元素的组合权重(层次总排序)**

层次总排序需要从上到下逐层进行。对于最高层,它的层次单排序即为总排序。

如果上一层所有元素 A_1、A_2、……、A_m 的组合权重已知,权值分别为 a_1、a_2、……、a_m,与 A_i 相应的本层元素 B_1、B_2、……、B_n 的单排序结果为 b_1^i、b_2^i、……、b_n^i($i=1,2,\cdots,m$)。若 B_j 与 A_i 无联系时,$b_j^i=0$,则本层次元素的组合权重可根据表 10.4 进行计算。显然有 $\sum_{j=1}^{n} b_j=1$。

表 10.4

层次 A / 权重 / 层次 B	A_1	A_2	……	A_m	B 层次元素组合权重
	a_1	a_2	……	a_m	
B_1	b_1^1	b_1^2	……	b_1^m	$b_1=\sum_{i=1}^{m} a_i b_1^i$
B_2	b_2^1	b_2^2	……	b_2^m	$b_2=\sum_{i=1}^{m} a_i b_2^i$
⋮	⋮	⋮	⋮	⋮	⋮
B_n	b_n^1	b_n^2	……	b_n^m	$b_n=\sum_{i=1}^{m} a_i b_n^i$

6. **评价层次总排序计算结果的一致性**

为评价层次总排序计算结果的一致性,也需计算与层次单排序相类似的检验量。设$C.I.$为层次总排序一致性指标;$R.I.$为层次总排序随机一致性指标。其计算公式为

$$C.I.=\sum_{i=1}^{m} a_i C.I._i$$

$C.I._i$ 为A_i 相应的B 层次中判断矩阵的一致性指标。

$$R.I.=\sum_{i=1}^{m} a_i R.I._i$$

$R.I._i$ 为A_i 相对应的B 层次中判断矩阵的随机一致性指标。

同样的方法,总的一致性指标:

$$C.R.=\frac{C.I.}{R.I.}$$

当 $C.R.<0.10$,认为层次总排序的结果具有满意的一致性。若不满足一致性条件,需对判断矩阵进行调整。

AHP 的最终结果是得到相对于总目标各决策方案的优先顺序权重,并据此作出决策。

10.2.3 应用

例 10.1 某厂有一笔企业留成利润要决定如何使用,根据各方意见,提出的决策方案有发奖金、扩建集体福利设施、建图书馆、购买新设备。在决策时要考虑调动职工劳动积极性、提高职工技术文化水平、改善职工物质文化生活三方面,据此构造各因素之间相互联结的层次结构模型如图 10.3 所示。

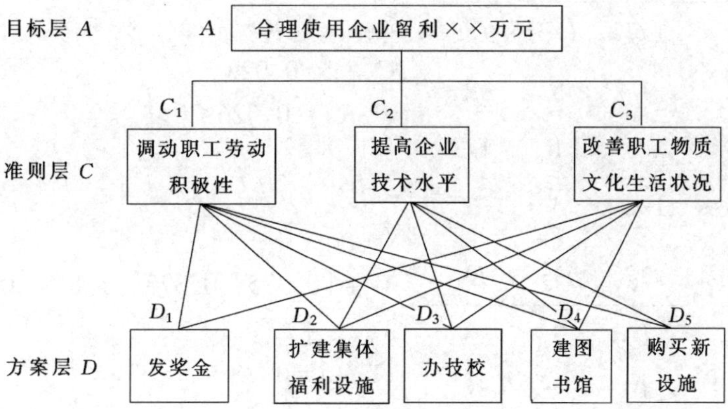

图 10.3

构造第二层相对于第一层的判断矩阵:

$A-C$	C_1	C_2	C_3
C_1	1	1/5	1/3
C_2	5	1	3
C_3	3	1/3	1

通过计算得判断矩阵的特征向量和特征值分别为

$$\boldsymbol{W}=[0.105\quad 0.637\quad 0.258]^{\mathrm{T}}$$

$$\lambda_{\max}=3.039$$

对判断矩阵进行一致性检验,即计算 $C.I.$ 和 $C.R.$:

$$C.I.=0.019$$

$$C.R.=0.033<0.1$$

说明判断矩阵的一致性可以接受。

同样可以构造第三层各元素相对于第二层元素的判断矩阵:

C_1-D	D_1	D_2	D_3	D_4	D_5
D_1	1	2	3	4	7
D_2	1/2	1	3	2	5
D_3	1/3	1/3	1	1/2	1
D_4	1/4	1/2	2	1	3
D_5	1/7	1/5	1	1/3	1

$\boldsymbol{W}=[0.435 \quad 0.268 \quad 0.088 \quad 0.147 \quad 0.062]^{\mathrm{T}}$
$\lambda_{\max}=5.126$
$C.I=0.032$
$C.R.=0.028<0.1$

C_2-D	D_2	D_3	D_4	D_5
D_2	1	1/7	1/3	1/5
D_3	7	1	5	2
D_4	3	1/5	1	1/3
D_5	5	1/2	3	1

$\boldsymbol{W}=[0.057 \quad 0.523 \quad 0.121 \quad 0.299]^{\mathrm{T}}$
$\lambda_{\max}=4.068$
$C.I.=0.023$
$C.R.=0.026<0.1$

C_3-D	D_1	D_2	D_3	D_4
D_1	1	1	3	3
D_2	1	1	3	3
D_3	1/3	1/3	1	1
D_4	1/3	1/3	1	1

$\boldsymbol{W}=[0.375 \quad 0.375 \quad 0.125 \quad 0.125]^{\mathrm{T}}$
$\lambda_{\max}=4$
$C.R.=0$

第三层相对于第一层的权重通过第二层相对于第一层和第三层相对于第二层的权重组合而得到,计算结果如表 10.5 所示。

表 10.5

准则 / 权重 / 方案	C_1	C_2	C_3	总权重
	0.105	0.637	0.258	
D_1	0.435	0	0.375	0.142
D_2	0.268	0.057	0.375	0.161
D_3	0.088	0.523	0.125	0.375
D_4	0.147	0.121	0.125	0.125
D_5	0.062	0.299	0	0.197

由此得到总权重向量

$$\boldsymbol{W}=[0.142 \quad 0.161 \quad 0.375 \quad 0.125 \quad 0.197]^{\mathrm{T}}$$

层次总排序一致性指标、层次总排序随机一致性指标分别为

$$C.I.=0.018, \quad R.I.=0.923, \quad C.R.=0.02<0.10$$

计算结果表明,对于合理使用企业留成利润来说,办业余技校是首选方案。

10.3 数据包络分析法

数据包络分析(Data Envelopment Analysis,简记 DEA)是著名运筹学家 A. Charnes 和 W. W. Cooper 等以相对效率概念为基础发展起来的一种效率评价方法。自 1978 年第一个 DEA 模型——C^2R 模型(也称 CCR 模型)提出以来,有关的理论研究不断深入,应用领域日益广泛。事实证明,DEA 方法现已成为管理科学、系统工程、决策分析和评价技术等领域一种重要的分析工具和手段。

DEA 是使用数学规划模型比较决策单元间的相对效率,对决策单元做出评价的方法。一个决策单元(Decision Making Unit,简记 DMU)在某种程度上是一种约定。它可以是学校、医院、法院、空军基地,也可以是银行或企业。其特点是:每个 DMU 都可以看做是相同的实体,亦即在某一视角下,各 DMU 具有相同的输入和输出。通过对输入输出数据的综合分析,得出每个 DMU 综合效率的数量指标,据此将各 DMU 定级排序,确定有效的(即相对效率最高的)DMU,并指出其他 DMU 非有效的原因和程度,给主管部门提供管理信息。DEA 还能判断各 DMU 的投入规模是否恰当,并给出各 DMU 调整投入规模的正确方向和程度。

10.3.1 DEA 的基本模型——C^2R 模型

1. C^2R 模型的基本形式

现在介绍 DEA 的最基本模型——C^2R 模型。假设有 n 个决策单元,每个决策单元都有 m 种类型的“输入”,以及 s 种类型的“输出”,分别表示该单元“耗费的资源”和“工作的成效”,如图 10.4 所示。图中,x_{ij} 为第 j 个决策单元对第 i 种类型输入的投入量;y_{rj} 为第 j 个决策单元对第 r 种类型输出的产出量;v_i 为对第 i 种类型输入的一种度量(“权”);u_r 为对第 r 种类型输出的一种度量(“权”)。假设 $x_{ij}>0, y_{rj}>0, v_i\geqslant 0, u_r\geqslant 0(i=1,2,\cdots,m; r=1,2,\cdots,s; j=1,2,\cdots,n)$。$x_{ij}$ 及 y_{rj} 均为已知的数据,在实际问题中,一般可以根据历史资料或预测得到,v_i 及 u_r 为“权”变量。

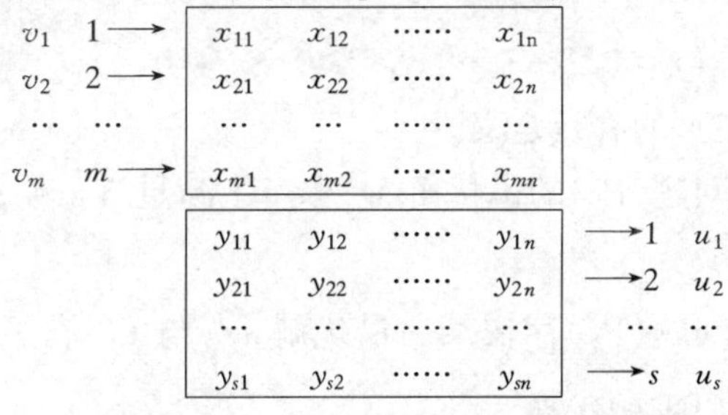

图 10.4

记 $\boldsymbol{X}_j=[x_{1j} \quad \cdots \quad x_{mj}]^{\mathrm{T}}, \boldsymbol{Y}_j=[y_{1j} \quad \cdots \quad y_{sj}]^{\mathrm{T}}(j=1,\cdots,n)$,则可用$(\boldsymbol{X}_j, \boldsymbol{Y}_j)$表示第 j 个决策单元 DMU_j。

对应于权系数 $\boldsymbol{v}=[v_1 \quad \cdots \quad v_m]^{\mathrm{T}}, \boldsymbol{u}=[u_1 \quad \cdots \quad u_s]^{\mathrm{T}}$,每个决策单元都有相应的效率评价指数

$$h_j = \frac{\boldsymbol{u}^{\mathrm{T}} \boldsymbol{Y}_j}{\boldsymbol{v}^{\mathrm{T}} \boldsymbol{X}_j} \quad (j=1,2,\cdots,n)$$

总可以适当选择权系数$\boldsymbol{v}$ 和$\boldsymbol{u}$,使其满足 $h_j \leqslant 1 (j=1,2,\cdots,n)$。

现在对第 j_0 个决策单元进行效率评价。简记DMU_{j_0}为DMU_0,$[\boldsymbol{X}_{j_0} \quad \boldsymbol{Y}_{j_0}]$为$[\boldsymbol{X}_0 \quad \boldsymbol{Y}_0]$,$h_{j_0}$为 h_0,$1 \leqslant j_0 \leqslant n$。在各决策单元的效率评价指标均不超过 1 的条件下,选择权系数 $\boldsymbol{u}$ 及$\boldsymbol{v}$,使 h_0 最大。于是构成如下的最优化模型:

$$(\bar{\mathrm{P}})\begin{cases} \max \quad h_0 = \dfrac{\boldsymbol{u}^{\mathrm{T}} \boldsymbol{Y}_0}{\boldsymbol{v}^{\mathrm{T}} \boldsymbol{X}_0} = V_{\bar{\mathrm{P}}} \\ \text{s.t.} \quad h_j = \dfrac{\boldsymbol{u}^{\mathrm{T}} \boldsymbol{Y}_j}{\boldsymbol{v}^{\mathrm{T}} \boldsymbol{X}_j} \leqslant 1 \quad (j=1,2,\cdots,n) \\ \qquad \boldsymbol{v} \geqslant 0, \boldsymbol{u} \geqslant 0 \end{cases}$$

这个原始规划模型是一个分式规划。利用 Charnes-Cooper 变换,可以将$(\bar{\mathrm{P}})$转化为一个等价的线性规划问题。令

$$t = 1/[\boldsymbol{v}^{\mathrm{T}} \boldsymbol{X}_0], \boldsymbol{w} = t\boldsymbol{v}, \boldsymbol{\mu} = t\boldsymbol{u}$$

原分式规划可转化为

$$(\mathrm{P}_1)\begin{cases} \max \quad \boldsymbol{\mu}^{\mathrm{T}} \boldsymbol{Y}_0 = \boldsymbol{V}_{\mathrm{P}_1} \\ \text{s.t.} \quad \boldsymbol{w}^{\mathrm{T}} \boldsymbol{X}_j - \boldsymbol{\mu}^{\mathrm{T}} \boldsymbol{Y}_j \geqslant 0 \quad (j=1,2,\cdots,n) \\ \qquad \boldsymbol{w}^{\mathrm{T}} \boldsymbol{X}_0 = 1 \\ \qquad \boldsymbol{w} \geqslant 0, \boldsymbol{\mu} \geqslant 0 \end{cases}$$

线性规划问题(P_1)的对偶问题为(加入松弛向量 $\boldsymbol{S}^+$ 及 $\boldsymbol{S}^-$ 以后)

$$(\mathrm{D}_1)\begin{cases} \min \quad \theta = V_{\mathrm{D}_1} \\ \text{s.t.} \quad \sum\limits_{j=1}^{n} \boldsymbol{X}_j \lambda_j + \boldsymbol{S}^- = \theta \boldsymbol{X}_0 \\ \qquad \sum\limits_{j=1}^{n} \boldsymbol{Y}_j \lambda_j - \boldsymbol{S}^+ = \boldsymbol{Y}_0 \\ \qquad \lambda_j \geqslant 0 \quad (j=1,2,\cdots,n); \boldsymbol{S}^+ \geqslant 0; \boldsymbol{S}^- \geqslant 0 \end{cases}$$

下面给出 $\mathrm{C}^2\mathrm{R}$ 模型下 DEA 的有效定义。

定义 10.1 若线性规划问题(P_1)的最优解 $\boldsymbol{w}^0$ 及 $\boldsymbol{\mu}^0$ 满足 $\boldsymbol{V}_{\mathrm{P}_1} = \boldsymbol{\mu}^{0\mathrm{T}} \boldsymbol{Y}_0 = 1$,则称 DMU_{j_0} 为弱 DEA 有效。

定义 10.2 若线性规划问题(P_1)存在某一最优解 $\boldsymbol{w}^0$ 与 $\boldsymbol{\mu}^0$ 满足 $\boldsymbol{V}_{\mathrm{P}_1} = \boldsymbol{\mu}^{0\mathrm{T}} \boldsymbol{Y}_0 = 1$,并且 $\boldsymbol{w}^0 > 0, \boldsymbol{\mu}^0 > 0$,则称 DMU_{j_0} 为 DEA 有效。

由定义易知,若 DMU_{j_0} 为 DEA 有效,那么它也是弱 DEA 有效。对于规划问题(D_1)有如下定理。

定理 10.1 ①DMU_{j_0} 为弱 DEA 有效的充要条件为规划问题(D_1)的最优值 $V_{\mathrm{D}_1} = 1$;②DMU_{j_0} 为 DEA 有效的充要条件为规划问题(D_1)的最优值 $V_{\mathrm{D}_1} = 1$,并且它的每个最优解 $\boldsymbol{\lambda}^0 =$

$[\lambda_1^0 \quad \cdots \lambda_n^0]^{\mathrm{T}}$、$\boldsymbol{S}^{-0}$、$\boldsymbol{S}^{+0}$、$\theta^0$ 均满足 $\boldsymbol{S}^{-0}=\boldsymbol{S}^{+0}=0$。

另外，可以证明，决策单元的DEA有效性等价于下述多目标规划问题的Pareto有效解

$$(\mathrm{V_P})\quad \begin{array}{ll} \min & F(\boldsymbol{X},\boldsymbol{Y}) \\ \text{s.t.} & (\boldsymbol{X},\boldsymbol{Y})\in T_{\mathrm{CCR}} \end{array}$$

其中：$\boldsymbol{X}=[x_1 \quad \cdots \quad x_m]^{\mathrm{T}}$，$\boldsymbol{Y}=[y_1 \quad \cdots \quad y_s]^{\mathrm{T}}$；$F(\boldsymbol{X},\boldsymbol{Y})=[\boldsymbol{X}^{\mathrm{T}} \quad -\boldsymbol{Y}^{\mathrm{T}}]^{\mathrm{T}}$；$T_{\mathrm{CCR}}=\left\{(\boldsymbol{X},\boldsymbol{Y})\mid \boldsymbol{X}\geqslant\sum_{j=1}^{n}\lambda_j\boldsymbol{X}_j,\boldsymbol{Y}\leqslant\sum_{j=1}^{n}\lambda_j\boldsymbol{Y}_j,\lambda_j\geqslant 0,j=1,\cdots,n\right\}$（称为CCR模型的经验生产可能集）。

在实际应用中，各输入量与输出量都带有一定的量纲。在不同的量纲下，输入量与输出量的数值不同，对此有下面的定理。

定理10.2 决策单元的最优效率评价指标 V_{P} 与输入量及输出量的量纲选取无关。

2.具有非阿基米得无穷小量的 $\mathrm{C^2R}$ 模型

检验 DMU_{j_0} 的DEA有效性时，如果利用上面的线性规划问题($\mathrm{P_1}$)，需要判断是否存在最优解 $\boldsymbol{w}^0$、$\boldsymbol{u}^0$ 满足：

$$\boldsymbol{w}^0>0,\boldsymbol{u}^0>0,V_{\mathrm{P_1}}=\boldsymbol{\mu}^{\mathrm{T}}\boldsymbol{Y}_0=1$$

如果利用对偶规划($\mathrm{D_1}$)，需要判断是否其所有最优解 λ^0、$\boldsymbol{S}^{-0}$、$\boldsymbol{S}^{+0}$、θ^0 都满足：

$$\boldsymbol{V}_{D_1}=\theta^0=1,\boldsymbol{S}^{+0}=0,\boldsymbol{S}^{-0}=0$$

无论哪种方法都不方便。为此，Charnes和Cooper等引进了非阿基米得无穷小量概念，构造了具有非阿基米得无穷小量的 $\mathrm{C^2R}$ 模型来判定 DMU_{j_0} 的有效性。

在广义实数域内，非阿基米得无穷小量 ε 是一个小于任何正数且大于零的"抽象数"。考虑带有非阿基米得无穷小量 ε 的 $\mathrm{C^2R}$ 模型($\mathrm{P_{1\varepsilon}}$)：

$$(\mathrm{P_{1\varepsilon}})\begin{cases} \max & \boldsymbol{\mu}^{\mathrm{T}}\boldsymbol{Y}_0=\boldsymbol{V}_{p_{1\varepsilon}} \\ \text{s.t.} & \boldsymbol{w}^{\mathrm{T}}\boldsymbol{X}_j-\boldsymbol{\mu}^{\mathrm{T}}\boldsymbol{Y}_j\geqslant 0 \quad (j=1,2,\cdots,n) \\ & \boldsymbol{w}^{\mathrm{T}}\boldsymbol{X}_0=1 \\ & \boldsymbol{w}^{\mathrm{T}}\geqslant\varepsilon[\boldsymbol{e}^-]^{\mathrm{T}},\mu^{\mathrm{T}}\geqslant\varepsilon[\boldsymbol{e}^+]^{\mathrm{T}} \end{cases}$$

($\mathrm{P_{1\varepsilon}}$)的对偶规划问题为

$$(\mathrm{D_{1\varepsilon}})\begin{cases} \min & [\theta-\varepsilon([\boldsymbol{e}^-]^{\mathrm{T}}\boldsymbol{S}^-+[\boldsymbol{e}^+]^{\mathrm{T}}\boldsymbol{S}^+)]=V_{\mathrm{D_{1\varepsilon}}} \\ \text{s.t.} & \sum_{j=1}^{n}\boldsymbol{X}_j\lambda_j+\boldsymbol{S}^-=\theta\boldsymbol{X}_0 \\ & \sum_{j=1}^{n}\boldsymbol{Y}_j\lambda_j-\boldsymbol{S}^+=\boldsymbol{Y}_0 \\ & \lambda_j\geqslant 0,j=1,2,\cdots,n;\boldsymbol{S}^+\geqslant 0;\boldsymbol{S}^-\geqslant 0 \end{cases}$$

其中 $[\boldsymbol{e}^-]^{\mathrm{T}}=[1 \quad 1 \quad \cdots \quad 1]\in E_m$，$[\boldsymbol{e}^+]^{\mathrm{T}}=[1 \quad 1 \quad \cdots \quad 1]\in E_s$。

利用此模型，可以一次判断出 DMU_{j_0} 为DEA有效，还是仅为弱DEA有效，或者是非DEA有效。实际上有以下定理。

定理10.3 设 ε 为非阿基米得无穷小量，并且规划问题($\mathrm{D_{1\varepsilon}}$)的最优解为 λ^0、$\boldsymbol{S}^{-0}$、$\boldsymbol{S}^{+0}$、

θ^0,则有:

①若 $\theta^0=1$,则 DMU_{j_0} 为弱 DEA 有效;

②若 $\theta^0=1$,并且 $\boldsymbol{S}^{-0}=0$、$\boldsymbol{S}^{+0}=0$,则 DMU_{j_0} 为 DEA 有效。

在实际应用中,只要取 ε 足够小(例如取 $\varepsilon=10^{-6}$),就可以使用单纯形方法求解规划问题($D_{1\varepsilon}$)。

例 10.2 考虑下述四个双输入、双输出的 DMU:

决策单元 / 评价指标	DMU_1	DMU_2	DMU_3	DMU_4
输入 1	2	3	4	3.5
输入 2	3	1	5.2	3.5
输出 1	1	2	2.5	4.3
输出 2	1.2	3.2	2.8	2.7

先对 DMU_1 进行分析,为此建立如下面双输入的 CCR 模型:

$$\begin{cases}\min & \theta-\varepsilon\cdot(S_1^++S_2^++S_1^-+S_2^-)\\ \text{s.t.} & 2\lambda_1+3\lambda_2+4\lambda_3+3.5\lambda_4+S_1^-=2\theta\\ & 3\lambda_1+\lambda_2+5.2\lambda_3+3.5\lambda_4+S_2^-=3\theta\\ & \lambda_1+2\lambda_2+2.5\lambda_3+4.3\lambda_4-S_1^+=1\\ & 1.2\lambda_1+3.2\lambda_2+2.8\lambda_3+2.7\lambda_4-S_2^+=1.2\\ & \lambda_1\geqslant0,\lambda_2\geqslant0,\lambda_3\geqslant0,\lambda_4\geqslant0\\ & S_1^-\geqslant0,S_2^-\geqslant0,S_1^+\geqslant0,S_2^+\geqslant0\end{cases}$$

令 $\varepsilon=10^{-6}$,可求得最优解为

$$\theta^*=0.608\,9,\lambda_2^*=0.294\,3,\lambda_4^*=0.095\,7,S_2^{-*}=1.197\,4$$

因而根据定理 10.3 知,DMU_1 为非 DEA 有效。

类似地,对于 DMU_2、DMU_3 和 DMU_4 可建立相应的规划模型,并分别求得对应的最优解为

DMU_2: $\theta^*=1,\lambda_2^*=1$

DMU_3: $\theta^*=0.725\,8,\lambda_2^*=0.632\,8,\lambda_4^*=0.287\,1,S_2^{-*}=2.136\,5$

DMU_4: $\theta^*=1,\lambda_4^*=1$

于是根据定理 10.3,DMU_2、DMU_4 为 DEA 有效,而 DMU_1、DMU_3 为非 DEA 有效。

上面从"产出不变、投入最少"的角度介绍了基于输入的 CCR 模型,研究的是 DMU_0 的输入有效性。当然,还可从"投入不变、产出最大"的角度出发研究 DMU_0 的输出有效性,从而得到基于输出的 CCR 模型。在这两种模型中,决策单元 DEA 有效性的定义是等价的。基于输出的 CCR 模型为

$$(P'_{1\varepsilon})\begin{cases}\min\ \boldsymbol{w}^{\mathrm T}\boldsymbol{X}_0=\boldsymbol{V}_{P_{1\varepsilon}}\\ \text{s.t.}\ \boldsymbol{w}^{\mathrm T}\boldsymbol{X}_j-\boldsymbol{\mu}^{\mathrm T}\boldsymbol{Y}_j\geqslant0(j=1,2,\cdots,n)\\ \quad\boldsymbol{\mu}^{\mathrm T}\boldsymbol{Y}_0=1\\ \quad\boldsymbol{w}^{\mathrm T}\geqslant\varepsilon[\boldsymbol{e}^-]^{\mathrm T},\boldsymbol{\mu}^{\mathrm T}\geqslant\varepsilon[\boldsymbol{e}^-]^{+\mathrm T}\end{cases}$$

和

$$
(\mathrm{D}'_{1\varepsilon})\begin{cases}\max\ [\alpha+\varepsilon([\boldsymbol{e}^-]^{\mathrm{T}}\boldsymbol{S}^-+[\boldsymbol{e}^+]^{\mathrm{T}}\boldsymbol{S}^+)]=\boldsymbol{V}_{D_{1\varepsilon}}\\ \text{s.t.}\ \sum\limits_{j=1}^{n}\boldsymbol{X}_j\boldsymbol{\lambda}_j+\boldsymbol{S}^-=\boldsymbol{X}_0\\ \sum\limits_{j=1}^{n}\boldsymbol{Y}_j\boldsymbol{\lambda}_j-\boldsymbol{S}^+=\alpha\boldsymbol{Y}_0\\ \boldsymbol{\lambda}_j\geqslant0;\boldsymbol{S}^+\geqslant0;\boldsymbol{S}^-\geqslant0\quad(j=1,2,\cdots,n)\end{cases}
$$

10.3.2 DEA有效性(C^2R)的经济含义

1.基本概念

(1)生产可能集

DEA方法一般基于一定的生产可能集概念讨论各DMU的生产有效性。

定义10.3 称集 $T=\{(\boldsymbol{X},\boldsymbol{Y})|$产出 $\boldsymbol{Y}$ 能用输入 $\boldsymbol{X}$ 生产出来$\}$为所有可能的生产活动构成的生产可能集。

设某种生产活动的投入量 $\boldsymbol{X}=[x_1\ \ \cdots\ \ x_m]^{\mathrm{T}}$,产出量 $\boldsymbol{Y}=[y_1\ \ y_2\ \ \cdots\ \ y_s]^{\mathrm{T}}$,于是可用$(\boldsymbol{X},\boldsymbol{Y})$表示该种生产活动。考虑 n 个决策单元,对应的生产活动分别是$(\boldsymbol{X}_j,\boldsymbol{Y}_j)(j=1,2,\cdots,n)$。通常称由$(\boldsymbol{X}_j,\boldsymbol{Y}_j)(j=1,2,\cdots,n)$组成的集合

$$\hat{T}=\{(\boldsymbol{X}_1,\boldsymbol{Y}_1),(\boldsymbol{X}_2,\boldsymbol{Y}_2),\cdots,(\boldsymbol{X}_n,\boldsymbol{Y}_n)\}$$

为参考集。目的是根据上述参考集 $\hat{T}$ 去估计生产可能集 T,并确定哪些决策单元的生产活动是相对有效的。

在C^2R模型中,一般假设 T 满足以下公理。

1)凸性 对任何$(\boldsymbol{X},\boldsymbol{Y})\in T$,$(\hat{\boldsymbol{X}},\hat{\boldsymbol{Y}})\in T$,对任何 $\lambda\in[0,1]$,都有:

$$\lambda(\boldsymbol{X},\boldsymbol{Y})+(1-\lambda)(\hat{\boldsymbol{X}},\hat{\boldsymbol{Y}})=(\lambda\boldsymbol{X}+(1-\lambda)\hat{\boldsymbol{X}},\lambda\boldsymbol{Y}+(1-\lambda)\hat{\boldsymbol{Y}})\in T$$

即若分别以 $\boldsymbol{X}$ 和 $\hat{\boldsymbol{X}}$ 的 λ 及 $1-\lambda$ 倍之和作为新的投入,则可以得到原产出相同比例之和的新的产出。

2)锥性 对任何$(\boldsymbol{X},\boldsymbol{Y})\in T$ 和对任何 $k\geqslant0$,都有 $k(\boldsymbol{X},\boldsymbol{Y})=(k\boldsymbol{X},k\boldsymbol{Y})\in T$。即若以投入量 $\boldsymbol{X}$ 的 k 倍进行输入,那么输出量为原来产出的 k 倍是可能的。

3)无效性 对任意$(\boldsymbol{X},\boldsymbol{Y})\in T$:对任何 $\hat{\boldsymbol{X}}\geqslant\boldsymbol{X}$,都有$(\hat{\boldsymbol{X}},\boldsymbol{Y})\in T$;对任何 $\hat{\boldsymbol{Y}}\leqslant\boldsymbol{Y}$,都有$(\boldsymbol{X},\hat{\boldsymbol{Y}})\in T$。即在原来的基础上,单方面增加投入或减少产出总是可能的生产活动,也就是说,浪费是存在的。

4)最小性 生产可能集 T 是满足上述条件1)~3)的所有集合的交集。

显然观察到的经验生产活动$(\boldsymbol{X}_j,\boldsymbol{Y}_j)\in T(j=1,2,\cdots,n)$,在满足上述条件1)~3)的基础上,对于已有的观测值$(\boldsymbol{X}_j,\boldsymbol{Y}_j)(j=1,2,\cdots,n)$,可得生产可能集

$$T_{\mathrm{CCR}}=\{(\boldsymbol{X},\boldsymbol{Y})\,|\,k\cdot\sum_{j=1}^{n}\tau_j\boldsymbol{X}_j<\boldsymbol{X},k\cdot\sum_{j=1}^{n}\boldsymbol{Y}_j\tau_j\geqslant\boldsymbol{Y},\tau_j\geqslant0,\sum_{j=1}^{n}\tau_j=1,k>0\ \ (j=1,2,\cdots,n)\}$$

若令 $k\tau_j=\lambda_j(j=1,2,\cdots,n)$,上式变为

$$T_{CCR}=\{(\boldsymbol{X},\boldsymbol{Y})\mid\sum_{j=1}^{n}\lambda_j\boldsymbol{X}_j\leqslant\boldsymbol{X},\sum_{j=1}^{n}\boldsymbol{Y}_j\lambda_j\geqslant\boldsymbol{Y},\lambda_j\geqslant0(j=1,2,\cdots,n)\}$$

由于上述生产可能集是基于已有的观测值($\boldsymbol{X}_j,\boldsymbol{Y}_j$)($j=1,2,\cdots,n$)得到的,习惯上称 T_{CCR} 为决策单元的经验生产可能集(CCR),它为一凸锥(图 10.5)。

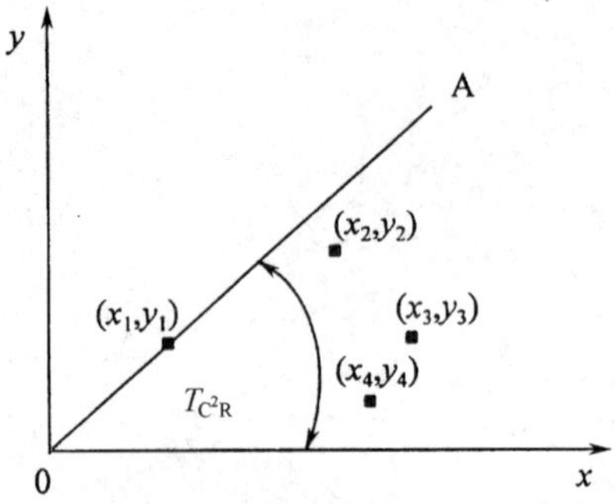

图 10.5

(2)生产函数与规模收益

定义 10.4 设$(\boldsymbol{X},\boldsymbol{Y})\in T$,若不存在$(\boldsymbol{X},\boldsymbol{Y}')\in T$,且 $\boldsymbol{Y}\leqslant\boldsymbol{Y}'$,则称$(\boldsymbol{X},\boldsymbol{Y})$为“技术有效”生产活动。

定义 10.5 对生产可能集 T,所有有效生产活动点$(\boldsymbol{X},\boldsymbol{Y})$构成的 R^{m+s}空间的超曲面

$$\boldsymbol{Y}=f(\boldsymbol{X})$$

称为生产函数。

显然,生产函数表示在一定的技术条件下且生产处于最理想状态时,投入量为 $\boldsymbol{X}$ 所能获得的最大产出量为 $\boldsymbol{Y}$。处于生产函数上的生产活动均为“技术有效”生产活动。易知生产函数中 $\boldsymbol{Y}$ 为关于 $\boldsymbol{X}$ 的增函数。

在经济生产活动分析中,人们还常常使用规模收益的概念来反映产出 $\boldsymbol{Y}$ 对投入 $\boldsymbol{X}$ 的相对不减性程度,为此,给出如下定义。

定义 10.6 设$(\boldsymbol{X},\boldsymbol{Y})\in T$,令

$$\alpha(\beta)\triangleq\max\{\alpha\mid(\beta\boldsymbol{X},\alpha\boldsymbol{Y})\in T\quad\beta\neq1\}$$

$$\rho\triangleq\lim_{\beta\to1}\frac{\alpha(\beta)-1}{\beta-1}$$

若 $\rho>1$,称$(\boldsymbol{X},\boldsymbol{Y})$对应的 DMU 为规模收益递增;$\rho<1$,称为规模收益递减;$\rho=1$,称为规模收益不变。(这里假设上式极限总是存在的)

关于上述规模收益的概念,可以从产出增量的相对百分比与对应投入增量的相对百分比的比值角度去理解。以单输入、单输出情形为例,设其生产函数为图 10.6 中的 $PBAQ$ 折线。易知,在 BP 线,$\rho=\frac{\Delta y}{y}\Big/\frac{\Delta x}{x}>1$,对应的生产活动为规模收益递增;在 BA 段,$\rho=\frac{\Delta y}{y}\Big/\frac{\Delta x}{x}=1$,为规模收益不变;而 AQ 段,$\rho=\frac{\Delta y}{y}\Big/\frac{\Delta x}{x}<1$,为规模收益递减。

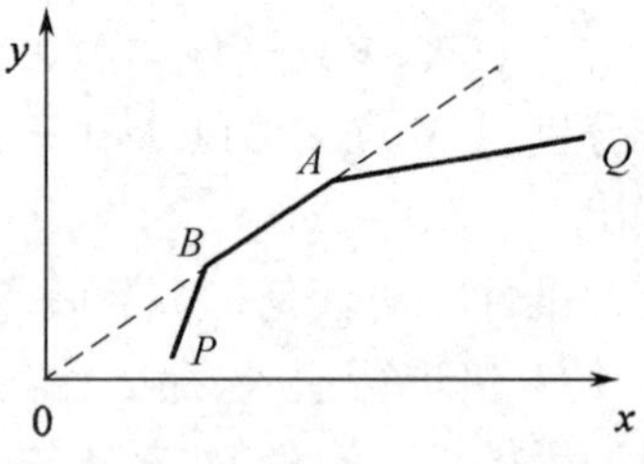

图 10.6

如果某一生产过程($\boldsymbol{X}_0,\boldsymbol{Y}_0$)处于规模收益递增状态,说明在 $\boldsymbol{X}_0$ 的基础上,适当增大投入量,最大可能产出可望增加的更高比例,因而 DMU_0 会有增加投入的积极性。反之,从理论上说,DMU_0 将没有再增加投入的积极性。

如果对投入 $\boldsymbol{X}_0$,当投入规模小于 $\boldsymbol{X}_0$ 时,处于规模收益递增状态,而当投入大于 $\boldsymbol{X}_0$ 时,则相反。换句话说,就投入规模而言,无论大于或小于 $\boldsymbol{X}_0$ 都不是最好的,称这样的 DMU_0 为规模收益不变或规模有效。

2. DEA **有效性(C^2R)的经济含义**

检验 DMU_{j_0} 的 DEA 有效性,即考虑规划问题:

$$
(D_1)\begin{cases}\min\ \theta = V_{D_1}\\ \text{s.t.}\ \sum_{j=1}^{n} \boldsymbol{X}_j\lambda_j \leqslant \theta\boldsymbol{X}_0\\ \qquad \sum_{j=1}^{n} \boldsymbol{Y}_j\lambda_j \geqslant \boldsymbol{Y}_0\\ \qquad \lambda_j \geqslant 0 \quad (j=1,2,\cdots,n)\end{cases}
$$

由于$(\boldsymbol{X}_0,\boldsymbol{Y}_0)$位于生产可能集 T_{CCR}内,由

$$
T_{CCR}=\{(\boldsymbol{X},\boldsymbol{Y}) \mid \sum_{j=1}^{n}\lambda_j\boldsymbol{X}_j \leqslant \boldsymbol{X}, \sum_{j=1}^{n}\boldsymbol{Y}_j\lambda_j \geqslant \boldsymbol{Y}, \lambda_j \geqslant 0 (j=1,2,\cdots,n)\}
$$

可以看出,规划问题(D_1)致力于在生产可能集 T 内,保持产出 $\boldsymbol{Y}_0$ 不变,同时将投入量 $\boldsymbol{X}_0$ 按同一比例尽量减少。如果 $\boldsymbol{X}_0$ 不能按同一比例减少,即(D_1)的最优值 $V_0=\theta^0=1$,则表明 DMU_{j_0} 是有效的生产活动。

根据前面 DEA 有效的定义和生产活动技术有效的定义可知,DEA 有效(C^2R)的 DMU 必是技术有效的 DMU。同时,C^2R 定义的生产可能集 T_{CCR}为凸锥(图 10.5),可证 DEA 有效的 DMU_{j_0} 对应的生产点$(\boldsymbol{X}_0,\boldsymbol{Y}_0)$必位于此凸锥生产前沿面 OA 上,而 OA 对应的各生产点均是规模有效生产点(参见前面规模收益不变即规模有效的定义及图 10.6),因而 DEA 有效的 DMU 必规模有效。

综上所述,DEA 有效(C^2R)等价于技术有效和规模有效。因此,在 C^2R 模型中,决策单元的 DEA 有效性是同时针对规模有效性和技术有效性而言的。

同时,由 C^2R 的规划问题(D_1)的最优解可以进一步判断 DMU_{j_0} 的规模收益状况。设(D_1)具有唯一最优解 λ^0、$\boldsymbol{S}^{-0}$、$\boldsymbol{S}^{+0}$、θ^0,可以证明,当$\sum_{j=1}^{n}\lambda_j^0/\theta^0=1$ 时,DMU_{j_0} 具有恰当的投入规模,规模收益不变;当$\sum_{j=1}^{n}\lambda_j^0/\theta^0<1$ 时,DMU_{j_0} 为规模收益递增;当$\sum_{j=1}^{n}\lambda_j^0/\theta^0>1$ 时,DMU_{j_0} 为规模收益递减。

例 10.3 如何科学地对普通中学进行评估,是近几十年一直在研究的问题。合理、准确的评估方法会成为积极的导向,有助于端正教育思想,引导正确的教育方向。特别是义务教育阶段要积极推行综合素质教育,避免片面追求升学率的错误导向,尤为需要建立一个科学、合理的评估方法与模型。教育评估和一般企业评估一样,不能只从“产值”角度出发,还应该充分考虑“效率”角度,即应考虑其产出与投入的比值。下面以某市市区各普通初级中学为研究对象,应用前面所介绍的 DEA 模型,对其办学情况进行相对有效性评价。

考虑到该市各学校所处的经济、社会、文化环境,所选决策单元为该市市区 20 所普通中学。评估模型所用输入输出指标体系如下。

输出:$\boldsymbol{Y}_1$ 毕业生人数,按 90 届毕业人数考虑;$\boldsymbol{Y}_2$ 毕业生平均成绩,以 90 届毕业生毕业统考的人均成绩计算;$\boldsymbol{Y}_3$ 毕业生的身体素质,以 1990 届毕业生的体育达标率计算。

输入:$\boldsymbol{X}_1$ 表示师资力量,$\boldsymbol{X}_1=2z_1+1.5z_2+1.2z_3+z_4$,其中 z_1,z_2,z_3 分别为学校在编的特级、一级、二级教师人数,z_4 为其他人数;$\boldsymbol{X}_2$ 教育经费,按 1990 年度下拨教育经费计算;$\boldsymbol{X}_3$ 为截至 1990 年 8 月普通初中所拥有仪器设备、图书资料的总额。

以上各数据的统计与计算结果请见表 10.5。

表 10.5

序号	中学名称	X_1	X_2	X_3	Y_1	Y_2	Y_3
1	市二中	92	25.2	2.82	354	412	1
2	市四中	80	24	2.87	227	368	1
3	市六中	72	18	3.57	120	378	1
4	市十中	68	14	2.75	181	376	1
5	市九中	90	15.4	2.38	174	341	1
6	市十一中	98	22.8	12	220	300	1
7	市十二中	98	21.95	10.3	223	323	1
8	北二中	45	2	1.4	139	441	1
9	北三中	34	14.5	2.22	91	409	0.87
10	山一中	66	8.5	2.54	174	356	1
11	山二中	57	6.3	1.83	140	360	1
12	山三中	57	13.8	7.47	158	296	0.98
13	山四中	71	12.8	1.7	137	345	0.91
14	山五中	61	12.7	2.2	145	342	1
15	耀华中学	61	22	3.75	129	362	0.85
16	秦铁中	69	4.5	3.8	118	345	1
17	秦附中	34	10	1.5	128	349	1
18	农技中	29	12.6	8.42	76	248	0.94
19	黄庄中学	43	11.54	3.42	43	288	1
20	山桥中学	46	15.2	5.65	167	409	1

利用 C^2R 模型,分别对上述各学校(决策单元)建立相应的线性规划模型,求得各中学的评价结果见表 10.6。

表 10.6

中学名称	对应 C^2R 模型最优解	评价结论
市二中	$\theta^*=1, \lambda_1^*=1$	DEA 有效,规模收益不变
市四中	$\theta^*=0.742\,6, \lambda_1^*=0.438\,1, \lambda_{17}^*=0.561\,9, S_2^{-*}=1.163\,7, S_3^{-*}=0.053, S_2^{+*}=8.597\,3$	非 DEA 有效,规模收益不变
市六中	$\theta^*=0.507\,8, \lambda_8^*=0.188, \lambda_9^*=0.111, \lambda_{17}^*=0.715\,4, S_3^{-*}=0.229\,9, S_1^{+*}=7.807\,5$	非 DEA 有效,规模收益递减
市十中	$\theta^*=0.743\,5, \lambda_1^*=0.216\,9, \lambda_8^*=0.361\,1, \lambda_{17}^*=0.421\,9, S_3^{-*}=0.294\,3, S_2^{+*}=19.891\,5$	非 DEA 有效,规模收益不变
市九中	$\theta^*=0.685\,4, \lambda_1^*=0.162\,8, \lambda_8^*=0.837\,2, S_1^{-*}=9.031\,5, S_2^{-*}=4.777\,8, S_2^{+*}=95.279\,1$	非 DEA 有效,规模收益不变
市十一中	$\theta^*=0.609\,7, \lambda_1^*=0.394\,3, \lambda_8^*=0.261\,6, \lambda_{17}^*=0.344, S_3^{-*}=5.321\,9, S_2^{+*}=97.913\,7$	非 DEA 有效,规模收益不变
市十二中	$\theta^*=0.621\,9, \lambda_1^*=0.405\,1, \lambda_8^*=0.313\,4, \lambda_{17}^*=0.281\,5, S_3^{-*}=4.401\,9, S_2^{+*}=80.356\,5$	非 DEA 有效,规模收益不变

续表 10.6

中学名称	对应 C^2R 模型最优解	评价结论
北二中	$\theta^*=1,\lambda_8^*=1$	DEA 有效,规模收益不变
北三中	$\theta^*=1,\lambda_9^*=1$	DEA 有效,规模收益不变
山一中	$\theta^*=0.785,\lambda_1^*=0.167\ 8,\lambda_8^*=0.734\ 7,\lambda_{17}^*=0.097\ 5,S_3^{-*}=0.346,S_2^{+*}=71.160\ 5$	非 DEA 有效,规模收益不变
山二中	$\theta^*=0.778\ 1,\lambda_1^*=0.009\ 8,\lambda_8^*=0.889\ 6,\lambda_{17}^*=0.100\ 6,S_2^{-*}=1.869\ 7,S_2^{+*}=71.456\ 3$	非 DEA 有效,规模收益不变
山三中	$\theta^*=0.756\ 6,\lambda_1^*=0.135\ 4,\lambda_8^*=0.177\ 2,\lambda_{17}^*=0.667\ 3,S_3^{-*}=4.020\ 6,S_2^{+*}=70.858\ 6$	非 DEA 有效,规模收益递增
山四中	$\theta^*=0.790\ 2,\lambda_1^*=0.048\ 9,\lambda_8^*=0.861\ 1,S_1^{-*}=12.859\ 8,S_2^{-*}=7.161,S_2^{+*}=54.892\ 4$	非 DEA 有效,规模收益递增
山五中	$\theta^*=0.691\ 9,\lambda_1^*=0.052\ 4,\lambda_8^*=0.469\ 8,\lambda_{17}^*=0.477\ 8,S_2^{-*}=1.749\ 5,S_2^{+*}=53.520\ 6$	非 DEA 有效,规模收益不变
耀华中学	$\theta^*=0.572,\lambda_9^*=0.063\ 9,\lambda_{17}^*=0.962\ 4,S_2^{-*}=2.034\ 4,S_3^{-*}=0.559\ 7,S_3^{+*}=0.168$	非 DEA 有效,规模收益递减
秦铁中	$\theta^*=0.635\ 1,\lambda_8^*=0.892\ 8,\lambda_{17}^*=0.107\ 2,S_3^*=1.002\ 6,S_1^{+*}=19.820\ 4,S_2^{+*}=861.134\ 7$	非 DEA 有效,规模收益不变
秦附中	$\theta^*=1,\lambda_{17}^*=1$	DEA 有效,规模收益不变
农枝中	$\theta^*=1,\lambda_{18}^*=1$	DEA 有效,规模收益不变
黄庄中学	$\theta^*=0.811\ 1,\lambda_8^*=0.079\ 9,\lambda_{17}^*=0.920\ 1,S_3^*=1.282\ 1,S_1^{+*}=85.879\ 2,S_2^{+*}=68.353\ 1$	非 DEA 有效,规模收益不变
山桥中学	$\theta^*=0.960\ 6,\lambda_1^*=0.083\ 8,\lambda_{17}^*=1.073,S_2^{-*}=1.760\ 5,S_3^{-*}=3.581\ 8,S_3^{+*}=0.156\ 8$	非 DEA 有效,规模收益递减

由表 10.6 知,DEA 有效的中学有市二中、北二中、北三中、秦附中和农技中,其他中学均为非 DEA 有效。进一步地,可对各非有效中学进行 DEA 投影分析,见表 10.7。

表 10.7

决策单元	评价指标		原始指标数据	DEA 相对有效面“投影”面
市四中	投入指标	X_2	24	16.658 7
		X_3	2.87	2.078 3
	产出指标	Y_2	368	376.597 3
市六中	投入指标	X_3	3.57	1.582 9
	产出指标	Y_1	120	127.807 5
市十中	投入指标	X_3	2.75	1.750 3
	产出指标	Y_2	376	395.891 5
市九中	投入指标	X_1	90	52.654 5
		X_2	15.4	5.777 4
	产出指标	Y_2	341	436.279 1
市十一中	投入指标	X_3	12	1.994 5
	产出指标	Y_2	300	397.913 7

续表 10.7

决策单元	评价指标		原始指标数据	DEA 相对有效面“投影”面
市十二中	投入指标	X_3	10.3	2.003 7
	产出指标	Y_2	323	403.356 5
山一中	投入指标	X_3	2.54	1.647 9
	产出指标	Y_2	356	427.160 5
山二中	投入指标	X_2	6.3	3.032 3
	产出指标	Y_2	360	431.456 3
山三中	投入指标	X_3	7.47	1.631 2
	产出指标	Y_2	296	366.858 6
山四中	投入指标	X_1	71	43.244 4
		X_2	12.8	2.953 6
	产出指标	Y_2	345	399.892 4
山五中	投入指标	X_2	12.7	7.037 6
	产出指标	Y_2	342	395.520 6
耀华中学	投入指标	X_2	22	10.549 6
		X_3	3.75	1.585 3
	产出指标	Y_3	0.85	1.018
秦铁中	投入指标	X_3	3.8	1.410 8
	产出指标	Y_1	118	137.820 4
		Y_2	345	431.134 7
黄庄中学	投入指标	X_3	3.42	1.491 9
	产出指标	Y_1	43	128.879 2
		Y_2	288	356.353 1
山桥中学	投入指标	X_2	15.2	12.840 6
		X_3	5.65	1.845 6
	产出指标	Y_3	1	1.156 8

普通中学相对有效性的评价结果既反映了学校内部的教学、管理等问题,同时也反映了上层管理部门在进行办学经费配置和其他决策上的问题。因此对于非 DEA 有效的学校,一方面在现有的办学条件上要努力工作、提高教学质量、加强教学管理;另一方面,上层管理部门应对该学校的办学规模等进行适当的调整,使该学校成为 DEA 有效。

例 10.4 (某县工业产业经济有效性评价实例)某县的工业伴随改革开放的大潮得到了较快发展,在全县国民经济发展中占有主要地位。为了进一步优化调整产业结构,依据该县工业的有关统计数据,应用 DEA 方法的 CCR 模型,对该县的工业经济进行了相对有效性评价。

该县工业的产业结构及各产业的序号如图 10.7 所示。

图 10.7

其中,“其他”产业是指该县一些规模过小的产业,如木材加工与家具制造、塑料制品、金属制品业等的总称。

投入、产出指标及其代表符号见图 10.8。

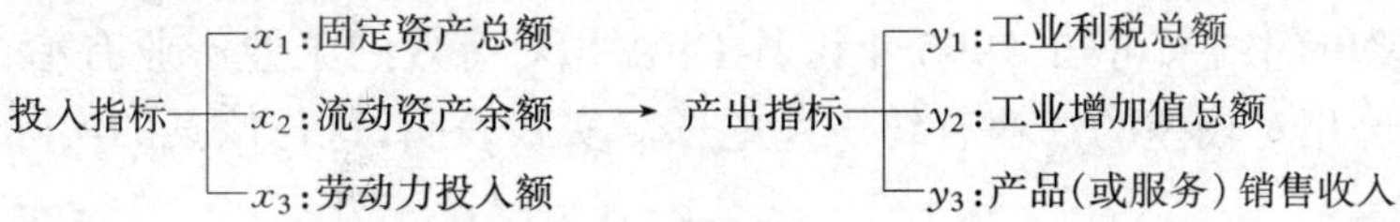

图 10.8

根据 1996 年该县国民经济统计资料汇编等资料,得到的该县 1995 年的投入产出数据如表 10.8 所示。

表 10.8

序号	要素 行业	投入要素			产出要素		
		固定资产总额	流动资产余额	劳动力投入额	工业利税总额	工业增加值总额	产品销售收入
1	建材	11 046	15 162	4 050	4 491	8 483	35 871
2	食品	9 290	12 709	1 900	2 218	5 714	28 940
3	服装	10 343	17 880	3 435	2 920	8 928	32 033
4	机械	8 447	16 615	2 008	2 260	4 929	23 655
5	纺织	7 839	10 011	1 325	166	2 241	12 393
6	冶金	1 463	1 826	384	754	1 875	7 346
7	化学	6 252	7 213	783	629	2 643	11 746
8	造纸	2 391	4 527	749	889	1 677	9 486
9	电子	1 670	1 154	345	807	1 738	6 326
10	工艺品	821	2 420	332	249	749	2 695
11	其他	4 486	8 477	872	1 531	2 635	14 049

采用 CCR 模型求解,得到评价各产业相对有效性的 θ 值及规模收益情况,如表 10.9 所示。

表 10.9

序号	产业	DEA 得分(θ 值)
1	建材	0.744(规模效益递减)
2	食品	0.934(规模效益递减)
3	服装	0.731(规模效益递减)
4	机械	0.915(规模效益递减)
5	纺织	0.565(规模效益递减)
6	冶金	1.000

续表 10.9

序号	产业	DEA 得分(θ 值)
7	化学	1.000
8	造纸	0.901(规模效益递减)
9	电子	0.716(规模效益递增)
10	工艺品	1.000
11	其他	1.000

根据 DEA 评价的结果可知,1995 年该县 DEA 相对有效的工业产业有冶金、化学、工艺品和其他,DEA 评价相对较差的产业有纺织和电子。实践表明,这与该县的实际情况是相符的。

习题 10

10.1 某公司欲确定下一年度广告宣传方式,宣传媒介有街头广告牌(C_1)、报纸(C_2)和电视(C_3)三种。公司选择宣传方式的标准有观众(读者)人数(B_1)、宣传效果(B_2)和广告费用(B_3)。已知各元素的相对重要度如下:

A	B_1	B_2	B_3	W_i^0
B_1	1	2	1/2	0.484
B_2		1	1/3	0.168
B_3			1	0.348

B_1	C_1	C_2	C_3	W_i^1
C_1	1	1/3	1/5	0.105
C_2		1	1/3	0.258
C_3			1	0.637

B_2	C_1	C_2	C_3	W_i^2
C_1	1	2	7	0.592
C_2		1	5	0.333
C_3			1	0.075

B_3	C_1	C_2	C_3	W_i^3
C_1	1	1/3	1/7	0.081
C_2		1	1/5	0.188
C_3			1	0.731

要求:(1)建立多级递阶结构;(2)排列三种宣传方式的优先顺序。

10.2 填空

一个方阵 $\boldsymbol{A}=(a_{ij})_{n\times n}$ 称为是正互反一致性矩阵,是指 $\boldsymbol{A}$ 满足:①正的,即 $a_{ij}>0$,②互反的,即________,③一致的,即________。层次分析法中比较判断矩阵应是这样的矩阵,但由于其确定过程是采用主观判断,有可能使第③条不满足,因此要对矩阵进行________检验。

V 对策分析技术

第 11 章 二人有限零和对策

11.1 基本概念

11.1.1 对策现象与对策论

1. 对策和对策论

在日常生活中及各种领域内，经常可以看到一些充满着竞争、对抗、冲突的现象。对策论是研究上述现象的数学理论与方法。它是一种理论模型，其中包括参加者所掌握的全部信息及可能采取的行动等。

对策论把各式各样的冲突现象抽象成一种数学模型，然后给出分析这些问题的方法和解。应该说明的是，所谓解是指对策中的所有参加者都按最佳策略行动而得到的结果。对策论的研究中一般都假设：在对策中所有参加者都是"完全理智"的，在采取的策略上没有任何失误。

2. 对策理论的历史

在人类生活中到处都存在着"冲突"，所以人类在处理对策问题方面已有一个很长的历史。在我国春秋战国时期成书的"孙子兵法"就是运用对策知识于战争中的经验总结。围棋也是一种对策形式，它发明于我国殷代。自 19 世纪，西方人开始把对策知识应用于经济领域。

对策作为一种数学理论开始于 1944 年。纽曼(Neumann)和曼格斯特(Morgenstern)发表了题为《对策论及在经济领域中的应用》的著作之后，很快引起了数学家、社会学家和经济学家的极大兴趣。对策论之所以能在 40 年代得到迅速发展，主要原因是第二次世界大战中在军事问题上，人们总想找到一种对策模型，从而能得到正确的解。第二次世界大战结束后，人们又想到把对策理论应用到非军事的各个领域。特别是 20 世纪 90 年代以来对策理论在金融、管理和经济领域中得到了广泛应用。

3. 对策问题举例

(1)中国的游戏——"剪刀、石头、布"

这在中国的孩子中广泛流行。当二个孩子在玩游戏之前决定前后顺序时，他们先作"猜手"。方法是：每个人有布(五指平伸)、石头(拳头)和剪子(食指和中指平伸，其余三指弯曲收紧)三种手势，玩时二个孩子独立地选择三种手势中的任何一种，然后同时展示给对方。决定胜负的规则是：布胜石头，石头胜剪子，剪子胜布。如果二个孩子同时伸出了相同的手势，被看成是一次平局，这需要继续猜，直至决出胜负为止。

(2)囚徒困境

假设有二个人被怀疑有抢劫犯罪行为而被捕,并被分别关在二个牢房里,互相不许接触。这二个人确实犯了抢劫罪,可这二个人都清楚,如果他们都不坦白,那么就没有足够的证据指控他们犯罪,而只能因藏有枪支而被判 1 年徒刑;如果两个人都坦白了,则每个人都判 9 年徒刑;如果一个坦白,而另一个不坦白,则坦白的被无罪释放,而不坦白的则要判 10 年徒刑。这二个人应该怎样做呢?

(3)齐王赛马

战国时期,齐国国王有一天提出要与大将军田忌赛马。田忌答应后,双方约定:

①每人从上中下三个等级中各出一匹马,共出三匹;

②一共比赛三次,每一次比赛各出一匹马;

③每匹被选中的马都得参加比赛,而且只能参加一次;

④每次比赛后输者要付给胜者一千金。

当时在三个不同等级中,齐王的马要比田忌的强些,看来田忌要输三千金了,但由于田忌采用了谋士孙膑的意见,最终反败为胜。谋士的主意是:

①每次比赛前先让齐王说出他要出哪匹马;

②让田忌用下马对齐王上马;

③用中马对齐王下马;

④用上马对齐王中马。

4.对策的分类

对策可分为静态对策与动态对策两大类。而静态对策又可分为二人对策和多人对策二种,多人对策又可分为结盟对策和不结盟对策。此外,根据策略集的有限或无限、得失函数是否为零,又可分为种种类型的对策模型,如图 11.1 所示。

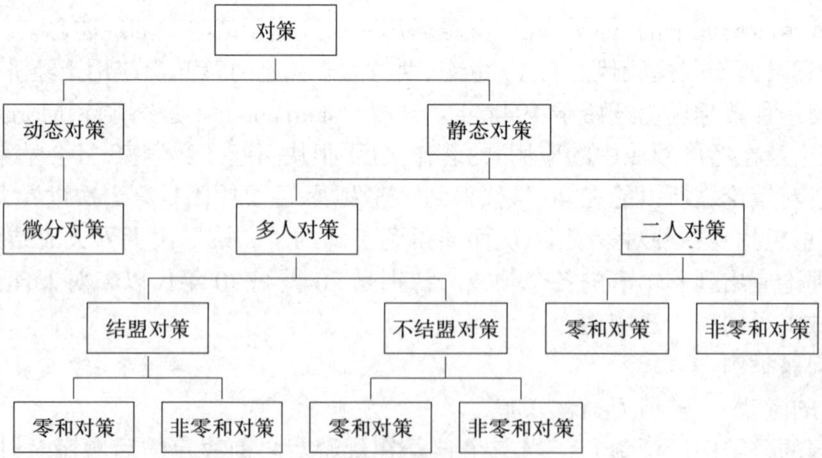

图 11.1

11.1.2 对策问题的组成

一般对策问题中有如下几个基本要素,即局中人、策略、局势、得失值。

1. 局中人(参加者)

对策中有决策权的参加者称为局中人。在齐王赛马的例子中,田忌是局中人,而孙膑不是。局中人除理解为个人外,还可理解为集体。有时大自然也可理解为局中人。为了便于研究问题,在对策中一些利益完全一致的参加者们可以结合成为一个联盟。他们齐心合力、相互配合、统一行动,称为结盟的一种形式。如桥牌游戏中,虽然有四个人参加,但只组合成两个局中人。

2. 策略与策略集合

一局对策中,把局中人的一个可行的行动方案称为他的一个策略,策略可以只含有一步行动方案。在比较复杂的对策中,可以是由自始至终指导行动的一系列步骤组成,如在齐王赛马的例子中,参加者双方的每个策略中都含有三个行动方案。通常一个局中人有好几个策略可供选择,把局中人的策略全体叫策略集合。用

$$S=\{s_1,s_2,\cdots,s_m\}$$

表示局中人甲的策略集合,s_i 为局中人甲可选择的策略。同样用

$$D=\{d_1,d_2,\cdots,d_n\}$$

表示局中人乙的策略集合,d_j 为局中人乙可选择的策略。

3. 局势

当每个局中人从各自策略集合中选择一策略而组成的策略组称为一个局势,用(s_i,d_j)表示。

4. 得失值

得失值是指局中人选定某局势后相应的收益值,又称支付。例如,当局中人甲选择 s_i 策略和局中人乙选 d_j 策略时,局中人甲的得失值可用 $R_{甲}(s_i,d_j)$表示,局中人乙的得失值可用 $R_{乙}(s_i,d_j)$表示,显然“得失值”是局势的函数。这个得失值既可以是一般意义下的收益或损失,也可以是局中人对局势的效用值。

11.2 二人有限零和对策的纯策略对策模型

二人有限零和对策的特点是:

①对策中只有两个局中人,双方的策略集

$$S=\{s_1,s_2,\cdots,s_m\}和 D=\{d_1,d_2,\cdots,d_n\}$$

均是有限集;

②在零和对策中,双方收益之和为零,甲的收益就是乙的损失,即 $R_{甲}(s_i,d_j)=-R_{乙}(s_i,d_j)$。

所以,在两人零和对策中,只需分析局中人甲的得失即可。通常可以用支付矩阵 $\mathbf{A}=[a_{ij}]_{m\times n}$表示,其中 $a_{ij}=R_{甲}(s_i,d_j)$。因此,二人有限零和对策又称矩阵对策。

11.2.1 纯策略对策模型

人们称 $G=\{S,D,\mathbf{A}\}$为一个纯策略对策模型,其中 $S=\{s_1,s_2,\cdots,s_m\}$,$D=\{d_1,d_2,\cdots,d_n\}$分别为局中人甲和乙的策略集合,$\mathbf{A}=[a_{ij}]_{m\times n}$为局中人甲的支付矩阵。

11.2.2 纯策略对策的解

1.纯策略分析

对策中,双方局中人都将确定自己的最佳策略,其实质也是一个决策过程。因此每个局中人同样首先得对自己的各个策略(行动方案)按某准则作一评价,只是在对策中要充分考虑对方的策略选择所造成的影响,实际是一种竞争性决策。

局中人甲认为当自己选择 s_i 策略时,对方必然选择对自己最不利的策略,即使自己得失值最小的策略,因此局中人甲对每个策略 s_i 的评价值为 $f(s_i)$。

$$s_i \xleftarrow{\text{评价}} f(s_i) = \min_j a_{ij}$$

因此局中人甲选择的策略模型为

$$s_i^* \leftarrow \max_i f(s_i) = \max_i \min_j a_{ij} = V_{\max}$$

同样,局中人乙认为自己选择策略 d_j 时,局中人甲会选择对乙最不利的策略,即使局中人甲收益最大的策略。因此,他对策略 d_j 的评价值 $g(d_j)$ 为

$$d_j \xleftarrow{\text{评价}} g(d_j) = \max_i a_{ij}$$

因此局中人乙确定策略的决策模型为

$$d_j^* \leftarrow \min_j g(d_j) = \min_j \max_i a_{ij} = V_{\min}$$

2.纯策略对策模型的解

(1)鞍点与解

对于一个对策 $G=\{S,D,\mathbf{A}\}$。如果有

$$\max_i \min_j a_{ij} = \min_j \max_i a_{ij} = a_{i^*j^*}$$

则称局势 (s_i^*, d_j^*) 为对策 G 的一个鞍点,s_i^* 为甲的最优纯策略,d_j^* 为乙的最优纯策略。$V = a_{i^*j^*}$ 为对策 G 之值,(s_i^*, d_j^*) 为对策的一个解,此时称对策 G 有解。

对于一个对策 G,很容易证明下述定理。

定理 11.1 对于纯策略对策 $G=\{S,D,\mathbf{A}\}$,总有

$$\min_j \max_i a_{ij} \geqslant \max_i \min_j a_{ij}$$

显然,对局中人甲而言,不管乙采用什么策略,他至少能得到的得失值为 $V_{\mathrm{L}} = \max_i \min_j a_{ij}$;而对局中人乙而言,他能保证在任何情况下,甲的得失值不会超过 $V_{\mathrm{U}} = \min_j \max_i a_{ij}$。一般称 V_{L} 与 V_{U} 为对策的下、上限值,而在对策中 $V_{\mathrm{L}} = V_{\mathrm{U}}$ 时,此对策有一个鞍点,或称对策有解。

例 11.1 设一对策 $G=\{S,D,\mathbf{A}\}$,其中 $S=\{s_1,s_2,s_3\}$,$D=\{d_1,d_2,d_3\}$,其支付矩阵为

$$\mathbf{A} = \begin{bmatrix} 3 & 1 & 2 \\ 6 & 0 & -3 \\ -5 & -1 & 4 \end{bmatrix}$$

问:双方局中人采用何策略最佳。

解 可用下述表格表示上述寻找最优纯策略的过程:

	d_1	d_2	d_3	$f(s_i)=\min\limits_j a_{ij}$
s_1	3	1	2	1
s_2	6	0	−3	−3
s_3	−5	−1	4	−5
$g(d_j)=\max\limits_i a_{ij}$	6	1	4	$V_L=V_U=a_{12}=1$

$V_L=\max\limits_i \min\limits_j a_{ij}=1$

$V_U=\min\limits_j \max\limits_i a_{ij}=1$

因为 $V_L=V_U=1$,显然此对策有解,局势(s_1,d_2)构成一个鞍点,局中人甲的最优策略为 s_1,局中人乙的最优策略为 d_2,对策值 $V=1$。

(2)多鞍点与无鞍点对策

对于一个纯策略 G,并非一定只存在惟一鞍点。从下面二例可发现,对于一个对策有可能有多个鞍点(多个解),或者根本不存在鞍点,即无纯策略解的情况。

例 11.2 设有一矩阵对策为

$$A=\begin{bmatrix}6 & 5 & 6 & 5\\ 1 & 4 & 2 & -1\\ 8 & 5 & 7 & 5\\ 0 & 2 & 6 & 2\end{bmatrix}$$

求它的解。

解

	d_1	d_2	d_3	d_4	$f(s_i)$
s_1	6	5	6	5	5
s_2	1	4	2	−1	−1
s_3	8	5	7	5	5
s_4	0	2	6	2	0
$g(d_j)$	8	5	7	5	5

$$V=\min_j \max_i a_{ij}=\max_i \min_j a_{ij}=5$$

对策有解,解值 $V=5$,但局势(s_1,d_2)、(s_1,d_4)、(s_3,d_2)、(s_3,d_4)均构成鞍点。此对策有多个解。

例 11.3 矩阵对策支付矩阵

$$A=\begin{bmatrix}1 & 0\\ -4 & 3\end{bmatrix}$$

求它的解。

解

$$V_L=\max_i \min_j a_{ij}=\max\{0,-4\}=0$$

$$V_U=\min_j \max_i a_{ij}=\min\{1,3\}=1$$

$V_L<V_U$,则对策无鞍点,即无解。

从例 11.1 可看出,纯策略 G 的鞍点(s_1,d_2)对应的元素 a_{12}既所在行的最小元素,又是其所在列的最大元素,即有

$$a_{i2}\leqslant a_{12}\leqslant a_{1j}\qquad (i=1,2,\cdots,m;j=1,2,\cdots,n)$$

例 11.2 也存在上述情况,将这一事实推广到一般纯策略,可得如下定理。

定理 11.2　纯策略对策 $G=\{S,D,A\}$ 有解的充要条件是：存在局势 (s_{i^*},d_{j^*})，使得对任意 $i=1,2,\cdots,m$ 和 $j=1,2,\cdots,n$，均有

$$a_{ij^*}\leqslant a_{i^*j^*}\leqslant a_{i^*j}$$

参考文献1已经给出了上述定理的证明，有兴趣的读者可以查看并试证。

(3)优超原理

对于一个对策 $G=\{S,D,\mathbf{A}\}$，对 $s_k\in S$ 至少存在一个策略 $s_i\in S$，满足

$$a_{ij}\geqslant a_{kj}\quad (j=1,\cdots,n)$$

称 s_k 为局中人甲的一个劣策略。因为在任何情况下，策略 s_i 都优于策略 s_k，则在对策分析中可不考虑 s_k，且可从策略集 S 中取消它。同时，可在支付矩阵 $\mathbf{A}$ 中删去第 k 行支付值。同样对局中人乙也如此。若策略 d_j 与 d_k 满足

$$a_{ik}\geqslant a_{ij}\quad (i=1,\cdots,m)$$

认为策略 d_j 优于 d_k，可从 D 中删去 d_k，并从 $\mathbf{A}$ 矩阵中删去第 k 列支付值。用此方法来降低支付矩阵的阶数，从而简化问题，称此为优超原理。

例 11.4　利用优超原理求解下列对策。

$$\begin{array}{c} \\ s_1 \\ s_2 \\ s_3 \end{array}\begin{array}{c} \begin{array}{ccc} d_1 & d_2 & d_3 \end{array} \\ \begin{bmatrix} 0 & 2 & 1 \\ 2 & 2 & 3 \\ 1 & 3 & 3 \end{bmatrix} \end{array}$$

解　首先利用优超原理将上述矩阵对策降维

$$\begin{bmatrix} 0 & 2 & 1 \\ 2 & 2 & 3 \\ 1 & 3 & 3 \end{bmatrix}\xrightarrow{s_3\succ s_1}\begin{array}{c} \\ s_2 \\ s_3 \end{array}\begin{array}{c} \begin{array}{ccc} d_1 & d_2 & d_3 \end{array} \\ \begin{bmatrix} 2 & 2 & 3 \\ 1 & 3 & 3 \end{bmatrix} \end{array}\xrightarrow{d_2\succ d_3}\begin{array}{c} \\ s_2 \\ s_3 \end{array}\begin{array}{c} \begin{array}{cc} d_1 & d_2 \end{array} \\ \begin{bmatrix} 2 & 2 \\ 1 & 3 \end{bmatrix} \end{array}\xrightarrow{d_1\succ d_2}\begin{array}{c} \\ s_2 \\ s_3 \end{array}\begin{array}{c} d_1 \\ \begin{bmatrix} 2 \\ 1 \end{bmatrix} \end{array}$$

$$\xrightarrow{S_2\succ S_3} s_2\begin{array}{c} d_1 \\ [\ 2\ ] \end{array}=\mathbf{A}$$

其中的符号 $\succ$ 表示优于。对于 $\mathbf{A}$，$\max\limits_i\min\limits_j a_{ij}=\min\limits_j\max\limits_i a_{ij}=2$，即对策解或鞍点为 (s_2,d_1)，对策的值为2。

简化矩阵时还有一个有用的性质：将矩阵中的元素都加上或乘以一个非零数，所得矩阵相应的对策与原矩阵相应的对策同解，只是值要相应加上或乘以该数。

11.3　二人有限零和对策的混合策略对策模型

11.3.1　混合策略对策的基本概念

在一局纯策略矩阵对策中没有鞍点，或者对策要进行多次时，任一方坚持采用一种固定的策略是不明智的，如同在上节所述的中国儿童的对策游戏“猜手”。如果进行多次，哪一个孩子也不会只出一种手势，而是有时出“剪子”，有时出“布”，有时出“石头”。所以对无鞍点对策 $(V_L\neq V_U)$ 的求解方法是采用混合策略。混合策略就是局中人考虑以某种概率分布来选择他的各个策略。

1. 混合策略

m 维概率向量 $\boldsymbol{x}=[x_1 \quad x_2 \quad \cdots \quad x_m]^{\mathrm{T}}$，$\sum_{i=1}^{m} x_i=1, x_i \geqslant 0(i=1,2,\cdots,m)$称为局中人甲的一个混合策略，即局中人甲选择策略 s_i 的概率为 x_i。n 维概率向量 $\boldsymbol{y}=[y_1 \quad y_2 \quad \cdots \quad y_n]^{\mathrm{T}}$，$\sum_{j=1}^{n} y_j=1, y_j \geqslant 0 \quad (j=1,\cdots,n)$称为乙的一个混合策略。局中人乙选择策略 d_j 的概率为 $y_j(j=1,2,\cdots,n)$。

2. 混合策略集合

人们称集合

$$S^*=\left\{\boldsymbol{x}=[x_1 \quad x_2 \quad \cdots \quad x_m]^{\mathrm{T}} \,\middle|\, \sum_{i=1}^{m} x_i=1, x_i \geqslant 0\right\}\text{为甲的混合策略集合；}$$

$$D^*=\left\{\boldsymbol{y}=[y_1 \quad y_2 \quad \cdots \quad y_n]^{\mathrm{T}} \,\middle|\, \sum_{i}^{n} y_j=1, y_j \geqslant 0\right\}\text{为乙的混合策略集合。}$$

3. 混合局势

当局中人甲选择混合策略 $\boldsymbol{x}$、乙选择混合策略 $\boldsymbol{y}$ 时，称$(\boldsymbol{x},\boldsymbol{y})$为一个混合局势。

4. 收益期望值

对于一个混合局势$(\boldsymbol{x},\boldsymbol{y})$，用

$$E(\boldsymbol{x},\boldsymbol{y})=\sum_{i=1}^{m} x_i\left(\sum_{j=1}^{n} a_{ij} y_j\right)=\boldsymbol{x}^{\mathrm{T}} \boldsymbol{A} \boldsymbol{y}$$

表示局中人甲在混合局势$(\boldsymbol{x},\boldsymbol{y})$时的收益期望值。

5. 混合策略对策模型

对于一个纯策略对策 $G=(S,D,\boldsymbol{A})$，用 $G^*=(S^*,D^*,E)$表示一个与之相应的混合策略矩阵对策，也称 G 的一个混合扩充。

11.3.2 混合策略对策的解

1. 混合策略分析

混合策略对策 $G^*=(S^*,D^*,E)$仍然是一个竞争性决策问题。局中人在选择混合策略时，也首先得对其各混合策略进行评价，在评价时应考虑对方可能采用的混合策略。

局中人甲选择混合策略 $\boldsymbol{x}$ 时，认为乙必采用使甲期望收益最小的混合策略 $\boldsymbol{y}_{\boldsymbol{x}}$，所以局中人甲对其混合策略的评价函数为

$$f(\boldsymbol{x})=\min_{\boldsymbol{y} \in D^*} E(\boldsymbol{x},\boldsymbol{y})=\min_{\boldsymbol{y} \in D^*} \boldsymbol{x}^T \boldsymbol{A} \boldsymbol{y}$$

$$f(\boldsymbol{x})=\min_{\boldsymbol{y} \in D^*} E(\boldsymbol{x},\boldsymbol{y})=E(\boldsymbol{x},\boldsymbol{y}_{\boldsymbol{x}})$$

局中人甲的策略决策模型为

$$\max_{\boldsymbol{x} \in S^*} f(\boldsymbol{x})=\max_{\boldsymbol{x} \in S^*} \min_{\boldsymbol{y} \in D^*} E(\boldsymbol{x},\boldsymbol{y})=E(\boldsymbol{x}^*,\boldsymbol{y}_{\boldsymbol{x}^*}) \rightarrow \boldsymbol{x}^*$$

同样，局中人乙若采用混合策略 $\boldsymbol{y}$，认为甲必采用使甲期望收益最大的混合策略，所以局中人乙对其混合策略的评价函数为

$$g(\boldsymbol{y})=\max_{\boldsymbol{x} \in S^*} E(\boldsymbol{x},\boldsymbol{y})=\max_{\boldsymbol{x} \in S^*} \boldsymbol{x}^T \boldsymbol{A} \boldsymbol{y}$$

$$g(\boldsymbol{y})=\max_{\boldsymbol{x} \in S^*} E(\boldsymbol{x},\boldsymbol{y})=E(\boldsymbol{x}_{\mathrm{y}},\boldsymbol{y})$$

局中人乙的策略决策模型为

$$\min_{y\in D^*} g(\boldsymbol{y})=\min_{y\in D^*}\max_{x\in S^*}E(\boldsymbol{x},\boldsymbol{y})=E(\boldsymbol{x}_{y^*},\boldsymbol{y}^*)\to \boldsymbol{y}^*$$

容易证明下列定理。

定理 11.3 设 $G^*=(S^*,D^*,E)$是混合策略对策,那么必有

$$E(\boldsymbol{x}_{y^*},\boldsymbol{y}^*)=\min_{y\in D^*}\max_{x\in S^*}E(\boldsymbol{x},\boldsymbol{y})\geqslant\max_{x\in S^*}\min_{y\in D^*}E(\boldsymbol{x},\boldsymbol{y})=E(\boldsymbol{x}^*,\boldsymbol{y}_{x^*})$$

证明 因为

$$f(\boldsymbol{x})\leqslant E(\boldsymbol{x},\boldsymbol{y})\leqslant g(\boldsymbol{y})$$

$$\min_{y}E(\boldsymbol{x},\boldsymbol{y})\leqslant E(\boldsymbol{x},\boldsymbol{y})\leqslant\max_{x}E(\boldsymbol{x},\boldsymbol{y})$$

所以

$$E(\boldsymbol{x}^*,\boldsymbol{y}_{x^*})=\max_{x\in S^*}f(\boldsymbol{x})\leqslant\min_{y\in D^*}g(\boldsymbol{y})=E(\boldsymbol{x}_{y^*},\boldsymbol{y}^*)$$

2. 混合策略对策的解

如果混合策略对策 $G^*=(S^*,D^*,E)$满足

$$E(\boldsymbol{x}^*,\boldsymbol{y}_{x^*})=\max_{x\in S^*}\min_{y\in D^*}E(\boldsymbol{x},\boldsymbol{y})=\min_{y\in D^*}\max_{x\in S^*}E(\boldsymbol{x},\boldsymbol{y})=E(\boldsymbol{x}_{y^*},\boldsymbol{y}^*)$$

根据定理 11.2,必有

$$E(\boldsymbol{x}^*,\boldsymbol{y}_{x^*})=E(\boldsymbol{x}^*,\boldsymbol{y}^*)=E(\boldsymbol{x}_{y^*},\boldsymbol{y}^*)$$

则称混合局势$(\boldsymbol{x}^*,\boldsymbol{y}^*)$为 G^* 的一个鞍点。$\boldsymbol{x}^*$ 为甲的最优混合策略,$\boldsymbol{y}^*$ 为乙的最优混合策略,$V=E(\boldsymbol{x}^*,\boldsymbol{y}^*)$为混合策略对策 G^* 的值,$(\boldsymbol{x}^*,\boldsymbol{y}^*)$为 G^* 的一个解。

定理 11.4 混合策略对策 $G^*=\{S^*,D^*,E\}$有解的充要条件是:存在 $x^*\in S^*$,$y^*\in D^*$,使得对任意 $x\in S^*$,$y\in D^*$,均有

$$E(x,y^*)\leqslant E(x^*,y^*)\leqslant E(x^*,y)$$

证明过程同定理 11.2,只需将 a_{ij} 改成$E(x,y)$,读者可自证之。

假设得失矩阵 $\mathbf{A}=[a_{ij}]_{m\times n}$中$a_{ij}>0$,否则可取一充分大的正数 $M>0$,使得

$$a'_{ij}=a_{ij}+M>0\quad(i=1,2,\cdots,m;j=1,2,\cdots,n)$$

并构成新的得失矩阵

$$\mathbf{A}'=[a'_{ij}]_{m\times n}$$

和纯策略矩阵对策

$$G_1=(S,D,\mathbf{A}')$$

对于 $G=(S,D,\mathbf{A})$和 $G_1=(S,D,\mathbf{A}')$及对应的混合策略对策 $G^*=(S^*,D^*,E)$和 $G_1^*=(S^*,D^*,E')$,考虑它们的期望收益函数 $E(\boldsymbol{x},\boldsymbol{y})$和 $E_1(\boldsymbol{x},\boldsymbol{y})$,有

$$\begin{aligned}E_1(\boldsymbol{x},\boldsymbol{y})&=\sum_{i=1}^{m}\sum_{j=1}^{n}a'_{ij}x_iy_j=\sum_{i=1}^{m}\sum_{j=1}^{n}(a_{ij}+M)x_iy_j\\&=\sum_{i=1}^{m}\sum_{j=1}^{n}a_{ij}x_iy_j+M\cdot\sum_{i=1}^{m}\sum_{j=1}^{n}x_iy_j\\&=E(\boldsymbol{x},\boldsymbol{y})+M\end{aligned}$$

由此可得以下定理。

定理 11.5 若 G^*有解$(\boldsymbol{x}^*,\boldsymbol{y}^*)$,则 G_1^* 也有解$(\boldsymbol{x}^*,\boldsymbol{y}^*)$,且对策值相差 M,即 $V_1=V+M$。

3. 混合策略对策的线性规划解法

对于混合策略对策 $G^*=(S^*,D^*,E)$,局中人甲是通过模型

$$E(\boldsymbol{x}^*,\boldsymbol{y}_{x^*})=\max_{x\in S^*}\min_{y\in D^*}E(\boldsymbol{x},\boldsymbol{y})$$

确定 $x^*=[x_1^* \quad x_2^* \quad \cdots \quad x_m^*]^{\mathrm{T}}$。而其中 $\min\limits_{y\in D^*}E(\boldsymbol{x},\boldsymbol{y})=\min\limits_{y\in D^*}\sum\limits_{j=1}^{n}(\sum\limits_{i=1}^{m}a_{ij}x_i)y_j$，令

$$\sum_{i=1}^{m}a_{ij}x_i=b_j$$

则上式化为

$$\min_{y\in D^*}E(\boldsymbol{x},\boldsymbol{y})=\min_{y\in D^*}\sum_{j=1}^{n}b_jy_j=u$$

显然 $b_j\geqslant u(j=1,2,\cdots,n)$。

上述求解 x^* 问题相当于下列线性规划问题：

$$\max u$$

$$s.t.\begin{cases}\sum\limits_{i=1}^{m}a_{ij}x_i\geqslant u \quad (j=1,2,\cdots,n;i=1,\cdots,m)\\ \sum\limits_{i=1}^{m}x_i=1\\ x_i\geqslant 0,\end{cases} \tag{11.1}$$

$\bar{\boldsymbol{x}}=[1 \quad 0 \quad \cdots \quad 0]^{\mathrm{T}},\bar{u}=\min\limits_{j}a_{1j}$ 显然是此线性规划问题的一个可行解。同样对局中人乙确定 $\boldsymbol{y}^*$ 的模型

$$E(\boldsymbol{x}_{y^*},\boldsymbol{y}^*)=\min_{y\in D^*}\max_{x\in S^*}E(\boldsymbol{x},\boldsymbol{y})\rightarrow\boldsymbol{y}^*=[y_1^* \quad y_2^* \quad \cdots \quad y_n^*]^{\mathrm{T}}$$

可转换为求解下列线性规划问题：

$$\min v$$

$$\text{s.t.}\begin{cases}\sum\limits_{j=1}^{n}a_{ij}y_j\leqslant v \quad (i=1,2,\cdots,m;j=1,2,\cdots,n)\\ \sum\limits_{j=1}^{n}y_j=1\\ y_j\geqslant 0\end{cases} \tag{11.2}$$

同样 $\bar{\boldsymbol{y}}=[1 \quad 0 \quad \cdots \quad 0]^{\mathrm{T}},\bar{v}=\max\limits_{i}a_{i1}$ 为此问题的可行解。

由定理 11.5，可假定 $a_{ij}>0$，对于线性规划(11.1)有一可行解

$$x=[1 \quad 0 \quad \cdots \quad 0]^{\mathrm{T}},\bar{u}=\min_{j}a_{1j}>0$$

所以，必有 $u>0$。同样，对线性规划式(11.2)的可行解中，必满足

$$\bar{v}=\max_{i}a_{i1}>0$$

对这样两个线性规划问题，令

$$x_i'=\frac{x_i}{u} \quad (i=1,2,\cdots,m);y_j'=\frac{y_j}{v} \quad (j=1,2,\cdots,n)$$

有

$$\sum_{i=1}^{m}x_i'=\frac{1}{u},\sum_{j=1}^{n}y_j'=\frac{1}{v}$$

$$\boldsymbol{x}'=\frac{\boldsymbol{x}}{u},\boldsymbol{y}'=\frac{\boldsymbol{y}}{v}$$

可将上述两规划转化为下述形式：

$$\min \quad w = x_1' + x_2' + \cdots + x_m'$$

$$\text{s.t.}\begin{cases}\sum_{i=1}^{m} a_{ij}x_i' \geqslant 1 \quad (j=1,2,\cdots,n)\\ x_i' \geqslant 0 \quad (i=1,2,\cdots,m)\end{cases}$$

$$\max \quad z = y_1' + y_2' + \cdots + y_n'$$

$$\text{s.t.}\begin{cases}\sum_{j=1}^{n} a_{ij}y_j' \leqslant 1 \quad (i=1,2,\cdots,m)\\ y_j' \geqslant 0 \quad (j=1,2,\cdots,n)\end{cases}$$

$$\boldsymbol{x}^* = \frac{1}{w^*}\boldsymbol{x}', \boldsymbol{y}^* = \frac{1}{z^*}\boldsymbol{y}'$$

显然有

$$w^* = \frac{1}{u^*} = \frac{1}{\max\limits_{x}\min\limits_{y} E(\boldsymbol{x},\boldsymbol{y})} = \frac{1}{E(\boldsymbol{x}^*, \boldsymbol{y}_{\boldsymbol{x}^*})}$$

$$z^* = \frac{1}{v^*} = \frac{1}{\min\limits_{\boldsymbol{y}}\max\limits_{x} E(\boldsymbol{x},\boldsymbol{y})} = \frac{1}{E(\boldsymbol{x}_{\boldsymbol{y}^*}, \boldsymbol{y}^*)}$$

而此两线性规划问题是互为对偶的，$w^* = z^*$，则有

$$\max\limits_{x}\min\limits_{y} E(\boldsymbol{x},\boldsymbol{y}) = \min\limits_{\boldsymbol{y}}\max\limits_{\boldsymbol{x}} E(\boldsymbol{x},\boldsymbol{y}) = E(\boldsymbol{x}^*, \boldsymbol{y}^*)$$

$(\boldsymbol{x}^*, \boldsymbol{y}^*)$为 G^* 的一个解。

4. 混合策略矩阵对策解的存在性

使用线性规划方法求解 $G^* = (S^*, D^*, E)$时，由上述分析得出下面的结论。

定理 11.6　对于 $G^* = (S^*, D^*, E)$，必存在最优解$(\boldsymbol{x}^*, \boldsymbol{y}^*)$，满足

$$E(\boldsymbol{x}^*, \boldsymbol{y}^*) = \max\limits_{\boldsymbol{x}}\min\limits_{\boldsymbol{y}} E(\boldsymbol{x},\boldsymbol{y}) = \min\limits_{\boldsymbol{y}}\max\limits_{\boldsymbol{x}} E(\boldsymbol{x},\boldsymbol{y})$$

例 11.5　求解下列混合策略矩阵对策 $G^* = (S^*, D^*, E)$，其中

$$S = \{s_1, s_2, s_3\}; D = \{d_1, d_2\}$$

$$\boldsymbol{A} = \begin{bmatrix}1 & -1\\ -1 & 2\\ 0 & 1\end{bmatrix}。$$

解　令

$$\boldsymbol{A}' = [a_{ij} + 2] = \begin{bmatrix}3 & 1\\ 1 & 4\\ 2 & 3\end{bmatrix}$$

确定甲的最优混合策略，求解下述线性规划

$$\min \quad w = x_1 + x_2 + x_3$$

$$\text{s.t.}\begin{cases}3x_1 + x_2 + 2x_3 \geqslant 1\\ x_1 + 4x_2 + 3x_3 \geqslant 1\\ x_j \geqslant 0, j = 1,2,3\end{cases}$$

使用单纯形法，得 $\boldsymbol{x}' = \left[\frac{1}{7} \quad 0 \quad \frac{2}{7}\right]^{\mathrm{T}}$，$w^* = \frac{3}{7}$，同时也可得其对偶问题解：$\boldsymbol{y}' = \left[\frac{2}{7} \quad \frac{1}{7}\right]^{\mathrm{T}}$，

$z^* = \dfrac{3}{7}$。

由于 $\boldsymbol{x}' = \dfrac{1}{u}\boldsymbol{x}^*$，$\boldsymbol{y}' = \dfrac{1}{v}\boldsymbol{y}^*$，可得最优策略

$$\boldsymbol{x}^* = \frac{1}{w}\boldsymbol{x}' = \frac{7}{3}\begin{bmatrix}\frac{1}{7} & 0 & \frac{2}{7}\end{bmatrix}^{\mathrm{T}} = \begin{bmatrix}\frac{1}{3} & 0 & \frac{2}{3}\end{bmatrix}^{\mathrm{T}}$$

$$\boldsymbol{y}^* = \frac{1}{z}\boldsymbol{y}' = \frac{7}{3}\begin{bmatrix}\frac{2}{7} & \frac{1}{7}\end{bmatrix}^{\mathrm{T}} = \begin{bmatrix}\frac{2}{3} & \frac{1}{3}\end{bmatrix}^{\mathrm{T}}$$

例 11.6 设

$$\boldsymbol{A} = \begin{bmatrix} -3 & 1 & -2 \\ 2 & -1 & 2 \\ -1 & 3 & -1 \end{bmatrix}$$

试求解 $G^* = (S^*, D^*, \boldsymbol{A})$。

解 先对矩阵进行简化：

$$\boldsymbol{A} = \begin{matrix} & d_1 & d_2 & d_3 \\ s_1 & -3 & 1 & -2 \\ s_2 & 2 & -1 & 2 \\ s_3 & -1 & 3 & -1 \end{matrix} \longrightarrow \begin{matrix} & d_1 & d_2 & d_3 \\ s_2 & 2 & -1 & 2 \\ s_3 & -1 & 3 & -1 \end{matrix} \longrightarrow \begin{matrix} & d_2 & d_3 \\ s_2 & -1 & 2 \\ s_3 & 3 & -1 \end{matrix}$$

$$\xrightarrow{(+1)} \begin{matrix} & d_2 & d_3 \\ s_2 & 0 & 3 \\ s_3 & 4 & 0 \end{matrix} = \boldsymbol{A}'$$

化为 $G' = (S', D', \boldsymbol{A}')$，其中 $S' = \{s_2, s_3\}$，$D' = \{d_2, d_3\}$。现求解 $G^* = (S'^*, D'^*, E')$。

求乙方最优策略 y^*，即求解线性规划问题

$$\max \quad z = y_1 + y_2$$

$$\begin{cases} 3y_2 \leqslant 1 \\ 4y_1 \leqslant 1 \\ y_1, y_2 \geqslant 0 \end{cases}$$

最优解 $\boldsymbol{y}' = \begin{bmatrix}\frac{1}{4} & \frac{1}{3}\end{bmatrix}^{\mathrm{T}}$，$z^* = \dfrac{1}{4} + \dfrac{1}{3} = \dfrac{7}{12}$，其对偶解为

$$\boldsymbol{x}' = \begin{bmatrix}\frac{1}{3} & \frac{1}{4}\end{bmatrix}^{\mathrm{T}}, w^* = \frac{7}{12}$$

最优策略 $\boldsymbol{x}^* = \dfrac{12}{7}\begin{bmatrix}0 & \frac{1}{3} & \frac{1}{4}\end{bmatrix}^{\mathrm{T}} = \begin{bmatrix}0 & \frac{4}{7} & \frac{3}{7}\end{bmatrix}^{\mathrm{T}}$

$$\boldsymbol{y}^* = \frac{12}{7}\begin{bmatrix}0 & \frac{1}{4} & \frac{1}{3}\end{bmatrix}^{\mathrm{T}} = \begin{bmatrix}0 & \frac{3}{7} & \frac{4}{7}\end{bmatrix}^{\mathrm{T}}$$

G^* 的值 $u = \dfrac{12}{7} - 1 = \dfrac{5}{7}$。

5. 当矩阵为 2×2 阶时解的公式

当局中人甲的支付矩阵 $\boldsymbol{A}$ 为 2×2 的简单情形时，若鞍点不存在，则容易得出下面的解的公式。

记 $\boldsymbol{A} = \begin{bmatrix} a & b \\ c & d \end{bmatrix}$，则 $(\boldsymbol{x}^*, \boldsymbol{y}^*, v^*) = \left(\begin{bmatrix}\dfrac{d-c}{a-b-c+d} & \dfrac{a-b}{a-b-c+d}\end{bmatrix}^{\mathrm{T}},\right.$

$$\left[\frac{d-b}{a-b-c+d} \quad \frac{a-c}{a-b-c+d}\right]^{\mathrm{T}}, \frac{ad-bc}{a-b-c+d}\Bigg) \tag{11.3}$$

例 11.7 求解矩阵对策 $G=(S,D,\boldsymbol{A})$，其中 $\boldsymbol{A}=\begin{bmatrix}1 & 3\\ 4 & 2\end{bmatrix}$。

解 由（11.3）式，$\boldsymbol{x}^*=\left[\frac{2-4}{1-3-4+2} \quad \frac{1-3}{1-3-4+2}\right]^{\mathrm{T}}=\left[\frac{1}{2} \quad \frac{1}{2}\right]^{\mathrm{T}}$，$\boldsymbol{y}^*=\left[\frac{2-3}{1-3-4+2} \quad \frac{1-4}{1-3-4+2}\right]^{\mathrm{T}}=\left[\frac{1}{4} \quad \frac{3}{4}\right]^{\mathrm{T}}$，$v^*=\frac{1\times 2-3\times 4}{1-3-4+2}=\frac{10}{4}=\frac{5}{2}$。

习题 11

11.1 甲、乙两个企业生产同一种电子产品，两个企业都想通过改革管理获取更多的市场销售份额。甲企业的策略措施有：①降低产品价格；②提高产品质量，延长保修年限；③推出新产品。乙企业考虑的措施有：①增加广告费用；②增设维修网点，扩大维修服务；③改进产品性能。假定市场容量一定，由于各自采取的策略措施不同，通过预测，今后两个企业的市场占有份额变动情况如表 11.1 所示（正值为甲企业增加的市场占有份额，负值为甲企业减少的市场占有份额）。试通过对策分析，确定两个企业各自的最优策略。

表 11.1

		乙企业策略		
		1	2	3
甲企业策略	1	10	−1	3
	2	12	10	−5
	3	6	8	5

11.2 有 A、B 两家生产小型电子计算器的工厂，其中 A 厂研制出一种新型袖珍计算器。为推出这种新产品加强与 B 厂竞争，考虑了三个竞争对策：①将新产品全面投入生产；②继续生产现有产品，新产品小批量试产试销；③维持原状，新产品只生产样品征求意见。B 厂了解到 A 厂有新产品情况下也考虑了三个策略：①加速研制新计算器；②对现有计算器革新；③改进产品外观和包装。由于受市场预测能力限制，表 11.2 只表明双方对策结果的大致的定性分析资料（对 A 厂而言）：

若用打分办法，一般记 0 分，较好记 1 分，好记 2 分，很好记 3 分，较差记 −1 分，差记 −2 分，很差记 −3 分，试通过对策分析，确定 A、B 两厂各应采取哪一种策略。

表 11.2

		B 厂策略		
		1	2	3
A 厂策略	1	较好	好	很好
	2	一般	较差	较好
	3	很差	差	一般

11.3 已知矩阵对策

$$\boldsymbol{A}=\begin{bmatrix}4 & 0 & 0\\ 0 & 0 & 8\\ 0 & 6 & 0\end{bmatrix}$$

的解为 $\boldsymbol{x}^*=[6/13 \quad 3/13 \quad 4/13]^{\mathrm{T}}$，$\boldsymbol{y}^*=[6/13 \quad 4/13 \quad 3/13]^{\mathrm{T}}$，对策值为 24/13。求下列矩阵对策的解，其支付矩阵 $\boldsymbol{A}$ 分别为

(1) $\begin{bmatrix} 6 & 2 & 2 \\ 2 & 2 & 10 \\ 2 & 8 & 2 \end{bmatrix}$ (2) $\begin{bmatrix} -2 & -2 & 2 \\ 6 & -2 & -2 \\ -2 & 4 & -2 \end{bmatrix}$

11.4 用线性规划方法求解下面的矩阵对策，其中 $\boldsymbol{A}$ 为

(1) $\begin{bmatrix} 8 & 2 & 4 \\ 2 & 6 & 5 \\ 6 & 4 & 4 \end{bmatrix}$ (2) $\begin{bmatrix} 2 & 0 & 2 \\ 0 & 3 & 1 \\ 1 & 2 & 1 \end{bmatrix}$

11.5 填空

(1)矩阵对策的研究对象是____________对策问题，它在纯策略意义下有解的充要条件是：该解是________点；如果它在纯策略意义下无解，则它在__________意义下必有解。

(2)在矩阵对策 $G^* = (S^*, D^*, E)$ 中，$(\boldsymbol{X}^*, \boldsymbol{Y}^*)$ 是 G^* 解的条件是____。

第 12 章 二人有限非零和对策

12.1 二人有限非零和对策问题

在二人有限零和对策中，由于两个局中人甲和乙的得与失之和恰为零，故在对问题的一般描述时只需考虑甲的支付矩阵 $\boldsymbol{A}$。因此，二人有限零和对策又称为矩阵对策。而在二人的得与失之和一般不为零的非零和情形，对问题的一般描述就必须同时考虑甲的支付矩阵 $\boldsymbol{A}$ 和乙的支付矩阵 $\boldsymbol{B}$，因此，二人有限非零和对策又称为双矩阵对策。

双矩阵对策记为 $G=(S,D,(\boldsymbol{A},\boldsymbol{B}))$，其中 $S=\{s_1,\cdots,s_m\}$ 为局中人甲的策略集，$D=\{d_1,\cdots,d_n\}$ 为局中人乙的策略集，$\boldsymbol{A}=[a_{ij}]_{m\times n}$ 和 $\boldsymbol{B}=[b_{ij}]_{m\times n}$ 分别为甲和乙的支付矩阵，a_{ij} 和 b_{ij} 分别表示甲和乙的相应于 s_i 和 d_j 的赢得。

显然，当 $\boldsymbol{A}+\boldsymbol{B}=\boldsymbol{0}$ 时，双矩阵对策即化为矩阵对策。

我们来看两个二人有限非零和对策问题的例子，第一个是囚犯两难推理问题：两名囚犯甲和乙因涉嫌抢劫被捕。警方因证据不足先将二人分关二室，并宣布：若二人均不坦白，则只能因藏有枪支而被判刑 1 年；若有一人坦白而另一人不坦白，则坦白者无罪释放，不坦白者被判刑 10 年；若二人都坦白了，则同判 9 年，如图 12.1。此二人确系抢劫犯，他们该怎样抉择呢？

		乙	
		坦白	抵赖
甲	坦白	−9, −9	0, −10
	抵赖	−10, 0	−1, −1

图 12.1

第二个是智猪博弈问题：猪圈里有两头猪：一头大猪、一头小猪，猪圈的一端有一个猪食槽，另一端安装一个按钮，控制着猪食的供应。按一下按钮就会有 10 个单位的猪食进槽，但谁按按钮谁就需要付 2 个单位的成本。若大猪先到食槽，大猪吃到 9 个单位，小猪只能吃 1 个单位；若同时到，大猪吃到 7 个单位，小猪吃 3 个单位；若小猪先到，大猪吃到 6 个单位，小猪吃 4 个单位，如图 12.2。大猪和小猪该怎样抉择呢？

		小猪	
		按	等待
大猪	按	5,1	4,4
	等待	9, −1	0,0

图 12.2

在矩阵对策中，由于甲的得就是乙的失，二人之间没有共同利益，故二人是处于完全竞争的非合作状态。但在双矩阵对策中，由于甲的得并不一定等于乙的失，二人可以同时得，故二人之间有可能合作，从而得到更多的利益。

双矩阵对策的求解一般要比矩阵对策复杂得多。本章主要介绍比较简单的 2×2 阶矩阵的情形。

12.2 非合作的二人有限非零和对策

12.2.1 解的概念和存在性定理

与矩阵对策的情形类似,双矩阵对策一般也要在混合策略意义下求解。仍记 $S^* = \{\boldsymbol{x} = [x_1 \quad \cdots \quad x_m]^{\mathrm{T}} \mid x_i \geqslant 0, \sum_{i=1}^{m} x_i = 1\}$ 和 $D^* = \{\boldsymbol{y} = [y_1 \quad \cdots \quad y_n]^{\mathrm{T}} \mid y_i \geqslant 0, \sum_{j=1}^{n} y_j = 1\}$ 分别为局中人甲和乙的混合策略集。

定义 12.1 设 $\boldsymbol{x}^* \in S^*$, $\boldsymbol{y}^* \in D^*$,若对任何 $\boldsymbol{x} \in S^*$ 和任何 $\boldsymbol{y} \in D^*$,有

$$\boldsymbol{x}^{\mathrm{T}} \boldsymbol{A} \boldsymbol{y}^* \leqslant \boldsymbol{x}^{*\mathrm{T}} \boldsymbol{A} \boldsymbol{y}^*$$

$$\boldsymbol{x}^{*\mathrm{T}} \boldsymbol{B} \boldsymbol{y} \leqslant \boldsymbol{x}^{*\mathrm{T}} \boldsymbol{B} \boldsymbol{y}^*$$

则称 $(\boldsymbol{x}^*, \boldsymbol{y}^*)$ 为双矩阵对策 G 的平衡局势。

上述定义给出了双矩阵对策的一种最常用的解的概念,平衡局势 $(\boldsymbol{x}^*, \boldsymbol{y}^*)$ 就是 G 的解,它相应的二局中人的期望收益 $(\boldsymbol{x}^{*\mathrm{T}} \boldsymbol{A} \boldsymbol{y}^*, \boldsymbol{x}^{*\mathrm{T}} \boldsymbol{B} \boldsymbol{y}^*)$ 就是 G 的值,记为 (U^*, V^*)。显然,当 $\boldsymbol{A} + \boldsymbol{B} = \boldsymbol{0}$ 时,平衡局势的定义就化为矩阵对策在混合策略意义下的解的定义了。纳什(Nash)证明了平衡局势的存在性定理。

定理 12.1 任何双矩阵对策至少存在一个平衡局势。

还可证明下面的结论。

定理 12.2 $(\boldsymbol{x}^*, \boldsymbol{y}^*)$ 为双矩阵对策 G 的一个平衡局势的充要条件是存在数 p^* 和 q^* 使 $[\boldsymbol{x}^* \quad \boldsymbol{y}^* \quad p^* \quad q^*]^{\mathrm{T}}$ 是下述规划问题的一个解:

$$\max(\boldsymbol{x}^{\mathrm{T}} \boldsymbol{A} \boldsymbol{y} + \boldsymbol{x}^{\mathrm{T}} \boldsymbol{B} \boldsymbol{y} - p - q)$$

$$\text{s.t.} \begin{cases} \boldsymbol{A} \boldsymbol{y} \leqslant p \boldsymbol{E}_n \\ \boldsymbol{x}^{\mathrm{T}} \boldsymbol{B} \leqslant q \boldsymbol{E}_m \\ \boldsymbol{E}_m^{\mathrm{T}} \boldsymbol{x} = \boldsymbol{E}_n^{\mathrm{T}} \boldsymbol{y} = 1 \\ \boldsymbol{x} \geqslant \boldsymbol{0}, \boldsymbol{y} \geqslant \boldsymbol{0} \end{cases}$$

其中 $\boldsymbol{E}_n$ 和 E_m 是分量均为 1 的 n 维和 m 维向量。

定理 12.2 说明,求解双矩阵对策的问题可以转化为求解一个数学规划问题。但由于这是一个非线性规划,一般来说求解比较复杂。不过当矩阵 $\boldsymbol{A}$ 和 $\boldsymbol{B}$ 均为 2×2 阶时,可以利用较简单的方法求解。

12.2.2 2×2 双矩阵对策的解法

当矩阵 $\boldsymbol{A}$ 和 $\boldsymbol{B}$ 均为 2×2 阶时,相应的双矩阵对策可表示为

$$\begin{array}{cc} & \text{乙} \\ & \begin{array}{cc} y_1 & 1-y_1 \end{array} \\ \text{甲} \begin{array}{c} x_1 \\ 1-x_1 \end{array} & \begin{bmatrix} (a_{11}, b_{11}) & (a_{12}, b_{12}) \\ (a_{21}, b_{21}) & (a_{22}, b_{22}) \end{bmatrix} \end{array} \quad (0 \leqslant x_1 \leqslant 1, 0 \leqslant y_1 \leqslant 1)$$

若 $(\boldsymbol{x}^*, \boldsymbol{y}^*)$ 是均衡局势,由定义 12.1,$\boldsymbol{x}^*$ 和 $\boldsymbol{y}^*$ 应分别是 $\boldsymbol{x}^{\mathrm{T}} \boldsymbol{A} \boldsymbol{y}^*$ 在 S^* 上和 $\boldsymbol{x}^{*\mathrm{T}} \boldsymbol{B} \boldsymbol{y}$ 在 D^* 上

的极大点。而

$$\boldsymbol{x}^{\mathrm{T}}\boldsymbol{A}\boldsymbol{y}^{*}=[x_1 \quad 1-x_1]\begin{bmatrix}a_{11} & a_{12}\\ a_{21} & a_{22}\end{bmatrix}\begin{bmatrix}y_1^{*}\\ 1-y_1^{*}\end{bmatrix}$$
$$=[(a_{11}-a_{12}-a_{21}+a_{22})y_1^{*}-(a_{22}-a_{12})]x_1+a_{22}+(a_{21}-a_{22})y_1^{*}$$

记

$$A_1=a_{11}-a_{12}-a_{21}+a_{22}$$
$$A_2=a_{22}-a_{12}$$

则使 $\boldsymbol{x}^{\mathrm{T}}\boldsymbol{A}\boldsymbol{y}^{*}$ 达极大的 x_1^{*} 应满足

$$x_1^{*}=\begin{cases}0, & \text{当 } A_1y_1^{*}-A_2<0\\ [0,1]\text{中任意值}, & \text{当 } A_1y_1^{*}-A_2=0\\ 1, & \text{当 } A_1y_1^{*}-A_2>0\end{cases} \tag{12.1}$$

$$\boldsymbol{x}^{*\mathrm{T}}\boldsymbol{B}\boldsymbol{y}=[x_1^{*} \quad 1-x_1^{*}]\begin{bmatrix}b_{11} & b_{12}\\ b_{21} & b_{22}\end{bmatrix}\begin{bmatrix}y_1\\ 1-y_1\end{bmatrix}$$
$$=[(b_{11}-b_{12}-b_{21}+b_{22})x_1^{*}-(b_{22}-b_{21})]y_1+b_{22}+(b_{12}-b_{22})x_1^{*}$$

记

$$B_1=b_{11}-b_{12}-b_{21}+b_{22}$$
$$B_2=b_{22}-b_{21}$$

则使 $\boldsymbol{x}^{*\mathrm{T}}\boldsymbol{B}\boldsymbol{y}$ 达极大的 y_1^{*} 应满足

$$y_1^{*}=\begin{cases}0, & \text{当 } B_1x_1^{*}-B_2<0\\ [0,1]\text{中任意值}, & \text{当 } B_1x_1^{*}-B_2=0\\ 1, & \text{当 } B_1x_1^{*}-B_2>0\end{cases} \tag{12.2}$$

根据式(12.1)和式(12.2),可在以 x_1 和 y_1 为横、纵轴的坐标系中确定出对于局中人甲来说可能成为平衡局势的点(不妨称为甲的解)(x_1^{*},y_1)的轨迹和对于局中人乙来说可能成为平衡局势的点(不妨称为乙的解)(x_1,y_1^{*})的轨迹。二轨迹的公共点即(x_1^{*},y_1^{*}),由此便可得到平衡局势$(\boldsymbol{x}^{*},\boldsymbol{y}^{*})$。将这一分析的结果各分为 9 种情形(即 A_1 和 A_2、B_1 和 B_2 取各种符号时的 9 种条件)列于表 12.1 和表 12.2。

表 12.1

条件序号	条件	解	图示
1	$A_1=0$ $A_2=0$	$0\leqslant x_1\leqslant 1$ $0\leqslant y_1\leqslant 1$	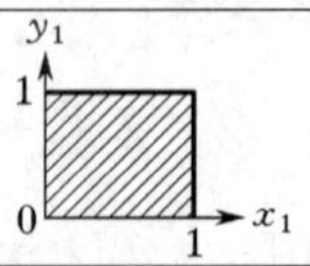
2	$A_1=0$ $A_2>0$	$x_1=0$ $0\leqslant y_1\leqslant 1$	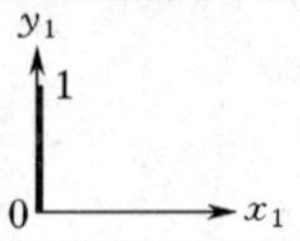

续表 12.1

条件序号	条件	解	图示
3	$A_1=0$ $A_2<0$	$x_1=1$ $0\leqslant y_1\leqslant 1$	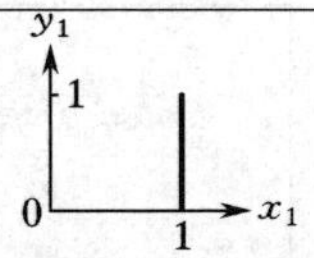
4	$A_1>0$ $A_2=0$	$x_1=1, 0\leqslant y_1\leqslant 1$ $0\leqslant x_1\leqslant 1, y_1=0$	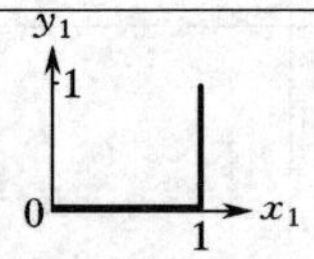
5	$A_1<0$ $A_2=0$	$x_1=0, 0\leqslant y_1\leqslant 1$ $0\leqslant x_1\leqslant 1, y_1=0$	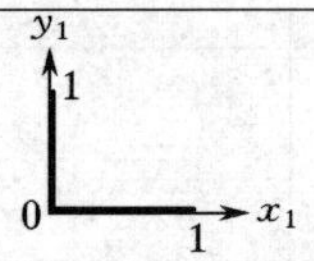
6	$A_1>0$ $A_2>0$	$x_1=0, 0\leqslant y_1\leqslant \frac{A_2}{A_1}$ $0\leqslant x_1\leqslant 1, y_1=\frac{A_2}{A_1}$ $x_1=1, \frac{A_2}{A_1}\leqslant y_1\leqslant 1$	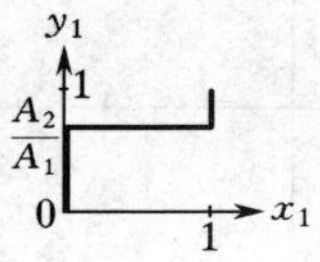
7	$A_1<0$ $A_2<0$	$x_1=0, \frac{A_2}{A_1}\leqslant y_1\leqslant 1$ $0\leqslant x_1\leqslant 1, y_1=\frac{A_2}{A_1}$ $x_1=1, 0\leqslant y_1\leqslant \frac{A_2}{A_1}$	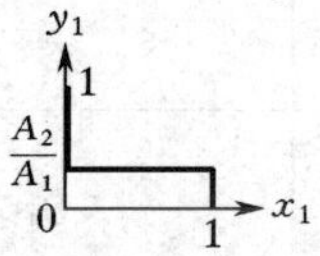
8	$A_1>0$ $A_2<0$	$x_1=1$ $0\leqslant y_1\leqslant 1$	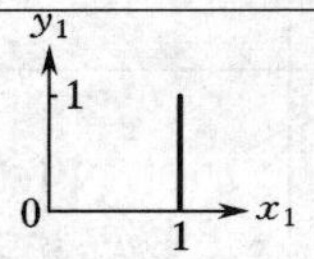
9	$A_1<0$ $A_2>0$	$x_1=0$ $0\leqslant y_1\leqslant 1$	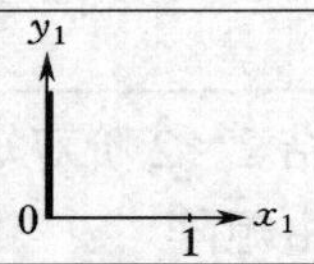

表 12.2

条件序号	条件	解	图示
1	$B_1=0$ $B_2=0$	$0\leqslant y_1\leqslant 1$ $0\leqslant x_1\leqslant 1$	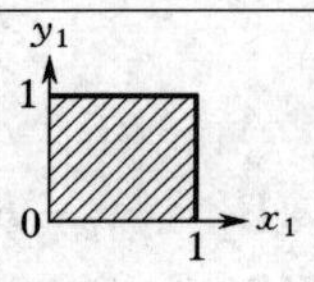
2	$B_1=0$ $B_2>0$	$y_1=0$ $0\leqslant x_1\leqslant 1$	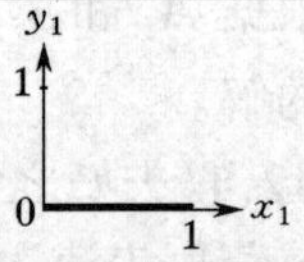
3	$B_1=0$ $B_2<0$	$y_1=1$ $0\leqslant x_1\leqslant 1$	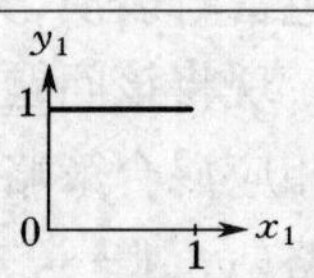

续表 12.2

条件序号	条件	解	图示
4	$B_1>0$ $B_2=0$	$y_1=1,0\leqslant x_1\leqslant 1$ $0\leqslant y_1\leqslant 1,x_1=0$	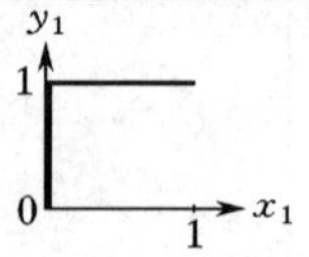
5	$B_1<0$ $B_2=0$	$y_1=0,0\leqslant x_1\leqslant 1$ $0\leqslant y_1\leqslant 1,x_1=0$	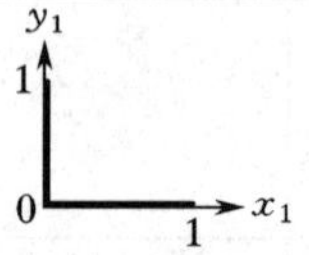
6	$B_1>0$ $B_2>0$	$y_1=0,0\leqslant x_1\leqslant \frac{B_2}{B_1}$ $0\leqslant y_1\leqslant 1,x_1=\frac{B_2}{B_1}$ $y_1=1,\frac{B_2}{B_1}\leqslant x_1\leqslant 1$	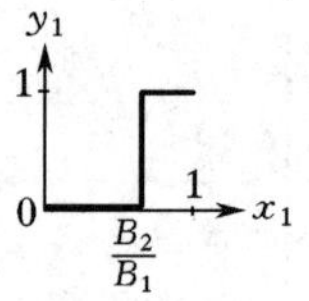
7	$B_1<0$ $B_2<0$	$y_1=0,\frac{B_2}{B_1}\leqslant x_1\leqslant 1$ $0\leqslant y_1\leqslant 1,x_1=\frac{B_2}{B_1}$ $y_1=1,0\leqslant x_1\leqslant \frac{B_2}{B_1}$	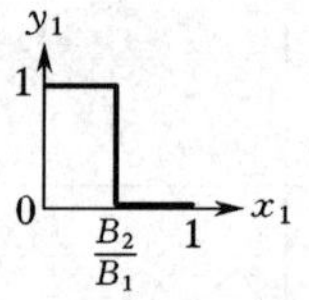
8	$B_1>0$ $B_2<0$	$y_1=1$ $0\leqslant x_1\leqslant 1$	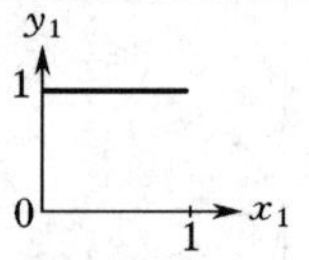
9	$B_1<0$ $B_2>0$	$y_1=0$ $0\leqslant x_1\leqslant 1$	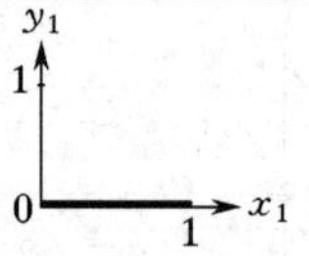

总结 2×2 阶双矩阵对策的求解步骤如下：

①由矩阵

$$\boldsymbol{A}=\begin{bmatrix} a_{11} & a_{12} \\ a_{21} & a_{22} \end{bmatrix},\boldsymbol{B}=\begin{bmatrix} b_{11} & b_{12} \\ b_{21} & b_{22} \end{bmatrix}$$

计算

$$A_1=a_{11}-a_{12}-a_{21}+a_{22},A_2=a_{22}-a_{12}$$
$$B_1=b_{11}-b_{12}-b_{21}+b_{22},B_2=b_{22}-b_{21}$$

②根据 A_i 和 B_i($i=1,2$)的符号，由表 12.1 和表 12.2 得到局中人甲和乙的解，其公共点即对策的解。

例 12.1(夫妇之争)　夫妇俩商量晚上到哪儿去消遣。丈夫喜欢去看足球比赛，而妻子喜欢去看芭蕾舞表演，夫妇二人都希望二人同往。

解　现将该问题归为一个双矩阵对策。记丈夫为局中人甲，其策略为 s_1(看芭蕾)、s_2(看足球)，相应混合策略$(x_1,1-x_1)$；妻子为局中人乙，其策略为 d_1(看芭蕾)、d_2(看足球)，相应混合策略$(y_1,1-y_1)$。设其得失矩阵为

$$
\begin{array}{c} \text{乙} \\ \text{甲}\begin{bmatrix} (1,4) & (0,0) \\ (0,0) & (4,1) \end{bmatrix} \end{array}
$$

矩阵中位于第 i 行 j 列的括号即(a_{ij},b_{ij}),则

$$
\boldsymbol{A}=\begin{bmatrix}1 & 0\\ 0 & 4\end{bmatrix},\boldsymbol{B}=\begin{bmatrix}4 & 0\\ 0 & 1\end{bmatrix}
$$

$$
A_1=1-0-0+4=5,A_2=4-0=4,\frac{A_2}{A_1}=\frac{4}{5}
$$

$$
B_1=4-0-0+1=5,B_2=1-0=1,\frac{B_2}{B_1}=\frac{1}{5}
$$

丈夫的解(图 12.3)为

$$x_1=0,0\leqslant y_1\leqslant\frac{4}{5}$$

$$x_1=1,\frac{4}{5}\leqslant y_1\leqslant 1$$

$$y_1=\frac{4}{5},0\leqslant x_1\leqslant 1$$

妻子的解(图 12.4)为

$$y_1=0,0\leqslant x_1\leqslant\frac{1}{5}$$

$$0\leqslant y_1\leqslant 1,x_1=\frac{1}{5}$$

$$y_1=1,\frac{1}{5}\leqslant x_1\leqslant 1$$

由解的图示易见,公共点有三个:$A(0,0)$,$B\left(\frac{1}{5},\frac{4}{5}\right)$,$C(1,1)$,如图 12.5 所示。

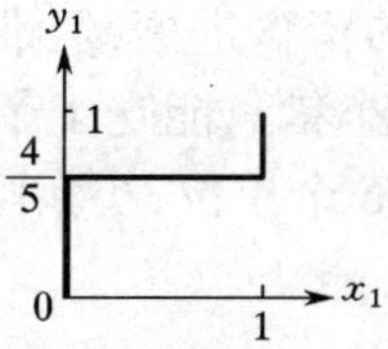

图 12.3

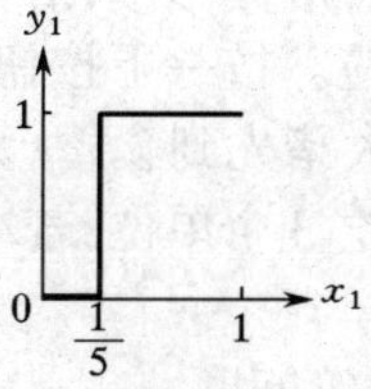

图 12.4

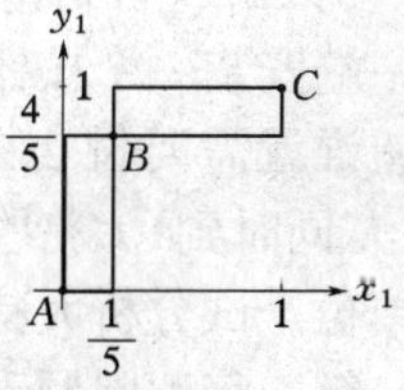

图 12.5

A 点相应于平衡局势$(\boldsymbol{x}^*,\boldsymbol{y}^*)=([0\quad 1]^{\mathrm{T}},[0\quad 1]^{\mathrm{T}})$,即二人同去看足球,相应的得失值$(U^*,V^*)=(\boldsymbol{x}^{*\mathrm{T}}\boldsymbol{A}\boldsymbol{y}^*,\boldsymbol{x}^{*\mathrm{T}}\boldsymbol{B}\boldsymbol{y}^*)=(4,1)$,丈夫得到最大的满足。

B 点相应于平衡局势$(\boldsymbol{x}^*,\boldsymbol{y}^*)=\left(\begin{bmatrix}\frac{1}{5} & \frac{4}{5}\end{bmatrix},\begin{bmatrix}\frac{4}{5} & \frac{1}{5}\end{bmatrix}^{\mathrm{T}}\right)$,相应的得失值$(U^*,V^*)=\left(\frac{4}{5},\frac{4}{5}\right)$,两人在此混合策略下的满意度得到了均衡,但却都降低了。

C 点相应于平衡局势$(x^*,y^*)=((1,0),(1,0))$,即二人同去看芭蕾,相应得失值$(U^*,V^*)=(1,4)$,妻子得到最大的满足。

由此例可以看到,双矩阵对策的不同的解可以对应于不同的值,这一点是与矩阵对策不同的。

例 12.2(囚犯两难推理)　两名囚犯因涉嫌抢劫被捕。警方因证据不足先将二人分关二室,并宣布:若二人均不坦白,则只能因藏有枪支而被判刑 1 年;若有一人坦白而另一人不坦白,则坦白者无罪释放,不坦白者被判刑 10 年;若二人都坦白了,则同判刑 9 年。此二人确系

抢劫犯。请分析他们的抉择。

解 将此问题看做如下的双矩阵对策问题：

		囚犯乙：坦白	囚犯乙：不坦白
囚犯甲	坦白	$(-9,-9)$	$(0,-10)$
	不坦白	$(-10,0)$	$(-1,-1)$

双方的矩阵

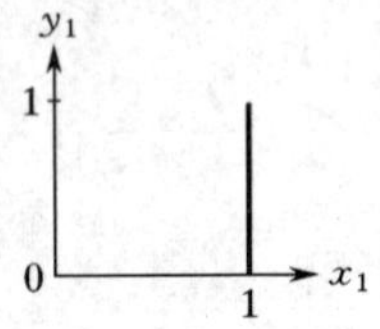

图 12.6

$$\boldsymbol{A}=\begin{bmatrix}-9 & 0\\ -10 & -1\end{bmatrix},\boldsymbol{B}=\begin{bmatrix}-9 & -10\\ 0 & -1\end{bmatrix}$$

$$A_1=-9-0-(-10)+(-1)=0,A_2=-1-0=-1$$

$$B_1=-9-(-10)-0+(-1)=0,B_2=-1-0=-1$$

囚犯甲的解(如图 12.6)

$$x_1=1,0\leqslant y_1\leqslant 1$$

囚犯乙的解(如图 12.7)

$$y_1=1,0\leqslant x_1\leqslant 1$$

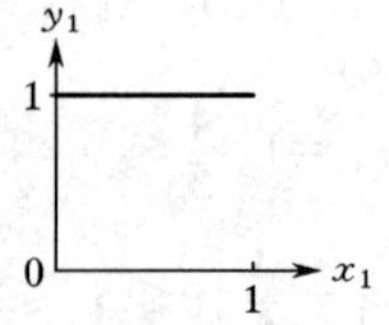

图 12.7

公共点为$(x_1,y_1)=(1,1)$，相应的均衡局势为$(\boldsymbol{x}^*,\boldsymbol{y}^*)=((1,0),(1,0))$，即二人都坦白，得失值$(U^*,V^*)=(-9,-9)$，即二人均被判刑 9 年。

试想，如果二囚犯之间允许通话，那么结果将会怎样呢？

例 12.3(智猪博弈) 猪圈里有两头猪：一头大猪、一头小猪，猪圈的一端有一个猪食槽，另一端安装一个按钮，控制着猪食的供应。按一下按钮就会有 10 个单位的猪食进槽，但谁按按钮谁就需要付 2 个单位的成本。若大猪先到食槽，大猪吃到 9 个单位，小猪只能吃 1 个单位；若同时到，大猪吃到 7 个单位，小猪吃 3 个单位；若小猪先到，大猪吃到 6 个单位，小猪吃 4 个单位。试分析大猪和小猪的抉择。

解 将此问题看做如下的双矩阵对策问题：

		小猪：按	小猪：等待
大猪	按	$(5,1)$	$(4,4)$
	等待	$(9,-1)$	$(0,0)$

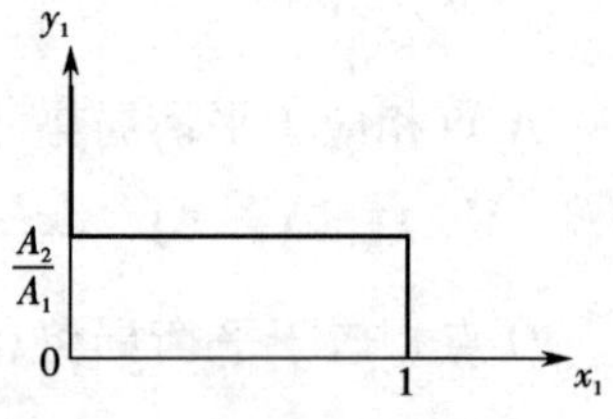

图 12.8

$$A_1=5-4-9+0=-8,A_2=0-4=-4,\frac{A_2}{A_1}=\frac{1}{2};$$

$$B_1=1-4-(-1)+0=-2,B_2=0-(-1)=1。$$

解如图 12.8 所示，点$(x_1,y_1)=(1,0)$表示大猪按，小猪等。这种搭便车现象在现实中经常存在。

12.3 合作的二人有限非零和对策

12.3.1 合作的联合随机策略与可行收益区域

前面已经指出，在非零和对策中，二局中人有可能进行合作，共同控制对策的进程，分享共同利益。以例 12.1 的夫妇之争问题为例,如果允许合作,则二人显然不会考虑得失值为(0,0)的策略,而是协商怎样在得失值(1,4)和(4,1)中进行权衡,也可以说以多大的概率 α 选取(1,4)而以概率$(1-\alpha)$选取(4,1),从而得到期望得失值

$$\alpha(1,4)+(1-\alpha)(4,1)$$

这时的对策问题称做采用联合随机策略的合作双矩阵对策。

在非合作的情形,丈夫的期望得失值表达式为

$$U=[x_1 \quad 1-x_1]\begin{bmatrix}1 & 0\\0 & 4\end{bmatrix}\begin{bmatrix}y_1\\1-y_1\end{bmatrix}=5x_1y_1-4x_1-4y_1+4$$

妻子的期望得失值表达式为

$$V=[x_1,1-x_1]\begin{bmatrix}4 & 0\\0 & 1\end{bmatrix}\begin{bmatrix}y_1\\1-y_1\end{bmatrix}=5x_1y_1-x_1-y_1+1$$

当 x_1 和 y_1 各自在[0,1]上变动时,U—V平面上的点(U,V)构成非合作对策的“可行收益”区域,如图 12.9 中阴影部分所示。

而在合作的情形,使用联合随机策略,以概率 α 选取(1,4),以概率$(1-\alpha)$选取(4,1),所得的得失值 $\alpha(1,4)+(1-\alpha)(4,1)$表示连接(1,4)和(4,1)的线段,这说明合作时的可行得失域要比非合作时的大。如果以概率 α_1、α_2、$\alpha_3$$(\alpha_1+\alpha_2+\alpha_3=1)$分别选取(1,4)、(4,1)和(0,0),则得失值 $\alpha_1(1,4)+\alpha_2(4,1)+\alpha_3(0,0)$将充满以三点为顶点的三角形,如图 12.10 所示。

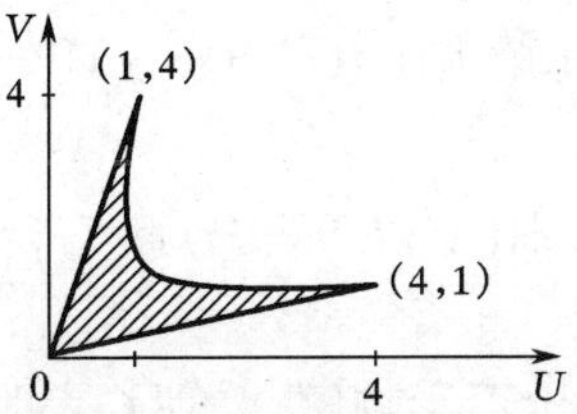

图 12.9

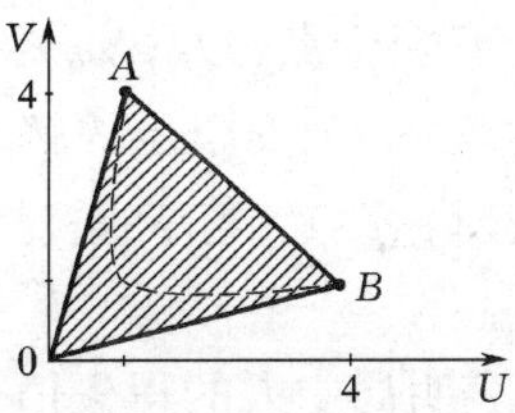

图 12.10

12.3.2 Pareto 最优点与 Nash 谈判解

为了得到最大的收益,显然应当在线段 AB 上选取最优的(U,V)。因为 AB 上的点(U,V)均满足:找不到可行得失域中的点(U',V'),使 $U'\geqslant U$,且 $V'\geqslant V$,AB 上的点称为是帕累托(Pareto)最优的。

一般地,如果在域中不存在$(U',V')\neq(U,V)$,使 $U'\geqslant U$,$V'\geqslant V$,称合作双矩阵对策可行得失域中的点(U,V)是 Pareto 最优的。

同时,考虑到合作时的收益不能低于不合作时的最低收益,通常取(U_0,V_0)作为基点,其中

$$U_0=\max_{x\in S^*}\min_{y\in D^*}\boldsymbol{x}^{\mathrm{T}}\boldsymbol{A}\boldsymbol{y}$$

$$V_0=\max_{y\in D^*}\min_{x\in S^*}\boldsymbol{x}^{\mathrm{T}}\boldsymbol{B}\boldsymbol{y}$$

(U_0,V_0)称为合作双矩阵对策的安全点。称满足 $U\geqslant U_0$ 且 $V\geqslant V_0$ 的 Pareto 最优点(U,V)的全体为 Nash 谈判集。

对于 2×2 阶双矩阵对策,安全点可由式(11.3)计算。只是注意在计算 V_0 时要将矩阵进

行转置。如本例中，

$$U_0=\frac{1\times4-0\times0}{1-0-0+4}=\frac{4}{5}$$

$$V_0=\frac{4\times1-0\times0}{4-0-0+1}=\frac{4}{5}$$

易见，Nash 谈判集即线段 AB，最优得失值(U^*,V^*)将在 AB 中产生。这样得到的(U^*，V^*)称为 Nash 谈判解。

为了从 Nash 谈判集中寻找使双方可达成协议的解(U^*,V^*)，记所有可能成为(U^*，V^*)的可行解的集合为 P(可即 Nash 谈判集)。

Nash 给出了(U^*,V^*)的 6 个公理：

公理 12.1(下限要求)　$U^*\geqslant U_0, V^*\geqslant V_0$。

公理 12.2(可行性)　$(U^*,V^*)\in P$。

公理 12.3(Pareto 最优性)　若有$(U,V)\in P$，使 $U\geqslant U^*, V\geqslant V^*$，则 $U=U^*, V=V^*$。

公理 12.4(无关方案可去性)　若有 $P_1\subset P$，P_1 与 P 有相同的安全点，(U^*,V^*)是 P 中的解，只要$(U^*,V^*)\in P_1$，则它也是 P_1 中的解。

公理 12.5(线性变换不变性)　设 P'是从 P 经线性变换

$$U'=aU+b, V'=cV+d(a,c>0)$$

后得出的，若 P 有安全点(U_0,V_0)，(U^*,V^*)是 P 中的解，则(aU^*+b, cV^*+d)是 P'的以(aU_0+b, cV_0+d)为安全点的解。

公理 12.6(对称性)　若 P 是对称的(若$(U,V)\in P$，则$(V,U)\in P$)且 $U_0=V_0$，则 $U^*=V^*$。

公理 12.5 表明局中人的得失值是用美元还是英镑记价不影响解；公理 6 表明局中人实力旗鼓相当则收益相等。

在规定了上述公理后，Nash 证明了存在唯一的从 P 和(U_0,V_0)到(U^*,V^*)的映射(称仲裁程序)$\Psi((U_0,V_0),P)=(U^*,V^*)$。

定理 12.3　考虑下面的仲裁程序 Ψ：

①若 P 中有点(U,V)满足 $U>U_0, V>V_0$，则对所有这样的(U,V)定义 $f(U,V)=(U-U_0)(V-V_0)$，f 将在唯一的点(U^*,V^*)上达到最大值，于是定义 $\Psi((U_0,V_0),P)=(U^*,V^*)$；

②若 P 中没有点(U,V)满足 $U>U_0, V>V_0$，则或者 P 中有点(U,V_0)满足 $U\geqslant U_0$，或者 P 中有点(U_0,V)满足 $V\geqslant V_0$，记 $U^*=\max\limits_U(U,V_0)$，$V^*=\text{man}\limits_V(U_0,V)$，于是对前者定义 $\Psi((U_0,V_0),P)=(U^*,V_0)$，对后者定义 $\Psi((U_0,V_0),P)=(U_0,V^*)$。

下面给出求 Nash 谈判解的步骤：

①由矩阵 $\boldsymbol{A}$ 和 $\boldsymbol{B}$ 求安全点(U_0,V_0)；

②求可行得失值区域，对于 2×2 阶双矩阵对策，即以(a_{ij},b_{ij})($i=1$、2，$j=1$、2)为顶点的四边形；

③求出 Pareto 最优点的区域，在 2×2 阶情形一般位于右上方边界；

④求出 Nash 谈判集；

⑤在 Nash 谈判集中求 $f(U,V)=(U-U_0)(V-V_0)$的最大点(U^*,V^*),即 Nash 谈判解。

求 Nash 谈判解的过程很像一个双方谈判协商的过程,称为 Nash 谈判过程。

例 12.4(合作的夫妇之争) 已经求得 Nash 谈判集为线段 AB,如图 12.11,过 A、B 的直线表达式为

$$\frac{V-4}{1-4}=\frac{U-1}{4-1}$$

即

$$V=-U+5$$

$$\begin{aligned}f(U,V)&=\left(U-\frac{4}{5}\right)\left(V-\frac{4}{5}\right)\\&=\left(U-\frac{4}{5}\right)\left(-U+5-\frac{4}{5}\right)\\&=-U^2+5U-\frac{84}{25}\\&=-\left(U-\frac{5}{2}\right)^2+\frac{289}{100}\end{aligned}$$

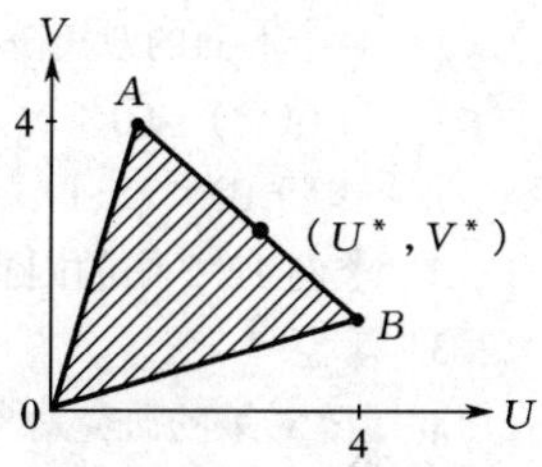

图 12.11

$$U^*=\frac{5}{2}=2\frac{1}{2},V^*=\frac{5}{2}=2\frac{1}{2}$$

(U^*,V^*)即 Nash 谈判解。

例 12.5 求双矩阵

$$\text{甲}\begin{bmatrix}(1,2) & \overset{\text{乙}}{} (4,5)\\(7,1) & (3,0)\end{bmatrix}$$

对策的 Nash 谈判解。

解 矩阵 $\boldsymbol{A}=\begin{bmatrix}1 & 4\\7 & 3\end{bmatrix},\boldsymbol{B}^{\mathrm{T}}=\begin{bmatrix}2 & 1\\5 & 0\end{bmatrix}$

$$U_0=\frac{1\times3-4\times7}{1-4-7+3}=3\frac{4}{7},V_0=\frac{2\times0-1\times5}{2-1-5+0}=1\frac{1}{4}$$

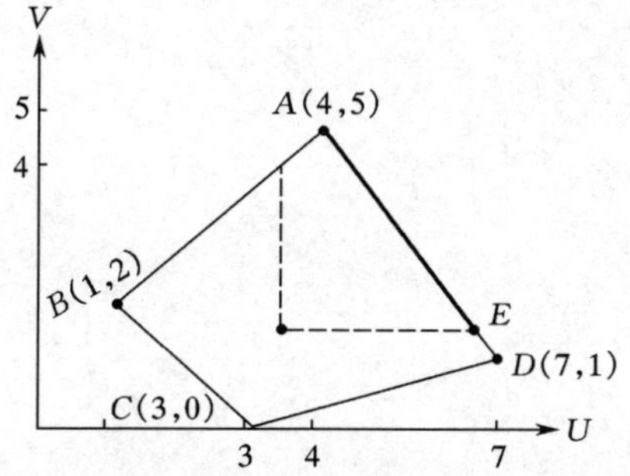

图 12.12

安全点为$(U_0,V_0)=\left(3\frac{4}{7},1\frac{1}{4}\right)$。Nash 谈判集为如图 12.12 中的线段 AE。

直线 AD 的方程为

$$\frac{V-5}{1-5}=\frac{U-4}{7-4}$$

即

$$V=-\frac{4}{3}U+\frac{31}{3}$$

当 $V=V_0=1\frac{1}{4},U=6\frac{3}{16}$,即 E 点为$\left(6\frac{3}{16},1\frac{1}{4}\right)$,在 $4\leqslant U\leqslant6\frac{3}{16}$上求

$$f(U)=\left(U-3\frac{4}{7}\right)\left(V-1\frac{1}{4}\right)$$

$$= \left(U - 3\frac{4}{7}\right)\left(-\frac{4}{3}U + \frac{109}{12}\right)$$

$$= -\frac{4}{3}U^2 + \frac{3\,489}{252}U - \frac{2725}{84}$$

的最大点，令 $f'(U)=0, U^*=\frac{3\,489}{672}\approx 5.2$，由于 $f''(U^*)=-\frac{8}{3}<0$，故 $U^*=5.2$ 是极大点。相应的 $V^*=3.4$，$(U^*,V^*)=(5.2,3.4)$是 Nash 谈判解。

习题 12

12.1　对于下面的双矩阵对策问题，分别对非合作与合作（用 Nash 谈判过程）两种情形求解。

(1)$\begin{bmatrix} (1,3) & (0,0) \\ (0,0) & (3,1) \end{bmatrix}$，(2)$\begin{bmatrix} (6,5) & (3,15) \\ (5,9) & (20,5) \end{bmatrix}$

12.2　求例 12.2 中的囚犯两难推理问题的 Nash 谈判解。

12.3　填空

(1)双矩阵对策的研究对象是__________________对策问题。双矩阵对策 $G=(S,D,(\boldsymbol{A},\boldsymbol{B}))$当 $\boldsymbol{A}=$_________时化为矩阵对策。

(2)记(U_0,V_0)为合作双矩阵对策的安全点，则称满足________________________的 Pareto 最优点(U,V)的全体为_________谈判集。

Ⅵ 随机运筹技术

第13章 排队系统分析

13.1 基本概念

13.1.1 排队系统的组成

排队是在日常生活中经常遇到的现象。如到商店买东西，到医院看病，均是顾客希望得到某种服务，而当某时刻要求服务的顾客数量超过服务机构的容量时，便出现排队现象。这时，排队等待的顾客与服务机构便构成一个排队系统，如图13.1所示。现实世界中存在着形形色色的排队系统，如表13.1所示。

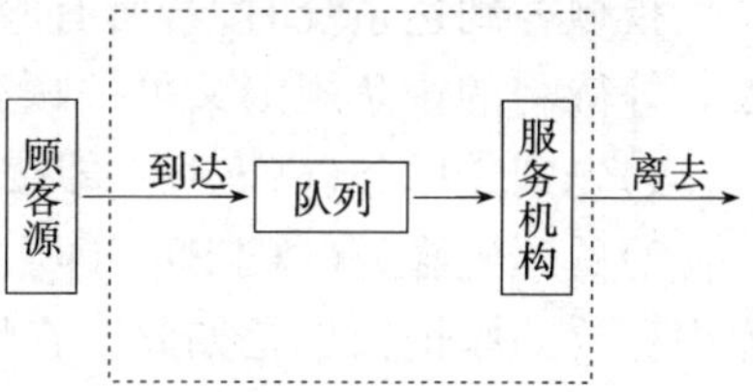

图13.1

表13.1

到达的顾客	要求服务的内容	服务机构
1.不能运转的机器	修理	修理技工
2.修理技工	领取修配零件	发放零件的管理员
3.病人	就诊	医生
4.电话呼唤	通话	交换台
5.文稿	打字	打字员
6.录入计算机中的文件	打印	打印机
7.提货单	提取存货	仓库管理员
8.到达机场上空的飞机	降落	跑道指挥机构
9.驶入港口的货船	装货或卸货	码头(泊位)
10.进入水库的上游河水	放水，调整水位	水闸管理员
11.来到路口的汽车	通过路口	交通警或红绿灯
12.来到车站的乘客	乘车	公交车管理员
13.进入餐馆的顾客	就餐	餐位的服务员

如果服务设施过少或服务效率太低，便会加剧拥挤，排队成龙。但增加服务设施便会增加服务成本或造成系统空闲，而有些服务设施如机场跑道、港口泊位等一旦建成就不易改动。因此，有必要对排队系统的结构和运行规律加以研究，为排队系统的设计和调控提供依据。

排队系统的基本组成部分主要有输入过程、排队规则、服务机构。

1. 输入过程

输入过程是指顾客到达排队系统的过程，对此我们主要讨论两方面内容：

①顾客源，即顾客总体的数量，可以是有限的，也可以是无限的，河流上游进入水库的水量可以认为是无限的，车间内停机待修的机器显然是有限的；

②顾客到达的规律，主要指顾客到达系统的时间间隔的分布，其类型可以是确定的，如自动生产线上待装配的部件便是按定长时间间隔到达装配点，但更多的情形是随机的。

我们主要讨论到达间隔服从负指数分布的类型。

2. 排队规则

排队规则是指顾客到达系统后排队等候服务的方式和规则。可分为三种类型。

(1)损失制

指顾客到达系统时，若所有服务设施均被占用，则顾客自动离去，不再回来。如电话系统，当电话呼唤遇到占线则会挂机离去。这实际上是一种不允许排队的规则，系统将“损失”掉许多顾客。

(2)等待制

指顾客到达系统时，若所有服务设施均被占用，则留下来排队等待，直至被服务完毕后离去。等待制的排队规则又可按顾客被服务的次序分为以下几种。

1)先到先服务(FCFS)　即按到达次序接受服务，这是最通常的情形。

2)后到先服务(LCFS)　即后来的反而先被服务。如乘用电梯的顾客常是后入的先出，仓库中存放的厚钢板也是如此。在情报系统中，最后到达的信息往往是最有价值的，常首先加以分析和利用。

3)具有优先权的服务(PS)　即服务机构根据顾客的优先权进行服务，优先权高的顾客先接受服务。如医院对于病情危重的患者将给予优先治疗。

本书主要讨论先到先服务的最一般情形。

(3)混合制

这是损失制和等待制的混合。这种排队规则既允许排队又不允许队列无限长，主要包括系统容量有限制和等待时间有限制两种情况。系统容量有限制是指系统中只能容纳或服务 N 个顾客，那么第 N 个及其以前到达的顾客是等待制，而第 $N+1$ 个及以后到达的顾客便是损失制。等待时间有限制是指顾客在系统中的等待时间不能超过某一固定长度 T。当等待时间超过 T 时，顾客自动离去。如易损电子元件的有效期为 T，若其在库存待用 T 时间后仍未被使用，便失效不再会被使用。

3. 服务机构

对服务机构的研究内容主要有服务设施(称为服务台)的数量和服务的规律。

(1)服务台数量

服务台的数量 C 可分为等于 1 和大于 1 两种情形。$C=1$ 表示服务机构中只有单个服务设施，每次只能为 1 个顾客提供服务；$C>1$ 表示服务机构中有多个服务设施，可同时为 C 个顾客提供服务。对于多个服务台的系统，服务台的排列方式可以是平行并列也可以是依次串列，顾客的队列形式也可以是单队或并列多队。

(2)服务规律

这主要指服务台对顾客的服务时间的分布。与到达时间的分布一样，服务时间可以是确定的，如汽车自动冲洗机的冲洗时间为定长，但更多的情形是随机的。本书主要讨论服务时间服从负指数分布的情形。

13.1.2 排队模型的表示

根据输入过程、排队规则和服务机构的不同情况对排队系统进行描述和分类，可以给出很多排队模型。为了方便对众多模型的描述，康道尔(D. G. Kendall)在 1953 年提出一种依据排队系统的三个最基本特征(顾客到达时间间隔的分布、服务时间的分布和服务台数)对排队模型进行分类的表示方法，称为 Kendall 记号。其一般形式为

$X/Y/Z$

其中 X 表示顾客到达时间间隔的分布；Y 表示服务时间的分布；Z 表示并列的服务台的个数。

顾客到达时间间隔的分布与服务时间的分布，除了主要讨论的负指数分布之外，还有其他一些分布类型，其名称及简写符号列举如下：

M 表示负指数分布

E_k 表示 k 阶爱尔朗分布

D 表示定长分布

G 表示一般分布

例如，M/M/1 表示顾客到达的间隔时间服从负指数分布、服务台的服务时间也服从负指数分布和单服务台的模型；D/M/C 表示确定的到达间隔、服务时间均为负指数分布和 C 个平行服务台(但顾客是一队)的模型。

后来，在 1971 年的一次关于排队论符号标准化会议上决定，将 Kendall 记号扩充为

$X/Y/Z$/A/B/C

的形式，其中前三项意义不变，而

A 表示系统容量限制 N

B 表示顾客源的数目 m

C 表示服务规则，如先到先服务 FCFS，后到先服务 LCFS 等

并约定，如略去后三项，即指 $X/Y/Z/\infty/\infty$/FCFS 的情形。在本书中，因只讨论先到先服务 FCFS 的情形，所以略去第六项。

13.1.3 排队问题的求解

研究排队系统的目的是通过了解系统运行的状况，对系统进行调整和控制，使系统处于最优运行状态。而描述系统运行状况的客观数量指标主要是系统中由于排队和被服务而滞留的顾客数量，以及顾客为等待服务而必须在系统中消耗的时间。因此，排队论中对排队问题的求解，一个基本内容就是研究和计算这些描述系统运行状态的数量指标，简称系统运行指标。这些数量指标一般来说都是随机变量，并且和系统运行的时间 t 有关。这里主要研究当 $t\to\infty$ 时的稳态情形。这时系统处于平衡状态，数量指标的分布等与时间无关，这时求得的结果称为系统处于统计平衡下的解。主要研究下述两类指标的概率分布和数字特征，如平均值。

1. 队长和排队长

队长是指系统中的顾客数(排队等待的顾客数与正在接受服务的顾客数之和)，其概率分布称为系统的状态概率，记为 P_n，表示系统中有 n 个顾客的概率。其均值记为 L_s。

排队长又称队列长，是指系统中正在排队等待服务的顾客数。其均值记为 L_q。

2. **逗留时间和等待时间**

逗留时间是指一个顾客在系统中的停留时间（排队等待时间与被服务时间之和），记为 W，其均值记为 W_s。

等待时间又称虚等时间，是指一个顾客在系统中排队等待服务的时间，其均值记为 W_q。

上述两类数量指标是排队问题求解的最基本内容。除此之外，还有一些数量指标，如忙期（系统连续工作的时间）和闲期（系统连续空闲的时间），服务强度（系统忙着的概率）和顾客损失率（在损失制或系统容量有限的情况下，由于顾客被拒绝而使系统受到的损失）等。而研究这些数量指标的基础是顾客到达（输入）系统的规律以及系统对顾客服务的规律。

13.2 到达与服务的规律

本节研究顾客到达系统的规律以及系统对顾客服务的规律。这里的“规律”主要是指随机变量的概率分布。

13.2.1 到达的规律

可以从两个角度描述顾客到达系统的规律：一是在一定时间里（如单位时间）到达系统的顾客数量；二是顾客相继到达系统的间隔时间。

在概率论中已知，若随机变量 N 的概率分布为

$$P\{N=n\}=\frac{\lambda^n}{n!}e^{-\lambda} \quad (n=0,1,\cdots;\lambda>0)$$

则称 N 服从泊松（Poisson）分布。还知道在实际中很多随机现象都近似泊松分布，例如在单位时间（如 1 分钟）内通过某路口的车辆数、到达某交换台的电话呼唤数，到达某商店的顾客数等等。总之，在 1 单位时间内到达某排队系统的顾客数 N 是服从泊松分布的随机变量。那么，在 t 单位时间内到达该排队系统的顾客数若记为 $N(t)$，则其概率分布表达式应为

$$P\{N(t)=n\}=\frac{(\lambda t)^n}{n!}e^{-\lambda t} \quad (n=0,1,\cdots;\lambda>0;t>0)$$

称 $N(t)$ 为泊松过程，又称泊松流。

1. **泊松流**

定义 13.1 称满足下列三条件的输入为泊松流（也称泊松过程或最简单流）：无后效性，即在不相交的时间区间内到达的顾客数是相互独立的；平稳性，即在 $[t,t+\Delta t)$ 时段内有 1 个顾客的概率与 t 无关，只与 Δt 有关（均匀的），也即 $P\{N[t,t+\Delta t)=1\}\approx\lambda\Delta t$（记为 $P_1(\Delta t)\approx\lambda\Delta t$）；普通性，也称稀有性，即在瞬时内只可能有 1 个顾客到达，也即对充分小的 Δt，$\sum_{n=2}^{\infty}P_n(\Delta t)=0$。

可以证明，如果一个排队系统的顾客输入是满足上述条件的泊松流，那么在长为 t 的时段内到达 n 个顾客的概率

$$P_n(t)=\frac{(\lambda t)^n}{n!}e^{-\lambda t} \quad (n=0,1,\cdots;\lambda>0;t>0)$$

下面分析参数 λ 的含义。由泊松分布的数字特征可知,均值 $E\{N(t)\}=\lambda t$,说明 λ 为单位时间内的平均到达顾客数。又由 $P_1(\Delta t)=\lambda\Delta t$ 可知,λ 为单位时间内有 1 个顾客到达的概率(适当取时间单位可使 $\lambda<1$)。实际上,两种解释是一致的。例如,某排队系统平均每 5 分钟来 3 名顾客,那么平均每 1 分钟来 $\frac{3}{5}$ 名顾客,也可以说平均每分钟有 1 个顾客到达的概率是 $\frac{3}{5}$。

以上从顾客到达数这一角度,就实际中最常见的泊松流输入讨论了顾客到达的规律。下面将从顾客到达间隔时间的角度,就最常见的负指数间隔进行讨论,并讨论这两种角度之间的关系。

2. 负指数分布

定义 13.2 若随机变量 T 的分布密度为

$$f_T(t)=\begin{cases}\lambda e^{-\lambda t}, & t\geqslant 0\\ 0, & t<0\end{cases}$$

则称 T 服从参数为 λ 的负指数分布($\lambda>0$)。它是连续型分布,其密度函数如图 13.2 所示。

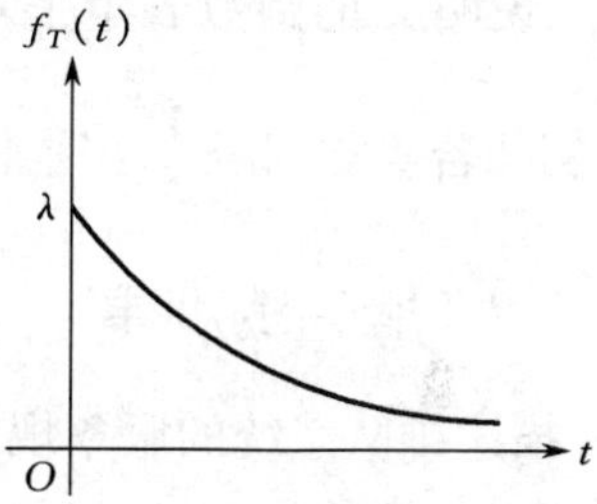

图 13.2

负指数分布的分布函数为

$$F_T(t)=P(T\leqslant t)=\begin{cases}1-e^{-\lambda t}, & t\geqslant 0\\ 0, & t<0\end{cases}$$

其均值 $E(T)=\frac{1}{\lambda}$,方差 $D(T)=\frac{1}{\lambda^2}$。

负指数分布有下列性质。

①若 T 服从参数为 λ 的负指数分布,则有

$$P\{T>t_0+t\mid T>t_0\}=P\{T>t\}.$$

证 由条件概率公式得

$$\begin{aligned}P\{T>t_0+t\mid T>t_0\}&=P\{(T>t_0+t)\cap(T>t_0)\}/P\{T>t_0\}\\&=P\{T>t_0+t\}/P\{T>t_0\}\\&=e^{-\lambda(t_0+t)}/e^{-\lambda t_0}\\&=e^{-\lambda t}=P\{T>t\}\end{aligned}$$

这个性质称为无记忆性。它表明,在已知 $T>t_0$ 条件下估计 $T>t_0+t$ 的概率与不考虑 $T>t_0$ 这一条件而直接估计 $T>t$ 的概率是相同的,也可以说 T 对于它已大于 t_0 这一点"无记忆"。如果 T 表示一种电子元件的使用寿命,那么当元件已经用了 t_0 年后再估计它还能用 t 年的概率,与它全新时估计能用 t 年的概率一样,即它对已使用了的 t_0 年无记忆,是一种极其耐磨损的高精度元件。

在排队系统中,如果顾客到达的间隔时间 T 是服从负指数分布的,那么在已知间隔超过 t_0 的条件下估计间隔还要跨越 t 的概率与直接估计间隔超过 t 的概率相同,也可以说顾客到达的间隔时间是纯随机的。由于无记忆性又称马尔可夫(A. Markov)性,故负指数分布的表示简记为 M。

②若排队系统的顾客到达数 $N(t)$ 为泊松流,则顾客的到达间隔 T 服从负指数分布,且参数 λ 相同。

证 因为到达为泊松流,所以 t 时段内没有顾客到来的概率

$$P_0(t)=\frac{(\lambda t)^0}{0!}e^{-\lambda t}=e^{-\lambda t}$$

从而 t 时段内有顾客到来(也即间隔不超过 t)的概率

$$P(T\leqslant t)=1-e^{-\lambda t}$$

即 T 的分布函数$F(t)=1-e^{-\lambda t}$,说明 T 服从参数为λ 的负指数分布。

可以证明,这一性质反之也成立,故有"到达数为泊松流的充要条件是到达间隔服从负指数分布,且参数相同"。前面已从泊松流的均值角度解释了参数 λ 的含义,即 λ 表示单位时间内到达系统的平均顾客数,现在再从负指数分布的均值的角度来解释 λ 的含义。由于 $E(T)=\frac{1}{\lambda}$,说明 λ 的倒数表示平均每两位顾客到达的间隔时间。显然这两种角度的解释是等价的,例如若平均间隔$\frac{1}{5}$小时来 1 位顾客,则平均每小时到达的顾客数是 5 人。

13.2.2 服务的规律

描述排队系统的服务规律主要是采用系统对顾客服务时间 v 的分布。常见的分布有定长分布、负指数分布、爱尔朗分布等。

这里主要讨论服务时间 v 服从负指数分布的情形。设分布参数为 μ。由于 $E(v)=\frac{1}{\mu}$,所以对 μ 的含义的解释是:系统对每位顾客的平均服务时间为$\frac{1}{\mu}$,或者说系统平均每单位时间服务完 μ 个顾客,即系统的平均服务率是 μ。

当排队系统的服务机构由 k 个串联的服务台组成时,每个服务台的服务时间相互独立,且服从相同的负指数分布(参数设为 $k\mu$),那么一顾客走完这 k 个服务台总共需要的服务时间就服从 k 阶爱尔朗分布。

定义 13.3 若随机变量 v_1、……、v_k 独立且同服从参数为$k\mu$ 的负指数分布,则 $T=\sum_{i=1}^{k}v_i$ 服从k 阶爱尔朗(Erlang)分布,密度为

$$f_T(t)=\frac{k\mu(k\mu t)^{k-1}}{(k-1)!}e^{-k\mu t}\quad(t\geqslant 0)$$

爱尔朗分布的期望与方差分别是

$$E(T)=\frac{1}{\mu},D(T)=\frac{1}{k\mu^2}$$

爱尔朗分布是随 k 而变化的一族分布。当 $k=1$ 时化为负指数分布;而当 $k\to+\infty$时,由于 $D(T)\to 0$,故化为确定型分布;当$1<k<+\infty$时,它是介于纯随机和完全确定之间的中间型分布,能对现实世界提供更加广泛的适应性。爱尔朗分布族密度函数如图 13.3 所示。

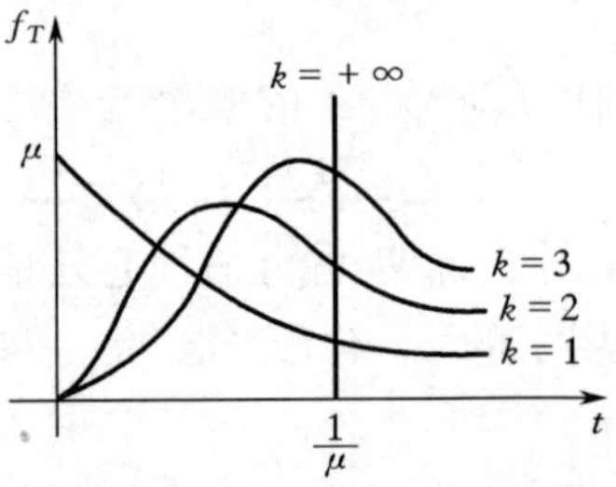

图 13.3

13.2.3 分布律的检验

对于一个实际的排队系统,如何检验它的顾客到达是否形成泊松流,或者它的服务机构的服务时间是否服从负指数分布,是一个重要的现实问题。可以根据数理统计中检验分布律的

方法(如 χ^2 检验法)解决。该方法步骤如下:

①提出假设 H_0,总体分布 $F(x)=F_0(x)$(其中 $F_0(x)$为某已知分布函数);

②在总体 X 中抽取样本点 x_1、……、x_n;

③将 x 轴分为 m 个不相交的小区间$(-\infty,t_1]$、$(t_1,t_2]$、……、$(t_{m-1},+\infty)$,记落入第 i 个小区间$(t_{i-1},t_i]$中的样本点个数为 f_i;

④计算皮尔逊统计量 $V=\sum\limits_{i=1}^{m}\dfrac{(f_i-np_i)^2}{np_i}$,其中 $p_i=F_0(t_i)-F_0(t_{i-1})$;

⑤由 χ^2 表查得临界值 $\chi^2_\alpha(m-r-1)$,其中 r 为 $F_0(x)$中未知参数的个数;

⑥若 $V<\chi^2_\alpha(m-r-1)$,则肯定 H_0,否则否定 H_0。

例 13.1 某排队系统为了检验每周的顾客到达是否服从泊松分布,连续观察了 52 周的到达数量,数据如表 13.2 所示。

表 13.2

周	顾客到达数												
1~13	5	5	2	1	3	3	3	3	8	6	5	3	6
14~26	4	6	5	3	2	6	2	5	3	2	8	2	2
27~39	6	3	6	2	5	4	6	4	5	3	4	2	2
40~52	6	6	3	7	5	0	4	4	10	1	3	4	0

根据顾客到达情况,将观测值的范围分为 8 个组:0~1 为一组,2、3、4、5、6、7 各为一组,8 以上为一组。为了查理论分布值,计算 52 个样本值的均值 $\bar{x}=4$。然后由 $\lambda=4$ 的泊松分布查得各组的概率值 p_i,如 $p_1=P(0)+P(1)=0.018\ 3+0.073\ 3=0.091\ 6$, $p_2=P(2)=0.146\ 5$,再计算 $F_i=np_i=52p_i$, f_i-F_i 和$(f_i-F_i)^2/F_i$,计算结果列于表 13.3。

表 13.3

组 i	到达数 x	观测频数 f_i	理论频率 p_i	理论频数 F_i	残差 f_i-F_i	相对残差平方 $(f_i-F_i)^2/F_i$
1	0~1	4	.091 6	4.763	−.763	.122
2	2	9	.146 5	7.613	1.382	.251
3	3	11	.195 4	10.161	.839	.069
4	4	7	.195 4	10.161	−3.161	.983
5	5	8	.156 3	8.128	−.128	.002
6	6	9	.104 2	5.418	3.582	2.363
7	7	1	.059 5	3.094	−2.094	1.417
8	8 以上	3	.051 1	2.657	.343	.044
	总计	52	1.000 0	52.000	0.000	5.256

由于 $F_0(x)$中有一个未知参数 λ,故 $r=1$。取检验的水平 $\alpha=0.05$,查 χ^2 表得临界值 $\chi^2_{0.05}(8-1-1)=12.592$。由于 $V=5.256<12.592$,故应肯定 H_0,即可认为顾客的到达是服从泊松分布,其参数估计值 $\lambda=4$。

13.3 M/M/1 排队模型

本节研究具有泊松输入和负指数服务的单服务台排队系统,分三种情况讨论排队模型。

13.3.1 标准的 M/M/1 模型(M/M/1/∞/∞)

标准的 M/M/1 模型是针对适合下列条件的排队系统:

①输入过程——顾客源是无限的,顾客单个到来,到达的间隔时间服从负指数分布,设其参数为 λ;

②排队规则——单队,对队长没有限制,先到先服务;

③服务机构——单服务台,服务时间服从负指数分布,设参数为 μ。

1. 系统的状态概率

系统中的状态是指系统中的顾客数量,记为 n。对于标准的 M/M/1 系统,$n=0$、1、……,系统的状态概率记为 P_n,表示系统中有 n 个顾客的概率。对于稳态的情形,首先可将系统状态间的转移关系用图 13.4 表示。图中的ⓝ表示状态 $n(n=0,1,\cdots)$。由状态 $n-1$ 转移到状态 n,是由于又来了一位顾客,而顾客的到达率为 λ,故在图中表示相邻状态增加的箭线上标上 λ,转移的概率是 λP_{n-1},表示原来是状态 $n-1$ 且又来了一位。由状态 $n+1$ 转移到状态 n,是由于服务完了一位顾客,而系统的服务率为 μ,故在图中表示相邻状态减少的箭线上标上 μ,转移的概率是 μP_{n+1},表示原来是状态 $n+1$ 且又走了一位。

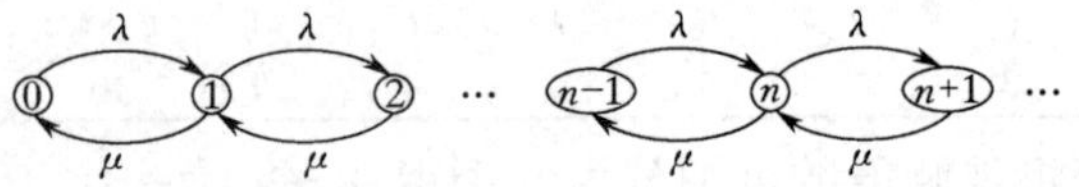

图 13.4

对于状态 $n(n=1,2,\cdots)$,由于系统满足统计平衡,即流入应等于流出,故有

$$\lambda P_{n-1}+\mu P_{n+1}=\lambda P_n+\mu P_n$$

对于状态 0,也应有

$$\lambda P_0=\mu P_1$$

将二式联立,即系统状态的平衡方程组

$$\begin{cases}\lambda P_0=\mu P_1\\ \lambda P_{n-1}+\mu P_{n+1}=(\lambda+\mu)P_n \quad (n=1,2,\cdots)\end{cases}$$

下面求解平衡方程组,以得到状态概率。首先由第一个方程解得

$$P_1=\frac{\lambda}{\mu}P_0$$

在第二个方程中令 $n=1$,可得到

$$P_2=\frac{\lambda}{\mu}P_1=\left(\frac{\lambda}{\mu}\right)^2P_0$$

再分别令 $n=2$、3、……,可得到

$$P_n=\frac{\lambda}{\mu}P_{n-1}=\left(\frac{\lambda}{\mu}\right)^nP_0$$

记 $\rho=\dfrac{\lambda}{\mu}$,并设 $\rho<1$(否则队列将排至无限远),由概率性质,有

$$\sum_{n=0}^{\infty}P_n=1$$

将 P_n 的表达式代入,有

$$P_0\sum_{n=0}^{\infty}\rho^n=P_0\frac{1}{1-\rho}=1$$

可得状态概率

$$\begin{cases}P_0=1-\rho\\P_n=\rho^nP_0=(1-\rho)\rho^n\quad(n=1,2,\cdots)\end{cases}$$

式中的 ρ 有明确的实际意义。由 $\rho=\dfrac{\lambda}{\mu}$ 说明,ρ 是平均到达率与平均服务率之比,由 $\rho=\dfrac{\frac{1}{\mu}}{\frac{1}{\lambda}}$ 说明 ρ 是平均服务时间与平均到达间隔时间之比,反映了系统的服务强度。而由 $\rho=1-P_0$ 说明 ρ 是系统忙着的概率,反映了系统的繁忙程度和利用率。因此,称 ρ 为服务强度或服务机构的利用率。

2. 系统的运行指标

基于状态概率,可计算出系统的运行指标。

(1)平均队长和排队长

队长的平均值 L_s 表示系统中的平均顾客数,表达式为

$$\begin{aligned}L_s&=\sum_{n=0}^{\infty}nP_n=\sum_{n=0}^{\infty}n\rho^n(1-\rho)\\&=\rho(1-\rho)\sum_{n=1}^{\infty}n\rho^{n-1}\\&=\rho(1-\rho)\sum_{n=1}^{\infty}\frac{d\rho^n}{d\rho}\\&=\rho(1-\rho)\frac{d}{d\rho}\sum_{n=0}^{\infty}\rho^n\\&=\rho(1-\rho)\frac{d}{d\rho}\frac{1}{1-\rho}\\&=\frac{\rho}{1-\rho},0<\rho<1\end{aligned}$$

或 $$L_s=\frac{\lambda}{\mu-\lambda}$$

排队长又称队列长,其平均值 L_q 表示系统中排队等待的平均顾客数。由于系统有一个服务台,故其表达式为

$$L_q=\sum_{n=1}^{\infty}(n-1)P_n=\sum_{n=0}^{\infty}nP_n-\sum_{n=1}^{\infty}P_n=L_s-\rho=\frac{\rho^2}{1-\rho}$$

注意这里的队长与排队长之差直观上看似乎应为1,但上面的计算说明 $L_s-L_q=\rho<1$,这是因为它们的差在系统忙时是1,而在系统闲时是0,故其均值为 $0\cdot P_0+1\cdot(1-P_0)=\rho$。

(2)平均逗留时间和等待时间

首先可证,顾客在系统中的逗留时间 W 服从参数为 $\mu-\lambda$ 的负指数分布。

事实上,设一顾客到达时系统中已有 n 个顾客,则该顾客在系统中的逗留时间 $W_n=v'_1+v_2+\cdots+v_n+v_{n+1}$,其中 v'_1 为正被服务的第1位顾客还需要的服务时间,$v_i(i=2,\cdots,n)$

为第 i 位顾客的被服务时间，v_{n+1} 为该顾客的被服务时间。

因为 $v_i(i=2,\cdots,n+1)$ 独立且同服从参数为 μ 的负指数分布，而 v'_1 由无记忆性也服从参数为 μ 的负指数分布，所以 W_n 服从 $n+1$ 阶爱尔朗分布，即

$$f_{W_n}(t)=\frac{\mu(\mu t)^n}{n!}\mathrm{e}^{-\mu t}$$

从而 W 的分布函数

$$\begin{aligned}F_W(t)=P(W\leqslant t)&=\sum_{n=0}^{\infty}P_nP\{W\leqslant t\mid n\}\\&=\sum_{n=0}^{\infty}\rho^n(1-\rho)\int_0^t\frac{\mu(\mu t)^n}{n!}\mathrm{e}^{-\mu t}\mathrm{d}t\\&=1-\mathrm{e}^{-(\mu-\lambda)t}\end{aligned}$$

即 W 服从参数为 $\mu-\lambda$ 的负指数分布，故其均值

$$W_s=\frac{1}{\mu-\lambda}$$

而平均等待时间应等于平均逗留时间与平均服务时间之差，故

$$W_q=\frac{1}{\mu-\lambda}-\frac{1}{\mu}=\frac{\lambda}{\mu(\mu-\lambda)}$$

(3)运行指标之间的关系

先将上述4个系统运行指标归纳如下：

$$L_s=\frac{\lambda}{\mu-\lambda}\qquad L_q=\frac{\rho\lambda}{\mu-\lambda}$$

$$W_s=\frac{1}{\mu-\lambda}\qquad W_q=\frac{\rho}{\mu-\lambda}$$

易见它们之间的关系如下：

$$L_s=\lambda W_s\qquad L_q=\lambda W_q$$

$$L_s-L_q=\frac{\lambda}{\mu}\qquad W_s-W_q=\frac{1}{\mu}$$

这一组关系式称为里特(Little)公式。里特公式对于其他一些排队模型也成立，只是式中的 λ 一般应为平均的顾客实际进入系统率，也称有效到达率，记为 λ_e。在本模型中因为到来的顾客均能进入系统，故 $\lambda_e=\lambda$。

例 13.2 某修理店只有一个修理工，来修理的顾客到达过程为泊松流，平均每小时 4 人。修理时间服从负指数分布，平均需要 6 min。试求①修理店空闲的概率；②店内有 3 个顾客的概率；③店内至少有 1 个顾客的概率；④在店内的平均顾客数；⑤等待服务的平均顾客数；⑥每位顾客在店内的平均逗留时间；⑦每位顾客平均等待修理的时间；⑧顾客在店内需消耗 15 min 以上的概率。

解 本例可看做一个标准的 M/M/1 模型，$\lambda=4$ 人/h，$\mu=\frac{1}{6}$ 人/min $=10$ 人/h，$\rho=\frac{\lambda}{\mu}=\frac{2}{5}$。

①修理店空闲的概率

$$P_0=1-\rho=1-\frac{2}{5}=\frac{3}{5}=0.6$$

②店内有 3 个顾客的概率

$$P_3=\rho^3(1-\rho)=\left(\frac{2}{5}\right)^3\left(1-\frac{2}{5}\right)=0.038$$

③店内至少有 1 个顾客的概率

$$1-P_0=\rho=\frac{2}{5}=0.4$$

④店内(每小时)顾客平均数

$$L_s=\frac{\rho}{1-\rho}=\frac{\frac{2}{5}}{1-\frac{2}{5}}=\frac{2}{3}=0.67\text{ 人}$$

⑤(每小时)等待服务的平均顾客数

$$L_q=L_s-\rho=\frac{2}{3}-\frac{2}{5}=\frac{4}{15}=0.267\text{ 人}$$

⑥(每位)顾客在店内的平均逗留时间

$$W_s=\frac{L_s}{\lambda}=\frac{2}{3}\times\frac{1}{4}=\frac{1}{6}\text{ h/人}=10\text{ min}$$

⑦(每位)顾客平均等修理时间

$$W_q=W_s-\frac{1}{\mu}=\frac{1}{6}-\frac{1}{10}=\frac{1}{15}\text{h/人}=4\text{min}$$

⑧(每位)顾客在店内需消耗 15 分钟以上的概率

$$\begin{aligned}P\left(W\geqslant\frac{1}{4}\right)&=1-P\left(W<\frac{1}{4}\right)\\&=1-e^{-(10-4)\frac{1}{4}}\\&=e^{-1.5}=0.223\end{aligned}$$

例 13.3 考虑一个铁路列车编组站,设待编列车到达时间间隔服从负指数分布,平均每小时到达 2 列;编组站的编组时间也服从负指数分布,平均每 20 分钟可编一组。该编组站内共有 2 股车道,当均被占用时,再来的列车只能停在站外或前方站。①求该编组系统中列车的平均数,每一列车的平均停留时间和等待编组的列车平均数。②如果列车因站内的 2 股车道均被占用而停在站外或前方站时,每列车的费用为每小时 a 元,求每天由此而造成的平均费用损失。

解 本例可看做一个标准的 M/M/1 系统,$\lambda=2$ 列/h,$\mu=\frac{1}{20}$列/min$=3$ 列/h,$\rho=\frac{\lambda}{\mu}=\frac{2}{3}$

①编组系统中列车的平均数

$$L_s=\frac{\rho}{1-\rho}=\frac{\frac{2}{3}}{1-\frac{2}{3}}=2\text{ 列}$$

列车的平均停留时间

$$W_s=\frac{L_s}{\lambda}=\frac{2}{2}=1\text{ h}$$

等待编组的列车平均数

$$L_q=L_s-\rho=2-\frac{2}{3}=\frac{4}{3}\text{列}$$

②每天由于列车站外等待而造成的平均费用为

$$24\lambda W_s(1-P_0-P_1-P_2)a=24\times 2\times\left(\frac{2}{3}\right)^3 a=14.2a\ \text{元}$$

13.3.2 系统容量有限的 M/M/1 模型(M/M/1/N/∞)

本模型与标准的 M/M/1 模型的主要区别有二:一是系统的状态只有 $N+1$ 种($n=0,1,\cdots,N$);二是顾客的实际进入系统率当 $n<N$ 时为 λ,而当 $n=N$ 时为 0,故平均值(即有效到达率)

$$\lambda_e=\lambda(1-P_N)+0\cdot P_N=\lambda(1-P_N)$$

1. 系统的状态概率

首先仍可画出系统的状态转移图,如图 13.5 所示。由统计平衡,列出系统状态的平衡方程组

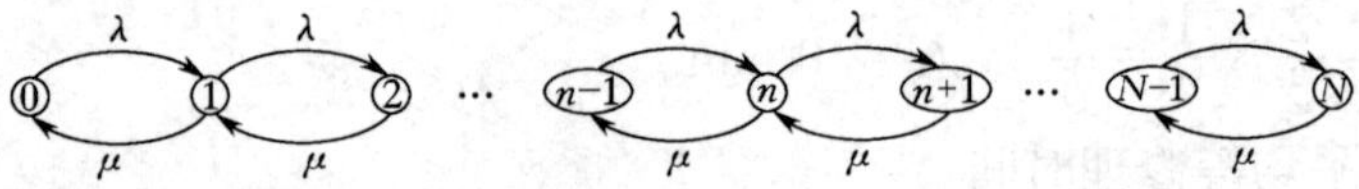

图 13.5

$$\begin{cases}\lambda P_0=\mu P_1\\ \lambda P_{n-1}+\mu P_{n+1}=(\lambda+\mu)P_n\quad (n=1,\cdots,N-1)\\ \lambda P_{N-1}=\mu P_N\end{cases}$$

求解平衡方程组,首先可得 $P_n=\frac{\lambda}{\mu}P_{n-1}=\left(\frac{\lambda}{\mu}\right)^n P_0$,记 $\rho=\frac{\lambda}{\mu}$。当 $\rho\neq 1$,有

$$\sum_{n=0}^{N}P_n=P_0(1+\rho+\cdots+\rho^N)$$

$$=P_0\frac{1-\rho^{N+1}}{1-\rho}=1$$

解得 $$\begin{cases}P_0=\dfrac{1-\rho}{1-\rho^{N+1}}\\ P_n=\rho^n P_0\quad (n=1,\cdots,N)\end{cases}$$

当 $\rho=1$,由平衡方程组可得 $P_0=P_1=\cdots=P_N=\frac{1}{N+1}$。

状态概率中的 P_N 表示系统满员的概率,因此也可称为系统对顾客的拒绝率或顾客的损失率。

2. 系统的运行指标

先求出系统的平均队长,当 $\rho\neq 1$ 时有

$$L_s=\sum_{n=0}^{N}nP_n=P_0\sum_{n=0}^{N}n\rho^n=P_0\rho\frac{\mathrm{d}}{\mathrm{d}\rho}\left(\sum_{n=0}^{N}\rho^n\right)$$

$$
=P_0\rho\frac{\mathrm{d}}{\mathrm{d}\rho}\left(\frac{1-\rho^{N+1}}{1-\rho}\right)=P_0\rho\frac{1-(N+1)\rho^N+N\rho^{N+1}}{(1-\rho)^2}
$$

$$
=\frac{\rho[1-(N+1)]\rho^N+N\rho^{N+1}}{(1-\rho^{N+1})(1-\rho)}
$$

$$
=\frac{\rho}{1-\rho}-\frac{(N+1)\rho^{N+1}}{1-\rho^{N+1}}
$$

当 $\rho=1$ 时有

$$
L_s=\frac{1}{N+1}(1+2+\cdots+N)=\frac{N}{2}
$$

再由里特公式,求出其他三个指标。当 $\rho\neq1$ 时,平均排队长

$$
L_q=L_s-(1-P_0)=L_s-\frac{\rho(1+N\rho^N)}{1-\rho^{N+1}}=\frac{\rho}{1-\rho}-\frac{\rho(1+N\rho^N)}{1-\rho^{N+1}}
$$

当 $\rho=1$ 时,平均排队长

$$
L_q=L_s-(1-P_0)=\frac{N}{2}-\left(1-\frac{1}{N+1}\right)=\frac{N(N-1)}{2(N+1)}
$$

平均逗留时间 $W_s=L_s/\lambda_e$,平均等待时间 $W_q=L_q/\lambda_e$ 或 $W_q=W_s-\frac{1}{\mu}$。

这里的有效到达率 $\lambda_e=\lambda(1-P_N)$的直观解释是,顾客到达且系统未满而实际进入系统率。由统计平衡知,它应等于实际服务率 $\mu(1-P_0)$。它表示系统不空且以 μ 的速率服务着。$\frac{\lambda_e}{\mu}$称为本系统的服务强度。

将 M/M/1/N/∞排队模型的运行指标归纳如下:

$$
L_s=\begin{cases}\dfrac{\rho}{1-\rho}-\dfrac{(N+1)\rho^{N+1}}{1-\rho^{N+1}}, & \rho\neq1\\[2ex] \dfrac{N}{2}, & \rho=1\end{cases}
$$

$$
L_q=L_s-(1-P_0)=\begin{cases}\dfrac{\rho}{1-\rho}-\dfrac{\rho(1+N\rho^N)}{1-\rho^{N+1}}, & \rho\neq1\\[2ex] \dfrac{N(N-1)}{2(N+1)}, & \rho=1\end{cases}
$$

$$
W_s=\frac{L_s}{\lambda_e}=\frac{L_s}{\lambda(1-P_N)}
$$

$$
W_q=\frac{L_q}{\lambda_e}=\frac{L_q}{\lambda(1-P_N)}
$$

例 13.4 某修理站只有一个修理工,且站内最多只能停放 3 台待修的机器。设待修机器按泊松流到达修理站,平均每分钟到达 1 台;修理时间服从负指数分布,平均每 1.25 min 可修理 1 台,试求:①空闲率;②顾客损失率;③顾客的有效到达率;④平均队长;⑤平均排队长;⑥平均逗留时间;⑦平均等待时间。

解 本例可看做一个 M/M/1/4/∞排队系统,$\lambda=1$ 台/min,$\mu=\frac{1}{1.25}=0.8$ 台/min,$\rho=\frac{\lambda}{\mu}=\frac{1}{0.8}=1.25$。

①空闲率 $P_0=\dfrac{1-\rho}{1-\rho^{4+1}}=\dfrac{1-1.25}{1-1.25^5}=0.122$

②顾客损失率 $P_4=\rho^4P_0=1.25^4\times0.122=0.298$

③有效到达率 $\lambda_e=\lambda(1-P_4)=1\times(1-0.298)=0.702$

④平均队长 $L_s=\dfrac{\rho}{1-\rho}-\dfrac{(4+1)\rho^5}{1-\rho^5}=\dfrac{1.25}{1-1.25}-\dfrac{5\times1.25^5}{1-1.25^5}=2.44$ 台

⑤平均排队长 $L_q=L_s-(1-P_0)=2.44-(1-0.122)=1.56$ 台

⑥平均逗留时间 $W_s=\dfrac{L_s}{\lambda_e}=\dfrac{2.44}{0.702}=3.48\ \text{min}$

⑦平均等待时间 $W_q=\dfrac{L_q}{\lambda_e}=\dfrac{1.56}{0.702}=2.23\ \text{min}$

例 13.5 某工厂有一个半成品加工操作间,内设一个半成品加工操作台和可存放3个待加工半成品的场地。已知半成品按平均每天3个的泊松过程到达该操作间,而完成该半成品加工的必要时间服从平均每个需$\dfrac{1}{4}$天的负指数分布。若半成品到达操作间时操作间内已没有场地存放,则要运往其他地方。①需运往其他地方的半成品占到达操作间的半成品总数的比例是多少?②现工厂为扩大生产能力正在另建一新厂,厂内也需建一个半成品加工操作间,假设半成品到达及加工时间均与原来的相同,每个半成品的存放需要1 m^2。若工厂希望能有95%的半成品不被运往其他地方,则操作间的存放场地应修建成多大面积?

解 此问题可看做一个系统容量有限的M/M/1系统,$\lambda=3$个/天,$\mu=4$个/天,$\rho=\dfrac{3}{4}$。

①需运走的半成品占全部到达的半成品的比例即系统的拒绝率P_N,这里$N=4$,故

$$P_4=\rho^4P_0=\left(\frac{3}{4}\right)^4\frac{1-\frac{3}{4}}{1-\left(\frac{3}{4}\right)^5}=0.316\times\frac{1-0.75}{1-0.237}=0.104$$

②若要求$P_N=1-0.95=0.05$,即

$$\left(\frac{3}{4}\right)^N\frac{1-\frac{3}{4}}{1-\left(\frac{3}{4}\right)^{N+1}}=0.05$$

$$\left(\frac{3}{4}\right)^N=0.2\left(1-\left(\frac{3}{4}\right)^{N+1}\right)$$

$$5+\frac{3}{4}=\left(\frac{4}{3}\right)^N$$

$$N=\log_{\frac{4}{3}}5.75=6.07\approx6$$

故操作间的存放场地面积应修建成$6-1=5\ \text{m}^2$。

13.3.3 顾客源有限的M/M/1模型(M/M/1/∞/m)

本模型与标准的M/M/1模型的主要区别有二:一是系统的状态只有$m+1$种($n=0,1,\cdots,m$);二是平均到达率λ在无限源时表示全体顾客的平均到达率,即单位时间平均到λ人,

而在有限源时表示每个顾客的平均到达率,即单位时间每人到 λ 次;三是实际进入系统率,当 $n<m$ 时为 $(m-n)\lambda$,而当 $n=m$ 时为 0,平均到达率

$$\begin{aligned}\lambda_e &= E[(m-n)\lambda] = E(m\lambda) - E(n\lambda)\\ &= m\lambda - \lambda E(n) = m\lambda - \lambda L_s\\ &= \lambda(m - L_s)\end{aligned}$$

1. 系统的状态概率

首先画出系统的状态转移图,如图 13.6 所示。

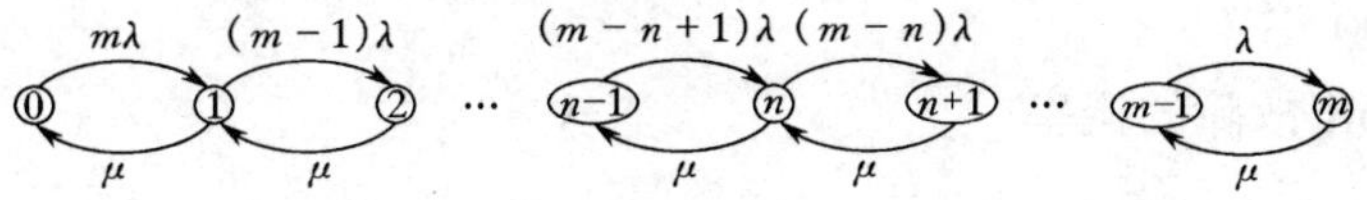

图 13.6

由统计平衡列出系统状态的平衡方程组

$$\begin{cases}m\lambda P_0 = \mu P_1\\ (m-n+1)\lambda P_{n-1} + \mu P_{n+1} = [(m-n)\lambda + \mu]P_n \quad (n=1,\cdots,m-1)\\ \mu P_m = \lambda P_{m-1}\end{cases}$$

求解平衡方程组,可得系统的状态概率

$$\begin{cases}P_0 = \dfrac{1}{\sum\limits_{i=0}^{m} \dfrac{m!}{(m-i)!}\left(\dfrac{\lambda}{\mu}\right)^i}\\ P_n = \dfrac{m!}{(m-n)!}\left(\dfrac{\lambda}{\mu}\right)^n P_0 \quad (n=1,\cdots,m)\end{cases}$$

2. 系统的运行指标

由里特公式得

$$L_s - L_q = \frac{\lambda_e}{\mu} = \frac{\lambda(m-L_s)}{\mu}$$

另一方面,$L_s - L_q = 1 - P_0$,由此解得

$$L_s = m - \frac{\mu}{\lambda}(1-P_0)$$

将 L_s 的表达式写成 $\lambda(m-L_s) = \mu(1-P_0)$,可以很直观地解释其实际意义:$m-L_s$ 为系统外的顾客数,$\lambda(m-L_s)$ 为系统的实际到达率;$1-P_0$ 为系统忙着的概率,$\mu(1-P_0)$ 为系统忙时的服务率,由统计平衡,二者应当相等。

由里特公式,可得另三个指标:

$$L_q = L_s - (1-P_0)$$

$$W_s = L_s/\lambda_e$$

$$W_q = L_q/\lambda_e$$

在本模型中,仍将 $\dfrac{\lambda_e}{\mu}$ 称做服务强度。

例 13.6 某车间有 5 台机器,每台机器的连续运转时间服从负指数分布,平均连续运转时间为 15 min。有一个修理工,每次修理时间服从负指数分布,平均每次 12 min。求:①修理

工空闲的概率；②五台机器都出故障的概率；③出故障机器的平均台数；④等待修理机器的平均台数；⑤每台机器的平均停工时间；⑥每台机器平均等待修理时间。

解 此问题可看做是一个 M/M/1/∞/5 排队系统，$\lambda=\frac{1}{15}$台/min，$\mu=\frac{1}{12}$台/min，$\frac{\lambda}{\mu}=\frac{12}{15}=0.8$

①修理工空闲的概率

$$P_0=\left[\frac{5!}{5!}(0.8)^0+\frac{5!}{4!}(0.8)^1+\frac{5!}{3!}(0.8)^2+\frac{5!}{2!}(0.8)^3+\frac{5!}{1!}(0.8)^4+\frac{5!}{0!}(0.8)^5\right]^{-1}=0.007\ 3$$

②五台机器都出故障的概率

$$P_5=\frac{5!}{0!}(0.8)^5P_0=0.287$$

③出故障机器的平均台数

$$L_s=5-\frac{1}{0.8}(1-0.007\ 3)=3.76\text{ 台}$$

④等待修理机器的平均台数

$$L_q=3.76-(1-0.007\ 3)=2.77\text{ 台}$$

⑤每台机器平均停工时间

$$W_s=\frac{5}{\frac{1}{12}(1-0.007\ 3)}-15=46\text{ min}$$

⑥每台机器平均待修时间

$$W_q=46-12=34\text{ min}$$

上述结果表明，机器停工时间过长，修理工几乎没有空闲时间，应当提高服务率或增加修理工人。

13.4 M/M/C 排队模型

本节研究具有泊松输入和负指数服务的多服务台排队系统，仍可类似于上节分为三种类型讨论。这里只讨论第一种类型，即系统容量和顾客源均为无限的标准的 M/M/C 模型（M/M/C/∞/∞）。讨论的前提是系统为单队、并列 C 个服务台，如图 13.7 所示。

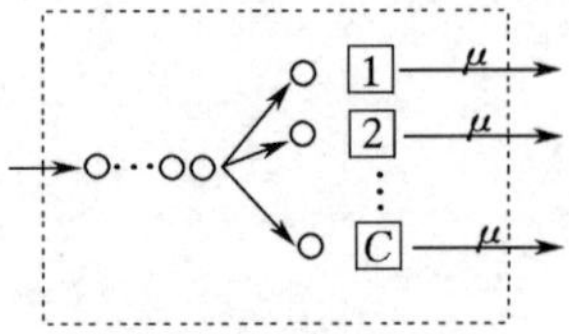

图 13.7

标准的 M/M/C 模型与标准的 M/M/1 模型的主要区别一是 M/M/1 模型中的服务率 μ 与系统的状态无关，而 M/M/C 模型的服务率与系统状态有关，当 $n<C$ 为 $n\mu$，当 $n\geqslant C$ 为 $C\mu$；二是 M/M/1 系统的服务强度 $\rho=\frac{\lambda}{\mu}$，而 M/M/C 系统的服务强度 $\rho=\frac{\lambda}{C\mu}$（仍设 $\rho<1$），表示每个服务台单位时间内的平均负荷。

1. 系统的状态概率

首先画出标准的 M/M/C 系统的状态转移图，如图 13.8 所示。

再由统计平衡列出系统状态的平衡方程组

图 13.8

$$\begin{cases}\lambda P_0=\mu P_1\\ \lambda P_{n-1}+(n+1)\mu P_{n+1}=(\lambda+n\mu)P_n \quad (n<C)\\ \lambda P_{n-1}+C\mu P_{n+1}=(\lambda+C\mu)P_n \quad (n\geqslant C)\end{cases}$$

求解方程组可得

$$P_1=\frac{\lambda}{\mu}P_0,P_2=\frac{\lambda}{2\mu}P_1,\cdots,P_C=\frac{\lambda}{C\mu}P_{C-1},P_n=\frac{\lambda}{C\mu}P_{n-1} \quad (n>C)$$

再由 $\sum\limits_{n=1}^{\infty}P_n=1$ 解出 P_0，得到状态概率

$$P_0=\left[\sum_{k=0}^{C-1}\frac{1}{k!}\left(\frac{\lambda}{\mu}\right)^k+\frac{1}{C!}\cdot\frac{1}{1-\rho}\cdot\left(\frac{\lambda}{\mu}\right)^C\right]^{-1}$$

$$P_n=\begin{cases}\dfrac{1}{n!}\left(\dfrac{\lambda}{\mu}\right)^n P_0 \quad (n\leqslant C)\\ \dfrac{1}{C!\ C^{n-C}}\left(\dfrac{\lambda}{\mu}\right)^n P_0 \quad (n>C)\end{cases}$$

2. 系统运行指标

平均队长

$$\begin{aligned}L_s&=\sum_{n=0}^{\infty}nP_n=\sum_{n=0}^{C}nP_n+\sum_{n=C+1}^{\infty}(n-C)P_n+\sum_{n=C+1}^{\infty}CP_n\\&=\sum_{n=0}^{C}(n-C)P_n+L_q+C\sum_{n=0}^{\infty}P_n\\&=L_q+C-\sum_{n=0}^{C}(C-n)P_n\end{aligned}$$

其中，$C-\sum\limits_{n=0}^{C}(C-n)P_n$ 的直观意义是平均忙着的服务台数，而每台平均服务率为 μ，故系统平均服务率为 $\mu[C-\sum\limits_{n=0}^{C}(C-n)P_n]$。由统计平衡，它应等于顾客的平均到达率 λ，即

$$C-\sum_{n=0}^{C}(C-n)P_n=\frac{\lambda}{\mu}$$

从而有 $\quad L_s=L_q+\dfrac{\lambda}{\mu}$

平均排队长

$$\begin{aligned}L_q&=\sum_{n=C+1}^{\infty}(n-C)P_n=\sum_{n=1}^{\infty}nP_{n+C}\\&=\sum_{n=1}^{\infty}n\cdot\frac{1}{C!\ C^n}(C\rho)^{n+C}P_0\\&=\frac{(C\rho)^C}{C!}P_0\sum_{n=1}^{\infty}n\rho^n=\frac{(C\rho)^C\rho}{C!\ (1-\rho)^2}P_0\end{aligned}$$

平均逗留时间

$$W_s=\frac{L_s}{\lambda}$$

平均等待时间

$$W_q=\frac{L_q}{\lambda}$$

将 M/M/C/∞/∞系统运行指标归纳如下：

$$L_s=L_q+\frac{\lambda}{\mu}$$

$$L_q=\frac{(C\rho)^C\rho}{C!\ (1-\rho)^2}P_0,\text{其中 }\rho=\frac{\lambda}{C\mu}<1$$

$$W_s=\frac{L_s}{\lambda}$$

$$W_q=\frac{L_q}{\lambda}$$

由于 $L_s-L_q=\frac{\lambda}{\mu}$，故 $W_s-W_q=\frac{L_s-L_q}{\lambda}=\frac{1}{\mu}$，均与标准的 M/M/1 系统相同，而与 C 无关。

例 13.7　某售票所有三个窗口，顾客到达服从泊松流，平均到达率为每分钟 0.9 人，售票服务时间服从负指数分布，平均服务率为每分钟 0.4 人。如果售票所的排队方式是顾客到达后排成一队，依次向空闲的窗口购票，求：①售票所空闲的概率；②售票所内的平均顾客数和排队等待的平均顾客数；③顾客为购票需在售票所的平均消耗时间和平均排队等待的时间；④顾客到达后必须排队等待的概率。

解　这是一个 M/M/3/∞/∞ 排队系统，$\lambda=0.9$ 人/min，$\mu=0.4$ 人/min，$\frac{\lambda}{\mu}=\frac{0.9}{0.4}=2.25$，$\rho=\frac{\lambda}{3\mu}=\frac{2.25}{3}=0.75$。

①售票所空闲的概率

$$P_0=\left[\frac{(2.25)^0}{0!}+\frac{(2.25)^1}{1!}+\frac{(2.25)^2}{2!}+\frac{(2.25)^3}{3!\ (1-2.25/3)}\right]^{-1}=0.074\ 8$$

②售票所内排队等待的平均顾客数

$$L_q=\frac{(2.25)^3\times0.75}{3!\ (1-0.75)^2}\times0.074\ 8=1.70\text{ 人}$$

售票所内的平均顾客数

$$L_s=L_q+\frac{\lambda}{\mu}=1.70+2.25=3.95\text{ 人}$$

③顾客的平均消耗时间

$$W_s=\frac{L_s}{\lambda}=\frac{3.95}{0.9}=4.39\text{ min}$$

顾客的平均等待时间

$$W_q=\frac{L_q}{\lambda}=\frac{1.70}{0.9}=1.89\text{ min}$$

④顾客到达后必须排队等待的概率

$$P(n\geqslant 3)=1-P_0-P_1-P_2$$
$$=1-0.074\,8-2.25\times 0.074\,8-\frac{1}{2}\times(2.25)^2\times 0.074\,8$$
$$=0.57$$

在本例中,如果顾客的排队方式变为到达售票所后可到任一窗口排队,且入队后不再换队,即可形成3个并行的队列。这时,原来的M/M/3/∞/∞系统实际上变成了由3个M/M/1/∞/∞子系统组成的排队系统,且每个子系统的平均到达率为

$$\lambda_1=\lambda_2=\lambda_3=\frac{0.9}{3}=0.3\text{ 人/min}$$

按M/M/1模型重新求解本例的各问,并将结果列于表13.4进行比较。

表13.4

	1个(M/M/3/∞/∞)	3个(M/M/1/∞/∞)
系统空闲的概率 P_0	0.074 8	0.25(每个子系统)
顾客需等待的概率	0.57	0.75
平均队长 L_s	3.95	9(整个系统)
平均排队长 L_q	1.70	2.25(每个子系统)
平均逗留时间 W_s(min)	4.39	10
平均等待时间 W_q(min)	1.89	7.5

由表13.4不难看出,在多个并列服务台的排队系统,排成单队比排成并列多队的方式具有显著的优越性。

由于计算 P_0 和各项运行指标的公式比较复杂,现已有专门的数值表可供使用。表13.5给出了标准的M/M/C系统 $W_q\cdot\mu$ 数值表。

表13.5

$W_q\cdot\mu$ \ C / $\rho=\frac{\lambda}{C\mu}$	服务台数 C			
	C=1	C=2	C=3	C=4
0.1	0.111 1	0.010 1	0.001 4	0.000 2
0.2	0.250 0	0.041 7	0.010 3	0.003 0
0.3	0.428 6	0.098 9	0.033 3	0.013 2
0.4	0.666 7	0.190 5	0.078 4	0.037 8
0.5	1.000 0	0.333 3	0.157 9	0.087 0
0.6	1.500 0	0.562 5	0.295 6	0.179 4
0.7	2.333 3	0.960 8	0.547 0	0.357 2
0.8	4.000 0	1.777 8	1.078 7	0.745 5
0.9	9.000 0	4.263 2	2.723 5	1.969 4
0.95	19.000 0	9.256 4	6.046 7	4.457 1

如果表中没有某一 ρ 值,可利用线性插值法从表内求出。设欲查的 ρ 值介于表中的 ρ_1 和 ρ_2 之间,即 $\rho_1<\rho<\rho_2$,与 ρ 相应的 $W_q\cdot\mu$ 值可由与 ρ_1、ρ_2 相应的 $(W_q\cdot\mu)_1$ 和 $(W_q\cdot\mu)_2$ 按下面的线性插值公式算出:

$$(W_q\cdot\mu)=(W_q\cdot\mu)_1+\frac{\rho-\rho_1}{\rho_2-\rho_1}[(W_q\cdot\mu)_2-(W_q\cdot\mu)_1]$$

例如在例13.7中,$C=3$,$\rho=0.75$,表中无此值。由于 $0.7<\rho<0.8$,由插值法,与 ρ 相应的 $W_q\cdot\mu$ 为

$$W_q \cdot \mu = 0.547\,0 + \frac{0.75-0.7}{0.8-0.7}[1.078\,7-0.547\,0]$$
$$= 0.547\,0 + 0.5 \times 0.531\,7 = 0.812\,9$$
$$W_q = \frac{0.812\,9}{0.4} = 2.03 \text{ min}$$

这一结果与例中的计算有一点差异,是由于插值引起的。

例 13.8 公司在港口有一专用卸货泊位,货船按泊松流到达,平均每周到达 5 艘,卸货时间服从负指数分布,平均每周卸货 10 艘。①求平均每周的等待卸货艘数,每船的平均等待卸货时间和在港停留时间。②对于一船在港等待时间(不包括卸货时间),公司须按每周 20 000 元的标准付给损失费。因此,公司考虑除自己的专用泊位外,拟再租赁其他单位的另一泊位,那里的卸货率相同。如租赁费为每周 5 000 元,问租赁这泊位是否值得?③公司也考虑不另租泊位,而是租用新式卸货设备代替原来的卸货设备,这样可提高平均卸货率到每周 15 艘。如租用这新式设备的租赁费也是每周 5 000 元,赔偿损失的标准不变,问租赁这新式设备是否值得?④有人建议,可以②、③两项措施并举,但这样,在计算时将遇到困难(指对人们熟悉的公式而言),这个困难是什么呢?

解 ①此问题属 M/M/1/∞/∞类型,$\lambda = 5$ 艘/周,$\mu = 10$ 艘/周,$\frac{\lambda}{\mu} = \frac{5}{10} = \frac{1}{2}$,平均每周的等待卸货艘数

$$L_q = L_s - \frac{\lambda}{\mu} = \frac{\lambda}{\mu-\lambda} - \frac{\lambda}{\mu} = \frac{5}{10-5} - \frac{1}{2} = \frac{1}{2} = 0.5 \text{ 艘}$$

每船平均等待卸货时间

$$W_q = \frac{L_q}{\lambda} = \frac{\frac{1}{2}}{5} = \frac{1}{10} \text{周}$$

每船在港逗留时间

$$W_s = W_q + \frac{1}{\mu} = \frac{1}{10} + \frac{1}{10} = \frac{1}{5} \text{周}$$

②若租用新泊位,相当于 $C = 2, \lambda = 5, \mu = 10, \rho = \frac{\lambda}{2\mu} = 0.25$,用线性插值公式查表求 $W_q \cdot \mu$,步骤如下:

$$W_q \cdot \mu = 0.041\,7 + \frac{0.25-0.2}{0.3-0.2}(0.098\,9 - 0.041\,7) = 0.070\,3$$
$$W_q = \frac{0.070\,3}{10} = 0.007\,03$$
$$L_q = W_q \cdot \lambda = 0.007 \times 5 = 0.035 \text{ 艘}$$

比原来减少的赔付损失费为

$$20\,000 \times (0.5 - 0.035) = 9\,300 > 5\,000$$

因此,值得租用另一泊位。

③若租用新式设备,相当于 M/M/1/∞/∞,$\lambda = 5, \mu = 15$,

$$L_q = \frac{5}{15-5} - \frac{5}{15} = \frac{1}{6} = 0.167 \text{ 艘}$$

比原来减少的赔付损失费为

$$20\ 000\times(0.5-0.167)=6\ 660>5\ 000$$

因此,租用新式设备也是值得的。

④若②、③两项措施并举,相当于 $C=2$,但两个服务台的平均服务率 μ 不相等,与人们熟悉的公式前提不符。

13.5 一般服务时间的 M/G/1 排队模型

本节讨论具有泊松输入、一般分布的服务时间、系统容量和顾客源均无限制的单服务台排队系统。

13.5.1 M/G/1/∞/∞排队模型

假设服务时间 v 的期望 $E(v)$ 和方差 $D(v)$ 存在,服务强度 $\rho=\lambda E(v)<1$,则可利用布拉切克-辛钦(P-K)公式及里特公式求出系统运行指标:

$$L_s=\rho+\frac{\rho^2+\lambda^2 D(v)}{2(1-\rho)}$$

$$W_s=\frac{L_s}{\lambda}$$

$$W_q=W_s-E(v)$$

$$L_q=\lambda W_q=L_s-\rho$$

其中 L_s 的计算公式称做 P-K 公式。它表明,只要知道服务时间 v 的期望和方差,而不管 v 是服从什么分布,都可以求出系统运行指标。

例 13.9 有一汽车冲洗台,汽车按平均每小时 18 辆的泊松流到达,冲洗时间 v 的期望 $E(v)=0.05$h/辆,方差 $D(v)=0.01$h/辆,求系统的运行指标,并对系统进行评价。

解 此问题属于 M/G/1/∞/∞类型,$\lambda=18$,$\rho=\lambda E(v)=0.9$,$D(v)=0.01$,于是有

$$L_q=\frac{18^2\times 0.01+(0.9)^2}{2(1-0.9)}=20.25\text{ 辆}$$

$$L_s=20.25+0.9=21.15\text{ 辆}$$

$$W_s=\frac{21.15}{18}=1.175\text{ h}$$

$$W_q=\frac{20.15}{18}=1.125\text{ h}$$

上述结果表明,该服务机构存在的突出问题是顾客的平均等待时间太长,是被服务时间的 $\frac{1.125}{0.05}=22.5$ 倍。

13.5.2 M/D/1/∞/∞排队模型

作为 M/G/1/∞/∞的一种特殊情形,M/D/1/∞/∞表示泊松输入、定长服务时间以及系统容量和顾客源均无限制的单服务台排队系统。这里的服务时间 $v\equiv E(v)$,$D(v)=0$,由 P-K 公式可得

$$L_s=\rho+\frac{\rho^2}{2(1-\rho)},\quad L_q=L_s-\rho=\frac{\rho^2}{2(1-\rho)}$$

$$W_s=\frac{L_s}{\lambda},W_q=\frac{L_q}{\lambda}$$

若记 $E(v)=\frac{1}{\mu}$,则有

$$L_q=\frac{\lambda^2}{2\mu(\mu-\lambda)},W_q=\frac{\lambda}{2(\mu-\lambda)}$$

均为标准的 M/M/1 系统相应运行指标值的一半,可见系统内部越有规律越省时间。

例 13.10　某实验室有一台自动检验机器性能的仪器,要求检验机器的顾客按泊松过程到达,平均每小时 4 个顾客,检验每台机器所需时间为 6 min。求:①在检验室内的平均机器台数 L_s;②等待检验的平均机器台数 L_q;③每台机器在室内的平均消耗时间 W_s;④每台机器平均等待检验的时间 W_q。

解　此问题属于(M/D/1/∞/∞)类型,$\lambda=4$ 个/h,$E(v)=\frac{1}{10}$ h,$\rho=\frac{4}{10}$,$D(v)=0$

①$L_s=0.4+\frac{(0.4)^2}{2(1-0.4)}=0.533$ 台

②$L_q=0.533-0.4=0.133$ 台

③$W_s=\frac{0.533}{4}=0.133\text{ h}=8\text{ min}$

④$W_q=\frac{0.133}{4}=0.033\text{ h}=2\text{ min}$

13.5.3　M/E_k/1/∞/∞排队模型

本模型也是 M/G/1/∞/∞的一种特殊情形,服务时间 v 服从 k 阶爱尔朗分布。其实际背景是服务机构由 k 个串联的服务台组成,顾客为接受服务须经过全部 k 个服务台。每个服务台的服务时间 v_i 均服从参数为 $k\mu$ 的负指数分布,则总共的服务时间 $v=\sum_{i=1}^{k}v_i$ 便服从 k 阶爱尔朗分布,且 $E(v)=\frac{1}{\mu}$,$D(v)=\frac{1}{k\mu^2}$。由 P-K 公式有

$$L_s=\rho+\frac{\lambda^2\left(\frac{1}{\mu^2}+\frac{1}{k\mu^2}\right)}{2\left(1-\frac{\lambda}{\mu}\right)}=\rho+\frac{(k+1)\rho^2}{2k(1-\rho)},\rho=\frac{\lambda}{\mu}$$

$$L_q=L_s-\rho=\frac{(k+1)\rho^2}{2k(1-\rho)}$$

$$W_s=\frac{L_s}{\lambda},W_q=\frac{L_q}{\lambda}$$

例 13.11　某单人裁缝店做西服,每套需经过 4 个不同的工序,4 个工序完成后才开始做另一套。每一工序的时间服从负指数分布,平均为 2 h。顾客到来服从泊松分布,平均订货率为每周 5.5 套(设一周工作 6 天,每天 8 h)。问一顾客为等到做好一套西服平均需多长时间?

解　此问题属于(M/E_4/1/∞/∞)类型,$\lambda=5.5$ 套/周,$\frac{1}{4\mu}=2$ h,$\mu=\frac{1}{8}$套/h$=6$ 套/周,$\rho=\frac{5.5}{6}$。因而有

$$L_s=\frac{5.5}{6}+\frac{\left(\frac{5.5}{6}\right)^2+(5.5)^2\times\frac{4}{6^2}}{2\left(1-\frac{5.5}{6}\right)\times 4}=7.2188$$

顾客为等到做好一套西服的平均时间

$$W_s=\frac{L_s}{\lambda}=\frac{7.2188}{5.5}=1.3\text{ 周}$$

在 $M/E_k/1/\infty/\infty$ 中，当 $k=1$ 时即为 $M/M/1/\infty/\infty$，而当 $k\to\infty$ 时，即化为 $M/D/1/\infty/\infty$。

本节讨论了服务时间服从一般分布的几种排队模型。对于到达和服务均为一般分布的情形，可采用随机模拟的方法求得近似解。

13.6 排队系统的优化

排队系统的优化一般包括两方面的问题：一是系统设计优化，即如何设计一个排队系统可使总效益最优，这属于静态优化问题；二是系统控制优化，即对于一给定的排队系统如何运营可使某目标达到最优，这属于动态优化问题。本节只讨论前者，即系统设计优化问题，主要讨论 M/M/1 系统的最优服务率和 M/M/C 系统的最佳服务台数的确定。

13.6.1 M/M/1 系统的最优服务率 μ^*

1. 标准的 M/M/1 系统

设 C_s 为系统对每位顾客的单位时间服务成本；C_w 为每位顾客在系统停留单位时间的损失费用；z 为总费用。z 由来自系统的服务成本 $C_s\mu$ 和来自顾客的等待损失 C_wL_s 构成，$L_s=\frac{\lambda}{\mu-\lambda}$ 也由 μ 决定。费用曲线如图 13.9 所示。

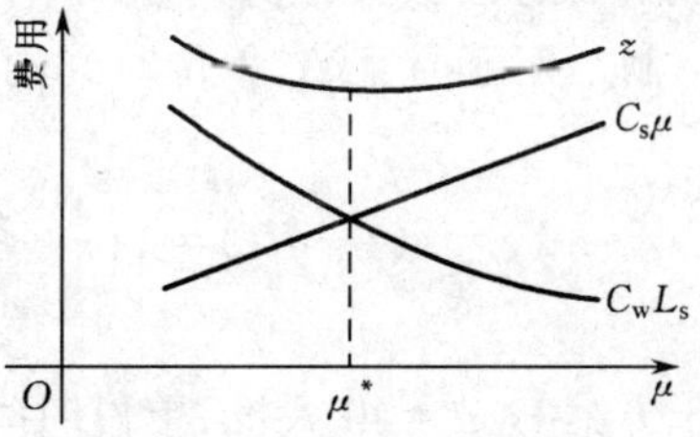

图 13.9

目标是极小化总费用 z，即

$$\min z=C_s\mu+C_wL_s$$

令

$$\frac{dz}{d\mu}=C_s-C_w\lambda\frac{1}{(\mu-\lambda)^2}=0$$

解得 $\mu^*=\lambda+\sqrt{\frac{C_w}{C_s}\lambda}$。

如果目标为系统的服务利润最大化，仍记 z 表示总利润，则表达式为

$$\max z=\mu(1-P_0)G-C_s\mu$$

其中 G 为单位时间对每位顾客服务的收入，$P_0=1-\frac{\lambda}{\mu}$。

例 13.12 设货船按泊松流到达某一港口，平均到达率 $\lambda=50$ 条/天，平均卸货率为 μ。又知船在港口停泊一天的费用为 1 货币单位，平均卸货费为 μC_s，其中 $C_s=2$ 货币单位，求使总费用最少的平均服务率 μ^*。

解 此问题属于标准的 M/M/1 系统服务率优化问题，$\lambda=50, C_s=2, C_w=1$，最佳服务率为

$$\mu^*=\lambda+\sqrt{\frac{C_w}{C_s}\lambda}=50+\sqrt{\frac{50}{2}}=55 \text{ 条}$$

2. **系统容量有限的 M/M/1 系统**

设考虑的目标是系统的服务利润最大化。用 z 表示总利润，则有

$$\max\ z=\lambda(1-P_N)G-C_s\mu$$

其中 $\lambda(1-P_N)$ 为顾客的有效到达率，即单位时间实际进入系统的顾客数(等于单位时间实际服务完的顾客数 $\mu(1-P_0)$)；$\lambda(1-P_N)G$ 为单位时间的服务总收入。将 z 表示为

$$z=\lambda G\frac{1-\rho^N}{1-\rho^{N+1}}-C_s\mu=\lambda\mu G\frac{\mu^N-\lambda^N}{\mu^{N+1}-\lambda^{N+1}}-C_s\mu$$

令 $\frac{\mathrm{d}z}{\mathrm{d}\mu}=0$，得

$$\rho^{N+1}\left[\frac{N-(N+1)\rho+\rho^{N+1}}{(1-\rho^{N+1})^2}\right]=\frac{C_s}{G}$$

当给定 N 和 $\frac{C_s}{G}$ 后，即可由上式解得 μ^*。

实际中还有一些其他形式的 M/M/1 系统服务优化问题，可根据具体情况处理。

例 13.13 考虑一个 M/M/1/N/∞ 系统，设 $\lambda=10$ 人/h，$\mu=30$ 人/h，$N=2$。管理者想改进服务机构，方案有两个：方案 A 是增加一个等待空间，即使 $N=3$；方案 B 是提高平均服务率到 $\mu=40$ 人/h。设每服务一个顾客的平均收入不变，问哪个方案将获得更大的收入？若 λ 增加到 30 人/h，又将得到什么结果？

解 对于方案 A，单位时间内实际进入系统的顾客平均数为

$$\lambda_A=\lambda(1-P_3)=\lambda\left(\frac{1-\rho^3}{1-\rho^4}\right)=10\left[\frac{1-\left(\frac{1}{3}\right)^3}{1-\left(\frac{1}{3}\right)^4}\right]=9.75 \text{ 人}$$

对于方案 B，$\mu=40$ 人/h，单位时间内实际进入系统的顾客平均数为

$$\lambda_B=\lambda(1-P_2)=\lambda\left(\frac{1-\rho^2}{1-\rho^3}\right)=10\left[\frac{1-\left(\frac{1}{4}\right)^2}{1-\left(\frac{1}{4}\right)^3}\right]=9.52 \text{ 人}$$

由于收入由顾客数决定，故方案 A(扩大等待空间)将获得更大的收入。

若 λ 增加到 30 人/h，有

$$\lambda_A=30\times\frac{3}{3+1}=22.5 \text{ 人}$$

$$\lambda_B=30\times\frac{1-\left(\frac{3}{4}\right)^2}{1-\left(\frac{3}{4}\right)^3}=22.7 \text{ 人}$$

故方案 B(提高服务率)将获得更大的收入。

13.6.2 M/M/C 系统的最佳服务台数 C^*

这里仅讨论标准的 M/M/C 系统。设 C_s 为每个服务台的单位时间服务成本，C_w 为每位顾客在系统停留单位时间的损失费用，z 为总成本，目标为

$$\min z = C_s \cdot C + C_w L_s$$

这里 $z=z(C)$是台数 C 的离散函数，不能采用求导的方法求极值点，可采用边际分析法。

设 C^* 是 $z(C)$的极小点，则 C^* 应满足

$$\begin{cases} z(C^*) \leqslant z(C^*-1) \\ z(C^*) \leqslant z(C^*+1) \end{cases}$$

化简得

$$L_s(C^*) - L_s(C^*+1) \leqslant \frac{C_s}{C_w} \leqslant L_s(C^*-1) - L_s(C^*)$$

依次计算 $L_s(1)$、$L_s(2)$、$L_s(3)$、……的相邻两项之差，看常数$\frac{C_s}{C_w}$落在哪二者之间，便可确定 C^*。

例 13.1.4 某检验中心为各工厂服务，要求做检验的工厂(顾客)的到来服从泊松流，平均到达率为每天 48 次，每次来检验由于停工等原因损失为 6 元。服务(做检验)时间服从负指数分布，平均服务率每天 25 次，每设置 1 个检验员的服务成本(工资及设备损耗)为每天 4 元，其他条件适合标准的 M/M/C 系统。问应设几个检验员可使总费用的平均值为最小？

解 $C_s=4, C_w=6, \lambda=48, \mu=25, \frac{\lambda}{\mu}=1.92$，设检验员数为 C，根据标准的 M/M/C 模型的有关计算公式，有

$$P_0 = \left[\sum_{k=0}^{C-1} \frac{(1.92)^k}{k!} + \frac{1}{(C-1)!} \cdot \frac{(1.92)^C}{C-1.92} \right]^{-1}$$

$$L_s = \frac{P_0 (1.92)^{C+1}}{(C-1)!\ (C-1.92)^2} + 1.92$$

将 $C=1$、2、3、4、5 依次代入计算得到表 13.6。

表 13.6

检验员数 C	平均顾客数 $L_s(C)$	$L_s(C)-L_s(C+1)$～ $L_s(C-1)-L_s(C)$	总费用(元/天) $z(C)$
1	∞		∞
2	24.49	21.845～∞	154.94
3	2.645	0.582～21.845	27.87
4	2.063	0.111～0.582	28.38
5	1.952		31.71

由于$\frac{C_s}{C_w}=\frac{4}{6}=0.67$ 落在区间(0.582,21.845)内，故 $C^*=3$，即当设 3 个检验员时可使总费用 z 最小。最小总费用

$$z(C^*)=z(3)=27.87 \text{ 元。}$$

习题 13

13.1 某单人理发店的顾客到达为泊松流，平均每小时 3 人，理发时间服从负指数分布，平均需 10 min。

求：

(1)理发店空闲的概率；

(2)店内有 4 个顾客的概率；

(3)店内至少有 1 个顾客的概率；

(4)店内顾客的平均数；

(5)等待理发的顾客平均数；

(6)顾客在店内平均等待时间；

(7)顾客在店内需消耗 15 min 以上的概率。

13.2 设有一单人打字室，顾客的到达为泊松流，平均到达时间间隔为 20 min，打字时间服从负指数分布，平均为 15 min。求：

(1)顾客来打字不必等待的概率；

(2)打字室内顾客的平均数；

(3)顾客在打字室内的平均逗留时间；

(4)若顾客在打字室内的平均逗留时间超过 1.25 h，则主人将考虑增加设备及打字员。问顾客的平均到达率为多少小时，主人才会考虑这样做？

13.3 汽车按平均每小时 90 辆的泊松流到达高速公路上的一个收费关卡，通过关卡的平均时间为 38 s。由于驾驶人员反映等待时间太长，主管部门打算采用新装置，使汽车通过关卡的平均时间减少到平均 30 s。但增加新装置只有在原系统中等待的汽车平均数超过 5 辆和新系统中关卡的空闲时间不超过 10%时才是合算的。根据这一要求，分析采用新装置是否合算？

13.4 某工厂有一个半成品加工操作间，内设一个半成品加工操作台和可存放 2 个待加工半成品的场地。已知半成品按平均每天 3 个的泊松过程到达该操作间，而完成该半成品加工的必要时间服从平均每个需 $\frac{1}{4}$天的负指数分布。若半成品到达操作间时操作间内已没有场地存放，则要运往其他较远的地方。求：

(1)操作间空闲的概率；

(2)半成品到达操作间时又需运往其他地方的概率；

(3)如果每移动一个半成品到它处需 100 元，为提高效率减少移动费用，可采用两种改进方案。方案一：增加一个半成品存放场地，每天需要 10 元；方案二：提高加工效率至每个$\frac{1}{5}$天，每天需 15 元。问是否应该采用改进方案，如应该则采用何种方案最佳？

13.5 在习题 13.1 中，理发店内只有 5 把椅子供人们排队等待理发。当 5 把椅子都坐满时，后来的顾客不进店就离开。再求习题 13.1 中的(1)～(6)问，并求(7)顾客来到时店内已满的概率。以本题为例比较系统容量为有限和无限两种情形的结果。

13.6 某企业有 5 台运货车辆，已知每台车每运行 100 h 平均需维修 2 次，每次需时 20 min，需维修车数和维修时间分别服从泊松和负指数分布。求该企业全部车辆正常运行的概率，及分别有 1,2,3 辆车不能正常运行的概率。

13.7 某街道口有一电话亭，在步行距离为 4 min 的拐弯处有另一电话亭。已知每次电话的平均通话时间均为$\frac{1}{\mu}=3$ min 的负指数分布，到达这两个电话亭的顾客均为 $\lambda=10$ 个/h 的泊松流。假如有一名顾客去其中一个电话亭打电话，到达时正有人通话，并且还有一个人在等待，问这名顾客应在原地等待，还是转去另一电话亭打电话？

13.8 机场有两条跑道，一条专供起飞用，一条专供降落用。已知要求起飞和要求降落的飞机都分别按平均每小时 25 架次的泊松流到达，每架起飞或降落占用跑道的时间都服从平均 2 min 的负指数分布。又设起飞和降落是彼此无关的。求：

(1)试求一架飞机起飞或降落为等待使用跑道所需的平均时间；

(2)若机场拟调整使用跑道办法,每条跑道都可做起飞或降落用,但为了安全,每架飞机占用跑道时间延长为平均 2.16 min 的负指数分布,这时要求起飞和要求降落的飞机将混合成一个参数为 50 架次/h 的泊松到达流。试计算这情形下的平均等待时间。

(3)以上两种方法哪个更好些呢?

13.9 一个办事员核对登记的申请书时,必须依次检查 8 张表格,核对每张表格平均需 1 min。顾客到达率为每小时 6 人,核对时间和到达间隔均服从负指数分布。求:

(1)办事员空闲的概率;

(2)L_s, L_q, W_s, W_q。

13.10 工件按泊松流到达某加工设备,$\lambda = 20$ 个/h,据测算该设备每多加工一个工件将增加收入 10 元,而工件每多等待或滞留一个小时将增加支出 1 元,试确定该设备的最优加工效率 μ。

13.11 要求在机场着陆的飞机数量服从泊松分布,平均每小时 18 架次,每次着陆需占用机场跑道的平均时间为 2.5 min,服从负指数分布。试问该机场应设置多少条跑道,使要求着陆的飞机需在空中等待的概率不超过 5%,求这种情况下跑道的平均利用率。

13.12 填空

(1)在标准的 M/M/1 排队系统中,设顾客到达率为 λ,服务率为 μ,则队长 $L_s =$ ________,它表示系统中的________,排队长 $L_q =$ ________,它表示系统中的________,$L_s - L_q =$ ________。

(2)在系统容量为 N 的 M/M/1 排队系统中,设顾客到达率为 λ,服务率为 μ,则系统的有效到达率 $\lambda_e =$ ________,由统计平衡,它的另一种表示形式为________。

第 14 章　马尔可夫分析

14.1　马尔可夫分析与预测问题

马尔可夫分析法是俄国数学家马尔可夫(A. Markov)在 1907 年提出,并由蒙特-卡罗(Mote-Carlo)加以发展而建立的一种分析方法。它主要用于分析随机事件未来发展变化的趋势,即利用某一变量的现在状态和动向去预测该变量未来的状态及其动向,以预测未来某特定时期可能产生的变化,以便采取相应的对策。马尔可夫分析的应用领域十分广泛,这些领域有:生产存储系统、设备更新/维护、制造系统的调度控制、通信网络系统控制、动态资产定价、广告优化、商品与服务的定价、质量控制、序贯搜索、水资源管理、森林管理、航空订票、高速公路管理等。

为了了解马尔可夫分析用于"预测—对策—决策"的情况,首先介绍一个实例,即所谓的商标转换问题。

例14.1　设某地居民的牛奶供应由 A、B、C 三厂负责,每月订一次,为简化问题的讨论,假定牛奶固定销售给 1 000 户顾客,要订哪厂牛奶由顾客自己选择。因广告宣传、服务质量等原因,用户会改换厂家。假设有 6 月份三个厂销售情况的市场调查记录,具体统计资料如表 14.1 所示。

表 14.1

牛奶厂	六月份顾客的变化			
	6 月 1 日顾客数	得	失	7 月 1 日顾客数
A	200	60	40	220
B	500	40	50	490
C	300	35	45	290

由表中数据可知,A 厂 6 月份从 B、C 厂得到了 60 户顾客,然而失掉了 40 户(净增 20 户);B 从 A、C 得到 40 户,然而失去 50 户(净失 10 户),C 从 A、B 得到 35 户,然而失去了 45 户(净失 10 户)。因此,A 厂 6 月份所增加的 20 户顾客实际上是这三厂原来顾客动态变化的结果,市场上称这种行为为商标转换。

牛奶厂为做好销售工作,就应当对此进行更细微的分析。下面进一步分析三厂顾客得失的详细情况,并算出它们得失的概率如表 14.2 所示。

表中 p_{ij} 表示 i 失于 j 的概率,如 B 厂 6 月份失于 A 厂 35 户,而 B 有 500 户,因此,B 厂 6 月份失于 A 的概率为

$$p_{BA}=35/500=0.070$$

同理,可得

$$p_{CA}=25/300=0.083,\ p_{AA}=160/200=0.80$$

$$p_{AB}=20/200=0.10,\ p_{BB}=450/500=0.90$$

$p_{CB}=20/300=0.067, p_{AC}=20/200=0.10$

$p_{BC}=15/500=0.030, p_{CC}=255/300=0.85$

表 14.2

牛奶厂		A	B	C
6 月 1 日顾客数		200	500	300
7 月 1 日顾客数		220	490	290
得失值及其概率	A	160	35	25
		$P_{AA}=0.80$	$P_{BA}=0.070$	$P_{CA}=0.083$
	B	20	450	20
		$P_{AB}=0.10$	$P_{BB}=0.90$	$P_{CB}=0.067$
	C	20	15	255
		$P_{AC}=0.10$	$P_{BC}=0.03$	$P_{CC}=0.85$

将上表的得失情况用概率矩阵的形式进行描述，则有

$$\begin{array}{c} \\ A \\ B \\ C \end{array}\begin{array}{c} \quad A \qquad B \qquad C \\ \begin{bmatrix} 0.80 & 0.10 & 0.10 \\ 0.07 & 0.90 & 0.03 \\ 0.083 & 0.067 & 0.85 \end{bmatrix} \end{array} \downarrow \text{(维持和获得)}$$

$\longrightarrow$(维持和损失)

如矩阵第一行表示 A 厂以 0.8 的概率保持原订户，以 0.1 的概率丧失原订户于 B 厂，以 0.1 的概率丧失原订户于 C 厂。第一列表示 A 厂以 0.8 的概率保持原订户，以 0.07 的概率从 B 厂获得新订户，以 0.083 的概率从 C 厂获得新订户。显然，有了这样的信息，就比较容易考察用户的转换情况。

根据以上数据可做以下工作：

①预测未来某个时刻各销售者在市场上占有的份额(市场占有率)；

②预测将来销售者在市场份额的得失比率；

③预测市场是否会出现市场平衡状态(稳定市场份额)；

④按对市场份额得失分析销售者的推销活动，指导生产厂家促销。

如可根据上述数据预测 8 月 1 日 A、B、C 三厂的市场占有率，则 8 月 1 日的状态为

$$[0.22 \quad 0.49 \quad 0.29]\begin{bmatrix} 0.8 & 0.1 & 0.1 \\ 0.07 & 0.9 & 0.03 \\ 0.083 & 0.067 & 0.85 \end{bmatrix}=[0.234 \quad 0.483 \quad 0.283]$$

如 A 厂占有份额 = $\underset{\text{(A厂保持率)}}{0.22\times0.8} + \underset{\text{(B厂转入率)}}{0.07\times0.49} + \underset{\text{(C厂转入率)}}{0.083\times0.29} = 0.234$

其中，向量[0.22 0.49 0.29]为各厂 7 月份的市场占有份额(订户数与总订户数之比)，则 8 月份 A 厂拥有全部顾客的 23.4%，B 厂为 48.3%，C 厂为 28.3%。

如果要预测9月份、10月份甚至更远时期的市场占有率,可以像上面那样,逐月计算得到。可见,马尔可夫分析方法能为决策者提供许多有价值的参考信息。其应用范围是广阔的。

那么,马尔可夫分析主要的研究内容是什么呢?从引例知,某些事物在发展变化,现在的状态(试验结果)只与过去前一次试验有关,而与在此以前的经过无关,则称这样的过程为马尔可夫过程。一连串(若干个)离散的马尔可夫过程的整体,称为马尔可夫链。因而,如同引例中列举的那样,对于马尔可夫链或马尔可夫过程可能产生的演变加以分析,以观察或预测其未来发展变化的趋势便是马尔可夫分析的研究内容。

由于马尔可夫过程为概率过程,所以在研究马尔可夫过程之前,首先要阐明概率向量、概率矩阵与正规概率矩阵等基本概念。

14.2 关于正规随机矩阵的一些知识

1.概率向量

任意一个向量 $\boldsymbol{u}=[u_1 \quad u_2 \quad \cdots \quad u_n]^{\mathrm{T}}$,若 $u_i \geqslant 0$,且 $\sum_{i=1}^{n} u_i = 1$,则称 $\boldsymbol{u}$ 为概率向量。例14.1中矩阵的每一行均为一个概率向量。

2.概率矩阵

在方阵 $\boldsymbol{P}=[p_{ij}]_{n\times n}$ 中,若各个行向量都为概率向量,则称此方阵为概率矩阵或随机矩阵。例14.1中的矩阵就是一个随机矩阵。

概率矩阵具有如下性质。

性质14.1 设 $\boldsymbol{u}\in\mathbf{R}^n$ 为一个概率向量,$\boldsymbol{A}=[a_{ij}]_{n\times n}$ 是一个概率矩阵,则 $\boldsymbol{A}^{\mathrm{T}}\boldsymbol{u}=\boldsymbol{y}$ 也是一个概率向量。

证
$$\boldsymbol{y}^{\mathrm{T}}=\boldsymbol{u}^{\mathrm{T}}\boldsymbol{A}=[u_1 \quad u_2 \quad \cdots \quad u_n]\begin{bmatrix} a_{11} & \cdots & a_{1n} \\ \vdots & \cdots & \vdots \\ a_{n1} & \cdots & a_{nn} \end{bmatrix}$$
$$=[\sum_{i=1}^{n} u_i a_{i1} \quad \sum_{i=1}^{n} u_i a_{i2} \quad \cdots \quad \sum_{i=1}^{n} u_i a_{in}]$$
则 $\boldsymbol{y}^{\mathrm{T}}$ 各分量之和为
$$\sum_{j=1}^{n} y_j = \sum_{j=1}^{n}\sum_{i=1}^{n} u_i a_{ij} = \sum_{i=1}^{n} u_i (\sum_{j=1}^{n} a_{ij}) = \sum_{i=1}^{n} u_i = 1$$
所以,$\boldsymbol{A}^{\mathrm{T}}\boldsymbol{u}$ 为一个概率向量。

性质14.2 若 $\boldsymbol{A}$ 和 $\boldsymbol{B}$ 都为概率矩阵,则 $\boldsymbol{AB}$ 亦为概率矩阵,$\boldsymbol{A}^n$ 亦为概率矩阵。

证 用 $\boldsymbol{A}_{i}.$ 表示由矩阵 $\boldsymbol{A}$ 的第 i 行组成的向量,由性质14.1知,$\boldsymbol{B}^{\mathrm{T}}\boldsymbol{A}_{i}.$ 都是概率向量,而
$$\boldsymbol{AB}=\begin{bmatrix} \boldsymbol{A}_{1}^{\mathrm{T}}.\boldsymbol{B} \\ \vdots \\ \vdots \\ \boldsymbol{A}_{n}^{\mathrm{T}}.\boldsymbol{B} \end{bmatrix}$$
故 $\boldsymbol{AB}$ 的每一行组成的向量均为概率向量,即 $\boldsymbol{AB}$ 为随机矩阵,从而易证 $\boldsymbol{A}^n$ 为随机矩阵。

3. 正规概率矩阵

对于任一概率矩阵 $\boldsymbol{P}$，若存在 m，使 $\boldsymbol{P}^m$（m 为大于 1 的正整数）的所有元素都是正数，则称 $\boldsymbol{P}$ 为正规概率矩阵（由性质 14.2 知，$\boldsymbol{P}^m$ 必是一个随机矩阵）。

如概率矩阵 $\boldsymbol{P}=\begin{bmatrix}0 & 1\\ \frac{1}{2} & \frac{1}{2}\end{bmatrix}$，$\boldsymbol{P}^2=\begin{bmatrix}\frac{1}{2} & \frac{1}{2}\\ \frac{1}{4} & \frac{3}{4}\end{bmatrix}$，则 $\boldsymbol{P}$ 是一个正规概率矩阵。再如概率矩阵

$\boldsymbol{Q}=\begin{bmatrix}1 & 0\\ \frac{1}{2} & \frac{1}{2}\end{bmatrix}$，$\boldsymbol{Q}^2=\begin{bmatrix}1 & 0\\ \frac{3}{4} & \frac{1}{4}\end{bmatrix}$，$\boldsymbol{Q}^3=\begin{bmatrix}1 & 0\\ \frac{7}{8} & \frac{1}{8}\end{bmatrix}$，…，$\boldsymbol{Q}^m=\begin{bmatrix}1 & 0\\ \frac{2^m-1}{2^m} & \frac{1}{2^m}\end{bmatrix}$，则 $\boldsymbol{Q}$ 不是正规概率矩阵。

以下给出正规随机矩阵的几个重要性质。

若 $\boldsymbol{A}$ 是一个正规随机矩阵，则有：

①一定存在一个概率向量 $\boldsymbol{X}$，使得 $\boldsymbol{A}^{\mathrm{T}}\boldsymbol{X}=\boldsymbol{X}$ 成立，且 $\boldsymbol{X}$ 的各分量皆为正数；

②$\boldsymbol{A}$ 的各次方幂 $\boldsymbol{A}^1$、$\boldsymbol{A}^2$、$\boldsymbol{A}^3$、……、$\boldsymbol{A}^k$……组成的序列会趋近于一个固定方阵 $\boldsymbol{B}$，即 $\boldsymbol{A}^k\to\boldsymbol{B}$（当 $k\to\infty$），且 $\boldsymbol{B}$ 的每一行均为 $\boldsymbol{X}^{\mathrm{T}}$；

③设 $\boldsymbol{u}$ 为任一 n 维概率向量，则向量序列 $\boldsymbol{A}^{\mathrm{T}}\boldsymbol{u}$、$(\boldsymbol{A}^2)^{\mathrm{T}}\boldsymbol{u}$、$(\boldsymbol{A}^3)^{\mathrm{T}}\boldsymbol{u}$、……、$(\boldsymbol{A}^k)^{\mathrm{T}}\boldsymbol{u}$、……趋近于概率向量 $\boldsymbol{X}$，即有 $(\boldsymbol{A}^k)^{\mathrm{T}}\boldsymbol{u}\to\boldsymbol{X}(k\to\infty)$。

例 14.2 试用正规随机矩阵 $\boldsymbol{A}=\begin{bmatrix}0 & 1\\ \frac{1}{2} & \frac{1}{2}\end{bmatrix}$ 验证上述定理。

解 设概率向量 $\boldsymbol{X}=[x_1\quad x_2]^{\mathrm{T}}$ 满足方程组 $\boldsymbol{A}^{\mathrm{T}}\boldsymbol{X}=\boldsymbol{X}$，于是便得到方程组

$$\begin{cases}\frac{1}{2}x_2=x_1\\ x_1+\frac{1}{2}x_2=x_2\end{cases}$$

不难看出，这个方程组的两个方程不是相互独立的，事实上，将这两个方程相加，可得恒等式：

$$x_1+x_2\equiv x_1+x_2$$

于是，用方程 $x_1+x_2=1$ 来取代上述方程组中的第 2 个方程，得新的方程组

$$\begin{cases}\frac{1}{2}x_2=x_1\\ x_1+x_2=1\end{cases}$$

解之得

$$\boldsymbol{X}=[x_1\quad x_2]^{\mathrm{T}}=\left[\frac{1}{3}\quad\frac{2}{3}\right]^{\mathrm{T}}$$

进一步，矩阵序列 $\boldsymbol{A}^1$、$\boldsymbol{A}^2$、$\boldsymbol{A}^3$、……趋近于各行都以向量 $\boldsymbol{X}^{\mathrm{T}}$ 所构成的方阵 $\boldsymbol{B}$。

$$\boldsymbol{B}=\begin{bmatrix}\frac{1}{3} & \frac{2}{3}\\ \frac{1}{3} & \frac{2}{3}\end{bmatrix}$$

事实上,有

$$A^2=\begin{bmatrix}\frac{1}{2}&\frac{1}{2}\\ \frac{1}{4}&\frac{3}{4}\end{bmatrix},A^3=\begin{bmatrix}\frac{1}{4}&\frac{3}{4}\\ \frac{3}{8}&\frac{5}{8}\end{bmatrix},A^4=\begin{bmatrix}\frac{3}{8}&\frac{5}{8}\\ \frac{5}{16}&\frac{11}{16}\end{bmatrix},A^5=\begin{bmatrix}\frac{5}{16}&\frac{11}{16}\\ \frac{11}{32}&\frac{21}{32}\end{bmatrix},$$

$$A^6=\begin{bmatrix}\frac{11}{32}&\frac{21}{32}\\ \frac{21}{64}&\frac{43}{64}\end{bmatrix}\cdots\cdots\to B$$

另设 $u=[u_1 \quad u_2]^{\mathrm{T}}$ 为任一概率向量,由 $A^k\to B(k\to\infty)$可得

$$(A^k)^{\mathrm{T}}u\to B^{\mathrm{T}}u$$

$$B^{\mathrm{T}}u=\begin{bmatrix}\frac{1}{3}&\frac{1}{3}\\ \frac{2}{3}&\frac{2}{3}\end{bmatrix}\begin{bmatrix}u_1\\ u_2\end{bmatrix}=\begin{bmatrix}\frac{1}{3}(u_1+u_2)\\ \frac{2}{3}(u_1+u_2)\end{bmatrix}=\begin{bmatrix}\frac{1}{3}\\ \frac{2}{3}\end{bmatrix}=X$$

14.3 马尔可夫链

14.3.1 一般随机过程

在某些现实系统中,表征系统特征的变量具有随机性,而且系统状态随时间而变化,即系统状态变量在每个时点上的取值是随机的,那么,对于这类系统就需用以时间为参数的随机变量来描述。系统状态的这种变化过程常称为随机过程。例如,从时间 $t=0$ 开始记录某电话总机的呼叫次数,设 $t=0$ 时没有呼叫,至时刻 t 的呼叫次数记作 N_t,则随机变量族$\{N_t,t\geqslant 0\}$是随机过程。

下面给出随机过程的有关概念。

随机过程(stochastic process)是指依赖于一个变动参数 t 的一族随机变量$\{X(t),t\in T\}$。变动参数 t 所有可以取值的集合 T 称为参数空间。$X(t)$的值所构成的集合 S 称为随机过程的状态空间。按 S 和 T 是离散集或非离散集可将随机过程分为四类(略)。马尔可夫分析只涉及随机过程的一个子类,即所谓的马尔可夫过程。这类随机过程的特点是:若已知在时间 t 系统处于状态 X 的条件下,在时刻 $\tau(\tau>t)$系统所处的状态与时刻 t 以前系统所处的状态无关,此过程便为马尔可夫过程。

例如,在液面上放一微粒,它由于受到大量分子的碰撞,在液面上作不规则运动,这就是布朗运动。由物理学知,已知在时刻 t 的运动状态条件下,微粒在 t 以后的运动情况和微粒在 t 以前的情况无关。若以 $X(t)$表示微粒在时刻 t 时的位置,则 $X(t)$是马尔可夫过程。

马氏过程一般分为三类:

①T 连续、S 离散的马氏过程;

②T 连续、S 连续的马氏过程;

③T 离散、S 离散的马氏过程,即马尔可夫链。

本书主要涉及马尔可夫链,所以,以下介绍马尔可夫链的概念。

14.3.2 马尔可夫链

定义 14.1 设$\{X_n, n=0,1,2,\cdots\}$是一个随机变量序列,用“$X_n=i$”表示时刻 n 系统处于状态 i 这一事件,称 $p_{ij}(n)=p(X_{n+1}=j \mid X_n=i)$为在事件“$X_n=i$”出现的条件下,事件“$X_{n+1}=j$”出现的条件概率,又称它为系统的一步转移概率。若对任意的非负整数 i_1、i_2、……、i_{n-1}、i、j 及一切$n\geqslant 0$,有 $p(X_{n+1}=j \mid X_n=i, X_k=i_k, k=1,2,\cdots,n-1)=p(X_{n+1}=j \mid X_n=i)=p_{ij}(n)$,则称$\{X_n\}$是一个马尔可夫链。

马尔可夫链的定义说明,过程在每一时刻上的状态仅仅取决于过程在前一时刻上的状态,而与这之前的状态无关。这一性质便是马尔可夫链的无后效性或无记忆性。

例如,有一位顾客每天向一家商店买一包香烟。他购买香烟并不固定于一种牌号,商店中A、B、C、D、E 五种牌号的香烟他都有可能购买。设 X_m 表示他在第 m 天购买的香烟牌号。若这个人只记得昨天抽烟的味道,以前都不记得了,那么 X_m 取什么值,只与 X_{m-1}取什么值有关,则$\{X_m\}$构成一个马尔可夫链。

进一步,若系统无论何时从状态 i 出发,经 k 步转移到状态j 的概率都相同,即有下式成立:

$$p(X_{s+k}=j \mid X_s=i)=p(X_{k+1}=j \mid X_1=i)$$

其中,i、j、k 皆为正整数,s 为任一正整数,则称此马尔可夫链为齐次马尔可夫链。以后主要研究齐次马尔可夫链,并略去“齐次”二字。

若系统的一步转移概率 $p_{ij}(n)=p(X_{n+1}=j \mid X_n=i)$与初始时刻 n 无关,则可简记为p_{ij}。用图 14.1 的状态转移图把它表示出来。

显然,一步转移概率具有如下性质:

$$p_{ij}\geqslant 0 \quad (i,j-1,2,\cdots,n)$$

$$\sum_{j=1}^{n} p_{ij}=1 \quad (i=1,2,\cdots,n)$$

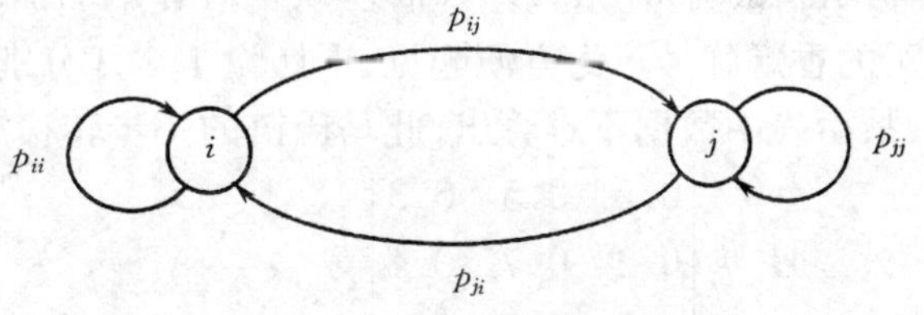

图 14.1

把各状态之间的一步转移概率排成矩阵

$$\boldsymbol{P}=\begin{bmatrix} p_{11} & p_{12} & \cdots & p_{1n} \\ p_{21} & p_{22} & \cdots & p_{2n} \\ \vdots & \vdots & & \vdots \\ p_{n1} & p_{n2} & \cdots & p_{nn} \end{bmatrix}$$

称 $\boldsymbol{P}$ 为转移矩阵。

每个状态 i 对应转移矩阵$\boldsymbol{P}$ 的第i 行。若系统处于状态 i,则该行向量表示下一次试验的所有可能结果的概率。因此,它是一个概率向量,所以转移矩阵 $\boldsymbol{P}$ 是一个概率矩阵。

转移概率矩阵 $\boldsymbol{P}$ 决定了各状态间的转移规律。

例 14.3(天气预报问题) 如果明日是否有雨仅与今日天气(是否有雨)有关,而与过去的天气无关,并设今日下雨,则明日有雨的概率为 α,今日无雨则明日有雨的概率为 β;又假定把有雨称为 0 状态天气,无雨称为 1 状态天气,则本例是一个两状态的马尔可夫链。它的一步转移概率矩阵为

$$\boldsymbol{P}=\begin{array}{c} \begin{matrix} 0 & 1 \end{matrix} \\ \begin{bmatrix} \alpha & 1-\alpha \\ \beta & 1-\beta \end{bmatrix} \end{array}\begin{matrix} 0 \\ 1 \end{matrix}$$

14.3.3 k 步转移概率与 k 步转移矩阵

p_{ij}是系统从状态 i 一步转移到状态 j 的概率,那么,该系统从状态 i 恰好经 k 步转移到状态 $j(i\to1\to2\to\cdots\to k-1\to j)$的概率是多少呢?

这里,对于齐次马尔可夫链,称条件概率 $p_{ij}^{(k)}=p(X_{k+1}=j\mid X_1=i)$为从状态 i 到状态 j 的 k 步转移概率(在我们讨论的问题里,假设状态集为有限集),并称矩阵 $\boldsymbol{P}^{(k)}=(p_{ij}^{(k)})_{n\times n}$为 k 步转移矩阵。显然,$\boldsymbol{P}^{(k)}$为概率矩阵,即有

$$p_{ij}^{(k)}\geqslant0\quad(i,j=1,2,\cdots,n);\ \sum_{j=1}^{n}p_{ij}^{(k)}=1\quad(i=1,2,\cdots,n)$$

以下通过实例给出某些重要结论。

例 14.4 某商店对前一天来店分别购买 A、B、C 牌号香烟的顾客各 100 名的购买情况进行统计(每天都购一包),统计结果如表 14.3 所示。

表 14.3

顾客数目 / 今天购买情况 / 前次购买品牌	A	B	C
A	20	50	30
B	20	70	10
C	30	30	40

不妨认为顾客在每次购买香烟时,只对他前次所吸牌号有印象,因此,商店可采用一个齐次马氏链$\{X_m\mid m=1,2,\cdots\}$描述顾客对香烟的需求状况。随机变量 X_m 表示顾客在第 m 天购买的香烟牌号。为方便起见,不妨设 1、2、3 分别代表顾客购买 A、B、C 三牌号香烟的不同状态,故由表中数据不难算出,此马氏链的一步转移矩阵

$$\boldsymbol{P}=\begin{bmatrix}0.2 & 0.5 & 0.3\\0.2 & 0.7 & 0.1\\0.3 & 0.3 & 0.4\end{bmatrix}$$

假定一位顾客在第一天购买牌号 A 的香烟,试问他在第三天购买牌号 B 的概率是多少呢? 这实际上要求的是二步转移概率 $p_{12}^{(2)}$。

如设第一天购买 A 牌号,第二天购买 A、B、C 的概率分别为 $p_{11}=0.2,p_{12}=0.5,p_{13}=0.3$;而第二天买 A、B、C,第三天买 B 的概率为 $p_{12}=0.5,p_{22}=0.7,p_{32}=0.3$,则第三天购买 B 的概率为二步转移概率 $p_{12}^{(2)}=p(X_3=2\mid X_1=1)$。结合 14.2 图示,根据概率乘法公式与互斥性得

$$p_{12}^{(2)}=p_{11}p_{12}+p_{12}p_{22}+p_{13}p_{32}=[p_{11}\quad p_{12}\quad p_{13}]\begin{bmatrix}p_{12}\\p_{22}\\p_{32}\end{bmatrix}$$

$$=[0.2\quad 0.5\quad 0.3]\begin{bmatrix}0.5\\0.7\\0.3\end{bmatrix}=0.54$$

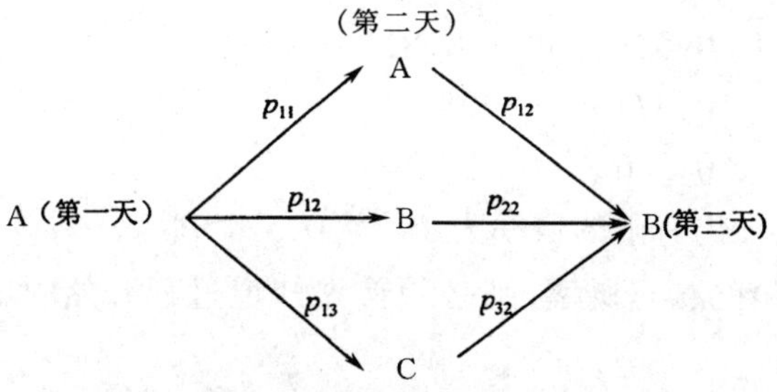

图 14.2

更一般地，结合 14.3 图示，可得齐次马氏链的二步转移概率及二步转移矩阵为

$$p_{ij}^{(2)}=\sum_k p_{ik}^{(1)}p_{kj}^{(1)}$$

$$\boldsymbol{P}^{(2)}=[p_{ij}^{(2)}]_{n\times n}=\boldsymbol{P}\cdot\boldsymbol{P}=\boldsymbol{P}^2$$

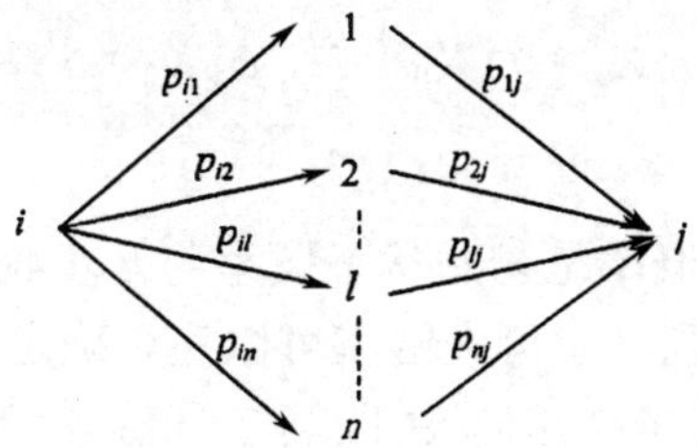

图 14.3

故知，上例中二步转移矩阵

$$\boldsymbol{P}^{(2)}=\boldsymbol{P}^2=\begin{bmatrix}0.23 & 0.54 & 0.23\\0.21 & 0.62 & 0.17\\0.24 & 0.48 & 0.28\end{bmatrix}$$

进一步，还有下式成立：

$$p_{ij}^{(n)}=\sum_k p_{ik}^{(m)}\cdot p_{kj}^{(n-m)}\text{，即 }\boldsymbol{P}^{(n)}=\boldsymbol{P}^{(m)}\cdot\boldsymbol{P}^{(n-m)}$$

这个表示 n 步转移概率基本关系的方程称为切普曼-柯尔莫哥洛夫方程(Champman-Kolmogorov equation)，但这里必须在马尔可夫假设条件下方能成立。上述公式的证明有关文献已经给出，读者不妨参考。

应用切普曼-柯尔莫哥洛夫方程易知，$\boldsymbol{P}^{(n)}=\boldsymbol{P}^{(n-1)}\cdot\boldsymbol{P}=\boldsymbol{P}^n$，即是说 n 步状态转移矩阵就等于一步状态转移矩阵的 n 次乘方。

例 14.5 如设例 14.3 中，$\alpha=0.7$，$\beta=0.4$，则

$$\boldsymbol{P}=\begin{bmatrix}0.7 & 0.3\\0.4 & 0.6\end{bmatrix}$$

于是，两步转移概率矩阵为

$$\boldsymbol{P}^{(2)}=\boldsymbol{P}\cdot\boldsymbol{P}=\begin{bmatrix}0.7 & 0.3\\0.4 & 0.6\end{bmatrix}\begin{bmatrix}0.7 & 0.3\\0.4 & 0.6\end{bmatrix}=\begin{bmatrix}0.61 & 0.39\\0.52 & 0.48\end{bmatrix}$$

四步转移概率矩阵为

$$\boldsymbol{P}^{(4)}=\boldsymbol{P}^{(2)}\boldsymbol{P}^{(2)}=\begin{bmatrix}0.61 & 0.39\\0.52 & 0.48\end{bmatrix}\begin{bmatrix}0.61 & 0.39\\0.52 & 0.48\end{bmatrix}$$

$$=\begin{bmatrix}0.574\,9 & 0.425\,1\\0.566\,8 & 0.433\,2\end{bmatrix}$$

由此可知,今日有雨第五日仍有雨的概率为 $\boldsymbol{P}_{00}^{(4)}=0.574\,9$。

如果希望得到第 k 步的状态概率,则必须首先知道过程开始时的概率分布,称之为初始概率分布,记为

$$\boldsymbol{\lambda}_0=[\lambda_1^{(0)}\quad \lambda_2^{(0)}\quad \cdots \quad \lambda_n^{(0)}]^{\mathrm{T}},\lambda_i^{(0)}=p\{X_0=i\}\geqslant 0,\sum_{i=1}^{n}\lambda_i^{(0)}=1$$

同样,第 k 步的概率分布表示为

$$\boldsymbol{\lambda}_k=[\lambda_1^{(k)}\quad \lambda_2^{(k)}\quad \cdots \quad \lambda_n^{(k)}]^{\mathrm{T}},\lambda_j^{(k)}=p\{X_k=j\}\geqslant 0,\sum_{j=1}^{n}\lambda_j^{(k)}=1$$

由乘法公式得

$$\lambda_j^{(k)}=p\{X_k=j\}=\sum_i p\{X_k=j\mid X_0=i\}\cdot p\{X_0=i\}=\sum_i \lambda_i^{(0)}\cdot p_{ij}^{(k)}$$

写成向量形式为:$\boldsymbol{\lambda}_k=(\boldsymbol{P}^k)^{\mathrm{T}}\boldsymbol{\lambda}_0$。

上式表明,第 k 步时的状态概率是初始状态概率与 k 步状态转移矩阵的乘积。一旦知道初始状态概率和一步转移矩阵,则马尔可夫链就可以完全确定了。

如在例 14.1 中,可根据转移概率矩阵 $\boldsymbol{P}$ 以及 7 月份各厂的市场占有率,通过上式,依次求得 8、9、10 月份……的市场占有率。

14.3.4 稳态概率

根据马尔可夫假设,对于一个马氏链,若已经知道初始状态概率 $\lambda_i^{(0)}=p\{X_0=i\}$ 和一步转移矩阵 $\boldsymbol{P}$,就可以求出任意时刻时过程处于某种状态的概率 $\lambda_j^{(n)}=p\{X_n=j\}$。这时,$\lambda_j^{(n)}=p\{X_n=j\}$ 为系统瞬态概率。在实际应用当中,最感兴趣的是当 $n\to\infty$ 时,在统计平衡条件下系统所处状态的概率分布。下面讨论当 $n\to+\infty$ 时马尔可夫链的变化。

定义 14.2 若极限 $\lim\limits_{n\to+\infty}\lambda_j^{(n)}=\lambda_j^*$ 存在,且 $\sum\limits_j\lambda_j^*=1$,则称 $\{\lambda_j^*\}$ 为系统的平稳分布,$\boldsymbol{\lambda}^*=[\lambda_1^*\quad \lambda_2^*\quad \cdots\quad \lambda_n^*]$ 为系统的稳态概率向量。

稳态概率分布具有下述性质。

性质 14.3 稳态概率分布与初始概率分布无关。

性质 14.4 若马尔可夫链是标准的,即它的转移概率矩阵 $\boldsymbol{P}$ 是一个正规随机矩阵,则存在一个概率向量 $\boldsymbol{\lambda}^*=[\lambda_1^*\quad \lambda_2^*\quad \cdots\quad \lambda_n^*]^{\mathrm{T}}$ 满足

$$\boldsymbol{P}^{\mathrm{T}}\boldsymbol{\lambda}^*=\boldsymbol{\lambda}^*$$

λ_j^* 即为状态 j 的稳态概率,$\boldsymbol{\lambda}^*$ 为稳态概率向量。

显然,若转移矩阵为正规随机矩阵,则系统就必然存在平衡状态,即最终达到完全与初始状态无关的一种平衡状态。由正规随机矩阵的性质不难得出,$\boldsymbol{P}^{\mathrm{T}}\boldsymbol{\lambda}^*=\boldsymbol{\lambda}^*$ 成立。

事实上,性质 14.4 也可以如此理解:

由于

$$\boldsymbol{\lambda}_k=[\boldsymbol{P}^k]^{\mathrm{T}}\boldsymbol{\lambda}_0=\boldsymbol{P}^{\mathrm{T}}\cdot[\boldsymbol{P}^{k-1}]^{\mathrm{T}}\boldsymbol{\lambda}_0=\boldsymbol{P}^{\mathrm{T}}\boldsymbol{\lambda}_{k-1}$$

而随着步数的增大,有

$$\lim_{k\to+\infty}\boldsymbol{\lambda}_k=\lim_{k\to+\infty}\boldsymbol{\lambda}_{k-1}=\boldsymbol{\lambda}^*$$

则由上式知,$\boldsymbol{\lambda}^*=\boldsymbol{P}^{\mathrm{T}}\boldsymbol{\lambda}^*$。

性质 14.4 同时也给出了一个求解稳态概率向量的方法,结合 $\sum_{i=1}^{n}x_i=1$,有

$$\begin{cases}\boldsymbol{P}^{\mathrm{T}}\boldsymbol{X}=\boldsymbol{X} & (1)\\ \sum_{i=1}^{n}x_i=1 & (2)\end{cases}$$

其中,$\boldsymbol{X}=[x_1\quad x_2\quad\cdots\quad x_n]^{\mathrm{T}}$,式(1)称为平衡方程。尽管在平衡方程中变量数与方程数相等,但在转移矩阵中必须满足每行元素之和为 1,所以应联合式(2),(用式(2)替换式(1)中某一个方程即可),式(2)也称规范化方程。

求解上述方程组,即得稳态概率向量 $\boldsymbol{X}$。

例 14.6 例 14.4 中的一步转移矩阵 $\boldsymbol{P}=\begin{bmatrix}0.2&0.5&0.3\\0.2&0.7&0.1\\0.3&0.3&0.4\end{bmatrix}$,$\boldsymbol{P}$ 为正规随机矩阵,则系统必存在唯一稳态概率向量 $\boldsymbol{X}=[x_1\quad x_2\quad x_3]^{\mathrm{T}}$,由上述公式可得

$$\begin{cases}0.2x_1+0.2x_2+0.3x_3=x_1\\0.5x_1+0.7x_2+0.3x_3=x_2\\x_1+x_2+x_3=1\end{cases}$$

解得 $\boldsymbol{X}=[0.22\quad 0.57\quad 0.21]^{\mathrm{T}}$,$\boldsymbol{X}$ 即为平稳状态下 A、B、C 三种牌号香烟的购买率。

综上所述,一般的齐次马尔可夫链具有如下一些性质。

①转移概率矩阵 $\boldsymbol{P}$ 是一个随机矩阵。

②n 步状态转移矩阵等于一步状态转移矩阵的 n 次乘方,即 $\boldsymbol{P}^{(n)}=\boldsymbol{P}^n$,且 n 步转移概率为 $p_{ij}^{(n)}=\sum_k p_{ik}^{(m)}\cdot p_{kj}^{(n-m)}$。

③第 k 步的状态概率向量 $\boldsymbol{\lambda}_k$ 与初始概率向量 $\boldsymbol{\lambda}_0$ 有如下关系:

$$\boldsymbol{\lambda}_k=(\boldsymbol{P}^k)^{\mathrm{T}}\boldsymbol{\lambda}_0$$

④若转移概率矩阵 $\boldsymbol{P}$ 是一个正规随机矩阵,则系统存在一个唯一的稳态概率向量 $\boldsymbol{\lambda}^*=[\lambda_1^*\quad\lambda_2^*\quad\cdots\quad\lambda_n^*]^{\mathrm{T}}$,使得 $\boldsymbol{P}^{\mathrm{T}}\boldsymbol{\lambda}^*=\boldsymbol{\lambda}^*$,且知:

(a)$\boldsymbol{P}^{(k)}\to\boldsymbol{B}(k\to+\infty)$时,$\boldsymbol{B}$ 的每一行向量相同,全为$(\boldsymbol{\lambda}^*)^{\mathrm{T}}$;

(b)$\boldsymbol{\lambda}_k=(\boldsymbol{P}^k)^{\mathrm{T}}\boldsymbol{\lambda}_0\to\boldsymbol{\lambda}^*(k\to+\infty)$,亦即 $\lim_{k\to+\infty}p(X_k=j)=\lambda_j^*$。

换言之,此时齐次马尔可夫链在经历一定时间的状态转移后,会趋于一种与初始状态无关的稳定状态。

下面是齐次马尔可夫链具体的应用实例。

14.3.5 马尔可夫分析应用实例

例 14.7 A、B、C 三家公司生产同一种产品。根据调查得知,各家公司产品上月占据市场

的份额分别为50%、30%和20%。设第 m 个月顾客对这种产品的各种牌号的需求状况可用一个齐次马尔可夫链 $\{X_m \mid m=1,2,\cdots\}$ 表示。令状态 N_1 = 买A公司产品,状态 N_2 = 买B公司产品,状态 N_3 = 买C公司产品,相应的概率转移矩阵

$$\boldsymbol{P}=\begin{bmatrix}0.70 & 0.10 & 0.20\\0.10 & 0.80 & 0.10\\0.05 & 0.05 & 0.90\end{bmatrix}$$

试问:本月和下月三家公司产品占据市场的份额各为多少?一年后三家公司产品占据市场的份额各为多少?

解 上月购买A公司产品的顾客中,本月将有70%仍买A公司产品,上月购买B公司产品的顾客中,本月将有10%转买A公司产品;上月购买C公司产品的顾客中,本月将有5%转买A公司产品。因而A公司产品本月占据市场的份额为

$$0.5\times0.70+0.30\times0.10+0.2\times0.05$$
$$=[0.5\quad 0.3\quad 0.2]\begin{bmatrix}0.70\\0.10\\0.05\end{bmatrix}=0.39$$

其中,初始概率向量 $[0.5\quad 0.3\quad 0.2]^{\mathrm{T}}$ 表示上月三家公司产品占据市场的份额,于是描述本月各公司占据市场份额的概率向量为

$$[0.5\quad 0.3\quad 0.2]\boldsymbol{P}=[0.39\quad 0.30\quad 0.31]$$

描述下月各公司产品占据市场份额的概率向量为

$$[0.39\quad 0.30\quad 0.31]\boldsymbol{P}=(0.5\quad 0.3\quad 0.2)\boldsymbol{P}^2=(0.32\quad 0.29\quad 0.39)$$

而描述一年后各公司产品占据市场份额的概率向量为

$$[0.5\quad 0.3\quad 0.2]\boldsymbol{P}^{12}$$

因为 $\boldsymbol{P}$ 是一个正规随机矩阵,故知此概率向量近似于稳态概率向量 $\boldsymbol{\lambda}^*$,求解方程

$$\begin{cases}0.7\lambda_1+0.1\lambda_2+0.05\lambda_3=\lambda_1\\0.1\lambda_1+0.8\lambda_2+0.05\lambda_3=\lambda_2\\\lambda_1+\lambda_2+\lambda_3=1\end{cases}$$

可得 $\boldsymbol{\lambda}^*=[0.18\quad 0.23\quad 0.59]^{\mathrm{T}}$。故A公司产品占据市场的份额一年后将由年初的50%下降到18%,情况堪忧。A公司必须考虑改进措施。

例14.8(订货决策) 某商店经营一种易腐食品,出售后一个单位可获利 $a=5$ 元。若当天售不出去,则每单位损失 $b=3$ 元。该店经理统计了连续40天的需求情况(不是实际销售量)。现将所得数据列出如下:

3,3,4,2,2,4,2,3,4,4,4,3,2,4,2,3,3,4,2,2,4,3,4,3,2,3,4,2,3,2,2,3,4,2,4,4,3,2,3,3

经理想应用马尔可夫链来预测需求量,确定明天进货量。①已知当天需求量为3个单位,明日应进货多少个单位?②若不知当天需求量,明日应进货多少个单位?

解 令状态 N_1 = 需求量为2个单位,状态 N_2 = 需求量为3个单位,状态 N_3 = 需求量为4个单位。状态转移的情况是:

$N_1 \to N_1$,3次;$N_1 \to N_2$,6次;$N_1 \to N_3$,4次

$N_2 \to N_1$,4 次;$N_2 \to N_2$,3 次;$N_2 \to N_3$,6 次

$N_3 \to N_1$,6 次;$N_3 \to N_2$,4 次;$N_3 \to N_3$,3 次

于是,此马尔可夫链的转移概率矩阵

$$\boldsymbol{P}=\begin{bmatrix}\frac{3}{13} & \frac{6}{13} & \frac{4}{13}\\ \frac{4}{13} & \frac{3}{13} & \frac{6}{13}\\ \frac{6}{13} & \frac{4}{13} & \frac{3}{13}\end{bmatrix}$$

求解方程组

$$\begin{cases}\frac{3}{13}x_1+\frac{4}{13}x_2+\frac{6}{13}x_3=x_1\\ \frac{6}{13}x_1+\frac{3}{13}x_2+\frac{4}{13}x_3=x_2\\ x_1+x_2+x_3=1\end{cases}$$

得稳态概率向量

$$\boldsymbol{X}=\left[\frac{1}{3}\quad \frac{1}{3}\quad \frac{1}{3}\right]^{\mathrm{T}}$$

这样,应用边际分析的思想就可回答经理的问题。由于

$$\frac{b}{a+b}=\frac{3}{5+3}=\frac{3}{8}=0.375$$

而 p(明日需求量=4|当天需求量=3)$=p_{23}=\frac{6}{13}\approx 0.462>\frac{b}{a+b}$,故对①的回答为:明日应进货 4 个单位。又因为

$$p(\text{明日需求量}=3)=x_2=\frac{1}{3}<\frac{b}{a+b}$$

$$p(\text{明日需求量}\geqslant 3)=x_2+x_3=\frac{2}{3}>\frac{b}{a+b}$$

所以明日应进货 3 个单位。

14.4 吸收马尔可夫链

14.4.1 吸收马尔可夫链

以下研讨齐次马尔可夫链中的一种特殊类型——齐次吸收马尔可夫链以及它在经济管理问题中的具体应用。为此,首先介绍有关的基本概念。

定义 14.3 对于马尔可夫链的状态 i,如果 $p_{ii}=1$,即到达状态 i 后,永久停留在 i,不可能再转移到其他任何状态,那么,就称状态 i 为吸收状态或称为吸收态,否则为非吸收态。

定义 14.4 若一个马氏链至少有一个吸收态,且任何一个非吸收态到吸收态是可能的(不必是一步),则称此马氏链为吸收马尔可夫链。

例 14.9 甲、乙两人进行比赛,每局比赛中甲胜的概率是 p,乙胜的概率是 q,和局概率是

$r(p+q+r=1)$。每局赛后,胜者记“+1”分,负者记“-1”分,和局不记分,当有一人获得2分时结束比赛。以 X_n 表示比赛到第 n 局时甲所得的分数,则 $\{X_n, n=1,2,\cdots\}$ 就是一个吸收马氏链。

事实上,它共有五个状态,状态空间 $I=\{-2,-1,0,1,2\}$,一步转移概率矩阵

$$\boldsymbol{P}=\begin{bmatrix}1 & 0 & 0 & 0 & 0\\ q & r & p & 0 & 0\\ 0 & q & r & p & 0\\ 0 & 0 & q & r & p\\ 0 & 0 & 0 & 0 & 1\end{bmatrix}$$

其中,$p_{11}=1$,$p_{55}=1$,这表明状态1、5都是吸收态。这里状态1意味着甲得-2分,甲输,比赛结束。因此,可认为 X_n 一直停留在状态1,状态5也有类似的解释。由题意知,其余三个非吸收态都可能经若干步转移后到达吸收态。

当一过程到达吸收态,称它“被吸收”。可以证明:吸收马氏链将被吸收的概率为1,或说吸收马氏链 n 步后,到达非吸收态的概率趋向于零,具体证法从略。

对于吸收马氏链,感兴趣的是如下三个问题:

①过程被吸收前,在非吸收态之间转移的平均次数是多少?

②过程从非吸收态出发到达吸收态的平均步数是多少?

③过程从非吸收态出发最终进入吸收态的概率是多少?

为此,首先考察吸收马氏链的 n 步转移概率矩阵。

事实上,对于一个有 r 个吸收态和 s 个非吸收态的吸收马氏链,经过适当排列(将吸收态集中在一起排列在前面)的一步转移概率矩阵 $\boldsymbol{P}$ 总可以表示为如下的标准形式:

$$\begin{array}{c} \\ r\text{个吸收态} \\ s\text{个非吸收态}\end{array}\begin{array}{c} \begin{matrix} r\text{个吸收态} & s\text{个非吸收态}\end{matrix} \\ \begin{bmatrix}\boldsymbol{I} & \boldsymbol{0}\\ \boldsymbol{R} & \boldsymbol{Q}\end{bmatrix}\end{array}$$

这是一个分块矩阵。其中,子阵 $\boldsymbol{I}$ 是一个 $r\times r$ 阶单位矩阵,它的元素是吸收态之间的转移概率;子阵 $\boldsymbol{0}$ 是一个 $r\times s$ 阶零矩阵,它的元素是吸收态到非吸收态的转移概率;子阵 $\boldsymbol{R}$ 是一个 $s\times r$ 阶子阵,它的元素是非吸收态到吸收态的转移概率;子阵 $\boldsymbol{Q}$ 是一个 $s\times s$ 阶子阵,它的元素是非吸收态之间的转移概率。

如此,可以容易地得到 n 步转移概率矩阵 $\boldsymbol{P}^{(n)}$ 的分块形式如下:

$$\boldsymbol{P}^{(2)}=\begin{bmatrix}\boldsymbol{I} & \boldsymbol{0}\\ \boldsymbol{R} & \boldsymbol{Q}\end{bmatrix}\begin{bmatrix}\boldsymbol{I} & \boldsymbol{0}\\ \boldsymbol{R} & \boldsymbol{Q}\end{bmatrix}=\begin{bmatrix}\boldsymbol{I} & \boldsymbol{0}\\ \boldsymbol{QR}+\boldsymbol{R} & \boldsymbol{Q}^2\end{bmatrix}$$

$$\boldsymbol{P}^{(3)}=\boldsymbol{P}^3=\begin{pmatrix}\boldsymbol{I} & \boldsymbol{0}\\ \boldsymbol{Q}^2\boldsymbol{R}+\boldsymbol{QR}+\boldsymbol{R} & \boldsymbol{Q}^3\end{pmatrix}$$

$$\vdots$$

$$\boldsymbol{P}^{(n)}=\boldsymbol{P}^n=\begin{bmatrix}\boldsymbol{I} & \boldsymbol{0}\\ [\boldsymbol{Q}^{n-1}+\boldsymbol{Q}^{n-2}+\cdots+\boldsymbol{I}]\boldsymbol{R} & \boldsymbol{Q}^n\end{bmatrix}$$

$$=\begin{bmatrix}\boldsymbol{I} & \boldsymbol{0}\\ [\boldsymbol{I}-\boldsymbol{Q}]^{-1}\cdot[\boldsymbol{I}^n-\boldsymbol{Q}^n]\boldsymbol{R} & \boldsymbol{Q}^n\end{bmatrix}$$

式中,$\boldsymbol{Q}^n$ 表示非吸收态之间 n 步转移概率矩阵,$[\boldsymbol{I}-\boldsymbol{Q}]^{-1}\cdot[\boldsymbol{I}^n-\boldsymbol{Q}^n]\boldsymbol{R}$ 表示由非吸收态经 n 步到吸收态的转移概率矩阵。另外,由于 n 步后过程到达非吸收态的概率趋向于零,于是当 n 趋向于无穷时,$\boldsymbol{Q}^n$ 的每一个元素必趋向于零,即

$$\lim_{n\to\infty}\boldsymbol{P}^n=\begin{bmatrix}\boldsymbol{I} & \boldsymbol{0}\\ [\boldsymbol{I}-\boldsymbol{Q}]^{-1}\boldsymbol{R} & \boldsymbol{0}\end{bmatrix}$$

上式表示过程全被吸收,而$[\boldsymbol{I}-\boldsymbol{Q}]^{-1}\boldsymbol{R}$ 的元素表示过程目前处于非吸收态,最终进入吸收态的转移概率。本书将在后面详细讨论。

记矩阵 $\boldsymbol{N}=[\boldsymbol{I}-\boldsymbol{Q}]^{-1}$,并称它为吸收马氏链的基本矩阵,又称特征量。显然,基本矩阵 $\boldsymbol{N}$ 的元素给出了过程被吸收前从一个非吸收态出发,转移到每一个非吸收态的平均次(步)数。

例 14.10 一物体作线性运动,每次它以概率$\frac{1}{2}$向右移动一单位,或以概率$\frac{1}{2}$向左移动。设置障碍后,若物体任何时候到达这些障碍之一它将留在那儿。令状态为 0、1、2、3、4。状态 0、4 是吸收态,其余为非吸收态,且从中任一个到达吸收态是可能的。因此这是吸收马氏链,它的转移概率矩阵

$$\boldsymbol{P}=\begin{bmatrix}1&0&0&0&0\\ \frac{1}{2}&0&\frac{1}{2}&0&0\\ 0&\frac{1}{2}&0&\frac{1}{2}&0\\ 0&0&\frac{1}{2}&0&\frac{1}{2}\\ 0&0&0&0&1\end{bmatrix}$$

$\boldsymbol{P}$ 的标准形式为

$$\left[\begin{array}{cc:ccc}1&0&0&0&0\\ 0&1&0&0&0\\ \hdashline \frac{1}{2}&0&0&\frac{1}{2}&0\\ 0&0&\frac{1}{2}&0&\frac{1}{2}\\ 0&\frac{1}{2}&0&\frac{1}{2}&0\end{array}\right]$$

其中,$\boldsymbol{Q}=\begin{bmatrix}0&\frac{1}{2}&0\\ \frac{1}{2}&0&\frac{1}{2}\\ 0&\frac{1}{2}&0\end{bmatrix}$ 于是,$\boldsymbol{I}-\boldsymbol{Q}=\begin{bmatrix}1&-\frac{1}{2}&0\\ -\frac{1}{2}&1&-\frac{1}{2}\\ 0&-\frac{1}{2}&1\end{bmatrix}$

$$N=[I-Q]^{-1}=\begin{bmatrix}\frac{3}{2} & 1 & \frac{1}{2}\\ 1 & 2 & 1\\ \frac{1}{2} & 1 & \frac{3}{2}\end{bmatrix}$$

由 N 知,从状态 2 出发,在吸收之前到达状态 1 的平均步数为 1,到达状态 2 的平均步数是 2,到达状态 3 的平均步数是 1。

若将 N 中某一行所有元素相加,就可得从某一非吸收态出发,在被吸收前到达各个非吸收态的平均次(步)数之和。这个值就是从该非吸收态出发到吸收时步数的平均数。这一结论可以具体描述如下:对于一个具有非吸收态的吸收马氏链,令 c 是有 s(非吸收态个数)个分量为 1 的列向量,则向量 $t=Nc$ 具有的各个分量分别是从各个相应的非吸收态出发到被吸收时的平均步数。

例 14.11 续例 14.10,求 t。

解

$$t=Nc=\begin{bmatrix}\frac{3}{2} & 1 & \frac{1}{2}\\ 1 & 2 & 1\\ \frac{1}{2} & 1 & \frac{3}{2}\end{bmatrix}\begin{bmatrix}1\\1\\1\end{bmatrix}=\begin{bmatrix}3\\4\\3\end{bmatrix}$$

于是,从状态 1 开始到吸收的平均步数是 3,从状态 2 开始到吸收的平均步数是 4,从状态 3 开始到吸收的平均步数也是 3。由于此过程需从状态 2 转移至状态 1 或 3,才可到达吸收态 0 或 4,因而,从状态 2 开始比从状态 1 或 3 开始需要多一步是显然的。

最后讨论什么是一个吸收链从某一个非吸收态开始最终进入吸收态的概率。由前面推得的 n 步转移概率矩阵 P^n 不难得出:若令 b_{ij} 是一个吸收马氏链开始在非吸收态 i,将被吸收在状态 j 的概率。令 B 是具有元素 b_{ij} 的矩阵,则 $B=NR$。

这可由前述 n 步转移矩阵 P^n 的极限形式得到。

事实上,从非吸收态 i 转移到吸收态 j,可以是一步转移,转移概率是 p_{ij};也可以通过中间状态,先从 i 到 k(非吸收态),再到 j,故可得方程

$$b_{ij}=p_{ij}+\sum_{k}p_{ik}b_{kj}$$

写成矩阵形式为

$$B=R+QB$$

$$[I-Q]B=R$$

$$B=[I-Q]^{-1}R=NR$$

例 14.12 续例 14.10、例 14.11,由 N 及 R,立即得

$$B=NR=\begin{bmatrix}\frac{3}{2} & 1 & \frac{1}{2}\\ 1 & 2 & 1\\ \frac{1}{2} & 1 & \frac{3}{2}\end{bmatrix}\begin{bmatrix}\frac{1}{2} & 0\\ 0 & 0\\ 0 & \frac{1}{2}\end{bmatrix}=\begin{bmatrix}\frac{3}{4} & \frac{1}{4}\\ \frac{1}{2} & \frac{1}{2}\\ \frac{1}{4} & \frac{3}{4}\end{bmatrix}$$

于是，如从状态 1 出发，可知在状态 0 吸收的概率为$\frac{3}{4}$，在状态 4 吸收的概率为$\frac{1}{4}$。

综上所述，矩阵 $\boldsymbol{N}$ 本身回答了问题①，它给出了依赖于开始状态的过程被吸收前到达每个非吸收态的平均次数；列向量 $\boldsymbol{t}=\boldsymbol{N}\boldsymbol{c}$ 回答了问题②，它给出了依赖于开始状态的吸收前的平均步数；矩阵 $\boldsymbol{B}=\boldsymbol{N}\boldsymbol{R}$ 回答了问题③，它给出了依赖于开始状态的在每个吸收态被吸收的概率。

14.4.2 吸收马尔可夫链应用举例

例 14.13(企业经营状况分析) 某地企业管理部门为掌握企业经营状况的变化规律，对有关企业作了一次跟踪调查统计，得如下统计表 14.4：

表 14.4

		去年经营状况					$\sum$
		好	中	差	兼并	破产倒闭	(求和)
前年经营状况	好	60	30	10	0	0	100
	中	20	60	18	2	0	100
	差	10	30	50	7	3	100
$\sum$(求和)		90	120	78	9	3	300

表中数字说明：100 家前年经营状况好的企业，到去年仍有 60 家保持好的状况；有 30 家变为中等；有 10 家转为差的，余类推。且马氏链(经营条件稳定，不妨假定为齐次马氏链)有五个状态，其中，“兼并”与“破产倒闭”为两个吸收态，其余为非吸收态。

由上表可得经营状况的转移矩阵如下：

$$\boldsymbol{P}=\begin{array}{c} \\ 兼并 \\ 破产 \\ 好 \\ 中 \\ 差 \end{array}\begin{array}{c} \begin{array}{ccccc} 兼并 & 破产 & 好 & 中 & 差 \end{array} \\ \left[\begin{array}{cc:ccc} 1 & 0 & 0 & 0 & 0 \\ 0 & 1 & 0 & 0 & 0 \\ \hdashline 0 & 0 & 0.6 & 0.3 & 0.1 \\ 0.02 & 0 & 0.2 & 0.6 & 0.18 \\ 0.07 & 0.03 & 0.1 & 0.3 & 0.5 \end{array}\right] \end{array}=\begin{bmatrix} \boldsymbol{I} & \boldsymbol{0} \\ \boldsymbol{R} & \boldsymbol{Q} \end{bmatrix}$$

由

$$\boldsymbol{P}^{(n)}=\boldsymbol{P}^{n}=\begin{bmatrix} \boldsymbol{I} & \boldsymbol{0} \\ [\boldsymbol{Q}^{n-1}+\boldsymbol{Q}^{n-2}+\cdots+\boldsymbol{I}]\boldsymbol{R} & \boldsymbol{Q}^{n} \end{bmatrix}$$

易求 n 步转移概率矩阵 $\boldsymbol{P}^{(n)}$。如可求得

$$\boldsymbol{P}^{(3)}=\begin{bmatrix} 1 & 0 & 0 & 0 & 0 \\ 0 & 1 & 0 & 0 & 0 \\ 0.032\,28 & 0.007\,92 & 0.352\,4 & 0.412\,2 & 0.195\,2 \\ 0.069\,34 & 0.011\,94 & 0.271\,4 & 0.427\,2 & 0.220\,12 \\ 0.140\,18 & 0.054\,42 & 0.205\,4 & 0.361\,2 & 0.238\,8 \end{bmatrix}$$

由 $\boldsymbol{P}^{(3)}$ 可见，现在经营状况“好”的企业，经过三年运营后仍保持“好”的概率为 35.24%；变为“中等”的概率为 41.22%……而转为“破产倒闭”的概率大约只有 0.792%，其余类推。

要想知道企业最终进入“兼并”或“倒闭”的概率，需计算矩阵 $\boldsymbol{B}=[\boldsymbol{I}-\boldsymbol{Q}]^{-1}\boldsymbol{R}$。故先求$[\boldsymbol{I}-\boldsymbol{Q}]^{-1}$，得

$$[\boldsymbol{I}-\boldsymbol{Q}]^{-1}=\begin{bmatrix}11.23 & 13.85 & 7.23\\ 9.08 & 14.62 & 7.08\\ 7.69 & 11.54 & 7.69\end{bmatrix}$$

则

$$\boldsymbol{B}=[\boldsymbol{I}-\boldsymbol{Q}]^{-1}\boldsymbol{R}=\begin{bmatrix}0.7831 & 0.2169\\ 0.788 & 0.2124\\ 0.7691 & 0.2307\end{bmatrix}$$

由矩阵 $\boldsymbol{B}$ 知，若企业现在处于“好”的状况，则最终进入“兼并”的可能性为 78.31%；最终进入“倒闭”的可能性为 21.69%，其余类推。

另外，由基本矩阵 $\boldsymbol{N}=[\boldsymbol{I}-\boldsymbol{Q}]^{-1}$还可以知道以下事实。若企业现在处在“好”的状态，那么在最终进入“吸收”状态之前，将可能在“好”状态保持 11.23 年(步)；在“中”状态度过 13.85 年；而在“差”的状态维持 7.23 年。(当然，这些数字都是平均值，并且不一定是连续地“保持”或“维持”)其余类推。

最后，由 $\boldsymbol{t}=\boldsymbol{NC}$ 得($s=3$)：

$$\boldsymbol{t}=\begin{bmatrix}11.23 & 13.85 & 7.23\\ 9.08 & 14.62 & 7.08\\ 7.69 & 11.54 & 7.69\end{bmatrix}\begin{bmatrix}1\\1\\1\end{bmatrix}=\begin{bmatrix}32.31\\30.78\\26.92\end{bmatrix}$$

由 $\boldsymbol{t}$ 知，企业由“好”状态出发到“兼并”或“倒闭”为止，平均将经过 32.31 年(步)；由“中”出发只需 30.78 年；由“差”出发只需 26.92 年。

例 14.14(商业银行不良贷款分析)　我国中央银行对商业银行的贷款按照风险程度划分为 5 个等级，分别是正常，关注，次级，可疑和损失，称为 5 级分类法。分类的标准可以简述为：

N_1——关注贷款，拖延支付本金利息达 0～180 天；

N_2——次级贷款，拖延支付本金利息达 181～270 天；

N_3——可疑贷款，拖延支付本金利息达 271～720 天；

N_4——损失贷款，拖延支付本金利息达 720 天以上，本息无法收回；

N_5——正常贷款，贷款人能及时履行还款合同，付清本金利息。

根据上述状态划分，前面定义的关注贷款、次级贷款、可疑贷款显然属于非吸收状态，正常贷款与损失贷款是两种吸收状态，则对于状态集合 $S=\{N_1,N_2,N_3,N_4,N_5\}$ 可划分为两大类：

$T=\{N_1,N_2,N_3\}$(非吸收状态)

$A=\{N_4,N_5\}$(吸收状态)

假设某银行当前贷款余额为 470 万元，其中属于关注类贷款 200 万元，属于次级类贷款 150 万元，属于可疑类贷款 120 万元。根据隔月账面变化情况分析，得到该银行各类贷款的状态转移矩阵：

$$
\boldsymbol{P}=\begin{matrix} & N_1 & N_2 & N_3 & N_4 & N_5 \\ N_1 \\ N_2 \\ N_3 \\ N_4 \\ N_5 \end{matrix}\begin{bmatrix} 0.3 & 0.3 & 0 & 0 & 0.4 \\ 0.15 & 0.25 & 0.3 & 0 & 0.3 \\ 0.1 & 0.1 & 0.3 & 0.35 & 0.15 \\ 0 & 0 & 0 & 1 & 0 \\ 0 & 0 & 0 & 0 & 1 \end{bmatrix},
$$

令 $\boldsymbol{Q}=\begin{bmatrix} 0.3 & 0.3 & 0 \\ 0.15 & 0.25 & 0.3 \\ 0.1 & 0.1 & 0.3 \end{bmatrix}$,$\boldsymbol{R}=\begin{bmatrix} 0 & 0.4 \\ 0 & 0.3 \\ 0.35 & 0.15 \end{bmatrix}$,$\boldsymbol{I}=\begin{bmatrix} 1 & 0 \\ 0 & 1 \end{bmatrix}$,则状态转移矩阵可简写为

$$
\boldsymbol{P}=\begin{matrix} & T & A \\ T \\ A \end{matrix}\begin{bmatrix} \boldsymbol{Q} & \boldsymbol{R} \\ \boldsymbol{O} & \boldsymbol{I} \end{bmatrix}
$$

下面根据所给信息,预测贷款状态转化和变化趋势。

(1)计算特征向量

$$
\boldsymbol{N}=\begin{bmatrix} m_{11} & m_{12} & m_{13} \\ m_{21} & m_{22} & m_{23} \\ m_{31} & m_{32} & m_{33} \end{bmatrix}=[\boldsymbol{I}-\boldsymbol{Q}]^{-1}=\begin{bmatrix} 0.7 & -0.3 & 0 \\ -0.15 & 0.75 & -0.3 \\ -0.1 & -0.1 & 0.7 \end{bmatrix}^{-1}
$$

$$
=\begin{bmatrix} 1.618 & 0.686 & 0.294 \\ 0.441 & 1.601 & 0.686 \\ 0.294 & 0.327 & 1.569 \end{bmatrix}
$$

各种状态贷款转化为损失或正常贷款的平均时间为

$$
\boldsymbol{T}=\begin{bmatrix} T(N_1) \\ T(N_2) \\ T(N_3) \end{bmatrix}=\boldsymbol{NC}=\begin{bmatrix} 1.618 & 0.686 & 0.294 \\ 0.441 & 1.601 & 0.686 \\ 0.294 & 0.327 & 1.569 \end{bmatrix}\begin{bmatrix} 1 \\ 1 \\ 1 \end{bmatrix}=\begin{bmatrix} 2.598 \\ 2.728 \\ 2.19 \end{bmatrix}
$$

根据计算可知关注贷款转化为损失或正常贷款的平均时间为 2.598 期,次级贷款转化为损失或正常贷款的平均时间为 2.728 期,可疑贷款转化为损失或正常贷款的平均时间为 2.19 期。

(2)计算矩阵 **B**

$$
\boldsymbol{B}=\boldsymbol{N}\cdot\boldsymbol{R}=\begin{bmatrix} b_{11} & b_{12} \\ b_{21} & b_{22} \\ b_{31} & b_{32} \end{bmatrix}=\begin{bmatrix} 1.618 & 0.686 & 0.294 \\ 0.441 & 1.601 & 0.686 \\ 0.294 & 0.327 & 1.569 \end{bmatrix}\begin{bmatrix} 0 & 0.4 \\ 0 & 0.3 \\ 0.35 & 0.15 \end{bmatrix}
$$

$$
=\begin{bmatrix} 0.1029 & 0.8971 \\ 0.24 & 0.76 \\ 0.549 & 0.451 \end{bmatrix}
$$

在本例中 b_{i1} 表示 N_i 类贷款转化为损失类贷款的概率,b_{i2} 表示 N_i 类贷款转化为正常类贷款的概率($i=1,2,3$)。例如关注类贷款中有 10.29% 的可能转化为损失类,有 89.71% 的可能转化正常类,其余以此类推。

(3)计算最终损失贷款和正常贷款的数量

k 期各种状态贷款数量,可根据 k 步转移矩阵得到,即

$$\boldsymbol{\lambda}_k=\boldsymbol{\lambda}_0\cdot\boldsymbol{P}^k$$

$\boldsymbol{\lambda}_k=[\lambda_1^k\quad\lambda_2^k\quad\lambda_3^k\quad\lambda_4^k\quad\lambda_5^k]$为 k 期各种状态贷款数量($k=1,2,\cdots$),其中 $\boldsymbol{\lambda}_0=[\lambda_1^0\quad\lambda_2^0\quad\lambda_3^0\quad 0\quad 0]$为期初各种状态贷款数量。

当 $k\to\infty$ 的极限情况时有

$$\lim_{k\to\infty}\boldsymbol{\lambda}_k=\lim_{k\to\infty}\boldsymbol{\lambda}_0\cdot\boldsymbol{P}^k=\boldsymbol{\lambda}_0\begin{bmatrix}\boldsymbol{O} & (\boldsymbol{I}-\boldsymbol{Q})^{-1}\boldsymbol{R}\\ \boldsymbol{O} & \boldsymbol{I}\end{bmatrix}$$

$$=[\lambda_1^0\quad\lambda_2^0\quad\lambda_3^0\quad 0\quad 0]\begin{bmatrix}0&0&0&b_{11}&b_{12}\\0&0&0&b_{21}&b_{22}\\0&0&0&b_{31}&b_{32}\\0&0&0&1&0\\0&0&0&0&1\end{bmatrix}=[0\quad 0\quad 0\quad\lambda_4^*\quad\lambda_5^*]$$

显然有

$$[\lambda_4^*\quad\lambda_5^*]=[D\quad G]=[\lambda_1^0\quad\lambda_2^0\quad\lambda_3^0]\boldsymbol{NR}$$

其中 D 为基期贷款中最终转化为损失类贷款的数量,G 为基期贷款中最终转化为正常类贷款的数量。

在本例中

$$[D\quad G]=[\lambda_1^0\quad\lambda_2^0\quad\lambda_3^0]\boldsymbol{NR}=[200\quad 150\quad 120]\begin{bmatrix}0.1029&0.8971\\0.24&0.76\\0.549&0.451\end{bmatrix}$$

$$=[122.46\quad 347.54]$$

根据计算结果可知,依据目前的历史数据以及状态转移矩阵,可以预测现有的470万贷款中最终有122.46万会形成损失类贷款,不能收回,只有347.54万元贷款可以收回。

习题 14

14.1 一所大学的升级情况预测可应用一种马尔可夫模型进行。其中有85%的一年级学生升到二年级,90%二年级学生升到三年级,92%三年级学生升到四年级,95%四年级学生毕业。还知道每个年级中退学(及转入其他大学)的百分比为一年级10%,二年级5%,三年级3%,四年级1%,其余学生在下学年仍留在原来年级学习。请问一位刚入学的一年级学生在四年内退学的概率是多少?

14.2 老K公司生产的某家电产品与其他两家生产同类产品的A公司和B公司相竞争。计划用加强广告宣传以增加该产品的市场占有率。今拟订了两个广告宣传方案 D_1 和 D_2,公司决策者在两个条件相同(指初始市场占有率和初始转移概率矩阵均相同)的地区试用这两个广告方案,试验结果得到不同的转移概率矩阵。今已知市场占有率的全国水平是:老K公司产品为28%,A公司产品为39%,B公司产品为33%。

现在要问:(1)用初始转移概率矩阵确定在稳定(平衡)时,该两试验地区市场占有率是否接近全国水平?(2)假定两个广告宣传方案 D_1 和 D_2 成本相同,在稳定(平衡)时哪种广告宣传能有最高的市场占有率?

已知初始转移概率矩阵为

$$\begin{array}{c} \\ K \\ A \\ B \end{array}\begin{array}{c} \begin{array}{ccc} K & A & B \end{array} \\ \begin{bmatrix} 0.6 & 0.3 & 0.1 \\ 0.2 & 0.7 & 0.1 \\ 0.1 & 0.1 & 0.8 \end{bmatrix} \end{array}$$

广告 D_1 推出后的转移概率矩阵为

$$\begin{array}{c} \\ K \\ A \\ B \end{array}\begin{array}{c} \begin{array}{ccc} K & A & B \end{array} \\ \begin{bmatrix} 0.7 & 0.2 & 0.1 \\ 0.2 & 0.7 & 0.1 \\ 0.1 & 0.1 & 0.8 \end{bmatrix} \end{array}$$

广告 D_2 推出后的转移概率矩阵

$$\begin{array}{c} \\ K \\ A \\ B \end{array}\begin{array}{c} \begin{array}{ccc} K & A & B \end{array} \\ \begin{bmatrix} 0.8 & 0.1 & 0.1 \\ 0.1 & 0.7 & 0.2 \\ 0.2 & 0.1 & 0.7 \end{bmatrix} \end{array}$$

14.3 某供应特需商品的商店,每周在周末营业一天。该店对某种不经常有人购买的商品库存采用下述订货策略:“如结存 0 件或 1 件时,则一次订购 3 件,如结存超过 1 件时就不订购。”凡在周末停止营业时订购的商品是为了准备在下周末出售的。这一订货策略保证商品的初始库存量不是 2 件、3 件就是 4 件。

又根据统计,该商品每周的需求量为 0、1、2 和 3 件的概率分别为 0.4、0.3、0.2 和 0.1,试建立一个转移概率矩阵,用以说明由本周初始库存状态转为下周初始库存状态的概率。在达到稳定(平衡)条件下,确定库存量为 2、3 和 4 的概率。

14.4 填空

马尔可夫链的无后效性是指每一时刻的状态仅仅取决于________________,而与这之前的状态无关。对于马尔可夫链的状态 i,如果________,则称状态 i 为吸收态。

第15章 随机模拟技术

15.1 模拟过程的主要步骤

模拟又称仿真,是一种基于数值方法对系统进行分析的技术。它首先为所要研究的系统设计一个模型,通过实验对系统状态的变化进行观察和统计,从而得到系统的基本性能。模拟是在管理中应用最广泛的计量方法之一。当用定量方法研究经济管理问题时,遇到以下某种情况:

①现实系统比较复杂或存在许多随机因素,各部分或因素之间的关系不能用数学模型去表达;

②有些问题虽然能够建立数学模型,但由于模型中随机因素很多,难于用解析方法求解;

③实际的环境难以观察到;

④观察一个系统可能代价昂贵;

⑤不可能有足够的时间来观察系统;

⑥对系统的实际运行或观察造成太大的破坏性,

建立和运用有效的模拟模型需要很多技巧,为了使模拟得出有意义的结论,需要作长时间的复杂分析。尽管如此,模拟仍是一种有效的方法,尤其适用于复杂的运筹学研究和系统分析。

有效的模拟需要大量的计划和组织工作,模拟过程一般必须通过下列步骤实现。

1.问题识别

首先要对系统本身进行研究和分析,明确求解问题的目标,并决定是否要用模拟方法解决问题。

2.建立模型

根据问题的目标和所研究的对象,建立适合于模拟求解的模型。被确定的模型应成为对真实系统的合理抽象,并将所要用的模型化为公式。有两类常用的模拟模型,即事件间隔模型和固定时间增量模型。前一种模型是指其状态仅在事件发生的时刻变化。例如研究一部机器加工作业的延迟,可用点随机过程描述:令 S_n 表示作业 n 的加工时间;A_n 表示作业 n 与 $n+1$ 的到达间隔;W_n 表示作业 n 的等待时间,那么,当 $n=0$、1、2、……时,便有

$$W_{n+1}=\max[W_n+S_n-A_n,0] \tag{15.1}$$

一旦给定 W_{n+1}、S_n 与 A_n,等待时间的序列即可产生出来。后一种模型是指其状态在任意相等的时间间隔发生变化。例如在排序问题中,一天可分成若干15 min的间隔,用 $A(t)$ 表示 t 到 $t+15$ 新需求数,$t=0$、15、30、……,同时,完成加工的作业数为 $C(t)$,则从 t 到 $t+15$ 净增加的作业数为 $Z(t)=A(t)-C(t)$。如果 t 时的作业数为 $Q(t)$,则

$$Q(t+15)=\max[Q(t)+Z(t),0] \tag{15.2}$$

于是就可利用数据估计 $Z(t)$ 的分布,同时递推 $Q(t)$。

3. 模拟

模型设计完成后，将进行实际的模拟，一般要经过下列过程。

(1)确定随机变量及其分布

通常的模拟模型利用随机变量来描述真实事件，方程(15.1)和(15.2)中的 S_n、A_n 及$Z(t)$都可视为随机变量。接下来要确定各个随机变量的分布，只有分布已知，模拟才能实现。这就需要利用统计方法计算随机变量的累积分布函数。例如设随机变量的取值区间分为 n 个间隔，且 f_i 为第 i 个间隔的频率，那么累加到第 j 个间隔并包括第 j 个间隔的累计频率

$$F_j = \sum_{i=1}^{j} f_i \tag{15.3}$$

(2)产生均匀分布的随机数

要产生随机变量模拟数据，首先要获得均匀分布的随机数，即在[0,1]区间上均匀分布的随机变量的实现值。在计算机上产生均匀随机数的常用算法是同余数法。利用均匀随机数能够产生具有其他分布随机变量的模拟数据。

(3)产生随机变量的模拟数据

假设需要产生与问题相关的分布函数 $F(x)$的模拟数据，即实现随机变量 X。这里 $F(x)=P(X\leqslant x)$。

定理 15.1 设 R 是服从[0,1]区间上均匀分布的随机变量，X 的分布函数为$F_X(x)$，则 $X=F_X^{-1}(x)$。

即任意分布的随机变量 X 被它自己的分布函数作用后所得的随机变量恰为R。或者说 R 被F_X^{-1} 作用后所得的随机变量$F_X^{-1}(R)$恰为 X，F^{-1}表示 F 的逆函数。要证 $F_X^{-1}(R)=X$，只要证明左边 $Y=F_X^{-1}(R)$的分布函数 $F_Y(x)$等于 $F_X(x)$。

证 记 $Y=F_X^{-1}(R)$，则

$$F_Y(x)=P\{Y\leqslant x\}=P\{F_X^{-1}(R)\leqslant x\}=P\{R\leqslant F_X(x)\}=F_R(F_X(x))$$

由于 $F_R(x)=\begin{cases}0 & x\leqslant 0\\ x & 0\leqslant x\leqslant 1\\ 1 & x\geqslant 1\end{cases}$，而 $0\leqslant F_X(x)\leqslant 1$，

故 $\qquad F_R(F_X(x))=F_X(x)$

即 $\qquad Y=X$(分布函数的唯一性)。

这意味着如果 u_n 为均匀随机数序列的第 n 个，则 $x_n=F^{-1}(u_n)$为 X 模拟数据的第 n 个。原则上任何分布的随机变量都可用这种变换得到，但如果逆函数难于计算，就需要用其他方法，如组合法、近似法、舍选法等。

例如，令 R 为所选的均匀随机数，x_i 为式(15.3)中随机变量取值区间中的第 i 个区间的上限，若

$$F_{i-1}<R\leqslant F_i$$

则该随机变量的值应取为 x_i。

(4)模型演算

这一步是产生在某种方式下由随机变量 X_1、X_2、……、X_n 所决定的响应 W，即 $W=$

$f(X_1,X_2,\cdots,X_n)$,例如式(15.1)和式(15.2)就说明这种情形。W 的分布依赖于 X_i 分布的参数、问题的起始条件和模拟过程的运行长度。

4.结果分析

利用模拟模型的结果可以研究现实系统,通过对输出数据的分析可以找出系统运行的制约因素及影响系统性状的主要变量,进而可以优化设计系统。

经过分析,如果目标已经满足,那么模拟过程也告一段落,可是因为模拟是一个反复试验不断探索的过程,所以目标常常不能满足。在这种情况下一般有两种选择:一种是修改模型,使它在模拟过程中易于辨别,然后重新进行实验;另一种是使用原来的模型,但要改变原来的试验设计重新试验。上述模拟过程如图 15.1 所示。

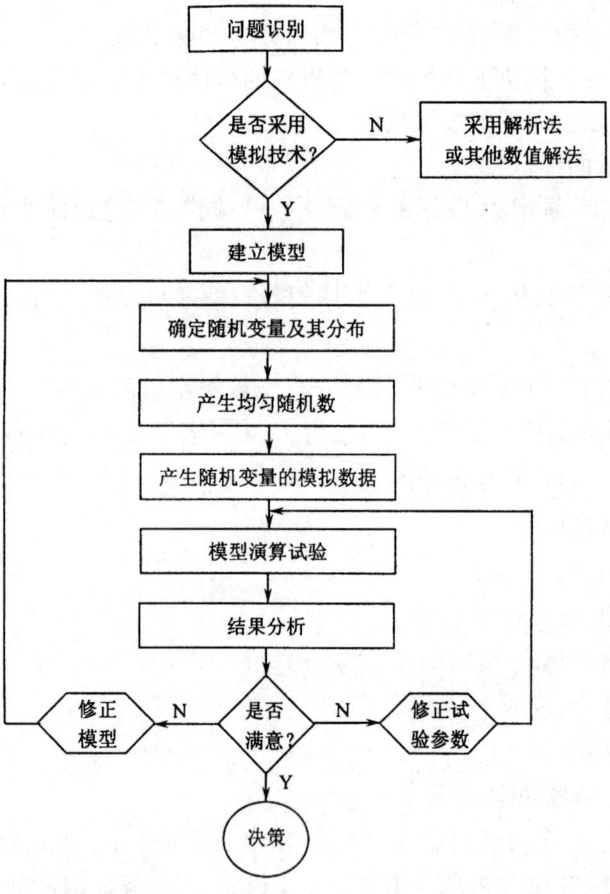

图 15.1

15.2 一个人工模拟的例子

为了实际说明模拟技术的一般原理和步骤,现举一人工模拟的例子。

1.问题分析

某厂需外订电动机作为产品的组成部分。为保证生产的正常进行,对生产过程中所需的电动机需要有一定数量的储备,又为了使报废电动机得到补充,需要每隔一定时期提出订货。

由于电动机的消耗量和订货提前期往往是随机的，因而可能发生供应上的缺货。这就需要选择一个好的存贮策略，使订货费、存贮费以及由于缺货造成的损失这三者费用总和最小。

据统计，该厂每天需要的电动机数量及频率如表 15.1 所示，订货提前期(从发出订单到收到订货的时间)及其频率如表 15.2 所示。该厂每次订货时间不定，但每次订货量均为 120 台。该厂每日对库存进行盘点，当发现库存量低于订货点储备 P 时即提出订货。已知存贮费 $K_C=0.10$ 元/台·天，缺货损失费 $K_S=0.50$ 元/(台·天)，订购费 $R=10$ 元/次，要求选择一个合理的订货点 P，使该厂在订货、储备和缺货造成的损失费用的总和最少。

表 15.1

每天需要的电动机数	17	18	19	20	21	22	23
频率	0.05	0.10	0.20	0.30	0.20	0.10	0.05

表 15.2

订货提前期	1	2	3	4	5
频率	0.10	0.20	0.40	0.20	0.10

2. 建立模型

首先确定系统所涉及的变量如下：

I_k——第 k 天(第 $k-1$ 天末)时的电动机库存量；

Q——每批订购数量，$Q=120$；

P——订货点储备量；

D_k——第 k 天的需求量；

L_k——第 k 天发出订货时的订货提前期；

C_k——第 k 天的存贮费；

S_k——第 k 天发生的缺货损失；

TM_k——第 k 天开始(第 $k-1$ 天末)累计的订货费、存贮费和缺货损失费的总和；

R_k——第 k 天发生的订货费，即 $R_k=10$。

其中 $k=1$、2、……、n 为模拟天数。

根据以上分析，得出问题的数学模型为

$$\min TM_k(P,C_k,L_k)=\sum_{k=1}^{n}(C_k+S_k+R_k)$$

其中

$$C_k=K_C(I_k-D_k) \qquad (I_k\geqslant D_k)$$

$$S_k=K_S(D_k-I_k) \qquad (I_k<D_k)$$

$$R_k=\begin{cases}10 & \text{第 } k \text{ 天发生订货}\\ 0 & \text{第 } k \text{ 天不发生订货}\end{cases}$$

问题中的需求量 D_k 及订货提前期 L_k 是不可预测的随机因素，用数学模型来研究是比较困难的，而用模拟方法则能够克服这种困难。

3. 模拟

(1)确定随机变量及其分布

本例中的需求量 D_k 及订货提前期 L_k 是随机变量。根据其频率分布来计算累积分布函数，计算结果见表 15.3 和表 15.4，同时进行随机数的分配。

表 15.3

每日需求量	相对频率分布	相对累积频率分布	对应的随机数
17	0.05	0.05	00～04
18	0.10	0.15	05～14
19	0.20	0.35	15～34
20	0.30	0.65	35～64
21	0.20	0.85	65～84
22	0.10	0.95	85～94
23	0.05	1.00	95～99

表 15.4

提前期	相对频率分布	相对累积频率分布	对应的随机数
1	0.10	0.10	00～09
2	0.20	0.30	10～29
3	0.40	0.70	30～69
4	0.20	0.90	70～89
5	0.10	1.00	90～99

(2)取均匀随机数

分别取均匀随机数表中的2位随机数作为 D_k 及 L_k 的随机数列，如表 15.5 的第3列和第5列。

(3)产生模拟数据

根据 D_k 及 L_k 的分布，产生需求量 D_k 及订货提前期 L_k 的模拟数据列如表 15.5 所示。

(4)模型演算试验

该例中模拟时的递推关系为

$$TM_{k+1} = TM_k + C_k + S_k + R_k$$

表 15.5 列出当模拟时间 $n = 20$ 天、$P = 60$ 时人工模拟的过程和结果。作为方案比较，又分别计算了 $P = 40$、50、70 时的方案，结果如表 15.6 所示。

表 15.5

时间	I_k	每日需求量		提前期		$I_k - D_k$	C_k	S_k	R_k	TM_{k+1}
		随机数	D_k	随机数	L_k					
1	120	68	21			99	9.9			9.9
2	99	34	19			80	8.0			17.9
3	80	30	19			61	6.1			24.0
4	61	13	18			43	4.3			28.3
5	43*	70	21	53	3	22	2.2		10	40.5
6	22	55	20			2	0.2			40.7
7	122	74	21			101	10.1			50.8
8	101	30	19			82	8.2			59.0
9	82	77	21			61	6.1			65.1
10	61	40	20			41	4.1			69.2
11	41*	44	20	74	4	21	2.1		10	81.3
12	21	22	19			2	0.2			81.5
13	2	78	21			−19		9.5		91.0
14	101	84	21			80	8.0			99.0
15	80	26	19			61	6.1			105.1
16	61	04	17			44	4.4			109.5

续表 15.5

时间	I_k	每日需求量		提前期		I_k-D_k	C_k	S_k	R_k	TM_{k+1}
		随机数	D_k	随机数	L_k					
17	44*	33	19	23	2	23	2.3		10	121.8
18	143	46	20			123	12.3			134.1
19	123	09	18			105	10.5			144.6
20	105	52	20			85	8.5			153.1

表 15.6

方案	$P=40$	$P=50$	$P=60$	$P=70$
总费用 TM	152.5	153.1	153.1	179.7

4. 结果分析

进行方案的技术经济分析,由模拟结果可知,当选择 $P=40$ 时,各项费用的总和最小。

15.3 随机变量模拟数据的产生方法

模拟中的一个关键问题是产生与真实系统相似的输入变量。这些变量大都具有随机性。因此,有效地产生具有一定分布的随机变量是一个很重要的问题。解决上述问题的基础是产生[0,1]区间上均匀分布随机变量的样本值,即均匀随机数,其他各种分布的随机变量可以通过对均匀随机数进行适当变换而得到。

15.3.1 均匀随机数的产生方法

均匀随机数可以直接从随机数表中得到。这种方法的缺点是输入计算机的速度缓慢。产生均匀随机数的另一种方法是利用物理装置或物理过程,但这种方法的结果不可再现。在计算机模拟中使用最多的是用数学公式递推产生随机数,目前普遍采用的是同余数法。但在用手工模拟而手头又无随机数表的情况下用平方取中法较为方便。

(1)平方取中法

任取一个 $2k$ 位的数为种子,乘方后去掉头尾取中间 $2k$ 位作为第一个随机数,再取第一个随机数为种子,按相同的方法得到第二个随机数,以此类推,就可以得到一个随机数列。这种方法的缺点是容易产生退化,一旦尾数出现 0 后就无法清除。此外,用这种方法得到的随机数分布均匀性较差。

(2)同余数法

这种方法的递推公式为

$$x_{n+1}=(ax_n+c)(\bmod\ m)$$

其中 x_i 是第 $i(i=n,n+1)$ 个随机数;a 为乘子;c 为增量;m 为模数;x_0 为种子,它们均为非负整数;(mod m)表示除以 m 所得的余数。例如当 $m=8$、$a=5$、$c=7$ 时,选取 x_0 为 0~7 之间的任意数字,就可得到如表 15.7 的循环的含 8 个数字的随机数序列。

表 15.7

x_n	x_{n+1}
4	3
3	6
6	5
5	0
0	7
7	2
2	1
1	4

一般选择 $m=2^b$(b 为计算机字长),c 为奇数,$a-1$ 可被 4 整除,x_0 为 $0\sim m-1$ 之间的任意整数,这样得到的随机数在 $0\sim m-1$ 之间不重复。

15.3.2 模拟数据的产生方法

下面介绍由随机数产生其他概率分布模拟数据的一些方法。

(1)逆转换法

逆转换法基于下面的定理:设 X 是具有概率密度函数 f 及分布函数 F 的随机变量,Y 是由 $Y=F(X)$ 定义的随机变量,则 Y 在 $[0,1]$ 上服从均匀分布。

由此,要产生服从分布 F 的随机变量,就要产生 $[0,1]$ 区间上均匀分布的随机变量 R,然后由 $F^{-1}(R)$ 求得。

例 15.1 求任意区间 $[a,b]$ 内的均匀分布随机变量的模拟数据。

解 将 $[0,1]$ 区间的均匀随机数记作 R。x 是 $[a,b]$ 上均匀分布的随机变量。其分布密度函数为

$$f(x)=\begin{cases}\dfrac{1}{b-a}, & a\leqslant x\leqslant b\\ 0, & \text{其他}\end{cases}$$

由 $f(x)$ 可得 x 的分布函数

$$F(x)=\begin{cases}0, & x<a\\ \dfrac{x-a}{b-a}, & a\leqslant x\leqslant b\\ 1, & x>b\end{cases}$$

令 $R=F(x)=\dfrac{x-a}{b-a}$,得 $x=a+(b-a)R$。

例 15.2 产生参数为 u 的负指数分布的模拟数据。

解 负指数分布的概率密度函数

$$f(x)=\mu e^{-\mu x}$$

分布函数为

$$F(x)=1-e^{-\mu x}$$

令 $R=F(x)=1-e^{-\mu x}$,即 $1-R=e^{-\mu x}$,但 $1-R$ 也来自均匀分布,故令

$$R=e^{-\mu x}$$

则 $x=-\dfrac{1}{\mu}\ln R$。

例 15.3 产生几何分布的模拟数据。

解 几何分布的概率密度函数为

$$f(x)=pq^x$$

式中 $p=1-q$,$x=0,1,2,\cdots$。又有

$$F(x)=\sum_{k=0}^{x}pq^k=(1-q)\sum_{k=0}^{x}q^k=1-q^{x+1}$$

令 $R=1-F(x)=q^{x+1}$,则

$$x=\frac{\ln R}{\ln q}-1$$

由于有些随机变量分布函数的逆函数不存在，有些分布函数的逆函数即使存在，但计算起来十分复杂，因此需要用其他方法寻找模拟数据。

(2)组合法

组合法是利用某些容易产生的随机变量来组合得到所要求的随机变量的一种方法。

例 15.4 产生泊松分布的模拟数据。

解 已知相继两个事件出现的间隔时间为负指数分布，则在某一时间间隔内事件出现的次数服从泊松分布。根据上述关系，可以用负指数分布的随机变量来组合产生泊松分布的模拟数据。

设序列 y_1、y_2、……、y_n 服从参数为 λ 的负指数分布，则有

$$y_i = -\frac{1}{\lambda}\ln r_i$$

其中 r_i 是在[0,1]区间上的均匀随机数。将 y_i 值按序累加，使得满足下述关系式：

$$\sum_{i=0}^{x} y_i \leqslant 1 \leqslant \sum_{i=0}^{x+1} y_i$$

则求得的 x 就是参数为 λ 的泊松分布的模拟数据。将 y_i 值代入上式，得

$$\sum_{i=0}^{x} -\frac{1}{\lambda}\ln r_i \leqslant 1 \leqslant \sum_{i=0}^{x+1} -\frac{1}{\lambda}\ln r_i$$

$$\ln\prod_{i=0}^{x} r_i \geqslant -\lambda \geqslant \ln\prod_{i=0}^{x+1} r_i$$

由此得 $\prod_{i=0}^{x} r_i \geqslant e^{-\lambda} \geqslant \prod_{i=0}^{x+1} r_i$

例 15.5 产生爱尔朗分布的模拟数据。

解 爱尔朗分布的概率密度函数为

$$f(x) = \frac{(\mu k)^k x^{k-1}}{(k-1)!} e^{-\mu k x}$$

式中 $x>0$，$\mu>0$，k 为正整数。它是 k 个互相独立的负指数分布随机变量的和，即

$$x = \sum_{i=1}^{k} x_i$$

x_i 为负指数分布的随机变量。x_i 的概率密度函数为

$$f(x_i) = \mu k e^{-\mu k x_i}$$

因 x_i 的随机序列为 $-\frac{1}{\mu k}\ln r_i$，故有

$$x = \sum_{i=1}^{k}\left(-\frac{1}{\mu k}\ln r_i\right) = -\frac{1}{\mu k}\ln\prod_{i=1}^{k} r_i$$

由上式看出，为确定爱尔朗分布的模拟数据，需要有 k 组[0,1]区间的均匀随机数组合而成。

例 15.6 产生二项分布的模拟数据。

解 二项分布的密度函数为

$$f(x) = C_n^x p^x (1-p)^{n-x}$$

式中 $p<1$。若取 n 个[0,1]区间的均匀随机数 r_i，当 $r_i \leqslant p$ 时，令 $x_i=1$；当 $r_i>p$ 时，令 $x_i=0$，则 $\sum_{i=1}^{n} x_i$ 就是二项分布的随机变量值。

(3)近似法

这种方法一般用于随机变量的分布函数公式无法求出时的情况。

例 15.7 产生正态分布的模拟随机数列。

解 由概率论的中心极限定理知,N 个具有相同分布的独立的随机变量 R_i 的数学期望分别为μ_i,方差分别为 σ_i^2。当 N 足够大时,随机变量 $\sum_{i=1}^{N} R_i$ 趋近于期望值为 $\sum_{i=1}^{N} \mu_i$,方差为 $\sum_{i=1}^{N} \sigma_i^2$ 的正态分布,即

$$\sum_{i=1}^{N} R_i \sim N\left(\sum_{i=1}^{N} \mu_i, \sum_{i=1}^{N} \sigma_i^2\right)$$

如果令 R_i 是[0,1]区间均匀分布的随机变量,则

$$f(r_i)=1 \quad (0 \leqslant r_i \leqslant 1)$$

$$\mu_i = E(R_i) = \int_0^1 x \cdot 1 \cdot \mathrm{d}x = \frac{1}{2}$$

$$\sigma_i^2 = \int_0^1 [x - E(x)]^2 \cdot 1 \cdot \mathrm{d}x = \int_0^1 \left(x - \frac{1}{2}\right)^2 \mathrm{d}x = \frac{1}{12}$$

当 N 足够大时有

$$\sum_{i=1}^{N} R_i \sim N\left(\sum_{i=1}^{N} \frac{1}{2}, \sum_{i=1}^{N} \frac{1}{12}\right) = N\left(\frac{N}{2}, \frac{N}{12}\right)$$

为了得到标准的正态分布,令

$$Z = \frac{\sum_{i=1}^{N} R_i - \frac{N}{2}}{\sqrt{N/12}} \sim N(0,1)$$

在实际应用时,当 $N=12$ 已足够精确了。因此,用 $N=12$ 代入上式得

$$Z = \left(\sum_{i=1}^{12} R_i - 6\right) \sim N(0,1)$$

因此只要分别给出 12 个相互独立的[0,1]区间的均匀随机数序列,就可以得到一个标准的正态分布模拟数据。

若 X 为期望值μ、方差 σ^2 的正态分布,因有

$$\frac{X-\mu}{\sigma} = Z$$

故

$$X = \mu + \sigma Z = \mu + \sigma\left(\sum_{i=1}^{12} R_i - 6\right)$$

(4)舍选法

当随机变量分布函数的逆函数不存在,又不能用组合法、近似法时,通常采用舍选法。令 $f(x)$为概率密度函数,且 $0 \leqslant f(x) \leqslant M$, $a \leqslant x \leqslant b$,则舍选法的步骤为:

①产生两个均匀随机变量 R_1、R_2;

②建立 $f(x)$的预随机变量 $x = a + (b-a)R_1$;

③检验 $R_2 \leqslant f[a+(b-a)R_1]/M$ 是否成立;

④若不等式成立,则 $x=a+(b-a)R_1$ 作为模拟数据;

⑤若不等式不成立,则产生两个新的随机数重新进行检验。

例 15.8 产生 β 分布的随机模拟数据。

解 β 分布由下面的密度函数定义:

$$f(x)=\frac{\Gamma(\alpha+\beta)}{\Gamma(\alpha)\Gamma(\beta)}x^{\alpha-1}(1-x)^{\beta-1}\quad(0\leqslant x\leqslant 1)$$

其中 α 和 β 是分布参数,并且

$$\Gamma(\phi)=\int_0^{\infty}x^{\phi-1}\mathrm{e}^{-x}\mathrm{d}x$$

首先求出:

$$M=\frac{\alpha-1}{\alpha+\beta-2}$$

仅当 α 和 β 有确定值时,M 才有上述关系。具体步骤如下:

①选择 α 和 β;

②计算 $M=(\alpha-1)/(\alpha+\beta-2)$;

③产生两个随机数 R_1 和 R_2;

④若 $R_2M\leqslant f(x\equiv R_1)=\dfrac{\Gamma(\alpha+\beta)}{\Gamma(\alpha)\Gamma(\beta)}R_1^{\alpha-1}(1-R_1)^{\beta-1}$ 成立,则 R_1 作为 β 分布的模拟数据;

⑤若 $R_2M>f(x\equiv R_1)$,则回到第④步重新开始。

由于舍选法只需知道概率密度函数就可以产生反映这种概率分布的模拟数据,因此适用性很广。但它的缺点是,由于对每个试验点都必须计算两个均匀分布随机数,加上有些点被舍去,因此产生一个数据平均需要计算两个以上的均匀随机数,加大了工作量;另外,应用舍选法时要求概率密度函数的变量有上下限,而一般的概率密度函数大多具有很长的尾数,并常常扩展到无穷大,因此需要截断。截断后将引起误差。但当误差很小时,可以忽略不计。

15.4 模拟语言简介

模拟语言是一种工具。正确使用模拟语言,是模拟设计成败的关键环节,它可以保证模拟研究的经济可行性,节省大量人力。

因为模拟模型不遵循任何格式化的结构,所以在模拟程序语言中使用各种各样的方法。现简单介绍几种常用的模拟语言。

GPSS 是 G. Cordon 在 60 年代初期为 IBM 公司设计的模拟语言,它要求编译人员用模块指令建立系统的逻辑模型。模块指令将实现这种语言特有的功能。GPSS 比较适合研究存贮和排队问题。

SIMSCRIPT 是 60 年代初期由兰德公司的 H. M. Markowitz 提出,仅适用于特定的计算机系统。SIMSCRIPT 所描述的系统仅在一定的事件时间上才发生状态变化,这个系统用状态变化事件描述,并由实体组成。SIMSCRIPT 适用于事件间隔模拟模型。

GASP Ⅱ 是 60 年代中期由 Pritsker 在亚利桑那州大学开发的。GASP Ⅱ 把系统描述为包含各种状态变化的实体。这些实体叫做要素。每个要素都具有属性。事件的发生取决于系统状态、属性值或属性的集合。GASP Ⅱ 具有很强的探测错误系统和灵活的输出格式。

SIMULA是O. Dall和K. Nyggard为兰德公司设计的。它的一个特点是能够产生、取消和修正当前过程和由大量SIMULA控制语句建立的新过程。SIMULA提供固定格式的输出和错误检测装置。

DYNAMO是60年代初期由麻省理工学院的R. Fox和A. L. Pugh提出,专门用于研究某些由一组有限差分方程描述的系统。DYNAMO的实质是由固定时间推进机制把固有的连续函数关系和运行特性离散化。DYNAMO至今已有效地用于经济模型、大工业中心的模拟及都市、社会、世界系统模型。

GASPⅣ是由Pritsker和N. Hurst于1973年建立。它可以编制离散的、连续的或两者均有的模拟程序。GASPⅣ把GASPⅡ的全部概念具体化了,两者的结构形式相同,而主要区别是对状态空间事件的定义。GASPⅣ已成为广泛应用和普遍接受的模拟语言。

除前面介绍的模拟语言外,还有其他多种语言。它们或有专门用途,或在小范围内使用。

习题15

15.1 某厂生产一种新产品,投资为5 000元,现需预测未来一年的销售获利情况。有三个不确定因素,即售价、可变成本、年销售量。但已掌握这三个(相互独立的)因素的不同水平的概率分布,如表15.8、15.9、15.10。

表15.8

售价(元)	概率	
4	0.3	
5	0.5	
6	0.2	

表15.9

单位可变成本(元)	概率	
2	0.1	
3	0.6	
4	0.3	

表15.10

年销售量(件)	概率	
3 000	0.2	
4 000	0.4	
5 000	0.4	

现用随机模拟的方法做预测,模拟25次试验,由随机数表取三组随机数RN_1、RN_2、RN_3依次模拟售价、单位成本和销售量,如表15.11所示。

表15.11

试验号码	RN_1	售价(元)	RN_2	成本(元)	RN_3	销售量(件)	纯利润(千元)
1	8		0		6		
2	0		4		3		
3	6		2		2		
4	1		4		0		
5	3		6		0		
6	5		6		9		
7	1		6		7		
8	3		8		6		
9	2		8		8		
10	1		6		1		
11	5		7		3		
12	9		9		6		
13	4		9		7		
14	7		2		6		
15	9		5		3		
16	0		5		0		
17	1		1		8		
18	0		6		4		

续表 15.11

试验号码	RN_1	售价(元)	RN_2	成本(元)	RN_3	销售量(件)	纯利润(千元)
19	8		8		6		
20	9		2		4		
21	0		7		7		
22	0		0		8		
23	4		0		1		
24	6		5		8		
25	4		0		1		

(1)试依照公式

纯利润＝(售价－单位可变成本)×销售量－5 000

计算各次试验模拟的纯利润和平均纯利润。

(2)分别计算下列三种情况发生的可能性(步骤、百分数):①遭受损失;②不受损失但纯利润不到 5 000 元;③纯利润在 5 000 元及其以上。

15.2 假设一火车修理厂考虑改造油漆分厂。新厂对火车机头和车厢外部油漆采用自动化作业线,按工序分为除漆和喷漆两部分。无论车头还是车厢均先在第Ⅰ区(除漆)前排队等待其空闲,而在除漆后在原工区内等待第Ⅱ区(喷漆)空闲再进行喷漆。车头和车厢所占百分比以及在不同区内所需时间如表 15.12。

表 15.12

类型	比例(%)	需要时间(h)	
		Ⅰ区	Ⅱ区
车头	20	2	3
车厢	80	1	2

车头和车厢到达油漆分厂的数量服从泊松分布,平均每 4 小时有一辆到达,其中 20%是车头,其余为车厢,两类是随机混合的。

由于在Ⅱ区需要工时较多,提出两种不同方案:

A_1 在每区内设置 1 辆车的加工位置。

A_2 在Ⅰ区设置 1 辆车的加工位置,在Ⅱ区设置 2 辆车的加工位置。

(1)利用表 15.13 和表 15.14 给出的表格模拟油漆分厂 30 个工时内到达车头和车厢的工作情况(在两种方案下)。(注:①保证在 30 h 内到达的车辆完成油漆工作,即 30 h 后不允许再进车辆。②工时是用百分小数表示的。)

表 15.13 方案 1(A_1)

到达		类型		进入时间		离去时间	系统内停留时间
随机数	时间(h)	随机数	类型	Ⅰ区	Ⅱ区		
43	2.25	75					
29	3.62	72					
11	4.09	04					
50	6.86	75					
98	22.51	41					
14	23.11	08					
24	24.21	25					
61	27.98	24					
54	31.08	36					
02	31.16	27					
35	32.88	92					

表 15.14 方案 2(A_2)

到达		类型		进入时间		离去时间	系统内停留时间
随机数	时间(h)	随机数	类型	Ⅰ区	Ⅱ区		
43	2.25	75					
29	3.62	72					
11	4.09	04					
50	6.86	75					
98	22.51	41					
14	23.11	08					
24	24.21	25					
61	27.98	24					
54	31.08	36					
02	31.16	27					
35	32.88	92					

(2)计算在两种方案下,两类车在油漆分厂内的平均时间。

(3)假设方案 2 比方案 1 固定投资多 500 000 元,而车头和车厢空闲 1 h 费用分别为 1 000 元和 400 元,油漆分厂每年有 8 760 个工时。如果方案 2 在一年内可收回固定资产多投资部分,则管理人员认为可以采纳。计算每年各类车辆来油漆分厂喷漆的数量。请问你建议采用何种方案,说明理由。

15.3 填空

系统模拟的主要步骤是(1)确定需模拟变量的____________;(2)产生均匀分布的____________;(3)产生需模拟变量的____________。

习题参考答案

第2章　线性规划

2.1　(1)$\max z=2x_1+3x_2$，(2)$\boldsymbol{X}^*=[4\quad 2]^{\mathrm{T}}, z^*=14$

$$\text{s.t.}\begin{cases}2x_1+2x_2\leqslant 12\\ x_1+2x_2\leqslant 8\\ 4x_1\leqslant 16\\ 4x_2\leqslant 12\\ x_1, x_2\geqslant 0\end{cases}$$

2.2　$\boldsymbol{X}^*=\left[\frac{15}{4}\quad\frac{3}{4}\quad 0\quad 0\right]^{\mathrm{T}}, z^*=\frac{33}{4}$

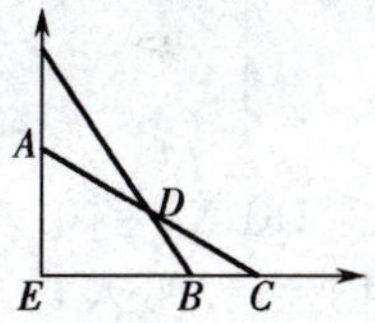

第一步迭代相当于 E 点；第二步迭代相当于 B 点；第三步迭代相当于 D 点。

2.3　$\boldsymbol{X}^*=\left[\frac{4}{7}\quad\frac{45}{7}\quad 0\right]^{\mathrm{T}}, z^*=\frac{143}{7}$

2.4　设 $x_i(i=1,2,\cdots,6)$为在第 i 班次起点开始工作的司乘人员数。

$\min z=x_1+x_2+\cdots+x_6$

$$\text{s.t.}\begin{cases}x_1+x_2\geqslant 70\\ x_2+x_3\geqslant 60\\ x_3+x_4\geqslant 50\\ x_4+x_5\geqslant 20\\ x_5+x_6\geqslant 30\\ x_6+x_1\geqslant 60\\ x_i\geqslant 0\text{ 且为整数}(i=1,2,\cdots,6)\end{cases}$$

2.5　(1)$\boldsymbol{B}=\begin{bmatrix}1&3&1\\0&1&-1\\0&1&1\end{bmatrix}, \boldsymbol{B}^{-1}=\begin{bmatrix}1&-1&-2\\0&1/2&1/2\\0&-1/2&1/2\end{bmatrix}$

(2)

			2	−1	1	0	0	0
C_B	X_B	$B^{-1}b$	x_1	x_2	x_3	x_4	x_5	x_6
0		10	0	0	1	1		
2		15	1	0	$\frac{1}{2}$	0		
−1		5	0	1	$-\frac{3}{2}$	0		
		σ_j	0	0	$-\frac{3}{2}$	0	$-\frac{3}{2}$	$-\frac{1}{2}$

(3)$\boldsymbol{X}^*=[15\quad 5\quad 0\quad 10\quad 0\quad 0]^{\mathrm{T}}, z^*=25$

2.6 (1)$\min\ w=10y_1+10y_2$ (2)$\max\ w=2y_1-3y_2-5y_3$

$$\text{s.t.}\begin{cases}5y_1+2y_2\geqslant 5\\ y_1+4y_2\geqslant 3\\ y_1+3y_2\geqslant 2\\ 8y_1-2y_2\geqslant 4\end{cases}\qquad \text{s.t.}\begin{cases}2y_1-3y_2-y_3\leqslant 2\\ 3y_1-y_2-4y_3\leqslant 2\\ 5y_1-7y_2-6y_3=4\\ y_1,y_2,y_3\geqslant 0\end{cases}$$

2.7 (1)$\max\ z=4x_1+6x_2+8x_3+10x_4$

$$\text{s.t.}\begin{cases}8x_1+10x_2+12x_3+15x_4\leqslant 2\ 000\\ 2x_1+\ 2x_2+\ 4x_3+\ 5x_4\leqslant 500\\ \qquad\qquad x_3+\ x_4\leqslant 100\\ x_1,\ x_2,\ x_3,\ x_4\geqslant 0\end{cases}$$

将约束式化为等式

$$\text{s.t.}\begin{cases}8x_1+10x_2+12x_3+15x_4+x_5=2\ 000\\ 2x_1+\ 2x_2+\ 4x_3+\ 5x_4+x_6=500\\ x_1+\ x_2+\ x_3+\ x_4+x_7=180\\ x_3+\ x_4+x_8=100\\ x_1,\ \cdots,\ x_8\geqslant 0\end{cases}$$

(2)①$\boldsymbol{X}^*=[0\quad 125\quad 0\quad 50\quad 0\quad 0\quad 5\quad 50]^{\mathrm{T}}$，$z^*=1\ 250$，即生产正规黑白125台，正规彩色50台，其余不生产，最大收入1 250百元；因$\sigma_3=0$，故还有其他最优解；②0.5万元；③值得，能增加8百元；④增至4.5不改变，增至5.5改变。

⑤$\min\ w=2\ 000y_1+500y_2+180y_3+100y_4$

$$\text{s.t.}\begin{cases}8y_1+2y_2+y_3\geqslant 4\\ 10y_1+2y_2+y_3\geqslant 6\\ 12y_1+4y_2+y_3+y_4\geqslant 8\\ 15y_1+5y_2+y_3+y_4\geqslant 10\\ y_1,y_2,y_3,y_4\geqslant 0\end{cases}\qquad \boldsymbol{Y}^*=[0.5\quad 0.5\quad 0\quad 0]$$

2.8 (1)$\max\ z=10x_1+20x_2+50x_3$

$$\text{s.t.}\begin{cases}x_1+2x_2+7x_3\leqslant 2\ 500\\ 2x_1+3.5x_2+x_3\leqslant 3\ 500\\ x_1+2x_2+3x_3\leqslant 1\ 500\\ x_3\leqslant 150\\ x_1,x_2,x_3\geqslant 0\end{cases}$$

(2)填表

	$\boldsymbol{C}$		10	20	50	0	0	0	0
$\boldsymbol{C_B}$	$\boldsymbol{X_B}$	$\boldsymbol{B}^{-1}\boldsymbol{b}$	x_1	x_2	x_3	x_4	x_5	x_6	x_7
0	x_4		0						
0	x_5		0.25						
20	x_2		0.5						
50	x_3		0						
	σ_j		0	0	0	0	0	−10	−20

(3)见终表。$\boldsymbol{X}^*=[0\quad 525\quad 150]^{\mathrm{T}}$，$z^*=18\ 000$元，检验包装影子价格为10。

(4)min $w=2\,500\ y_1+3\,500y_2+1\,500y_3+150y_4$

$$\text{s.t.}\begin{cases}y_1+2y_2+y_3\geqslant 10\\2y_1+3.5y_2+2y_3\geqslant 20\\7y_1+y_2+3y_3+y_4\geqslant 50\\y_1,\cdots,y_4\geqslant 0\end{cases}$$

(5)应考虑生产 D 型产品。

2.9 (1)max $w=30y_1+20y_2+80y_3$

$$\text{s.t.}\begin{cases}y_1+y_3\leqslant 1\\y_2+2y_3\leqslant 1\\y_1,y_2,y_3\geqslant 0\end{cases}$$

实际意义:若有另一生产商欲承揽该产品的生产,并购买三种资源,则 y_1、y_2、y_3 即购买价,目标是卖者收入最大,约束是承揽可以低于原厂商的成本生产。

(2)①$\boldsymbol{X}^*=[30\quad 25]^{\mathrm{T}}$,$z^*=55$,②总成本降低 0.5 美元。

2.10

(1)min $z=100x_1+200x_2$

$$\text{s.t.}\begin{cases}1\%x_2\geqslant 3\%\\3\%x_1+2\%x_2\geqslant 18\%\\-1\%x_1+4\%x_2\geqslant 4\%\\x_1,x_2\geqslant 0\end{cases}\Rightarrow\begin{cases}x_2\geqslant 3\\3x_1+2x_2\geqslant 18\\-x_1+4x_2\geqslant 4\\x_1,x_2\geqslant 0\end{cases}$$

标准型:max $z'=-100x_1-200x_2$

$$\text{s.t.}\begin{cases}x_2-x_3=3\\3x_1+2x_2-x_4=18\\-x_1+4x_2-x_5=4\\x_1,\cdots,x_5\geqslant 0\end{cases}$$

(2)①

C_B	X_B	$B^{-1}b$	100 x_1	200 x_2	0 x_3	0 x_4	0 x_5	M x_6	M x_7	M x_8
			0	0	−14/3					
			1	0	2/3					
			0	1	−1					
	σ_2		0	0			0			

②$\boldsymbol{X}^*=[4\quad 3]^{\mathrm{T}}$,$\boldsymbol{Z}^*=1\,000$ 万元

去污剂和液体洗涤剂的市场份额最低增量恰好达到目标,洗衣粉超出目标 4%。

(3)max $w=3y_1+18y_2+4y_3$

$$\text{s.t.}\begin{cases}3y_2-y_3\leqslant 100\\y_1+2y_2+4y_3\leqslant 200\\y_1,y_2,y_3\geqslant 0\end{cases}$$

$$\boldsymbol{Y}^*=\begin{bmatrix}\frac{400}{3} & \frac{100}{3} & 0\end{bmatrix}$$

实际意义:每减少 1 单位产品目标份额带来的广告总成本的下降量。

2.11 问题 1,令对偶分别为:①min $w_1=\boldsymbol{b}^{\mathrm{T}}\boldsymbol{Y}$ ②min $w_2=(\boldsymbol{b}+\boldsymbol{k})^{\mathrm{T}}\boldsymbol{Y}$

$$\begin{cases} A^{T}Y \geqslant C \\ Y \geqslant 0 \end{cases} \qquad \begin{cases} A^{T}Y \geqslant C \\ Y \geqslant 0 \end{cases}$$

由于两个对偶问题约束条件相同,所以 Y^{*} 必为对偶问题 2 的可行解。根据对偶理论有:

$$Y^{*}(b+k) \geqslant \min w_2$$

又 $\min w_2 = \max z_2$, $Y^{*}b = \max z_1$,故有:

$$\max z_2 \leqslant \max z_1 + Y^{*}k$$

2.12 $X^{*} = \begin{bmatrix} & & 7 & 0 \\ 3 & & & 6 \\ & 5 & & 2 \end{bmatrix}$, $z^{*} = 239$

2.13 (1)可行,因为满足约束。

(2)不是最优;$\sigma_{21} = -2 < 0$,调量 1,下降 2。

(3)可由最小元素思想转为“最大元素”思想。

(4)$\min z = \sum\limits_{j=1}^{4}\sum\limits_{i=1}^{3} c_{ij}x_{ij} = 5x_{11} + 10x_{12} + 20x_{13} + 7x_{14} + 7x_{21} + 2x_{22} + x_{24} + 10x_{31} + 3x_{32} + 3x_{33} + 4x_{34}$

$$\text{s.t.} \begin{cases} x_{11} + x_{12} + x_{13} + x_{14} = 3 \\ x_{21} + x_{22} + x_{23} + x_{24} = 6 \\ x_{31} + x_{32} + x_{33} + x_{34} = 7 \\ x_{11} + x_{21} + x_{31} = 6 \\ x_{12} + x_{22} + x_{32} = 5 \\ x_{13} + x_{23} + x_{33} = 2 \\ x_{14} + x_{24} + x_{34} = 3 \end{cases}$$

$x_{ij} \geqslant 0 (i = 1,2,3; j = 1,2,3,4)$

2.14 设 x_1、x_2、x_3 为小、中、大号的产量,$y_i = \begin{cases} 1, x_i > 0 \\ 0, x_i = 0 \end{cases}$

$$\max z = 10x_1 - 120y_1 + 12x_2 - 150y_2 + 13x_3 - 180y_3$$

$$\text{s.t.} \begin{cases} 1.5x_1 + 1.7x_2 + 1.8x_3 \leqslant 1\,500 \\ 1.3x_1 + 1.5x_2 + 1.6x_3 \leqslant 1\,000 \\ 4x_1 + 4.5x_2 + 5x_3 \leqslant 3\,500 \\ 2.8x_1 + 3.8x_2 + 4.2x_3 \leqslant 2\,800 \\ x_i \leqslant M_i y_i \quad (M_i \text{ 为 } x_i \text{ 的上界}) \\ x_1, x_2, x_3 \geqslant 0 \\ y_i = 0 \text{ 或 } 1 \end{cases}$$

2.15 (1)x^{*}, $2y^{*}$; (2)产地或销地;松弛(或剩余);(3)$x_2 + x_4 \leqslant 1$; $x_1 - x_3 \geqslant 0$;(4)$-M$,基变量;(5)约束,约束条件,小,坏

第 3 章 非线性规划

3.1 设购买第 j 种股票 x_j 股

$$\max\left[\sum_{j=1}^{n} u_j x_j - \sum_{i=1}^{n}\sum_{j=1}^{n} \sigma_{ij}x_i x_j\right] \quad (i, j = 1, \cdots, n)$$

$$\text{s.t.} \begin{cases} \sum\limits_{j=1}^{n} P_j x_j \leqslant B \\ x_j \geqslant 0 \quad (j = 1, \cdots, n) \end{cases}$$

3.2 $x = 3$ 为 $f(x)$ 的极小点,此时区间为(2.918,3.049 6),满足区间长度要求。

3.3 $X^* = \begin{bmatrix} -1 \\ \frac{3}{2} \end{bmatrix}$。

3.4 若取初始点 $X^{(0)} = [1 \quad 1]^T$，则可算出 $\lambda_0 = \frac{13}{34}$，$X^{(1)} = \left[\frac{8}{34} \quad -\frac{5}{34}\right]^T$，$\beta_0 = \frac{1}{33 \times 34}$，$\lambda_1 = \frac{34}{13}$，从而得到极小点 $X^{(2)} = [0 \quad 0]^T$。

3.5 $X^* = \begin{bmatrix} 0 \\ -1 \end{bmatrix}$。

3.6 证明

由 $X \geqslant 0 \Rightarrow \begin{bmatrix} x_1 \\ \vdots \\ x_n \end{bmatrix} \geqslant 0 \Rightarrow \begin{cases} g_1(X_0) = x_1 \geqslant 0 \\ g_2(X) = x_2 \geqslant 0 \\ \cdots \\ g_n(X) = x_n \geqslant 0 \end{cases}$

所以 $\nabla g_1(X) = \begin{bmatrix} 1 \\ 0 \\ \vdots \\ 0 \end{bmatrix}$，$\nabla g_2(X) = \begin{bmatrix} 0 \\ 1 \\ \vdots \\ 0 \end{bmatrix} \cdots \nabla g_n(X) = \begin{bmatrix} 0 \\ 0 \\ \vdots \\ 1 \end{bmatrix}$

又 $\nabla f(X^*) = \sum_{i=1}^{n} r_i g_i(X) = \sum_{i=1}^{n} r_i \begin{bmatrix} 0 \\ 1 \\ \vdots \\ 0 \end{bmatrix}$（第 i 行）$= \begin{bmatrix} r_1 \\ r_2 \\ \vdots \\ r_n \end{bmatrix}$

所以 $r_i \geqslant 0$，故上式大于、等于 0，即 $\nabla f(X^*) \geqslant 0$。

$$\nabla f(X^*)^T X^* = [r \quad \cdots \quad r_n] \begin{bmatrix} x_1 \\ \vdots \\ x_n \end{bmatrix} = \sum_{i=1}^{n} r_i x_i$$

又 $r_i \cdot g_i(X) = r_i x_i = 0$，故上式等于 0，即 $\nabla f(X^*) \cdot X^* = 0$。几何意义是 f 在 X^* 的梯度非负，且与 X^* 正交。

3.7 ①设生产 A 产品 x_1 单位，B 产品 x_2 单位，C 产品 x_3 单位。

$\max z = (10 + 40x_1^{-\frac{1}{3}} - 15)x_1 + (5 + 15x_2^{-\frac{1}{4}} - 6)x_2 + (10 + 20x_3^{-\frac{1}{2}} - 8)x_3$

$$\text{s.t.} \begin{cases} 9x_1 + 3x_2 + 5x_3 \leqslant 500 \\ 5x_1 + 4x_2 \leqslant 350 \\ 3x_1 + 2x_3 \leqslant 150 \\ x_3 \leqslant 20 \\ x_1, x_2, x_3 \geqslant 0 \end{cases}$$

② $H_f = \begin{bmatrix} -\frac{80}{9}x_1^{-\frac{4}{3}} & 0 & 0 \\ 0 & -\frac{45}{16}x_2^{-\frac{5}{4}} & 0 \\ 0 & 0 & -5x_3^{-\frac{3}{2}} \end{bmatrix} \leqslant 0$，为凹函数

各约束均为线性约束，即约束集为凸集，所以是凸规划。

③可用 K－T 条件、罚函数法求解本题。

3.8 $X^* = \left[\frac{\sqrt{2}}{2} \quad \frac{\sqrt{2}}{2}\right]^T$，$f^* = \sqrt{2}$。

3.9 $X^* = \left[\frac{39}{20} \quad \frac{21}{20}\right]^T$，$\min f(X^*) = -11.025$。

3.10 $\boldsymbol{X}^* = [0 \quad 1]^{\mathrm{T}}, \min f(\boldsymbol{X}^*) = 1$。

3.11 (1)极小点 t^*,0.618;

(2)①由选取初始点 $\boldsymbol{X}$,令 $k=0$,确定精度 $\varepsilon>0$;

②对于点 $\boldsymbol{X}_k$,计算 $\nabla f(\boldsymbol{X}_k)$,若 $\|\nabla f(\boldsymbol{X}_k)\|<\varepsilon$,则停止,得到近似最优解 $\boldsymbol{X}_k$,否则转③;

③从 $\boldsymbol{X}_k$ 出发,确定搜索方向 P_k;

④沿 P_k 方向搜索,即由 $\boldsymbol{X}=\boldsymbol{X}_k+\lambda\boldsymbol{P}_k$,确定搜索步长 λ_k,得下一点 $\boldsymbol{X}_{k+1}=\boldsymbol{X}_k+\lambda_k\boldsymbol{P}_k$,令 $k=k+1$,转②;$\boldsymbol{P}_k=-\nabla f(\boldsymbol{X})$。

第 4 章　多目标规划

4.1 设生产 A 产品 x_1 t,B 产品 x_2 t,C 产品 x_3 t,则

$$\max x_1$$

$$\min\left(208-\frac{x_1}{3}-x_2-\frac{x_3}{4}\right)$$

$$\max(5x_1+7x_2+3x_3)$$

$$\text{s.t.}\begin{cases}\dfrac{x_1}{3}+x_2+\dfrac{x_3}{4}\geqslant 208\\ x_1\leqslant 240\\ x_2\leqslant 250\\ x_3\leqslant 420\\ x_1,x_2,x_3\geqslant 0\end{cases}$$

可整理为 $\text{V}-\max F(X)=\begin{cases}\max(x_1)\\ \max\left(\dfrac{x_1}{3}+x_2+\dfrac{x_3}{4}-208\right)\\ \max(5x_1+7x_2+3x_3)\end{cases}$

$$\text{s.t.}\begin{cases}\dfrac{x_1}{3}+x_2+\dfrac{x_3}{4}-208\geqslant 0\\ 240-x_1\geqslant 0\\ 250-x_2\geqslant 0\\ 420-x_3\geqslant 0\\ x_1,x_2,x_3\geqslant 0\end{cases}$$

4.2 设专修班招生 x_1 人,研究班招生 x_2 人,则

$$\min[P_1(d_1^-)+P_2(d_2^-+d_2^+)+P_3(d_3^-+d_3^+)]$$

$$\text{s.t.}\begin{cases}36-\dfrac{x_1}{100}\times 2-\dfrac{x_2}{100}\times 6\geqslant 0\\ 42-\dfrac{x_2}{100}\times 3-\dfrac{x_2}{100}\times 4\geqslant 0\\ \dfrac{1}{2}x_1-x_2\geqslant 0\\ 4x_1+5x_2+d_1^--d_1^+=5\,000\\ x_1-d_2^++d_2^-=1\,000\\ x_2-d_3^++d_3^-=400\\ x_i,d_i^\pm\geqslant 0,(i=1,2,3)\\ x_i\ 为整数\end{cases}$$

4.3

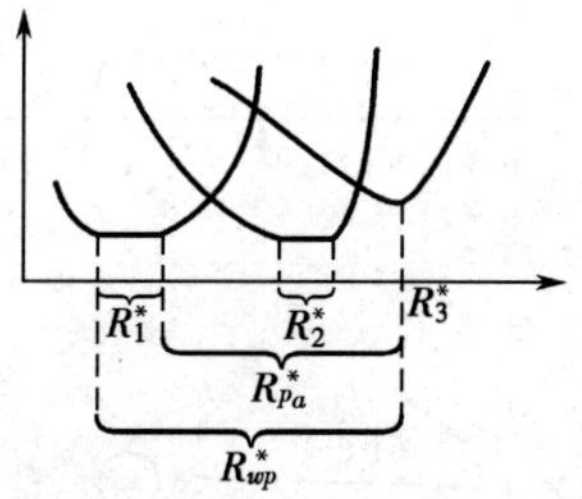

4.4 $\min \mathrm{U}(X)=-\frac{41}{5}, X^*=\left(\frac{4}{5},\frac{6}{5}\right)$

4.5 设生产A产品 x_1 t,B产品 x_2 t,C产品 x_3 t,则

$$\min P_1(0.2d_1^+ +0.8d_1^-)+P_2(d_2^- +0.4d_3^+ +0.6d_3^-)$$

$$\text{s.t.}\begin{cases}5x_1+7x_2+3x_3-d_1^+ +d_1^- =3\,000\\ \frac{x_1}{3}+x_2+\frac{x_3}{4}-d_2^+ +d_2^- =208\\ x_1-d_3^+ +d_3^- =250\\ x_2\leqslant 250\\ x_3\leqslant 420\\ x_i,d_i^\pm\geqslant 0\quad(i=1,2,3)\end{cases}$$

4.6 (1)设 $\bar{\boldsymbol{X}}\in R$,若不存在 $\boldsymbol{X}\in R$,使 $F(\boldsymbol{X})\leqslant F(\bar{\boldsymbol{X}})$,则 $\boldsymbol{X}$ 称为有效解;(2)偏差,目标约束;(3)评价。

第5章 图与网络分析

5.1

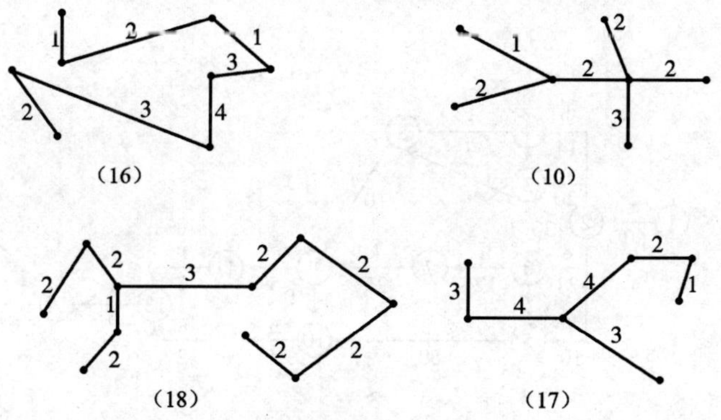

5.2

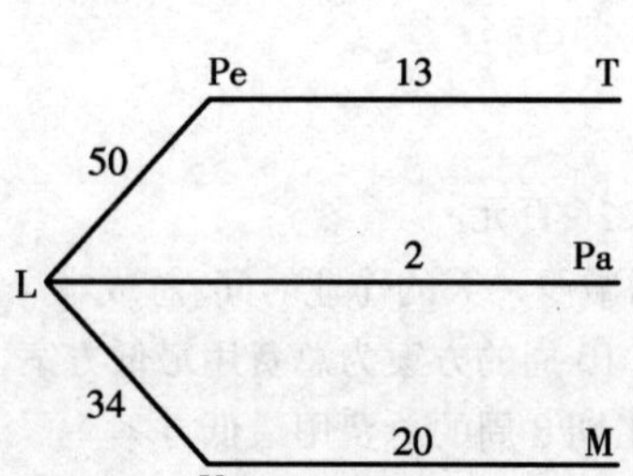

5.3 1→2→6→9,最短为 8.5

5.4 最大流为 14

V_1	$\overline{V}_1$	$(V_1,\overline{V}_1)$	$C(V_1,\overline{V}_1)$
V_s,V_2	V_1,V_3,V_4,V_5,V_t	$(V_s,V_1),(V_s,V_3),(V_2,V_3),(V_2,V_5)$	14

5.5 (1)

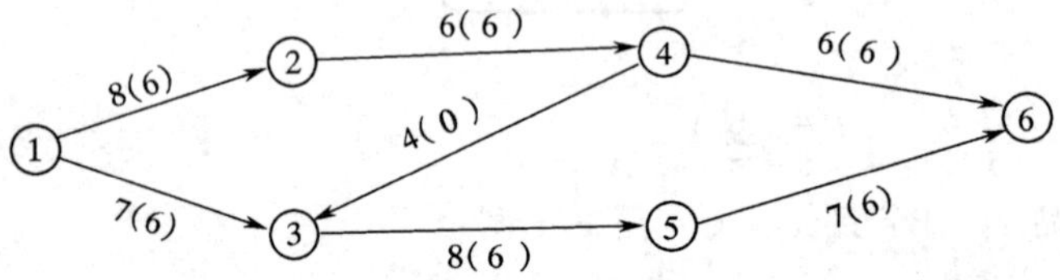

(2)

V_1	$\overline{V}_1$	$(V_1,\overline{V}_1)$	$C(V_1,\overline{V}_1)$
①,③	②,④,⑤,⑥	(1,2),(3,5)	16

5.6 (1)最大,流量为 8

V_1	$\overline{V}_1$	$(U_1,\overline{V}_1)$	$C(V_1,\overline{V}_1)$
1,3,4	2,5,6	(1,2),(3,6),(4,5),(4,6)	8

(2)在(1,2)或(3,6),或(4,5)或(4,6)弧上将容量扩充 2 km/h 即可。

5.7 0→2→5 即第一年年初购新车,第三年年初购新车。

5.8 (1)圈,连通;(2) $V_s\in V_1$, $V_t\in\overline{V}_1$,正。

第 6 章 网络计划

6.1

(1)

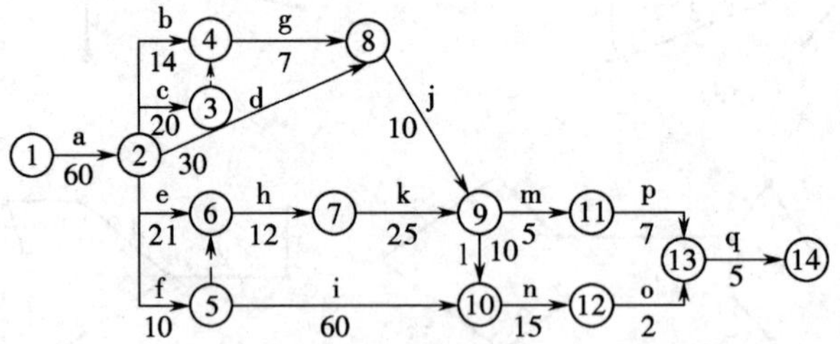

(2)完工期 152 天

(3)关键路线 a→f→I→n→o→q

6.2

(1)见下页 6.2 题图。

(2)最低成本工期 14 周,总成本=226 百元。

(3)C、H 同时减少一天或 A、B 同时减少一天的作业时间,总成本=230 百元

6.3 G、E、B 各赶工 1 周后工期为 10 周的方案为总费用最低方案,在此方案基础上,再使 E、F 同时各赶工 1 周,C、B、D 同时各赶工 1 周,即得工期 8 周的总费用最低方案。

6.4 62.93%

6.5(1)

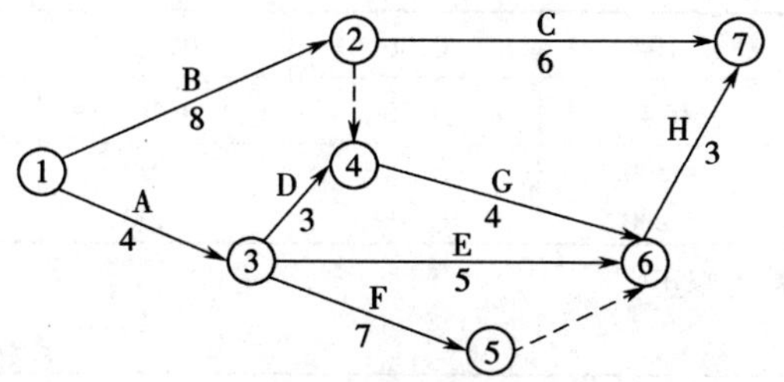

6.2 题图

$T=31.5$

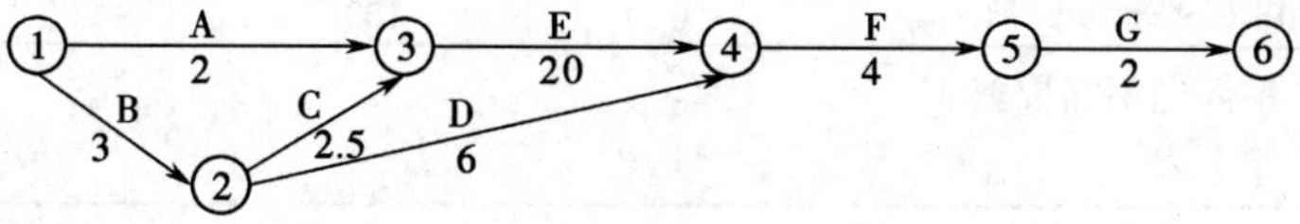

(2)37.07%

6.6 随机的,50%

第 7 章 风险型决策

7.1

(1)损益矩阵如下表所示:

订购 \ 销售	E_1 50	E_2 100	E_3 150	E_4 200
S_1 50	100	100	100	100
S_2 100	0	200	200	200
S_3 150	-100	100	300	300
S_4 200	-200	0	200	400

(2)悲观法:S_1;乐观法:S_4;等可能法:S_2 或 S_3。

(3)后悔矩阵如下表:

	E_1	E_2	E_3	E_4	最大后悔面
S_1	0	100	200	300	300
S_2	100	0	100	200	200
S_3	200	100	0	100	200
S_4	300	200	100	0	300

故按后悔决策为:S_2 或 S_3。

7.2 (1)按期望值法和后悔法决策,订购新书数量都是 100 本;

(2)原付的最大调查费为 70 元。

7.3 (1)效用值表如下:

M	-200	-100	0	100	200	300	400
$u(M)$	$\sqrt{0.8}$ (0.894 4)	$\sqrt{0.9}$ (0.948 7)	1 (1)	$\sqrt{1.1}$ (1.048 8)	$\sqrt{1.2}$ (1.095)	$\sqrt{1.3}$ (1.14)	$\sqrt{1.4}$ (1.183)

(2)按期望值新选择 S_4,按后悔矩阵选择 S_1。

7.4 雇用 2 名。

7.5 (1)损益矩阵

E	0.02	0.04	0.06	0.08	0.10	EMV
$P(E)$	0.2	0.4	0.25	0.10	0.05	
S_1:零件修正	-300	-300	-300	-300	-300	-300
S_2:不修正	-100	-200	-300	-400	-500	-240

按期望值法决策,零件不需要修正。

后悔矩阵

E	0.02	0.04	0.06	0.08	0.10	EOL
$P(E)$	0.2	0.4	0.25	0.10	0.05	
S_1:修正	200	100	0	0	0	80
S_2:不修正	0	0	0	100	200	20

按后悔值法决策,零件也不需要修正。

(2)修正先验概率如下表

E	$P(E)$	$P(T/E)$	$P(T,E)$	$P(E/T)$
0.02	0.2	0.001	0.000 20	0.003 2
0.04	0.4	0.042	0.0168 0	0.269 0
0.06	0.25	0.121	0.030 25	0.484 4
0.08	0.1	0.119	0.011 90	0.190 6
0.10	0.05	0.066	0.003 30	0.052 8
			$P(T)=0.062\ 45$	1.000 0

分别将 $P=0.02$, $q=0.98$ 代入求得

0.04 0.96

0.06 0.94

0.08 0.92

0.10 0.90

根据修正后的概率再分别列出损益矩阵和后悔矩阵。

损益阵

E	0.02	0.04	0.06	0.08	0.10	EWV
$P(E)$	0.003 2	0.269 0	0.484 4	0.190 6	0.0528	
S_1:修正	-300	-300	-300	-300	-300	-300
S_2:不修正	-100	-200	-300	-400	-500	-302.08

后悔阵

E	0.02	0.04	0.06	0.08	0.10	EOL
$P(E)$	0.003 2	0.269 0	0.484 4	0.190 6	0.052 8	
S_1:修正	200	100	0	0	0	27.54
S_2:不修正	0	0	0	100	200	29.62

所以均采用修正零件的方案。

7.6 最优策略是:摸第一次,如果摸到的是白球,继续摸第二次;如果摸到的是红球,则不摸第二次。

7.7 设T_1:咨询公司意见可以投资、开发

T_2:咨询公司意见不宜投资、开发

E_1:投资成功

E_2:投资失败

求得:$P(E_1/T_1)=0.987, P(E_2/T_1)=0.013$

$P(E_1/T_2)=0.865, P(E_2/T_2)=0.135$

决策树如下图：

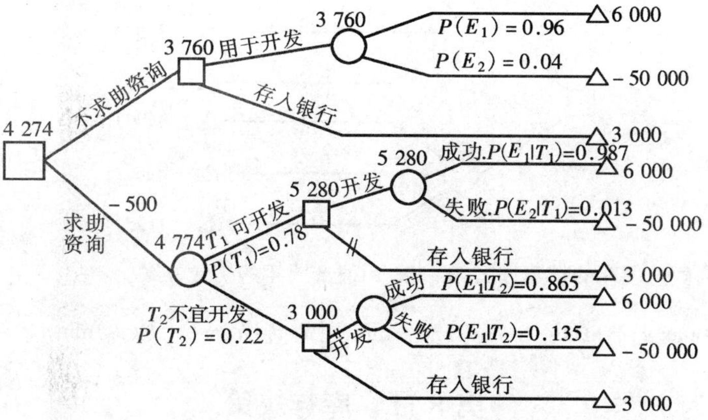

结论：(1)应求助于咨询服务；(2)如果咨询意见为投资开发，即可投资于开发；如果咨询意见为不宜投资开发.则应将多余资金存入银行。

7.8 (1)

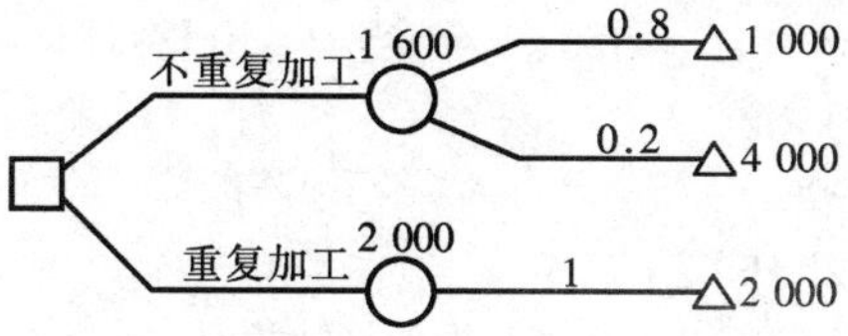

(2) $EOPE=400$，应抽检

(3)

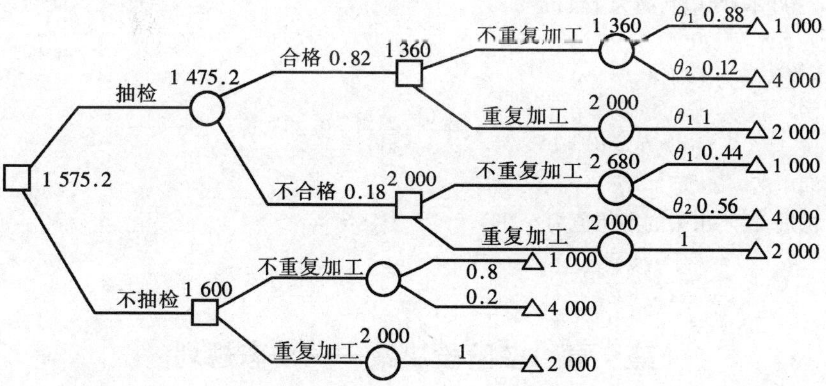

7.9

(1)如下表

M	$u(M)$
-1	0
1	25
6	80
8	90
10	100

(2)决策树如图

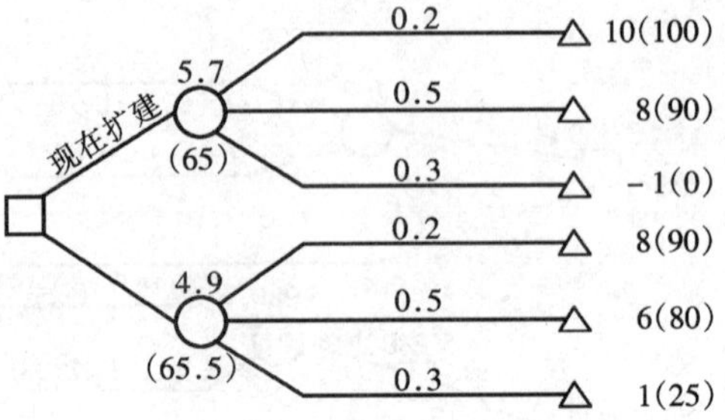

结论:按实际盈利额选现存的扩建方案;如按效用值选明年的扩建方案。

7.10 $\sum_{i=1}^{m}P(\theta_i)\max_j u_{ij}-\max_j(\sum_{i=1}^{m}P(\theta_i))u_{ij}$;$\min_j\sum_{i=1}^{m}P(\theta_i)u_{ij}-\sum_{i=1}^{m}P(\theta_i)\min_j u_{ij}$

第 8 章 库存决策

8.1 $Q^*=31.6$

8.2 (1)经济定购批量:$Q=2\ 000$ 件;(2)每次定购:$Q_0=200$ 件

8.3 最佳批量 $Q_0\approx4\ 472$ 个

8.4 当 $P=4$ 件/月时,$Q_{10}\approx7$ 件,$C_{10}=56.57$ 元;当 $P=10$ 件/月时,$Q_{20}\approx9$ 件 $C_{20}=43.82$ 元/月

8.5 $Q^*=447$ 件,$C^*=10\ 733$ 元

8.6 $Q^*=136.6$,$S^*=121.99$

8.7 (1)$EQ\approx33$ 件;(2)$Q=25$ 件

8.8 (1)不允许缺货时 $Q_0=283$,$C_0=848.53$,而允许缺货时,$Q_0=303$,$C_0(t_0,S_0)=791.27$,故可节约 57.26 元;(2)最大缺货量 $Q_0-S_0=40$。缺货比例为 13.2%,最大等待,时间为 18.25 天,小于三周,所以允许缺货,策略可接受。

8.9 $Q^*=300$ 本,期望利润为 144 元

8.10 30 件

8.11 最佳订货量为 14 件

8.12 (1)$\int_0^Q P(r)\mathrm{d}r=\frac{k}{k+h}=\frac{10}{10+15}=0.4$,存$\frac{Q-200}{\sqrt{300}}=0.253$,$Q=196$

(2)期望利润 1 827.28 元

(3)按 196 棵进,销不出去的期望值为 5.09

8.13 $\sqrt{2C_1C_3R}$,$\sqrt{\frac{2C_1C_2C_3R}{C_1+C_2}}$,$\geqslant$

第 9 章 多阶段决策——动态规划

9.1 路线:$A\to B_2\to C_1\to D_1\to E$

$A\to B_3\to C_1\to D_1\to E$ $f=110$(最低运费)

$A\to B_3\to C_2\to D_2\to E$

9.2 1—1—3—1 $f=17$(最大利润)

1—2—2—1

1—3—1—1

2—0—3—1

2—1—2—1

2—2—1—1

9.3 最优方案有 3 个

$(m_{1j}, m_{2j}, m_{3j}) = (3,2,2)$或$(2,3,3)$或$(2,4,1)$

总收益都是 17 千万元。

9.4 1—0—1, $f_1 = 0.06$

9.5 各月生产货物数量的最优决策为

月份	1	2	3	4	5	6
生产货物量(百件)	4	0	4	3	3	0

9.6 最优解为 A、B、E 各 1 件,重 13 千克,最大价值为 13.5 元。

9.7 最优策略为

$X(1) = (K, K, K, K, K)$

5 年最大总收入为 42 单位。

9.8 (1)$\boldsymbol{X} = [1 \quad 0 \quad 6]$;(2)$\boldsymbol{X} = [1 \quad 1 \quad 2 \quad 2]$

9.9 第一次生产 2 个,如果都不合格,则第二次生产 2 个或 3 个。如果都不合格,第三次生产 3 个或 4 个。总期望成本 675 元。

9.10 多阶段,Bellman

第 10 章 多目标决策

10.1 (1)

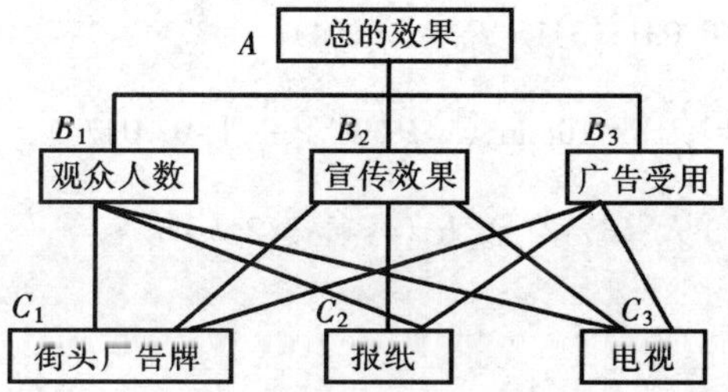

(2)三种方式的优先顺序

根据总的权重:C_1:0.171;C_2:0.233 C_3:0.596

得出:$C_3 > C_2 > C_1$

即优先选择电视,其次是报纸,最后是街头广告牌。

10.2 $a_{ij} = \dfrac{1}{a_{ji}}$, $a_{ij} = a_{ik} \cdot a_{kj}$,一致性

第 11 章 二人有限零和对策

11.1 甲企业采用策略 3,乙企业采用策略 3

11.2 A 采用策略 1,B 采用策略 1。

11.3 (1)其解为$\boldsymbol{x}^* = [6/13 \quad 3/13 \quad 4/13]^{\mathrm{T}}$

$\boldsymbol{y}^* = [6/13 \quad 4/13 \quad 3/13]^{\mathrm{T}}$

对策值为 50/13

(2)其解为$\boldsymbol{x}^* = [6/13 \quad 3/13 \quad 4/13]^{\mathrm{T}}$

$\boldsymbol{y}^* = [3/13 \quad 4/13 \quad 6/13]^{\mathrm{T}}$

对策值为$-\dfrac{2}{13}$

11.4 (1)$\boldsymbol{x}^* [1/4 \quad 1/2 \quad 1/4]^{\mathrm{T}}$

$y^* = [1/4 \quad 1/4 \quad 1/2]^{\mathrm{T}}$

$V^* = 9/2$

(2)$x^* = [1/3 \quad 0 \quad 2/3]^{\mathrm{T}}$

$y^* = [2/3 \quad 1/3 \quad 0]^{\mathrm{T}}$

$V^* = 4/3$

11.5 (1)二人有限零和,鞍点,混合策略

(2)$E(x^*, y^*) = \max\limits_{x \in S^*} \min\limits_{y \in D^*} E(x, y) = \min\limits_{y \in D^*} \max\limits_{x \in S^*} E(x, y)$

第 12 章　二人有限非零和对策

12.1 (1)非合作;3 个解(0,0),$\left(\frac{1}{4}, \frac{3}{4}\right)$,(1,1)

合作　(2,2)

(2)非合作　(2/7,17/18)

12.2 $\left(\frac{157}{28}, -\frac{41}{9}\right)$

12.3 (1)二人有限非零和对策,$-B$

(2)$u \geqslant u_0$ 且 $v \geqslant v_0$,Nash

第 13 章　排队系统分析

13.1 (1)$P_0 = \frac{1}{2}$;(2)$P_4 = 0.031$;(3)$1 - P_0 = \frac{1}{2}$;(4)$L_s = 1$;

(5)$L_q = \frac{1}{2}$;(6)$W_q = \frac{1}{6}$ h=10min;(7)$P\left(W \geqslant \frac{1}{4}\right) = 0.047$

13.2 (1)$P_0 = \frac{1}{4}$;(2)$L_s = 3$ 人;(3)$W_s = 1$ h;(4)$\lambda > 3.2$ 人/h

13.3 原　$P_0 = 0.05$

改　$P'_0 = 0.25, L_q = \frac{9}{4}$

故　不采用

13.4 (1)$P_0 = 0.37$;(2)$P_3 = 0.154$;(3)方案二

13.5 (1)$P_0 = 0.504$;(2)$P_4 = 0.032$;(3)$1 - P_0 = 0.496$;(4)$L_s = 0.94$;

(5)$L_q = 0.444$;(6)$W_q = 0.153$ h;(7)0.008

13.6 (1)$P_0 = 0.967$;(2)$P_1 = 0.032, P_2 = 0.000\,86, P_3 = 0.000\,017\,2$

13.7 W_s = 6min,故此人至少等 6min,而到下一电话亭等待时间 6+4=10min,应在原地等

13.8 (1)W_q = 10min,(2)W'_q = 9.27min,(3)第二种方法更好

13.9 (1)$P_0 = 0.2$;(2)$L_s = 2.6, L_q = 1.8, W_s = 0.433, W_q = 0.3$

13.10 $\mu = 20 + \sqrt{\frac{20}{10}} = 21.414$

13.11 机场应设 3 条跑道,利用率 24.99%

13.12 (1)$\frac{\lambda}{\mu - \lambda}$,平均顾客数,$\frac{\rho\lambda}{\mu - \lambda}$,排队等待的平均顾客数,$\rho$

(2)$\lambda(1 - P_N)$,$\mu(1 - P_0)$

第 14 章　马尔可夫分析

14.1 18.77%

14.2 (1)非常接近;(2)D_2

14.3 $[19.64\% \quad 37.5\% \quad 42.86\%]^T$

14.4 其前一时刻的状态 $P_{ii}=1$

第 15 章 随机模拟技术

15.1

(1)各次试验纯利润如表所示

试验号	RN_1	售价(元)	RN_2	成本(元)	RN_3	销售量(件)	纯利润(千元)
1	8	6	0	2	6	5 000	15 000
2	0	4	4	3	3	4 000	−1 000
3	6	5	2	3	2	4 000	3 000
4	1	4	4	3	0	3 000	−2 000
5	3	5	6	3	0	3 000	1 000
6	5	5	6	3	9	5 000	5 000
7	1	4	6	3	7	5 000	0
8	3	5	8	4	6	5 000	0
9	2	4	8	4	8	5 000	−5 000
10	1	4	6	3	1	3 000	−2 000
11	5	5	7	4	3	4 000	−1 000
12	9	6	9	4	6	5 000	5 000
13	4	5	9	4	7	5 000	0
14	7	15	2	3	6	5 000	5 000
15	9	6	5	3	3	4 000	7 000
16	0	4	5	3	0	3 000	−2 000
17	1	4	1	3	8	5 000	0
18	0	4	6	3	4	4 000	−1 000
19	8	6	8	4	6	5 000	5 000
20	9	6	2	3	4	4 000	7 000
21	0	4	7	4	7	5 000	−5 000
22	0	4	0	2	8	5 000	5 000
23	4	5	0	2	1	3 000	4 000
24	6	5	5	3	8	5 000	5 000
25	4	5	0	2	1	3 000	4 000

平均纯利润为(15 000 − 1 000 + 3 000… + 5 000 + 4 000)/25 = 2 080

(2)①遭受损失的可能性为$\frac{8}{25}$;②不受损失但利润不到 5 000 元的可能性为$\frac{8}{25}$;③纯利润在 5 000 元及以上的可能性为$\frac{9}{25}$。

15.2

(1)工作情况如下两表:

方案 A_1

到达		类型		进入时间		离去时间	系统内停留时间
随机数	时间	随机数	类型	Ⅰ区	Ⅱ区		
43	1.25	75	车厢	2.25	3.25	5.25	3
29	3.62	72	车厢	3.62	5.25	7.25	3.63
11	4.09	04	车头	4.62	7.25	10.25	6.16
50	6.86	75	车厢	6.86	10.25	12.25	5.39
98	22.51	41	车厢	22.51	23.51	25.51	3
14	23.11	08	车头	23.51	25.51	28.51	5.40
24	24.21	25	车厢	24.51	28.51	30.51	6.30
61	27.98	24	车厢	27.98	30.51	32.51	4.53
54	31.08	36	车厢	31.08	32.51	34.51	3.43
02	31.16	27	车厢	32.08	34.51	36.51	5.35
35	32.88	92	车厢	33.08	36.51	38.51	5.63

方案 A_2

43	1.25	75	车厢	2.25	3.25	5.25	3
29	3.62	72	车厢	3.62	4.62	6.62	3
11	4.09	04	车头	4.62	6.62	9.62	5.53
50	6.86	75	车厢	6.86	7.86	9.86	3
98	22.51	41	车厢	22.51	23.51	25.51	3
14	23.11	08	车厢	23.51	25.51	28.51	5.40
24	24.21	25	车厢	25.51	26.51	28.51	4.3
61	27.98	24	车厢	27.98	28.98	30.98	3
54	31.08	36	车厢	31.08	32.08	34.08	3
02	31.16	27	车厢	32.08	33.08	35.08	3.82
35	32.88	92	车厢	33.08	34.08	36.08	3.2

(2)由表中数据得：A_1 方案，车头在厂内平均时间 5.78 h，车厢平均时间为 4.473 3 h；

A_2 方案，车头在厂内平均时间 5.465 h，车厢平均时间为 3.257 8 h。

(3)建议采用 A_2 方案。

一种车的到达服从泊松分布，平均 4 小时一辆，约为 2 190 辆。其中 20%为车头，438 辆；80%为车厢，1 752辆。所需总工时 $438\times5+1\ 752\times3=7\ 446$，小于分厂每年所有的工时，故方案 A_1 与 A_2 都可行。

方案 A_2 与 A_1 比较　车头平均空闲减少，$5.78-5.465=0.315$

车厢平均空闲减少，$4.473\ 3-3.257\ 8=1.215\ 5$

一年的空闲费用节省为　$0.315\times1\ 000\times438+1.215\ 5\times400\times1\ 752=989\ 792$，约 99 万，远大于方案 A_2，比方案 A_1 多投资的固定投资 50 万，即一年即可收回固定投资多投资部分，故建议采用方案 A_2。

15.3　概率分布，随机数，模拟数据

附录　应用 EXCEL 求解管理科学模型方法举例

第 2 章　线性规划

步骤:共分为两步。

1. 在 EXCEL 中建立数学模型,定义单元格名称,依次点击插入→名称,按对话框完成各项输入即可;

2. 应用 EXCEL 提供的"规划求解"加载宏求解问题。

下面以本书习题 2.7 为例,阐述具体的求解过程。

第一步:在 EXCEL 中建立数学模型,如附录图 2.1,相应的单元格名称如附录表 2.1。

	A	B	C	D	E	F	G	H	I	J
1		第二章2.7题								
2	目标层		轻便黑白	正规黑白	轻便彩色	正规彩色	总销售收入			
3		售价（百元/台）	4	6	8	10	=SUMPRODUCT(售价_百元_台,生产量)			
4			(c1)	(c2)	(c3)	(c4)	max(z)			
5										
6							实际使用量		限制条件	
7		组装时间	8	10	12	15	=SUMPRODUCT(C7:F7,生产量)	<=	2000	(b1)
8	约束条件层	调试时间	2	2	4	5	=SUMPRODUCT(C8:F8,生产量)	<=	500	(b2)
9		显像管	1	1	1	1	=SUMPRODUCT(C9:F9,生产量)	<=	180	(b3)
10		彩色显像管	0	0	1	1	=SUMPRODUCT(C10:F10,生产量)	<=	100	(b4)
11										
12	变量层									
13		生产量								
14			(x1)	(x2)	(x3)	(x4)				
15										

附录图 2.1

附录表 2.1

单元格名称	生产量	实际使用量	售价_百元_台	限制条件	总销售收入
范围	C4:F14	G7:G10	C3:F3	I7:I10	G3

第二步:应用 EXCEL 提供的"规划求解"求解问题。

1. 确认加载"规划求解",如尚未加载请先加载。

2. 依次单击"工具"→"规划求解"后,出现附录图 2.2 对话框:

①在"设置目标单元格"设置 G3(总的销售收入),选取"最大值"。

②在"可变单元格"内选定单元格 C13:F13(生产量)。

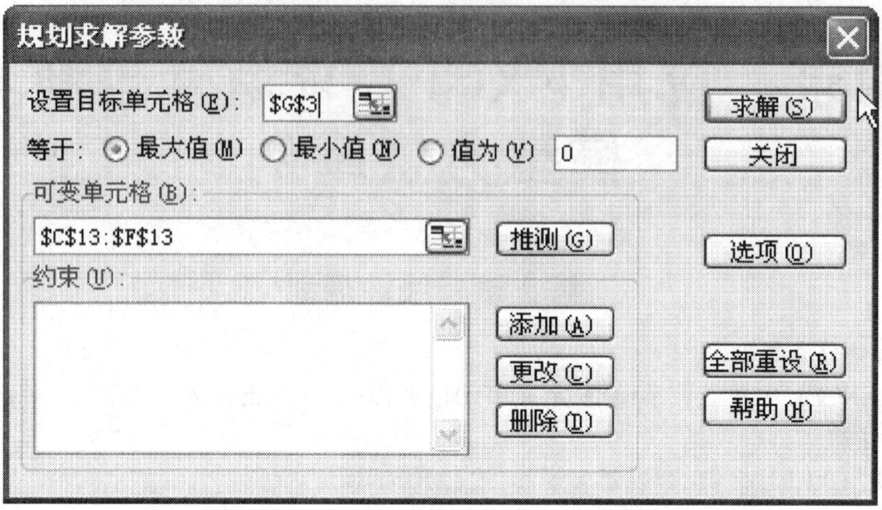

附录图 2.2

③设置“约束”条件,单击“添加”,出现“添加约束”对话框,在“单元格引用位置”选定“G7:G10”,“约束值”选择“I7:I10”出现附录图 2.3 对话框,单击“确定”。

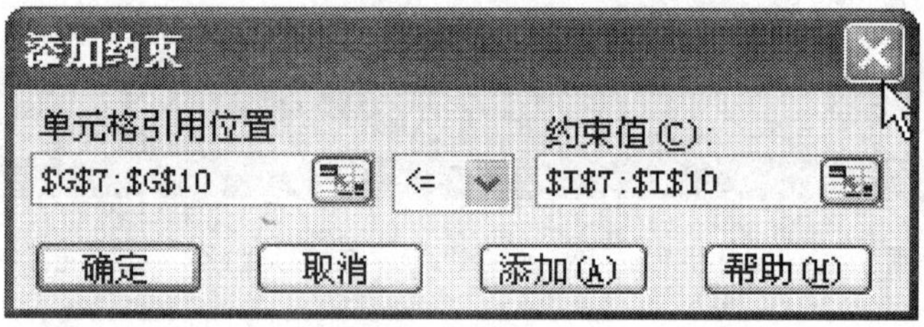

附录图 2.3

④选项设置。单击附录图 2.2 中的“选项”,得到附录图 2.4 对话框,选定“采用线性模型”和“假定非负”。

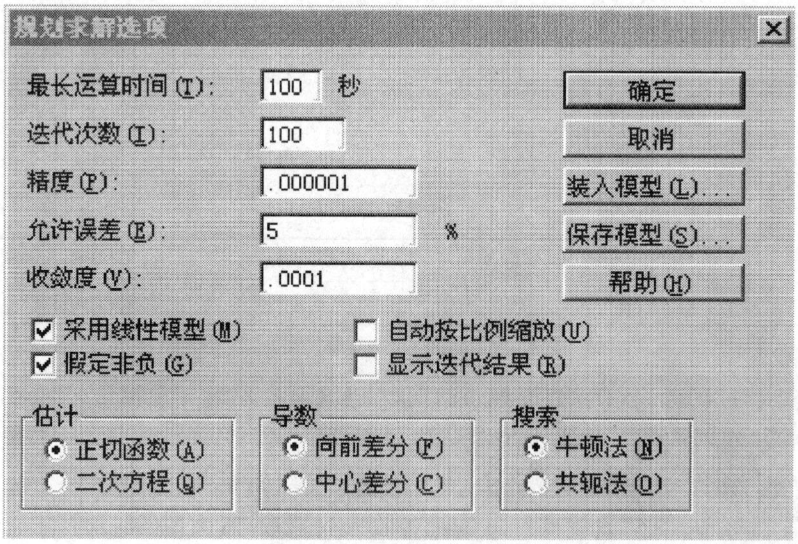

附录图 2.4

⑤一切就绪后,得到附录图 2.5 对话框。单击“求解”后,得到附录图 2.6 对话框。在“报告”中选择想要的报告,点击“确定”,完成运算。

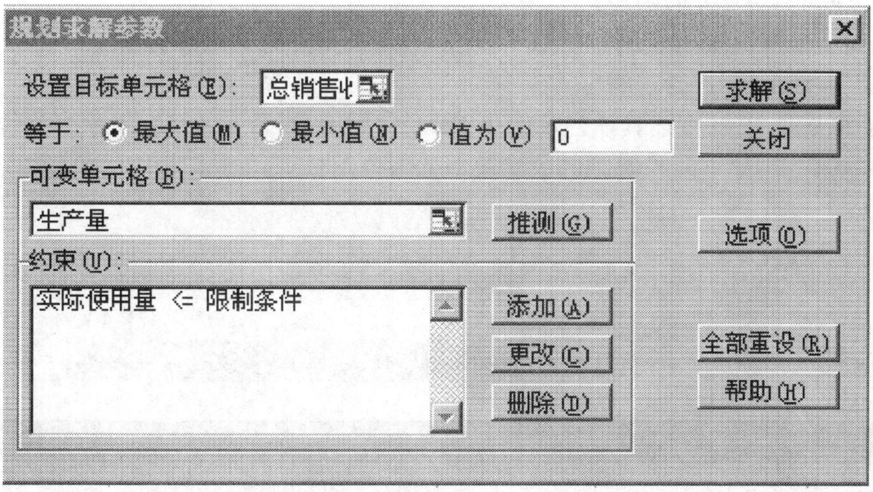

附录图 2.5

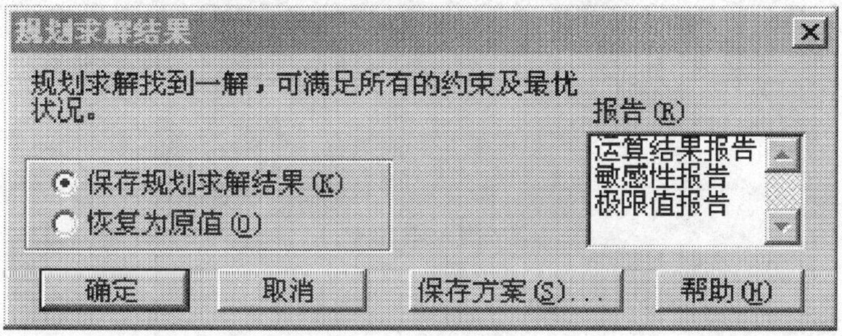

附录图 2.6

最后得到附录图 2.7 所示运算结果:最优解为(0,125,0,50),最优值为 1250。

	A	B	C	D	E	F	G	H	I	J
1			第二章2.7题							
2	目标层		轻便黑白	正规黑白	轻便彩色	正规彩色		总销售收入		
3		售价（百元/台	4	6	8	10		1250		
4			(c1)	(c2)	(c3)	(c4)		max(z)		
5										
6	约束条件						实际使用量		限制条件	
7		组装时间	8	10	12	15	2000	<=	2000	(b1)
8		调试时间	2	2	4	5	500	<=	500	(b2)
9		显像管	1	1	1	1	175	<=	180	(b3)
10		彩色显像管	0	0	1	1	50	<=	100	(b4)
11										
12	变量层									
13		生产量	0	125	0	50				
14			(x1)	(x2)	(x3)	(x4)				
15										

图附录 2.7

第 3 章　非线性规划

解非线性规划问题分为两步：

1. 在 EXCEL 中建立所求问题的数学模型，并定义相应的单元格名称。

2. 启动“规划求解”进行求解。

下面以 3.9 题为例，阐述具体的求解步骤：

1. 在 EXCEL 中建立所求问题的数学模型如附录图 3.1，并定义相应的单元格名称如附录表 3.1。

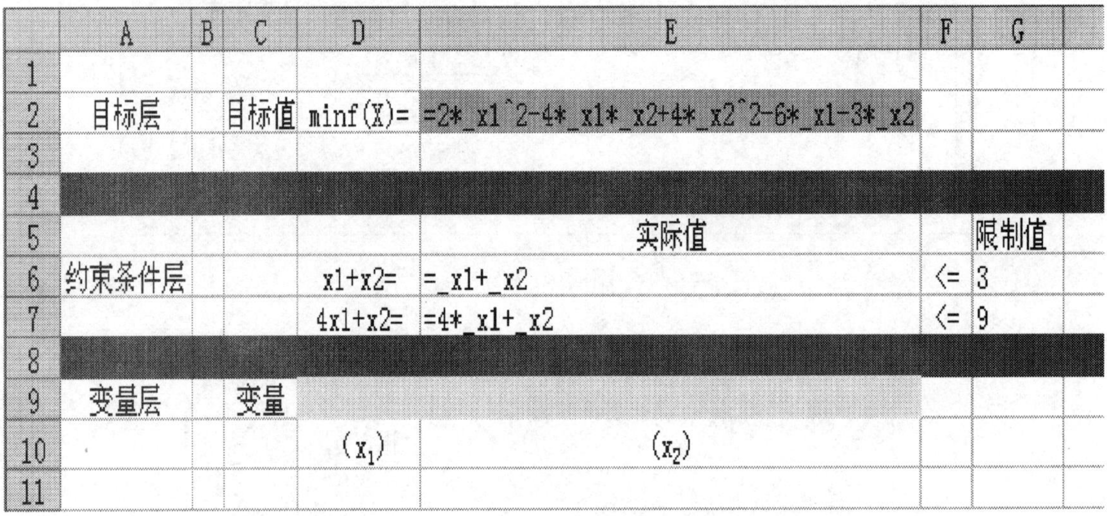

附录图 3.1

附录表 3.1

单元格	_x1	_x2	变量	目标值	实际值	限制值
范围	D9	E9	D9:E9	E2	E6:E7	G6:G7

2. 启动“规划求解”进行求解。与求解线性规划唯一一点不同的就是在进行“选项”设置的时候不选“采用线性模型”，如附录图 3.2。

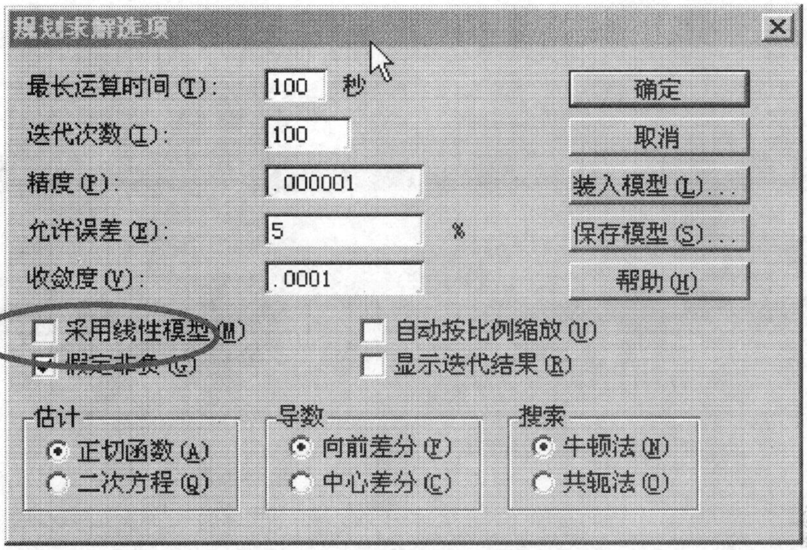

附录图 3.2

全部设置完毕后,如附录图 3.3。

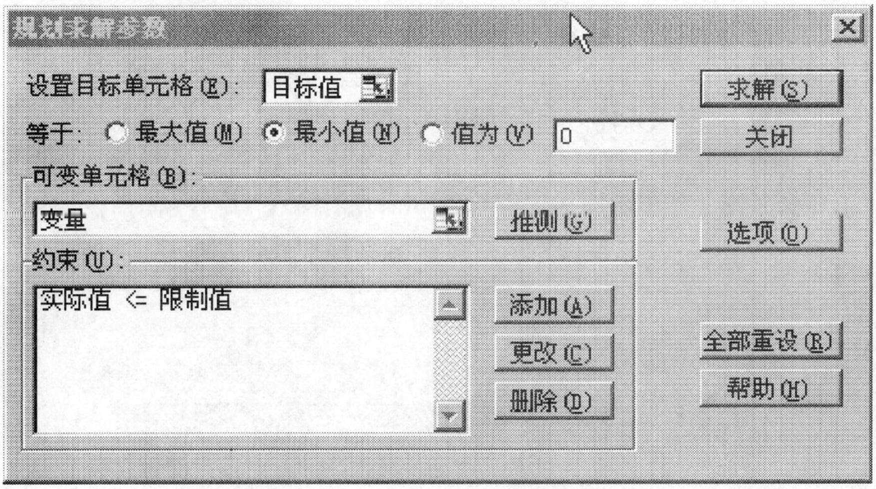

附录图 3.3

最后求得的结果如附录图 3.4。

	A	B	C	D	E	F	G
1							
2	目标层		目标值	minf(X)=	-11.02499975		
3							
4							
5					实际值		限制值
6	约束条件层			x1+x2=	2.999999894	<=	3
7				4x1+x2=	8.849999727	<=	9
8							
9	变量层		变量	1.949999944	1.04999995		
10				(x_1)	(x_2)		
11							

附录图 3.4

第 4 章　多目标规划

一、用线性加权和法求解多目标规划(共分为三步)

1.确定工作表名称。

2.在 EXCEL 中分别建立求解 f1、f2 和 U－f1－f2 函数的数学模型并定义单元格。

3.依次应用“规划求解”求解 f1、f2、U－f1－f2 函数,得到最后的结果。

下面以 4.4 题为例,阐述具体的求解过程。

(一)确定工作表名称。

1.确定工作表名称。在附录图 4.1 中双击“sheet1”,输入“f1”。

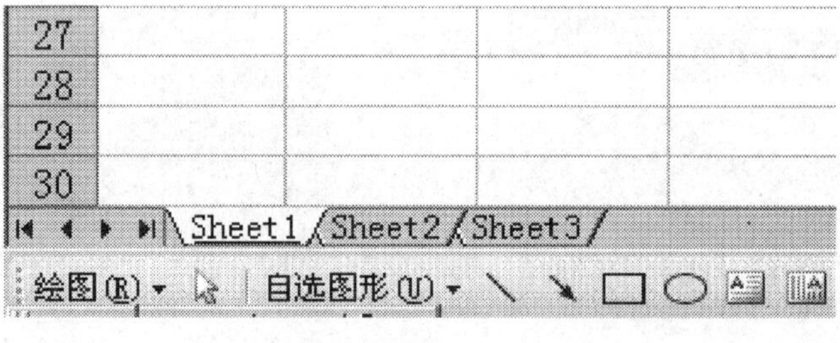

附录图 4.1

依此类推更改“sheet2”为“f2”和“sheet3”为“U－f1－f2”。更改后的表如附录图 4.2。

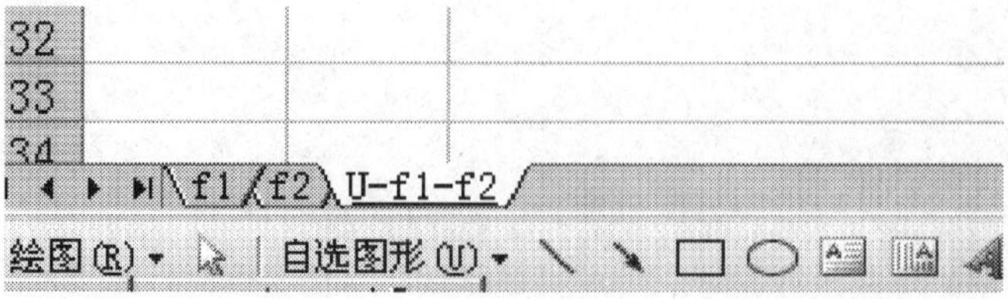

附录图 4.2

（二）在 EXCEL 中建立数学模型。分别建立求解 f1、f2，和 U－f1－f2 函数的数学模型并定义相应的单元格名称，见附录表 4.1。

附录表 4.1　f1 工作表中的单元格名称

单元格名称	_f11	_f12	变量	目标函数系数	目标值	实际量	限制条件
范围	H2	H3	C12:D12	D1:E1	D2	E6:E8	G6:G8

求解函数 f_1 的数学模型见附录图 4.3，求解函数 f_2 的见附录图 4.4，f_2 工作表中的单元格名称见附录表 4.2，求解 U－f1－f2 函数的数学模型见附录图 4.5。

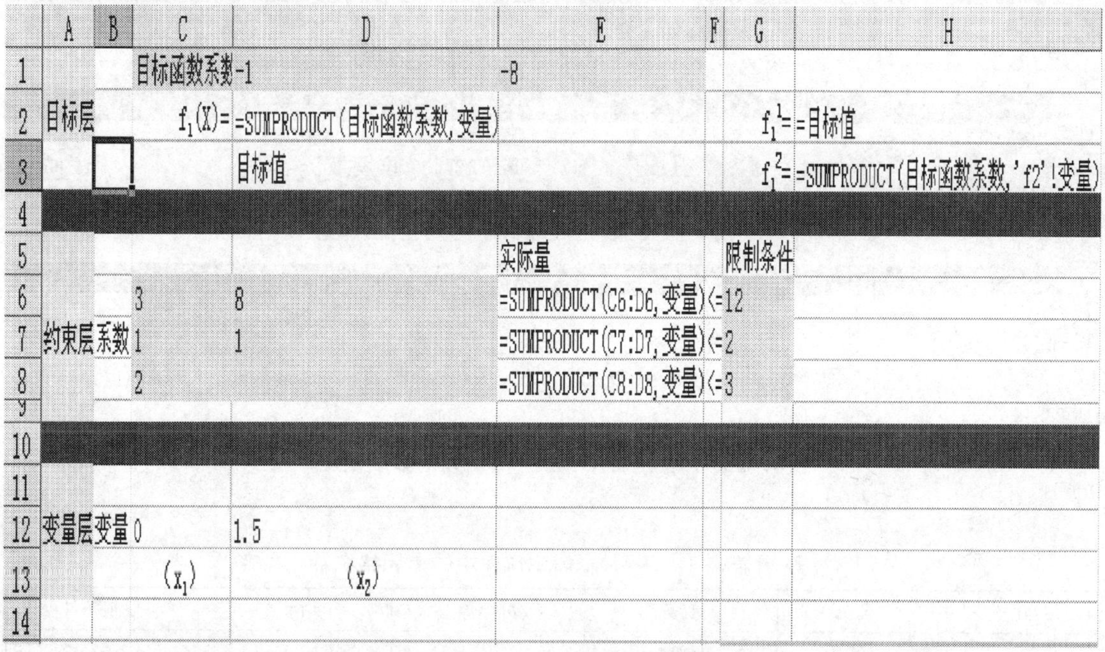

	A	B	C	D	E	F	G	H
1			目标函数系数	-1	-8			
2	目标层		$f_1(X)$=	=SUMPRODUCT(目标函数系数,变量)			f_1^1=	=目标值
3				目标值			f_1^2=	=SUMPRODUCT(目标函数系数,'f2'!变量)
4								
5					实际量		限制条件	
6			3	8	=SUMPRODUCT(C6:D6,变量)	<=	12	
7	约束层	系数	1	1	=SUMPRODUCT(C7:D7,变量)	<=	2	
8			2		=SUMPRODUCT(C8:D8,变量)	<=	3	
9								
10								
11								
12	变量层	变量	0	1.5				
13			(x_1)	(x_2)				
14								

附录图 4.3　求解 f1 函数的数学模型

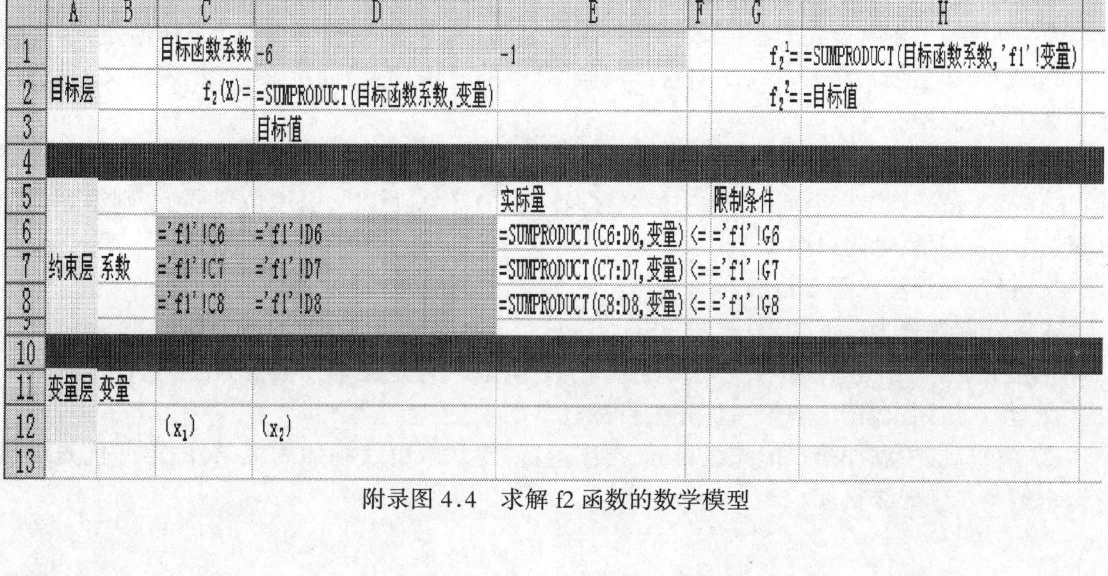

	A	B	C	D	E	F	G	H
1			目标函数系数	-6	-1		f_2^1=	=SUMPRODUCT(目标函数系数,'f1'!变量)
2	目标层		$f_2(X)$=	=SUMPRODUCT(目标函数系数,变量)			f_2^2=	=目标值
3				目标值				
4								
5					实际量		限制条件	
6			='f1'!C6	='f1'!D6	=SUMPRODUCT(C6:D6,变量)	<=	='f1'!G6	
7	约束层	系数	='f1'!C7	='f1'!D7	=SUMPRODUCT(C7:D7,变量)	<=	='f1'!G7	
8			='f1'!C8	='f1'!D8	=SUMPRODUCT(C8:D8,变量)	<=	='f1'!G8	
9								
10								
11	变量层	变量						
12			(x_1)	(x_2)				
13								

附录图 4.4　求解 f2 函数的数学模型

附录表 4.2　f2 工作表中的单元格名称

单元格名称	_ f21	_ f22	变量	目标函数系数	目标值	实际量	限制条件
范围	H1	H2	C12:D12	D1:E1	D2	E6:E8	G6:G8

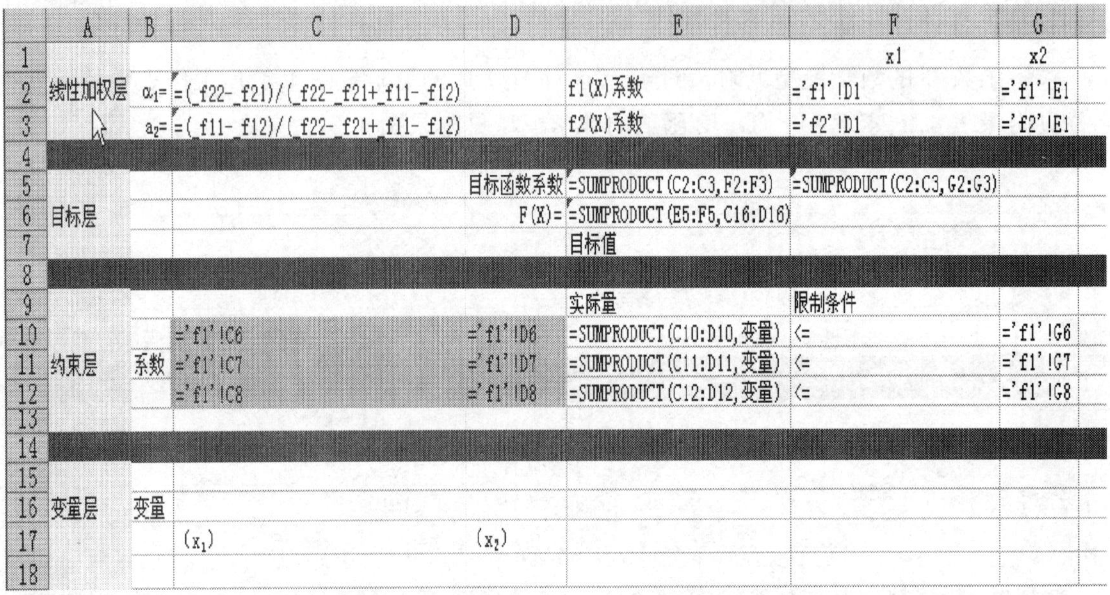

附录图 4.5　求解 U－f1－f2 函数的数学模型

附录表 4.3　U－f1－f2 工作表中的单元格名称

_ a1	_ a2	变量	目标值	实际量	限制条件
C2	C3	C16:D16	E6	E10:E12	G10:G12

(三)依次应用“规划求解”求解 f1、f2、U－f1－f2 函数,得到最后的结果如图 4.6。

全局定义(工作簿定义)与局部定义(工作表定义)的区别是:全局定义(工作簿定义)在整个工作簿(全部三张工作表 sheet1、sheet2、sheet3)中都适用,而局部定义(工作表定义)只适用于单张工作表。

[举例]:在“当前工作簿中的名称”输入“变量|”,在“引用位置”输入 C12:D12,得到全局变量(工作簿变量);在“在当前工作簿中的名称”输入“′f1′! 变量 2”,引用位置同上,则得到局部变量(工作表变量,见附录图 4.7)

二、目标规划法求解多目标问题

求解此问题分为以下几步:

①在 EXCEL 中建立“第一优先级目标”的数学模型,并定义单元格名称;

②运行“规划求解”求解第一优先级目标;

③在目标层中添加第二优先级目标,再次运行“规划求解”,添加约束条件“第一优先级目标”,求解第二优先级目标。

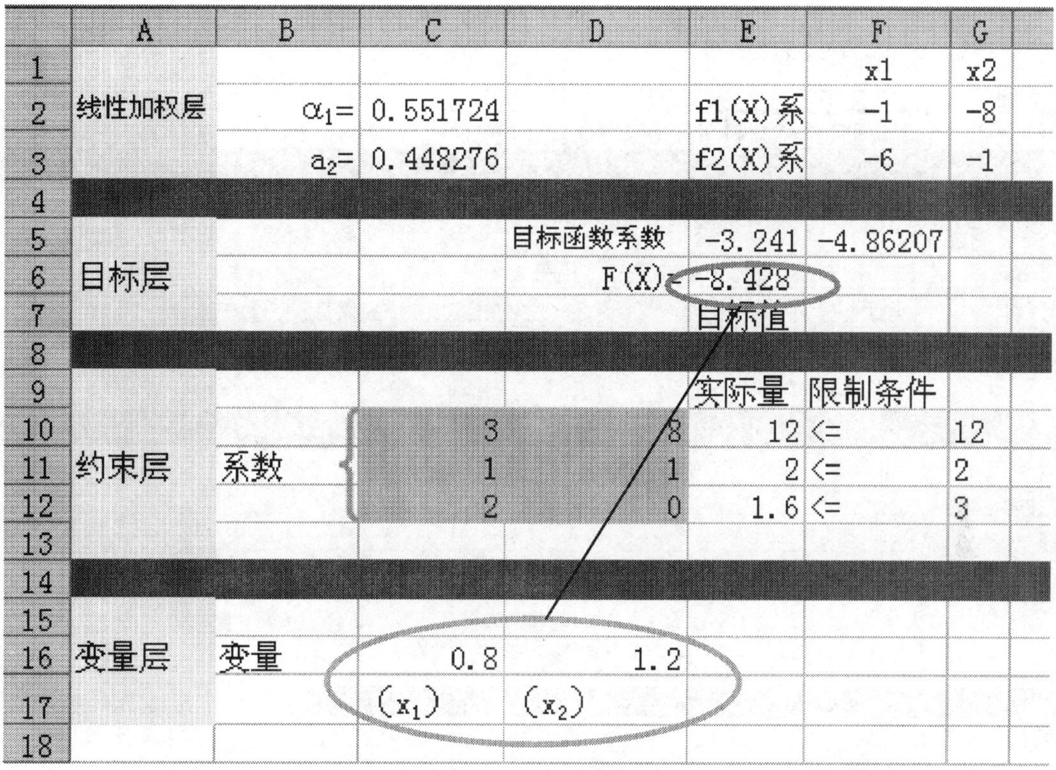

附录图 4.6　最后的结果

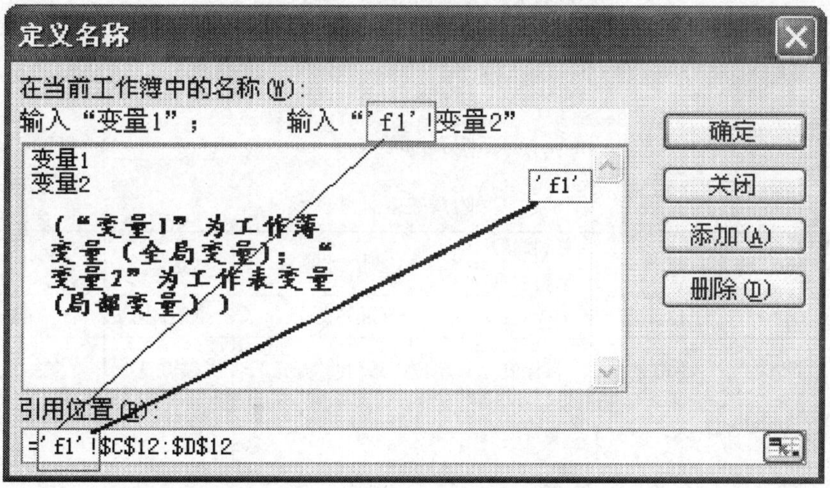

附录图 4.7　局部定义的关键事项

下面以 4.5 题为例说明具体步骤

1. 在 EXCEL 中建立“第一优先级目标”的数学模型(附录图 4.8)，并定义单元格名称，如附录表 4.4；

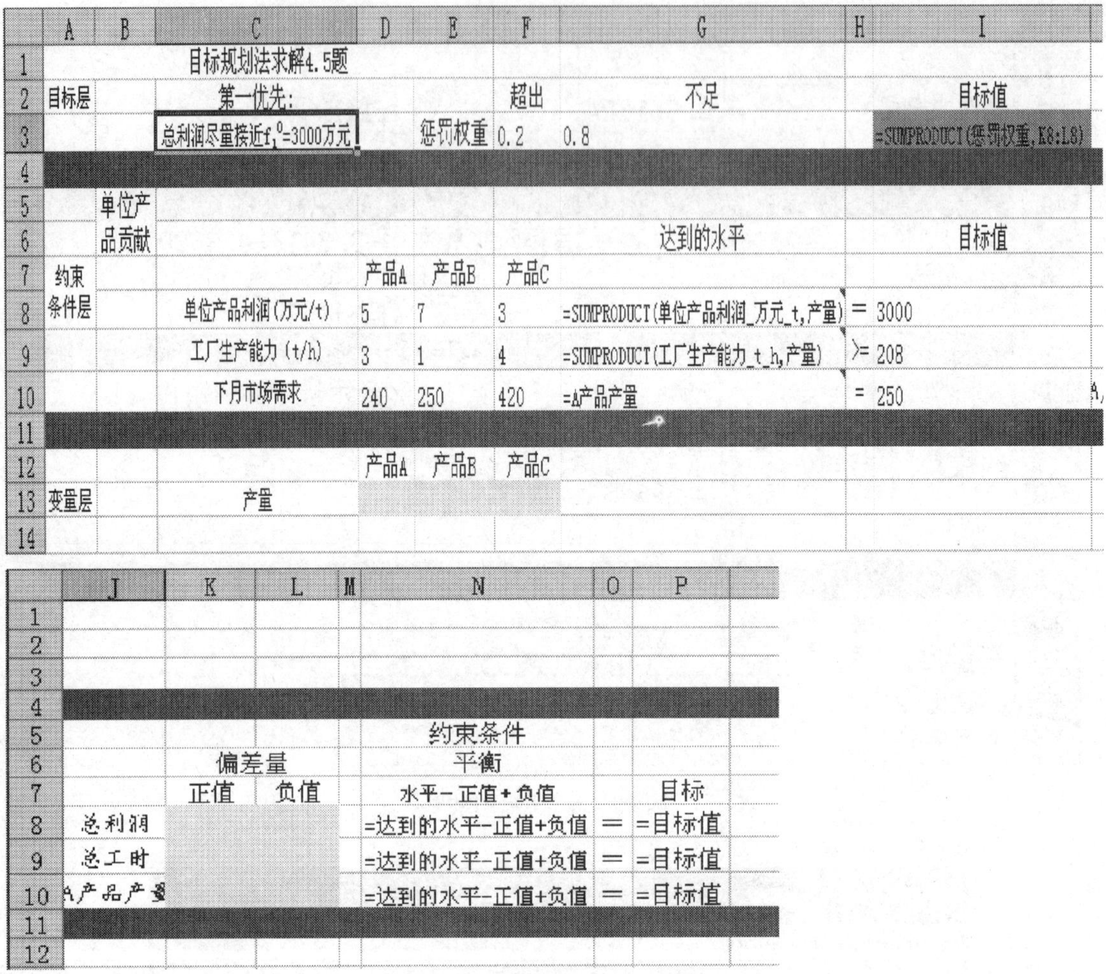

附录图 4.8

附录表 4.4

单元格名称	A产品产量	产量	总利润的惩罚权重	达到的水平	正值	工厂生产能力_t_h
范围	D13	D13:F13	F3:G3	G8:G10	K8:K10	D9:F9
单元格名称	负值	平衡量	目标值	单位产品利润_万元_t	偏差量	第一优先目标值
范围	L8:L10	N8:N10	I8:I10	D8:F8	K8:L10	I3

2.运行“规划求解”求解第一优先级目标,如附录图 4.9 到附录图 4.10。附录图 4.10 表明找到可行解满足第一优先级目标。

3.在目标层中添加第二优先级目标(附录图 4.11),并定义单元格名称“第二优先级目标值”和:“A 的惩罚权重”如附录表 4.5。

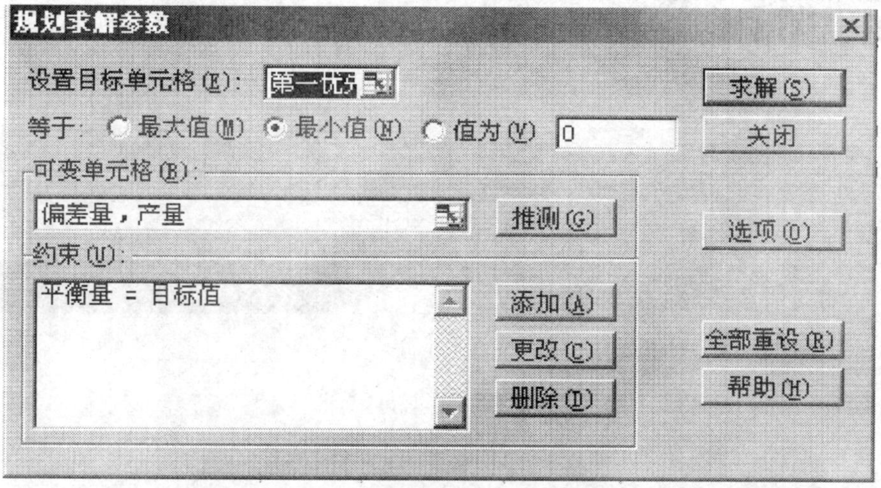

附录图 4.9

	A	B	C	D	E	F	G	H	I	
1			目标规划法求解4.5题							
2	目标层		第一优先:			超出	不足		目标值	
3			总利润尽量接近f_1^0=3000万元		惩罚权重	0.2	0.8		0	
4										
5		单位产								
6		品贡献					达到的水平		目标值	
7	约束			产品A	产品B	产品C				
8	条件层		单位产品利润(万元/t)	5	7	3	3000	=	3000	
9			工厂生产能力 (t/h)	3	1	4	428.5714286	>=	208	
10			下月市场需求	240	250	420	0	=	250	A
11										
12				产品A	产品B	产品C				
13	变量层		产量	0	428.57143	0				
14										

	J	K	L	M	N	O	P
1							
2							
3							
4							
5					约束条件		
6		偏差量			平衡		
7		正值	负值		水平－正值＋负值		目标
8	总利润	0	0		3000	=	3000
9	总工时	220.5714	0		208	=	208
10	A产品产量	0	250		250	=	250
11							
12							

附录图 4.10

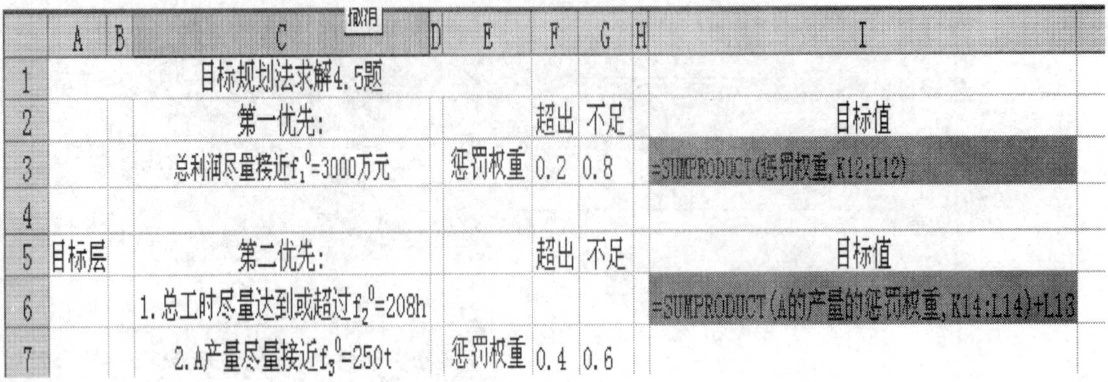

附录图 4.11

附录表 4.5

A 的产量的惩罚权重	F7:G7
第二优先目标值	I6

再次运行“规划求解”，添加约束条件总利润的“正值＝0”，总利润的“负值＝0”，如附录图 4.12 所示。

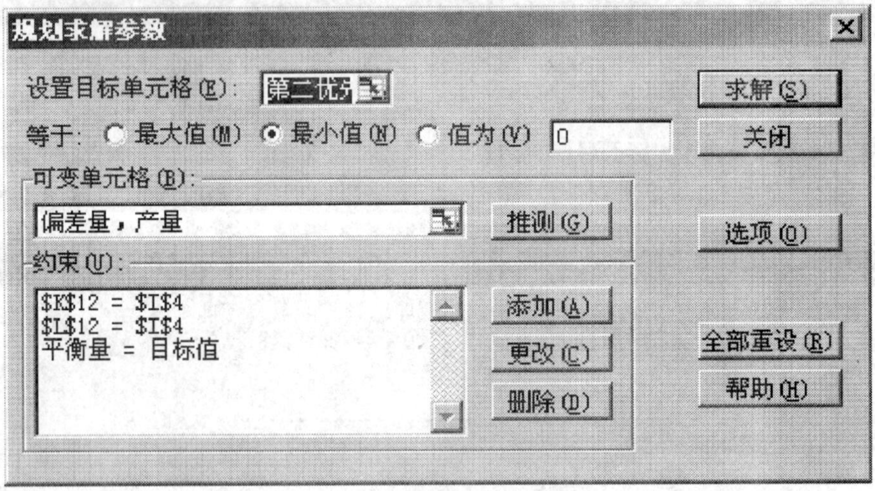

附录图 4.12

得到结果如附录图 4.13 所示。

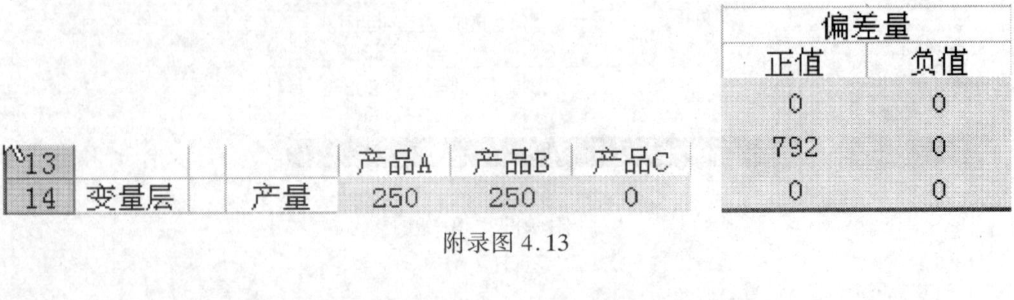

附录图 4.13

第 5 章　图与网络分析

解题的基本步骤为两步:1.建立模型;2.运用规划求解。

(一)5.3 题(最短路问题)

1.建立附录图 5.1 的数学模型,定义相应的单元格名称见附录表 5.1。

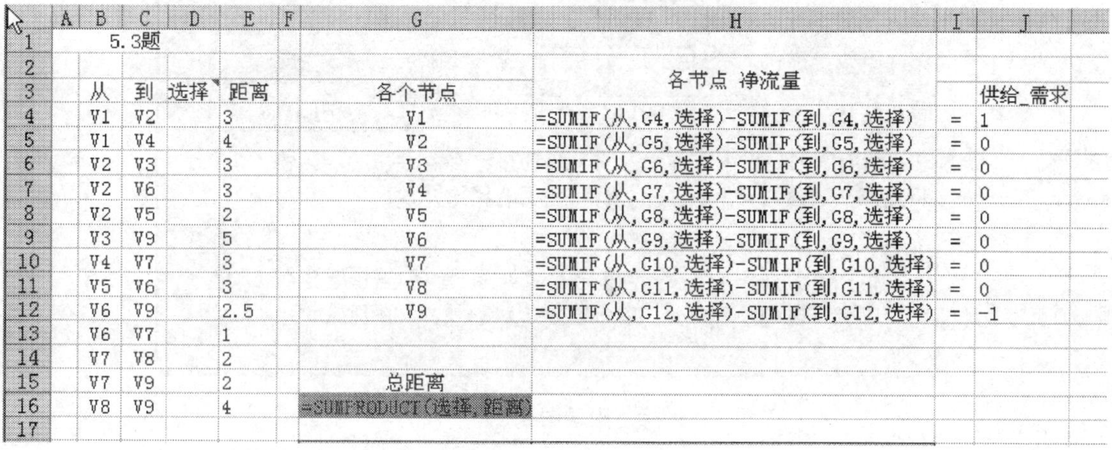

	A	B	C	D	E	F	G	H	I	J
1		5.3题								
2										
3		从	到	选择	距离		各个节点	各节点 净流量		供给_需求
4		V1	V2		3		V1	=SUMIF(从,G4,选择)-SUMIF(到,G4,选择)	=	1
5		V1	V4		4		V2	=SUMIF(从,G5,选择)-SUMIF(到,G5,选择)	=	0
6		V2	V3		3		V3	=SUMIF(从,G6,选择)-SUMIF(到,G6,选择)	=	0
7		V2	V6		3		V4	=SUMIF(从,G7,选择)-SUMIF(到,G7,选择)	=	0
8		V2	V5		2		V5	=SUMIF(从,G8,选择)-SUMIF(到,G8,选择)	=	0
9		V3	V9		5		V6	=SUMIF(从,G9,选择)-SUMIF(到,G9,选择)	=	0
10		V4	V7		3		V7	=SUMIF(从,G10,选择)-SUMIF(到,G10,选择)	=	0
11		V5	V6		3		V8	=SUMIF(从,G11,选择)-SUMIF(到,G11,选择)	=	0
12		V6	V9		2.5		V9	=SUMIF(从,G12,选择)-SUMIF(到,G12,选择)	=	-1
13		V6	V7		1					
14		V7	V8		2					
15		V7	V9		2		总距离			
16		V8	V9		4		=SUMPRODUCT(选择,距离)			
17										

附录图 5.1

附录表 5.1

单元格名称	从	到	供给_需求	各节点净流量	距离	选择	总距离
范围	B4:B16	C4:C16	J4:J12	H4:H12	E4:E16	D4:D16	G16

2.应用"规划求解"求取最后结果,如附录图 5.2、5.3、5.4。

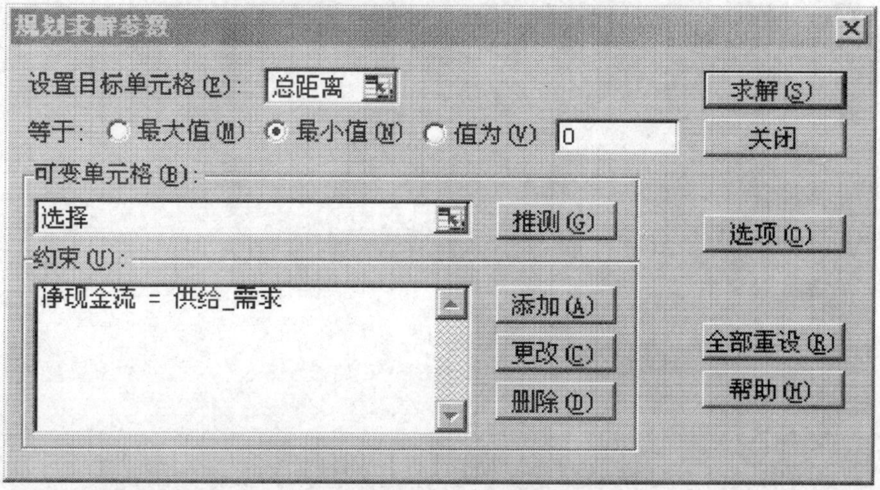

附录图 5.2

在“选项”中，选取“采用线性模型”和“假定非负”，最后结果如附录图 5.4。

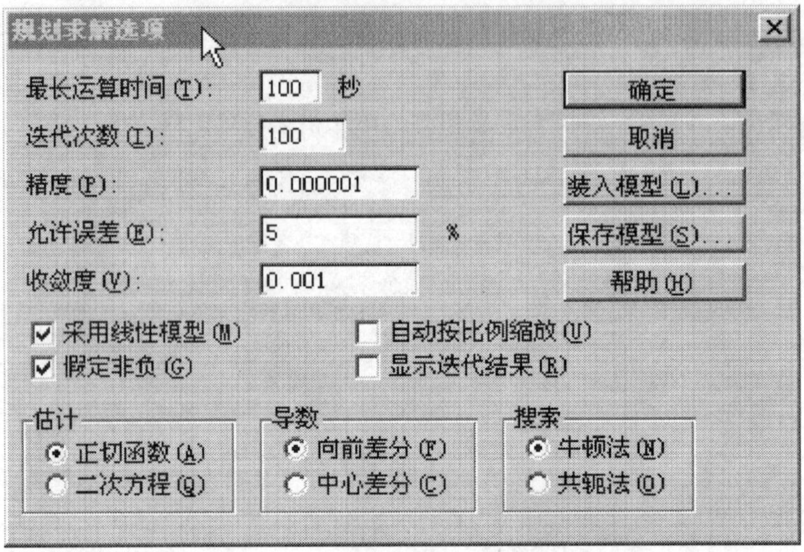

附录图 5.3

	A	B	C	D	E	F	G	H	I	J
1		5.3题								
2								各节点		
3		从	到	选择	距离		各个节点	净流量		供给_需求
4		V1	V2	1	3		V1	1	=	1
5		V1	V4	0	4		V2	0	=	0
6		V2	V3	0	3		V3	0	=	0
7		V2	V6	1	3		V4	0	=	0
8		V2	V5	0	2		V5	0	=	0
9		V3	V9	0	5		V6	0	=	0
10		V4	V7	0	3		V7	0	=	0
11		V5	V6	0	3		V8	0	=	0
12		V6	V9	1	2.5		V9	-1	=	-1
13		V6	V7	0	1					
14		V7	V8	0	2					
15		V7	V9	0	2		总距离			
16		V8	V9	0	4		8.5			
17										

附录图 5.4

最短路为：V1→V2→V6→V9，路长为：8.5

(二)5.4 题(最大流问题)

1.建立如附录图 5.5 所示的数学模型，定义相应的单元格名称如附录表 5.2 所示。

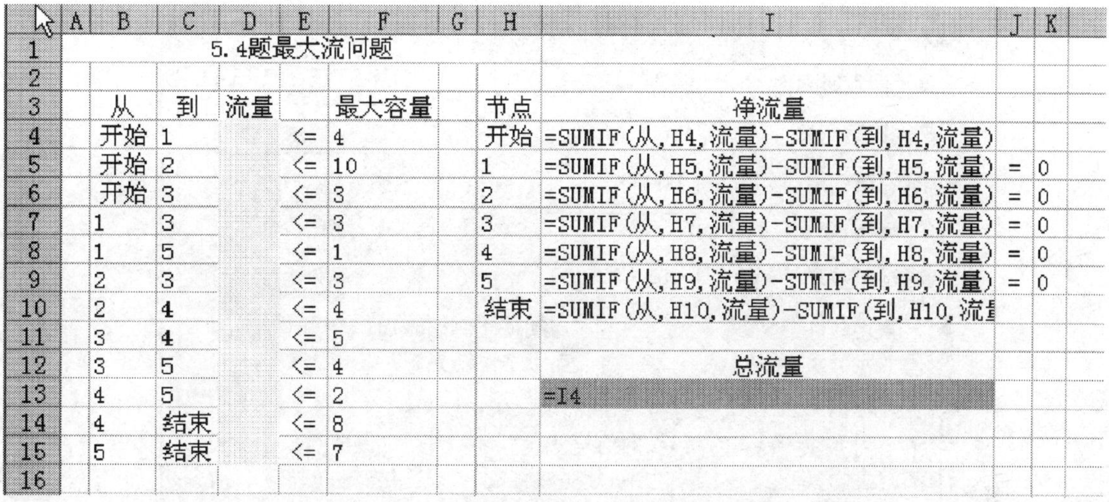

附录图 5.5

附录表 5.2

单元格名称	从	到	供给_需求	净流量	流量	总流量	最大容量
范围	B4:B15	C4:C15	K5:K9	I4:I10	D4:D15	I13	F4:F15

2.应用“规划求解”求取结果,如附录图 5.6、5.7、5.8 所示。

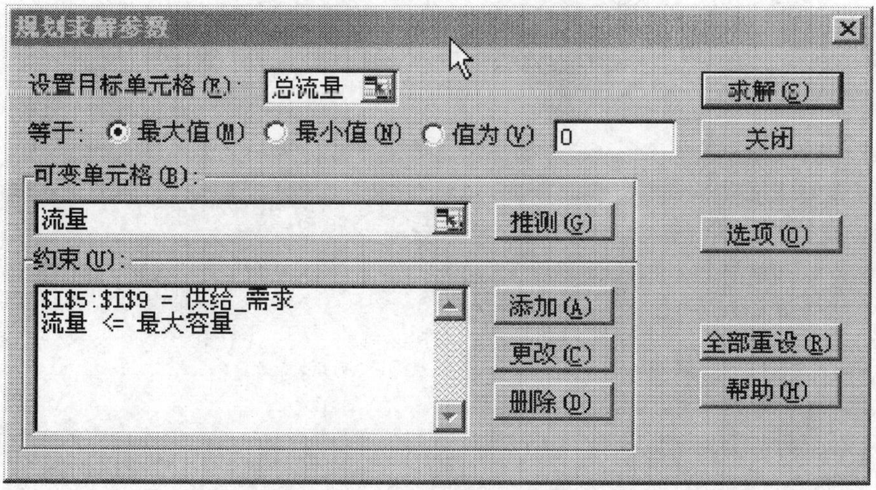

附录图 5.6

在“选项”中选取“采用线性模型”和“假定非负”,如附录图 5.7 所示。求得的结果见附录图 5.8。

(三)5.7 题(购车最小成本问题)

1.建立数学模型如见附录图 5.9 所示,定义相应的单元格名称如附录表 5.3 所示。

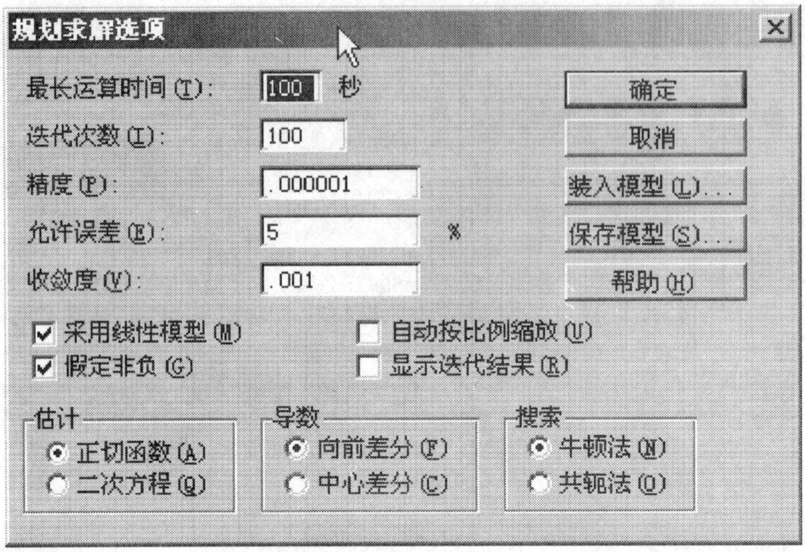

附录图 5.7

	A	B	C	D	E	F	G	H	I	J	K	L
1			5.4题最大流问题									
2												
3		从	到	流量		最大容量		节点	净流量			
4		开始	1	4	<=	4		开始	14			
5		开始	2	7	<=	10		1	0	=	0	
6		开始	3	3	<=	3		2	0	=	0	
7		1	3	3	<=	3		3	0	=	0	
8		1	5	1	<=	1		4	0	=	0	
9		2	3	3	<=	3		5	0	=	0	
10		2	4	4	<=	4		结束	-14			
11		3	4	5	<=	5						
12		3	5	4	<=	4			总流量			
13		4	5	1	<=	2			14			
14		4	结束	8	<=	8						
15		5	结束	6	<=	7						
16												

附录图 5.8

附录表 5.3

单元格名称	从	到	费用	供给_需求	净流量	选择	总费用
范围	B11:B25	C11:C25	E11:E25	J11:J16	H11:H16	D11:D25	H19

2. 应用“规划求解”求取结果，参数设置见附录图 5.10。

在“选项”中选取“采用线性模型”和“假定非负”，见附录图 5.11。

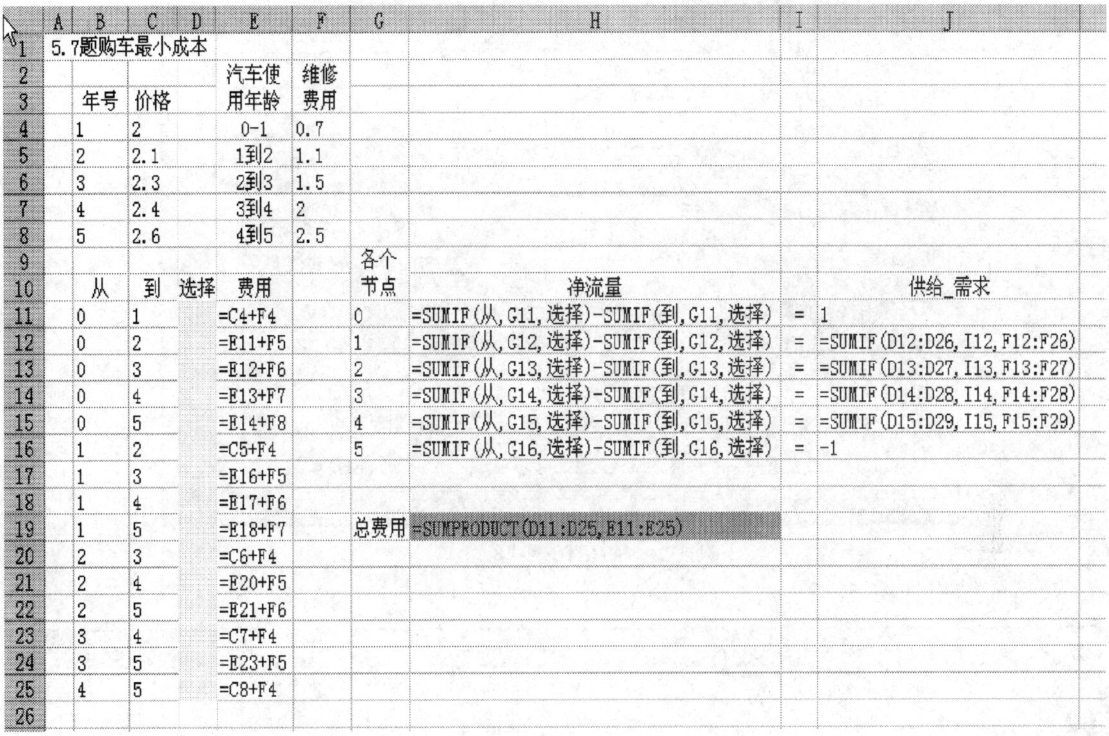

	A	B	C	D	E	F	G	H	I	J
1		5.7题购车最小成本								
2					汽车使	维修				
3		年号	价格		用年龄	费用				
4		1	2		0-1	0.7				
5		2	2.1		1到2	1.1				
6		3	2.3		2到3	1.5				
7		4	2.4		3到4	2				
8		5	2.6		4到5	2.5				
9							各个			
10		从	到	选择	费用		节点	净流量		供给_需求
11		0	1		=C4+F4		0	=SUMIF(从,G11,选择)-SUMIF(到,G11,选择)	=	1
12		0	2		=E11+F5		1	=SUMIF(从,G12,选择)-SUMIF(到,G12,选择)	=	=SUMIF(D12:D26,I12,F12:F26)
13		0	3		=E12+F6		2	=SUMIF(从,G13,选择)-SUMIF(到,G13,选择)	=	=SUMIF(D13:D27,I13,F13:F27)
14		0	4		=E13+F7		3	=SUMIF(从,G14,选择)-SUMIF(到,G14,选择)	=	=SUMIF(D14:D28,I14,F14:F28)
15		0	5		=E14+F8		4	=SUMIF(从,G15,选择)-SUMIF(到,G15,选择)	=	=SUMIF(D15:D29,I15,F15:F29)
16		1	2		=C5+F4		5	=SUMIF(从,G16,选择)-SUMIF(到,G16,选择)	=	-1
17		1	3		=E16+F5					
18		1	4		=E17+F6					
19		1	5		=E18+F7		总费用	=SUMPRODUCT(D11:D25,E11:E25)		
20		2	3		=C6+F4					
21		2	4		=E20+F5					
22		2	5		=E21+F6					
23		3	4		=C7+F4					
24		3	5		=E23+F5					
25		4	5		=C8+F4					
26										

附录图 5.9

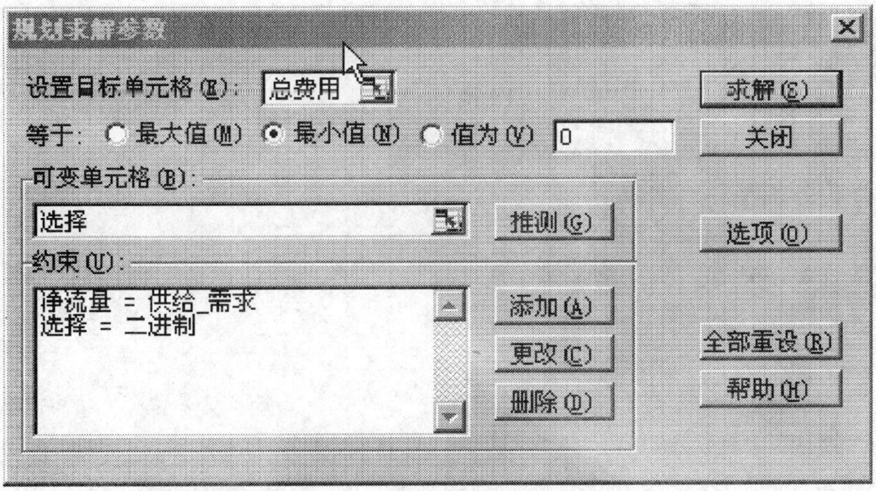

附录图 5.10

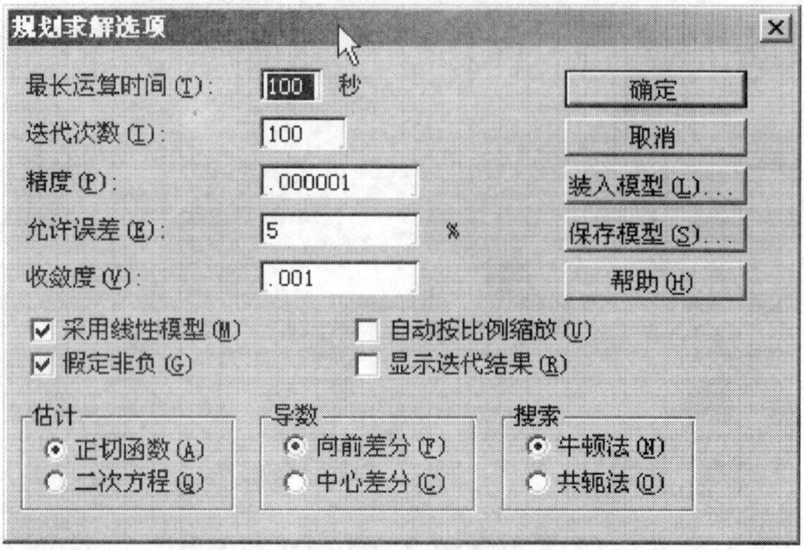

附录图 5.11

最后的结果如图 5.12。

	A	B	C	D	E	F	G	H	I	J
1		5.7题购车最小成本								
2					汽车使	维修				
3		年号	价格		用年龄	费用				
4		1	2		0-1	0.7				
5		2	2.1		1到2	1.1				
6		3	2.3		2到3	1.5				
7		4	2.4		3到4	2				
8		5	2.6		4到5	2.5				
9							各个			
10		从	到	选择	费用		节点	净流量		供给_需求
11		0	1	0	2.7		0	1	=	1
12		0	2	1	3.8		1	0	=	0
13		0	3	0	5.3		2	0	=	0
14		0	4	0	7.3		3	0	=	0
15		0	5	0	9.8		4	0	=	0
16		1	2	0	2.8		5	-1	=	-1
17		1	3	0	3.9					
18		1	4	0	5.4					
19		1	5	0	7.4		总费用	9.4		
20		2	3	0	3					
21		2	4	0	4.1					
22		2	5	1	5.6					
23		3	4	0	3.1					
24		3	5	0	4.2					
25		4	5	0	3.3					
26										

附录图 5.12

第 6 章　网络计划

求解此类问题分两步：

1. 在 EXCEL 中建立数学模型并定义相应的单元格名称；

2. 应用 EXCEL 提供的“规划求解”加载宏求解问题。

下面分别以 6.2 题，6.4 题为例，阐述具体的解题过程。

(一)6.2 题(确定型)

1. 第一问求解正常情况下的工期和关键路线：

①建立如附录图 6.1 的数学模型并定义单元格。全部的单元格的名称如附录表 6.1 所示。

附录表 6.1

单元格名称	范围
时差	H4:H11
所需时间	C4:C11
项目完工所需时间	D14
最晚结束时间	G4:G11
最晚开始时间	F4:F11
最早结束时间	E4:E11
最早开始时间	D4:D11

	A	B	C	D	E	F	G	H	I
1			6.2题						
2	紧前								
3	活动	活动点	所需时间	最早开始时间	最早结束时间	最晚开始时间	最晚结束时间	时差	是否关键路径?
4		A	4	0	=最早开始时间+所需时间	=最晚结束时间-所需时间	=MIN(F7,F8,F9)	=最晚结束时间-最早结束时间	=IF(时差=0,"是","否")
5		B	8	0	=最早开始时间+所需时间	=最晚结束时间-所需时间	=MIN(F6,F10)	=最晚结束时间-最早结束时间	=IF(时差=0,"是","否")
6	B	C	6	=MAX(E5)	=最早开始时间+所需时间	=最晚结束时间-所需时间	=D14	=最晚结束时间-最早结束时间	=IF(时差=0,"是","否")
7	A	D	3	=MAX(E4)	=最早开始时间+所需时间	=最晚结束时间-所需时间	=MIN(F10)	=最晚结束时间-最早结束时间	=IF(时差=0,"是","否")
8	A	E	5	=MAX(E4)	=最早开始时间+所需时间	=最晚结束时间-所需时间	12	=最晚结束时间-最早结束时间	=IF(时差=0,"是","否")
9	A	F	7	=MAX(E4)	=最早开始时间+所需时间	=最晚结束时间-所需时间	=MIN(F11)	=最晚结束时间-最早结束时间	=IF(时差=0,"是","否")
10	B,D	G	4	=MAX(E5,E7)	=最早开始时间+所需时间	=最晚结束时间-所需时间	=MIN(F11)	=最晚结束时间-最早结束时间	=IF(时差=0,"是","否")
11	E,F,G	H	3	=MAX(E8,E9,E10)	=最早开始时间+所需时间	=最晚结束时间-所需时间	=D14	=最晚结束时间-最早结束时间	=IF(时差=0,"是","否")
12									
13				项目完工所需时间					
14				=MAX(最早结束时间)					

附录图 6.1

②建立之后，自动显示工期和关键路径(是否关键路径栏内显示“是”的为关键路径)。

2.第二问求解最低成本工期：

①建立数学模型，如附录图 6.2 所示，并定义单元格名称，全部的单元格名称如附录表 6.2 所示。

附录表 6.2

A开始	A完成	B开始	B完成	C开始	C完成	D开始	D完成	E开始
F6	H6	F7	H7	F8	H8	F9	H9	F10
E完成	F开始	F完成	G开始	总成本	G完成	H开始	H完成	
H10	F11	H11	F12	F18	H12	F13	H13	
赶进度一天所需费用_百元_天	节省的时间	开始时间	完成时间	项目间接费用	项目所需时间	正常完成进度的直接费用_百元	正常总成本	正常作业时间
E6:E13	G6:G13	F6:F13	H6:H13	F16	E16	D6:D13	D14	C6:C13

	A	B	C	D	E	F	G	H
1				6.3题				
2								
3				正常完成进度	赶进度一天			
4				的直接费用	所需费用(百		节省的	
5	紧前活动	活动	正常作业时间	(百元)	元/天)	开始时间	时间	完成时间
6		A	4	20	5			=开始时间+正常作业时间-节省的时间
7		B	8	30	4			=开始时间+正常作业时间-节省的时间
8	B	C	6	15	3			=开始时间+正常作业时间-节省的时间
9	A	D	3	5	2			=开始时间+正常作业时间-节省的时间
10	A	E	5	18	4			=开始时间+正常作业时间-节省的时间
11	A	F	7	40	7			=开始时间+正常作业时间-节省的时间
12	B,D	G	4	10	3			=开始时间+正常作业时间-节省的时间
13	E,F,G	H	3	15	6			=开始时间+正常作业时间-节省的时间
14			正常总成本	=SUM(D6:D13)				
15					项目所需时间	项目间接费用		
16					=H13	=项目所需时间*5		
17								
18					总成本	=正常总成本+项目间		
19								
20								

附录图 6.2

②应用“规划求解”求解，参数设置见附录图 6.3。

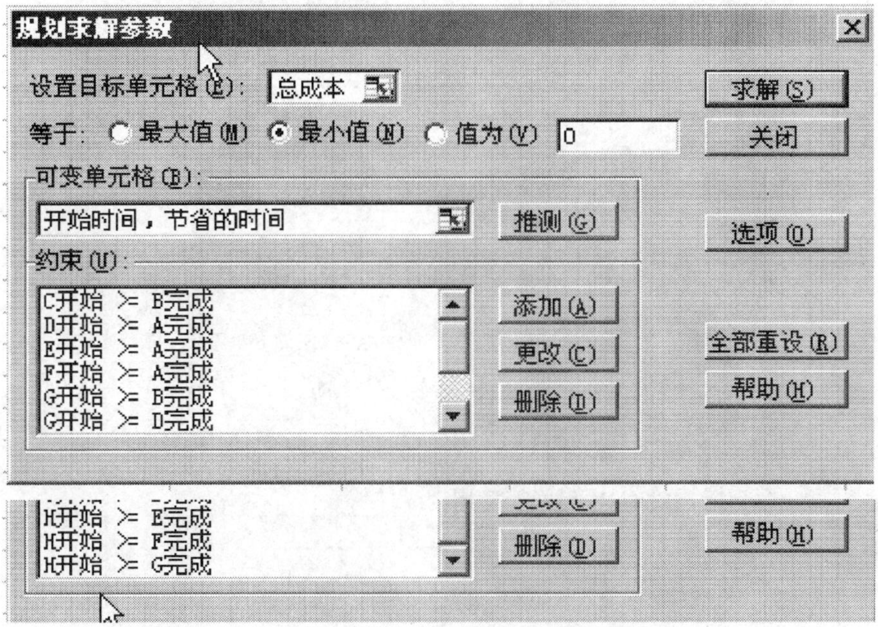

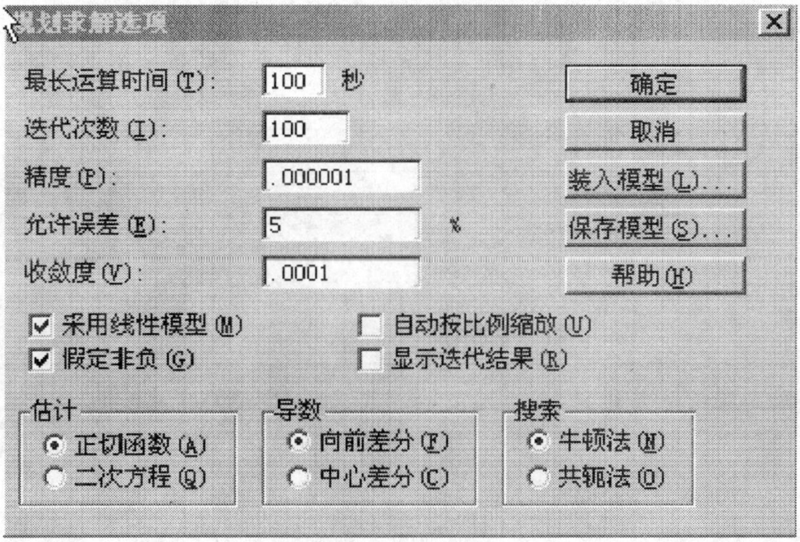

附录图 6.3

③得到最后结果见图 6.4。

E	F	G	H
赶进度一天所需费用(百元/天)	开始时间	节省的时间	完成时间
5	0	0	4
4	0	0	8
3	8	0	14
2	5	0	8
4	4	0	9
7	4	0	11
3	8	1	11
6	11	0	14
项目所需时间	项目间接费用		
14	70		
总成本	226		

附录图 6.4

3.第三问是在最低成本工期基础上再提前一天,求出赶工成本最低的赶工方案。

①建立数学模型(附录图 6.5),并定义单元格名称。全部的单元格名称见附录表 6.3。

附录表 6.3

A开始	A完成	B开始	B完成	C开始	C完成	D开始	D完成	E开始	E完成	F开始	F完成
F6	I6	F7	I7	F8	I8	F9	I9	F10	I10	F11	I11
G开始	G完成	H开始	H完成	赶进度一天所需费用_百元_天	节省的时间	开始时间	项目间接费用	项目所需时间	正常总成本	正常作业时间	
F12	I12	F13	I13	E6:E13	G6:G13	F6:F13	E18	D18	D14	C6:C13	

	A	B	C	D	E	F	G	H	I
1				6.3题					
2									
3									
4									
5	紧前活动	活动	正常作业时间	正常完成进度的直接费用(百元)	赶进度一天所需费用(百元/天)	开始时间	节省的时间	最大节省时间	完成时间
6		A	4	20	5			1	=开始时间+正常作业时间-节省的时间
7		B	8	30	4			1	=开始时间+正常作业时间-节省的时间
8	B	C	6	15	3			1	=开始时间+正常作业时间-节省的时间
9	A	D	3	5	2			1	=开始时间+正常作业时间-节省的时间
10	A	E	5	18	4			1	=开始时间+正常作业时间-节省的时间
11	A	F	7	40	7			1	=开始时间+正常作业时间-节省的时间
12	B,D	G	4	10	3			1	=开始时间+正常作业时间-节省的时间
13	E,F,G	H	3	15	6			1	=开始时间+正常作业时间-节省的时间
14			正常总成本	=SUM(D6:D13)					
15							项目完成时间		
16				项目所需时间	项目间接费用				时间限制
17				=I13	=项目所需时间*5			=	13
18									
19					总成本	=正常总成			
20									

附录图 6.5

其中,总成本 = 正常总成本 + 项目间接费用 + SUMPRODUCT(赶进度一天所需费用_百元_天,节省的时间)

②应用“规划求解”求得最后结果。参数设置见附录图 6.6。

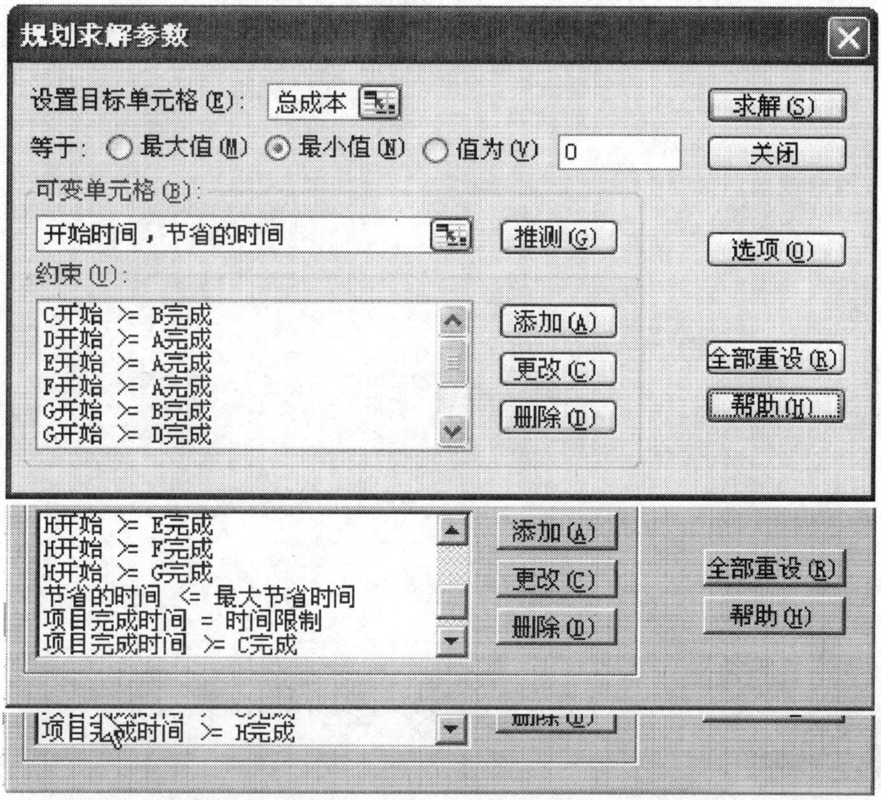

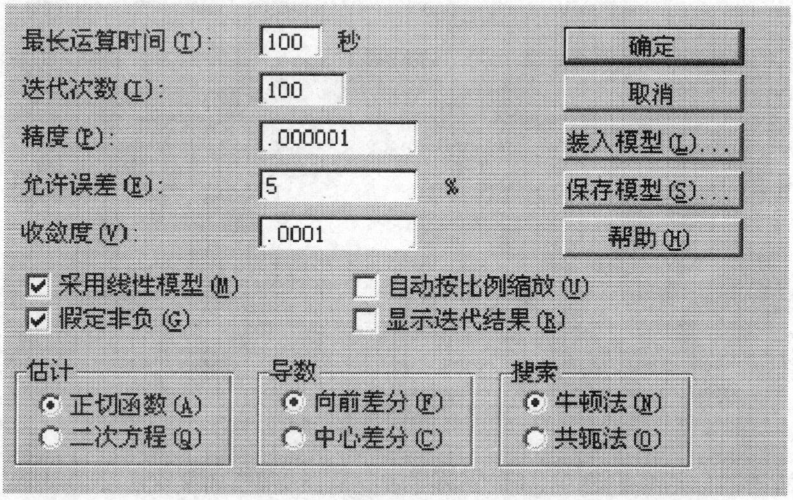

附录图 6.6

完成以上设置后点击“求解”,从而求得最后的结果,见附录图 6.7。

	A	B	C	D	E	F	G	H	I
1	6.3题								
2									
3									
4									
5	紧前活动	活动	正常作业时间	正常完成进度的直接费用（百元）	赶进度一天所需费用(百元/天)	开始时间	节省的时间	最大节省时间	完成时间
6		A	4	20	5	0	0	1	4
7		B	8	30	4	0	1	1	7
8	B	C	6	15	3	7	0	1	13
9	A	D	3	5	2	4	0	1	7
10	A	E	5	18	4	4	0	1	9
11	A	F	7	40	7	4	0	1	11
12	B,D	G	4	10	3	7	0	1	11
13	E,F,G	H	3	15	6	11	1	1	13
14			正常总成本	153					
15				项目所需时间	项目间接费用		项目完成时间		
16									时间限制
17				13	65		13	=	13
18									
19					总成本	228			
20									

附录图 6.7

(二)6.4 题(不确定型)

1.首先应用 6.2 题中的解题步骤求得关键路径,见附录图 6.8。

	A	B	C	D	E	F	G	H	I
1			6.4题						
2	活动点	紧前活动	作业时间	最早开始时间	最早结束时间	最晚开始时间	最晚结束时间	时差	是否关键路径?
3	A	-	2	0	2	5	7	5	否
4	B	-	2	0	2	4	6	4	否
5	C	-	2	0	2	0	2	0	是
6	D	A	3	2	5	8	11	6	否
7	E	A	4	2	6	7	11	5	否
8	G	B	7	2	9	8	15	6	否
9	H	B	6	2	8	6	12	4	否
10	I	D,E	4	6	10	11	15	5	否
11	J	C	10	2	12	2	12	0	是
12	K	H,J	3	12	15	12	15	0	是
13	L	G,I,K	4	15	19	15	19	0	是
14									
15				完工时间	19				
16									

附录图 6.8

2.建立数学模型,见附录图 6.9,相应的单元格定义见附录表 6.4。

附录表 6.4

悲观时间 p	方差	各活动均值时间	各活动时间方差	均值	乐观时间 o	时差	是否关键路径?	最可能时间 m
D4:D14	G18	F4:F14	G4:G14	G17	B4:B14	G4:G14	E4:E14	C4:C14

	A	B	C	D	E	F	G
1	6.4题						
2		时间估计				各活动均值时间	各活动时间方差
3	活动点	乐观时间o	最可能时间m	悲观时间p	是否关键路径?	μ	δ²
4	A	1	2	3	否	=IF(乐观时间o=“ ”,“ ”,(乐观时间o+4*最可能时间m+悲观时间p)/6)	=IF(乐观时间o=“ ”,“ ”,((悲观时间p-乐观时间o)^2)/6)
5	B	1	2	3	否	=IF(乐观时间o=“ ”,“ ”,(乐观时间o+4*最可能时间m+悲观时间p)/6)	=IF(乐观时间o=“ ”,“ ”,((悲观时间p-乐观时间o)^2)/6)
6	C	1	2	3	是	=IF(乐观时间o=“ ”,“ ”,(乐观时间o+4*最可能时间m+悲观时间p)/6)	=IF(乐观时间o=“ ”,“ ”,((悲观时间p-乐观时间o)^2)/6)
7	D	1	2	9	否	=IF(乐观时间o=“ ”,“ ”,(乐观时间o+4*最可能时间m+悲观时间p)/6)	=IF(乐观时间o=“ ”,“ ”,((悲观时间p-乐观时间o)^2)/6)
8	E	2	3	10	否	=IF(乐观时间o=“ ”,“ ”,(乐观时间o+4*最可能时间m+悲观时间p)/6)	=IF(乐观时间o=“ ”,“ ”,((悲观时间p-乐观时间o)^2)/6)
9	G	3	6	15	否	=IF(乐观时间o=“ ”,“ ”,(乐观时间o+4*最可能时间m+悲观时间p)/6)	=IF(乐观时间o=“ ”,“ ”,((悲观时间p-乐观时间o)^2)/6)
10	H	2	5	14	否	=IF(乐观时间o=“ ”,“ ”,(乐观时间o+4*最可能时间m+悲观时间p)/6)	=IF(乐观时间o=“ ”,“ ”,((悲观时间p-乐观时间o)^2)/6)
11	I	1	4	7	否	=IF(乐观时间o=“ ”,“ ”,(乐观时间o+4*最可能时间m+悲观时间p)/6)	=IF(乐观时间o=“ ”,“ ”,((悲观时间p-乐观时间o)^2)/6)
12	J	4	9	20	是	=IF(乐观时间o=“ ”,“ ”,(乐观时间o+4*最可能时间m+悲观时间p)/6)	=IF(乐观时间o=“ ”,“ ”,((悲观时间p-乐观时间o)^2)/6)
13	K	1	2	9	是	=IF(乐观时间o=“ ”,“ ”,(乐观时间o+4*最可能时间m+悲观时间p)/6)	=IF(乐观时间o=“ ”,“ ”,((悲观时间p-乐观时间o)^2)/6)
14	L	4	4	4	是	=IF(乐观时间o=“ ”,“ ”,(乐观时间o+4*最可能时间m+悲观时间p)/6)	=IF(乐观时间o=“ ”,“ ”,((悲观时间p-乐观时间o)^2)/6)
15							
16						均值关键路径	
17						μ	=SUMIF(是否关键路径?,“是”,各活动均值时间)
18						δ²	=SUMIF(是否关键路径?,“是”,各活动时间方差)
19							
20						P(T<=d)=	=NORMDIST(20,均值,SQRT(方差),1)
21						d=	20
22							

附录图 6.9

建立后自动得出结果,见附录图 6.10。

	A	B	C	D	E	F	G
1	6.4题						
2		时间估计				各活动均值时间	各活动时间方差
3	活动点	乐观时间o	最可能时间m	悲观时间p	是否关键路径?	μ	δ²
4	A	1	2	3	否	2	0.666666667
5	B	1	2	3	否	2	0.666666667
6	C	1	2	3	是	2	0.666666667
7	D	1	2	9	否	3	10.66666667
8	E	2	3	10	否	4	10.66666667
9	G	3	6	15	否	7	24
10	H	2	5	14	否	6	24
11	I	1	4	7	否	4	6
12	J	4	9	20	是	10	42.66666667
13	K	1	2	9	是	3	10.66666667
14	L	4	4	4	是	4	0
15							
16						均值关键路径	
17						μ	19
18						δ²	54
19							
20						P (T<=d)=	0.554122073
21						d=	20
22							

附录图 6.10

第 7 章　风险型决策

风险型决策的解题步骤分为三步:①先验分析;②预验分析;③后验分析。

在具体解题之前,先要把解决决策树问题的 EXCEL 宏 treeplan 加载成功。treeplan 简介如下:

EXCEL 中的决策树见附录图 7.1。图中方形节点为决策点,圆形节点为事件点(自然状态点);"Decision1"为决策名称;"Event3"为事件名称,其上方"0.5"表示发生事件 3 的概率为 0.5。

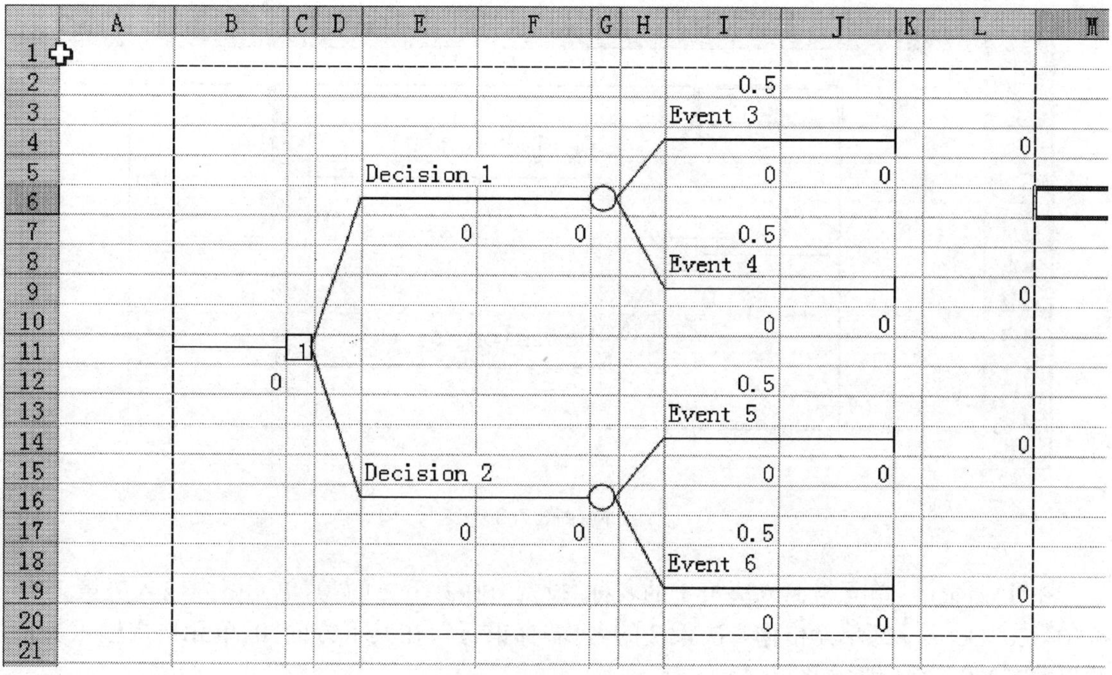

附录图 7.1

下面以 7.7 题为例，阐述具体的求解过程。

一、先验分析

1. 依次点击“工具”→“Decision tree”后出现附录图 7.2 对话框。

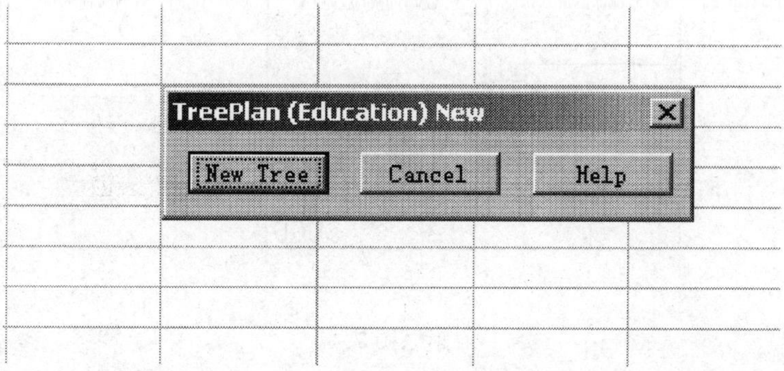

附录图 7.2

单击“New Tree”选项后，得到附录图 7.3 界面。

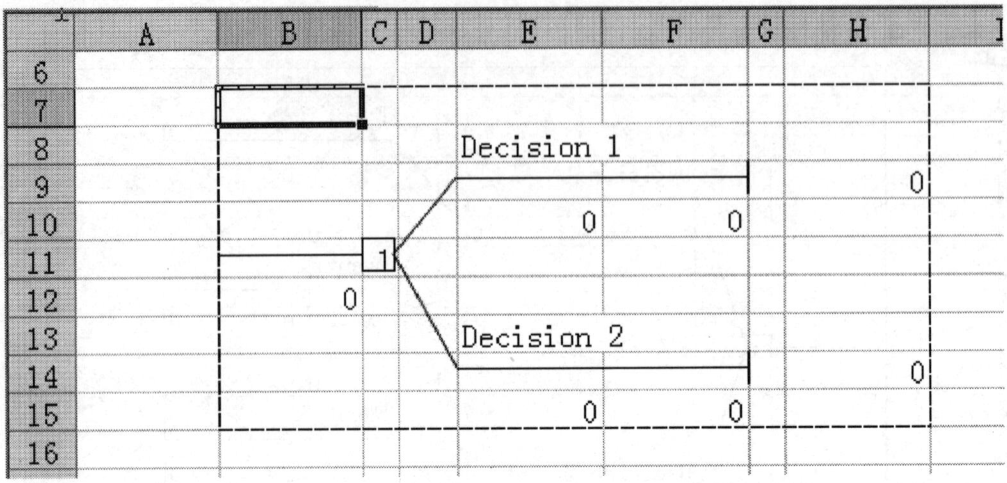

附录图 7.3

在“Decision1”单元格输入决策 1 的名称“投资”，在其下方的“0”单元格内输入决策 1 的收益“0”；在“Decision2”单元格输入决策 2 的名称“存银行”，在其下方的“0”单元格内输入决策 2 的收益“3000”，得到附录图 7.4。

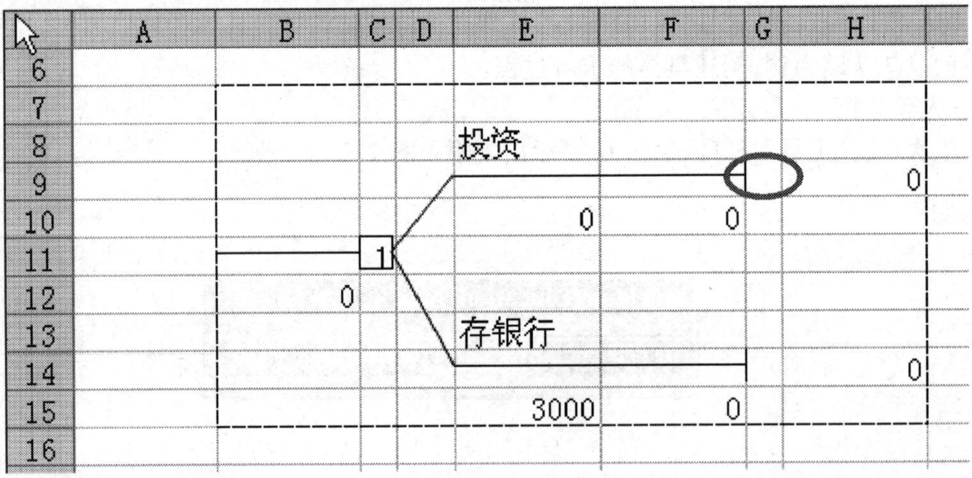

附录图 7.4

选定单元格“G5”，依次点击“工具”→“Decision tree”后出现附录图 7.5 对话框。

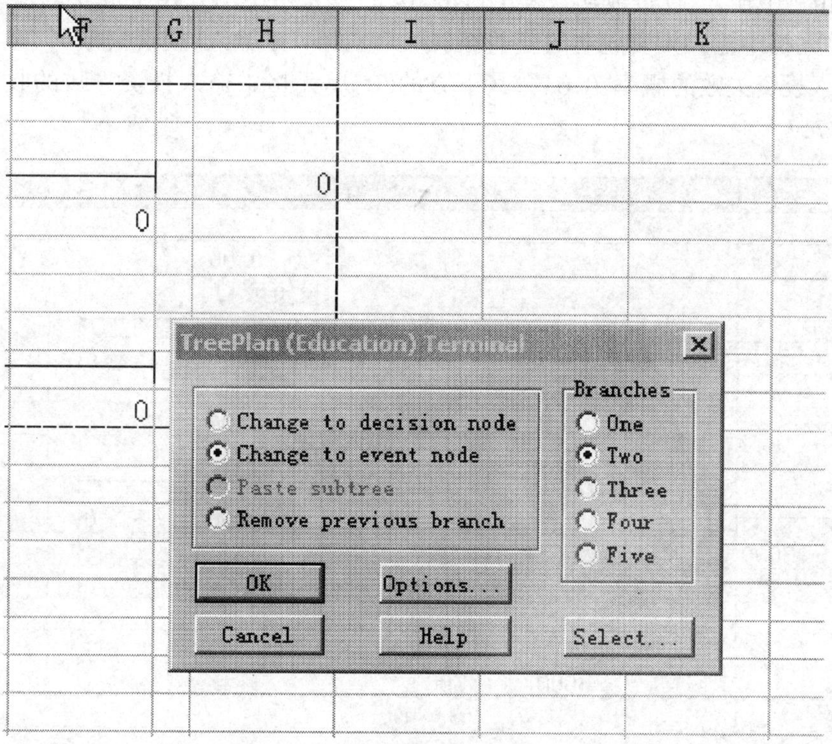

附录图 7.5

选择“change to event node”,在“Branches”中选择“two(2 个分支)”,点击 OK,得到附录图 7.6。

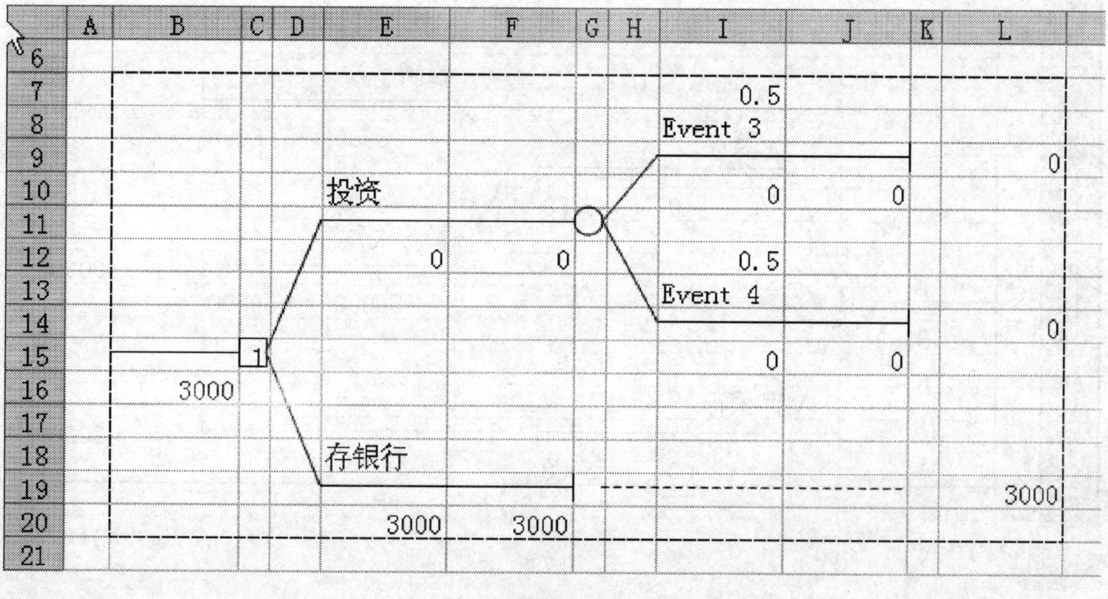

附录图 7.6

在“Event3”中输入“投资成功”，其上方的“0.5”单元格中输入投资成功的概率“0.96”，其下方的“0”单元格中输入投资成功的收益 6 000；“Event4”中输入“投资失败”，其上方的“0.5”单元格中输入投资失败的概率“0.04”，其下方的“0”单元格中输入投资失败的收益 -50 000，得到附录图 7.7。

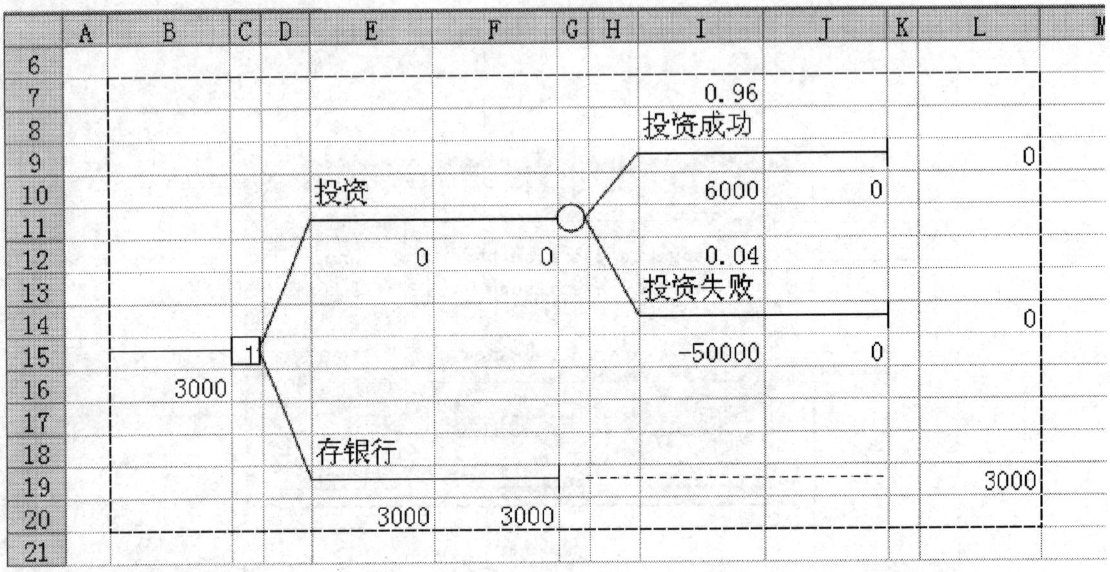

附录图 7.7

单击“保存”后，自动生成结果，如附录图 7.8 所示。

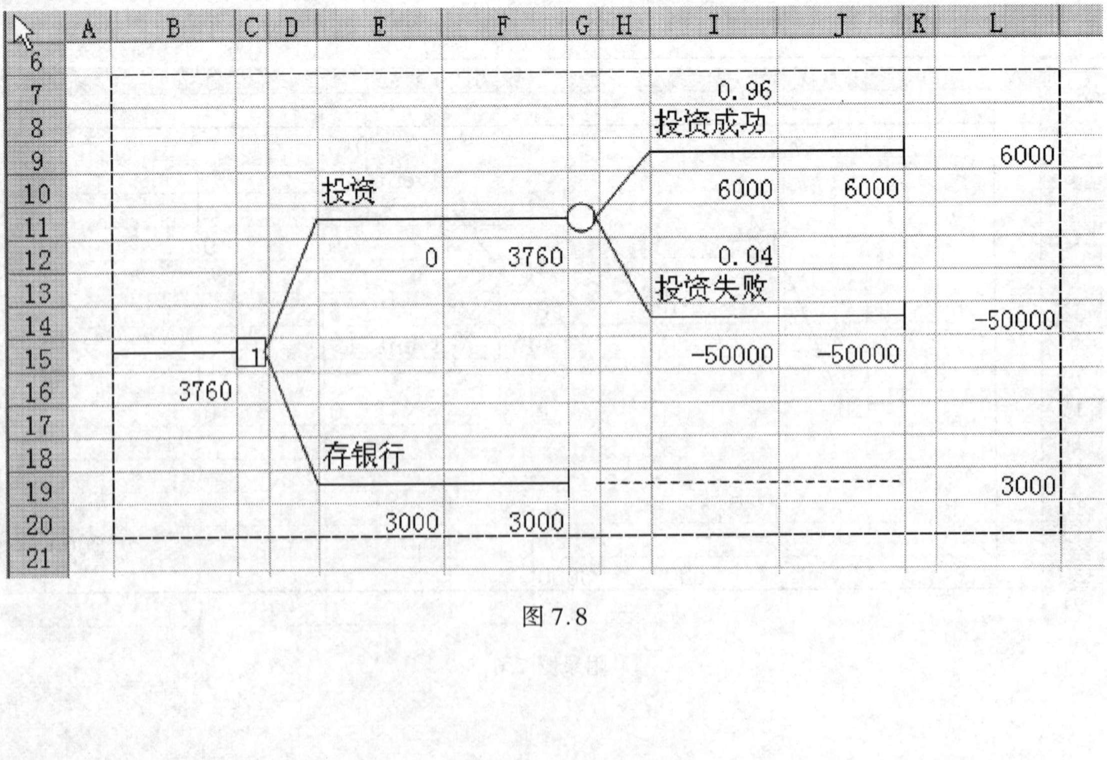

图 7.8

二、预验分析(决定是否借助情报咨询)

仿照先验分析的制作方法得到附录图 7.9 的决策树。

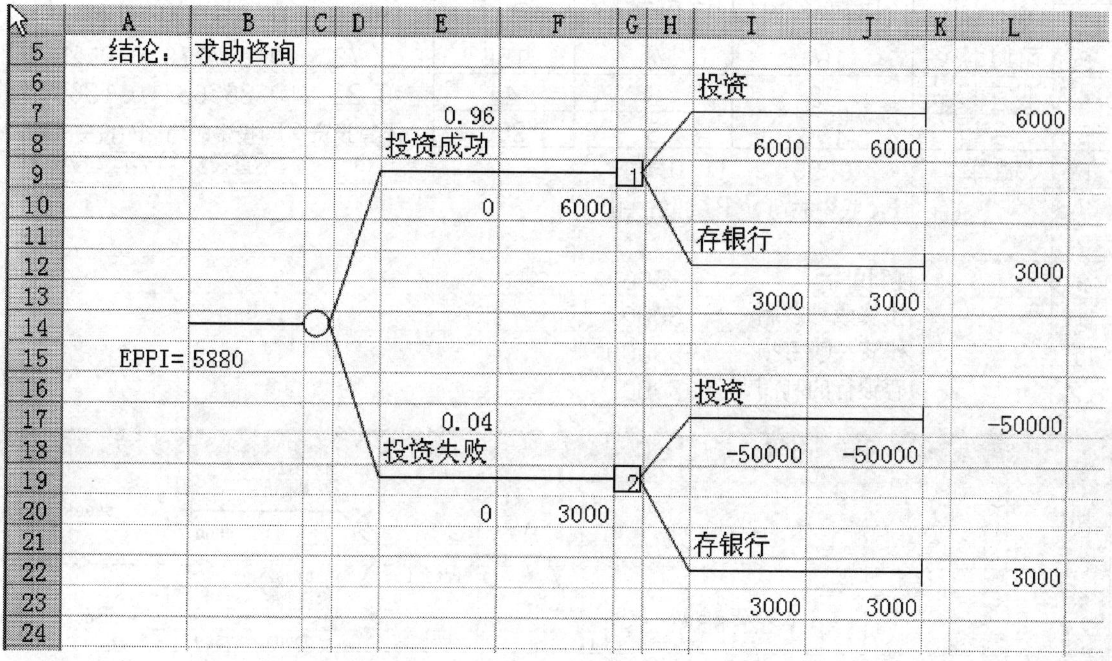

附录图 7.9

三、后验分析(贝叶斯分析)

仿照先验分析的制作方法得到附录图 7.10 的决策树。

	U	V	W	X	Y	Z	AA
1	实施结果	投资成功	投资失败	合计	P（可以投资）	P(投资成功/可以投资）	P(投资失败/可以投资）
2	咨询意见						
3	可以投资	154	2	156	0.78	0.987179	0.012821
4	不宜投资	38	6	44	0.22	0.863636	0.136364
5	合计	192	8	200	P（不宜投资）	P(投资成功/不宜投资）	P(投资失败/不宜投资）
6	概率	0.96	0.04				
7		P（投资成功）	P（投资失败）				
8							
9		咨询费	-500				
10		投资成功获利	6000				
11		投资失败亏损	-50000				
12		存银行的利润	3000				

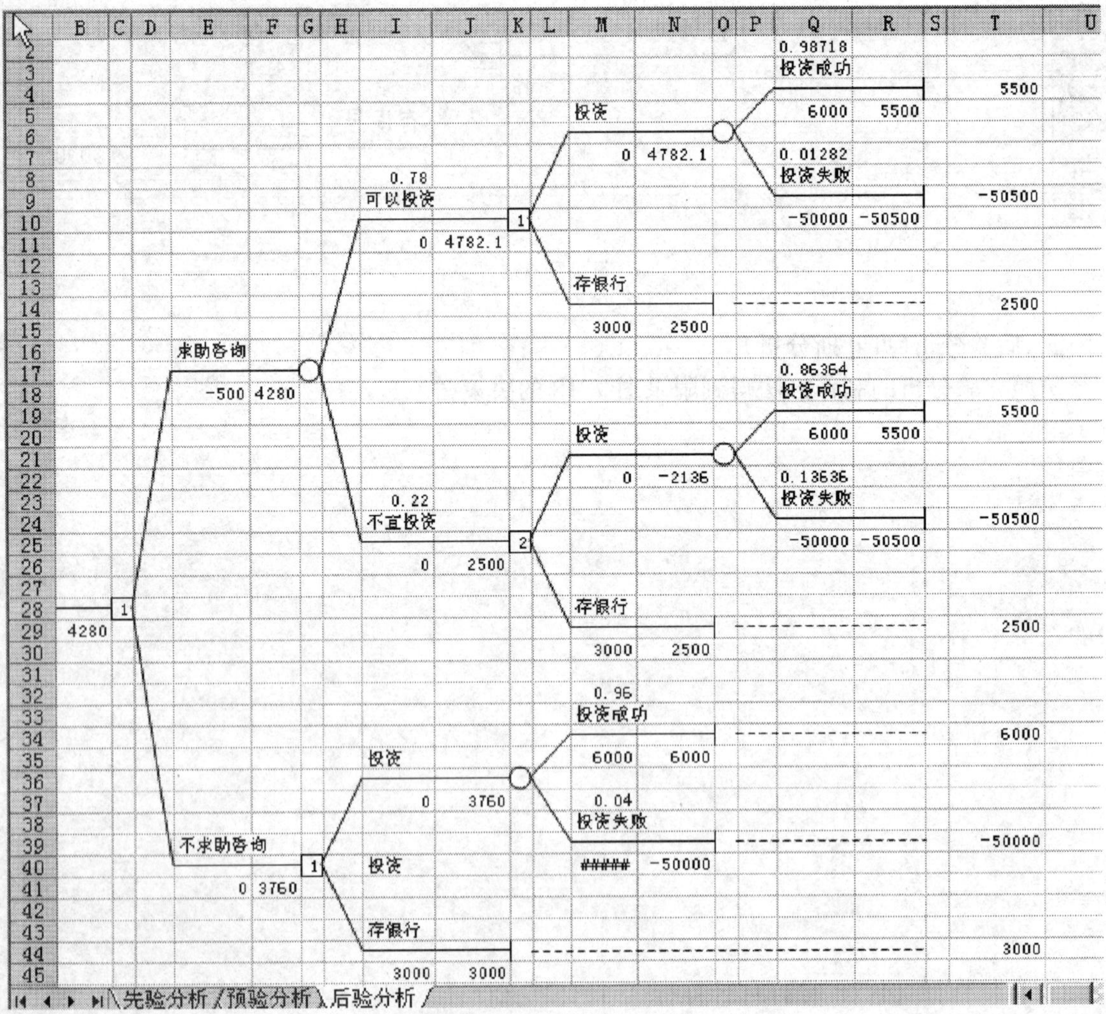

附录图 7.10

第 8 章　库存决策

该章的解题步骤较为简单,只需在 EXCEL 中建立相应的数学模型即可。

1. 经济批量 EOQ 库存的数学模型模板见附录图 8.1,相应的单元格名称见附录表 8.1

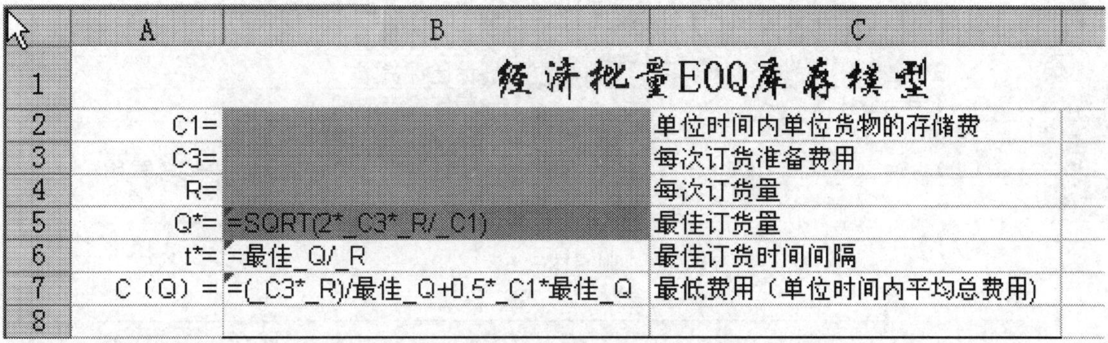

附录图 8.1

附录表 8.1

单元格	_C1	_C3	_R	_t	C_Q	最佳_Q
范围	B2	B3	B4	B6	B7	B5

输入 8.1 题的数据后,得到所求结果,见附录图 8.2。

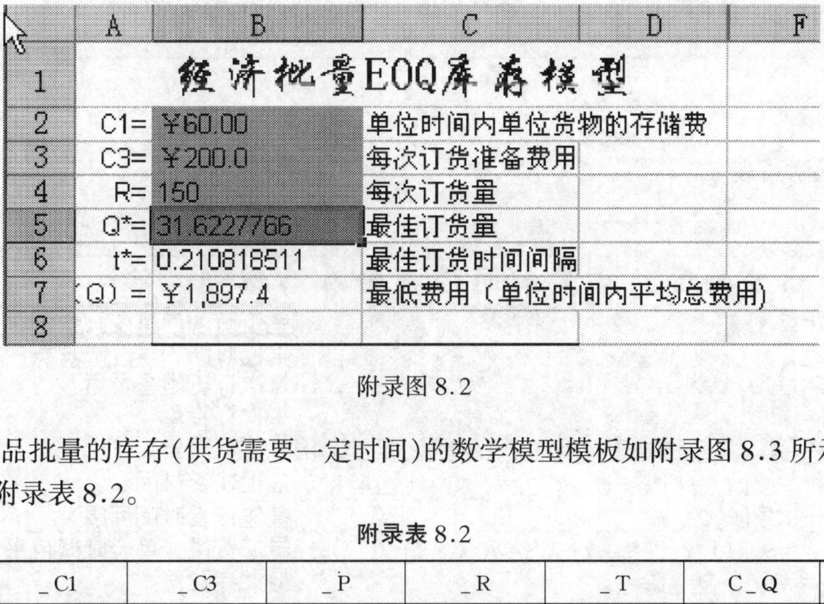

附录图 8.2

2. 在制品批量的库存(供货需要一定时间)的数学模型模板如附录图 8.3 所示,相应的单元格名称见附录表 8.2。

附录表 8.2

单元格	_C1	_C3	_P	_R	_T	C_Q	最佳_Q
范围	B2	B3	B4	B5	B7	B9	B6

输入 8.3 题的数据后得到所求结果,见附录图 8.4。

3. 允许发生缺货、生产时间很短的库存模型的数学模型模板如附录图 8.5 所示,相应的

	A	B	C
1	在制品批量的库存模型（供货需要一定时间）		
2	C1=		单位时间内单位货物的存储费
3	C3=		每次订货准备费用
4	P=		货物生产率（即补充率）
5	R=		每次订货量
6	Q*=	=SQRT(2*_C3*_R*_P/(_C1*(_P-_R)))	最佳订货量
7	T*=	=最佳_Q/_P	最佳生产时间
8	t*=	=_P*_T/_R	最佳订货时间间隔
9	C（Q）=	=SQRT(2*_C1*_C3*_R*(_P-_R)/_P)	最低费用（单位时间内平均总费用)
10			

附录图 8.3

	A	B	C	D	E	F
1	在制品批量的库存模型（供货需要一定时间）					
2	C1=	￥0.150	单位时间内单位货物的存储费			
3	C3=	￥500.0	每次订货准备费用			
4	P=	3000	货物生产率（即补充率）			
5	R=	1500	每次订货量			
6	Q*=	4472.135955	最佳订货量			
7	T*=	1.490711985	最佳生产时间			
8	t*=	2.98142397	最佳订货时间间隔			
9	Q）=	￥335.4	最低费用（单位时间内平均总费用)			
10						

附录图 8.4

单元格名称见附录表 8.3。

	A	B	C
1	允许发生缺货，生产时间很短的库存模型		
2	C1=	3	单位时间内单位货物的存储费
3	C2=	20	单位时间内单位缺货费用
4	C3=	150	每次订货准备费用
5	R=	800	每次订货量
6	Q*=	=SQRT(2*_C3*(_C1+_C2)*_R/(_C1*_C2))	最佳订货量
7	t_z*=	=SQRT(2*_C1*_C3/(_C2*(_C1+_C2)*_R))	最优缺货时间
8	t*=	=最佳_Q/_R	最佳订货时间间隔
9	C（Q）=	=SQRT(2*_C1*_C2*_C3*_R/(_C1+_C2))	最低费用（单位时间内平均总费用）
10	S=	=最佳_Q-_t2*_R	最大存贮量
11			

附录图 8.5

附录表 8.3

单元格	_C1	_C2	_C3	_R	_t	_t2	C_Q	最佳_Q
范围	B2	B3	B4	B5	B8	B7	B9	B6

输入 8.8 题数据后,得到所求结果,见附录图 8.6。

	A	B	C	D	E
1	允许发生缺货,生产时间很短的库存模型				
2	C1=	￥3.00	单位时间内单位货物的存储费		
3	C2=	￥20.00	单位时间内单位缺货费用		
4	C3=	￥150.00	每次订货准备费用		
5	R=	800	每次订货量		
6	Q*=	303.3150178	最佳订货量		
7	t_2*=	0.049453536	最优缺货时间		
8	t*=	0.379143772	最佳订货时间间隔		
9	(Q) =	￥791.26	最低费用（单位时间内平均总费用）		
10	S=	263.7521894	最大存贮量		
11					

附录图 8.6

4. 允许发生缺货(需补足缺货)、生产需要一定时间(供货需要一定时间)的库存模型的数学模型模板如附录图 8.7 所示,相应的单元格名称见附录表 8.4。

	A	B	C
1	允许发生缺货（需补足缺货），生产需要一定时间（供货需要一定时间）的库存模型		
2	C1=		单位时间内单位货物的存储费
3	C2=		单位时间内单位缺货费用
4	C3=		每次订货准备费用
5	P=		货物生产率（即补充率）
6	R=		每次订货量
7	Q*=	=_R*_t0	最佳订货量
8	t_2=	=(_C1*_t0)/(_C1+_C2)	最优缺货时间
9	t_0=	=SQRT(2*_C3/(_C1*_R))*SQRT((_C1+_C2)/_C2)*SQRT(_P/(_P-_R))	最佳订货时间间隔
10	C (Q) =	20	最低费用（单位时间内平均总费用）
11	S_0=	=SQRT(2*_C3*_R/_C1)*SQRT((_C1+_C2)/_C2)*SQRT(_P/(_P-_R))	最大存贮量
12	B_0=	=_R*(_P-_R)*_t2/_P	最大缺货量
13			

附录图 8.7

附录表 8.4

单元格	_C1	_C2	_C3	_P	_R	_t0	_t2	C_Q	最佳_Q
范围	B2	B3	B4	B5	B6	B9	B8	B10	B7

5. 随机存贮问题解法举例。

8.9 题:建立如附录图 8.8 的数学模型,并定义单元格名称见附录表 8.5。结果见附录图 8.10。

	A	B	C	D	E	F
1	8.9题随机存贮模型					
2			s=	70	每售出100本可获利	
3			h=	40	售不出每100本损失	
4				判别值=	=s/(s+h)	
5						
6				概率	累计概率	订货点
7			0	0.05	=D7	=IF(AND(E7>判别值,E6<判别值),C7," ")
8			1	0.1	=E7+D8	=IF(AND(E8>判别值,E7<判别值),C8," ")
9		自然	2	0.25	=E8+D9	=IF(AND(E9>判别值,E8<判别值),C9," ")
10		状态	3	0.35	=E9+D10	=IF(AND(E10>判别值,E9<判别值),C10," ")
11			4	0.15	=E10+D11	=IF(AND(E11>判别值,E10<判别值),C11," ")
12			5	0.1	=E11+D12	=IF(AND(E12>判别值,E11<判别值),C12," ")
13						

附录图 8.8

附录表 8.5

单元格名称	范围
h	D3
s	D2
判别值	E4

	A	B	C	D	E	F
1	8.9题随机存贮模型					
2			s=	￥70.00	每售出100本可获利	
3			h=	￥40.00	售不出每100本损失	
4				判别值=	0.636363636	
5						
6				概率	累计概率	订货点
7			0	0.05	0.05	
8			1	0.10	0.15	
9			2	0.25	0.40	
10		自然状态	3	0.35	0.75	3
11			4	0.15	0.90	
12			5	0.10	1.00	

附录图 8.10

8.10 题:建立附录图 8.11 的数学模型,并定义单元格名称如附录表 8.6 所示。最终结果见附录图 8.12。

	A	B	C	D	E	F
1	8.10题随机存贮模型					
2						
3	存贮费	C1=	40	元/单位时间		
4	缺货费	C2=	1015	元/单位时间		
5	订购费	C3=	60	元/次		
6	原有库存	I=	10	件		
7	购进价格	K=	800	元/件		
8						
9		判别值=	=(_C2-K)/(_C1+_C2)			
10						
11			概率	累计概率		订货量
12		30	0.2	=C12	=IF(AND(D12>判别值,D11<判别值),B12," ")	=IF(E12=" "," ",E12-I)
13	自然状态	40	0.2	=D12+C13	=IF(AND(D13>判别值,D12<判别值),B13," ")	=IF(E13=" "," ",E13-I)
14		50	0.4	=D13+C14	=IF(AND(D14>判别值,D13<判别值),B14," ")	=IF(E14=" "," ",E14-I)
15		60	0.2	=D14+C15	=IF(AND(D15>判别值,D14<判别值),B15," ")	=IF(E15=" "," ",E15-I)
16						

附录图 8.11

附录表 8.6

单元格名称	_C1	_C2	I	K	判别值
范围	C3	C4	C6	C7	C9

	A	B	C	D	E	F
1	8.10题随机存贮模型					
2						
3	存贮费	C1=	40	元/单位时间		
4	缺货费	C2=	1015	元/单位时间		
5	订购费	C3=	60	元/次		
6	原有库存	I=	10	件		
7	购进价格	K=	800	元/件		
8						
9		判别值=	0.203791469			
10						
11			概率	累计概率		订货量
12		30	0.2	0.2		
13	自然状态	40	0.2	0.4	40	30
14		50	0.4	0.8		
15		60	0.2	1		
16						

附录图 8.12

8.11 题:数学模型见附录图 8.13,其相应的单元格名称见附录表 8.7。最终结果见附录图 8.14。

	A	B	C	D	E	F
1					8.11题	
2						
3		I=	10	件		原有库存
4		K=	3	元/件		购进价格
5		C1=	1	元/件*单位时间		存贮费
6		C2=	16	元/件*单位时间		缺货费
7				判别值=	=(_C2-K)/(_C1+_C2)	
8						
9				订货点=	=NORMINV(判别值,20,5)-I	
10						

附录图 8.13

附录表 8.7

单元格名称	_C1	_C2	I	K	判别值
范围	C5	C6	C3	C4	E7

	A	B	C	D	E	F
1					8.11题	
2						
3		I=	10	件		原有库存
4		K=	3	元/件		购进价格
5		C1=	1	元/件*单位时间		存贮费
6		C2=	16	元/件*单位时间		缺货费
7				判别值=	0.764705882	
8						
9				订货点=	13.60761142	
10						

附录图 8.14

第 10 章　多目标决策

本章分为两部分。

一、用电子表格(EXCEl)实现层次分析法(AHP)计算

用 EXCEL 实现 AHP 计算,共分为三步。下面以例 10.1 为例,阐述具体步骤。

第一步,建立递阶层次结构图,见附录图 10.1。

第二步,构造各单层次两两比较判断矩阵,并进行层次单排序及一致性检验,见附录图

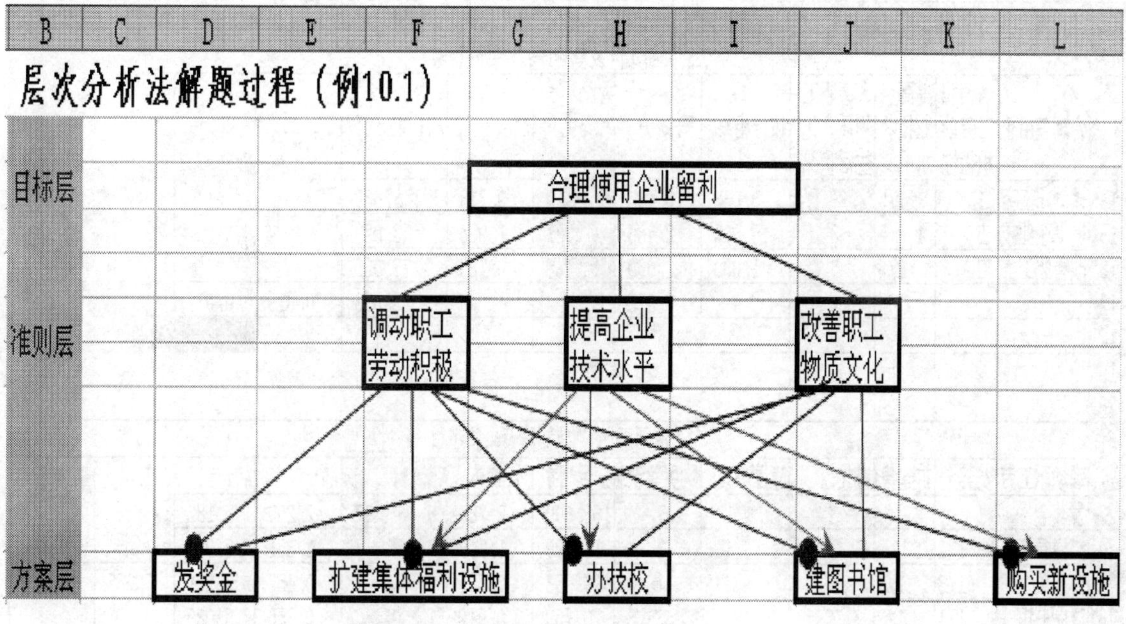

附录图 10.1

10.2;“准则层对于目标层判断矩阵及单排序和一致性检验”的单元格数学公式见附录图 10.3。

依此类推,可以得到“方案层对于准则层1的判断矩阵及单排序和一致性检验”、“方案层对于准则层2的判断矩阵及单排序和一致性检验”和“方案层对于准则层3的判断矩阵及单排序和一致性检验”。需要指出的一点是:因为判断矩阵的阶数不同,分别为5、4、4,所以在“开 n 次方”的时候要注意。

第三步,进行层次总排序及一致性检验,如图10.4。

	A	B	C	D	E	F	G	H	I	J	K	L	M
12	准则层对于目标层的判断矩阵及单排序和一致性检验												
13	合理使用企	调动职工劳动积极性	提高企业技术水平	改善职工物质文化生活状况	按行相乘	开n次方	权重Wi	AWi	AWi/Wi	C.I.=(λmax-n)/(n-1)	C.R.=C.I./R.I.		
14	调动职工劳	1	1/5	1/3	0.067	0.405	0.105	0.318	3.039				
15	提高企业技	5	1	3	15.000	2.466	0.637	1.935	3.039				
16	改善职工物	3	1/3	1	1.000	1.000	0.258	0.785	3.039				
17						3.872			3.039	0.019	0.037		
18									(λ)		通过一致性检验		
19													
20													
21	方案层对于准则层1的判断矩阵及单排序和一致性检验												
22	调动职工劳	发奖金	扩建集体	办技校	建图书馆	购买新设施	按行相乘	开n次方	权重Wi	AWi	AWi/Wi	C.I.=(λ-n)/(n-	C.R.=C.I./R.I.
23	发奖金	1	2	3	4	7	168.000	2.787	0.435	2.255	5.183		
24	扩建集体福	1/2	1	3	2	5	15.000	1.719	0.268	1.351	5.035		
25	办技校	1/3	1/3	1	1/2	1	0.056	0.561	0.088	0.457	5.221	0.032	0.028
26	建图书馆	1/4	1/2	2	1	3	0.750	0.944	0.147	0.750	5.089		
27	购买新设施	1/7	1/5	1	1/3	1	0.010	0.394	0.062	0.314	5.103		
28								6.405			5.126		通过一致
29													
30													
31	方案层对于准则层2的判断矩阵及单排序和一致性检验												
32	提高企业技	扩建集体	办技校	建图书馆	购买新设施	按行相乘	开n次方	权重Wi	AWi	AWi/Wi	C.I.=(λmax-n)/(n-1)	C.R.=C.I./R.I.	
33	扩建集体福	1	1/7	1/3	1/5	0.010	0.312	0.057	0.231	4.096			
34	办技校	7	1	5	2	70.000	2.893	0.523	2.122	4.056			
35	建图书馆	3	1/5	1	1/3	0.200	0.669	0.121	0.495	4.091	0.023	0.026	
36	购买新设施	5	1/2	3	1	7.500	1.655	0.299	1.206	4.030			
37							5.529			4.068		通过一致性检验	

	A	B	C	D	E	F	G	H	I	J	K	L
40	方案层对于准则层3的判断矩阵及单排序和一致性检验											
41	提高企业技	发奖金	扩建集体	办技校	建图书馆	按行相乘	开n次方	权重Wi	AWi	AWi/Wi		
42	发奖金	1	1	3	3	9.000	1.732	0.375	1.500	4.000		
43	扩建集体福	1	1	3	3	9.000	1.732	0.375	1.500	4.000		
44	办技校	1/3	1/3	1	1	0.111	0.577	0.125	0.500	4.000	0.000	0.000
45	建图书馆	1/3	1/3	1	1	0.111	0.577	0.125	0.500	4.000		
46							4.619			4.000		通过一致

附录图 10.2

	A	B	C	D	E	F	G
10	准则层对于目标层的判断矩阵及单排序和一致性检验						
11	=F1	=E4	=G4	=I4	按行相乘	开n次方	权重Wi
12	=E4	1	0.2	0.333	=PRODUCT(B12:D12)	=POWER(E12,1/3)	=F12/$F$15
13	=G4	=1/C12	1	3	=PRODUCT(B13:D13)	=POWER(E13,1/3)	=F13/$F$15
14	=I4	=1/D12	=1/D13	1	=PRODUCT(B14:D14)	=POWER(E14,1/3)	=F14/$F$15
15						=SUM(F12:F14)	
16							

	H	I	J	K
10				
11	AWi	AWi/Wi	C.I.=(λ $_{max}$-n)/(n-1)	C.R.=C.I./R.I.
12	=B12*G$12+C12*G$13+D12*G$14	=H12/G12		
13	=B13*G$12+C13*G$13+D13*G$14	=H13/G13		
14	=B14*G$12+C14*G$13+D14*G$14	=H14/G14		
15		=AVERAGE(I12:I14)	=(I15-3)/(3-1)	=J15/0.52
16		(λ)		=IF(K15<0.1,"通过一致性检验","未通过")

附录图 10.3

46	层次总排序								
47	二准则	=E4	=G4	=I4			总排序		
48	五方案	=G12	=G13	=G14			$\Sigma a_i b^i_n$		
49	=C7	=I21	0	=H39			=SUMPRODUCT(B49:D49,B$48:D$48)		
50	=E7	=I22	=H30	=H40			=SUMPRODUCT(B50:D50,B$48:D$48)		
51	=G7	=I23	=H31	=H41			=SUMPRODUCT(B51:D51,B$48:D$48)		
52	=I7	=I24	=H32	=H42			=SUMPRODUCT(B52:D52,B$48:D$48)		
53	=K7	=I25	=H33	0			=SUMPRODUCT(B53:D53,B$48:D$48)		
54	层次总排序一致性检验								
55	CI_i	=L23	=K32	=K41		$CI_i=\Sigma a_i CI_i$	=SUMPRODUCT(B48:D48,B55:D55)		
56	RI_i	1.12	0.89	0.89		$RI_i=\Sigma a_i RI_i$	=SUMPRODUCT(B48:D48,B56:D56)		
57	CR_i	=B55/B56	=C55/C56	=D55/D56		=SUMPRODUCT(B48:D48,B57:D57)	=G55/G56	=IF(G57<0.1,"通过一致性检验","未通过"	

附录图 10.4

最后的结果见附录图 10.5。

46	层次总排序							
47	三准则a_i	调动职工劳动积极性	提高企业技术水平	改善职工物质文化生活状况			总排序	
48	五方案b^i_n	0.105	0.637	0.258			$\Sigma a_i b^i_n$	
49	发奖金	0.435	0	0.375			0.142	
50	扩建集体福利设施	0.268	0.057	0.375			0.161	
51	办技校	0.088	0.523	0.125			0.375	
52	建图书馆	0.147	0.121	0.125			0.125	
53	购买新设施	0.062	0.299	0.000			0.197	
54	层次总排序一致性检验							
55	CI_i	0.032	0.023	0.000		$CI_i=\Sigma a_i CI_i$	0.018	
56	RI_i	1.120	0.890	0.890		$RI_i=\Sigma a_i RI_i$	0.914	
57	CR_i	0.028	0.026	0.000		0.019	0.020	通过一致性检验

附录图 10.5

如果判断矩阵需要调整，不必重新输入整个矩阵，只需将矩阵中的上三角(黄色部分)作相应的调整即可。

二、用 EXCEl 实现 DEA 计算

步骤共分为四步。下面以例 10.3 为例说明。

第一步，在 EXCEL 中设置数据格式见附录图 10.6。

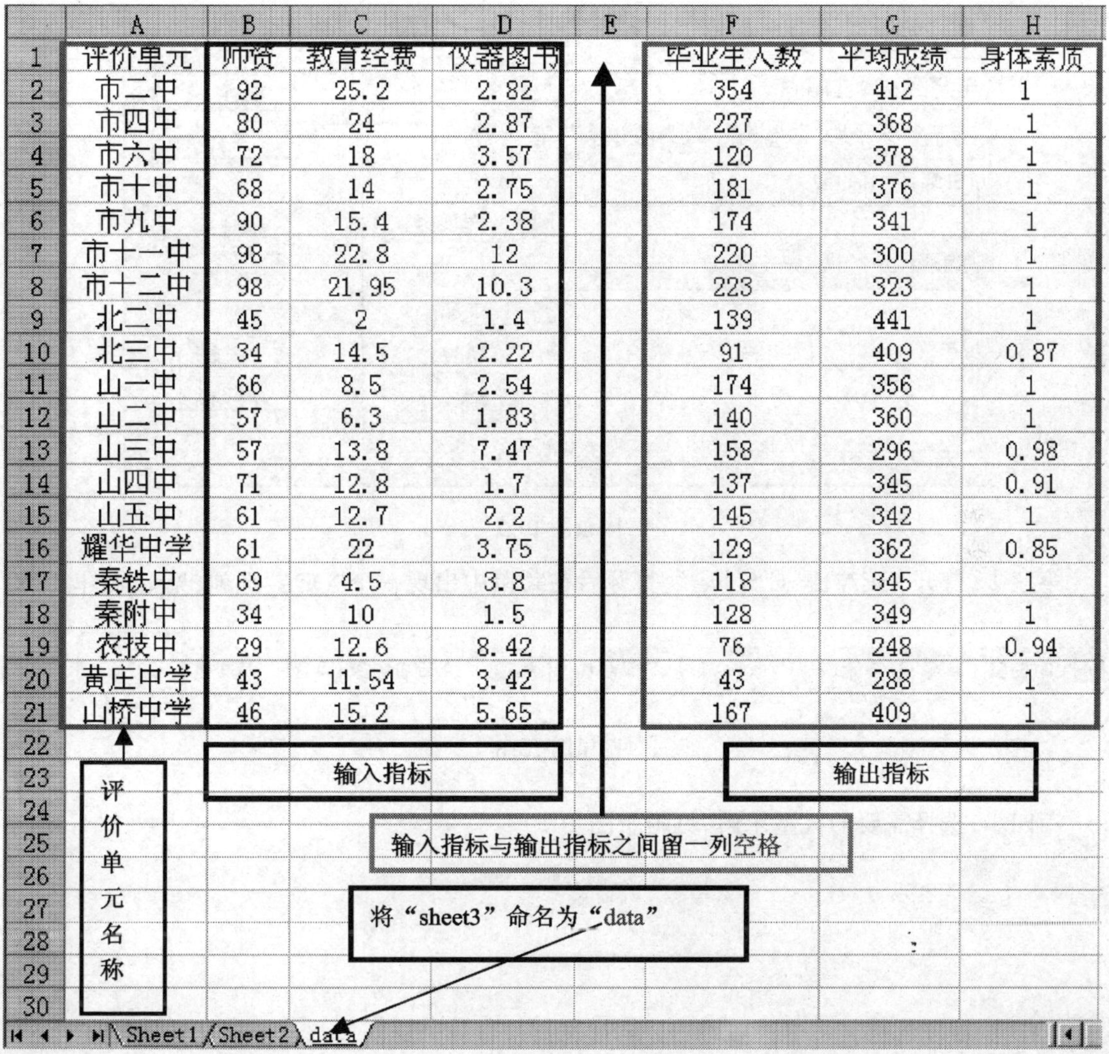

	A	B	C	D	E	F	G	H
1	评价单元	师资	教育经费	仪器图书		毕业生人数	平均成绩	身体素质
2	市二中	92	25.2	2.82		354	412	1
3	市四中	80	24	2.87		227	368	1
4	市六中	72	18	3.57		120	378	1
5	市十中	68	14	2.75		181	376	1
6	市九中	90	15.4	2.38		174	341	1
7	市十一中	98	22.8	12		220	300	1
8	市十二中	98	21.95	10.3		223	323	1
9	北二中	45	2	1.4		139	441	1
10	北三中	34	14.5	2.22		91	409	0.87
11	山一中	66	8.5	2.54		174	356	1
12	山二中	57	6.3	1.83		140	360	1
13	山三中	57	13.8	7.47		158	296	0.98
14	山四中	71	12.8	1.7		137	345	0.91
15	山五中	61	12.7	2.2		145	342	1
16	耀华中学	61	22	3.75		129	362	0.85
17	秦铁中	69	4.5	3.8		118	345	1
18	秦附中	34	10	1.5		128	349	1
19	农技中	29	12.6	8.42		76	248	0.94
20	黄庄中学	43	11.54	3.42		43	288	1
21	山桥中学	46	15.2	5.65		167	409	1

附录图 10.6

第二步,启动“规划求解”,见附录图 10.7,然后选择“关闭”。

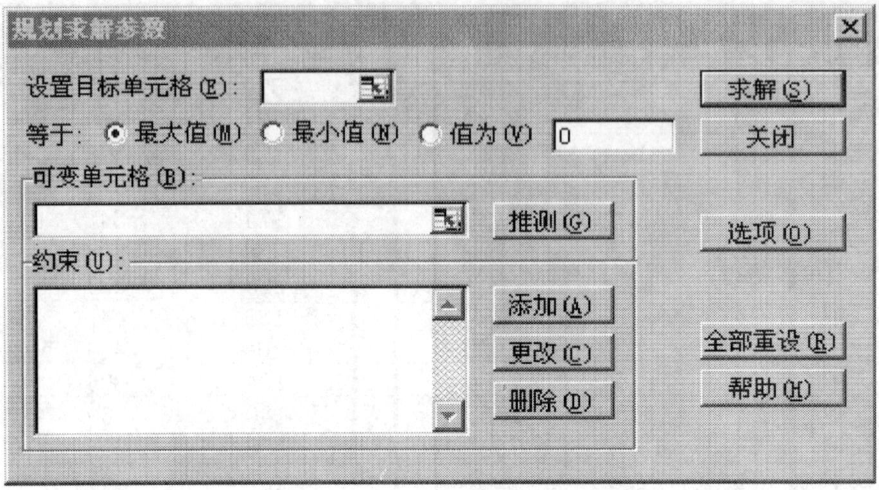

附录图 10.7

第三步,打开"DEA Excel Solver",打开后在菜单中出现一个"DEA"选项,见附录图 10.8。

附录图 10.8

第四步,选择需要的模型求解,见附录图 10.9。

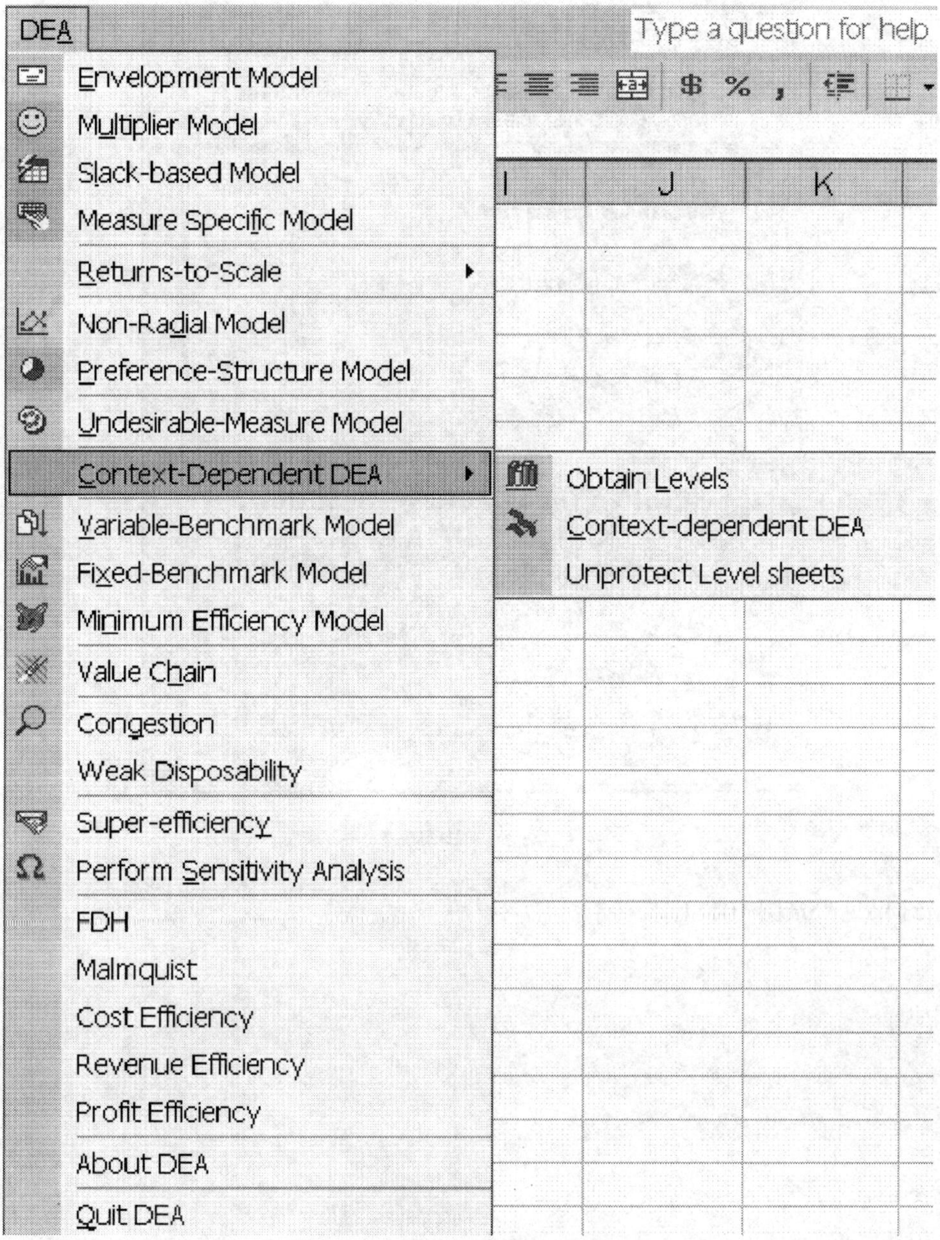

附录图 10.9

本例选取“Envelopment Model”，按附录图 10.10 对话框设置。其中“CRS”即为“C^2R”模型，“VRS”即为“B^2C”模型。

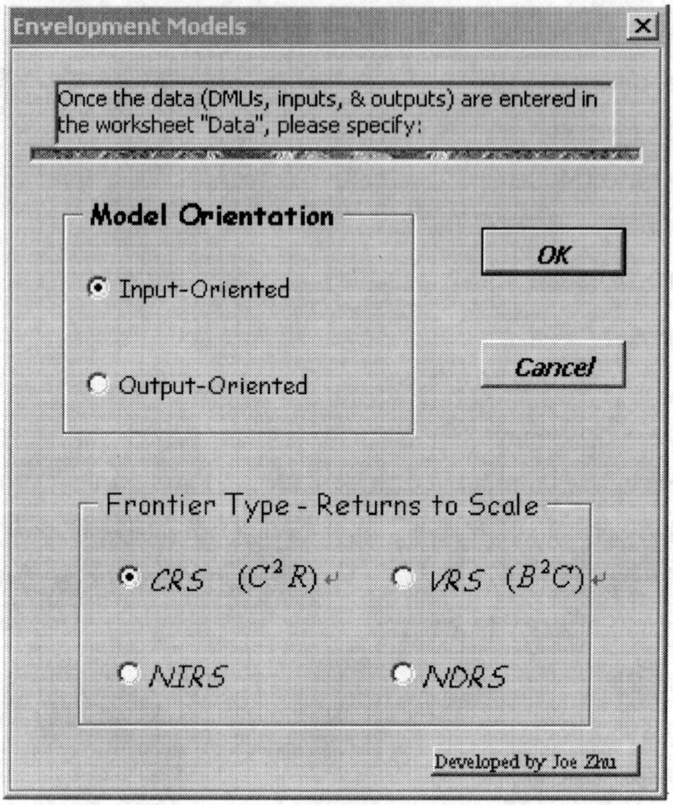

附录图 10.10

最后结果见附录图 10.11。

	A	B	C
1	**Inputs**		**Outputs**
2	师资		毕业生人数
3	教育经费		平均成绩
4	仪器图书		身体素质
5			
6			Input-Oriented
7			CRS
8	DMU No.	DMU Name	Efficiency
9	1	市二中	1.00000
10	2	市四中	0.74259
11	3	市六中	0.50777
12	4	市十中	0.74345
13	5	市九中	0.68536
14	6	市十一中	0.60969
15	7	市十二中	0.62187
16	8	北二中	1.00000
17	9	北三中	1.00000
18	10	山一中	0.78504
19	11	山二中	0.77813
20	12	山三中	0.75659
21	13	山四中	0.79024
22	14	山五中	0.69188
23	15	耀华中学	0.57202
24	16	秦铁中	0.63508
25	17	秦附中	1.00000
26	18	农技中	1.00000
27	19	黄庄中学	0.81114
28	20	山桥中学	0.96064

Σλ	RTS	**Benchmarks**					
1.000	Constant	1.000	市二中				
1.000	Constant	0.438	市二中	0.562	秦附中		
1.014	Decreasing	0.188	北二中	0.111	北三中	0.715	秦附中
1.000	Constant	0.217	市二中	0.361	北二中	0.422	秦附中
1.000	Constant	0.163	市二中	0.837	北二中		
1.000	Constant	0.394	市二中	0.262	北二中	0.344	秦附中
1.000	Constant	0.405	市二中	0.313	北二中	0.281	秦附中
1.000	Constant	1.000	北二中				
1.000	Constant	1.000	北三中				
1.000	Constant	0.168	市二中	0.735	北二中	0.098	秦附中
1.000	Constant	0.010	市二中	0.890	北二中	0.101	秦附中
0.980	Increasing	0.135	市二中	0.177	北二中	0.667	秦附中
0.910	Increasing	0.049	市二中	0.861	北二中		
1.000	Constant	0.052	市二中	0.470	北二中	0.478	秦附中
1.026	Decreasing	0.064	北三中	0.962	秦附中		
1.000	Constant	0.893	北二中	0.107	秦附中		
1.000	Constant	1.000	秦附中				
1.000	Constant	1.000	农技中				
1.000	Constant	0.080	北二中	0.920	秦附中		
1.157	Decreasing	0.084	市二中	1.073	秦附中		

附录图 10.11

第13章　排队系统分析

进行排队系统分析分为两步。

下面仅就 MM1 模型,以 13.1 题为例说明

1. 建立附录图 13.1 的数学模型,并定义相应的单元格名称,见附录表 13.1。

	A	B	C	D	E	F	G
1			13.1题				
2			数据				
3		λ=		平均到达率		L =	=Lambda/(Mu-Lambda)
4		μ=		平均服务率		L_q =	=Lambda^2/(Mu*(Mu-Lambda))
5			1	(服务台的数量)			
6						W =	=1/(Mu-Lambda)
7		Pr(W>t)=	=EXP(-Mu*(1-Rho)*时间1)	=IF(Rho>=1,"模型错误，因为:","")		W_q =	=Lambda/(Mu*(Mu-Lambda))
8		当 t=					
9				=IF(Rho>=1," r >= 1","")		ρ =	=Lambda/(s*Mu)
10		Prob(w_q> t) =	=Rho*EXP(-Mu*(1-Rho)*C11)				
11		When t=				n	pn
12						0	=1-Rho
13						1	=(1-Rho)*Rho^n
14						2	=(1-Rho)*Rho^n
15						3	=(1-Rho)*Rho^n
16						4	=(1-Rho)*Rho^n
17						5	=(1-Rho)*Rho^n
18						6	=(1-Rho)*Rho^n
19						7	=(1-Rho)*Rho^n
20						8	=(1-Rho)*Rho^n
21						9	=(1-Rho)*Rho^n
22						10	=(1-Rho)*Rho^n
23						11	=(1-Rho)*Rho^n
24						12	=(1-Rho)*Rho^n
25						13	=(1-Rho)*Rho^n
26						14	=(1-Rho)*Rho^n
27						15	=(1-Rho)*Rho^n
28						16	=(1-Rho)*Rho^n
29						17	=(1-Rho)*Rho^n

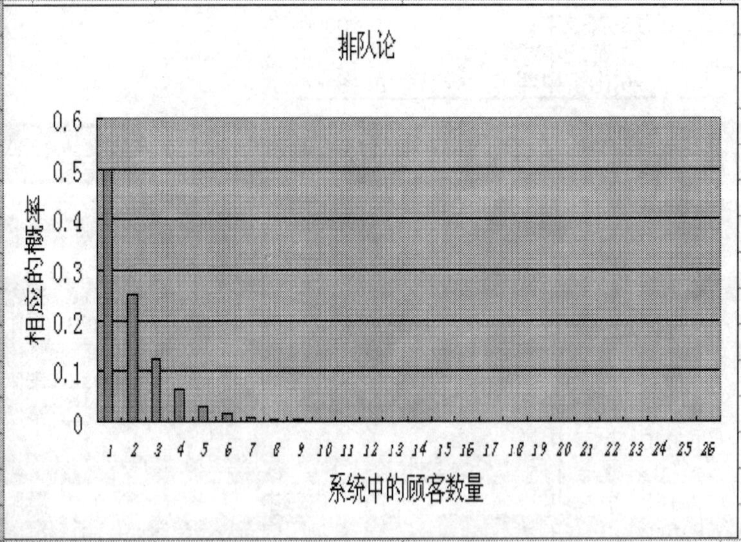

13.1题 / Sheet2 / Sheet3

附录图 13.1

附录表 13.1

单元格名称	L	Lambda	Lq	Mu	n	P0	Pn
范围	G4	C4	G5	C5	F13:F38	G13	G13:G38
单元格名称	Rho	s	时间 1	时间 2	W	Wq	
范围	G10	C6	C9	C12	G7	G8	

2. 输入数据，模型自动进行求解，最后结果见附录图 13.2。

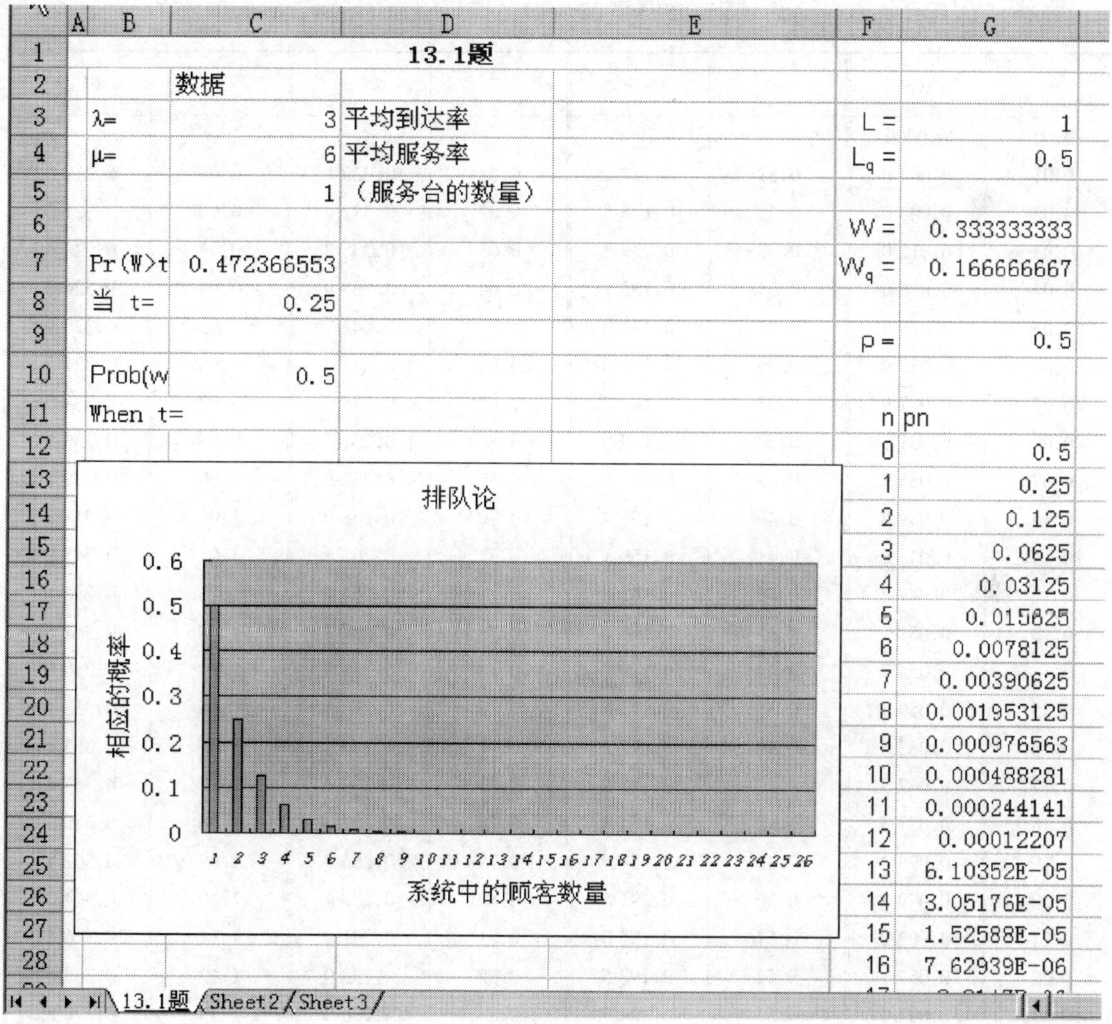

附录图 13.2

附表　概率分布数值表

(Ⅰ)标准正态分布数值表

函数　$\Phi(x)=\frac{1}{\sqrt{2\pi}}\int_0^x e^{-\frac{z^2}{2}}dz$ 数值表

x	$\Phi(x)$	x	$\Phi(x)$	x	$\Phi(x)$	x	$\Phi(x)$
0.00	0.0000						
0.01	0.004 0	0.31	0.121 7	0.61	0.229 1	0.91	0.318 6
0.02	0.008 0	0.32	0.125 5	0.62	0.232 4	0.92	0.321 2
0.03	0.012 0	0.33	0.129 3	0.63	0.235 7	0.93	0.323 8
0.04	0.016 0	0.34	0.133 1	0.64	0.238 9	0.94	0.326 4
0.05	0.019 9	0.35	0.136 8	0.65	0.242 2	0.95	0.328 9
0.06	0.023 9	0.36	0.140 6	0.66	0.245 4	0.96	0.331 5
0.07	0.027 9	0.37	0.144 3	0.67	0.248 6	0.97	0.334 0
0.08	0.031 9	0.38	0.148 0	0.68	0.251 7	0.98	0.336 5
0.09	0.035 9	0.39	0.151 7	0.69	0.254 9	0.99	0.338 9
0.10	0.039 8	0.40	0.155 4	0.70	0.258 0	1.00	0.341 3
0.11	0.043 8	0.41	0.159 1	0.71	0.261 1	1.01	0.343 8
0.12	0.047 8	0.42	0.162 8	0.72	0.264 2	1.02	0.346 1
0.13	0.051 7	0.43	0.166 4	0.73	0.267 3	1.03	0.348 5
0.14	0.055 7	0.44	0.170 0	0.74	0.270 3	1.04	0.350 8
0.15	0.059 6	0.45	0.173 6	0.75	0.273 4	1.05	0.353 1
0.16	0.063 6	0.46	0.177 2	0.76	0.276 4	1.06	0.355 4
0.17	0.067 5	0.47	0.180 8	0.77	0.279 4	1.07	0.357 7
0.18	0.071 4	0.48	0.184 4	0.78	0.282 3,	1.08	0.359 9
0.19	0.075 3	0.49	0.187 9	0.79	0.285 2	1.09	0.362 1
0.20	0.079 3	0.50	0.191 5	0.80	0.288 1	1.10	0.364 3
0.21	0.083 2	0.51	0.195 0	0.81	0.291 0	1.11	0.366 5
0.22	0.087 1	0.52	0.198 5	0.82	0.293 9	1.12	0.368 6
0.23	0.091 0	0.53	0.201 9	0.83	0.296 7	1.13	0.370 8
0.24	0.094 8	0.54	0.205 4	0.84	0.299 5	1.14	0.372 9
0.25	0.098 7	0.55	0.208 8	0.85	0.302 3	1.15	0.374 9
0.26	0.102 6	0.56	0.212 3	0.86	0.305 1	1.16	0.377 0
0.27	0.106 4	0.57	0.215 7	0.87	0.307 8	1.17	0.379 0
0.28	0.110 3	0.58	0.219 0	0.88	0.310 6	1.18	0.381 0
0.29	0.114 1	0.59	0.222 4	0.89	0.313 3	1.19	0.383 0
0.30	0.117 9	0.60	0.225 7	0.90	0.315 9	1.20	0.384 9

续表(Ⅰ)

x	$\Phi(x)$	x	$\Phi(x)$	x	$\Phi(x)$	x	$\Phi(x)$
1.21	0.386 9	1.56	0.440 6	1.91	0.471 9	2.52	0.494 1
1.22	0.388 8	1.57	0.441 8	1.92	0.472 6	2.54	0.494 5
1.23	0.390 7	1.58	0.442 9	1.93	0.473 2	2.56	0.494 8
1.24	0.392 5	1.59	0.444 1	1.94	0.473 8	2.58	0.495 1
1.25	0.391 4	1.60	0.445 2	1.95	0.474 4	2.60	0.495 3
1.26	0.396 2	1.61	0.446 3	1.96	0.475 0	2.62	0.495 6
1.27	0.398 0	1.62	0.447 4	1.97	0.475 6	2.64	0.495 9
1.28	0.399 7	1.63	0.448 4	1.98	0.476 1	2.66	0.496 1
1.29	0.401 5	1.64	0.449 5	1.99	0.476 7	2.68	0.496 3
1.30	0.403 2	1.65	0.450 5	2.00	0.477 2	2.70	0.496 5
1.31	0.404 9	1.66	0.451 5	2.02	0.478 3	2.72	0.496 7
1.32	0.406 6	1.67	0.452 5	2.04	0.479 3	2.74	0.496 9
1.33	0.408 2	1.68	0.453 5	2.06	0.480 3	2.76	0.497 1
1.34	0.409 9	1.69	0.454 5	2.08	0.481 2	2.78	0.497 3
1.35	0.411 5	1.70	0.455 4	2.10	0.482 1	2.80	0.497 4
1.36	0.413 1	1.71	0.456 4	2.12	0.483 0	2.82	0.497 6
1.37	0.414 7	1.72	0.457 3	2.14	0.483 8	2.84	0.497 7
1.38	0.416 2	1.73	0.458 2	2.16	0.484 6	2.86	0.497 9
1.39	0.417 7	1.74	0.459 1	2.18	0.485 4	2.88	0.498 0
1.40	0.419 2	1.75	0.459 9	2.20	0.486 1	2.90	0.498 1
1.41	0.420 7	1.76	0.460 8	2.22	0.486 8	2.92	0.498 2
1.42	0.422 2	1.77	0.461 6	2.24	0.487 5	2.94	0.498 4
1.43	0.423 6	1.78	0.462 5	2.26	0.488 1	2.96	0.498 5
1.44	0.425 1	1.79	0.463 3	2.28	0.488 7	2.98	0.498 6
1.45	0.426 5	1.80	0.464 1	2.30	0.489 3	3.00	0.498 65
1.46	0.427 9	1.81	0.464 9	2.32	0.489 8	3.20	0.499 31
1.47	0.429 2	1.82	0.465 6	2.34	0.490 4	3.40	0.499 66
1.48	0.430 6	1.83	0.466 4	2.36	0.490 9	3.60	0.499 841
1.49	0.431 9	1.84	0.467 1	2.38	0.491 3	3.80	0.499 928
1.50	0.433 2	1.85	0.467 8	2.40	0.491 8	4.00	0.499 968
1.51	0.434 5	1.86	0.468 6	2.42	0.492 2	4.50	0.499 997
1.52	0.435 7	1.87	0.469 3	2.44	0.492 7	5.00	0.499 999 97
1.53	0.437 0	1.88	0.469 9	2.46	0.493 1		
1.54	0.438 2	1.89	0.470 6	2.48	0.493 4		
1.55	0.439 4	1.90	0.471 3	2.50	0.493 8		

(Ⅱ)χ^2 分布数值表

$$P(\chi^2 > \chi_p^2) = \frac{p}{100}$$

自由度 n	χ_p^2 作为 n 与 p 的函数													
	$p=99$	98	95	90	80	70	50	30	20	10	5	2	1	0.1
1	0.000	0.001	0.004	0.016	0.064	0.148	0.455	1.074	1.642	2.706	3.841	5.412	6.635	10.827
2	0.020	0.040	0.103	0.211	0.446	0.713	1.386	2.408	3.219	4.605	5.991	7.824	9.210	13.815
3	0.115	0.185	0.352	0.584	1.005	1.424	2.366	3.665	4.642	6.251	7.815	9.837	11.341	16.268
4	0.297	0.429	0.711	1.064	1.649	2.195	3.357	4.878	5.989	7.779	9.488	11.668	13.277	18.465
5	0.554	0.752	1.145	1.610	2.343	3.000	4.351	6.064	7.289	9.236	11.070	13.388	15.086	20.517
6	0.872	1.134	1.635	2.204	3.070	3.828	5.348	7.231	8.558	10.645	12.592	15.033	16.812	22.457
7	1.239	1.564	2.167	2.833	3.822	4.671	6.346	8.383	9.803	12.017	14.067	16.622	18.475	24.322
8	1.646	2.032	2.733	3.490	4.594	5.527	7.344	9.524	11.030	13.362	15.507	18.168	20.090	26.125
9	2.088	2.532	3.325	4.168	5.380	6.393	8.343	10.656	12.242	14.684	16.919	19.679	21.666	26.877
10	2.558	3.059	3.940	4.865	6.179	7.267	9.342	11.781	13.442	15.987	18.307	21.161	23.209	29.588
11	3.053	3.609	4.575	5.578	6.989	8.148	10.341	12.899	14.631	17.275	19.675	22.618	24.725	31.264
12	3.571	4.178	5.226	6.304	7.807	9.034	11.340	14.011	15.812	18.549	21.026	24.054	26.217	32.909
13	4.107	4.765	5.892	7.042	8.634	9.926	12.340	15.119	16.985	19.812	22.362	25.472	27.688	34.528
14	4.660	5.368	6.571	7.790	9.467	10.821	13.339	16.222	18.151	21.064	23.685	26.873	29.141	36.123
15	5.229	5.985	7.261	8.547	10.307	11.721	14.339	17.322	19.311	22.307	24.996	28.259	30.578	37.697
16	5.812	6.614	7.962	9.312	11.152	12.624	15.338	18.418	20.465	23.542	26.296	29.633	32.000	39.252
17	6.408	7.255	8.672	10.085	12.002	13.531	16.338	19.511	21.615	24.769	27.587	30.995	33.409	40.790
18	7.015	7.906	9.390	10.865	12.857	14.440	17.338	20.601	22.760	25.989	28.869	32.346	34.805	42.312
19	7.633	8.567	10.117	11.651	13.716	15.352	18.338	21.689	23.900	27.204	30.144	33.687	36.191	43.820
20	8.260	9.237	10.851	12.443	14.578	16.266	19.337	22.775	25.038	28.412	31.410	35.020	37.566	45.315
21	8.897	9.915	11.591	13.240	15.445	17.182	20.337	23.858	26.171	29.615	32.671	36.343	38.932	46.797
22	9.542	10.600	12.338	14.041	16.314	18.101	21.337	24.939	27.301	30.813	33.924	37.659	40.289	48.268
23	10.196	11.293	13.091	14.848	17.187	19.021	22.337	26.018	28.429	32.007	35.172	38.968	41.638	49.728
24	10.856	11.992	13.848	15.659	18.062	19.943	23.337	27.096	29.553	33.196	36.415	40.270	42.980	51.179
25	11.524	12.697	14.611	16.473	18.940	20.867	24.337	28.172	30.675	34.382	37.652	41.566	44.314	52.620
26	12.198	13.409	15.379	17.292	19.820	21.792	25.336	29.246	31.795	35.563	38.885	42.856	45.642	54.052
27	12.879	14.125	16.151	18.114	20.703	22.719	26.336	30.319	32.912	36.741	40.113	44.140	46.963	55.476
28	13.565	14.847	16.928	18.939	21.588	23.647	27.336	31.391	34.027	37.916	41.337	45.419	48.278	56.893
29	14.256	15.574	17.708	19.768	22.475	24.577	28.336	32.461	35.139	39.087	42.557	46.693	49.588	58.302
30	14.953	16.306	18.493	20.599	23.364	25.508	29.336	33.530	36.250	40.256	43.773	47.962	50.892	59.703

参 考 文 献

[1] 钱颂迪.运筹学(修订版)[M].北京:清华大学出版社,1990.

[2] 胡运权.运筹学教程[M].北京:清华大学出版社,1998.

[3] 胡运权.运筹学习题集[M].北京:清华大学出版社,1995.

[4] 席少霖.非线性最优化方法[M].北京:高等教育出版社,1996.

[5] 袁亚湘.非线性数值方法[M].上海:上海科学技术出版社,1993.

[6] 魏权龄.数学规划引论[M].北京:航空航天大学出版社,1991.

[7] E TURBAN, J R MEREDITH. Fundamentals of management science[M]. 5th ed. R.P. Donnelley & Sons Company, USA, 1991.

[8] F S HILLIER, G J LIEBERMAN. Introduction to operations research[M]. 8th ed. Holden-Day, Inc, USA, 2005.

[9] 盛昭瀚,等.DEA理论、方法与应用[M].北京:科学出版社,1996.

[10] 吴育华,等.管理数学[M].天津:天津科技翻译出版公司,1991.

[11] 于九如,等.应用统计学[M].天津:天津科技翻译出版公司,1991.

[12] 胡毓达.实用多目标最优化[M].上海:上海科学技术出版社,1990.

[13] 刘德铭,等.对策论及其应用[M].长沙:国防科技大学出版社,1995.

[14] 范贻昌.实用管理运筹学[M].天津:天津大学出版社,1995.

[15] 吴育华,等.工程经济数学方法[M].天津:天津大学出版社,1989.

[16] 顾基发,魏权龄.多目标决策问题[J] 应用数学与计算数学,1980,(1).

[17] 王浣尘.可行性研究和多目标决策[M].北京:机械工业出版社,1986.

[18] 许树柏.层次分析法原理[M].天津:天津大学出版社,1988.

[19] 林锉云,董加礼.多目标决策的方法与理论[M].长春:吉林教育出版社,1992.

[20] 韩崇昭,张平平.决策、对策与管理[M].北京:新时代出版社,1986.

[21] 王莲芬,许树柏.层次分析法引论[M].北京:中国人民大学出版社,1990.

[22] T L 萨蒂.层次分析法在资源分配、管理、冲突分析中应用[M].北京:北京煤炭工业出版社,1990.

[23] 魏权龄.评价相对有效性的DEA方法[M].北京:中国人民大学出版社,1988.

[24] 吴育华,李丛东.DEA方法与生产函数[J].系统工程,1995,13(3).

[25] 陈珽.决策分析[M].北京:科学出版社,1989.

[26] 王建华.对策论[M].北京:清华大学出版社,1986.

[27] 万伟勋.管理对策分析[M].上海:上海交通大学出版社,1987.

[28] 张维迎.博弈论与信息经济学[M].上海:上海人民出版社,1996.

[29] 张守一.现代经济对策论[M].北京:高等教育出版社,1998.

[30] CHARNES A, COOPER W W. Cone ratio data envelopment analysis and multi-objective programming[J]. International Journal of Systems Science, 1989,20(7).

[31] Y SAWARAGI, H NAKAYAMA, T TANINO. Theory of multi-objective optimization [J]. Mathematics in Science and Engineering, 1985:176.

[32] RALPH STEUER E. Multiple criteria optimization theory. computation and application [M]. John Wiley & Son, 1996.

[33] S H TIJS, T S H DRIESSEN. Game theory and cost allocation problems[J]. Management Science, 1986,32(8).

[34] 弗雷德里克 S 希利尔,等.数据、模型与决策[M].2 版.任建标,译.北京:中国财政经济出版社,2004.

[35] HAMDY A TAHA. Operations research[M]. Te. Prentice Hall,2003.